中國近代期刊彙刊·第二輯

新民叢報

十四（玖拾—玖拾陸號）

中華書局

SEIN MIN CHOONG BOU

P. O. BOx 255 Yokohama Japan.

明治三十一年十二月二十七日（第三種郵便物認可）

每月二回發行

第肆年第拾捌號

（原第九十號）

光緒三十二年九月十五日 明治三十九年十一月一日

最新
學報
每厚冊大洋五角
外埠加郵費一角
求學爲國民急務夫人知之矣顧入學者未必得良師而年長者又未必能入學蓋求學若是之難也欲彌此憾非有完備精博之學報不可本報特聘通人分任撰述月出一冊以餉饋學人雖未敢云體大思精之作而具達雅之文體擷科學之菁華先策以導津塗纂要而資研究於普通適用之義庶無愿焉綴學之士當不可不人手一編也列第一冊目次于下
(一)叙例(二)原學(三)中國文明之傳播(四)西洋史通義(五)地理教授法精義(六)德意志皇帝(七)算術講義(八)動物分部觀(九)化學通論電氣化學工業(十)英語音讀學(一一)涅士達爾文法纆要(一二)耶方思氏論理學(一三)音樂概論(一四)圖畫概論(一五)衛生與病理之解釋(一六)茶話二十則(一七)中外大事表
上海棋盤街中市
學報發行所白

新民叢報第肆年第拾捌號目錄（原第九十號）

▲論著一……………………一

●再駁某報之土地國有論…………飲冰

▲論著二…………三五

●穆勒約翰議院政治論　立齋

○小引○第一章政體……（一）必要之件三條……（二）立憲政體之必要與其效果……（三）立憲國民之能力及其不相容之性質……（四）代議政體之缺點……（五）立憲與國族之關係……（六）代議政體與聯邦……（七）自由國之屬邦政治

▲批評…………七一

●聞東京留學界與監察員衝突事有感…………飲冰

▲譯述…………七七

●大臣責任論　淵生

○第一章立憲君主國之大臣責任之性質……（一）大臣責任總論……（二）立憲君主國國務大臣之特殊地位

▲雜錄…………九五

●同學公益協會對於部章之意見書

▲文藝…………一一三

●飲冰室詩話　飲冰

▲雜俎…………一一七

●俄國近年各大員被害表

報資及郵費價目表

	全年廿四冊	半年十二冊	零售
報資	五元	二元六角	二角五分
上海郵費	二角四分	一角二分	一分
上海轉寄內地郵費	一元二角	六角	五分
各外埠郵費	一元四角四分	七角二分	六分
四川、雲南、陝西、貴州、山西、甘肅等省郵費	二元八角八分	一元四角四分	一角二分
日本各地及日郵已通之中國各口岸每冊一仙			

廣告價目表

洋裝一頁	洋裝半頁
十元	六元

惠登廣告至少以半頁起算刊資先惠論前加倍欲登長年半年者價當面議從減

編輯兼發行者 馮紫珊
印刷者 陳侶笙
發行所 橫濱山下町百六十番 新民叢報社
上海發行所 四馬路老巡捕房對面 新民叢報支店
印刷所 新民叢報活版部

再駁某報之土地國有論

飲冰

本報第十四號。曾關於社會革命之可否。著論以難某報。既已、令彼所主張者。無復立足之餘地。乃彼不自省改。復於其第十二號。强詞致辯。而益復支離謬妄。無一語可以自完。雖其論無復價值。然本報既認掃蕩魔說爲一種之義務。故不惜再糾正之。乃就犖犖大端。區爲三節。一曰就財政上正土地國有論之誤謬。二曰就經濟上正土地國有論之誤謬。三曰就社會問題上正土地國有論之誤謬。其餘瑣碎末節。則以附論綴於末焉。社會革命論在今日本不成問題。社會革命論中之簡單偏狹的土地國有論。即在將來亦不成問題。以此恩讀者之腦力。本甚無謂也。然利用此機會。時徵引財政上經濟上社會問題上之普通學說。以與吾國今日現象相印證。

則亦不無小補。故不惜冐浪費筆墨之誚。而長言之。非徒爲彼報發也。本論宜以一次登完。但篇幅太長。爲報中葉數所限。故僅登其四之一。餘則竢諸次號。著者識

一 就財政上正土地國有論之誤謬

本報第十四號論文嘗云。『以土地國有爲行單稅之手段而謂爲財政上一良法也。是則成問題。而能行與否應行與否。又當別論』。第三十五葉 蓋吾前號論文其所重者在與彼報爭社會問題之解決。故關於社會問題以外之事項。未遑多及。而初非認此制度爲財政上適宜之制度也。今彼報第十二號論文。竇此燕石。謂土地單稅制。爲中國將來整理財政之不二法門。其誤謬有不可紀極者。故先就此點。辟而闢之。雖非本論之主眼。抑亦土地國有論不能成立之一大左證也。

今世學者之言租稅。則單稅與複稅之孰利。實爲其一問題。單稅者。惟課一種之租稅。而其他蠹皆蠲除也。複稅者。則課多種項目之租稅。以相挹注也。單稅制度。今各國惟地方自治團體多行之。瑞士聯邦中一二小州亦或行之。自餘各國。殆無不行複稅制

者。此其中盖有絕大之理由焉。諸家財政學書多能言之。茲不詳述。而單稅論中大約復可分四種。一曰消費單稅論者。二曰財產單稅論者。三曰所得單稅論者。四曰土地單稅論者。此四種者。有其共通之弊害。又有其各自特別之弊害。共通之弊害則四種莫或能免之各自特別之弊害則所得單稅論比較的少。而其他三種皆甚多。土地單稅論。又其比較的更多者也。今彼報第十號載孫文演說語。謂『歐美日本雖說富强。究竟人民負擔租稅。未免太重。中國行了社會革命之後。私人永遠不用納稅。但收地租一項。已成地球上最富的國』云云。是其主張土地單稅而排斥複稅制度之論據也。此其語於財政上原則一無所知。且與事實大相刺謬。在不學無術大言欺人之孫文。固不足責。獨怪彼報記者。固嘗飫聞學校之講義。且知涉獵外籍。豈其於此極普通之學說。無所聞知。且生長宗邦。父兄習於吏事。豈其於眼前之事實。熟視無睹。而猥以爭意氣之故。不惜枉師說構虛詞以文前過也。今得一一是正之。

凡一國之財政。當以所入能支所出爲原則。盖國家爲自維持自發達起見而需用種種經費。國家活動之範圍愈廣。則其所需經費愈多。國家而不欲自達其目的則已。苟欲之則凡所需者責負擔於其分子蓋非得已故吾中國古義言量入以爲出今各文明國普通制度皆量出以爲入蓋其根本觀念有差異則其制度不得不緣而差異而孰得孰失則稍嘗學問者皆能辨之矣今世界中無論何國其經費皆有逐年增加之勢愈文明者則其增加之率愈驟今後我中國而不欲自伍於大國則已苟欲自伍於大國則試取現今各大國歲費之中率以吾之幅員民數比例而增之其額之厖大當有使腐儒舌撟而不能下者

而惟一之土地單稅果能充此厖大之國費而無不足乎此一疑問也

彼報襲亨利佐治一派之說謂土地國有後舉疇昔田主所收之租悉歸之國家遂得莫大之收入足以支持一切國費而有餘然麥洛克氏嘗就統計上以證此說之不當其言曰『以英國論之英倫及威爾士之借地料[即田主所收之租亦即地代]凡三千三百萬磅蘇格蘭及愛爾蘭之借地料凡千六百萬磅合計全額不過四千九百萬磅而英國政府之經費每年六千八百萬磅有奇然則雖沒收全國地主所收借地料之全額而國庫尚生一千九百萬磅之不足也』由

此言之。則僅恃土地單稅不能完滿以達國家歲費之目的。於英有然。其他各國亦當例是。而我中國亦當例是矣。若曰我中國土地面積之廣遠非英國之比。故土地單稅收入之富。亦非英國所得望。曾亦思國費之總額。每比例於土地面積之廣與人民之衆而加增。而我國家爲自維持自發達起見。其正當之歲費。亦應視英國幾何倍也。據日本小林丑次郎之說。分國家經費爲憲法費、國防費、司法費、內務費、外務費、文教費、經濟行政費、財務費、官工行政費之九種。內中惟憲法費外務費不以國土之大小爲比例。無論何國。其額大率不甚相遠。其官工行政費則以國家自營事業之多寡爲率。非可一概論。顧使國營事業之範圍相同。則國境愈遼闊者。此類之行政費愈大。固已不能以小國比大國矣。如甲乙兩國。同營郵便電信事業。其事業完備之程度略相等。而甲國之面積爲一萬方里。乙國面積爲十萬方里。則乙國之郵便電信行政費。必十倍於甲國矣。其他類推。但此項經費本屬私人經濟的性質。以「其事業自身收支相償且有餘利」爲原則。則大國之視小國。其所費雖加多。其所入亦加多。故不必於國費項下斷斷比較。然則此項亦可與憲法費外務費同置勿論。其國防費雖非可以同量之比例進算。然大國之當增於小國。亦至淺之理也。如甲國一萬方里。需國防費一千萬者。非謂乙國十萬方里。即須比例其量以增至一萬萬。但乙國國防費。總須二三倍或四五倍於甲國。此不可爭之事實也。自餘司法費內務費文教費經濟行政費財務費則無一不比例於國土之大小人民之衆寡而累進（如乙國面積民數十倍於甲國。則此等國費。自然六十倍於甲國。）然則我國面積雖遠過於英本國而我國爲自維持自發達起見其所需正當之歲入亦當遠過於英國英國僅恃土地單稅不能支國費而謂我能之耶此彼報所持主義不能成立者一也英國近二三百年來國民經濟稱最發達其地力之豐遠非我所能及故其地代之價格宜亦遠非我所能及謂英國有若干之面積能得若干之地代我國以同一之面積即亦能得同一之地代者雖五尺童子猶知其非矣以吾所聞英國最高之地代與吾國最高之地代相較英國最低之地代與吾國最低之地代相較平均統算大率我以十而僅能當其一耳以我本部面積與英本部面積比我約十一倍於彼而彼地代價格約十倍於我兩者相消其地代總額應略相等在英不滿五千萬磅在我充其量亦不過五六千萬磅止矣就令以此數之全額盡充正當之行政費而猶虞其不足況乎其萬萬不能也（詳下說）即曰文明進步後地代價格可以漸漲然其漲率萬不能甚速（詳下說）而當未漲以前抑何以支恐財政基礎先已紊亂不可收拾矣此彼報所持主義不能成立者一一也。彼報之言曰。『今日之中國。所課於民之地稅。爲其租之二十分之一而已。其取諸民而達諸中央政府。不知經幾度之吞蝕偸減。而中央政府每歲收入。猶有四千萬之總額。英人赫德有言。中國倘能經理有方。則不必加額爲賦。而歲可得四萬萬。然則中國地租之總額爲八十萬萬也。經國家核定其價額之後。以新中國文明發達之趨勢。則不待十年。而全國之土地。其地代進率。必不止一倍。而此一倍八十萬萬之加增。實爲國有』嘻、此眞夢囈之言。其空中樓閣的理想。誠足以自慰。而無奈與事實全不相應也。我國租稅。中飽雖多。然僅以田賦一項論。而謂如赫德所言。毫釐不加徵。而收額可十倍於今日。此夸論也。我國財政上舞文中飽之弊。以釐金爲最甚。而田賦反稍遜。釐金由局吏包徵包解。殆近於日本所謂請負徵收法者。局吏但比較前任所徵能如其額。斯足以應考成矣。其因通過貨物增多。而釐金增收者。可以盡入私囊。又得任意抑留詭詐。收賄漏放。故釐金一項。政府所收者與人民所出者。其額相去懸絕。此不可掩之事實也。若田賦則異是。政府勘定歲供之數。而公布之於民。人民以其爲直接稅之故。頗感苦痛。注意不怠。政府當前此釐金關稅未興以前。以此爲唯一財源。注意亦特甚。故官吏之舞文中飽也頗不易。現在秤餘火耗等陋規。殆可謂公然的秘密。政府默認之以爲官吏津貼。其數亦大略有一定。不能任意再加婪索。現在州縣。不過或遇蠲免恩詔之時。擱遲不發。先徵之而以後任爲蠲。或制錢洋銀與紋銀兌換之數。以無法定比價之故。抑揚取贏。所能作弊者。只此而已。要而論之。則今日官吏最便中飽者。不在田賦而在田賦以外之雜徵。謂人民所出田賦之額。與政府所收田賦之額。相去懸絕者。實不知情實之言也。

查田賦徵收之慣例其秤餘火耗雜派等項目大率當法定正供之半額最甚者當三之二而罕有逕與原額埒者。如照賦役全書例徵一兩者。大率濫徵至一兩五錢或一兩六七錢。其竟加至二兩者尚希。現在中央政府所收田賦總額據赫德所調查則其納銀者二千六百五十萬兩納穀者三百十萬兩合計爲二千九百六十萬兩據上海英領事夏美奴所調查則其納銀者二千五百〇八萬八千兩納穀者六百五十六萬二千兩合計爲三千一百六十五萬兩我國無確實之統計二說未知孰信要之其總額三千萬兩內外近是然則秤餘火耗雜派等項就令與法定原額相埒亦不過六千萬已耳而四萬萬之說從何而來即曰各省中有匿稅不納升科不實者及新漲新墾之田未著賦籍者從而淸丈之所得當不少充其量則倍今之額亦一萬二千萬已耳而四萬萬之說從何而來故吾以爲此實赫德武斷之言也而彼報據之以起算不智甚矣。赫德所調查僅二千九百餘萬。而彼報硬改爲四千萬。欲曲折牽附以合其八十萬萬之數。亦太可憐。且彼報謂今日中國所課地稅爲其租二十分之一。此亦不然他省吾不深悉以吾粵之賃地而耕者上地每畝不過歲租四兩下地不及一兩此即經濟學上所謂地代也而據賦役全書所規定則廣東田賦最下地每畝或徵銀二分四毫米三升七合最上地每畝徵銀二錢一分二釐二毫零米五升三合又自雍正元年定丁隨地攤之制廣東每地賦銀一兩帶徵丁銀一錢三分六釐有奇然則廣東之最上田其賦銀丁銀兩項合算蓋每畝徵二錢五分內外加以米五升三合折算今時價斗米值二錢四分應爲一錢三分有奇三項合計亦約及四錢內外其地代爲四兩而國家所徵爲四錢內外則是課其十分之一也最下地之地代不及一兩而其賦銀丁銀米銀三項合計所供者約銀七八分則亦課其十分之一也然此則法定正供惟然耳益以秤餘火耗等陋規尚不止此數若中飽者而當正供之半額也則所徵約爲六錢取地代七分五之一矣若中飽者而與正供相埒也則所徵約爲八錢取地代五分之一矣此以吾粵論也若夫江蘇之蘇州松江浙江之湖州嘉興沿明初以來之重賦視他省他府多徵數倍即正供之額已等於其地代雍正間雖將嘉湖二府減其額徵十之一然其重猶遠過他地近李文忠猶抗疏以爲言從可知矣雍正五年上諭云『查蘇松嘉湖賦稅加重之由。蓋始於明初。洪武時。四府之人。爲張士誠固守。故平定之後。籍諸富民之田以爲官田按私租爲稅額此洪武之苛政也云云』按據此則此四府者在明初時已實行土地國有主義。

其國家所課於民之稅即當時其地代之總額也今雖經數百年地代日有增加。然大率猶取其地代十之六七耳。然彼四府者猶屬例外。姑勿援引。要之據賦役全書及大淸會典所規定。則除秤餘火耗等陋規不計外。專以法定正供論。大率國家所課於民者。當其租十分之一。此中率也。今者田賦共三千萬兩。則全國地代之總額應爲三萬萬兩耳。而彼報八十萬萬之說從何而來。就令核實清丈。釐剔陋規。緣此可加增一倍。則亦六萬萬兩耳。而八十萬萬之說從何而來。且吾讀彼文而猶有大不解者。彼謂現在課於民者爲其租二十分之一。而總額有四千萬。然則以二十乘四千萬亦不過八萬萬耳。而安得有八十萬萬之說。及細玩其語意。乃知其以赫德之說爲金科玉律。而因以二十乘四萬萬。乃得此數也。嘻、異矣。夫使如赫德所言。照現在賦額不加徵一錢。而實數可十倍於今日。則據賦役全書所載。其至重之賦有每畝徵至六錢者。而政府所得不過人民所出之十分一。然則人民所出不已六兩耶。即此可見赫德之言之奇謬。吾粵田賦法定正供。最高者每畝二錢有奇。此政府責成於官吏所取之實數也。苟不加一文而可增十倍。則必官吏所取於民者爲二兩有奇然後可。試問吾粵人。曾聞有完每畝二兩有奇之田賦者否耶。以每畝六兩之稅。而謂僅爲其租二十分之一。然則其租之總額不應爲一百二十兩耶即如吾粵上田正供地丁銀米合計每畝四錢如彼所算政府收入四錢者人民所出當爲四兩四兩猶不過其租二十分之一則其租應爲歲八十兩而吾粵最良田每畝歲可產米八石每石以現在時價可值銀二兩四錢則每畝歲穫可十九兩有奇而資本勞力皆出於其中夫以生產額總值不滿二十兩之地而謂其地代有八十兩非病狂安得有此言也。彼報最好爲强辯者。雖然。該說謊怕算帳。今吾所列擧之數目字。請爲我解答之。不然。勿復以單稅論嘵嘵向人可矣。嗚呼天下有馳騖於空想而不顧事實者其往往陷於重紕貤繆皆此類矣夫以英國之富而其現今地代總額猶不過四千九百萬磅以現在金銀比價計之每磅合我庫平銀六錢六分有奇然則英國全國之地代總額猶不過合庫平銀三萬五千萬內外我國本部面積十倍有奇於英國故就令我國地代價格所值與英國同率其總額亦不過三十五六萬萬而斷不能至四十萬萬今彼報謂有八十萬萬然則我國地代價格不已兩倍餘於英國耶彼報敢作此言以欺人眞可謂一身都是膽也若曰此土地國有制度施行於全國故不能徒以本部十八行省起算。曾亦思十八行省以外其地多未墾闢而儘可容人自由耕作耶。凡可以自由耕作之地則其地代等於○而即爲無地代此稍治經濟學者所能知也。今以奉天之密邇而自由地猶居全省面積之泰半則吉林黑龍江新疆可知。內外蒙古青海西藏更可知。然則於十八行省以外徵地代即有之亦其細已甚矣。故吾所測算。謂國家現在所徵田賦爲地代價格十分之一。現在田賦總額三千萬其地代總額三萬萬約當英國地代價格十分之一。此數當不甚遠即曰所徵者有不實不盡更益以十八行省以外之地代充其量能將此數加一倍則亦六萬萬極矣即彼所持土地國有論實行後將此數全歸政府則其所入亦不過與現時日本之豫算案相等其不足以供此厖然大國自維持自發達之費明矣此彼報所持主義不能成立者（二）也。

今世各國通例。於國家財政之外。更有地方財政。吾不知彼報所持土地單稅論。將併地方稅包在其中耶。抑僅國稅也若此外別徵地方稅則與彼所謂「私人永遠不用納稅但收地租一項」之說相矛盾而地方稅與國稅且甚難免重複之病若不別徵地方稅而即以此土地單稅一項並支兩者則僅國費尚苦不足安有餘力以及地方勢必自治團體之行政百廢不舉且地方財政既不能獨立而一切仰撥給於中央則中央有莫大權力可以左右地方之生死必將復陷於專制而政體根本生搖動焉此彼報所持主義不能成立者**四也**。

以上所論謂土地單稅決不能支持國家經費也即讓一步謂可以支之而有餘裕矣。（此吾如彼報之意而爲假定詞耳。實則單稅不足支國費之說。已顚撲不破。彼報勿又作無聊之言。謂讓一步則爲進退失據也。）**而土地單稅果足稱爲善良之稅制乎此又一疑問也**凡健全之財政制度其所必不可缺之條件曰收支適合使歲入無過贏之弊亦無不足之憂此各國大財政家所絞腦汁以求得當者也故其租稅必選擇**有彈力性之財源**以徵之蓋政府收入其在平時不欲其有急遽之增減也故(第一)常設數種之租稅甲租稅或緣事故而減少則乙租稅之過贏得以補之復次政府收入其在變時欲其容易增減也（如或有戰事時之類）故(第二)其租稅必須隨稅率之增加而收入可以增加一國財政必具備此二條件然後收支之適合乃可得期而凡單稅制度無論何種其彈力性皆不免微弱土地單稅則其尤甚者也如彼報言盡收土地爲國有而賃之於小作人(小作人者。謂賃土地以營業之人。日本名詞也。)收其地代以爲唯一之財源。貸地之國家與貸地之小作人立於平等契約之地位其權利義務屬於私法的而非屬於公法的租率之高下全非能由於國家之强制而必待雙方之合意若是者其於租稅之精神已相悖矣國家之收入純爲經濟上自由競爭供求相劑之原則所束縛遇一國經濟界富於活氣之時人民爭相租地求過於供而地代昂反之則供過於求而地代落昂落之間全非政府所得主張歲入毫無一定馴致不能爲豫算而財政之基礎將潰此彼報所持主義不能成立者**五也**。復次國家或遇戰事或有所大興作其不時之需往往甚鉅而此土地單稅唯一之財源政府不能以權力增其稅率若强增之則民之已貸地者得立廢契約其欲貸地者裹足不前國家不惟不能多得收入且緣此而益減少而全體之財政且崩壞此彼報所持主義不能成立者**六也**。

彼若欲彌縫土地單稅不敷國用之說。必將曰。吾之理想的國家。以地主而兼大資本家之資格者也。故國家所營各種事業。如鐵路礦務等類。可以得莫大之歲入而補地稅之不足。夫國家之私人經濟的收入。在今日各文明國日見其增加。此誠不可爭之事實。即吾亦極表同情於此政策者也。本報第十四號。夫既言之矣。雖然天下事利與弊。恒相緣。同一制度也。甲國行之則利餘於弊。乙國行之。或弊餘於利。則恒因其社會之程度位置。適不適。以為差。德國財政學大家華克拿。實國家社會主義派之泰斗。主張一部分之事業。當歸國家經營者也。然猶言今日之國家。其財政當以租稅為主。餘者為輔。其理由則(一)就國家之本質及職分論之。國家為强制共同經濟主義之代表。而與代表私經濟主義之私人相對待。然後人類之生存發達乃可期。決不可以國家而侵私人活動範圍之全部。國家以欲得收入之故。而營私經濟的事業。惟於例外之場合。可許之耳。非有特別之理由。不可妄許。(二)就政治上論之。私經濟的收入多。則政府之權力增加。或將不利於國民全體。且國民據租稅協贊權。以監督財政之運用。於財政上所益甚大。私經濟收入多。則租稅協贊權減殺。而與立憲之精神相反矣。(三)國家經營私經濟的事業。其手段往往比於私人自營者較為拙劣。果爾。則自經濟上論之。其為不利。固不待言。(四)自財政上論之。則國家經費。其每年之增加。規則必須略正私經濟的收入常不免變動故於財政上收支適當之原則甚難印合又國家以租稅支辦國費則豫算表製定經費細目必悉心以研究其利害得失若以私經濟支辦之則不感經費負擔之苦痛漫然行事弊且日滋此華氏比較租稅與私經濟的收入利害之點其言可謂博深切明故吾黨所主張者認私經濟的收入可以爲財政上一大源泉且就經濟政策上能多所調和此必當採用者也雖然採用之際當附條件焉以華氏所舉第三理由之故故謂政府惟宜立百年大計漸嚮於此目的以進行而行之無取過驟如日本鐵路先委諸私營逮時會已至乃收諸國有蓋一則待國中諳練技術之人漸多政府得選拔之使當經營之任而比較的少失敗之憂二則待國中教育漸高人民公德心漸發達則其爲官吏以代國家執行此等營利事務者舞弊不至太甚三則待各種法律大備且官吏與人民咸習於法律之運用則雖有欲舞弊者而制裁消遏之也較易若如彼報所主張謂新政府初立即收土地爲國有同時而國家即以大地主大資本家之資格舉一國之最大生產事業而專辦之吾以爲辦理必不能善而良果遂不可期此不敢贊成者一也又以華氏所舉第一第二第四理由之故

故謂國家只宜擇數種犖犖大端之獨占事業辦之勉求勿侵私人經濟正當之範圍故一面雖可以政府爲一種之企業家一面仍希望私人中有多數之大企業家出相協以謀國民生產之發達且使政治上權力不緣此以畸重於政府若如彼報所主張謂惟以國家爲大資本家而不希望國中大資本家之出現吾以爲於經濟上政治上皆生危險利不足以償其弊此不敢贊成者二也夫今日無論何國皆不能以私經濟的收入占財政之主位況中國現在程度之幼稚遠不逮彼者耶土地單稅既不足以充國費而私經濟的收入其不可專恃也則又若是不知何以處之况夫國家欲經營此等事業必須先投莫大之資本以彼報畫餅充饑之豫算謂我國可坐歲收八十萬萬之地代越十年而且倍之者則此資本誠不憂其無所出然徵以事實則其豫算之謬既若彼矣土地單稅以支國家經常費而猶不足則又安從而得此舉辦私經濟事業之資本也此彼報所持主義不能成立者七也。此其關於經濟上不良之影響。次節別詳論之。

彼報之土地國有論。既主定價買收之說。則買收時不可不給以代價明矣。吾試與彼核算其共和民國政府所應支給之土地代價共需幾何據彼所核算則全國地代總額爲八十萬萬夫地代非地價也由彼所言謂普通地代之價格爲六元者則其所有之對價可値百元（彼報十二號六十九葉）然則地代總額八十萬萬之土地其所有地價總額應爲一千三百萬萬元有奇（八〇、〇〇〇、〇〇〇、〇〇〇之地代。其對價之總額應爲一三〇、〇〇〇、〇〇〇、〇〇〇）共和政府無點金術不知何以給之即曰如日本收鐵道爲國有之例不必支給現金而可付以國債證票然考現今各國國債最多者莫如法國猶不過百二十萬萬元有奇其次英國七十萬萬元有奇俄國六十萬萬元有奇耳以新造之政府第一著手而即負擔十倍於法國總額一千三百萬萬餘元之國債天下有如是之財政計畫耶彼報於計算收入時虛報之數惟恐其少者今吾與之計算支出應又惟恐其多矣（說部言有贓吏死者。見官積其生前宦囊所得之總額。鎔之以火。迫使吞之。其時患此物之少。死後患此物之多。彼報虛捏數目以欺讀者。其自作孽而見窘。得毋類是。）即以吾所懸揣略算擬吾國地代總額爲六萬萬者則其對價總値亦應爲一百萬萬以國債支撥之則國債之數亦幾及法國而過於英國矣如此之財政案能成立否耶且凡募借國債者當其募借之始不可不豫計及所以償還之途及其每年給付利息之財源現今普通之國債最廉者亦須給利五分則每百元者歲給利五元而地價値百元者其地代不過歲六元國家擁此百元之所有權而所收入六元之利益以六分之五付諸債權者而俾自有其六分之一**然則果使有八十萬萬之歲入者則每歲不可不以六十五萬萬餘爲國債利息**即吾所計算謂地代總額爲六萬萬者則每歲不可不以五萬萬爲國債利息天下又有如是之財政耶然則爲彼共和政府計惟有希望買收時値六元地代之地漲價至値十一元即全國地價平均略增至倍然後足以敷債息之用而其餘額乃爲政府之純收入耳而若何償還之法則尚未計及也政府既除地代以外無復他種之收入**欲還此債非待至地價漲增五六倍時勢不可望**而地代之性質其漲價比較的不能甚速者也其在三數大都會爲一國經濟交通之焦點者或不數年而十倍百倍於其前是誠有之然其所漲之面積恒甚狹耳自餘耕牧之地每歷十年數十年而價無變者數見不鮮也不寧惟是亦有以文明發達之結果而一部分之

地代緣之而低落者（非立坡維治之說）大抵緣交通發達之結果而地價驟漲者其面積不過居全國面積萬分之一耳其餘雖有漲者而其漲率必甚緩以吾國國土之遼廓其交通線普及之程度雖急起直追而二三十年內終難遽望其與歐洲諸國普及之程度同比例則其漲率之緩益可概見以吾計之則截長補短而欲全國之地價平均漲至一倍非二十年以外之力不能爲功然此猶必政府有術焉以助長國民經濟之發達乃始得此結果耳而彼報所持主義以吾觀之則不惟不能助長而反使國民經濟日趨萎弱者也吾恐其實行土地國有後地代不惟不能漲而反落也（說詳次節）如此則國家不惟不能償還國債且無從給付歲息於是政府之信用墜地而國可以亡今讓一步如彼報言謂十年之內可進至一倍（彼報十二號三十一葉）而此十年間國庫已須常以所入六分之一或四五分之一給付債息則亦安成其爲鞏固之財政耶彼徒見夫他國鐵道國有之政策可以進行而無障礙也因誤以爲施諸土地國有亦應如是殊不知現今各國鐵道事業大率有資本百元者最少可歲獲十元之利其尤勝者可歲獲二三四十元之利政府以每百元給利五元之公債購買之此後每歲由此鐵道所入之利益除以之

給債息外最少尚有五元之贏餘多者有數十元之贏餘此贏餘貯之數年即可以清償此項國債之元本此後鐵道所得即爲國家之純收入於是或減收脚價以便民或輕豁其他之租稅以弛民之負擔此法之所以爲善也若土地者其地代不過爲其地價百分之六政府以利率百分五之公債購買之望梅止渴以待其漲價而漲價例不能速則政府惟有窘於公債不能自拔卒至破產而後已耳由此言之則不必問其地代總額有若干而政府緣買收土地之故而勢必至於破產地代僅六萬萬固破產也地代有八十萬萬亦破產也地代有八百萬萬亦破產也何也一比例於其負擔國稅之輕重而破產遂卒不可避也此彼報所持主義不能成立者八也。嗚呼吾以上所論者皆易明之理。必至之符。土地單稅論無一毫之價値。眞如示諸掌矣。彼報記者之頑夢醒耶未耶。

夫土地單稅之所入。無論如何而必不足以給償公債之本息。既若是章章矣。而政府猶侈然以大資本家自命。欲經營全國之大生產事業。則其經營之資本。復何所出。就彼報所言。則謂國家擁八十萬萬之歲入無處不足也。又謂在地價未漲以前。有是可億收之巨額。新政府即有莫大之信用。而可以借入若干億之外債也。又謂有此歲收之巨額。不患其償還之無著也。推其意。一若新政府可以不費一錢之代價而坐收此八十萬萬之歲入者。然吾昔謂公等之土地國有政策爲掠奪政策。公等不服。今請第三者平心察之。彼新政府舍掠奪之外。苟非先鏊出一千三百餘萬萬以償於民。當從何處得享此歲入八十萬萬之權利耶。如其不能。則必歲歲支出六十五萬萬餘之債息。而猶常負一千三百餘萬萬之重擔。壓於其項背者也。歲歲支出六十五萬萬餘之債息。而猶常負一千三百餘萬萬之重擔。壓於其項背。似此政府而猶云有莫大之信用。吾不知必如何而始爲無信用焉矣。以此資格而借外債。吾恐外人寗沈其資於太平洋而不願得此債務者也。就令外人能我信而以此百倍於法國之內債復益以若干億之外債。歲入總額既以其六分之五給內債之歲息。又以其所餘之一分給外債之歲息。則彼共和政府。上自大統領國會議員。下至末入流之小吏。除枵腹從公外。更無他術。而一切行政費。更奚追問矣。然又非徒若是而遂可即安也。彼一千三百餘萬萬之內債。使野蠻之政府。或可以悍然不還。而彼若干億之外債。則無論政府若何野蠻。而非許其自由抵賴也則惟有驅此四萬萬國民納諸奴闌任各國之債權者呼價而競賣之或可以償夙逋已耳夫彼所推算全國地代總額既太荒謬。姑措勿論若從吾所推算則地代總額爲六萬萬其對價應爲一百萬萬。彼之土地國有政策實行時政府應負債一百萬萬而後此歲入有六萬萬而歲歲須給付五萬萬之債息除外實餘一萬萬比諸現在政府之歲入不逮者且三千萬矣即不必復借外債而現政府所負之外債逮彼革命功成新政府建設後勢固不得不承認之而繼續其負擔而此項本息實爲每歲二千四百餘萬如此則彼新政府之實收入不過歲七千餘萬視現政府之歲入僅得其半額矣而猶曰財政鞏固政府信用將誰欺欺天乎吾以爲我國將來之財政當需幾何大約宜以今日各文明大國爲比例而猶增之計英國現今歲入十一萬萬餘法國十四萬萬餘德國十二萬萬餘俄國二十四萬萬餘歲出略相當而國債費尚在外我國以幅員之廣人民之衆所需行政費之多則其歲出入必須過於英法德而勿劣於俄質而言之則每歲必能提出二十萬萬以上之算豫案然後可以供國家自維持自發達之用政府能覔得此適當確實之財源者則可謂爲健全之財政案而不然者皆其不健全者也今彼之土地單稅案除整理公債外實可以供國家經費者不滿七千萬不及其三十分之一而猶曰財政鞏固政府信用將誰欺欺天乎嗚呼吾初不信圓顱方趾之人類其發言之橫謬有至於此極者而今乃始於彼報記者見之自今以往吾眞不敢輕量天下士矣此彼報所持主義不能成立者九也。

彼報又有言『土地國有者法定而歸諸國有也』法定二字吾又不解其所謂（吾於彼報之語多不解者彼笑我爲腦筋繆亂否塞不知果我之腦筋繆亂否塞耶抑亦唐人所謂卿自難記非關小生也）夫政府既出代價以收買之則所有權純移於國家之手國家自由處分之已耳何取法定據彼報第十二號第三十一葉所言謂『經國家定地價之後則地主止能收前此原有之租額而因於文明進步所增加之租額則歸國家』此似解釋其所謂法定之意義也信如此言則所有權仍屬私人仍有收租之地主何云國有而其下文第七十四七十五葉述國家種種自由處分土地之政策國家既非全有所有權則安所得而自由處分之故彼報既屢言國家爲大

地主而又言法定租額此兩者性質絕不相容**是其大矛盾之點**今吾雖欲駁論而不知當駁其矛歟當駁其盾歟故曰不解也今姑且又就其法定租額之說而詰之如彼所言則國家惟定地價而不必繼受私人之所有權私人仍許世襲其固有之土地以收租惟所收租額有逾於法定價格之外者則以歸國家似此則國家無須付此買地之代價無須負此莫大之國債策似得矣然還問國家歲入之額則何如夫既於地租之外絲毫不復有所征矣而所謂地租者乃又其法定價格外之贏也非地代價格漲至法定時之價格以上勢不能有所贏**然則使地代永不漲價將政府無復一錢之收入**夫地代之漲價爲不能速既如前述矣則政府必有數年間爲無一錢收入之時幸而得數十萬百萬則如天之福矣然無論如何當其初行此制度之第一年政府必不名一錢何也第一年地主所收之租額必即爲國家法定價格之原額故也而試問亘一年間不名一錢之政府果尚能繼續存在否也且吾以爲若用彼法定價格之說**則政府將永遠不名一錢**非獨一

年而已何以言之蓋政府所取於地主者爲其法定租額之贏而地主所收之租果有贏於法定租額之外與否則亦憑地主之自例而已以今日各文明國法律之精密而於所得稅營業稅等之以多報少猶苦於無術以爲坊況乃彼共和政府之草創耶欲派員一一而稽核之其手續之煩費騷擾且或詭詐激變固無論矣而雖有幹員決無從稽核以得其眞相充其量不過憑小作人之租券以爲據耳而地主與小作人固可以串同作弊使無痕跡之可尋此等伎倆固吾中國人所優爲也如其地法定地代價格本爲六元者及夫因交通發達之結果而漲至七元時此一元例應爲政府所得然地主可以一二角賂彼小作者因而徵其八九角而仍書六元之租券予之是政府終不能有所得也以後無論價漲至若何而皆可用此法以欺政府政府雖明知之而終無如何是故政府永不能享文明進步地價騰漲之利益而惟不名一錢以終古也夫由公債買收之說則財政案之不能成立也既若彼由法定租額之說則財政案之不能成立也又若此然則彼之土地單稅論果四衝八撞無一得當也此彼報所持主義不能成立者十也。

今且暫置此收入足不足之問題。再從財政之他方面觀察之。**則凡租稅制度。必以公平而普及爲原則。**此稍治財政學者所能知也。使全國中一切人民。無論居何階級。執何職業者。皆自然負擔租稅之義務而無所逃。且自然比例於其負擔之能力以爲負擔。如此者謂之良稅。不如此者謂之惡稅。而土地單稅之結果。則極不公平極不普及。**而與此原則正反對者也。**昔十七八世紀之交。英國重農派學者。即嘗倡土地單稅論。而法國福祿特爾曾設譬以笑之。其言曰。『有歲入僅四十金之農夫。法當納國稅二十。憔悴枯槁。褰裳路歧。遇一故人。有四十萬金之歲入者。窮豪極侈。其妻妾所費。每歲八萬。僕從之俸給。猶二倍於農夫之收入。輕裘肥馬。凌厲通衢。農夫見而問之曰。君果以歲入之半額二十萬納於國庫耶。其友曰。君毋相戲。余固無尺寸之土。余之財產。雖本產自土地。然以他人既納租稅之故。若官吏猶强余納稅。豈非課二重稅乎。是固不可。若君既擁土地。以得四十金之歲入。其勿卸納稅之義務。當爲國家有所盡力。倘瀕飢餓。偶來與吾婢僕共食。吾固不辭。』此雖虐謔之言。然諷刺土地單稅論之不公平。可謂無餘蘊矣。今彼報所持者爲土地國有之單稅論。與重農學派之所論微異。雖然福祿特爾之所諷刺。即土地國有之單稅論者。亦未或能免也。何以言之。夫人類固不能離土地而生活。然有直接利用土地以爲生活者。亦有間接利用土地以爲生活者。而間接利用者所得之利益。往往視直接利用者爲豐。此事實之數見不鮮者也。今如彼報所擬之新共和國豫算案。欲絞出八十萬萬之土地稅以入國庫。則必取現在田賦率十倍之。復取其十倍者而二十倍之。則今日每畝賦一錢之地。新政府必賦二十兩。今日每畝賦六錢之地。新政府必賦百二十兩。此所賦者誰負擔之。則農民負擔其十之八九。而農民以外之負擔者不得一二也。然此實笑柄。吾且勿復惡作劇以重窘彼記者。則試爲之代取消其豫算案。不問國庫所入多寡。惟以任意契約行爲。聽民租地。則夫彼農民者。非直接利用土地以從事生產。不足爲仰事俯畜之資。則有八口之家。得百金之歲入。而僅足以御飢寒者。於是向政府賃地而耕。以現在時價約有米四十石。乃能易百金。最良之田。畝產八石。故所賃者不能少於五畝。而最良之田。每畝地代其時價假定爲四兩。（此以視彼共和民國豫算案。不逮二十分之一耳。若照此時價。則共和民國所收全國地代總額。應爲四萬萬兩。則歲須納二十兩於政府矣等是而進之耕十畝者所納爲四十耕五十畝者所納爲二百其率恒五分之一反之而如醫生辯護士輩終身不親隴畝而歲入可至數萬或十數萬又如轉運商或爲取引投機事業者歲或致數十萬數百萬問其所負擔納稅之義務則如何使其賃屋而居則國家所徵之地代自有屋主代完直可終身不納一錢之國稅雖曰屋主所納之地代還轉嫁於賃屋之人然其數幾何其或賃地以自築室則得五畝地於村落夫已足林園之娛亦不過歲納二十兩耳其都會繁盛之區地代價格或十倍焉或百倍焉然醫生辯護士等之公事房需地不滿半畝十倍之則亦二十金耳百倍之則亦二百金耳其餘商店等亦復例是若是乎則國家所取於農者恒爲其收入五分之一而所取於農以外之人者有時乃爲百分之一千分之一萬分之一也天下之不平寧有過是夫就社會政策上以論租稅則所得稅最爲公平消費稅最爲普及而營業稅亦最便於轉嫁但使一國中有諸種稅並行則全國人民往往於不知不識之間而固已各如其分量以盡納稅之義務彼富豪者流不徒其地稅家屋稅所得稅財產稅等直接有所貢獻於國家也彼日用飲食間固息息未嘗與國庫斷絕關係焉即如吾儕旅居日本曾未嘗一度見稅吏之叩吾門然吾儕固非徒吸日本社會之空氣而無報酬抑章章矣質而言之則吾儕亦對於日本政府而盡納稅義務之一人也此複稅制之所以爲善也若土地單稅制行則土地之外無復有稅除直接利用土地者外無復負納稅之義務則其結果必至如吾所云富豪階級絕不納稅即納矣亦不過百千萬分之一而惟此哀哀之小農常戴五分一之重稅於其頭上詩云哿矣富人哀此煢獨農民何辜乃授命於此惡政府也夫如是則豈惟財政即全國經濟界亦將釀大混亂而國可以底於亡矣此彼報所持主義不能成立者**十一也**。語至此則彼報之土地單稅論更無復半錢之價值矣若彼猶不肯自懺悔而欲强爲說辭也則惟有曰「土地所生產之物凡以供社會一般人之求國家所取於彼之租稅彼得而轉嫁於消費之人一國中無論何人不能不仰土地所產物以爲養則是亦間接納稅也」此即重農學派土地單稅轉嫁論之說也此說在現今經濟學上財政學上已無復價値不多辨然信如是言則一國負擔既全落於農民之頭上國家之經費愈膨脹則所責於其負擔者愈多農民欲轉嫁其負擔則不得不昂其農產物之價値以求償而彼一般消費者固可以別仰供給於國外之農產物而國家莫之能禁也豈惟農產其他亦有然則外國品滔滔注入以與內國品競爭我農民將貶其價以與人競耶無奈屭負此厖然大國之國費於其肩背生產費緣此大增貶價則將不償其生產費是無異自殺也不貶價則在市場上無復過問是亦無異自殺也於彼時也則惟有廢田不耕相率向政府解除租地契約政府所有之土地一旦供過於求而地代價格因以驟落而財政之擾亂愈不可思議矣夫國家取諸民而不惟公平之爲務乃專責負擔於其中之一階級則其展轉所生之結果非致國家破產而不止也此彼報所持主義不能成立者十二也。或曰。土地單稅。可以獎厲土地之利用。促進農業之發達。蓋其所負擔者旣重。自不能不設法求生產額之增加。乃足爲償也。彼報第十二號謂『土地國有後。必求地力之盡。則以小農分耕所獲者爲標準。而收其半或三分之一以爲租。』（第七十六葉）或即此意耶。此則須摩拉嘗駁之矣。謂果如論者言。利用地租可以促進農業之發達。則其結論必將曰租稅重則經濟之進步愈速。天下寧有此奇論耶。此彼報所持主義不能成立者十三也。此俟次節更詳論之。

且土地單稅論。其惡影響不徒及於財政云爾。租稅之爲物。其最大之目的固在充國家之收入。然有時亦利用之以達其他之目的焉。蓋時而課重稅於外國輸入品以保護內國產業。卽經濟學者所名爲保護政策者。其作用全在租稅。而行土地單稅制則此作用絕對的不能發生也。夫保護貿易政策之利害得失。且勿深論。（次節論之）而今世各大國除英以外。罔不行之焉。決非無故。而此政策則與單稅論不能兩立者也。而中國將來不能絕對的採自由貿易政策。又至易見也。故土地單稅論與中國將來之國際貿易政策不能相容也。又各國常有以政治上或社會上之目的。而課嚴重之消費稅如阿片稅瑪非稅酒稅其他有害品之稅等。皆有其必要之理由。而採用單稅制。則一切不能實行。（消費單稅制。對於此問題可以無障礙。所得單稅制土地單稅制。其受病皆同。）其於國家施政。抑大不便。此彼報所持主義不能成立者**十四也**。

復次。租稅之與政治。更有其密切之一關係焉。卽人民以負擔租稅之故。常感苦痛。因此聯想及己身與國家之關係。而責任觀念權利觀念。並隨之而生。試觀英國憲法史上之大部分殆皆反抗惡稅之陳跡也。美國之獨立。亦爲租稅問題也。法國之革命。亦因財政紊亂也。彼文明國所以有今日。大率以此爲之媒。儻國民對於國事之利害。日趨淡薄。此必非國家之福明矣。財政學家有比較直接間接稅之得失者。謂間接稅使一般人民對於租稅之注意較薄。因漠然於政府之行動。現美國中央政府往往有濫費之弊者。其原因雖多端。亦由其歲入純爲間接稅。人民不直感負擔之苦痛。緣此而對於經費之支出。不鄭重注意也。此與華克拿氏論私經濟的收入之弊。同一理由。夫直接間接稅之比較。猶且若是。况如土地單稅論者。國中一部分人全免於租稅之負擔。其與國家渺然若不相涉。而彼直接負擔此土地稅之一部分人。亦不過以雙方合意契約的行爲以對於國家。而公法上權利義務之觀念。全寖沒而無由發生。然則此制度足以令政治趨於腐敗。又必至之符矣。此彼報所持主義不能成立者十五也。

以上就財政政治一方面觀察之。土地國有論。旣種種謬於學理。反於事實。而毒害於國家矣。今請以次觀察他方面。

以上所指者不過彼報所持主義謬點之一斑耳。而其不值識者一笑也。則既若此。是知凡論一事。萬不能憑架空之理想以下判斷。而必當按切事實平心以施研究。自發論者當有然。聽他人之言論者亦當有然。彼報之大患則在萬事純任主觀的理想。而蔑視客觀的事實也。彼前後十餘號之議論。莫不皆然。此特其一端耳。而他人之惑於其邪說者。受痛亦正坐是也。吾奉勸彼報記者。平心以讀吾此文。苟自知其土地國有論之決不能成立。則迅速取消之。所謂君子之過。如日月之食。豈不亦光明磊落耶。若猶徇意氣。而必欲爲困獸之鬥。則請再埋頭旬日。獺祭羣籍以求援。本報固泚筆以俟耳。而本報次號所指駁。又將予該報以更窘之問題。使貴記者疲於奔命。此則本報之罪也。

（未完）

論著二

穆勒約翰議院政治論

立齋

小引

利愷氏(Lecky)之評法國革命曰。國之大患。莫如其人民取往昔親密之關係一旦裁而斷之。而其論英國人種之成功。則曰英人種政治之天才。在善通舊制以適新需。故雖無赫赫之名。而善舉幸福之實。嗚呼。是乃盎格魯人種與臘丁人種得失之林也。竊讀此言。而反觀吾國今日愛國志士之所以導其民者。則又不能不悚然懼懼者何。何其不善以西方歷史之所垂戒。告吾國人。乃獨於其覆轍之徘追之若恐不及。夫西方政史上微言大義。旦東來。每爲學者所傅會。亦既於日本見之矣。若今日號稱先覺之士之所鼓吹者。竊恐今後之革新。竟乃背於西方政治進化之成例而不免為昔日歷史一度之纁染是寧國家前途之福哉然論者則以咎種族利害之分歧夫事物交換不能無代價物質公性屈伸必依定比例以四千載古國再造之大業徒憑一紙空文而責效於年月不亦太早計乎是故今後之中國所賴於志士之犧牲者或舌或筆或頭顱皆為國民應有之責任而當今日活動準備之期取西方先哲之說以為國民鑑戒或亦有心救國之士所樂聞乎作穆勒約翰議院政治論。

(1) 政體
(2) 議會
(3) 選舉
(4) 政黨
(5) 結論

第一章 政體

(一)必要之三條件

世之言政體者有二派焉。一器械派。一有機派。器械派者。以政治爲應用之術。政體爲方便之門。謂凡所設施。無不可一由人擇。故我之所認爲善制而能造大利益於衆生者。則鼓吹其說。使輿論之我歸。而政策之行隨之。此蓋以國家大政等之製造發明之器。而爲盡人能力之所及。有機派者。以政體爲自然發生之物。視政治如博物之一枝。故謂凡理其業者。應如對於庶品羣倫。先識其自然之狀態。而後吾人之行動隨之。此其意謂一國之政制。必與其民族之性情習慣相緣以俱。而決非深計熟慮之所能爲力。故使進化之階級有所未至。强以他人之所謂宜者施之。亦徒枉費精力耳。二者之說如是。竊以爲皆非也。夫天下之政制。決非盡爲人之所能爲力。不待智者而知。且物有最良。而外此隨之俱來者。有其必需之件焉。有其使用者之聰明才力焉。必俟此二者足與其物相副於無窮。而後其施爲便利而無所梗。故徒憑一已之成心。而不察一國之情實者。斷非善導國民者也。至有機派之說。要亦不得至當之所歸。政體之爲物。非若植物然。春生夏長。於不知不覺之中而漸以發生者。若其起原存立。莫非人力之所經營。歷史之所明示也。且國政之變靡國沒有。或善或惡。自有效果之可論。必循乎自然而不假施爲者無是理也。是故如前之說。以政體爲可任意改革者非也。以政體爲不可改革者亦非也。改革固可。特有一定之範圍而不可越。於是乎有三例。

(一)政體必與其國民之性情行誼毋相鑿枘。

(二)此政體之永續。必其民之行動力足以維持之。

(三)凡消極積極之行爲。政府之所需于民。賴此而後能善其事者。必爲其民之所樂爲。而力能任之。

所謂政體必與其民之性情行誼。毋相鑿枘者。何也。野蠻遊牧之民。自成部落。絕不爲他族所同化。且戴一家焉以爲之長。有羈縻。無服從。使稍干涉之。則變端隨起。故使一國之內而有此等民族。苟欲以文明嚴整之法治他族者治之。非特不足以致治安。反招其民之厭惡耳。亦有久困專制之民。素不問外事。一旦使之與聞政治。彼不識公權自由之可貴。反以多事瀆身自怨艾者。夫遇此等之民。則政之行也。雖不如向者無化者之難受。然當更始之初。必有局天促地而以爲大苦者。此又一類也。

案、如前之說。則他日滿蒙回藏之行政。不可不大注意。由後之說。則吾國民今日

之狀態不可不大警省

所謂一政體之永續必其民之行動力足以維持之者何也有國民焉囂囂然知慕權利爭自由矣然一考其實際之道德則怠忽也怯弱也公德心之缺乏也其對外焉無勇往果敢之精神其對政府焉非特不能舉監督之實反當爲其權術之所愚且或以國政一時之恐慌頹然喪氣或生崇拜个人之癡心竟以國民貴重之自由投之一二豪傑之足下因使以顚倒一國之政制而惟我一人之剛若此者則其國民之能力欲以維持一公治之制於不弊不亦遠乎

所謂積極消極之義務政府必需其民之實行而後能善其事者何也凡國民之義務有所當爲有所不當爲當爲者積極義務也不當爲者消極義務也一人之身必具此二者然後乃爲盡責而足以享自由之福譬之處法治國之下權利之喪失回復一賴之法律然使其民素不知秩序感情銳敏好勝之心達於極端當其遇有爭執竟不訴之有司而直取決於私門於是法律保護之功用失而政治之行生一大障是何也其民猶未識當隱忍之一消極義務故也不特此也法律之行也不徒賴之司法者之監

督幷恃其民之正直無私能善與法律之執行以有力之輔助竊聞印度南歐之民。往往有明知爲非犯而不捕之者。謂恐他日之報復而自害其身。夫在立憲公治之國無一人焉無保障法律之責今乃以潔身自好之主義措社會之隱患於不問是蓋置所當爲而不爲之過也且代議政體世之所稱爲良制也然亦視民德之如何以爲斷何則使撰舉者之多數。於政治之關係。視之淺薄。於是其投票也。藉此以納賄者有之。藉此爲奉迎之具者有之。則撰舉制度爲弊害之保障者今乃反爲陰謀者之所利用是不啻虎惡政府而翼之矣

故如有機派之說必以歷史爲根據者是也雖然有二事焉。爲論者未及。而導國民者之所不可不知者。喜新之能一也。灌輸之功二也。夫必以民之所習熟因而利導之者。其勢順。此言是也。然不知苟常住於一端。則始以爲新奇者。終亦變爲習熟。況有外界之新現象以驅迫之則其進步之速有不可以常率計者乎以云灌輸之功則意大利之革新愛國志士所由導其民由統一以得自由者愈可見矣然有不可不注意者。則以此自任者斷不可徒偏於利益之一方面而於民智民德民力活動三者漫不加察

而鼓吹過其度耳

(二)立憲政體之必要與其效果

世有恒言使國家而遇善良之專制君主則所謂最良之政體者其惟專制君主國乎此其意豈不謂一人垂拱於上舉國家庶政措之泰山磐石之安而毫不爲衆議所掣肘不知此實斬其所不可得而猶未識善良政府之爲何物者也夫一人身寄巍巍之上心運茫茫之中欲以統治數千萬方里數百萬生靈財產使非眞如所謂陛下天機洞照聖睿如神者又何足以當此今乃徒以簡單之名辭稱曰善良君主而期其舉郅治之實不亦遠乎不特此也所謂善良政府者非因其民安坐而受幸福而已必其民德民智民力三者日益繼長增高然後足以舉富强自立之實今處壓迫之下日夕惟刑憲之是懼又安敢放言高論思自效於國家前途則其國民之思想活動又安有進步之可期然而習久成風必成一麻木不仁之世界此乃必至之結果而自然之驗也是故處專制之國其所謂學術者冥思妄索學者娛樂之具而已所謂宗教者君主服從其人民之利器使益趨於狹隘之自我主義而已所謂政治者奉行故事官吏經驗

之成例而已所謂生活者智力之用無所施惟逐逐於物質上之快樂以適一身而已若此者。驗之東方支那西方羅馬希臘殆無不同出一轍然而此專制之君主。則遂得而長治久安乎。曰未也幸而不遇外族之逼處。猶足以保一日之小康使當競爭劇烈之場。相與馳騖角逐則安得而不居劣敗淘汰之數耶。故曰專制國之末路惟坐以待斃耳

夫窮專制之弊。其終焉。上下交困。有如此者。則所謂專制者。斷非國家前途之幸。不待言矣。然而有說者。設君主予民以出版言論之自由。許民以地方自治之權利。一切大政付之大臣公議。如是則二制不足以相調和乎。曰使一國而非絕對的專制則所謂專制政體之利益已不可得且如所云云則一國之公議輿論。必漸足以左右政界而其民之政治能力。必隨而增高使當其時。多數輿論與國家行政有衝突之時。則其君主果舍己從人。抑强之使必行乎。如曰舍己從人則其與立憲君主又何以異。如曰强之使必行。則必其力足以壓制之。否則上下之處置惟有出於一途曰革命而已矣革命而已矣是故不專制則自由斷無於專制之上稍有增減足以繫人心而安國本者

也。然而世之熱心改革而失望者。慮人民之不足與謀。而國家之危急已迫。不及待。於是移其所望之國民者。轉以望之政府。冀一掃種種障礙。而為一日千里之進步。此誠無足怪者。然不知此乃忘其所謂改進之意。何則使於人民不加改良。則人存政舉。所謂善制者。不終朝而滅矣。然而說者曰。上之教民也。其勢順而易入。夫苟其所謂教育者。不以人類為器械。則不論其所教之若何。其國民終必有自覺之一日。以羅馬教會之教育。乃能鑄十九世紀法國革命之先驅。故於國家行動之若何。直置之不問可耳。夫專制之弊。既若彼。而其終於必革也。又若此。則二十世紀之列國。其必盡趨於立憲者。又豈無故哉。其根本之理由二。

(一)凡權利必以自力自保。乃得安全。

(二)社會之旺盛。隨其智力之發達而大增進。

夫權利之為物。非可幸人之不我侵。亦非可幸人之或我保。必為於己有自衛之權。於人有抵抗之途。然後可以長保而不墜。諺不云乎。個人者。一己之權利之至善之防衛也。此自利之原則。冥冥之中。殆無往而不達。政治其一端耳。不觀今日工黨問題之起。有誰顧問之者。（此是昔日情形。在今日約翰本士已入內閣爲大臣）雖然。此就一部分以立言。若以全國國民對於政府言之。則所謂立憲之益。亦即在是。在上有監督之機關。在下有言論之自由。痛癢所關。則防衛之權隨之。而施政者不可不大加注意。其利一。凡國民有爲議員之權。有選舉之權。國與民之關係益臻密切。其利二。夫始焉反對專制。必欲以最高主權歸之在民。（近世新說。以主權在國家爲旨）繼焉利用其自利之心。使掌施政之實。雖自由之平分。原不能無所不達。且求之事實。往往有名雖利而實害者。然於不得已之中。欲求最安全之政體。舍自力自衛。又奚由哉。此例一之解釋也。

曩嘗言之矣。所謂善良政府者。非曰一時施行之善良而已。必其民未來之智德活動之力。日益發達。然後其國乃能有進而無退。夫專制之國。以壓制爲功。以服從爲事。其不足與於此焉。稍讀史者能言之矣。波斯希臘。並世之雄國也。然而學術政治。波之視希何如哉。意大利共和國。德意志自由都市。與曩時之封建之歐洲。同屬黑暗時代也。然其民活動之力。工商之業。相去何如哉。英荷之與法奧。當十九祺革命以前。國家基礎。同未大同也。然而貧富理亂之迹相去何如哉。夫如是自由與不自由之效。大可得而見矣。(一)凡憲法既定人民權利之確保各得安心活動之自由以致社會個人之進步。(二)人民既享有議政之權自然熱心於各般事業即一市一邑亦迥非專制國之比而其理亂之狀態自異例二之效如是。

且考之國民之道德則知政體之物之影響乃尤大。東方之民何以忌心最著聞於世界曰久處專制之下感情思想不出箇人家族之間雖視鄰人如敵國况於社會上相與共事者乎英美之民何以冒險進取聞於世界曰自由活動之效隨社會公共之道德而增進者也嗚呼信如是言則今日公私道德之掃地而陰險凉薄之廣被者又豈無故哉。

(三)立憲國民之能力及其不相容之性質

立憲政體。固爲其最良者矣。然而徒恃制之良果足以濟事乎。曰烏乎可。政體者機關也。主持之者人也。使主持之者非其人主持者之所自出又不足以監視之雖有良制無益也不觀希臘自國會開設以來所謂議院者徒爲政客角逐之場耳不觀南美列國名雖共和而操政權者則一二專制之政治冒險家耳是故以理論言則政體誠有善惡以實際論則無所謂善無所謂惡惟適而已有居專制之下而其民所享之幸福所得之進步有大於自由之民者曰惟適之故自來學者善言立憲國民之能力者莫如邊沁邊氏分力爲三曰智力曰德力曰活動力

智力者何物耶古語有云民可與樂成難與慮始亦謂國家經國遠圖每多下民所不知耳近世各國以議院之操縱凡機敏之外交政策遠大之自治方針每多難行之者亦即爲是德力者何物耶凡爲國民之政治道德耳有人焉以投票爲納賄之具者則全國公益害一分矣下至議事之紛爭釀成爭鬥（日本去年鐵道國有案政府黨與反對黨即如此）忌心一生隱相排擠若是者所以代表人民之公益者又何在乎活動力者何物耶上之所求下必有以應之或上所未及見我預起而唱之凡內治之振興外界之競爭皆在下者自爲主動而無待於政府之監督指引必是三者具然後憲政之運用靈而其民乃能長享自由之福非然者有一之不具或具焉而程度不及雖有憲法適足以害其民自弱其國耳夫欲以一定之標準求之列國則雖憲政發達之邦猶不免是矧乎革新伊始者

乎。然而利害得失自不無比較之可言。譬之政府。寒暑針也。國民之輿論。大氣圈也。使寒暑針立於愚昧不德之空氣之四圍。則其針升降之度。蓋可知矣。

凡立憲之國有收效有不收效。要皆視此三者而性質之過不及。要不此出三者之內。特有重要之弊點。大爲憲政所忌者。試略言之。

第一草昧無知固執舊習者。不足與言立憲。凡國民舊習己深。或其進化之階級。猶在草昧。若此者使與言立憲則其種種性質之缺點必反響於代議士會而爲國家進步之大障。故遇此等之民則不如有聰明神武之王勵行專制促進其民進化之歷程然後可徐圖其他。如沙立曼之於法。彼得大帝之於俄。即此類也。

第二野蠻暴横不識秩序者。不足言立憲。凡自行國而變爲居國之初。一國國民疇昔與天然之障礙鬥。與隣近之他族鬥。故其民氣力勇敢必異于常人。而其桀敖不馴之氣。一時未易使就軌範。若是者雖治以武力。猶恐不勝。矧乎與言法治乎。

第三徒知服從者不足言立憲。有民焉。被以仁術則歌功頌德。施之虐政則俯首帖耳。若是者。果足與言自由之治乎。曰未也。凡物之不可偏一而必終於相反對也。是乃動靜之公性也。立憲之妙用。亦即在下者得其所以反對之途。而足以自保。今以徒知服從之民。上而議院。下而輿論。欲其舉監督之實則甚難。以小恩小惠市之則易易耳。諺云。奴隸不足與言自由。此言至矣。此其爲害與野蠻之民正等。特在此則其受病愈深。

第四國民之智識參差不足言立憲。凡國民或以種族之不同。或以進化之先後。或以特別原因。而其國民之程度。因生種種階級。若是者使聚國民於一堂而議政也。果將從其優者之說乎。抑從劣者之說乎。若曰從其優者。則使劣者永永沉淪於卑下之域。若曰從其劣者。則使優者長無進步之可言。故於如是之一國。則莫如其君主於憲法上有無限之權。設爲種種方法。使劣者進而爲優。更於優者予以議事之權。使發揮其能力。而裁決則聽之國王。如是則融和二族。而舉國民代表之實。或不遠乎。吾英巴力門之歷史。實率由是道也。（優者其指當日封建之諸侯與後世之貴族。在上古中古平民固不能不謂之曰劣者）

第五保持地方思想者不足言立憲。凡國民以社會狀況未臻完全之域。往往以地方精神之障礙。致生種種傾軋扞格之心。故有名雖爲國。而實際非能成一共同之團體。

者。也聞之亞細亞之間。有國焉。其於一村一鄉。往往有能舉民主政治之實者。然鄉以外。或鄉之與鄉。其間利害關係。每多置之不問。是蓋觀察一國公共之利害素無其習慣。並無其智能也。若是者欲團結此種種政治上之阿頓而為一體。非事事委之中央政府一聽其指揮不可。何則。非然者或遇外患或論內治意見之不合。恐不免終於分裂。若曰舉行立憲之治也。則無代議政府之代議制度。或可持久。何謂為代議政府之代議制度。凡自各地選出之代議士。集之一堂。使議國家大政。然此機關只為政府諮詢之地。而不舉監督之實。由此以養成其民公共之觀念。馴使各地之民咸慣於一國統一之治。如是則其國憲政之發達。其有望乎。

第六功名心過重者。不足言立憲。凡國民好居治人之地。不甘為人下者。則其國立憲之治。未易發達。何則。奔走於政黨之間。努皇於社會之上。莫非思得一位置。以傲於眾人。而自謂居臨民之地耳。是故其唱言破階級之制者。亦不過欲以官職供多數人之競爭而已。因得與政權相接近耳。凡觀察吾英人政治上之感情者。往往有矛盾之一點。英人好言自由。獨於政權。置之不問。不知此乃英人之特長。而憲政之所以完美也。

英人以厠身政黨思得一官職爲大恥故其立身咸取之他途或實業焉或學術焉謂皆足以使我成功名而有餘而操政權者則讓之以社會上位置之結果原可不求而得者可耳不特此也使才之居我上者則直服從之而不加掣肘使有爲非分之干涉則悍然抗之而不疑嗚呼。此其所以雖不好操政權而與大陸之官僚政治自殊途也

(四)代議政體之缺點

代議政體之缺點有二。有屬之積極者有屬之消極者。屬之消極者行政部之行動常爲議會所掣肘故有運轉不靈之困一也。代議政治操主權者民故於三力不如專制政府能使爲充分之發達二也。此二者皆前所已及玆論其積極之缺點。積極之缺點。世俗之所評判者。亦不外二說。智識之程度低劣一也。階級利害之偏私二也。竊謂二者之中。後說得之。而前說則未爲審也。夫政體三曰君主曰貴族曰民主世之所稱每謂君主多具才略貴族常能謹慎小心且無起動反動之處而民主政體雖在最完備者猶不免動搖不定無遠大之見之誚彼固以是爲定論。而眞得三者之眞相者矣。夫

當草昧之世與夫一代創業垂統之君則每多雄才大略誠有之焉及傳世既久在上者偷安淫樂事事一委之大臣故其所謂君主政體者乃變相之君主政體耳以云貴族之治則自階級而成者久已絕跡於世而通俗之所謂貴族政體實皆官吏之貴族政體耳歷觀各國史乘著保持其能力歷久不墜者獨此變相之君主政體與夫官吏之貴族政體此何以故曰此其人盡瘁於公務以是爲一身之專業積其熟達閱歷諳於吏治故爲民之所深佩而相與安之羅馬（穆氏謂羅馬共和與官吏貴族政體無異）共和時代凡既爲元老院議員者則老死而沒官即得是道也夫君主政體也貴族政體也實皆不免於官吏之精神故即名曰官僚政治亦無不可而所謂智識之程度即就官僚政治與民主（此民主二字指政治言非指國體言）政治作一比較可耳夫官僚之治熟於經驗諳於成例恒常而不動（若吾國今日各省大吏並此利益而無之）且任事者類富於實際之智識是其所長然其受病亦正在是事事蹈常習故不能應於時勢爲推移且任事者既以是爲職業故所爲必如其所傳授而雖有達者不能不降心抑志以相從及其終焉所謂官吏者則凡庸之事務家耳所謂政體者則腐儒之巢穴耳夫物之以是始者必以是終國家大政至此所謂損益因革者何在以

云增進國民之能力愈偏其反矣。是故欲一事之善其用也不可不有他力之反對此乃人事之常苟顧其一而沒其他則在一有過度之病在他有不足之虞且其終爲並在一之可收之效果而不可得夫官僚政治仍有爲自由政府所不及者然自由政治又豈官僚政治所得而代之耶。且即以理想中最完美之官僚政治亦不可與民主政治相提並論何則所謂動搖不定者則以今日列國猶未能將居常執政官吏與民所愛戴之黨魁劃一嚴整之分別耳（此事以美國爲最甚。故昔年屢有改革。而立憲君主國之政黨政治所以稱者。以其所更易者。只在大臣。而不在小吏故也。）苟其然焉則熟練之施政與國民監督之效未必不可兼收而並進夫豈官僚循文具例之所得而望耶

噫不亦奇哉不亦奇哉君主政體以謀一個人之利而貴族政體以謀數人之利而覆民主政治者固以大公爲主義者也而乃不免於階級之偏私夫厚取重歛君主貴族之所以自安樂也箝口愚民。君主貴族所以壓制其民者也。而國政之腐敗紀綱之廢弛殆無不由君主貴族之私利爲之因。異哉今日號稱民黨者抑何其所爲相類之甚耶噫吾知之矣。權力者導人於腐敗之途者也以雄大才略之君一登至尊之位。公卿大

夫獻媚於前。閹人嬖倖奉侍於後。於是國家大事竟置不問。而惟一身之晏安淫樂是求。號稱民黨者。方其在旁觀之地。則凡所駁詰評議。類能以全國國民公益爲推求。及至大權在握。自利之私勃發於中。且有利害相關者隨而附和之。於是凡所贊成議決者。幾無往而非一黨一派之私。雖然。彼固以是爲多數也。今使有議院。白人居多數。黑人居少數。相與從事於投票。則黑人權利之蹂躪爲何如乎。又使有新敎人居少數。舊敎人居多數。相與從事於投票。則新敎人權利之蹂躪爲何如乎。且有名雖利而實害者。則其相反對焉。又非國家前途之福。富者貧者之所深惡也。於是有唱有產業者及所入豐者使負租稅全額之說。使其占議院之多數而議得實行。則富者之危害與國家財政之紊亂爲何如乎。工之巧者爲拙者之所深惡也。於是有唱制限工市。（多數人相與競雇故名曰市）收機器稅。及凡一切改良有擯人工而不用之趨勢者宜加限制。使其占議院之多數而議得實行。則其影響於國家工業之進退爲何如乎。然則所謂多數之所議決。非國家前途之眞利眞害。不待言矣。是故僕之意。凡操一國大權者。使果能於國家眞利眞害加之意。則雖貴族君主而不礙於爲治。夫即不必言家國之興衰。種族之存亡。

彼爲弱國亂國之君者。於一身寧有利乎。愷撒之採專制主義也。一時蕩平內亂。振國威於域外。且府庫充實。文教大興。皆其令行禁止之效也。然自是人民偷惰。國漸不振。而羅馬遂亡於北敵。嗚呼。自古亡國敗家相隨續世猶不悟。又何責於無智識之愚民。是故言利有二種。有現在之利。有未來之利。現在之利。常人之所以爲利也。未來之利。惟智者乃能見之。今有人焉。鞭妻虐子。有告之者曰。汝必愛汝之妻子。然後汝之一生。乃可得而安樂焉。夫彼方恣其僻愛之私爲樂。說者之言。容有當乎。蓋彼不利人之所利。而利人之所不利。向者無智識之愚民。必以不利他人。然後爲利己者。其所爲無乃類是乎。是故必以代議政體之下之民。爲能顧全公益。而不偏不黨者。此甚不然之說也。世有研究理化之學子。以文哲財政之學爲無用者。則欲求多數之議員。眞能識利害之分。而爲國家立永遠之計。不亦遠乎。且自近世社會主義行。反對遺產贈與之制。並謂凡有貯蓄。以其財產之基礎。宜取之稅。凡浪費先人遺產。所以加惠社會多數之人。故其行爲誠可獎勵。（恐是當日舊說。社會主義至今日。亦已幾經進化矣。）是勞動家與資本主大衝突之時也。（勞動家用作廣義。即指貧者。資本主即指富者。）是故於如是之一國。則其最良之代議制應如是平分其議員爲二部。而二部之上。各有其贊成附和者。而其人必須顧全公益。主持正論者。如是。則兩黨之議之行與不行。皆視此公正無私者爲輕重。而所謂全國國民之利害。殆近之平。雖然此不過理想上之說耳。以是之故。凡言議院政治者。不可不研究議會之組織與。其多數取決之方法。說見第二章

日人菊池學而之說。有足與此相發明者。其言如下。憲法政治之實施。國民不可不出多少之代價。徵之事實。第一國民不可不負擔維持上下兩院之經費。第二國民不可不負擔當選舉與關於選舉一切之費用。第三以候補者之數。常數倍於應選出之議員。故此等候補者。不可不投巨大之費以從事於競爭。第四選舉之際。舉官民狂奔於選舉。以此不可不消費幾多貴重之時間。第五當議會開會之時。上自國務大臣。以及有力之官吏。下至全國出類拔萃之數百議員。不可不空費幾多貴重之時間。與敏活之腦髓。以從事於此不生產之事業。第六國務大臣被制於議會之操縱。與其向背。每不能立遠大與機敏之外交政策。即公平之內治。亦有難行。第七議員之中。有受賄。或爲人所買者。每觸憲法政治之忌。而人民不可不受議會之害。

(五)立憲與國族之關係

國族者何物耶。凡人類之一部。相互間以共同之感情。而同受治於自主的政府之下者也。（國族二字原文名曰(Nationality)其意可以成爲一國之族也。故譯曰國而不譯民）凡可以成爲一國族者。其根本不一。而其要不出四者。同人種。同血統。同言語。同宗教。（同疆界有時亦爲原因之一。）雖然。有其最要者。則政治上之沿革。即共戴一國民的歷史。同其懷舊之思。同其榮辱之感。同其苦樂之情。而已往之盛衰起伏。無不同之是也。雖然。凡此數者。不必事事皆居必要。亦有即具之而無補於事者。有人種異。言語異。宗教異。而不害爲一國族者。瑞士是也。有宗教同。言語同。歷史同。而不克成爲一國族者。西雪里島之於拿坡黎是也。比利時之法蘭德和龍二省。法之人種近於荷蘭。和之人種近於法蘭西。然終不致比利時之分裂。故雖異種族。異言語。而無傷於同一國族之感者。比之法蘭德和龍是也。據其大較而論。使數者中有一之不具。則於同國族之感情。自不能不薄弱耳。日耳曼列國。自近世以前。素未統一者也。然以文學同。言語同。人種同。歷史同。故同國族之感。未嘗稍歇。而當近世聯邦告成。雖各邦之自主自若。然於國家之成立無礙焉。意大利雖人種。言語之不同。然其地形獨立。且於歷史有政治宗教之榮光。故得以成近世統一之大業。是故有其可合有其不可分而國立矣。近世列國以地理上之阻礙。凡一國中斷無純然一族者。然雖非同種而不害於一國之永續者。以有可以爲同國族之道存焉。

凡苟有同國族之感情者。應結合其人民以立於同政府之下。然必云自主的者則以專制之國。固有合數民族而爲一國者。然出於君主之箝制。故不得謂爲同一國族。且一旦統一者亡。則其民必隨而分崩。惟其自主。乃得謂爲眞同化也。大抵最有礙於兩族之感情者。則言語一端。蓋所以交換兩族之意見者。或口語。或報紙。已不能具。雖欲合併。可得乎哉。且代議政體之下。苟非眞能同化。既予以自主之權。必致衝突重重愈爲國家之大害。此愈爲講學論政之家。所不可不知者也。

凡兩族之間。苟有可以同化之機。是人類之大幸也。而其條件約不出數端。(一)一族居多數。而爲優等民族。則他族之劣等而少數者。一入其中。如十金鐵屑之被化於鴻鑪。而無復可以自保。法蘭西之南。有拔斯克(Basque)人。絕然二民族也。然在今日同爲法國之民。同享公民之權。已無絲毫形跡之可見。(二)少數優等民族。入於多數劣等民族中則其多數劣等者。必居被征服之地。然同化最難。如英人種之於印度是也。(三)若兩民族之人數與夫文明程度不大相懸殊。則其融和最難。如今日愛爾蘭之於英是也。

按穆氏所舉同化三例。而今日滿人之於漢族則甚居一奇妙不可思議之位置。以其習慣語言言則穆氏第一例也以政治上之沿革言則吾偉大國民之大羞也而方今有志之士所以必擯之而後已者亦即爲此。雖然。我之欲我歷史之光榮豈不如人然遠矚世界大勢近覘國內情形。諸君諸君又豈可以單純的復仇主義。畢乃事耶。若曰一方灌以民族主義。他方澆以國民思想。誓不達我目的不已。試問革命未奏凱歌之日吾國家前途可遂置而不問耶然而諸君必以兩民族不並立爲根據。利害相背言之無益。則試與諸君研究此問題。夫今日滿之於漢雖在持復仇主義者固不願認爲同化然按之西方學者之說雖欲不認而亦不可得此本非意氣可爭。願諸君平心察之可耳。然而諸君必曰。汝不見今日官制改革案乎。彼之所以待我者何如。何物敗類。甘心認爲同族。夫吾之所言原指其習慣言語而言以見滿洲人民非眞有自爲一族之資格且見今日之不能合併並非出自滿洲全族之意若當局者之心術本非我所得而保險也且以心術言則同爲黃帝之子孫者其所以壓制者何如故僕之意凡同族而異心術者與異族而異心術者正可一律看待而今日國民刀鋒所向所願天下人同心協力者即此專制腐敗之政府耳案之各國所以獲得自由民權之先例又安見我之果不可得耶是爲政治革命且穆氏以歷史之苦樂榮辱爲同國族之要素此指其已往者言之耳若曰未來則凡兩族同爲危急存亡之秋應協力圖治者又何如然而諸君必曰甯贈朋友勿以與奴僕言理不勝又質于感情嗚呼吾安從而與之言耶雖然凡所以救吾國者固不一其途而當今日絕續之交已無一日而可緩所願持以大公勿爲黨見所勝致蹈日本改進自由兩黨之覆轍於國於族兩無幸耳

(六)代議政體與聯邦

此篇與以下一篇與吾國政治無直接之關係以可窺英美二國之政治故譯之

聯邦政府何自而生耶有不願同受治於一內治政府之下有不適於同受治於一內治政府之下者於是讓其權之一部成一中央政府外以抵禦敵國內以制聯合諸國

中之强者是爲聯邦。是故聯邦之成立也。有不可不具之條件三。

第一共同感情。既名爲聯邦矣。則國是必出於一途。而無致分歧。大抵凡可以爲同國族者。則其合也較易。即宗教人種言語制度無所不同。而尤有關係者。則政治上之利害是也。瑞士之爲國也。自由小國凡二十一。（一三〇八年只有三州）當日國之四境。盡强有力之專制軍國。彼知其自由幸福之不克自保也。於是乎有瑞士聯邦之成立。美之始起也。所以拒英而自立。迨後十三州鑒於一統專制之弊。於是制憲法爲美利堅合衆國。釋奴問題起。南北竟開戰端。是政治上之利害爲之也。

第二各邦之兵力不可過强。凡欲聯邦政府之穩固也。則斷不可使列邦賴其自力而足以抵禦外侮。何則。苟其然也。則以相與聯合而犧牲其行動自由之一部爲無益。而聯邦政策與各州行政有衝突之時。必致決裂而後已。

第三各邦之權力不可大相懸殊。夫欲各邦權力之齊等均一。固不可得者。不觀紐約之與羅田(Rhode island)島。勃納(Berne)之與陲格(Zug)。其富力人口不可同日語矣。然使有一邦焉。其威望之獨高。而力足與他邦競。如是此一邦必爲聯合會議之主。若

有二焉則爭長相雄愈不能免矣不觀一八七一年以前之德意志有依與大利有依普魯士有通謀外國以敵普奧者所謂聯邦者果何在乎

凡聯邦之組織有二第一各聯邦之議員代表各政府故凡制定之法律頒布之號令有直接拘束其人民之效力如一八六六年前之德意志一八四七年前之瑞士是也第二聯邦議會爲各州政府之根本於其權限內制定法律全國人民對於中央政府而負服從之義務但其執行則使各邦之官吏自掌之即今日美利堅合衆國與瑞士聯邦是也雖然當十三州合併之日當時政論有二派焉一主張中央政府之法律有直接拘束其人民之效力者是爲聯合派(Federalist)一謂中央政府之權力宜只及於政府與政府之間而無係於國民是爲共和派(Republicans)竊謂後者之說幸而不行不然今日美利堅聯邦行政之阻礙恐不止如今日已也何則凡法令必待一州政府令其官吏之實行然後有效則豈不以一地方之多數而足以反對中央政府之政令乎苟如是使必欲强之實行舍兵力之外又豈有他道是聯邦制度不爲制亂之術反爲造亂之具矣當時識者早見及此善打破此難關是美國之大幸也

夫如是故美國人民對於兩政府而負服從之義務本州一也聯邦政府二也而各州政府與聯邦政府憲法上之權限不可不細爲規定且爭端之起不可無人以審判之於是乎有最高法院法院之組織。置最上級於一所。外各州分設從屬法院。或聯邦政府或各邦或官吏有越俎者有溺職者皆應受控於此且所定法律有越於憲法上之權限者得爲無效之宣言。故此法院居聯邦政府與各邦之上而與美國之共和政治大有關係者也

雖然有問者曰當此制度實施以前安知其效果之果如何耶安知其果敢毅然斷行憲法上之權利耶安知其處置之果正當耶安知各政府果甘心服從其判決耶曰此數者皆當憲法實施以前美國人民所大懷疑念者也。然自其時以迄今茲一二百年曾無絲毫之衝突惟聯邦政府與州政府之權限常爲黨派所爭議已耳突歌維爾氏(Tocqueville)嘗考之曰美國最高法院所以行之無弊者以非抽象的應用法律乃就事實而判決之者也。何則問題之起待兩造之上控視輿論之所歸與夫法律大家之所論辨。然後始從而判決之故其判決也視時之所需盡法廷應盡之義務而非其

中另有政治的意味存焉且其判事類皆學識迥絕一時而其身又超然黨派以外為衆人所信任者以是雖負至大至高之重任而為無論何種官吏所服從也夫此其判事之可信用既如是矣然其果有偏頗汚下之私與否又常為美國人民所注意此其利之所以可久長也夫聯邦之爭議避戰爭與外交政略之用而採司法上之救濟則他日合五洲萬國而成一國際裁判所其必以是為範本矣乎

凡聯邦政府之權和戰交涉其最要者也外是關稅條例貿易章程度量之劃一貨幣之定制郵便交通之事務皆自掌之所以謀統一而增進各州之利益者也譬之書信之往還凡一信必經數多官吏之手如是於郵件之迅速確實必蒙大害且其費不已多乎故其必歸之聯邦政府之下者宜也其行政之大略如是

美國立法之制有聯邦議會分上下二院下院比例於其人民一七〇〇〇〇人出一人是為人民之代表上院不論州之大小州出二人是為一州政府之代表夫一州政府之代表所以必出同數之議員者則以防强大之州使不得振不正當之權力且非得州之多數與人民之多數則其議案不得而通過也抑又有故各州之權利既等則

其於議會之輕重視所選出之人以是凡各州必欲擇其威望卓絕者以當之此所以美國上院必網羅多數聲名赫赫之政治家而於下院獨闃如焉

說者曰聯邦之增加果爲世界之福乎哉曰福也何也近世弱小之國必無以自保惟其既合乃得進而與強者相頡頏而因以改削強者幷呑之政畧且自是而戰爭之慘外交之毒商業之競爭（聯邦之貿易取自由政策）咸皆可絕跡夫甯非世界之福哉且聯邦政府其中央集權之度只足以備自保之兵力而無馳騖域外之軍實故常淡於虛榮侵略之心而最足以維持世界之平和（穆氏所論聯邦大抵皆指共和政體言故有此效德意志之聯邦穆氏之所深斥也）不觀美利堅今日雖有逐逐於墨西哥古巴之後思欲得而併呑之者然皆一階級之私利（謂在兩國有廣大之土地者）吾信（其）斷非美國全國人民之所欲也

穆氏所論亦是當日實情然在今日則保守之門羅主義已變爲侵略之門羅主義而麥堅尼羅斯福尤生此代而力矯前弊者也是故世界有最可悲之一端曰人類之進步與哲學家之所希望不相應

（七）自由國之屬邦政治

近世列國屬地之廣遍於全球者其必以吾英為首屈一指矣雖然以是之故殖民地統治之方常為今日政界一大問題

夫其小者若芝布拉爾塔若厤耳達若亞丁港皆為海陸軍屯駐之地半供軍事上之目的故可置之不論而今日所欲研究者則在廣土衆民而儼成一國者此中應分二類(一)文明程度等於母國而其民慣於自由之治者如加拿大澳大利亞南非洲等是也(二)土人居多數而其民未足與言自治者若印度是也

自昔歐洲有所謂殖民政略一時流布列國咸以殖民地為犧牲而以利其母國吾英承其末流於海外屬邦亦取干涉主義於是繼美利堅之獨立而起者有加拿大之叛亂而外此各地亦既嘖嘖有辭凡皆所以促母國政府之警省者也竊謂此非所以利已並非所以利彼譬之吾英二島伯昆焉海外殖民叔季焉叔季之程度足以自治其國伯昆必欲取而干涉之是必亂之道也幸也至今日而其政略一變

大抵歐洲人種之殖民地已咸享有完全自治之權且其憲法咸得任意變更國王不裁可之權幾無所用想其地位猶之聯邦之一國而其權利猶大於美國之列州雖然

有一端焉。曰外交之權。事前既未與商議。而事後有服從兵役之義務。其不平孰甚焉。說者曰。屬邦之保護。賴之母國。故和戰之權。聽之宜也。雖然此以云不克自保之國可耳。苟非弱不自勝者。則義務之交換。斷不足以敵喪失之發言權也。夫正義非特所以範圍個人。亦即所以範圍社會。個人不能以己之所利。强人之必從。故國家不能以一方之所利。强殖民地之必至。故外交權雖爲憲法上正當之服從。然亦不可不謂之曰背理。思有法以救濟之者。謂殖民地宜各出代議士於英倫議會。此一說也。謂英之立法院宜專理內治。另設一院。專掌外務。而殖民地各派代表於倫敦。此又一說也。議者謂如後說之所云。則母國與殖民地之關係。猶之平等之聯邦。而非復屬國矣。

此其說非不甚美。抑有難者。如云同出議員於英倫議會。則英國內治。若英吉利人蘇格蘭人愛爾蘭人之運命。豈不賴之三分之一之美洲之英人。與三分之一之非澳兩洲之英人。是果英倫兩島人之所欲耶。若曰另設一議院也。則各地之利害不同。彼我情形莫悉。雖議甯有當乎。且必欲成一聯邦。則尤不中事理。夫吾英今日雖無屬國。足以自立而有餘。且一旦屬邦各各分立。則兵力因可減損。使國力益進於充實。未可知也雖然此不過姑作一說耳夫吾英今日之不可言分不待智者而知强者逐逐於後懷抱野心者日睥睨其旁厖大之帝國一旦分離世界侵畧之端自玆起矣且今日母子之間交通自在無防害之關稅皆恃此聯合以維持之而吾英國際上之位置其所賴於屬邦者要不可謂淺鮮也是故今日合旣不可分猶不能故僕之意宜使海外殖民地勿於此至大之國中常居一不關輕重之位置此意云何謂倫敦政府各部之事務與海外殖民地各方之事務皆宜開放於各屬邦人民之手是也凡殖民地之才士咸使得活動於世界因以增進全國之幸福而聯散布各地殖民之感情況吾英今日幅員之廣爲世界所未有亦正宜合羣策羣力協同圖治故此非特所以酬各地殖民使得占帝國之顯位抑亦正吾國所當有事者也然有恐其不忠所事者夫不列顚海峽中各島以人種以宗教以地理上之位置論皆近於法而不近於英然海陸大將公侯貴族出於此者已不知幾何人而不聞有反側者是何耶故僕之意此乃今日聯合殖民地與母國之最好方略也

以上所論皆第一種屬邦政治也以下論第二種屬邦政治世之論者咸以印度人民

爲不適於自由之治。故所以治之者。自不可等同。僕以爲今日印度既歸英轄則吾英之責任無他即當使其民日益進化耳夫天下人民原有非專制不爲功亦者有徒恃專制而斷不得收最良之效果者且專制政治出諸同族則善良之君主常不過一時之偶值今日印度人民既在吾文明優等之英人之治下則善良專制之治可期其永續益以先進國之經驗凡所以導其民者或柔或剛宜何如耶是僕之理想中之政治所望諸文明人之治野蠻人者其果可得而至耶其果不可得而至耶若曰不可得則必當近似之非然者則其主治者實放棄最高尚之道德的委托自私自利奪人土地以自快者耳野心貪酷玩弄數百萬生靈者耳又安得冒文明先進之名

夫以先進國治野蠻人之方正爲今日所研究者在淺見者視之以爲使一大吏治之受國會之監察可矣不知治此國對於此國人而負責任與治彼國對於此國人而負責任乃絕然二事也何則前者自由之政後者專制之治既曰專制則一人之專制與數百萬人之專制等耳在此數百萬人一無聞知者既不足以言治又烏知此代理之一人必有愈於此數百萬爲之主者耶夫既遠隔重洋力不足以及此則不能不遣一

人爲以任之。又烏知其必能舉監察之實耶。是故以異種人而治異國。雖善防弊。必無以善其後。矧夫兩者之間。所感覺不同。所觀察不同。土人之所一覽瞭然者。外來人必積經驗考察。乃能得之。且彼我之間。咸懷疑忌。即欲得其人而詢之。亦不可得。夫如是則不能求之平日所最服從者。夫最服從者之說之不足以盡情。又豈待智者而知之是故此以輕視往彼以疑忌來兩者之間必無以臻於至善之途矣

且惟其對於此國民而負責任也。於是凡所以責此一人者無不至。有謂印度人民宜悉令歸依耶教。有聲言印度總督。不克保全英之移住者之權利。此眞日有所聞。而各國之所同。彼以戰勝國民視土民如塵芥。稍有不遂其意者。即大聲疾呼以爲非所宜有。夫此其人之必當壓制。又何待言。然以在英有朋友之援助有報章爲之訴寃。遂乃是非顚倒。黑白易位矣。故治人者對於被治者而負責任。是善良政府之最大保證也然使對於他國民而負責任。非特不克防弊。而適以製惡矣

是故今日英之治印。有一原則焉。凡事雖以公開爲主義。然有不易明示於大衆者。則但有一二人知之可耳。何則。今日之事。道德上之責任也。惟其爲道德上之責任。故不

必對於全體人民而負責任但對於能爲判斷者之一二人而負責任可耳蓋事非特計數目之多又必當計其價値苟得熟諳此問題之一二人之許可雖不容於大衆又何妨乎故如印度問題之複雜。且其人又無監督之權者。則治之者之進退。斷不能隨內閣大臣爲轉移。何則。凡內閣之成立不數年而倒。或議院中有一二辯才。凡所質問。使爲印度之官吏者稍不能答。則即不能久安其位。故即竭盡心力。亦無以措海外殖民於至善之地。竊謂莫如設特派委員會。擇德望爲衆所推服才識高超者任之。而其人又必超然黨派以外。使得久於其任。惟監察及不認可權。則掌之本國行政部以臨其後。夫如是使其與外界之關係日少然後其義務限於施政於被治者而止而種種愛惡之私可得而免。且使一旦母國之政府國會有擾亂屬國之時此團體可介於其間而爲之辯護則欲求治者與被治者利害之一致其庶幾乎且既超然於黨派以外則已之地位不以本國政界之變動而有失職之恐反益增其精勤惕勵之心祈已所治之地之榮光爲一身之大事竊謂計莫善於此矣夫當此等處原無極完美之方。必欲擇利多而害少者。舍此其奚由哉。

（本章已完）

批評

聞東京留學界與監察員衝突事有感

飲冰

自學部頒定留學新章。於是東京使館附屬之學務監督處有監察員之設。自本年陽歷一月一日開始辦事。而學界與之屢起衝突。至二月二十一日。竟有弘文學生毆傷監察員之變。此實一可痛心之事也。東京學界自前年以文部省令起風潮時。吾儕嘗謂我學生而勞日本取締。甚不可也。法宜我政府自爲取締之。蓋自學生赴東者日多。其眞誠向學思他日有以效於國家者。固不乏人。而濫竽其間。羌無實際。甚且爲放縱卑劣之行不顧國體者。蓋亦有焉。國家歲費此大宗金錢。思易取學問爲國家前途福。且內地學校程度既不完。無從養出實力之國民。則一綫生機。惟留學生是賴。故設法以求留學界之改良進步。實今日政府最重要之責任而不容諉卸者也。乃者創行監察之舉。將以調查各校學科學課之優劣。與夫教習之嚴弛。學生之勤惰。且與各校組成一教育協會。研究教育方法。各校長無不勉就範圍。又與彼當局交涉增大學及高等專門學額凡此舉動於實益的方面尚能竭力經營日本文部省亦甚贊美此舉謂爲收益不少果能從此實行一方面可爲我國培養實才一方面可以挽回彼國教育名譽云云竊謂我政府近日舉動無一足以饜輿望獨此一舉尚可謂差强人意者也乃不意學界誤會生種種猜忌屢相衝突而竟有此次之惡劇貽外人笑此實可爲痛心也竊以爲吾輩所憾於政府者謂其不負責任也中國當此千鈞一髮之時會百廢之當舉者政府何一不當直接間接以進行而保護之顧乃泄泄沓沓以消極的行動而妨害國家之發達及生存此我國民所當併力以監督責備之而不容赦者也乃若其既向積極的而有所舉措矣若其方針之誤也或其手段之不完也我國民宜有以忠告之苟其方針與手段大致尚不謬則我國民亦宜服從之何也服從國家之權本人民應盡之義務而政府爲國家機關服從政府命令即所以服從國家此世界之通義也而今者愛國之士不敢徒以此語勸告國民者何也以政府爲不盡責任之政府苟有服從無反抗則國家將喪於政府之手云爾然使極端的反其說謂人民對於政府當有反抗無服從則不惟反於法理而事實上固亦匪應如是也故吾以爲此當爲

具體的批判而不嘗爲抽象的批判申言之則政府之舉動其有不爲國家之利益者則當反抗之其有爲國家之利益者則當服從之而已若今日學界派監察之舉其裏面有若何目的雖非所敢言若以表面觀之則可謂自知其責任而自踐之者也何以言之以今日之學說莫不認教育爲國家的事業各國上自國立學校下及家庭教育政府罔不干涉之今我留學東京者垂二萬人而謂可無一定之趣旨與畫一之方法乎此而放任不問則政府可謂不負責任之尤者矣然則以其地之在外國而委託諸外人使代我爲之乎無論有損國體至可恥也抑事實有不能行者前年風潮其已事也故設監督處設監察員實刻不容緩之事而使館此舉吾謂爲差强人意者實平心之言也使監督處監察員而不舉其職則學界責備之宜也其部章有不良者指駁之而要求其改正尤宜也今壹不出於此乃當其執行職務之始未嘗提出理由而惟羣起與之爲敵然則得毋以一事不舉爲政府之天職耶於學界之實益既有妨礙不甯惟是徒使政府得所藉口謂今之少年一味輕佻浮薄無別擇是非之常識其反抗之言論舉動毫無價値坐是之故或則諉於阻力之頻仍反放任焉而一事不辦或則藉

詞於程度之幼稚益無忌憚以行其專制則影響於中國前途之進步者非細故也此則煽動衝突之人不能辭其咎而此後遇此等事當加以別擇而不可徒輕於一發以爲快者也

雖然在政府方面。則亦宜自省矣。夫我國人民。素富於服從性。獨至今日。則遇事而生反抗。其愈有智識之社會則愈甚。此其故安在。毋亦以政府平日之舉動曾無一焉爲國家人民計利益者人民不信任政府之程度已達極點故遇一事而無不生其惡感情豈人民好爲是而政府實有以自取之也即如此次之舉曷爲而生此惡果則以政府方窮治革命黨又風傳一二疆吏有專派人竄入學界偵探革命黨之說風聲鶴唳咸相驚以伯有故遇監督處有派監察員一事咸以爲是將詷我也不士君子我而盜賊我也乃相率而譟之夫監察員之必非監察革命黨抑章章也何也苟其監察革命黨則必以祕密如鼠之晝伏夜動焉豈有堂堂正正以進行者然遂不能免此嫌疑則政府其他之舉動太授人以可疑之隙故作繭而遂以自縛也政府乎官吏乎苟非盡去其鬼蜮之行瀝肝胆以與人民相見則安所往而不見疑人民之怨毒將遇機而輒

一洩蓄之愈久壓之愈甚而其洩之也亦愈烈諸公前途之危險太行孟門未可云喻

監察員之見毆則其小焉者耳

聞東京留學界與監察員衝突事有感

批評

譯述

大臣責任論

淵生

日本法學博士美濃部達吉著大臣責任論一文。曾登載于法學協會雜誌(第二十三卷第七號第八號第九號中)著者關于大臣責任之論述。可謂殫精竭慮。其蒐羅世界之學說。皆係極博奥極精粹之作。而博士又出以極涇當之觀察。極純正之判斷。誠法學界夐絕之作。譯者再三研究。欣欣賞贊。本擬逐節加以按語。或挾持本著精當之點。以駁難他說。或引證他人精當之說。以出入本著。後因各學者對于大臣責任之論著。頗稱複雜。彼此于學理上派別不同。事實上觀察不同。非悉搜集各說。精詳比較。未敢以主觀的意識而擅加判斷也。例如清水澄氏有賀長雄氏之論大臣責任之文。譯者最初讀之。覺其持論甚入學理矣。而美濃部達吉駁之。美濃部氏之論文。譯者覺其較二氏之持論更入學理矣。而上杉愼吉又駁之。(其原文亦揭載于法學協會雜誌。遲當譯出)層階累級。曲折迤邐。令人茫然于登峰造極之所在。夫問題愈大。則學理愈深。駁論愈繁。譯者其能任意批許耶。俟遲日研究有得。當即繕成一文。揭載本報。若今日不過爲搜集材料起見。故不辨別學派之異同而皆譯出。(前曾將有賀長雄之國法學講義中之『政府之責任』一章譯出載本報）閱者當不以矛盾相嗔也。再者本篇中引用西文極多。且批評某國學者之著作。或某國之制度。則並用某國國文字。（如篇中英文德文法文均有）譯者不學。無從譯出。倘因此即並其原著而亦不譯出。則原著中可供吾輩研究之材料也又極多。未便因噎廢食耳。此誠譯者之恨事也。 譯者識

從來論述大臣責任者。國法學教科書書外。單行論文甚多。今列記其重要者如左。

B. Constant, De la responsabilité des ministres,1814; Buldeus, die Ministerverantwortlichkein Ronstitutionellen Monarchien, 1833, R. Mohl, Die Verantwortlichkeit der Minister, 1832, Kerchowe, De la responsablilité des ministres dans le droit public belge, 2 édit 1847., Bischof, ministerverantwortlichkeit und Staatsgerichtshöfe in Deutschland, 1859., Samvely, Das Prinzip der Ministerverant wortlichkeit in der konstitutionellen Monavchie, 1869., Hauke, Die Lehre von der Ministerverantwortlichkeit, 1880., Pistorms,. Die Staatsgerichtshöfe und die Ministerverantwortlickeit nach heutigom dentschem. Staatsrecht, 1891., Hervien, Les ministres, leur rôle et leurs attributions dans les differents états organisés, 1893., H. von Frisch Die Verantwortlichkeit der Monarchen und höehsren Magistrate, 1904., Passow Das Wesen der Ministerverantwortlichkeit iu Dentschland, 1904.

第一章 立憲君主國之大臣責任之性質

(一) 大臣責任總論

責任云者。一己之行爲及不行爲對於外界而受其批判。基於此批判而自負擔其行爲及不行爲之結果者之謂也。(註一)

(註一) "Unter Verantwortiichkeit im all Gemeinen wird, dem Wortsinn nach, die Pflicht verstanden ,bezüglich eines bestimmten Verhaltens Rede und Antwort zu stehen und die ans dem Thatbestand des Verhaltens resultierende Folgen zu tragen tragen ".—Pistorius, S. 1.

岡田博士之解責任一語日用爲三種之異義、(一)義務(二)制裁(三)物心兩界之連絡三者是也。(刑法講義案法學協會雜誌二三卷三)「物心兩界之連絡」云者。認其行爲(或不行爲)爲關係於爲者自身之行爲者也據余所見則責任云者非適用此三種之異義。乃合此三者之意義而包含之寧假博士之語以釋之曰責任云者因有物心兩界之連絡故對於其積極或消極之舉動應受制裁。(「制裁」之意頗狹宜易曰「結果」)之義務者也是則較爲正確。

其所負擔之結果因有受法律上之强制力與否之異而區之爲法律上之責任。及德義上之責任。

國務大臣者對于一私人之地位及國家官吏之地位之行爲或不行爲而負法律上及德義上之責任。(註二)德義上之責任云者對于其行爲或不行爲受外界之判斷因之所負之結果爲單純之事實上問題無法律上之効力若夫法律之責任則其判斷爲有法律上効力之判斷據以所生之結果亦爲有法律上効力之結果也(註三)

(註二)大臣責任之分類方法未一致者也有判之爲法律上責任政治上責任及德義上責任之三種者然據正確之論理上言之則以區爲法律上之責任及德義上責任之二種爲當夫所謂政治上責任固亦不外爲德義上責任之一種也。

(註三)法律上責任及德義上責任之別有非以所受之判斷及其負擔之結果有法律上之効力與否而爲其差點者(Pistorius)曰于責任之原因之行爲不行爲爲二者之區別且法律上責任者唯得對于法規之違反而生(S. 169.)尚參照Hauke S.15. ff)然是非正論也夫對於非法規違反之過失亦有得生法律上之

責任者況懲戒責任爲法律上之一種耶蓋懲戒者雖以處非法規違反者之所爲亦無不當者也

凡私人及官吏之對于其行爲及不行爲受輿論之批判須基于此批判而負擔事實上之結果者德義上之責任也國務大臣亦負擔之如常人

法律上責任之中更有民事責任刑事責任及懲戒責任之區別以次詳之

大臣之于民事及刑事之責任無以異于常人也即爲一私人或一官吏其對于民法上之不法行爲及于刑事犯罪所負擔之責任全與他之私人及官吏得同一之歸宿也

雖然國務大臣者將與他之官吏負同一之懲戒責任乎此不得不詳爲說明者也國務大臣者不得與他之官吏負同一之懲戒責任者也蓋對於他之官吏所行之懲戒法無適用於大臣之道(註四)因大臣立於特別之地位耳凡普通之官吏各有其地位之保障非經一定之懲戒手續或反其意志有不被黜免之權利若夫國務大臣則失此地位之保障君主得而任意罷免之惟其如是故普通之懲戒裁判之手續無

必要之理由也

(註四)參照文官懲戒令第一條 Distorius. S. 183. Passow S. 17.

然因此以謂國務大臣全不負懲戒責任亦不免流于謬誤。(註五)蓋國務大臣懲戒責任之有以異于尋常官吏者唯在於懲戒之手續耳對於普通之官吏凡其所罰之種類及懲戒之手續有法制上之制限若國務大臣則不然一依君主之大權任意行之此其差異也

(註五)故 Passow S.17. 之曰「國務大臣之懲戒上責任全不存立於立憲國」者非也蓋懲戒云者對於服務責任之違反據服務要求權(Dienstgewalt)以課之之制裁也夫大臣亦負服務責任此不竢論者則對於其責任違反之時必負相當之懲戒責任非亦理所固然者耶

凡此之責任皆非大臣之特別責任憲法上之所謂大臣責任者唯言乎大臣之特別責任也"Wenn wir von einer Ministerverantwortlichkeit sprechen, so meinen wir damit eine der Stellung des Ministers eigentümliche Verantwortlichkeit, die nur ihm und kei nem anderen Staatsorgane obliegt,"（註六）何謂特別責任。蓋外夫對於輿論之批評責任民事責任刑事責任及懲戒責任等而言也。

（註六）Rehm, Allgemeine Staatslehre, S. 326.

大臣之特別責任者。發達于立憲國者也。故欲論之必先究立憲國大臣之特殊地位焉。

（二）立憲君主國國務大臣之特殊地位

立憲君主國國務大臣之地位須以兩方面觀察之。

（一）國務大臣者。輔弼君主。有副署其國務上行爲之職任者也。

君主國之君主無責任者也『君主者神聖不可侵犯』之語。凡立憲國之憲法上所明言之者（註七）然必須準于憲法及法律以行其統治權者亦確定之原則也。若夫Princips legibus soeutus est『君主者不受法律之拘束』之一語。固已厠諸劣敗之列。全不適用于近世國法矣。夫惟欲規定統治權之作用。不能違背憲法及法律之條文。故使君主之國務上行爲。必須責任大臣之輔弼。苟無其副署則全不能有法律上之効力也。

（註七）關於君主無責任之範圍。學者皆以爲僅就于通常之法律上而言。余謂此非正確之解釋。而君主之無責任。實並德義上亦包含之者也。德義上之無責任云者。對於君主之行爲及不行爲而批判之。與夫非難其不當者。皆爲法律上之不法。蓋亦爲法律上問題也。例如議會若批難君主之決議。則超越於議會之權限外不法行爲也。人民爲之。則陷于不敬之罪。是則以德義上責任爲全非法律上問題。豈篤論耶。

夫君主無責任之理由。學者常謂爲法理上之當然者。曰「君主之責任。必以有君主以上之權力爲前提。然君主之上。別無他種之權力者也。故若使負責任實法律上所不可者。」（參照 Bornhak, Preussisches Staatsrecht BD I. S. 132. 及 Bluntschli, Allgemeines Staatsrecht 5. Aufl. S. 207., 6. Meyer Deutsches Staatsr. 5. Aufl. S. 228. 等）

然竊以爲亦非正確之論也。蓋君主者。雖原無一己以上之權力。然以一己制其一己之行爲。實分所應得者。亦無防害于其最高機關之地位也。因其欲自加制裁而服裁判所之判決或議會之彈劾又豈必與君主之地位不相容乎是則君主無責任之理由唯得據政治上之理由以說明之"Rendrem monarque réponsable d'un acte illegal ou funesteaupays, c'est le détrôner, c'est une révolution" (Emein, Eléments de droit constitutionnel français et comparé, 2, edit P. 80.) 各立憲國所以任君主之無責任者亦唯基於此理由耳

攝政者之能等於君主而不負責任否耶憲法無明文故頗爲議論所集註(參照 G. Meyer, S. 253 A em. 29.) 然據君主無責任之理由謂攝政於在任中爲完全無責任者實至當之論也(參照 Stölzle Die rechtliche Verantwortlichkeit, des Regenten, 1894. Zeunert Regentschaft und Vertretung desStaatsoberhauptes, im Hirth's Annalen 1900) 而國務上之行爲必有輔弼大臣之任其責者亦連類所及而無異議矣

且君主之必須有輔弼機關之大臣決非立憲國所特具之現象蓋君主一人之能力不足以親裁萬機故雖專制國之君亦非必無其補助機關也即大臣副署之制亦豈始于立憲國之政體者耶日本當憲法未定以前自太政官時代其太政大臣即有副

署詔勅之慣習。此昭然事實也。但專制國大臣之副署。不過形式的以證明其詔勅之眞實。非以表副署大臣之任其責。其原因結果。皆不同。此其所以不得與立憲國大臣之副署並論也。

立憲國大臣之副署。原係以證明副署大臣對于此行爲負其責任之意者也（註八）而責任之關係。非必以此副署而始證明之。蓋所以發生此責任之原因。實非原此副署行爲。而原其輔弼行爲故也。故雖無此副署行爲。而有輔弼事實之時。其必負責任也。又豈容辭乎。雖然副署行爲。實輔弼事實之表證。故一有副署。則對于此副署之事實已確定其有負責任之道。至如實際之果輔弼與否。也可不問者矣。反是雖無副署。然使其事實確有輔弼之關係。亦當有責任之結果。

（註八）關於副署之法律上之意義。John in Holtzendorff's Rechtslexicon I. S 101. 雖至今日亦常謂副署無關於大臣責任。不過以證明君主之行爲眞實者。此實、專制時代理想之留遺者也。且副署惟以明責任之所在。爲其主要之目的。他如其行爲之性質上。必須君主有完全之自由時。或據歷史上之故習認爲應有其完全之自由時大臣對之可不生責任問題此皆例外而無大臣副署之必要者也（參照去歲七月分法學新之報拙作 Hanke, S. 6. Note 5.

副署之必負責任如此其嚴則其結果凡國務大臣認君主之行爲違反憲法或法律或爲國家之不利之時其對之有拒絕副署之權利及義務者亦理勢所必然者也

（註九 大臣之有副署拒絕權各國之國法學者所一般唱道者也余揭于本雜誌之前稿謂大臣無副署拒絕權者實不可維持之謬論巴威倫之一千八百四十八年六月四日之大臣責任法第七條以明文規定之曰 "Halt der Vorstand eines Staatsministeriums einein angesonnene Amtshandlung fur gesetzwidrig, oder dem Landeswohal nachteilig. so ist er verpfeichtet, dieselble abzulehnen, beziehungsweise seine Gegenzeichnung unter schriftlicher Angabe der Grunde zuverweigern. Erist berechtigt, seine Grunde dem Ministerrate darzulegen, dessen Protokoll dem Konigevorzulegen ist" 然雖無如此之明文其不能對於國務大臣而强行其副署此立憲國大臣之地位上所生當然之事理也否則大臣之輔弼全爲無意義之規制而君主非以大臣之輔弼

而行統治大權不過以大臣爲機械耳非庶政任于一人之獨斷臆測乎且如不認此規制則大臣責任之理由將無從說明之市村學士內外論叢第三卷第三號「我憲法上國務大臣之責任」一文于此點所論殊得當也

且副署拒絕如 Bornhak, Preussisches Staatsrecht. Bd H. S. 53. 所云則非僅限于君主之違法之命令凡認爲不適於國家之利益者皆不得不同一拒絕之

準上所舉之理由則國務大臣所上奏之意見如不見容納于君主而對之不欲自任其責之時不可不有隨時退職之自由者也（註十）

（註十）蓋大臣對于行爲而任其責即于不行爲亦任其責者也夫其所上奏者既不爲君主所容納則其意見無從得而實行之是即爲不行爲不可不負其責任者也巴威倫之大臣責任法其第三條關于此題亦曾以明文規定之曰"Ein Staatsminister kann zu jeder Zeit um Enthebung von seiner Stelle bitten. Dieselbedarf nicht verweigert werden, wenn sie aus dem Grunde erbeten wurde, weil der koring in wichtigen Regierungsangelegenheiten die Ratschlage Seines Minister nicht annehmen zu konnen gla

如上所述之大臣特別地位。非如清水教授（註十二）所憂「政治之實權，將君主居其名而旁落于大臣」者也。蓋大臣無論何時。不得自爲詔勅。凡非經君主親裁之詔勅皆不能生其效力。是一詔勅成立之要素。常爲君主所獨操者。且大臣非如普通官吏。有地位之保障者也。君主自爲不善固可隨時罷免之而代以善者。然則政治之實權猶有太阿倒持尾大不掉之杞憂乎。蓋君主與大臣之關係。固已久爲政治上問題而非法律上問題矣。

（註十二）法學協會雜誌二十三卷二號

（二）國務大臣者。有憲法上之輔弼責任。且須膺行政各部之首長之任務者也。凡擔任行政之一部。而爲其最高之官廳者。雖非必有國務大臣之地位。與夫國務大臣之中。亦有未嘗分掌行政之一部者。然此皆例外也。若其原則。則國務大臣者。固必同時爲各省之長官者也。

居此地位之大臣。對於其職權之行使。當負無條件之責任。若夫普通之官吏。則以其有服從上官命令之義務也故凡在服從上官命令之限制中者其責任悉爲上官所負擔故凡對於其職權行使無須自負其責而大臣則不然不得假君主之命令以爲其卸責之具故所執行者雖基於君主之命令實則視同一己之行爲而負責任也其關係如此其切故國務大臣以君主之命令違反法規或不利於國之時有拒絕其執行之權決不可以苟從之者也

國務大臣于上所述三種之地位之時其責任之負擔別無所謂例外者蓋無分情勢之殊皆絕對的負責任故也

且國務大臣之責任皆對于一己之行爲及不行爲而然非無自身之關係對於他人之行爲及不行爲而代任其責也

以上之眞理近世學者殆無異議昔有據他之學說以爲說明大臣責任之根據者雖其論理上之紕繆昭然在人然曾博一時之大聲勢者亦有之玆述其三者于下

其一爲「卞雅明孔士坦德」之說以權力分立說爲基礎以君主無責任爲前提謂無責任之君主不能行使其權力因權力之分立故屬于君主之執行權非君主所得親

行。而爲有責任之大臣行之。君主者。唯行其任免大臣及解散議會等節制權(Pouvoir moderateur.)而已。(註十二)此使君主之地位全爲贅疣。而其權力爲「載得」之所謂 Bedentungsloser Dekoration.(註十三)者也。以其失君主國之眞相也。近世立憲國之憲法上。已久絕其影響矣。

(註十二) B. Constant. tome I P. 385.

(註十三) Seydel. Bayerisches Staatsrecht Bd II. S. 298.

其二爲以英國之法諺之 The king can do no wrong, 據其文字之意義而釋之。謂「君主者不能行事」者也。其有過惡者。國務大臣有以致之。故大臣須任其責也。(註十四)此說純爲空想。全不能爲法理之說明。故「比司特棚司」謂閱歷史一頁。即得證明其說之謬也。(註十五)(註十六)

(註十四) Montesquien, de l'esprit des lois, liv. XI, chap. 6. Zopfl, Grundzuge des allg und deutsch. Staatsrecht 4. Aufl. II. S. 529.

(註十五) Pistorius. S. 24.

（註十六）此學說雖其謬誤昭著。而其影響。曾及於憲法之明文者也。「黑西」大公國之一千八百二十一年七月五日之大臣責任法表此理想之言曰。" da Befehle, welche zu gesetzwidrigen Handlung gen oder zu Verletzungen Unserer den Ständen gege benen Zusagen fuehren Könnten, nie von Unserem Willen ausgehen, sondern nur in einem Missverstandnis gegruendetseyn Können, dessen Aufklärung Wir als eine Pflicht Unserer obersten Staatsdiener und Staatsbehon den betrachten, so haben Wir fuer gut befunden, Falgendes gesetzlich zu vorordnen........," 其他如「索遜瀛魯布克賀孫」之一千八百一十八年三月十九日之憲法五十三條「索遜馬逆競」一千八百二十九年八月二十三日之憲法二十三條「索遜亞盧翁布克」一千八百三十一年四月二十九日之憲法三十六條等皆基于此說者也。(Pistorius S, 24)

其三爲德國之國法學者。Prägelknabentheorie 非否認君主有不法行爲之能力亦非謂不能親執國政。唯君主不自負其責。故以大臣代任之。即大臣雖毫無過犯。亦不可不爲君主任其責也。此說之代表「白質多衣司」及「皮秀彿」二者是也。

此等學說之謬誤。至今日已無存立之餘地。故大臣責任之眞實之根據。可斷言之曰。君主者決非徒擁虛器實爲國家一切權力之源泉對於外部而行使國權者也唯立憲國君主之國務上行爲非有國務大臣之參與不能生其効力而國務大臣者輔弼君主若以君主之行爲爲違反憲法法律之規定或防國家之公益時有不表同意之義務不然則對其參與行爲皆須任其責也(註十七)

(註十七)例如 Dicey, Introduction to the Law of Constitution. P. 305 曰 It is now weelstablished law that the Crowu can act only through ....a cooperation of some minister, who thereby becomes not only morally but legally respsible for the legality of the act in which he takes part.

(三) 基於大臣之特殊地位之責任

對於大臣之特殊地位且有其特殊之責任也。此特殊之責任。唯存於立憲國。(註十八)而大臣責任之本義。唯在此特殊之責任耳。

(註十八) Haeyke. S. 35 曰「爲國法上主要之制度者。厥爲大臣之責任。其歷史與君主立憲國之歷史相合者也。原於立憲制度以發達大臣責任制度之條件。所夙具者也。

大臣之特殊責任者。須區之爲二類。其一、爲有法律上之性質者。其一、則無此性質者也。有之者。可釋爲基于大臣訴訟之責任。無之者。即爲對於議會所負之責任也。二者。皆以議會之存在爲前提。唯得存立於立憲國者也。各立憲國。殆無不以至理視之。而無所謂例外者也。

本篇之目的。亦欲於此二種之責任。比較各國之制度。及日本憲法之精神而闡明之者也。

（未完）

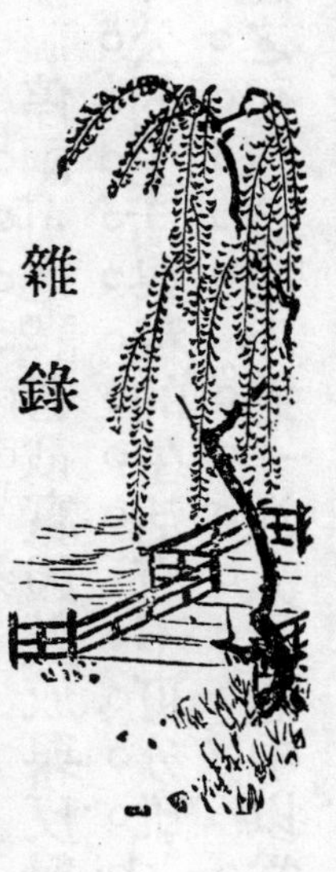

同學公益協會對於部章之意見書

近頃東京留學界有與監察員衝突之事。學界呈杌隉之象。於是有一部分人起而組織同學公益協會。意至善也。本社展轉得見此文。喜其議論公平。對於監督及學界兩方面。皆能下正當之鍼砭。故轉錄之以廣其傳云。編輯者識

自學部頒布管理留學生章程後。留學界全體對於此事之心理。約分三派。或贊成者。或反對者。或無是無非不論不議者是也。夫無是無非不論不議者之一派心理。因其無積極的發表。非本論範圍之所當研究。姑不計。其贊成派與反對派之心理。則正本會所亟當論究者也。

夫贊成反對兩派之所以發生者。何也。必由於有一部分人認此部章之內容爲有利益於學界而可實行者同時又有一部分人認此部章之內容爲有損害於學界而不可實行者也然同此部章。而一部分人認爲有利益。一部分人認爲有損害者何也。必由於部章之內容有與社會相印之點有與社會相反之點贊成派則取其與心理相印之點津津樂道而不計及利外有害反對派則取其與心理相反之點嘵嘵爭辨而不計及害外有利各持一偏之見解悍然抹煞天下之公是非嗚呼古今事因一二人意氣激昂之故冒然發難不及熟察是非坐壞大局而不惜者往事昭昭也故今日贊成部章與反對部章者。皆當屏除成見爲學界全體計利害毋以極少數人之私見一二節目之不洽而競起戈矛也

蓋既有贊成部章者。則不、能、謂、部、章、全、無、利、益。抑既有反對部章者。則不、能、謂、部、章、全、無、損、害。此豈調停兩可之讕言哉實因贊成與反對兩派人。皆係組成學界之一分子也皆能深知公的生活與私的生活有不可分離之關係者也絕無一利害相反地位相反之問題之可以發生不過一派人意念中以爲此部章之有利益一派人意念中

以爲此部章之未必有利益也其用意不同其所以用意則無不同非所謂相反而適相成耶倘贊成者無謀公益之心存夫其間。而徒曰。此欽定部章也。未可妄議紛更。學界甚腐敗也。應有管理之法。至於部章之決不能不變更。學界應有相當之管理法則彼未計及如此等人。則祇可謂之奴隸派以其無意思無人格徒知服從也決不可謂爲贊成派。倘反對者無謀公益之心存夫其間。而徒曰。部章無論有無利益。我輩皆不承認。學界素稱自治。無須政府干涉。至於部章有不能不承認之事實學界事務非自治性質之所能包涵則彼未計及如此等人。則祇可謂之亂暴派以其無範圍無條件徒知破壞也決不可謂爲反對派。蓋既謂爲贊成派反對派。則當置身於範圍內而研究其條文何者當贊成何者當反對不當偏徇主觀的意識憑虛判斷也本會有惕夫此深欲保全輿論之眞價値。故此次意見書。謹將部章條文中之有利益而能實行者解釋之。以期同學之共喻。其有損害而不能實行者批駁之。以期當事之改良。去其害而存其利補其偏而正其全以維公益以慰同學以泯紛爭是此次發布意見書之用意焉。

但部章中所分列之節目。與其範圍。未甚明晰。若皆從事研究。則行文之次序。不免雜亂。且各節中之所規定者。關於監督處內部之組織。多亦無須他人之越俎。茲祇就其章程中第四節所謂管理條規與夫第五節所謂監察員辦事條規之範圍內。擇其重要之點。逐次論究之。因此兩節之內容。多與學生有直接之利害關係。故耳若夫他節條文中之與學生亦有利害關係之事者。本意見書亦曾瀏覽論及之。其利害關係之過於細微。以及人人能了解其理由者。則無須贅論焉。

(一)管理條規中之條文。能實行而有利益於學界者。解釋之於後。

第一項　凡遊學日本學生所入學校。非經日本文部省選定、及出使日本大臣認定者、本處概不送學。將來畢業、亦不給證明書、

按我國人來東求學者。多有一抵東京。即皇皇焉祇求有一學校之可以入學者。不知日本學校。有經文部省認可之說。更不知認可之意義與學校之精神。有何等之關係。故無論何種之營利的學校。皆有我國人之入學校者。常見有他國無生活能力之流。略於敝廬中修葺數席之地。成一講堂雛形。朝懸招告。而夕即絃誦成聲者。既經入學

學科自不完全教授自不得法雖就個人論可以隨時退學然甲出乙入先後接踵統計光陰金錢二者不知消耗幾許甚或其主教務者給以一改良之空言而羈縻學生至數月之久者有之。夫我國人萬里求學豈預料有此結果歟。實因到東未久不知此間學校情形而憑個人自由選擇偶遭此害也。今部章既規定必要公使送學則日後來東者自不至再受以上所舉之各害矣。但監督處所指定之學校過少若學生非在所指定之學校畢業。即裒然優異。亦不給與證明書乎。是所當研究者也。

第三項　凡遊學日本學生、入學退學轉學及改學科請假等事、均須本處認可、其未經認可而擅行者、將來畢業概不給證明書、

按日前我國留學生在各學校其入學退學及改學科等事未免過於自由。常有於一年中而入學退學共至七八次者。既入某校而轉班次改學科有前後共至五六次者。且有坐食官費五六年猶未有一年之修學程度與一年之修業證書者。今規定以上之事實。必經監督處之認可。則日後或無此弊。至於請假一節。亦當規定。蓋他人常有數月不上講堂者。或二三日中必有一日缺席者。甚或數月不能探悉其踪跡。因此而

遊蕩失志。墮落品行。生出他種身分上之損害者。故退學轉學改學科請假等事。皆部章中之應予制限者也。雖少數人或一時偶感不便。然為全體計。則獲益已多多矣。況他人如為事實上便宜起見。一時有不能不變通之理由。而監督處並無强制之條件也。

第八項　凡官費生寄宿舍、除在學校外、其在旅館下宿或自賃房屋者、如本處認為不適當得限令遷徙、

按日前各學生所賃之住所及下宿屋等。或僻處於曲巷窮閭。與日本下等男女出入混雜。交涉糾纏。他人雖明知此等地方易生轇轕。然此係品行上事。亦不便直切啓齒。即警察亦無得而干涉。倘一旦因瑣屑細故。果有破裂。則他國裁判及矣。或報紙譏罵矣。我國人近來極為日本普通人所輕侮者。其原因多出於此等事故耳。今規定『監督處認為不適當時得限令遷徙』則日前朋友不能直切啓齒。警察不能干涉之事。可以假監督處事先彌縫矣。雖然。非物議沸騰。確有證據之事。監督處亦萬不能濫用其職權。此不得謂監督處為妨害人之居住自由遷徙自由也。

第九項　凡官費生學費、槪照本章所定數目、由本處按照人數、將學費彙存銀行、每學生各給一簿、由學生每月持簿、赴銀行支取、不得預支、

按日前各省留學生之學費。或於公使舘或各省監督處支取每次支費之數或百元或二百元之多。其年齒幼稚之子弟。平日在家未曾經營生活。故一切金錢出納消費之事。絕無經歷。來東後而手中金錢能一旦有一二百元之多。自不免於濫用。既濫用後。則後來之學費及衣食住必需之用費。亦蕩盡矣。東西張羅彼此挹注消耗精神拋棄時日於自由上既受十分障害於脩學上尤大受損傷況少年天性風流波蕩外來之物欲最易動搖其操守使墮落其志行今部章既規定按月支取則以上各弊皆無矣雖最初創行此例時少數人不免困苦然舉行至數月以後則人人皆普被其利矣夫國民經濟無固定性質時盈時歉社會上皆易生絕大恐慌絕大危險今部章能見及此。固極精透之眼光也

第十二項　凡自費生能考入官立高等或專門學校及大學者、應由總監

督商請該生本省督撫改給官費、其餘官費缺出概不補人、

按日前留學生之營謀官費者幾如官場之鑽營差缺而各省所派來之學生不獨必須有人先容且以情面之大小定補額之先後者而稍有骨節不工請託者雖求學資格如何圓美終不能以補額而來東求學即已來東者亦祇坐困於衣食而已今部章如此規定則非適於合所限定之資格者無希冀官費之途一方面可以維持求高深學問者之心志一方面可以杜絕無留學程度者之濫竽誠兩利俱收也雖然部章如此規定固甚善矣至於中國官場以瞻徇情面爲保全利祿之第一訣積重難返則日後違背部章依然以學額爲位置情面之具此必然之勢也此條規則中雖云『官費缺出概不補人』余輩深恐並無官費缺出之時而各省學務處之學籍上候補頂補之字樣塡寫滿紙矣故此條部章之規定余輩深表同情但斷不能擔保其定能實行也

(二)管理條規中之條文其不能實行而有損害者批駁之於後

第四項　凡游學生如有品行不修學業不進者、經本處查明、即行勒

令退學、並咨原省、

按所謂品行不修學業不進者。以何者爲標準。漠無範圍。監督處憑何把握而執行此職權乎。恐其流弊之所及。必至偏信私人之毀譽。或監督處以平日與學生交涉之歷史。因從違而判善惡。倘一旦職權濫用。爲學生反抗。後則此種職權。必永無實施之時。將見眞有品行不修學業不進者。監督處亦無此信用。可以勒令該學生退學矣。自前說言之。恐監督處濫用其職權。自後說言之。恐監督處不能實行其職權。二者皆非規定部章者之始意也。余輩以爲所謂品行不修學業不進之標準。當有條件以明示之。不然則當删除此一條文。毋滋後來之疑竇。

第十項（前略）凡學生不必入醫院者、概不給費、

按此條流弊極多。可略言之。（一）留學生之有學費者。必係供求學上必要之需用也。而實心求學之人。所需參考書極多。其規定之學費。確有日虞不足之勢。今部章規定。不必入醫院。概不給費。則學生倘遇有疾病時。入院則恐其妨課。往診則苦於無資。且初染病時。以爲可緩而不久即釀成不治之症者有之。是部章之特設醫費。乃以救入

院者而殺不入院者也(二)部章既將學費醫費分爲兩項。而又有患病不給醫費者。則此後應請於學費之中另加醫費若干而後不入院者乃有貲自醫(三)學生見非入院無以得醫費。則凡有病而不必至醫院者。今皆不得不入醫院矣。是此條部章乃必驅學生有病者皆入醫院也

第十一項　凡官費生既入醫院學費即行停止、俟其出院入學、再行發給、

按此條最無理由者也。蓋學生雖已入居醫院。而其所入之學校。則仍按月催索學費。又如一切書籍服物。日用器具。不能悉數移入醫院。必仍寄置於其寓所中。而其房租金。亦不不能交納也。有此兩節理由。故章程本條所謂停止學費之事。決不能實行。倘不欲加以制限時。則或者議定入居醫院後。如已滿三月或五月之久。即按月減給其學費之半額。如此則庶近人情矣。

第十三項　凡自費生有名籍在使館、而又能遵約束者、如有資斧不繼、經總監督查明屬實、得在該生本省經費項下撥借、至

多不得過五十元、限兩月淸還、惟撥借之時、須有官費三人保證、如逾期不還、即於保證人名下、按數勻扣歸還、以後該生、不得再借、

按此條之規定。本無甚關係。不能助研究之興味耳但其矛盾之處。令人生惱。本文亦不得不略爲駁論之。蓋此條之目的。雖似有扶助自費生之意。然實係貸借也非施予也有人擔保也非憑虛發給也夫既爲貸借矣有人擔保矣。則借欵之前。何必叮嚀誥誡之能遵約束又何必經總監督查明屬實其爲資斧不繼且借欵之後既限於兩月將保證人之學費扣還又何必限定該生不得再借豈日後雖有官費生擔保亦不允耶合此條前後意義觀之。不知何能貫澈。吁、監督處偶爲學生行此小便宜之事。既有勒令扣還之規條。又何必有許多嚴厲之詞令人生惡感耶故吾輩甚願監督處將『能遵約束』及『查明屬實』等閑文一加洗滌也。

(三)監察員辦事條規中之條文其能實行而有利益者解釋之於後。

第一項　調查所管學校學生、共有幾班、每班若干人、

第二項　調查所管學校官費生若干人、自費若干人、

第三項　調查所管學校所幷新班、完備與否、能收若干人、

第五項　調查所管學校學生試驗成蹟分數、

按以上四條、皆係監察員執行職務之必要條件。於學界有整齊釐正之利。於學生無一毫制限之苦。此留學界所不必反對者。亦無能反對者也。夫我國人留學日本者。以一萬數千計。公使館日前漫無稽查。故不知官費生若干人。自費生若干人。學習何種學科者若干人。有無成蹟者若干人。今既設專員調查。則以上各事皆有簿冊可稽。倘國家日後對於留學界有應整頓之事。有應謀公益之事。皆易於着手也。本會之所以承認監察員者在此。但調查之情。當分別言之。蓋爲中國人特設之學校與非爲中國人特設之學校。有不能以同一之方法調查之者。又監察員之資格。亦必宜有所制限。此最有關係者也。

(四)監察員辦事條規中之條文。其不能實行。而有損害者。批駁之於後。

第四項　調查所管學校學期試驗、及畢業試驗、認眞與否、

按此條無從實行。蓋當各學校試驗之時。監察員從何處調査而知爲認眞與否。若徒間接詢於在場試驗之學生之傳述耶。則安能召集該校全體學生於一處而決定其爲多數人之意見也否則監察員私聽極少數人之言論何得爲憑。若當學校試驗時。而監察員在堂監視耶。則不獨監督處無此資格公使館無此資格即我國握統治權者亦無此資格也何也此等職權惟日本文部省主任大臣乃能執行且大槪祇行之於官立高等學校官立大學。蓋日本官立高等大學試驗之時。文部省常有派員監督之事。若私立高等大學之試驗。文部省除有特別調査之事項外。尙無派員監督之必要者。今我國咨送學生留學日本本係以國交上之感情行委託之事件安得有此監督權耶。況管理條規中原已規定我國學生所入之學校有歸公使指定之條文又敎育協議會章程中已規定有各學校收容學生須有淸國公使館介紹書之條文。夫旣指定於事先介紹於事先則對於此種學校之信用可謂至矣。又何必於試驗之時。設法調査乎。故此條文不能實行。不必執行。徒以傷各學校敎育上之感情滋學生之衝突而已。

第六項 調查所管學校教習有無曠課

按此條之規定。其侵學校之教育權。傷教育上之感情。與前條同。蓋教習有無曠課之事。原當歸該學校主任教務所之調查。無受校外人調查之理。倘解釋曠課二字之文義。爲『不行爲』之文義。耶則監察員對于此條之規定無執行之責任。况監察員縱能查明教習之勤惰。然去留教習之實權。仍必操之校長。其留教習之意思。仍必發動于學生。監察員不能違反學生之意思。侵犯校長之實權而進退教習也。雖能查明教習之勤惰亦徒勞矣。故此種問題。不如任聽學生舉代表人。與校長直按交涉爲當。或監察員偶遇學生之交涉困難時。略代爲周旋可也。

第七項 調查學生有無曠課、因何故曠課、

按此條性質繁難。亦萬不能實行。蓋爲欲調查學生有無曠課。則監察員非每日長駐學校。按人點名。不可茍欲調查學生因何故曠課。則監察員非每日巡視各學生之行爲。東奔西走。于東京市內外。不可倘掛一漏萬。談空說有。其足據耶。余輩以爲此種事件。憑學校事務員每月繳出席簿于監督處。至矣盡矣。

第八項 調查學生患病之虛實

按此條亦最易有弊。蓋監察員以後難免不以己之私意妄斷學生得病之虛實其弊必至學生中之無氣骨者。低意哀求强硬者。妄肆衝突高潔者。自諱其病余輩以爲當以病院之診斷書爲憑凡學生倘持有病院診斷書者監督處不得阻其入院而斥其爲無病而呻也

第九項 調查所管學生在外之行爲

按此條最無意識。最無範圍者也。夫曰行爲則一舉一動皆在其內曰在外之行爲則除在學校以外之行爲皆在其內監察員有何能力而能調查乎且有何資格而能使學生之受調其查乎倘他人以深文吹求之則將謂監察員爲包探爲將興大獄日後種種之風潮種種之疑惑皆將注射于監察員之一身而監察員之危險有不可預料者然自吾輩觀之。則謂爲一具文而已於此範圍中無一事可辦而已故此條規必宜删除之。毋以虛聲動人也

本會此次意見書。全係就部章範圍中而下論究雖文中偶有陳意見之處然亦

係研究部章之結果而縱論及之今再將本會對此事主張之要點。略說明之於後。

夫本會何以發生。曰欲維持學界公益也。學界公益何以能維持。曰在實行部章之有利益者變更部章之有損害者也。夫部章之有利益者何在。曰指定學校釐定學費別設監督處組織教育協會等等章程。是其犖犖大者。此係本會之所欲實行者也。抑部章之有損害者何在。曰監察員職權廣汎性質複雜。是其犖犖大者。此係本會之所欲變更者也。夫監督何以職權廣汎性質複雜。曰其以辦事條規中。除第一項第二項第三項第五項外。其他各項。皆非監察員之能力與其資格所能執行者也。倘強制執行。即傷各學校與各學生之感情而已。且日後必風潮迭起。因此將部章全部之利益一概破壞而已。夫監察員執行職務何以傷學校與學生之感情耶。曰因職務條規第四項及第六項所規定者。有過於防制各學校之意。其第七項第八項第九項。有過於防制各學生之意。（此數條曾駁之於前可參觀）或謂監察員辦事條規。若有變更時。部章上所規定之全部利益不均受損傷乎。曰毫無損傷也。蓋部章實行。已有數月之久。如指定學校。釐定學費之事。皆與少數學生甚有不利益者。然而未聞各學生有能力可以反抗者也。又如各學校。必須加入教育協會。必守種種約欵。皆與少數學校甚有不利益者。然而未聞各學校有不俯就範圍者也。據此論之。安得視監察員之事與部章全部爲有不可脫離之關係耶。或謂辦事條規。倘如此變更。則監察員之一職司。不全歸消滅乎。曰不然。蓋監察員不過不時、時往校調查而已。不過删去所不能實行者。之職務而已。而各校對於監督處。所當報告之各事務。所應研究之教育上各條規。監督處倘仍須有專員經理其事也。且監督處對於各校。倘有磋商之時。倘有必須派員調查之時。於便宜行事上。固仍須派員前往也。故本會前次旨趣書中曾言明曰。監察員者。吾輩所承認者也。蓋因其有不能廢除之理由也。（前次旨趣書。原係發明本會成立之旨趣爲主。對於各事之意見。礙於體裁。措詞不得過繁。故監察員一事。如何研究之法。未及詳明。）或謂監察員條規。若如此變更。豈非顯因日前某校學生之暴動。而始出降伏之舉乎。曰此係兩事。吾輩專就

雜錄

部章一方面研究即無某校亂暴之事吾輩亦可以發明此意見者也惟日前蹉跎未果適某校事出促吾輩以發動之機而已夫吾輩雖不當因某校事出。而欲變更部章。然又安可因此而强辯部章之不當變更耶綜而言之。本會以同學公益爲前提無所顧忌亦無所文飾而願學界諸君劃淸兩種問題之性質萬不可因某校暴動後即謂監察員職務當積極進行也本會爲公益計爲同學計。皆不能不希望部章之有變更者乞有心維持學界公益者。一詳審之。

文藝

飲冰室詩話

飲冰

南海先生以近作「覩荷蘭京博物院製船型長歌」見寄。感念海權之消長。思所以喚起吾國民之海事思想者。意至厚也。錄之。蒼茫浩蕩大瀛海。全球土地供吐吞。吞爲天地周四極。據地太半無有垠。吐爲五洲各洲渚。齊烟九點眇川原。一洲割據無數國。有若池中石山蟻垤繁。有能通海任所往。五洲陸島皆聽我盤桓。種類傳散布大地。一聽海王割据權。是在大艦能製造。破浪萬里忘瀾汗。中國海疆七千里。太平洋岸臨紫瀾。大地全勢惟我有。樓艦可以笞百蠻。大陸豐飫自飽足。不思開闢徒閉關。惜哉海禁二千年。珠崖猶捐況大秦。腐儒不通時勢變。泥古守經成弱孱。坐令大地主人位甘讓碧眼紅髯高步於其間。迄今樓艦二萬噸。甲板二尺鐵爲藩。橫絕大海孔龍戰。嚇取土地談笑間。乃逢諸雄競爭日厖然大國無海軍如鳥無翼魚無翅人無手足僅有身身愈肥盾割愈易其形類瓜最宜分嗟爾謀國肉食者狂泉醉酒何濃熏昔自科輪布尋地。班葡輒收大陸新。荷蘭先覺逐其後。聚精製艦成殊勳。明末創自地勞打。船制鈍拙無可云。然已徧收南洋島。朝貢諸國亡紛紜。彼得雄心變服學。胡俄遂覇波海濱。英人旁窺得心法。專意製艦肆斧斤。卽取印度澳洲加拿大、徧奪南陽諸海門。艦隊第一爲海覇能擒陸覇拿破輪。故知海力最無上於今新世尤居尊縱覽荷蘭船嶋型感歎彼得木屋勤窺爾荷蘭強若此況於中華萬里雲嗟哉誰爲海王圖鐵艦乃是中國魂何當忽見鐵艦五百艘龍旂翩蕩四海春嗚呼安得眼前突兀五百艦橫絕天池殖我民

先生復寄一長歌。題曰「太平洋東岸南北米洲皆吾種舊地。」非徒爲考古界之一新發明。抑所以誘導國民之自覺心者。其影響不尠也。詩如下。吾遊加拿大古蹟忽有李陵台好事徐維經購得埋地古錢之一枚傳聞古錢埋一甕名字皆自中國來我曾摩抄墨榻之視爲異寶藏於懷米北亞拉士加人面貌酷似中原胎新蕾我遇水利長口稱新墨西哥稻田開其地溝洫似中土定是華人移殖回墨西文明尤古出遺殿百

級高崔嵬百器制作頗類我舊民相見情親哉吾人呼叔似南越特留酒食意徘徊秘
魯文化亦相似今雖代遠存封灰麥秘中間稱盛世惜遭蠻亂毀嵩來我將南遊親考
驗益見吾種滂遠無不賅想見颶風吹渡海二萬里遠難重回或者三苗舊蠻族或者
渤海扶餘裁或者文身斷髮出吳越少被文化無通栽各以國風與野俗行之新陸傳
雲來文者開文明野者山澤化日頹總之太平洋岸東米洲五萬里落機安底斯以西
之草苔皆吾華遺種之土地証據確鑿無疑猜科輪布尋遠在後先者爲主後者隨彼
挾國力推智者歐土又近來相偕遂令光光新大陸客作主人先安排赫赫歐洲鼓與
旂樹徧南北米洲煦電雷從來得失多反覆天道人事古今可相推我華人類數萬萬
橫絕地球吾爲魁他日中興樓船破海浪水濱應問吾故壤北亞拉士駕南智利故主
重來龍旂颶

雜俎

俄國近年各大員被害表

今將一千九百零一年起俄國被害各大員列表如下

◉一九〇一年

三月三十號學部大臣蒲古拉朴夫

◉一九〇二年

四月十五號內務大臣西卑古伊納

◉一九〇四年

正月十五號芬蘭總督薄勃雷克夫伯爵

七月二十八號內務大臣潑利烏

◉一九〇五年

二月六號芬蘭代理將軍沙撤龍蘇能

二月十號華騷總督脫黑夸夫

二月十七號大公爵守及斯

二月十八號高加索省知事華伽沙波

三月七號俾亞爾斯道克警察長及喇貧欽

五月二十四號高加索省巴苦巡撫名未詳

七月一號勃色拉俾亞省憲兵長西奴魯斯甘大將

七月十一號黑斯科知事陸軍少將蘇佛勢夫伯爵

七月二十一號芬蘭海爾新福警察長克利末倫古

九月二號伊利斯忒夫親王

十月十三號克希納夫副警察長與沙烏斯甘

雜俎

十二月一號俄弗省巡撫名未詳

十二月七號薩克哈爾夫大將在薩爾忒夫地方被害

十二月二十九號黑斯科警察長名未詳

◉一九〇六年

某月某號克倫斯瑙亞斯克巡撫兼警察長名未詳

正月十一號伊古資克警察長及喇夸美爾夫

正月十五號陸軍少將利沙斯甘在潑薩地方被害

正月三十號高加索總督署頭等參贊葛利克瑙夫

正月三十一號樞密院大臣弗利瑙夫在朴爾他槐地方被害

二月二十一號陸軍大將奪斯邱企克及家族在阿斯克勃地方被害

五月十四號聖彼得堡總司令官海軍少將考美資企

七月十一號黑海艦隊總司令官海軍大將聾克寧在薩斯圖朴被害

八月二十五號俄首相司徒爾賓家共被害三十餘人中如首相書記員薩美賓朝廷事官華魯甯及道維奪夫兩大臣首相守衛長司圖爾夫潑色省巡撫開華斯道夫親王納加希其等

八月二十六號斯美納烏甘軍團長閔恒將軍

八月二十七號華騷署理總督華利亞斯甘大將

九月一號親王斯却企佛夸伊在首相司徒爾賓家受傷而死

九月十六號聖彼得堡總司令官脫利樸夫中風而死或疑其被人毒害

九月十九號陸軍大佐尼夸拉夫在華騷被害

又　華騷管理軍政巡撫伊卜勒夫被害

十一月十七號朴爾他槐守兵長樸爾夸尼克夫大將被害

十二月二十二號阿立西斯伊㭉納的夫伯爵在鐵佛地方議會被害

十二月二十八號波羅的海島巡撫奧伊薩爾被害

◉一九〇七年

正月四號聖彼得堡知事勞納資大將軍被害

正月九號聖彼得堡軍事檢事長陸軍中將潑烏洛夫被害

正月十號勞資地方警察長痕奪利夫被害

俄國近年各大員被害表

正月廿二號華騷警察長喇內若克被害

二月一號聖彼得堡國罪犯管獄總督被害

二月八號潑內亞巡撫亞力山大烏斯廿在戲園被毒彈擊害

雜俎

四

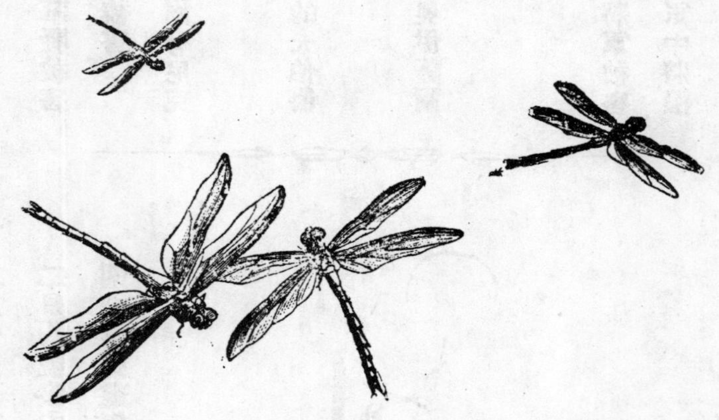

清國留學生普通科學生招募

陽歷四月十五日授業開始

日本東京 法政大學

上海商務印書館

新譯日本法規大全出版預約廣告

日本法律之書以此爲最完全凡全國法律規則命令無一遺漏光緒二十七年盛宮保督辦南洋公學時會屬管理譯書院海鹽張君元濟聘人翻譯是書成稿約十之八嗣以乏人修校未經印行越四年盛宮保復屬張君賡續成書允由本館修校出版惟原稿係據明治三十四年之本距今已久其增加更易者約十之二三且律學精邃出入所關甚鉅非有專家學者詳愼考核極易貽誤本館特聘日本早稻田大學政學士閩縣劉君崇傑躬赴日本總司編輯復就近延聘卒業帝國大學何君燏時卒業中央大學高君种卒業早稻田大學法政科學人陳君威卒業早稻田大學梁君志宸及其他優等留學生各就所長分門擔任就明治三十七年最新之本精審校閱誤者改之缺者補之幷與日本各法律專家詳加討論以期斟酌盡善惟書中法律名詞具有精義未必盡人能解因聘日本早稻田大學政學士法政科學人董君鴻禕及錢念劬先生編成法規解字凡書中所有名詞皆詳加解釋按照康熙字典部首排列以便檢査計時二年糜金數萬始克卒事欣逢聖上宣布立憲伏讀諭旨有云先將官制分別議定次第更張幷將各項法律詳愼釐訂而又廣興教育清理財政整修武備普設巡警使紳民明悉國政以豫備立憲基礎著內外臣工切實振興力求成効俟數年後規模粗具査看情形參用各國成法妥議立憲實行期限再行宣布天下等因凡屬臣民敢不黽勉勤求以期仰副聖明般般圖治之盛意此書於日本官制教育財政武備巡警等事言之綦詳且係同洲同文同種之國尤足爲我官紳士庶參考之用故特亟付手民從速出版全書分二十五類共四百餘萬言用上等中國連史紙印成凡四千數百頁分訂八十冊幷附法規解字一冊裝入椐木箱一年內可以出版每部定價二十五元凡豫約者其辦法如左

一豫約價每部銀十八圓

一豫約期限以本年十二月三十日爲止過期照定價每部二十五圓概不折讓

一購豫約者應於期內先交六圓向本館及各分館購取預約券出版後將券交下幷找十二圓即可取書

一外埠購豫約者請將銀六圓由郵局掛號寄上海總發行所收到後卽將豫約券由郵局掛號寄奉

一廣西雲南貴州四川陝西山西甘肅新疆八省因路途較遠展限二月如在明年二月底以前寄銀十八圓到滬者亦照豫約辦理本埠及近地不得援例

一欲本館將書寄奉者其郵費如下

(甲)上海城廂內外不取送力(乙)向各分館取書每部加運費六角四川省每部加郵費一圓四角(丙)輪船火車已通之處每部加郵費一圓(丁)輪船火車不通之處每部加郵費一圓二角(戊)陝西甘肅雲南貴州四川五省每部加郵費二圓四角(己)日本國每部加郵費一圓四角(庚)歐美諸國郵費各不同應照實數計算不及細列(辛)躉買十部以上運費較廉當照實數收貲　丙丁戊己庚五項因郵局包裹磅數有限全書一箱無從寄遞擬分爲十函用精美結實布套包裹以代木箱

◉注意　現已將譯例總目日本憲法全文印成樣本一冊如承不棄請向本館總發行所或各埠分館取閱　遠地函索亦可寄奉

◎上海棋盤街商務印書館◎北京琉璃廠分館◎奉天同春福海利號分館◎天津金華橋分館◎漢口黃陂街分館◎廣州雙門底分館◎開封路北大街分館◎福州南大街分館◎重慶分館◎成都分館　同啓

上海商務印書館新出各種教科圖書

（分設）京師　奉天　天津　廣州　福州　成都　重慶　漢口　開封

學部審定 初等小學 **修身教科書十册** 每册一角 **教授法十册** 每册一角 **五彩掛圖** 計二十幅已裱六元未裱五元 ○本書爲浙江蔡元培福建高鳳謙浙江張元濟諸君編輯採取古人嘉言懿行足以增進民德改良風俗者依次編入由淺及深循序漸進末數册於合羣愛國尤爲再三致意全書十册適供初等小學五年之用第一册全用圖畫不著一字令兒童不生厭倦第二册至第四册每課一圖第六册以下文漸增圖漸減每册至少亦有十圖左右茲承　學部審定稱爲（斟酌取舍之間皆足見其精審）等語　教授法十册按課編纂均注明出處詳列教法亦承　學部審定另附第一册掛圖二十幅彩色鮮明最便講堂指授之用

○**學部審定** 初等小學 **國文教科書十册** 第一册一角五分第二册以下各二角 **教授法十册** 第一册四角第二册至第五册各三角第六册三角半第七册四角 ○本書爲福建高鳳謙浙江張元濟江蘇蔣維喬諸君著悉心編纂一字不苟經營二年始克成書文章淺而不俗雅而不奧每册附圖數十百幅五彩圖二三幅尤爲精彩動人全書十册適供初等小學五年之用發行以來頗蒙海內教育家許可銷流至數十萬册疊版數十次茲經　學部審定稱爲（文辭淺易條段顯明圖畫美富板本適中章句之長短生字之多寡皆與學年相稱事實則取兒童易知者景物則預計學期應有者幷將一切器物名稱均附入圖中使雅俗兩得其當）等語　教授法一書專爲教員之用按照課數編次凡誦讀講解習問默寫聯字造句作文等法無不詳備名物訓詁皆加詮釋所引古籍西籍亦詳其出處以省教員檢查之煩此書亦承　學部審定

◎初等小學 **習字帖** 第一册一角第二三四册各八分 ○此帖與本館所編國文教科書相輔而行書中所有者無一不備書中所無者亦不攔入以便隨讀隨寫可助記憶第一册用描紅第二册以下用影寫

◎**小學唱歌書一册** 價洋三角 ○此書前半詳列教授法凡音調拍子趣味等法循序不紊後半列歌辭雅而不俗淺而不俚其於愛國思想尚武精神尤爲注意

上海商務印書館新出各種教科圖書

（分設）京師　奉天　天津　廣州　福州　成都　重慶　漢口　開封

學部審定 初等小學 **筆算教科書五冊** 第一二冊各一角半 第三四五冊各二角 **教授法五冊** 第一二冊各二角半第三四冊各三角半第五冊四角 **五彩掛圖** 計十六幅 二元五角 ◯本書五冊適供初等小學五年之用已承學部審定稱爲（綱領備具條理細密步步引入在今初等小學教科書中洵無出其右者）又稱（多列圖畫足以引起兒童旨趣全忘習算之煩苦）又稱（中外度量衡比較法既習算術兼適應用則尤本書之特長）等語教授法一書亦經學部審定稱爲（教員上課時手此一編可不致漫無秩序）等語

◎高等小學 **筆算教科書四冊** 每冊二角 **教授法四冊** 第一冊二角半第二冊三角第三四冊各二角半 ◯是編繼前書之後仍由加減乘除入手至平面立體求積而止全書四冊適供高等小學四年之用 教授法四冊按課演繹最便教員之用

◎高等小學 **筆算教本二冊** 價洋四角 ◯是書共九編（首）加減乘除（一）諸名數（二）分數之簡易者（三）分數之繁雜者（四）小數（五）比例之簡易者（六）比例之繁雜者（七）利息（八）開方求積序次得宜繁簡適當解釋清晰譯文明暢

◎學部審定 初等小學 **珠算入門一冊** 每部二冊價洋四角五分 ◯此書經學部審定稱爲（條流明晰階級秩如每課多列習題亦便於練習）等語且蒙學部指定爲初等小學末二年之用即商業中人取而習之獲益非淺

◎**珠算教科書四冊** 六角 **教授法一冊** 每冊價洋五角 ◯此書繼珠算入門而作詳明淺顯條理井然其教授法爲教員實際教授時所用解說詳明丁甯苦口教員但能手執是編依書演講當自知其運用無窮至於有志獨修者取而習之亦能粗窺門徑漸陟堂奧

◎高等小學 **理科教科書四冊** ◯每部四冊價洋八角 ◯是書爲山陰謝洪賚所著並由山陰杜亞泉參訂材料精當部次分明最便初學附印五彩圖及精圖三百餘幅書共四冊每冊四十課每星期教授一課以一年畢一冊誦習既竣不患無普通之知識矣

五

上海商務印書館新出各種教科圖書

(分設) 京師 奉天 天津 廣州 福州 成都 重慶 漢口 開封

師範學校教育學二角◯是書分三篇共三十三章先通論次詳教育之目的及主義方法擇精語詳合乎初級師範學堂之用◎學部審定師範學校教育史一冊二角五分◯是書敍述東西各國教育之沿革與其變遷實足導我國言教育者之先路 業經學部審定稱爲(凡小學教員欲考求教育之源流者必取資焉)等語◎學部審定師範學校教授法原理一冊二角◯是書分六編一曰緒論二曰教授之目的三曰教材四曰教授之原理五曰教授之方法六曰教授之形狀 業經學部審定稱爲(言簡而賅意精而顯)等語◎師範學校各科教授法二角◯是書分十科曰修身曰讀書曰作文曰習字曰算術曰歴史曰地理曰理科曰圖畫曰唱歌曰體操應有盡有賅括靡遺適合初級師範學堂及速成師範講習所之用◎學部審定師範學校學校管理法二角◯是書八章曰總論曰編制曰設備曰管理曰經濟曰衞生曰書簿曰教師 業經學部審定稱爲(詳審精密條理井然定爲小學教員參考書洵爲適用)等語◎師範學校心理學二角五分◯教育以心理學爲基礎故師範學校必列是科我國現時教育咸知注重師範是書凡二十八章皆詳關乎教育之心理簡要精審一字不苟◎師範學校論理學一角五分◯論理學亦師範學校必要之科爲教員者不明論理學則教授時必不能勝任愉快顧是學精深廣大欲求簡核明豁合乎教科書之用者實鮮善本是書凡六章其中演繹歸納等法適於教授之用者皆詳略得宜◎學部審定圖畫教科書一冊七角◯是書爲圖百數十幅凡人物山水以及動植器用等無不具備末附本國各省總分圖數十幅 業經學部審定稱爲(凡教習教授圖畫最要在善畫黑板使學生一覽了然爲功自易是編深明此法先以虛線作式而後畫爲圖形故雖不著論說而不至於模不模範不範也)等語◎初等小學習畫帖八冊教員用一冊七角六分◎高等小學毛筆習畫帖八冊一元四角◎高等小學鉛筆習畫帖八冊八角◯以上三種習畫帖參照東西洋名家筆法所有人物屋宇器具皆按照中國模樣俾兒童一覽而知最爲便用

無雙 東洋

教育掛圖目錄

圖名	張數	備考	價目
陸軍示教掛圖	自第一輯至第三輯	各輯五張一組	各一輯金貳圓
海軍示教掛圖	同	同	同
天地現象掛圖	自第一輯至第五輯	各輯五張一組	各一輯金貳圓
地文學示教圖	自第一輯至第二輯	同	同
世界地理示教圖	自第一輯至第三輯	各輯七張一組	各一輯金貳圓八十錢
人體生理解剖圖	廿張一組	完結	金八圓
世界人種風俗圖	自第一輯至第三輯	各輯五張一組	各一輯金貳圓半
工業示教掛圖	自第一輯至第三輯	同	同
農業教授用掛圖	拾張一組	完結	各一輯金四圓
家畜家禽正圖	自第一輯至第二輯	各輯六張一組	各一輯金貳圓半
世界哺乳動物圖	自第一輯至第四輯	各輯五張一組	各一輯金壹圓半
植物正圖	自第一輯至第十輯	各輯五張一組	各一輯金貳圓
[illegible]植物正圖	五張一組	全	金貳圓
有毒植物真圖	五張一組	全	金貳圓
救荒植物正圖	同	同	同
有益蟲真圖	三張一組		金壹圓半
蟲類正圖	自第一輯至第二輯	各輯五張一組	各一輯金貳圓
蟲類正圖	自第一輯至第四輯	同	各一輯金貳圓
稻作害蟲驅除法圖	五張一組	完結	金貳圓

圖名	張數	備考	價目
農作物病害豫防法圖	五張一組	完結	金貳圓
蠶業示教圖	五張一組	完結	金貳圓
養蠶示教圖	八張一組	完結	金參圓
爬蟲類及兩棲動物圖	自第一輯至第二輯	各輯五張一組	各一輯金貳圓
甲殼類正圖	五張一組		金貳圓
菌蕈類正圖	自第一輯至第二輯	各輯五張一組	各一輯金貳圓
貝殼類正圖	二張一組		金壹圓
前世界動物圖	三張一組		金八拾五錢
魚類正圖	自第一輯至第二輯	各輯五張一組	金貳圓
海獸類正圖	五張一組	完結	金貳圓
熱帶植物圖	自第一輯至第三輯	各輯五張一組	各一輯金貳圓半
人體寄生蟲及黴菌圖	自第一輯至第二輯	各輯五張一組	各一輯金貳圓
下等動物圖	五張一組		金貳圓
植物解剖掛圖	十張一組		金參圓八拾錢
兒童眼病トラホーム豫防法圖	參張一組		金壹圓貳拾錢
救急治療法掛圖	六張一組		金貳圓
支那歷朝帝王御影	全一張		金八拾錢
兵式柔軟體操圖	全一張		金四拾錢
銃砲古今沿革全圖	二張一組		金壹圓四拾錢

圖名	張數	備考	價目
鑛石實寫標本圖	全一張		金參圓
世界列國旗章正圖	全一張		金五拾錢
列國帝王軍隊服裝圖	全一張		金七拾錢
世界人種相貌圖	全一張		金七拾錢
世界發明元始家列影	全一張		金七拾錢
古今軍艦沿革圖	全一張		金參拾五錢
貨幣古今沿革圖	全一張		金參拾錢
帝國陸軍服裝圖	二張一組		金貳圓
列國勳章徽圖	全一張		金八拾錢
物理學示教掛圖	自第一輯至第二輯	各一輯五張一組	各一輯金壹圓半
博物集覽全圖	三十大張一組		金七圓
萬國貨幣全覽	全二張		金壹圓半

本館製造教育專門著色圖畫。深荷樂觀讚賞。名聲籍甚。亦技術巧妙。質良價廉。稱東洋無雙。無論日本全國。及朝鮮臺灣。大中小學堂無不採用本館圖畫者。本年更欲推廣銷路。對門增設新工場。裝置精良大印刷機。準備已成。館運旺盛。特爲中國四方君子需。製圖畫目錄大畧如以上。東京造畫館主九拜

一本館畫目錄壹冊。函致有命。不論遠近。即呈。來函一切要照左記本館所在地。書字無誤

〇日本東京市京橋區出雲町壹番地

東京造畫館

●電話新橋七百二十三番

七

休寧程家檉先生纂著　日本伊藤繁延先生案圖

外附漢文説明書一冊全部二十頁已經出版定價金五圓

團一國之精神。有如堅石。有如煉鐵。別無他道。世莫不稱曰國民教育。然其爲國民教育之利器者。則非歷史一科不爲功。中國歷史。浩如煙海。興亡之故。固不難藉教科書以傳之。而國民之眞精神。縱懸河之口。其無圖畫以相輔助。則終莫由而顯也。休寧程韻蓀先生。其經史之學。夙已蜚聲於禹域。自弱冠而負笈吾邦。前歲畢業於大學。其在東京。實留學生之最久者。以應敝局之請。爲著是圖。聯絡古今。貫串倫類。其數雖不過二十。然內準之中國社會之心理。外以合泰西教育之方法。由其精博之心胸。而出以卓越之識見者也。至其描畫神情。幾於頰上三毫。躍躍若活。呼之欲出。足令人可哭可歌。起慕起敬。誠宇內第一之歷史書。而心乎教育者之不可不先睹爲快者矣。特此廣告。務宜家備一編。

講堂教授…漢譯　暗射清國大地圖

◉縱五尺　橫七尺全幅大掛圖

◉石版加彩色　定價金參圓五拾錢

發行所　東京市京橋區南鍛冶町一番地　三松堂書局

善忍堂地圖調製所編輯部編纂

◎縱三尺五寸 橫六尺 全一枚大掲圖

◎石版加彩色 定價金壹圓五角

地理敎育之進步地圖與地形圖相輔而行誠必要者無此種圖出版於敎育上誠一大缺點敝堂爲學界起見特令編輯部精意製爲此圖以資學校地理敎授之用若人置一篇則凡地形上理解難會處之用語按圖指點便瞭如指掌此誠學校最利用之品也

善忍堂地圖調製所編輯

◎石版加彩色 美本 定價金五十錢

◎漢譯敎科用地圖廣告

大清帝國全圖 石印細密六彩鮮美 定價六十錢

漢譯世界全圖 付各國旗章 石印細密七彩鮮美 定價四十錢

大清一統分圖 石印細密五彩印美 定價五十錢

支那帝國明細圖 石印細密配彩 定價廿五錢

兩半球圖 付各國旗章 石印細密美彩 定價參十錢

中學堂清國形勢地圖 石印精密配彩 定價廿五錢

本圖爲清國學堂敎科用而發行者也故凡地形山河及地名皆爲確實至其既成未成之鐵道亦詳細調查一一記入極便於地理研究者請速爲購取

發行所 大日本東京市京橋區三十間堀三丁目十九番地 大須賀善忍堂

十三

日本東京　合資會社　富山房書局告白

陸軍教授　依田雄甫先生著

漢文最新萬國形勢指掌全圖

是爲現今所存最良最美精圖、長以直隸總督袁宮保、前兩江總督魏制台。學部侍郎嚴大人。日本駐劄楊公使、軍機處存記一品朱大人。直隸學校司參議丁大人諸公般勤賜書稱賀不已。今寫諸公眞蹟揭之卷首。是亦爲不易得。大方諸彥幸購一本閑窓披覽可臥遊于五大洲也。

石印十彩地圖二十張　人物風景寫眞版十張　（統計表廿四頁）

價貳元五角　小包郵費三角五分

文學博士　重野安繹、河田羆兩先生同輯

支那疆域沿革圖

陸軍教授　依田雄甫先生著

▲石印三彩　價參元　（滿圖製）　小包郵費二角五分

漢文最近世界現勢指掌圖

依田雄甫　河田羆兩先生著

▲石印七彩　價貳元五角　小包郵費三角五分

漢文日俄戰記

上野巽　吉田甚藏兩教習合著

口繪并地圖入　價二元　郵費三角五分

漢譯兵式大全

價一元五角　郵費八分

寺尾博士監修　藤森溫和先生著

日清對譯算術教科書

價一元　郵費一角

東京鐘淵病院長橋本善次郎先生著

漢譯衛生一夕話

價六角　郵費六分

宏文學院教授佐村八郎監修

日語新辭林

價六角　郵費〔　〕分

富山房編輯部編纂

中國電綫鐵路圖

價五角　郵費二分

十五

日本東京合資會社富山房書局告白

大清國欽差出洋考察政治大臣鎮國公載澤殿下題字
日本陸軍教授依田雄甫先生撰修

新出

大清帝國分省精圖

四六判四倍頗大判美本價貳元五角・石印八彩印刻精緻圖面 縱一尺二寸 橫一尺六寸 十九枚

依田教授、東瀛輿地大家也、嘗欲作大清帝國精圖、潛心從事者、有年於玆矣、遂成此大地圖、每圖皆詳密精確、區畫明瞭、自大小山川疆域沿革、至都邑廣狹驛站便否、博搜精查、網羅莫遺、且彫刻精緻、色彩鮮明、比之現在諸圖、未曾見其類、實可謂天下第一等精圖矣、希大官鉅公至學者賈人、各貯一本、日夕繙展、以資其所職、是不啻弊房之光榮、亦天下之大幸也、

欽差出洋大臣李盛鐸閣下題字
日本陸軍教授依田雄甫先生撰修

新出

漢譯世界讀史地圖

石印七彩頗鮮明
大判頗美本
解說共二册
價二元五角

此編所收圖大小壹百拾餘面。每圖詳密精確鮮明麗緻 加附略說一卷。敍述簡明。考證的確。全世界上下。數千年間之治亂興廢之跡。歷歷如指之掌上。亦可以觀古代蒙古人之壓倒歐洲人也。苟志士仁人。有所慨於黃白兩人種之消長盛衰者。豈可不寤寐閱覽。而發奮激勵乎

洋裝精本定價壹元

新大陸游記（三版）

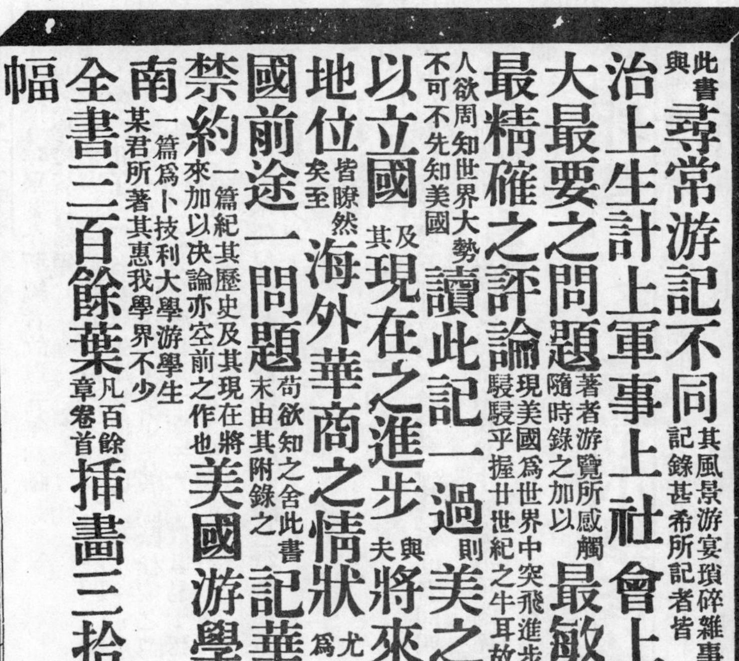

發行所 橫濱百六十番 新民社

SEIN MIN CHOONG BOU

P. O. BOx 255 Yokohama Japan.

明治三十一年十二月二十七日（第三種郵便物認可）每月二回發行

新民叢報

第肆年第拾玖號

（原第九十一號）

光緒三十二年十月一日　明治三十九年十一月十六日

新民叢報第肆年第拾九號目錄（原第九十一號）

▲記載……………一一五

◉中國大事月表

○丁未二月

▲論著……………一

◉再駁某報之土地國有論…………飲冰

（一）○（二）就經濟上正土地國有論之誤謬

▲譯述一……………六五

◉大臣責任論（續第九十號）　淵生

○第二章大臣訴訟……（一）總論……（二）各國制度之一斑……（三）大臣訴訟之本質……（四）大臣訴訟之實益○第三章大臣對於議會之責任○第四章日本憲法第五十五條之規定

▲譯述二……………九一

◉教育之目的　黃國康

報資及郵費價目表

報資及郵費價目表	全年廿四冊	半年十二冊	零售
報資	五元	二元六角	二角五分
上海郵費	二角四分	一角二分	一分
上海轉寄內地郵費	一元二角	六角	五分
各外埠郵費	一元四角四分	七角二分	六分
四川、雲南、陝西、貴州、山西、甘肅等省郵費	二元八角八分	一元四角四分	一角二分
日本各地及日郵已通之中國各口岸每冊一仙			

廣告價目表

洋裝一頁	洋裝半頁
十元	六元

惠登廣告至少以半頁起算刊資先惠論前加倍欲登長年半年者價當面議從減

編輯兼發行者　馮紫珊

印刷者　陳侶笙

發行所　橫濱山下町百六十番　新民叢報社

上海發行所　四馬路老巡捕房對面　新民叢報支店

印刷所　新民叢報活版部

論著

再駁某報之土地國有論（續第九十號）

飲冰

二　就經濟上正土地國有論之誤謬

言經濟學。必當以國民經濟爲鵠。問巳雖然國民之富。亦私人之富之集積也。不根本於國民經濟的觀念以言私人經濟。其偏狹謬誤自不待言。然在現今經濟制度之下。而離私人經濟以言國民經濟。亦無有是處。今本論於此兩方面無所偏畸。以公平之眼光觀察彼報所持土地國有論。其利害何如。得一一疏通證明之。

土地國有論最有力之學說。莫如亨利佐治。其言曰。『土地者造化主之生產物也。非由人力。故無論何人。不得獨占其利益。蓋土地價格所以逐漸騰貴者。非箇人之勞力能使然。皆社會進步之賜也。故緣價騰所得之利益。自當屬於社會。土地私有制度。實流毒社會之源泉也。然則徵社會所當得之利益還諸社會實政府之義務。人民雖有各自享其勤勞所得結果之權利。若夫土地之純收入即經濟學上所謂地代者。不可不屬諸國家。亨利此論即彼報所宗仰唯一之論據也。雖然。近世學者。已將此說難破而無餘蘊。今請述之。（第一）謂土地本當屬於社會者根據自然法以立言。而謂土地私有制度背反於自然法也。此實蔑視歷史之妄言也夫所謂自然法者不過歷史之一產物耳十八世紀之思想家。盛稱自然法之存在。及近世社會學上歷史的研究大行自然法之存在久被否認所謂規律所謂公正不過社會變遷直接之結果而非如自然法家所云別有規律公正其物者萬古不易也即如土地私有制度實亦歷史之產物其在太古土地雖屬人類公有及經濟上社會上幾許變遷為增進社會一般幸福起見馴致認私有制度之必要故否認自然法之存在實今日思想家之公言而土地自共有制度遞嬗而為私有制度實有歷史上之理由而非可蔑棄者也（第二）謂土地為造化主之生產物其價格騰貴食社會之賜。非箇人所宜獨占。此其說若稍近理。雖然。若以此種論法為根據充類至盡則社會之富何一非造化主之生產物何一非食社會之賜者甯獨土地如彼職工之製造器具其木材則造化主之生產物也其所用之斧鑿則冶人供之其所棲之室廬則左官建之其所被之衣服則自紡績所經織房染房裁縫店成之其維持生命之食物則農夫給之如論者言。則職工所製之器非職工能自製之而社會實製之也不甯惟是彼職工所以能保其生命財產得安居以樂其業者亦恃有社會耳準是以談謂土地之地代以食社會之賜故而當然屬於國家之所有則彼職工之庸錢亦不可不屬於國家之所有質而言之則社會中無復一物可以私有而已夫土地國有論者之孟涙杜撰斯可覘矣（以上譯日本田中穗積氏著高等租稅原論第六章之一段。田中氏所言。亦本於歐洲學者之說也。）

要而論之。土地所有權者所有權之一種也其性質與他之所有權無甚差異皆以先占勞力節約之三者得之而在現今之社會組織當認爲適於正義之權利者也故若取一切之所有權而悉否認之則土地之不許私有自無待言若既承認他之所有權而獨於土地否認焉則無論若何迂回其說而根本觀念總不免於衝突也。夫根據自然法以立論則所有之權應存在與否。兩方論者皆各有其主張之理由。若將自然法之一種架空理想除去而就歷史上觀察人類之普通性質以研究現今經濟社會進化之動機則私有制度（即以法律承認私人所有權之制度）雖謂爲現社會一切文明之源泉可也蓋經濟之最大動機實起於人類之利己心（斯密亞丹派。以此爲唯一之動機。近世學者。多補正之。如華克拿則分動機爲五種。前四種屬於利己心。其第五種屬於利他心。此利他心。固不失爲經濟之一動機。然往往隱而不發。且在現今社會組織之下。前四種常獨占優勝之力。就中其第一種爲尤甚。即經濟上求利益而惡不利益之心是也。華氏嘗據此以批評社會主義派之說。謂必須第五動機獨占優勝。能壓倒第一動機。然後社會主義之理想可以實行。若果能如此。則經濟純化而與倫理同物。誠爲佳事。但徒恃制度組織之改革。不足以致之。必須先造成適應於此新制度之人。而欲改變人類之性質。決非一朝一夕之效。故社會主義派之理想。必非現在所能見諸實事也。此其言最爲博深切明。蓋社會上無論何種制度皆不外其社會分子的心理之反射。而所有權之爲物。即由現今全世界人類心理所構成。而關於經濟生活一切之總前提也。）人類以有欲望之故而種種之經濟行爲生焉而所謂經濟上之欲望則使財物歸於自己支配之欲望是也（此日本河上肇氏所下定義。視前輩諸家之說稍精密。今采之。）惟歸於自己之支配得自由消費之使用之移轉之然後對於種種經濟行爲得以安固而無危險非惟我據此權與人交涉而於我有利也即他人因我據此權以與我交涉亦於彼有利故今日一切經濟行爲殆無不以所有權爲基礎而活動於其上人人以欲獲得所有權或擴張所有權故循經濟法則以行（以比較的最小之勞費。得比較的最大之利益。此經濟法則也。）而不識不知之間國民全體之富固已增殖此利己心之作用而私人經濟所以息息影響於國民經濟也若將所有權之一觀念除去使人人爲正義而勞動或僅爲滿足直接消費之欲望而勞動（直接消費之欲望者。如飢欲食寒欲衣是也。經濟上之欲望。則在求得一種穩固之權利。可以爲得食得衣之手段者也。）則以今日人類之性質能無消滅其勤勉赴功之心而致國民經濟全體釀成大不利之結果乎此最宜注意之一大問題也。（伊里氏論所有權果足爲正當之權利與否。頗有微詞。謂『所有權大率起於掠奪。掠奪者罪惡也。罪惡則始終爲罪惡若謂罪惡得變爲權利無有是處。雖然過去之罪惡則將已葬送矣居今日而欲判斷所有權之當否亦惟察其果足以進現在未來之公益與否而已如彼諸曼人侵入法國北部攪亂當時社會之秩序誠一種罪惡也。然以同一理由故吾輩今日不可不認其占領爲權利而尊重之蓋自彼征服後。歷數世紀民已安之今託名於懲罰過去之罪惡報虐以威復使人民陷於塗炭是又一種之罪惡也故以糺過去之故。而破社會之秩序是欲收覆水而已使所有權制度而確有害於現在社會進步則一刀兩段以剗除之固不可辭雖然方今此權之存在確爲鼓舞企業之最大誘因此事實之不可爭者也吾非謂此爲唯一之誘因他日或有更勝之之動機發生焉亦未可知而在今日則此爲生產之最大誘因洞若觀火矣今忽然杜絕此大動機大誘因其影響於社會者當如何牽一髮而動全身苟關於此制度有一點一畫之變更其關係皆非細也』案伊氏謂所有權純起於掠奪之說吾不能表同情蓋以現今論則此權或以勤勞所易得或由承襲而來其正當固不待論即以最初獲得者言之亦多有由於先占而非必盡由於掠奪也若其論此制度在今日不可破壞之理由則可謂持平之論矣。）彼圓滿之社會主義其所恃爲經濟的動機者純與現社會之經濟動機爲異物則其不置重於所有權且務破壞之亦固其所其說之能應於現社會心理與否此自爲別問題要之就彼所主張者論之可謂始終一貫盛水不漏者也若如某報所主張既承認現今之經濟組織（非立坡維治分經濟組織爲二。一曰交易的經濟組織。二曰無交易的經濟組織。現今經濟社會。則屬於前者也。社會革命派所夢想之經濟社會。則屬於後者也。今彼報既承認交易的經濟組織。故吾得斷言其爲承認現今經濟組織。）則爲現今經濟組織基礎之所有權制度不得不承認之不承認則一切經濟行爲將不得施也乃既承認所有權矣而顧於所有權中之一種所謂土地所有權者獨否認焉問其理由則曰此乃自然產物非所有者能以自力增其價値故不當許私有則如吾前所述謂充類至盡凡一切物皆不當私有甯獨土地夫當私有與不當私有此自然法上之問題而許私有與不許私有其於現今經濟組織孰利此事實上之問題也彼報侈言理而忘事實既不能取現在經濟組織翻根柢而一新之而乃取現今經濟組織之基礎破壞其重要之一角牽一髮以動全身則其紊亂社會秩序之影響必有不可思議者蓋在現今交易的經濟組織之下人人皆以欲得財產所有權爲目的既共向此目的以進行則汲汲自殖其富量而國民富量即隨之增進焉而財產所有權中則不動產較諸動產尤確實而易保守（不動產即田地家屋等。動產則器具及股份票等也。）而土地又不動產中之最主要者也今一旦剝奪箇人之土地所有權是即將其財產所有權最重要之部分而剝奪之而箇人勤勉殖富之動機將減去泰半故在圓滿之社會主義絕對不承認財產私有權而求經濟動機於他方面者固可行之若猶利用此動機爲國民經濟發達之媒。而偏采此沮遏此動機之制度則所謂兩敗俱傷者也。此其所持主義不能成立者十六也

持土地國有論者尚有其一理由焉。曰『以其爲獨占的貨物。故其言曰。土地價值隨人口之增加而增加。地主不勞而獲之。不寧惟是。人口增加之結果。地主以外之各階級。（即資本家及勞働者）其所得以競爭而愈微。甚或無復利益。而地主反之。以鷸蚌相持爲奇貨、安坐而享漁人之利。是社會中一階級之人。無故而特霑殊惠。不平莫大焉。故將此等獨占的貨物。歸諸公有。均利於一般之人。實天經地義也』此亦彼報所祖述之論也。雖然非立坡維治嘗駁之矣。曰『社會主義者謂土地不當私有。彼蓋以土地與他之生產資料等。謂地主搾取勞働者所勞働之結果也。然事實乃與之相反蓋土地之大部分現今實屬於其所有者之自經營（案此謂田主自爲農夫者居多數也）故以土地搾取勞働結果之事實乃甚稀且土地所有權之集中亦不如商工業上資本集中之顯著不

甯惟是就一般農民之心理論之不徒不希望土地私有制之廢止甯望其保存而確立者爲多又農業上用地現今全地球各處多容競爭之餘地故論者所謂獨占的性質在農業上用地殊不甚見之』菲氏據此諸理由。以證明土地國有制之不可行。可謂篤論。今請就其說而引申發明之。大抵土地當分邑地野地之二大別邑地者都會之地工商所輻輳也野地者郊鄙之地農業所利用也然無論何國邑地不過居野地千分之一故論土地者當以野地爲主不當以邑地爲主而論者所言則皆適用於邑地而不適用於野地故按諸一般事實往往而謬也今試取野地之性質而解剖之

（第二）其性質非純粹爲獨占的凡獨占事業必其事業本質天然無容競爭之餘地者也伊里舉其特質有三。第一例。其事業占有必要特殊之地點線或路者。如紐約市之空中鐵路其地段據全市交通運輸之中心點若他會社別營一空中鐵路。到底不能與之競爭。於此而欲強與競爭。必爲所壓倒而致斃。故結果必爲獨占也。就此點以觀農業上用地則其地味特別豐腴者或其位置瀕大河流及鐵路線得特別交通轉輸之利者誠可謂占天然之優勝然欲恃此以壓倒其他之土地而吸收其利則固不能

何則。此占天然優勝之地。其農產物以生產費運輸費較廉之故。固可以廉價提供於市場。而非劣等地之所能望。（如劣等地每米一石。必須售價二兩乃能敷其生產費運輸費者。而優等地或以同一之資本勞力。在劣等地僅能產一石者。在彼能產一石五斗。則以生產費減少而價可廉。又或在劣等地費銀二錢乃能將其物運致諸市場者在優等地僅費一錢而可運致諸市場。則以運輸費減少而價可廉。）然合全國或全世界以觀之。農產物之需要。必非僅優等地所產者能滿足之。故劣等地所產者。雖所提供之價較昂。而不憂無購買者。優等地之地主。欲以貶價之故。倒斃劣等地之地主。以壟斷其利。勢固不能。徒自喪其地代耳。（優等與劣等地相較。以其生產或運輸費較廉之故而所得之利益即為地代。）夫工業上之有獨占性質者。則其擁據優勢之會社。能以己力撲滅與己競爭之會社。而使之不能自存。及他會社既倒斃之後。則已可任意復昂其價。而一般之消費者。莫可如何。惟俛首以聽其坐吸膏髓而已。此所以為獨占也。若土地則占優勢之地主。不能以己力撲滅劣勢之地主。而以己意昂其農產物之價。以享獨占之利。此勢所限也。此其獨占之性質不完全者一也。伊里所舉第二例。謂獨占事業者。當其所供給之貨物及任務。有增加之必要時。則投少額之資本。可收多大之結果。如郵便電信事業。若發郵發電者加多時。則添電桿添郵局添局丁。所費有限。使發郵發電之數倍於前時。則郵電局所收入。亦倍於前時。然對之而所皆投之資本不過前時十分之一而足矣。其他如鐵路電車自來水煤氣燈等事業莫不有然。故常比例於社會之進步而獲不貲之利。此所以爲獨占也。就此點以觀土地其在邑地或不須增毫釐之資本勞力而緣社會進步之結果地代什伯於其前此其獨占之性質似比工業上之獨占者爲尤甚然在農地則反是彼擁據土地所有權者苟欲增加其生產之供給以多有所易非惟不能以少額資本收多大結果而已且爲報酬遞減之法則所支配云。（此法則爲理嘉圖所發明。彼報所譯下之注解云。「土地之生產力。不應於所投之勞働資本而增加者。曰報酬遞減法則。如十人耕之。而得生產百石。二十人耕之。不能增爲二百石。則爲勞働之報酬遞減。今年所施肥料。增於去年二倍。而所收穫。不見二倍於去年。則爲資本之報酬遞減。」此譯語頗簡明。今采之。）雖資本勞力增於前而比例所得乃減於舊此其性質與鐵路自來水煤電燈郵便電信等正相反即曰農產物之價往往歲昂緣此而可獲利然物價趨昂實生產費增加之結果控除其生產費則不見其利潤之歲進也故夫擁據土地所有權者必非其常能得過當之利潤與自然獨占之工業同科也此其獨占之性質不完全者二也

伊里所舉第三例。謂獨占事業者其所供給之貨物及任務與其設備之所在分離。則失其効用。如美國之電報價貴。德國之電報價賤。然在美國勢不能不用美國之電報。

日本之電燈價貴。美國之電燈價賤。然在日本勢不能不用日本之電燈。是其例也。此在邑地固爲此例所支配。其在野地則不然。甲地地主若索過昂之地代。則可以轉而耕乙地。而地代之爲物既爲自然法則所限。則甲地主雖欲昂於其過當之限。不可得也。此其獨占之性質不完全者三也。準是以談。則謂土地以含獨占的性質。故應爲國有。持此以衡邑地誠哉其然。持此以衡野地未可云。當然一國中野地多而邑地少以少概多。其失之不亦遠耶。此彼報所持主義不能成立者十七也。（第二）菲氏謂土地所有權之集中。不如商工業資本集中之顯著。此證諸今日各國現象而可見者。現今地球各國土地權集中最甚者。莫如愛爾蘭。次則英倫蘇格蘭之一部。普國之東部。奧國之上部等。次則俄國美國。自餘其他各國。皆比較的小地主多而大地主少。熟察彼土地所有權所以集中之故。（即大地主多之故。）或由前此有貴族世襲財產此權自封建制度時代傳襲而來。又行一子相續法。（歐洲舊制貴族之世襲土地。多僅傳諸一子。不及其他。又子孫之襲產者。多僅有用益權。而無處分全權。即有年許收其土地之所入。而不許將土地賣却及抵當也。）且不許土地分割之自由。（歐洲舊制。土地之許買賣者甚少。即有許買賣者。亦只能將全份買賣。不許割鬻。自拿破侖制定法國民法後。雖一切許其自由。然德奧諸國。仍多沿舊制。即法律上不禁者。而習慣上仍因而勿改。近學者且頗有辯護此制度慣習之弊者。以上兩端。菲氏所著經濟政策學例甚詳。）緣茲憑藉故兼幷易以行或由國境內自由地甚多（即前此無主之地。）聽民自名而政府所以限制之法律未善故投機者流常獲奇遇而大地主亦因以起由前之說則於歐洲中一部分之國見之由後之說則於美國見之若夫歐洲中他部分之國如法國如德國之大部分如荷蘭如比利時則大率小地主多而大地主少雖在今日生產方法革新以後而兼幷不至盛行其故全由農業上用地其地代漲進之率萬難太驟且爲報酬遞減之法則所限非可以人力強易之然則苟非前此本有廣土者或得自由占領廣土者乃投資以買收土地而欲博將來之奇利則毋寧投之於工商業之爲得計也由此言之則土地所有權集中之國大率有其歷史上特別之理由苟無此理由者則此現象之發生蓋不易此證之諸國而可知者也其在我國則漢魏時患土地兼併最甚而其後則遞減逮今日而幾無復此患其故何由蓋在古代自由地甚多（古代人口之少。視今日相去懸絕。參觀本報鄙著「中國歷史上人口之統計」）強有力者得恣意占領每當鼎革之後尤甚而法律又疏闊尙沿封建制度之舊觀念各階級之負擔不平等諸王列侯公主中貴等全不負納稅之義務惟重重朘削於小民又雖侵漁攙奪而法律莫之能禁故小地主之所有權極不確實容易喪失且有自願放棄之免爲累者如明代猶有投大戶之俗可見也（投大戶。亦名靠戶。蓋小民不堪征徭及豪强魚肉之苦。乃自投靠一豪族。無報償而爲之傭奴。往往有中人之家。擁有田土者。則并其田土帶往投靠。而自爲之隸農。）然此所有權雖一度集中而緣買賣及相續之故旋即均散蓋豪家衰敗之後田地悉易新主而新主非必能以一人之力獨承受之也故往往散而爲數十人數百人之所有此集中所以不能久者一也又一人而有數子一子而有數孫及其行遺產相續時則以次遞爲割裂不數十年而疇昔一大地主者析爲數十小地主矣此集中所以不能久者二也法國所以獨多小地主者由斯道也而我國則情形正與彼同也（法國此現象。全食拿破侖法典之賜。蓋拿破侖法典。有兩種重要之精神。與此現象有關係者。一曰許土地分割買賣之自由。二曰廢世襲身分之制度。前此財產與身分相連屬。一併世襲。今則無身分之可言。而財產亦行平均相續故也。我中國法典雖不完。然其慣習則全由此精神衍出也。）故自今以往我國農業上用地決不慮其集中過甚而以怵豪强兼并之故乃倡土地國有論者實杞人憂天也此彼報所持主義不能成立者十八也。

（第三）菲氏謂現今土地之大部分實屬於其所有者之自經營此徵諸中國而尤信者也蓋農用地之爲物既非能以僅少的勞費得過當之利益故除固有世襲或自由占領者之外比較的不易兼并既如前述矣故普通小農大率以勤儉貯蓄之結果獲得土地所有權即復以勤儉

貯蓄而保持之擴充之質而言之則雖小農之本無田者往往勤勞數年即能進爲田主既進爲田主之後而仍自耕其田者蓋大多數也而後此地代之歲進實爲其前此及現在之勤勞所應享之報酬國家一旦剝奪其所有權是無異紾其臂以奪其勤勞之結果也夫吾有田而吾自耕之則無須納地代而其田所生產之全額悉屬諸我爲他人何以必須納地代而我獨否蓋此地代即我或我祖父勤勞之結果保留迄今日而食其賜者也（以自己勤勞之結果而得土地所有權者。其權之爲正當。固不待言。若以祖父勤勞之結果而得之者。在社會主義家言。則認爲非正當。雖然。積財產以貽子孫。實現今經濟組織一重要之動機。苟非全破壞此組織。則此權利固不可不承認也。）今國家忽剝奪此權我疇昔能自享我田所生產之全額者今忽與彼賃田而耕者等須割其所入一部分以與國家則國家非掠奪我勤勞之結果而何也（其理由下文更詳說之。）夫使專就賃地而耕者之一方面觀之則均之納地代也納諸私人之地主與納諸國家其所感苦痛之程度蓋無所擇則土地國有制固未始不可行然就地主自耕其地者之一方面觀之則是明明以分內應享之利益之一部分被朘削於政府也夫自耕其地之小地主實一國之石民也欲得健全之政治不可不盡力以保護此輩此各國大概同認之政策也今以剝奪其土地所有權之故其結果將使此輩失其獨立之地位（其理由亦下文更詳說之。）則不惟經濟上蒙莫大之損害即政治上之危險且隨之矣。此彼報所持主義不能成立者**十九也**。吾謂土地國有制爲國家掠奪人民勤勞之結果。彼將不服其意曰。政府非無償於民而竟奪取此權也。必給之以代價。其代價或以現金。或以公債。要之皆有償也。如日本去年實行之鐵道國有案。以五釐利之公債。收買人民之私有權。彼鐵道股份。亦其股東勤勞之結果也。收買鐵道。不爲掠奪。收買土地。亦安得爲掠奪乎。應之曰。此兩者之性質。蓋釐然不同。鐵道以其爲獨占事業。故常能以僅少之資本而獲極大之利益。土地則反是。（此就農業用土地論。細讀前文自明。）故鐵道股東者。其已飽吸過當之利益者也。政府將其將來所續得之適當利益提歸公衆。亦不爲過。（然去年日本政府提出此案於議會時。其反對黨猶以政府爲侵奪人民之既得權。恣其攻擊。）而農業用之土地。其地代非過當之利益也。而政府括取之。斯爲厲民也。且日本之鐵道國有案。其政府之所以償股東者蓋甚厚。日本鐵道（一公司之名也。）資本金五千餘萬元。其買收金一萬三千餘萬元。山陽鐵道資本金三千二百餘萬元。其買收金七千四百餘萬元。北海道炭礦鐵道資本金一千二百餘萬元。其買收金二千九百餘萬元。其餘各線。大率例是。彼股東既已飽吸前此之利益矣。而現在政府所以償彼者。復在其資本原額一倍以上。可挾之以營他業。故民不以爲病也。彼報所持土地國有論能如此乎。彼報第十號云。『地主有地價値一千元。可定價爲一千。或多至二千。』其第十二號云。『普通地代之價格爲六元。則其地價爲百元。』又曰『中國現時地代總額有八十萬萬。』合彼報此三條以會通之。則全國値八十萬萬之地。其原地價應値一千三百萬萬餘。而國家以買收此土地之故。應負擔公債之額亦如此數。夫既言之矣。然以日本鐵道國有法例之僅以原價償地主。未足云平也。收民產以爲國產。其迹近於與民爭利。故若求公平。則不徒僅償其原本而已足。又當略償其將來之利。蓋民之節約其勤勞之結果以置產業也。凡以求易將來之利益也。今一旦收其產以爲國產。而僅曰吾償汝現在所値無缺失而已。而將來之利則全歸諸我。是對於現在而雖不可云攘奪。而對於將來實爲攘奪也。何則。彼民之有百金者。苟以之購一公司之股份票。現在每年可得六元之利潤。然彼非以此自足也。望其漲至八元焉十元焉。其購地之心理亦猶是也。以現在百金購入之地。得六元之地代。亦望其將來漲至八元焉十元焉。今政府忽焉還彼百金而遂盡攘其將來之希望。則民之以百金購股份票者何其幸。而以百金購地者何不幸也。故曰不平也。然則價値一千之地定價一千以買之。既爲厲民必如彼所云或多至二千者庶乎可矣。然此地代總額値八十萬萬之土地。其原價既爲一千三百萬萬有奇。倍價以購之。則當爲二千六百萬萬有奇。使政府能輦出此二千六百萬萬餘之現金以償地主。使得用之以營他業。固於民無所甚損。然此着之不不能辦到無待著論矣則惟給與一紙之公債證書而已使政府財政之信用而鞏固則擁有公債者亦與擁有現金者等固可用之以營他業然其病國民經濟固已不少矣次段更詳之乃今就彼所豫算者而統計之則國家負二千六百餘萬萬之公債以五釐利息起算則每年應派息一百三十萬萬餘而政府土地單稅所入不過八十萬萬尚有五十萬萬之債息不能派出即使地代漲至一倍而除派債息之外所餘者亦不過歲入全額六分之一夫國債者非徒派息而已足也又必須豫爲清償元本之計畫焉如彼報之計畫則非俟全國地代平均漲至三四倍而此項國債之清還永無其期然此畫餅充飢之理想不足以起國民之信也明矣然則此項公債證書必無復一錢之價値等於篋底之故紙而已彼大地主之損失姑勿論而小地主之自耕其田者疇昔不須納地代故足以自給今則與無田者等同須納地代於政府問其所以異於彼輩者則多藏此一片故紙於篋底而已而前此勤儉貯蓄所得之結果遂付諸東流此等政策欲不名爲掠奪政策安可得也此等政府欲不名爲盜賊政府安可得也夫如是故其結果能使全國小地主頓失其獨立之地位降而爲計日受庸之勞働者而國本

以危此彼報所持主義不能成立者一十也。

吾以爲言土地者首當明邑地與野地之區別鐵路線旁之土地。雖屬野地者。亦與邑地性質略同。故可歸併邑地一類論之。又當明自由地與有主地之區別蓋其性質極不同非可一概論也既明此區別之後則不必其絕對的反對土地國有也自由地例應歸國有而國家當永遠保持之與否別爲一問題邑地可以不許私有而應爲國有或應爲市有別爲一問題若夫普通有主之野地則人民既得之所有權國家非惟不可侵之且當全力保護之此不易之大經也今請詳說其理由。(第一)所謂自由地例應歸國有者何也以我國論內外蒙古新疆靑海西藏諸地土廣人稀其未經墾闢者十而八九且其住民尚未盡脫游牧之俗土地所有權之觀念甚薄故自由地實什八九也東三省稍密邇內地移住者漸衆然自由地亦尚什之六七此諸部之面積約當本部一倍有餘計所得自由地之面積最少亦應與現在本部有主地之面積相等將來新政府成立必當採內國殖民政策獎厲本部人移住以實之此稍有識者所能見及也然當實行此政策以前必當先清丈此等自由地悉取而歸諸國有毋使桀黠者得竊殊惠以行兼幷此政府所當有事也又不惟屬地而已即本部中其未經墾闢之土亦所在而有森林地其大宗也此外如瀕海瀕江歲歲淤增之地或湖底乾涸露出之地與夫人民瞞稅不納之地亦往往不乏凡此皆可歸諸國有其事至順而其理亦至完者也然國家既收此自由地之所有權後其應永遠保持之與否。則別爲一問題蓋國家所以處置國有土地之政策不外三種一曰國家自經營之者二曰貸之於民而取其地代者三曰售之於民者國家自經營之則是國家自以大地主而兼爲大農也以近世財政學家所言謂國家自進而爲營利事業往往拙於私人致招不經濟之結果而農業爲尤甚且以官吏的性質而執行事務手續極煩雜致生種種障礙故各國皆不採之除留出一小部分以爲模範農場外（模範農場者。國家特設此農場。以爲改良農業之模範。使國民有所觀感也。）其餘皆不自營而我國將來擁此廣大無垠之國有地其不能盡取而自營之此五尺童子所能知矣。故此策可不必論。若貸之於民而取其地代。此即土地國有論實行後所採之政策也。此策有利亦有弊而弊常餘於利。俟下段乃論之。除此兩者外。則惟有售之於民之第三策而已。考普國近有所謂地代農場制度者設於西普魯士及坡善之兩州專爲獎厲內國殖民之用蓋兼采以上三策而最終之目的則仍以售地於民爲主其制度則國家將國有地及從大農手購入之地設置農場而募東部之貧民移住歲徵其地代又特設一銀行以便移住民之欲購地者每歲額供若干供若干年則全地可以爲其所有盖國家設農場而以官吏監督指揮之此近於采第一策也歲徵移住民之地代此近於采第二策也欲購地者則與以購入之利便此則采第三策也要之其最終之目的仍歸宿於第三策而第一策第二策不過其手段耳此實最良之制將來我國對於滿洲內外蒙古新疆青海西藏諸地皆宜採用之（此事所關極重大吾將別著論論之）然既行此策則是國有土地亦不終於國有也若夫本部新墾及淤增之自由地收爲國有者則除留出一部分爲模範農場外其餘當相機售之於民以之充國家臨時經費或償還國債元本之用最爲得策此財政學家所同認矣惟森林之業以國家經營爲宜故國有森林地宜保持之勿售於民此亦財政學家之公言也**故吾對於將來中國處置土地之政策非惟本屬私有者不宜收歸國有而已即本屬國有者亦當**

漸散而歸諸私有。除模範農場及森林地之外國家皆不必永保持其所有權以爲貴也若用吾策則就經濟的方面觀之移本部貧民徙殖於屬境之自由地本部勞働者無供過於求之患可以大減競爭之劇烈而本部之經濟大紓前此屬境遺利於地今徙民以實之又與之以獲得土地所有權之方便則民有所歆而紛紛移住且勤勉趨功以思有所易將來此等地方獨立之小地主日多地力愈盡而屬境之經濟亦大紓兩途駢進而國富增殖之速當有不可思議者就財政的方面觀之國家所收者本自住地無須出代價以購諸民重勞國庫之負擔而設種種便利與民以取得土地所有權之機會民之趨之者必日多而年年售出之地價可以爲國庫大宗之收入此誠一舉而數善備者也以較諸彼報所持主義國家强奪人民勤勞之結果致經濟界大生騷動而政府且窘於公債永不能望財政之鞏固者其一得一失之間豈可以道里計哉此彼報所持主義不能成立者一十一也。（第二）若論邑地與野地之區別則邑地誠帶獨占的性質與伊里所舉三例殆皆相合與野地劃然若爲二物故須摩拉氏（亦德國現今經濟學大家）頗主張此等土地宜歸公有吾雖未敢絕對的表同情然比較的視普通之土地國有論則較爲有理由者也蓋此等地主往往得意外過當之利偏享社會之殊惠者太甚他人未由與之競爭與鐵路郵電自來水等之性質正同此就經濟上觀察其可以收爲國有之理由一也又此等土地所占面積不多購買之尙易爲力而將來地代之漲進可以一日千里非如農業用地漲率之遲緩即募公債以購之而不致貽國庫以負擔之累此就財政上觀察其可以收爲國有之理由二也故此策雖非絕對的不可不行抑亦非絕對的不可行也苟欲行此策則鐵路線旁之土地其性質亦略同一然既用鐵路國有主義則其線旁附屬之土地必隨其路而同歸國有無俟別論至都市工商輻輳之地其應歸國有抑應歸市有則尙屬一爭點就一方面觀之都市之發達實由全國交通發達之結果非該市獨力所能致則舉其土地上過當之利益歸諸國有宜也就他方面論之則都市所生之地代由其市民自擔任之故市民亦宜得報酬則舉其地土上過當之利益歸諸市有亦宜也澳洲之雪梨市曾兩度提出全市土地市有案雖未見實行此亦其動機也吾以爲中國將來不采

用此政策則已若采用之則與其國有毋寧市有蓋使市之法人團體能有此土地權則有所憑藉以大改良其市政設備種種機關以促其市之發達而此等經營委諸中央政府不如本市自任之之尤親切而有效也市既得此莫大之收入且比例於其市發達之程度而歲入日進則雖借市債以購之而不爲累（此與農業地之性質絕異。非吾與前言矛盾也。宜細察。）將來地代愈漲之後則本市自營之電車電燈自來水等事業可以收極廉之費以便民而市之發達愈甚故吾於此政策亦頗贊之若如彼報所持論。取一國中無論邑地野地悉歸國有焉。彼野地既非具完全獨占之性質無必須收歸公用之理由而其地代非能驟進國有之反貽國庫以莫大之負擔而爲財政之累故無一而可也此彼報所持主義不能成立者二十一也。

以上皆言國家買收私人土地之說萬不可行也。試更就買收後所以經營此土地之法論之。據華克拿所言。則各國所以處置國有土地者。不外三法。一曰自作法。二曰年期小作法。三曰世襲小作法。（小作者。謂賃地而耕也。日本名詞。）自作法之萬不可行。既如前述。世襲小作法。又不過所有權之變形。諒亦非彼報之所取。彼報有云。『雖永小作人。亦附以三十年或四十年之期間。則其時可得制限也。』然則彼報所取者爲年期小作法。今即就此法之利害論之。(第一)若用此法。則政府於買收後三四十年間地代之增率無可望。緣是而國庫歲入之增率亦無可望。何以言之。政府之既得此地而召民承租也。必不能以法律强定其租率（即强定亦多効力。）惟基於双方合意之契約行爲。以規定小作人之權利義務云爾。（此即土地國有與鐵路國有性質絕異之點。鐵道國有則政府可任意增收其車脚。（其利害又屬於別問題）以其爲一方强制的行爲也。土地國有。則政府不能任意增收其地代。以其爲双方合意的行爲也。要之彼爲完全獨占性質。此非完全獨占性質。故行爲自緣之而異也。）然則當買收時價値百元之地。其普通地代爲六元者。政府亦只能歲徵六元於小作人耳。若增徵。將無應者。（即政府能有術以使民不得不應。而其害且滋甚。次段更言其理由。）而人民既取得小作權後。則於其契約期間內。政府更不能任意而半途增徵。此又至易見之理也。（考日本民法第二百七十四條云。『永小作人雖因於不可抗力而其收益有損失之時。不得請求小作料之免除及減額。』小作人既負此義務。則地主不能因其收益有增加而請求小作料之增額。言下自明。又第二百七十六條云。永小作人若二年以上不納小作料。或受破產之宣告時。地主得請求永小作權之消滅。』地主惟當此兩種之場合。得請求小作權之消滅。然則因半途欲增徵小作料而小作人不應之者。地主不能設口實以請求永小作權之消滅。言下自明）

政府以百元買入之土地而亘三四十年間由此土地所得之收入歲不過六元而此百元之債息已歲費其五元則不及數年而政府固已破產矣甯能待小作之期滿耶此就政府按照時價以原價買入土地論之耳。實則以原價買入。免厲民。前既言之。若如孫文演說。謂或倍償以買入。則普通地代六元之地。其原價應爲百元者。政府以二百元買入之。每年債息。應派十元。而所收地代。亦不過六元耳。何也。彼永小作人。只問此地時價所値若何。不問地主買入時所費若何也。此彼報所持主義不能成立者一十二也

彼若欲自解於此說則將曰凡契約行爲由双方當事者之協定耳然則政府與小作人定契約時加入一條謂「將來若因文明發達之結果而土地之價値增進時。則政府可以酌增小作料云云」亦安見其不可應之曰此固可也然能强制小作人以必承諾乎苟其承諾則彼亦將要求加入一條謂遇天災地變收益有損失時可以要求政府以小作料之免除或減額政府能不應之乎不應則誠無以異於掠奪應之則政府將並此蠅頭之歲入而亦不能穩固也然則當互結契約時略豫定以若干年增徵租率則又何如如小作期間凡三十年。政府略懸想每經十年。則地代必漲價若干。因與結契約分爲三期。第一期十年間。徵六元之地代者。第二期之十年。增爲八元。第三期之十年。增爲十元。如此則小作人必不安心盖將來人事之變遷决非現在所能逆睹若政府必欲結此等契約則人民將無復希望得長期之小作權者甯希望得短期之小作權

已耳。故政府若欲所收地代之歲增。除非採用短期小作法。愈短愈妙。年年而易之。則競爭烈而價或得昂。乃若如彼報所主張。定三四十年爲期限者。吾以爲所生結果。惟一焉。曰政府破產而已。此彼報所持主義不能成立者一二十四也。然則逕用短期小作法。則又何如。就財政一方面觀之。其一時之現象。或可較優。而手續之煩擾。已不堪其敝。若就國民經濟一方面觀之。其害更有不可勝窮者。

華克拿論年期小作法之缺點曰。『小作人以所用者非自己之土地。故則於小作期內。往往枯竭地力。無所愛惜。借衣者披之。借馬者馳之。人之情也。此其害一也。又土壤必藉改良。然後生產可以歲進。小之如薙草施糞。大之如浚渠築壕。皆其用也。然貸地而耕者。於收效稍遠之改良事業。率莫肯從事。此其害二也。欲免第二害。則視其小作契約之內容如何。欲求國家與小作人利害一致。尚非甚難。欲免第一害。則苦於無良策。蓋政府若結細密之契約。嚴行監督。固未嘗不可以防弊。然緣此而妨害小作人之事業甚多。他弊即緣之而生也。』華氏此論。可謂簡明。此二害者。在年期小作法皆通患之而期愈短則弊愈甚故華氏謂期限不可短於十二年以下良有由也然當期限將滿之時此等弊害猶終不可免況乃授受頻數視耕地如傳舍者哉夫農夫之忍於枯竭地力與怠於改良土壤皆生產力減耗之原因也一部分之生產力減耗國猶將受其病矧於全國生產力減耗者耶土地私有制所以爲現今經濟組織一最重要之動機者此亦其一端也而彼報蔑視此動機不復顧其影響於國民經濟者如何此彼報所持主義不能成立者一十五也。

復次國家之徵地代於小作人其價格當用何方法以決定之乎。華克拿所舉。則有三法。一曰精細調查各地之收益。據之以爲基礎。而懸一地代定價以召租者。二曰就所調查者。立一地代之最低率。小作人能出租在此率以上者。則許其租耕者。三曰政府不必調查定價。任民競租。出租最多則許其租耕者。以華氏所批評。謂若用第一第二法。其調查計算甚難。往往生謬誤。且當農業進步遲緩時代。亘數年或數十年間。其收益之率相差不甚者。則此法或尚可用。在今日則爲萬難。而謂其第三法。與今日經濟上普通之競爭主義相合。按此第三法。即本報第十四號所謂競賣法也。比較的尚爲適當。然徒獎厲地代之漲進。不免有枯竭地力之患。此其所短也。今彼報持土地國有論。關於此點之決定。不知其採第一第二法耶。抑採第三法耶。彼報第十二號有言（前略）『美洲大農之所穫。不過歐洲小農四分之一。國有土地之後。必求地力之盡。則如小農可獲四分者以爲標準。而收其半或三分之一以爲租。』（原文意不甚可解姑仍之）就此觀之。則似是采用第一法也。歐洲小農制之土地生產力。果能優於美洲大農制否。即曰優之。而其懸隔果爲四與一之比例與否。則現代學者。尚無定論。姑置之。推彼報之意。不過欲調查各地之生產額充其量每歲可得幾何。而據其最高額以爲標準云爾。如此。則必畝畝而算之。又歲歲而算之。其手續之煩擾。勿論矣。其調算之難得正確。勿論矣。即曰不厭煩擾。即曰可得正確。然假有一地。於此去年每畝產米二石。而納地代二金於國家者。今年調查之結果。知其每畝能產米三石。國家其即將比例而增徵之。使其納每畝三金之地代乎。吾恐徧查各國之永小作契約。無此奇例也。故若國家與小作人結不定期之契約。無論何時。國家可以任意收還其地。轉租別人。則此法或可行。然果如是。則試想土地生產力之減耗。其惡果將安所屆極也。至彼所云。『以農夫所獲爲標準。而收其半或收其三分之一以爲租』眞可謂奇悍之談。夫「所獲」云者總收入之謂也每一事業之總收入則凡參加於其事業者皆應享分配之利焉語其類別則(一)企業者其所得爲利潤(二)地主其所得爲地代(三)資本家其所得爲利子(四)勞働者其所得爲庸錢也一事業之總收入分配於此四項其某項應得若干甚難決定而要之僅地代一項斷不能占其半或其三之一則吾所敢昌言也如吾前節所述吾粤最良之地每畝歲可產米八石每石値銀二兩四錢則一畝之總收入爲十九兩二錢而此等地之地代約歲値四兩(其國家所徵地稅。地主負擔之。)不過總收入五分之一耳此何以故蓋此一畝地所以能產此十九兩二錢之貨物者非徒賴土地自然之力而尙有種種要素以參加之也計最勤之農以一人之力歲可耕十五畝若所耕者爲此等最良田則其總收入歲可得二百八十八兩然以吾粤普通農工計之受傭於人而爲之代耕者每日可得庸銀二錢五分(其一錢爲庸銀。其一錢五分爲每日三餐之食費。)其一歲之總額應爲九十兩使彼農夫受傭於人固可以穩得此九十兩(農業上之勞働。隨季節而異其需要。歲中往往有不得傭錢之時。故謂其必能歲得九十兩。似稍過（然其數不甚相遠也。）今以賃田自耕之故而失之則不可不取償於此十五畝中明矣此即勞働應享之分配也又治田者其牛種肥料之費每畝可需二兩其農器缺損之費每畝亦三四錢耕十五畝者都凡需三十五兩以外以普通利率計之三十兩之利子最少應爲二兩內外五錢使農夫不治田而以所貯蓄之三十五兩貸諸人歲可以坐得二兩內外之利今以自耕故則此三十五兩及其所附屬二兩之利子又不可不取償於此十五畝中明矣此即資本應享之分配也二百八十八兩除出一百二十七八兩爲必要之生產費其餘一百五十兩內外則地主所得之地代與企業家所得之利潤皆當於玆出焉今其地代爲畝四兩則十五畝之總額爲六十兩尙餘九十兩成爲利潤似屬大豐雖然企業家爲社會生產之主動例應獲報償不俟言矣（此義菲立坡維治最能發明之。）然其所得者又常不確實故帶保險的性質時而所得極優時而損失無算又自然之數也如吾所計算其十五畝之總收入能値二百八十八兩者則此企業之農夫誠有百金之利潤矣然必畝能產米八石始然耳萬一遇旱熯水溢而所收者僅七石焉六石焉五石焉則總收入隨而大減矣又必米每石能値二兩四錢始然耳萬一際收穫時而米價驟落或僅值二兩焉甚或值二兩以下焉則總收入又隨而大減矣故此企業之農夫有時可以得百金之利潤有時或不得一文之利潤且並其資本勞力而喪之而地主之地代無論遇何變故而不處喪失者也故農業上地代之分配只能占總收入五分之一若加多焉則企業家危險之程度太大而人將視爲畏途莫肯從事也

企業者資本家地主勞働者之四項。有以一人之身而兼之者。有四項分屬於四種人者。有一人兼其二三項而其餘求諸外者。切事業皆有然。農業亦猶是也。如農夫自有田而自出資本自出勞力以躬耕之。所收穫者自售之於市場以取利。此則一人而兼四項者也。或自本無田。自無資本。又不能自耕。惟覺農業之可以獲利。乃納地代於地主而借用其田。納利子於資本家而借用其資。給庸錢於勞働者而雇用其力。及計總收穫。則除所償地代利子庸錢之外而尚有餘。乃爲利潤。而自取之。此則四項分屬四人者也。又或自有田自有資本。而須雇人代耕。則地代利子利潤合歸一人。而庸錢屬諸別人。又或自有田能自耕而須假資於人以爲耕本。則地代庸錢利潤合歸一人。而利子屬諸別人。又或自有耕本且能自耕而無田。須租他人之田。則利子庸錢利潤合歸一人。而地代屬諸別人。又或能自耕。而無田且無耕本。乃租田假資以營業。則庸錢利潤合歸一人而地代利子分屬別人要之無論如何皆以同一之形式分配之耳其最不確實而難以豫算決者則企業所得利潤之部分也

今如彼報之政策謂收其半或其三之一以爲租焉租之所值本不及此數而強徵之是以地主而朘企業家資本家勞動者之所得以自肥也彼疇昔自有田而自耕之者忽被國家掠奪歲入之半或三之一其苦痛自無待言即疇昔本無田而賃地以耕者同一地也前此僅須納四兩

之地代於地主今以土地國有故忽須納十兩或七兩之地代於國家其誰能堪也。**非盜賊政府而安得有此**夫誠如是也則全國農業之衰頹可立而待也而其他一切經濟界之而受牽動而並衰頹可立而待也然則政府雖欲長爲盜賊又豈可得耶此彼報所持主義不能成立者**一十六也**。所謂吾粵最良之土地。能每畝產米八石者。此實例外之現象耳。蓋吾粵農業。常有輪栽之慣習。以十年藝五穀。以十年植果。當其由植果復變爲藝穀之第一二三年。所穫特豐。故有產米至八石者。然欲耕此類田。除每年四兩之租外。其第一年尚有所謂批頭者。數率在十兩以外。以一次前納爲原則。故企此種業之農夫。其冒險之程度。比諸耕普通田者亦較大也。若普通田。則每年能產米五石者爲其中率。而普通農夫。又大率一人能耕十畝。（前云十五畝者謂極勤而健之農夫。亦其例外也）以現在米價。其總收入可得百二十兩。除所用資本二十兩餘。復除地代居總收入五分。爲二十餘兩。實餘七八十兩。僅足以償其勞力而已。而企業之利潤。殆可謂絕無矣。今國家若徵其總收入之半。則所餘者僅爲六十兩。除資本二十兩外。實餘四十兩。即徵其三之一。而所餘者僅爲八十兩除資本外實餘六十兩然則謂非國家絞取勞働者之結果而何也夫土地國有後國家不過獲得地主之資格耳其所取者充其量亦只能取前此地主所取之一部分而止今以何理由而待取諸其部分以外耶。且彼所以主張土地國有者豈不以嫉地主之絞取勞働結果也。今乃如水益深。如火益熱。什前此地主遭彼盜賊政府。之荼毒固無論矣而一般勞働者亦只受其害而不一覩其利然則此擾擾紛更果何爲哉。

彼報謂土地國有可以獎厲小農。謂小農對於土地之生產力優於大農。而爲社會資

本計。以奬勵小農壓抑大農爲利。彼報第十一號云。據新農學家言。農業異於他事。比較以分耕爲利。蓋農事之大部分。必須人工。而機器之用反絀。取美國用機器之大農。與歐洲小農所耕之地。每畝而衡之。則美農之所穫。不過歐農四分之一。彼美洲之大農。所以樂用機器者。則以一時得耕多地爲利也。就其私人資本計之則便。而就社會資本計之。實非利也。國有土地之後。必求地力之盡。則如小農分耕之可穫四分者。以爲標準。而收其半或二分之一以爲租。而大農之用機器合耕者。乃每畝而得一分。非其私人所有土地。而須納之以爲租。則不惟無利而且有損。云云。欲證彼說之當否。則(一)當問土地國有制果能奬厲小農乎。(二)當問小農生產力果優於大農乎。(三)當問大農果否不能增社會資本。而大農永遠不發生。果否爲社會之利乎。其第一問題。則如彼之政策。所謂收其所穫之半或三分一以爲租者。則雖在賃地而耕之小農。猶蒙損害。而自耕其地之小農。損害更甚。前既言之矣。即不行此苛法。而聽民自承租。與國家爲双方合意契約。則賃地以耕之小農。縱不甚病。而自耕其地之小農。緣此所損猶不少。致危及其獨立之地位。傷國家之元氣。又如前述矣。其第二問題。則現今學者。尚聚訟無定論。欲究其利害。當先明大農小農之性質。非立坡維治曰。所謂大農小農者。不當以其耕地面積之廣狹定之。須自經濟的觀察點類別批評之。按謂當就經營之方法以分類也。故彼所區別者。(一)大農。謂有一教育經驗兼備之農業家立於其上。以當監督指揮之任。而使役多數勞働者以營業農也。(二)中農。謂不必有專任監督之人而營業者一面自經營監督又躬與其所使役之勞働者同從事耕作也(三)小農營業者自與家族從事耕作而不雇用他人者也至其關係於國民經濟上之利害比較。菲氏言之極詳今節譯一二。(日本氣賀勘重譯菲立坡維治經濟政策第八十二至八十六葉)

『大農之所利者在其耕牧方法之改良進步常敏於中小農而能爲農事改良之先驅也蓋大農場之經理人其智識率較中小農爲優資本亦裕得適用新發明之技術且其察應市場形勢較中小農爲能億中又大農場之生產組織比中小農場較爲便宜如勞動者之配置建築物器械役畜及其他固定資本之利用惟大農場乃可望完全然則投充分之費用施充分之肥料行完全之擇種確能得品質善良之多大收穫者惟大農具此資格耳據彪亨巴爾加所言則小農場所收穫平均一町步得十五乃至二十端挐者大農場所收穫平均可得五十乃至八十端挐此其利也若就其不利之點言之則以雇用多數之勞動者故其監督需多大之費用然其勞動之效力常劣欠精巧綿密地主之注意亦難普行於全般土地此其所短也。大農所短在是則中小農所長即在是然以中小農所長者以與大農所長者對抗其眞能制優勝者。惟牧畜業及其他二三之事業耳。外此則其實力。終不及大農。若園藝等業。大農常優於小農。往事歷歷矣。

大農與小農。若一般的在同等條件之下。以熱心經營。則大農之常占優勝。旣若是矣。雖然。就實際上觀之。則爲大農者。非必其有充分之資本。有充分之智識及技能。又非必有才能資力兼備之小作人。坐是之故。其能收前述利益之結果者頗少。不甯惟是。大農場之地主。屢將其所有地之一大部分。供庭園獵場等之用。徒消費而不能生產。致全國農業生產額爲之減耗。其結果往往有許多大農場主。其收穫非惟不能如其技術上所應產之額而已。或反劣於小農場所收穫。比比然也。(中略)

由是觀之。大農與中小農。各有其長短得失。而不容偏有所去取明矣。以今日之社會。敎育未能完全普及。人民之智識能力。差別而致不齊。是宜以土地之一部分。委諸大農之手。以爲改良農事之先驅。而多數之中小農。交錯於其間。各維持其特長。則爲國民經濟大局計。最有裨矣。

非氏論中小農爲經濟上之利益者有六。爲社會上政治上之利益者有四。文繁不復徧引。

非氏者。現世經濟學者中。最以持論公平著者也。而其言如是。然則爲盡地力起見。小農必非優於大農明矣蓋就理論推之大農實當優於小農然大農有大農應具之資格條件而此資格條件具之頗不易苟其不具則反劣於小農者有之大農之缺點此其一也又其土地之一部分往往用之於消費而不用之於生產致生產額平均減少如大農每畝。可產六石。小農每畝。僅產四石。是大農本優於小農也。然大農或以奢侈之故。其耕百畝者或以四十畝爲庭園獵場等。而僅餘六十畝爲耕地。則百畝總收穫。不過三百六十石。而小農百畝之總收穫有四百石。故反優勝也。大農之缺點此其二也雖然非大農本來之性質劣於小農也其優劣亦存乎其人已耳使大農而果有適當之人才適當之資本而復無濫用土地於消費的之弊則其優於小農固可決言也如彼報言乃謂大農本來之性質例應劣於小農此吾所不解也。彼謂美洲大農所穫。不過歐洲小農四分之一。此不知其所本者爲誰氏之調查。然據菲氏所引彪亨巴爾加說則小農所穫不過大農四分之一與彼說恰爲兩極端反對菲氏彪氏雖妄誕亦何至懸絕若是之甚耶是彼所謂小農生產力必優於大農者。其非篤論明矣。由此以進於第三問題。謂大農毫不爲社會之利。而絕對的當排斥者。其爲武斷。蓋無待言。以大農直接之結果論。誠得其人以理之則收穫可以加豐收穫加豐則私人資本增殖固已而社會資本亦隨而增殖又必至之符也以其間接之結果論則以有大農之故能爲種種設備以從事於農業改良而小農得資爲模範令全國農業隨而進步其造福於社會更不可量故善謀國者一面當保護小農全其獨立一面仍當獎厲大農助其進步而此兩種政策實可以並行不悖絕非矛盾（其條理甚長。非片紙所能盡。彼報若有疑。吾當爲解之。）苟毗倚於一方皆非計也如彼報所持論欲以重課地稅之一政策沮抑農業上之大企業使永不發生如是則關於農業上種種之進步的器械與夫集約經營之新方法將永不得適用於我國而惟抱持此千年陳腐之舊農術以自安（農民之性質。恒毗於保守。此萬國所同也。非外界受大刺激。決難望其舍舊圖新以謀進步所謂刺激者何。或見他人用新法。卓著成效。獲大利以去。因歆羨而思模倣也。或他人以用新法故。能產多量價廉質美之品。而己之所產品。生產費既多於人。品質復不及之。緣此而在市場上不能與彼競爭。乃感苦痛而思改良也。若是者皆非有大農介於其間不可。若舉國永無大農。則舉國農業。可以永絕革新進步之望也。）自國民經濟上觀之利果足以償其敝乎必不然矣準此以談則就令彼重課地稅之政策果足以保護小農而就保護小農之方面言之雖見其利者就沮抑大農方面言之猶不勝其敝而況乎彼之政策實並小農而困之也此彼所持主義不能成立者二十七也。（彼報有云。『梁氏以重農爲病可謂大奇。』云云。吾謂此語眞乃大奇。彼又豈能得吾以重農爲病之證據耶。若彼自命重農。而所以對待農民之政策如是。則吾誠不能得其故矣。）

吾嘗爲彼輩理想的革命政府之前途計。其危險之現象。蓋不可悉數。而財政問題。即其一也。而財政問題又與國民經濟問題有直接之關繫。其結果非徒影響於一政府之興仆。而實影響於全國民之榮悴。故辨之不可不審也。使革命而獲成功也。則試懸揣革命後新共和政府所應負擔者如何。現政府所有十二萬萬餘元之公債。不能不繼受其義務。固已。而因革命所生之負擔。有比例於他國而略可推算者。美國當南北戰爭以前。僅有公債六千萬打拉。（一打拉約當龍圓二元。）以爭戰之故。驟增至二十八萬萬四千六百萬打拉。當我五十五萬萬餘元。日本以西南戰役故。募公債千五百萬元。另發行新紙幣二千七百萬元。法國當大革命前。財政之混亂已極。然公債類之負擔。猶不過六萬萬元。及革命後。自一七九二年十月至一七九六年二月間。其濫發紙幣之總額。至一百八十二萬萬三千二百五十六萬四千二百元。內亂之結果。其貽累於國庫之負擔者如此。彼法國革命時代之政府。殆如中風狂走。其舉動太逸於常軌。姑勿以爲例。日本西南之役。其亂地之面積甚狹。其亂之時日亦甚短。非中國革命所可擬。若中國偏地革命軍起。自始局以迄終局。其時日最速。當不能短於美國南北之役。及其終局後。則無論其勝利屬於舊政府屬於革命軍。要之兩方之戰費皆須由勝利者擔負之。此自然之理也而革命軍成功後所擔負者爲尤重。蓋革命軍既以文明自居。則當其用兵時所徵發於人民之糧食器物及勞力與夫將校士卒之俸給。皆不可不給以債券而新政府成立後皆當履行償還之義務。然僅此猶決不足以給軍實。勢且不免募外債以充之而此項之內債外債其性質之危險皆特甚。非以極重之利息不能得之。以吾所知者。該黨首領某氏。在海外偏發所謂軍用債券者。漢文英文並用。到處發賣。其例則現在一元之債券。至革命成功新政府成立時。給以十元云云。此等舉動。不過爲瞰飯行騙計。原不值一笑。然試爲假定之說以論之。倘其革命軍竟能成功。則此等債券會賣出百萬者。將來國民。須爲之負擔千萬。賣出千萬者。將來國民。須爲之負擔萬萬矣。要而言之。革命軍非以莫大之代價。不能得戰費。此至易見者。而其所出代價。即將來財政上貽莫大之累。又國民不可不熟計也。此就革命軍方面言之也其在舊政府方面勢亦必竭全力以抵抗其抵抗所需之軍資若以租稅充之則固不必貽負擔於新政府。然現政府之不能以租稅支此意外之巨費夫既洞若觀火則亦必以外債充之。戰亂且二三年則其數及於十萬萬以上亦意中事而新政府固又不可不繼受其負擔之義務兩方面合計。

大約革命政府所負擔之總額。不能下於三十萬萬。而在債十二萬萬餘尚不計。此新債若爲五分利者則每歲應由國庫支出債息一萬五千萬其利率若加高則且以次遞增。（此等公債斷不能以五分利得之。實不俟問。）益以現在舊債本息帶償之額每歲二千四百餘萬兩則每歲僅國債費一項之支出殆將二萬萬元而新政府所應圖內治之改良國防之鞏固者其歲費尚當以數萬萬計而又當大難初平創痍未復舉國經濟界恐慌憔悴之餘雖有極良之財政案猶恐顧此失彼而無以善其後也乃無端又提出此土地國有案驟增一千三百餘萬萬乃至二千六百餘萬萬之公債劵國民以負擔其財政之棼如亂絲固不待問矣若其所及於經濟之影響則更有不忍言者試條舉之。（第一）此類公債者財政學上所謂一種間接强逼公債也（現在各國普通之公債。皆爲任意公債。）其與直接强迫異者彼則勒令人民獻出現金若干於政府而政府給與一債劵此則政府强取人民價值若干之財產其代價不償以現金而給與一債劵耳財政學者謂此種公債實與强徵重稅無以異（所異者不過國家負償還之義務。且每年須給債息耳。）減殺一國之資本妨害產業之發達莫此爲甚今世各文明國已無復行之者誠以利不勝其敝也今革命政府當其用兵時所發巨額之軍用債票既屬於此類公債之性質病民固已甚矣乃無端復益以一千餘萬萬乃至二千餘萬萬之土地公債而亦以强迫行之民將何以堪也此其反於公債原則者一也(第二)即在任意公債而國家所能負擔之額猶必須比例於人民之「應募力」以爲標準苟溢出應募力以上則經濟界未有不受其病者也何謂應募力謂國民所能應於募集之力也此力以何而得見之蓋人民一歲所收入除償其生產費外而猶有羸餘者則爲其「所得」「所得」之中除其日用直接必要之消費外而猶有羸餘者則爲「資本」公債之應募力即自此資本之一部分而生者也然非能盡舉其資本而悉應募於公債也人民資本之什八九大率皆以自營生產事業之故而投下之如是者謂之固定資本不能驟移以爲他用若驟移之則產業界必生擾亂也其餘未投諸生產事業者什之一二或藏諸篋底焉或貯之銀行及保險公司焉如是者謂之流動資本亦謂之游資公債之應募力即自此游資之一部分而生者也國家以比較低廉之利率吸此等游資以歸國庫而以之直接營有利事業或間接以增進國利民福則一面既獎厲人民之貯蓄心一面復活用一國之資本以增富力公債所以能助長國民經濟之發達者蓋以此也然使所募者而超出於國民

應募力以上則其致國民經濟之疲弊亦與之成反比例夫一國之游資固非常委之於無用也或將以爲固定資本之後援焉如既開辦之生產事業可以獲利者時增資以圖擴張是也或將變爲別種之固定資本焉如未開辦之生產事業見其可以獲利者則新投資以營之是也若政府所募公債太多將一國之游資而盡吸集於中央則人民無復餘裕以應各種生產事業增資或新投資之用則全國利子必驟漲生產費增加營業之利益減少（一國之游資。若散在民間者多。則供過於求。企業者欲得資本也易。可以低利而得之。故生產費少而營業利多。若一國之游資。求過於供。則其現象反是。而公債過度則最能使一國游資求過於供者也。）而產業將渟滯而不進矣然則就令公債所吸者僅在游覽而吸之太過其弊猶如此使由是而進焉吸盡游資猶以爲未足則必侵入於固定資本之範圍人民不得不提出其所已用於生產事業之資本之一部分以充公債而一國產業將紛紛倒閉減退矣使由是而更進焉人民減衣縮食將其日用必要之消費割出一部分以充公債則全國消費力緣茲減殺消費力減殺則企業家蒙其損害企業家蒙損害則勞働之需要減少而勞働者之損害隨之企業家蒙損害則資本不能還元而資本家之損害隨之企業家蒙損害則土地利用之價値減殺而土地所有者之損害亦隨之故能使一國中無論何種人其所得皆劣於前一國中無論何種人其所得皆劣於前則消費力愈以微如是相爲循環果復生因因復生果則一國之國民經濟將奄奄無復生氣（一國人富於消費力。則所購買之物品多。企業家之所生產者。不憂無銷場則企業能得利潤。企業家既能得利潤。則益擴張其業。而他人亦競於企業。如是則所需勞力日以多。勞働者不惟不憂失業而已。且以求過於供。而庸錢日增。又企業者必需資本。企業多則一國資本。不憂其委棄於不用。而企業所得。先割其一部分之供利子。故資本家食其利。又企業必不能離土地。企業多則土地利用之途愈廣。地代增進。而地主食其利。故既已企業家勞働者資本家地主咸食其利矣。則人人有餘裕。而一國之消費力。又益以增進。不待言也。如是相引以至無窮。則國民經濟日以膨脹。若消費力減殺者。則反是。消費之關係於經濟。其重大有如此者。）而一國公債額過鉅則最能減殺國民之消費力者也（若其公債用諸生產事業。則其弊猶不至太甚。若用諸不生產事業。則益不堪言狀矣。）今以甫經亂後新造之政府而有千餘萬萬乃至二千餘萬萬之公債是其超過於國民應募力者不知幾十百倍其必陷國民經濟於九淵而無從拔救斷斷然也此其反於公債原則者二也。(第三)或疑此項土地公債非如普通公債之懸價格以募於民者。人民未嘗臨時舉其所蓄者以直獻於政府也。則其所生結果或應與普通公債有別。雖然苟稍知經濟學之原理者。則必能知此疑問之無容發也。何也。兩者之性質毫無以異也。蓋國民所有資產非必其堆積貨幣或現物之謂也。有其物權或債權已耳。而其以資產而投諸事業。或應募公債。皆不過權利之一時移轉也。而彼土地國有案之强迫公債。則正强迫人民以物權之移轉。而國家還附以債權也。故其性質與普通募集之公債無以異也。試詳晰之。曩昔人民之擁此土地所有權者。其將以地主兼爲企業家。即自利用所有之土地以從事生產耶。則土地即爲其固定資本之一部分。蓋不必另納地代於他人以借地故也。土地國有後不然。曩昔吾有二十金之資本。而可以耕十畝之地者。今以須納地代故。非有四十金資本不能耕十畝。（假定地代中價每畝二兩起算。）是國家明吸取我資本之一半也。我欲湊足此一半之資本。則不得不轉貸之於人。而以國家起過額之公債。盡將流資吸集。故金利必緣而大騰。我有此二十金之債權於國家者。（國家收我值二十金之地代而以債券畀我。故我有二十金之債權於國家。）僅得利五釐。而我負此二十金之債務於他人者。須出利七八釐乃至一分以上。是國家明奪我企業之能力也。於是曩昔能耕十畝者。不得不減而耕八畝。所入愈少。而消費能力與資本之演進者。皆愈微。一人如是。十人如是。一國如是。而產業之衰退。立見矣。又使曩昔之擁土地所有權者。其將不自爲企業家。而惟以所收地代儲之爲資本。而更貸之於人以求利耶。則其地代受自箇人。與受自國家。無所擇。雖土地國有後。其影響於此輩者似尚不甚大雖然疇昔吾有値十萬元之土地每歲能獲六千元之地代者今以易得此五釐利之十萬元債券歲僅獲五千元之利息是國家明掠取我一千元也我前此每歲有六千元之游資以供社會生產力之後援今則雖以國家所給我之歲息還用之以爲游資而其數已減少一千元矣一人如是十人如是一國如是則國債常吸取全國游資六分之一至易見也又使疇昔人民之擁土地所有權者以每歲地代所入僅足支其日用必要之消費而無復餘裕蓄之以爲資本耶則吾前此有値價二千元之地歲得地代百二十元而僅足以自給者今以易取五釐利之二千元債券故歲僅獲百元之利息而此二十元之不足額無他途以補之也則惟有節衣縮食並必要之消費而亦不消費已耳則是國家明剝奪我消費力六分之一也一人如是十人如是一國如是而全國之消費力因以大殺不寧惟是以國債吸集資本太甚故金利昂貴以金利昂貴故生產費加增以生產費加增故物價漲騰疇昔我以百二十金之歲入消費賤價之物而僅足自給者今以百金之歲入而消費昂價之物二災駢挾幾何其不轉於溝壑也準是以談則土地國有政策其足以病全國之經濟至易見矣

政府如欲免以上諸弊。則惟有當買收時。厚其所償。庶乎可矣。其法有三。一曰逾格償値。如其地價本値百元者。以百四五十元之代價收之是也。如孫文演說所云。或定價倍原價。二曰用呼價募集公債法。劵面百元之公債以八十餘元納政府。即可購得之。此各國所常行之例。若用諸買收土地時。則値八十餘元之地。即給與百元之公債是也。三曰給以重息。如價値百元之土地。其地代爲六元者。則國家買收土地之公債。其利息爲六釐以上。或七八釐。務使人民之持此債劵者。其歲入足償前此之地代而有餘是也。此三法若行其一。則皆可以略救前舉諸弊。雖然。如此則國庫之負累益重。果有以善其後乎。如彼所豫算。則國家須以千三百餘萬萬之五釐公債。乃能購入全國之土地。而所收地代不過得八十萬萬耳。而已須以六十五萬萬爲償債息之用。若逾格償値。不必其原値一百者償以二百也。即使略加三之一。夫既須以二千萬萬之公債購地。而所歲收地代仍不過八十萬萬耳。而償息則已歲需一百萬萬。於何取之。其他呼價募集公債法與夫重息公債法。皆可以此比例而推算。一言蔽之。則曰盡國庫歲入之全額。而不能敷國債費而已。是此政策之不能實行。不俟論也。況就令能實行。亦不過前此地主之一階級不受其病云爾而財政學家所謂頻起巨債則盡吸資本於中央致全國金利漲騰企業家蒙損害而種種階級隨之而蒙損害者其弊抑未嘗因此而能免也一言蔽之則凡國民不能堪此過大之公債負擔而國家强使負擔之者其結果必至召經濟之衰亡此非吾之私言實萬國學者之公論也然則就令財政方面政府能有術以善後履行債務而勿渝每歲能照章派息不貽累於持債券之人而全國經濟界尙因此而生騷擾況乎彼之財政基礎杌隉而不能一日安又衆所共覩也此其反於公債原則者三也又彼報所持主義不能成立者一十八也。

夫國家之所入實不外取之於民耳未有全國經濟界衰退而國家之財政獨能膨脹鞏固者此無論採用何種財政制度而皆不能逃此公例者也如彼報所持之土地單稅論欲國家歲入之增進。其道何由亦曰希望全國之地代漲價而已。然全國地代何以能漲價亦曰企業者衆而已。企業者衆則土地之利用愈廣求過於供而地代乃不得不騰反是則供過於求而地代亦不得不落然則企業者何以能加衆、曰企業者易得利潤則羣率而趨之斯加衆矣企業者何以易得利潤、曰生産費廉其一也國民消費力大其二也國民消費力何以能大則各種階級之人其所得皆歲進是已。生產費何以能廉。其條件頗繁。然資本供給之源厚利率不昂實其重要之一原因也今既以買收土地之故負此空前絕後之巨額公債吸取全國之流動資本抑退全國人之消費力則全國企業之衰頹實屬避無可避之現象彼法國以負擔國債太重之故全國產業不能發達著著落他國後其已事矣法國以居歐洲中央且奢麗冠全球故。每歲游客所費於巴黎之金錢。在十萬萬佛郎以外。有此大消費力爲之後援。故產業不至十分萎靡。然以比諸英德諸國。則其進率相去天淵矣。而況乎所負擔更什伯於法國者耶全國企業之動機既已衰頹則地代有日退而無日進國家雖擁有土地而所入恒不足以敷國債費之用其他尙勿論於此而停止債息不付或減少其息率耶無論政府之信用緣此墜地也而其貽恐慌於經濟界者當若何於此而於土地單稅之外別徵他種租稅以補其不足耶徵論其與政府最初之主義相反且課兩重租稅戾於財政上之原則也而人民累負擔以負擔全國生產力消費力益以減退元氣傷盡更斷絕回復之望已耳

然則彼之土地國有案無論從何方面觀之皆不外國

家自殺的政略。此彼報所持主義不能成立者一十九也。

彼將强爲說辭曰。吾所恃者外債也。有外債以爲挹注。則全國金融。大添活氣。政府既利用之以興種種官業。直接間接助國民經濟之發達。而民間既得此資本之流通。企業動機。必無衰退。經濟現象。必加良好。然則前述諸弊。皆可無慮也。應之曰。是或然也。雖然。凡甲國人之應募乙國國債也。有其絕相反對之兩動機焉。一曰。乙國財政之基礎甚鞏固。其政府爲外國人所信用。甲國以資本過賸之故。在本國不能求贏。乃以低廉之利率貸付於乙國。此外債普通之良現象也。在歐美日本諸國資本融通之常態屬焉。二曰。乙國財政紊亂。政府既不見信於其國。欲民更求一錢之內債而不可得。乃轉丐之於外。外國人之富而冒險者。倚本國政府强有力之後援。乘人之危而索重利以貸付之。此外債特別之惡現象也。前此英法諸國所以待埃及土耳其者屬焉。將來革命政府於土地國有案成立後而借外債。則於彼兩現象中果占何等乎。此不可不也。政府既負千萬萬以上之巨債。罄其所歲入。猶不足以償息。而其歲入之加增。又無可望。於此猶肯借債於我者。必其懷抱不測之野心。欲餌我而盬我腦也。如是則審債即爲亡國之媒夫我固非絕對排斥外債者而外債之爲利爲害必以政府財政無礎穩固與否爲前提彼自謂其財政基礎極穩固故以外債爲有利我謂其財政基外礎極不穩固故謂外債爲有害而此兩反對前提孰爲正確則前文既已歷歷證明基矣。此彼報所持主義不能成立者二十也。

彼報之言又曰。「用吾人之政策。則不必獎厲資本家。尤不必望國中絕大之資本家出現。惟以國家爲大地主。即以國家爲大資本家。其足以造福種種於全體國民者不待言。而於國中有經營大事業之能力亦其一也」（彼報十二號三十一葉）又曰。「社會的國家未嘗不從事於生產以增殖其資本也」。（同五十一葉）彼所謂經營事業。所謂從事生產。即經濟學上「企業」之義也。其謂以國家爲大資本家。即以國家爲大企業家之義也。其謂不望國中絕大之資本家出現。即不望國中絕大企業家出現之義也。（此語當非誣彼報。蓋企業必須資本。資本之大部分。既歸國家。人民無大資本。自不能爲大企業。而企業能增生產力。生產力還生資本。民間既有大企業家。則其結果自必有大資本家。欲使民間大資本家永不出現。則其前提必爲民間無大企業家。明也。）欲評此政策之當否。則當先明企業之性質。次考企業家對於國民經濟之職務。次乃論此職務以私人當之與以公共團體當之兩者孰宜。「企業」者何也。「企業家」自以其成算冒危險而結合諸種生產力以贏得利潤爲目的以主導經濟行爲之經濟的組織也（此松崎博士所下定義。蓋合羅査士非利坡維治須摩拉諸說而斟酌之者也。）須摩拉論國民經濟機關有三。一曰國家及自治團體。二曰家族。三曰企業而企業者實最圓滿最持續而對於國民經濟之統一體負絕大之職務者也蓋國民經濟云者通全國民之經濟的行動儼然成一有機體而就其全體觀之常期能最少之勞費獲最大之利益者也而企業云者則常直接間接向於此目的以進行者也何以言之生產三要素曰自然曰資本曰勞力三者本分離不相屬有企業家然後結合之羅集資本驅役勞力以利用自然而從事生產企業家之職也而企業家既以贏得利潤爲目的故必求所生產者恒適於消費某種之貨物生產少而不給於消費則迅速補足之蓋如是而所得利潤可以豐也某種之貨物生產多而有餘於消費則節制之而移其生產力以生產他種蓋非如是則其所得利潤將微甚乃或至無利潤也但貨物之種類亦繁矣曷從而知其孰爲有餘孰爲不足則以企業家常冒危險以從事於投機的試驗積經驗而略能得其確實之程度故也夫企業家之本意亦以自求利耳然一見夫生產不給於消費而即迅速補足之以求利則能養國民之欲給國民之求而國民之本福增焉矣一見夫生產有餘於消費而即移其生產力生產他種以求利則全國生產力不至耗糜於無用而國民之幸福又增焉矣此企業家所以司生產之樞機而爲其最高職務者一也企業家既結合自然資本勞力之三生產要素而冒險以求利潤故地代利子庸錢三者皆經企業家之手以給付三階級之人於給三者之外而猶有贏餘然後企業家得之其有損失則亦企業家任之彼三階級之所得常立於安全之地位企業家之所得常立於危險之地位此企業家所以司分配之樞機而爲其最高職務者二也由是言之則企業家果爲國民經濟之中堅而企業之榮悴與國民經濟全體之榮悴誠有桴鼓相應而絲毫無忒者蓋甚明也企業之職務關係重大。既已若此。而此職務或以私人當之。或以公共團體當之。兩者孰利。此不可不深察也。若能導經濟動機使純出於道德盡人皆以公益爲務而一毫私利之念不雜其間則以國家當企業之職務舉生產分配之樞機而悉集諸中央寧非甚善而無如現在人類之程度萬不足以語此雖歐美號稱最文明之國猶且不能而中國更無論也美國芝加高大學教授馬耶氏。於去年新著一書。論「公企業」

之得失。其評英國市街鐵道市有市營之成績。市街鐵道者。市內之電車鐵道也。英國前此由私人經營。自千八百七十年後。歸諸市有。由市自經營之。謂其弊有六。(一)自公有主義即市有主義實行而技術上之發明改良大生阻害謂英國前此發明家最多。即電車一項。亦英國所自創。愛爾蘭之某市。首先行之。然自一八七〇年以後。闃然無聞。蓋技術之發明改良。純由企業家之刺戟而來。私人企業既減殺。故新發明亦隨而希少云。(二)自公有主義實行其結果阻市街鐵道里數之延長妨市民之郊外移住原文舉英美兩國都市人口之數。與所有市街鐵道哩數之比例。兩兩相較。美國延長線之速率。遠過於英國。且美國賃率。採五仙均初主義。不問遠近。皆僅收束脚五仙。故勞働者得移住於郊外。而都市集中之壓力制。可以少殺。英國當一行市有主義之時。政府向國會委員會宣言。本以方便勞働者使得郊外生活為目的。乃今者之結果。全與相反。哩數既不延長。而賃率復大率比例距離以為增減。成故市民須納七仙八仙之賃率。始得乘車。貧民之負擔益重。都市之壓制逾甚云。(三)公有主義之結果致運輸不能統一倫敦一市。而市街鐵道線路之系統。區為三部。不相連屬云。(四)自公有主義實行致都市吏員之數日以加增而都市及一國之政治勢力失均謂自市街鐵道歸於市有。市公吏之員數。日以增加。於市政部內。別作成一種之勢力圈。雖有利於市之事。苟稍有損於自己私人之利益者。則羣起而反對之。以格拉斯高一市論之。其市街鐵道局之公吏。凡四千人以上。自餘水道局煤氣燈局等稱道。市之企業愈益膨脹。則彼等政治的勢力。愈益增加。常先一人之私利。而後前市之公益。不寗惟是。其影響且往往及於一國之政治。如一八九六年所發布之輕便鐵道條例。本以五年為滿期。至一九〇一年末日。例應廢止此條例。缺點甚多。當時商務大臣巴科既熟知之。徒憚於市有主義黨之反抗。不敢斷行。遂及延期。此其左右一國政治之明效也云云。(五)市有市營比諸私人企業家之經營其濫費殊多原文所引例不具述。(六)既以市有市營之故阻害斯業之發達緣此而市民應享之職業轉爲所奪（美國市街鐵道。以私人自營之故。故延長線日見增加。英國則以市營之故。久渟滯不進。計市街鐵道每平均一英里。需使用執事人六人半。今以兩國都市人數及其鐵道線里數比較。則美國每都市多使用七萬一千五百人。英國以市營之故而使此七萬餘人不得職業。口於勞働實爲大不利云。）又去年五月紐約發行之「經濟雜誌」。載有巴突博士「論英國公企業」一篇。其所調查者特詳於電燈煤氣燈各事業。（英國此等事業。大率皆由市營。）其所指陳利弊。亦略與耶氏說同。謂由市營所生之惡結果亦有六。（一）阻害該產業之發達（英國電氣事業。其發達之速率。與他種事業不能相應。美國人　。不過一倍餘於英國。而電燈電車等類。凡屬應用電力之事業。無不三倍以上於英國。故知公企業不惟不能助長其發達。而反摧抑之也。）（二）緣此而用電機之製造工業亦隨而不能盛（與德美兩國比較。英國瞠乎其後。近年德美工業。漸有壓倒英國工業之勢。原因亦頗由此。）（三）煤燈電燈等之供給僅及於都會之一部其分配失當（僅富者得使用之。貧者無力使用。不如美國之普及。）（四）此等市營企業收支多不能相償（原文引一九〇四年十二月三十一日英國公私業電燈成績比較表）（五）市營企業之使用人增多其影響及於市政（與耶氏說略同）（六）緣此而市債之增加市稅之增徵在所不免（格拉斯高市人口。過去十一年間。不過增加一割六分。而市租增徵十一割二分。市債增加十一割九分。皆市企業所賜之惡果也。該市之市企業號稱最多者也。）

就耶巴兩氏之說合觀之。雖在文明胎祖之英國。而以公共團體代私人企業。其利之不勝其弊也。猶且若此。此無他。經濟動機實以營利之念爲之原。私人之企業家爲此營利之一念所驅。故能累發明以發明。重改良以改良。冒險前進有加無已若夫公共團體之企業則公吏之執行庶務者雖緣該事業發達之故而獲大利其利不歸於己反之若緣冒險而致失敗則受行政上之責任而己之地位將危故爲公吏者常横一不求有功但求無過之心其精神恒傾於保守而乏進取傾於保守而乏進取者必非能完企業之職務而不爲國民經濟全體之福明矣公企業之所以常劣於私企業者其最大之原因蓋在於是故公企業之性質不宜於開創而宜於守成去年英國市政調查委員佐治氏之報告。曾力持此說。現在英國諸市之公企業其有一二能著成效者則皆由買收私人之舊業拱手而受其成者也如利智市及利物浦市之電燈是。德國之公企業成績號稱最良亦遵斯道也日本政府雖自始即以鐵道國有爲方針去年首相西園寺在議會演說。曾爲此言。而初時必委諸私營逮其事業之發達已進於水平綫以上然後乃舉而收之則亦以是也夫以鐵道電車電燈煤燈自來水等之獨占事業其性質本宜於官辦而不宜於私辦者而官辦之不宜過驟也猶且若是而官辦之流弊百出也猶且若是乃若如彼報所主張自共和新政府成立伊始即以國家爲大地主兼爲大資本家蠶食私人企業之範圍而不復望民間有大資本家出現則人民之當盡企業職務者既被束縛於國家而不得盡而國家之公吏又勢不能完企業家所必應盡之職務是無異取全國之企業機關而窒塞之也取全國企業機關而窒塞之而謂國民經濟猶發能達吾未之前聞也此彼報所持主義不能成立者三十一也。此以言其影響於經濟上之惡結果也。

若自政治上論之則以英國政體之良。然以公企業膨脹之故猶助長公吏之專橫。馴致政界之腐敗。況中國現在人民教育程度遠不逮英而新政府草刱之際無論如何而法律未能遽臻完密一旦舉全國重要之生產事業悉委諸官吏之手則官吏之權力必更畸重人民無施監督之途而所謂民主專制之惡現象遂終不可得避則其危及政體之基礎當更有不可思議者矣此彼報所持主義不能成立者。三十二也。

且彼報所謂國家以大資本家之資格者而經營亦限於者獨占事業而已。而獨占事業。不過占生產事業之一小部分耳若其他不帶獨占性質之事業，在彼報所主張。固未嘗不許私人之經營也。然既許私人以經營則經營之自不得不需資本若如彼報言，謂不必望民間有大資本豈謂惟獨占事業需大資本而非獨占事業則不需大資本耶若斯坦達之煤油若卡匿奇之鋼鐵經濟學者皆不以列諸獨占事業之中而其所需資本額之大以視鐵路電車電燈等獨占事業甯多讓也若惟許國家有大資本而不許民間有大資本則是此等大事業終不能興辦也而於國民經濟全體果爲利爲害也夫惟有大資本然後能爲大企業亦惟有大企業斯能生大資本兩者又相爲循環焉使國家而不許人民從事於大企業則亦已耳夫既許之則民間之絕大資本家固不得不生今彼報不望國中絕大之資本家出現得毋欲詛私人之大企業家皆以失敗終耶而於國民經濟全體又果爲利爲害也夫循彼報之政策其結果勢必盡吸一國之游資於中央而無復餘裕以供給私人企業之需要則一國中無復大資本家出現誠哉然矣但不識彼時國民經濟之狀況其萎敝當何若耳此彼報所持主義不能成立者三十三也。

（未完）

附駁某報之中國已亡論

頃因與某報辨論社會革命之一問題。故於種族革命之問題。反不遑旁及。抑亦以近日學界新出現之「中國新報」於此問題已發揮盡致。語語皆足助我張目。而摧陷彼報之論據。使不復能成立。更無俟我之詞費也。雖然。尙有彼報之謬說。爲「中國新報」所未及駁斥者。故不可不更綴數言。

吾黨認中國自有史以來未嘗亡國。謂愛新覺羅氏之代米氏。乃易姓而非亡國。其所根據之理論不一。而滿洲人在明時實爲中國臣民。則亦其一有力之論據也。彼報知此論據之不可破。乃紆回其說。謂滿洲人未嘗取得中國國籍。因以斷滿洲人非中國之臣民。其言曰。

辨滿洲人爲於中國有永續的服從之關係與否。無他。亦問其取得中國國籍與否而已。而解荅此問題。一不可不據諸歷史。(中略)則首當考者爲明代中國國籍之編制。次當考者爲滿洲人於建州編籍之有無。按明史食貨志。太祖籍天下戶口。置戶帖戶籍。具書名歲居地。籍上戶部。帖給之民。(中略)洪武十四年。治天下編賦役黃冊。(中略)冊凡四。一上戶部。其三則布政司府縣各存一焉云云。此明代國籍之編制也。而滿洲人之於明代。未嘗編入國籍。此證之明史可無疑義。蓋編籍時有帖給民。滿洲人始終未嘗得此。史籍可按也。且滿洲人與我國語言文字皆不相同。既不識漢字。安得有給帖之事。此其證一。戶口冊籍。一上戶部。而布政司府縣各存其一。建州之地。無布政司府縣。又安得有編籍之事。此其證二。明

史地理志。凡州府皆言編戶若干。惟衛不言戶口。此其證三。（下略）

嘻、此卽彼報記者所考定明代編制國籍之法耶。此卽彼報認滿洲人爲非中國臣民之根據耶。其闇於掌故。抑亦甚矣。彼所述明代料民之政。非如近世各國之編國籍也。其目的專以課賦役而已。故謂之賦役黃冊。盖明代租稅丁糧並重。故編此黃冊以防逃匿。其在不抽丁稅之地。則不編也。明代行政機關。有與今絕異之點。盖軍政與民政。參錯於境內。其民政則置十三布政使司。分領天下府州縣及羈縻諸司。而上隸於戶部。其軍政則置十五都指揮使司。分領衞所番漢諸軍。而邊境海疆。復增置行都指揮使司。而上隸於京師之五軍都督府。以屬於兵部。兩者釐然。各不相蒙。其十三布政使司所分轄者。則爲府百有四十。州百九十有三。縣千一百三十有八。又羈縻府十有九。羈縻州四十有七。羈縻縣六。其十五都指揮使司及五行都指揮使司所分轄者。則爲衞四百九十有三。所二千五百九十有三。守禦千戶所三百十有五。又土官宣慰司十有一。宣撫司二十有二。招討司一。長官司百六十有九。蠻夷長官司五。此見於明史地理志者也。其布政使司所屬民籍則以一百十戶爲一里推丁糧多者十戶爲長餘百戶爲十甲甲凡十人此見於明史食貨志者也其都指揮使司所屬兵籍則五千六百人爲衞千一百二十人爲千戶所百十有二人爲百戶所此見於明史兵志者也由此觀之則戶籍四冊所以分藏於戶部布政司及府縣之故從可見而明史地理志凡州府皆言編戶惟衞不言戶口之故亦從可見矣蓋府縣布政司戶部皆收租稅者也故藏戶籍以便按圖索驥之用衞所則軍籍也別有都督府及兵部司之故不著云爾**論者於明代官制一無所知**强指賦役冊爲國籍名簿因地理志於衞所不言戶口遂謂凡屬於衞之人民皆未取得國籍**豈知明代之衞將及五百腹地各行省無處無之**以明太祖發祥之地而有鳳陽衞滁州衞泗州衞邳州衞皇陵衞等若謂凡衞屬皆未取得國籍**豈鳳滁邳泗諸衞之人民亦皆未嘗取得中國國籍耶**即吾粵亦有廣州前後左右衞及南海衞等彼報記者之遠祖其屬於廣東布政

使司治下之民籍耶抑屬於廣州衞等之兵籍耶蓋不可考萬一屬於兵籍豈**彼報記者之祖亦未嘗取得中國籍耶**此其謬蓋不待辨矣夫中都留守司所屬鳳陽衞滁州衞等之人民廣東都指揮使司所屬廣州衞南海衞等之人民不問其曾入布政使司之編籍與否而不得不謂爲中國臣民然則遼東都指揮使司所屬建州衞之人民亦不問其曾入布政使司之編籍與否而不得不謂爲中國臣民事同一律有何疑難而彼報徒據一「衞」字以爲滿洲人未嘗取得中國國籍之鐵劵吾不得不驚其武斷也

彼報又混羈縻州與衞爲一談。**更可發大噱**。其言曰。「羈縻州非領地也。以其無戶籍故。」及問其何以知羈縻州之無戶籍則曰「明史地理志凡州府皆言編戶若干口若干惟衞不言戶口。」又妄以己意釋其理由曰。「戶口不上於戶部者無利其人民之心未嘗以其土地之住民爲中國之人民。此羈縻州之情狀也。」是彼認「衞」爲即羈縻州。而羈縻州之人民所以不爲中國臣民者。乃以衛之不編戶口推得之也。此其重紕貤繆。直不可思議。夫衛之不編戶籍。其理由既詳前論。然羈縻州與衛劃然爲二物則又非可以同類而並論之者也蓋衛隸於都指揮使司而羈縻州隸於布政使司明代布政使司所屬羈縻州四十有七此明見於地理志者羈縻州之編戶籍與否史無明文然府州縣既皆編籍則地理志所稱其布政使司所屬戶若干口若干者或並其所屬之羈縻府州縣而合計之亦未可知也若夫都指揮使司所屬之衛所則亦有普通衛所與羈縻衛所之分然皆不編戶籍其所以不編戶籍者則以不課其丁糧之故而非以不認其住民爲中國臣民之故立法本意較然可見也故府州縣與衛所相對待者也普通府州縣與普通衛所相對待者也羈縻府州縣與羈縻衛所相對待者也彼報記者於此制度毫無所知而妄以羈縻州與衛同視不亦陋乎建州衛之在明其爲普通之衛。抑爲羈縻之衛。雖未能確指。（據湘潭楊氏所考證。則建州衛確爲普通衛而非羈縻衛。見中國新報第二號第三十二葉以下）然如彼報所說徒以其爲衛之故徒以其不編戶籍之故而指其地之住民爲非中國臣民此實不通之論也大抵國籍法之爲物。自國家觀念成立後而始發生。中國前此。自以其國爲天下。故國家觀念不甚分明。隨而國籍之爲物。亦非所重視。今彼報必牽合附會。以言明代國籍編制之法。實心勞日拙已耳。具體的之國籍既非可得。實指矣。若夫抽象的之國籍。則率數千年來相傳踐土食毛之義。凡生於王土者。即爲王臣。建州衛既爲中國主權所及之領土。則建州衛之住民。即當然爲中國之臣民。雖有蘇張之舌。而不能難者也。以中國臣民而篡中國前代君主之位。此歷史上所數見不鮮者。而亡國問題。安自發生耶。

彼報之所以答我難者。其最重要之點。即在「滿洲人未嘗取得中國國籍」之一語。然其不應於事實。既已若是。故略一糾之。若夫此問題之根本的論據。則具詳本報前號及**中國新報第一號第二十七葉以下第三號第七十九葉以下**。讀者一參觀之。則知某報所說無一而非譫語矣。

正誤

前號第十一葉第八行合我庫平銀下缺六。。兩二字

又第二十一葉第七行負擔國稅●乃負擔國債。之誤

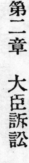

譯述一

大臣責任論（續第九十號）

淵生

第二章　大臣訴訟

（一）總論

專制國之大臣。其一己之職務上行為。固亦須任其責。然其法律上之責任。除民法及刑法上責任之外。一基於懲戒權。而質詰其責任者。唯基於君主之大權者也。是則專制國之大臣責任。謂為專對於君主而負責任（註一）也。誰曰不宜。

（註一）夫「對于君主之責任」或「對於議會之責任」者。不過謂質詰其責任之機關。為君主抑為議會而已。大臣對於君主而負責任者。君主有質詰大臣之責任之權耳。一般學者之論大臣責任。常以「對於何者之責任」一語。僅就此義釋之。故質其責者。不可不爲特定之機關。是以副島學士(日本帝國憲法論三百零四頁)謂吾國大臣責任。爲對於國家而然者。無意志者也。若夫立憲國。則君主之外。有爲國民代表機關之議會在焉。「議會之主要任務。參與法規之外。監督政府。使其政治得確遵乎憲法者也」(註二)夫行政監督者。議會之主要任務之一也。故大臣於國政之執行上。一有過誤。則議會不可不有以質詰之。此大臣責任之根源也。

(註二) Pistorius, Die Staatgerichtshöfe und die Ministerverantwortlichkeit. S. 17(耶利理玆特)(Jelinek, allgemeine Staatslehre. S. 639 亦曰「議會之任務。在於立法之參與。及行政之監督也。是以大臣對之而負責任。」夫議會爲行政監督之機關。日本國法學者。常等閑視之。實急宜注意者也。小野塚博士(政治學大綱下卷八十六頁以下)曰「議會而爲監督之機關。實議會任務之一部。以爲全部則不免於非難」此善明議會之性質者也。

議會之質詰大臣責任。或僅認其惟有質詰之權。因其質詰而生之結果。祇爲事實上之問題。此係次章所論述者也。然大多數之立憲國。概不以此說爲圓滿。故更視爲法律上之問題。而議會質詰之結果。遂移於特別之裁判。此其常例也。是即爲大臣訴訟或大臣彈劾(impeachment, Ministeranklage)之制度。而多數學者所認爲憲法上之責任者也。

（二） 各國制度之一班

大臣訴訟之制度。發源於英。漸傳於美。至經法國革命之後。遂得規定於歐洲大陸諸國之憲法者也。

（一）英國之大臣訴訟。其最初之實例。在于「愛德華」三世王之第五十年。『即一千三百七十六年。』（註三） 後歷朝相沿。屢見諸實施。（註四） 至「秋達」王朝。乃久絕其跡。（註五） 其後「斯丟亞」王朝之時。始得復振。下院之對于政府。恃此制度。爲一有力之武器。（註六） 然一千七百十五年以後。彈劾之見諸實行者。僅對於 Warren Hastings 及 Lord Melville 之二次而已。然此二次之果能齒於大臣訴訟制度否也。尚難斷言。至一千八百零五年後。至于今日。則不過爲歷史上一遺文耳。

（註三）Stubbs, Constitutional History, 4 ed, P. 451.-May, Parliamentary, Practice 8 ed. P. 55. 爲英國大臣訴訟之嚆矢者。對於Lord Latimer, Lord, Nevill 等者是也。

（註四）一千三百八十六年之對于 Michael de la Pole 彈劾。及一千三百八十八年之對于 Burley 等。一千四百四十九年之對于 William de la Pole者。皆其重要者也。參照 Stubbs 及 May. Taylor, Origin of Eng. Constitution P. 441 f.

（註五）自一千四百四十九年至一千六百二十一年。全無可舉之事實。殆絕其跡也。

（註六）一千六百二十一年以後。層見迭出。最稱發達。R. Mohl Die Verantwortlichkeit der Minister S. 604 ff. 曾詳爲演述。參考之即明瞭也。

（註七）may, Constitutional History II. P. 93: "The last hundred years present but two cases of impeachment ... The one against Mr. Warren Hastings, on charges of misgovernment in India, the other against Lord Melville (in 1804), for alleged malversation in his office, The former was not a minister of the crown, and he was accused of offences beyond the reach of Parliamentary control; and the offences charged agaist the latter had no relation to his political duties as a risponsible minister."

英國之大臣訴訟。同於他之制度。據習慣以行之。無明文之規定。故其性質及範圍。難於明確述之。要之英之 impeachment 者。非純粹之懲戒。有一種刑事裁判之性質者也。負彈劾權者。厥爲下院。其彈劾即爲一種之刑事告發。上院則操有其裁判權。即爲刑事裁判所。以行其判決者也。其告發之罪。即爲刑事犯罪。其制裁之結果。即刑罰也。大臣訴訟。爲刑事裁判而發達者。實基於特殊之習慣者也。蓋其上院。原有最高刑事裁判所之性質。而下院者爲各州代表者之集合。各州之 grand jury 如悉有刑事告發權。全國之 grand jury 因皆在於應負告發權之地位。(註八)故英之大臣訴訟。原有爲刑事裁判之傾向也。

(註八) Blackstone, Commentarnies B. VI.ch. XIX 1. " An impeachment before the lords by the commons of Great Britain in Parliament, is... a presentment to the most high and supreme court of criminal jurisdiction by the most solemn grand inquest, of the whole kingdom." — Stufss. II. P. 593" As the grand jury of the nation, the sworn reco gnitors of national rights and grievances, they (the commons) thus entered on the ...... (process of impeachment)."

然據大臣訴訟之性質而言。如英國者。失其本來之性質者也。蓋以爲刑事犯罪。加以刑罰。則通常之刑事裁判之外。無別立大臣訴訟制度之必要。而大臣訴訟者。刑事犯罪以外。對于大臣之職務上過失。欲加以法律上之制裁之時。始得視爲有存在之價値者也。

故英之大臣訴訟制度。至近世而全歸於具文者。勢所必然者也。其餘諸國之採用者。雖胎原于英。然皆除去刑事裁判之性質。而得臻美善者。

(註九)英國大臣責任之糺彈法 impeachment 之外。尚嘗有慣用 Act of Attainder 之時代 Act of Attainder 者。曾行於第十五世紀之後半期。及第十六世紀者也。此係極不規則之大臣糺彈法也。當時國會本於萬能主義。不用通常之裁判手續。據法律之形式。專斷以處大臣於刑者也。Anson, Law and Custom of the Constitution

曰"(by the-Act of the Attainder), persons who had played for a high stake in polities and last it,...were hurried to death with no form of tiral,(vol I. P. 352)又曰"An act of parliament can, as we know, do anything. It can make that an offence which was not, when committed, an offence against any existing law; it can assign to the offender so created, a &punisbement which no conrt could inflict,"與(P. 355)即此足見一斑矣。其不適於近世之主義。豈竢論乎。因其影響未及於他國。故僅知其爲過去一事實即已足矣。不必深考也。

(二)美國者倣於英而行大臣訴訟之制者也。然其性質各異焉。(註十)其名稱亦曰impeachment下院之有彈劾權。上院之爲裁判所。雖等於英。而其所課之制裁。則非刑罰。而僅剝奪其官職或并褫其就官之資格而已。若較此而加重焉。則必據普通之手續。而行刑事裁判也。(註十二)且美之impeachment者。非眞實之大臣訴訟。蓋以美國較之歐洲各立憲國。則無國務大臣。其所謂Secretaries of State者。大統領不過爲最高之官吏。非有異于普通官吏之特殊地位者也。故負責任者爲大統領自身。大臣對于其輔弼行爲而不任其責。是以美國律之立憲君主國。殊無所謂大臣責任一義矣。(註十二)其所謂 impeachment 者。非僅對于大臣而然。雖以加諸大統領及一般之行政官。皆無不可者也。

(註十)美國之 impeachmnent 須參照 Holst, Staatsrecht der Vereinigten Staaten von Amerika, in Marquardsens Handfuch S. 86 ff. Story, Commentaries on the constitution of the United States 4. ed. § 743 ff.

(註十一)美國憲法第二條第四款。"The President, Vice-president and all eivil officers of the United States, shall be removed from office on impeachment for, and conviction of, treason, fribery, or other high crimes and misdemeanours. 及第一條第三款第七項。"Judgement, in cases of impeachment shall not extend farther than to removal from office: and disqualification to hold and enjoy any office of honour trust or profit under the United Sates; but the party convicted shall nevertheless be liable and subject to indictment, trial, judgement and punishment according to law."

(註十二) Holst, a. a. O. S. 50. Bryce, American Commonwealth I. P. 93 f.

㈢法國自其一千七百九十一年第一次之憲法以來。每次之憲法。悉承認大臣訴訟之制度。(註十三)即其現行之一千八百七十五年七月十六日之憲法。亦曾規定之者也。(註十四)

(註十三)法大國臣訴訟之沿革須參照。Pistorius a. a. O.S.45 ff.

(註十四)第十二條第二項曰。"Les ministres peuvent être mis en accusation par la chambre des députés pour crimes commis dans, l'exercise de leur fonctions, En. ces cas, i s sont jugés par le Sénat."

法之大臣訴訟亦模範於英。其始已有特別刑事裁判之性質。現行之憲法。未嘗明瞭規定之。而其手續已廢然。據從來之沿革及一般學者之解釋。其以爲刑事裁判者。固無容疑。其所課之處罰。即爲普通之刑罰。而其處罰原因則職務犯罪。(crimes commis dans l' exercice de leur fonctions, 也。(註十五)

(註十五)關於憲法條文之解釋。其所謂「職務上之犯罪」。共有二義。其一爲須刑法中曾規定之所爲者。即恪守『無法則無罰』之原則者也。其一則祇關於單純之職權濫用者也。其所課之制裁、有不可不遵刑法之規定者、有據上院之任意選擇、得刺取刑法上所罰者之一以課之者也。Esmein, Eléments de droit constitutionel français et comparé. 20 ed. P. 591 etsuiv.

(四)德國之大臣訴訟制度。殆各聯邦國憲法之所規定者也。(註十六)然其中二三諸國(如普魯士)之憲法。因其執行之法律未嘗有所制定。故降至今日已不能見諸實行。徒有爲具文而已。(註十七)其餘諸國之憲法。以大臣責任。視爲純粹之刑事裁判。準於帝國裁判法。(Reichsjustizgesetz)非經特別認爲例外者。必以屬諸普通司法裁判所權限之下。故帝國法實施以來。此制度宜謂爲已被廢止也。(註十八)現尚存大臣訴訟制度者。殊占少數。如唯威倫撒遜威天堡巴丁數國而已。(註十九)

(註十六)德國聯邦所規定大臣訴訟制度之沿革。Pistorius a. a. O. S. 32 f. 述之最詳。其現行制度之比較。則 Pas ow, Das Wesen der Ministerverantwortlichkeit in Deutschland S. 28 ff已簡明記載。均可得而參考者也。諸國中無大臣責任之規定者爲 Mecklenburg-Schwerin, Mecklenburg-Strelitz(此二國全無憲法)及 Anhalt Lippe

是也。

（註十七）普魯士憲法第六十條曰。Die Minister können durch Beschluss einer Kammer wegen des Verfrechens der Verfassung-sverletzungs der Bestechung und der Verrates angeklagt werden. 而其裁判手續處罰及應負責任之時從於特別法之規定。其法律之草案一千八百五十年一千八百六十二年及一千八百六十三年。雖已提出於議會而未能確定之。現已歸於消滅。故普魯士今日於大臣訴訟事件。已無其審判權之裁判所矣。其憲法之規定無實行之道。非勢使然乎。

（註十八）帝國裁判法之結果。須參照 Pistorius S. 141 ff. Passow S. 31 ff. 因此法律之結果而大臣訴訟制度遂全歸消滅者。 Hessen, Sachsen-Weimar, Sachsen-Meiningen, Sachsen-Altenburg, Schwarzburg Rudolstadt, Reuss J. L. 諸國是也。

（註十九）此諸國之以大臣訴訟爲刑事裁判之性質者。可認爲據帝國裁判法而變更之者也。

諸國之大臣訴訟。現已非有完全之刑事裁判性質矣。其有彈劾權者。爲議會之

一院或兩院。其彈劾之理由多限於憲法違反。其制裁多止於免官而有此裁判權者。概爲有特別組織之裁判所也。(註二十)

(註二十) Passow a. a. O. S. 46. ff.

詳列各國之大臣訴訟制度而比較之。非本篇之目的也。故惟述其簡要者。以供研究。要之大臣訴訟云者。對于大臣職務上之非行據議會一院或兩院之彈劾判斷之於特別裁判所而深以免黜或其他法律上之裁制之謂也。此制度於日本果爲必行之要件乎。行之而其性質果何如乎。皆余輩立憲國民所急宜研究者也。請先答此第二之問題。而次及其一。

(三) 大臣訴訟之本質

大臣訴訟之性質何如乎。

一 大臣訴訟者。不可不有刑事裁判之性質者也。

如上所述。英國以大臣訴訟。爲特別刑事裁判法。德多倣之。然據余輩所信。殊反於大臣訴訟之性質者也。

夫大臣訴訟之目的。對於大臣之職務犯罪而課以刑罰者也。何故於普通刑事裁判之外。須特設制度以範圍之乎。曰自地位之性質上而言。則大臣者高官也。以普通之司法裁判所裁判之。必不適於實施。欲其毫無忌諱。一準于公平。是非有一極占地位之特別裁判所不可也。(註二十一)

(註二十一)以大臣訴訟爲特別之刑事裁判。其主張之重要者。R. mohl, N. Achariac, Bischof, Gohn, Hauke.等是也。

然此未足爲說明大臣訴訟之理由者也。夫大臣裁判之要點。非在裁判所之特別。而爲議會之有彈劾權也。非議會不得而彈劾之。非有議會之彈劾。則裁判所無所施其裁判。惟其宜彈劾與否。任之議會之一院或兩院之決議。是爲大臣訴訟之要點也。如一般論者所主張。殊未盡說明之能事。(註二十二)

(註二十二)大臣訴訟之不能以爲刑事裁判。亦曾爲多數學者之所唱道。Bluntschli爲其鼻祖。Gerber, Schubze, G. meyer, Pistorius 等皆其重要者也。

夫研究刑罰之本質及刑罰權之根據。雖非余輩所能竟。然「法律之前夫人平等」之原則必須嚴重用之於刑罰法而對於一定之犯罪者必課以一定之刑罰也。以大臣之故。遂設特殊之罪名。課以特殊之刑罰。幷規以特殊之告發權。此無理由之詖辭也。(註二十三)且刑罰者非目的罰也。既犯罪則必有刑。其處刑與否。非可自由裁酌者也。夫大臣訴訟。因以畀之議會之彈劾。若課刑之權。亦任議會之自由議決。則失刑罰主義之眞相矣。(註二十三)

(註二十三)故伯崙秋黎曰。若其非行。僅爲政治上問題而非刑罰上之犯罪。則使之失政治上之地位。是爲公直之制裁。豈有對于不善之政治家亦有課以刑罰之理由乎。若其非行踰乎政治之範圍。乃使服通常刑法之裁判。(一千八百六十七年演說於巴丁)

(註二十四)黑遜一千八百三十一年一月五日之憲法規定之曰。議會於大臣有特定之犯罪時。負彈劾之義務。此議會之有彈劾義務見於憲法上之唯一事例也。(Pistorius. S. 71) 刑罰主義之論理。得此說而一貫。惟於議會之性質。若不相容也。

二 大臣訴訟者。非以保護箇人之權利者也。凡大臣職務上之行爲。有妨箇人之權利之時。則有行政訴訟以矯正之。決不可以大臣訴訟與行政訴訟之制相混視也。(註二十五)

(註二十五) G. meyer, D eutsches Staatsrecht. 5. Aufl. S. 618.

大臣訴訟。亦非仲裁裁判也。仲裁裁判者。僅以判決關於法之爭議。而大臣訴訟。決非所以判斷大臣與議會間之憲法上爭議。實以課非行大臣之法律上之制裁者也。原此以爲前提而判決其果違憲法與否。雖有時亦嘗審定憲法上之爭議。然不能即謂爲仲裁裁判。亦猶之不能以普通之刑事裁判。視爲仲裁裁判之義也。(註二十六)

(註二十六) 德意志諸國中。常有以掌大臣訴訟之特別裁判所。爲仲裁裁判所。以審判憲法之疑義者。(撒遜憲法第一百五十三條) 亞爾敦不爾厄改正憲法第二百零九條) 例如撒遜之一百五十三條曰。「政府及議會于憲法上之解釋。有疑義而不相一致之時。則移於國事裁判所。(Staatsgerichtshof) 以審判之。

然此不過以大臣訴訟及仲裁裁判二種之權。歸於同一之裁判所而已。非謂大臣訴訟即仲裁裁判也有賀博士(國法學一卷三百五十七頁以下)因此以謂大臣訴訟爲仲裁裁判者誤也。

三 大臣訴訟。當以如何之裁判所裁判之乎。當以如何之行爲爲其訴訟之原因乎。余不憚斷言之曰。大臣訴訟之起訴權屬於議會或一院者也課之之制裁免官或褫其任官之資格而已不牽及於他事者也

大臣訴訟之必以議會或一院爲起訴者蓋自議會爲監督機關之性質上發生者。各國憲法所完全承認之者也。昔之憲法有認君主爲有起訴權者(註二十七)然此實立憲思想幼穉之表徵。毫無所據之理由不過爲歷史上一遺跡耳蓋君主既有任意黜免大臣之權。豈必經裁判手續以審決之耶。(註二十八)

(註二十七)Sachen-Weimar 一千八百五十年十月十五日之憲法。Grossherz. Hessen 一百一十四條。及一千八百二十一年七月五日之法律第四條皆曾規定之者也。

(註二十八) Pistorius, a. a. O. S. 171.

大臣訴訟之制裁。僅爲免官或褫其任官之資格。而不及其他者。蓋既認其非有刑事事件之性質。則其論理之結果。固當如此者。即英法等以大臣訴訟視爲刑事裁判之國。其訴訟之目的。亦常褫奪其官職而已。此歷史上之事實無可辯論者也。

四　大臣訴訟之制裁。不能及免官以上。則其訴訟之性質。果何如乎。名之爲懲戒裁判。雖云不當。亦不過爲名稱上之爭點。實際無關係者也。蓋必謂其性質上不能爲懲戒裁判者誤也。(註二十九)

(註二十九)大臣訴訟之有懲戒裁判性質與否。曾爲劇烈之爭論。於德國學者之間否認派之重要者爲 Gerber, Grundzüge S. 192. Anm. 13 Hauke, a. a. O. S. 21. ff. Vlbrich, oesterreiches Staatsrecht § 319 Fistorius, a. a. o. § 49. G.meyer. a. a. S. 619. 等。而承認者則 Samuely, a. a. O. S. 87 ff. Schulze, Preusslsches Staatsrecht § 280. Sarwey. Wurttemberg, Staatsrecht II. S. 218. Seydel, Bayerisches Staatsrecht I. S. 520. ff. 等。乃其重要者也。

否認者謂懲戒必依上級官廳而行。且不可不有爲發案者。議會者非大臣之上官。故議會之彈劾。不能視同懲戒也。又曰懲戒之原因非限於職務上之過失。及品位之沔損等法規之違反事件。而大臣訴訟者其性質上限於憲法及法律違反。是其原因固相異也。且懲戒裁判者保障官吏之地位使不被專斷的免黜者也。君主之於大臣。既有任意解職之權。猶必引懲戒裁判之手續者乎。(註三十)

(註三十)參照前註所載諸書中之 Pistorius G. meyer,

然所謂懲戒依上官而行。及其原因必包含一切之過失者。此不過懲戒之通常狀態。非必爲精神上之要點也。(一)懲戒權者 Dienstgewalt (註三十二)之發動也。然 Dienstgewalt 非必常據 Dienstobern 而行使。蓋 Dienstgewalt 爲國家之權力。而非上官之權力。Diensther 爲國家自身。而非上官。國家之 Dienstgewalt 行使於上官以外。別以特別之機關任之。非必與其性質相矛盾也。況議會者行政之監督。以當此任。能不謂爲適當者乎。(二)懲戒裁判之發生因原於行爲者。而其行爲之範圍。亦決非懲戒觀念之要素。蓋懲戒爲對于 Dienstpflicht 之違反者。固不容疑。然非必以 Dienstpflicht之一切違反。爲懲戒之原因。即如通常之懲戒。其義務違反中。唯于情事之重者。視爲宜加懲戒。亦其例也。是則大臣訴訟之原因。限于法規之違反者。固毫無背戾于懲戒性質者也。

(註三十一) Dienstgewalt, Dinlpflicht, Dienstherr 等語。苦無適當之譯法。寧假用民法之雇傭權雇傭義務雇主等用語以表之。唯不可與私法上之雇傭關係相混視耳。

若夫以大臣無地位之保障。即謂不能爲懲戒裁判之表徵者。此全係强辭也。君主雖有免黜大臣之權。議會固不能也。乃因對于君主無地位之保障。遂謂發議于議會之大臣訴訟不能爲懲戒裁判者。不亦妄乎。蓋二者固毫不相及也。余輩因大臣訴訟之裁判。僅及于免官或并褫其任官之資格者之故。而謂爲特殊之懲戒裁判。亦甚不失于正也。

五 其餘大臣訴訟之詳細制度。擧其二三原則于左。以供資證焉。

(1)據爲大臣訴訟之原因者。(一)限于職務上之行爲。不可并及其箇人之私行。(二)凡其職務行爲。無輔弼君主抑自行其職權之區別。皆不可不任其責。(三)職權行爲中爲大臣訴訟之原因者。限于法規違反乎。亦并及于凡不利于國之行爲乎。雖多數學者。及實際之立法例。均認爲限于法規違反。然據大臣訴訟之性質而言。則雖并及于不利於國之行爲亦非必不能相容也。蓋課以法律上之制裁。遂謂必須法律之違反者非完美之說也。但裁判所者。審決法律問題。而不及于政治之利害者也。故寧以限于法律違反者爲適當焉。(四)法規違反者。非必限于積極之行爲。即消極之不行爲亦須任其責也。(五)法規違反者。限于憲法違反乎。抑并及于通常之法律違反乎。寧以限于憲法違反者爲然也。

(2)受大臣訴訟者。唯限于國務大臣。

(3)判決大臣訴訟之裁判所。不能以議會充之者也。蓋議會亦爲政事之當局者。欲求公正之判斷。非有特別組織之裁判所不可。

(4)對于大臣裁判所既判決之案。不許再審者。各國之普通原則也。

(5)對于大臣裁判所之判決。不認君主之特赦權。非有議會之同意。不可得而特赦之者。亦各國所垂爲法典者也。

(6)大臣訴訟之進行。不爲議會之開會或解散所障碍者。亦各國之普通原則也。

(四) 大臣訴訟之實益

大臣訴訟之制度。果認爲國法上之必要者與否。須詳考各國政治之實情以決之。不可憑虛妄斷者也。

然概言之。大臣訴訟者。當憲政幼稚時代其効用昭著若憲政已完美之國則無必要之道矣。

近世新進諸立憲國。其大臣對於議會之責任。較爲明確。凡議會之彈劾大臣。不取從來之複雜手續。惟決議其不表信任而奏請罷免之即得達其目的故大臣訴訟之制度全失其從來之實用矣。

蓋大臣訴訟之制度者。係因議會之實力薄弱不能制政府之權力濫用之時所發生者也。慣於專制思想之政府。其欲抑制民意之反抗。或圖一時行政之便宜。不憚蹂躪憲法法律者。歷史上不乏其例者也。於是以大臣訴訟之制度爲對抗政府之唯一武器。然此必以議會之實力。未能對抗政府爲前提。若議會之實力果強。則政府亦未敢重違人民之意志。縱萬一出此。而議會以不表信任之決議。得去大臣于一旦。故無發生大臣訴訟制度之必要也

日本之國法。須認大臣訴訟之制度爲要道乎。此必先究其議會之實力果足與政府對抗否。及政府能尊重議會之意志而無濫用其權力之傾向與否。乃能判決之。此政治論之問題。驟難解決之者也。夫大臣訴訟之制。諸先進立憲國雖已概絕其迹。然因此遂斷定日本亦無必須之道。則恐時期尚早也

第三章　大臣對於議會之責任

大臣責任之最重要者。即對于議會之責任也。

大臣對于議會之責任。非法律上之責任。故其制裁。亦非有法律上之強制力。然謂爲全無法律上之關係者。誤也。

夫對于議會負責任云者。凡議會之詰問大臣。宜有以對待之。其結果如何。全爲事實上問題。而無關於法律。然議會之有質詰大臣之權者。則法律上所規定。議會惟本之

以奉行職務耳故對于議會而負責任者亦關係于法律上問題矣其爲法律上之問題參証其反對之事實必愈明也夫君主者反乎大臣全然無責者也議會不得而質詰之若議會反此規律則爲不法行爲矣若對于大臣之質詰則法律上所定爲當然者其所生之結果雖曰事實然其質詰行爲之爲法律問題復容疑者耶

大臣對于議會之責任其發達圓滿者議院政治之國也議院政治云者國務大臣必須選自下院中占多數政黨者此慣習上之要件也其大臣對于議會喪失信任之時或解散議會以訴于輿論否則大臣必辭退其職任然此不過事實上相沿如此而已尚不得謂爲法律上之義務也若非議院政治之君主國其政治上之責任無此重大之效果故大臣雖失信用于議會亦無必辭職之道也但議會對於大臣之過失或決議其不表信用時仍得上奏而請罷免之雖非直接得生法律上之效果然事實上之效果亦有甚重大之關係者也

第四章 日本憲法第五十五條之規定

日本憲法。第五十五條規定之曰。國務大臣者輔弼君主而任其責者也。是日本之憲法。亦曾採用一般立憲國之大臣責任之原則固彰彰明矣。惟未嘗如各國憲法明揭之曰。大臣者對于議會而任其責。僅曰「任其責」而已故果對於何人而任其責也此從來之疑義焉或有釋之爲對于君主而任其責者。竊以爲誤也。

欲釋此疑義。必先以曾規大臣之特別責任爲前提否則憲法上對于他之官吏未嘗有責任之規定而特對于大臣規定之其理由將無以自解也夫對于君主負責任者非獨大臣爲然盡一國之官吏皆君主之官吏即皆對于君主而任其責者也豈獨于大臣而有此異義乎且大臣責任之重要者在於表同意于君主而輔弼其行爲也夫以表同意于君主之行爲始任其責者乃謂爲對于君主而任其責非自相矛盾乎

且解釋此條文又有曰。此不過規定大臣之對于何等行爲而任其責耳。非謂其必任如何之責也。然此亦非鄙見所承諾者。夫既曰責任則必對于一身之過失受外界之批判而自服其結果者也否則不得謂爲有責任矣。蓋責任必併合主觀的方面。（責任能力）與客觀的方面。（制裁）彰彰然也。而憲法上所規定之「任其責」一語又豈

可無其客觀的方面者乎。

竊謂憲法第五十五條之規定。特對于議會任責之謂也。夫日本之國法。固不認大臣之有特別法律上責任者。而憲法上所豫想之大臣特別責任。唯對于議會而負任耳。憲法第五十五條必基于此義。實無可疑者也。

夫對于議會任責云者。非據議會之議決以左右大臣之謂也。唯議會于法律上有質詰大臣責任之權力耳。因此質詰而生之結果。必爲大臣辭職或議會解散及停止或互相讓步而卒歸于平和。皆爲政治上之問題而全不得視爲關于法律也。

大臣對于議會任責。爲日本憲法所承許者。徵之議會之豫算議定權及議會之事後承諾權。益足證其確實也。夫對于豫算而須議定者。關于會計上之實行。以解除政府之責任于事前者也。對于豫算外之支出。或財政上之緊急處分。須議之事後承諾者。所以解除政府之責任于事後者也。唯其認此責任爲適當。則解釋豫算議決及事後承諾之性質。乃能得其根據也。

非難者將曰。憲法之規定。既爲僅對于議會任責之意。則非法律上之問題矣。而規定之于憲法中。果何所命意乎。夫對此說之答辯。前已述有圓滿之理由。今不敢避繁瑣。而再申言之曰。對于議會任責者。固非法律上問題。然議會有質詰大臣責任之權。實法律上之重要條件。豈能謂爲全無關于法律乎。既有關于法律。則規定之于憲法中。非理之至當者耶。

日本憲法關于大臣責任之規定余嘗譯述之于法學協會雜誌者也其後見其紕繆甚多今故抹煞前文而于大臣責任之法理上詳加論究之

著者識

教育之目的

譯述二

黃國康

教育者何。教者所以指示行之之方。育者所以養成行之之力。合而言之。則教育者所以期精神及身體之底於成熟也。然此不過其形式上之作用而已。若更進一步而深考其原因。窮究其蘊奧。則精神及身體已成熟之後。將何所爲而後可乎。抑因欲爲何者之事。而不可不發達其精神身體乎。此固教育上最重要之問題。且學者所不可不著實闡明之處。蓋此問題之極端。即人生本務之問題也。

顯露柏羅都之言。以能行五道念爲教育之目的。底德斯則謂發達精神及身體之事。即係教育之目的。至此後之如何。可不論及之。依此二說以論定教育之目的。則其未曾確定。依是行之。恐終不能有得完善之影響之一日也。謂能行五者之道念。則其人即爲盡善盡美乎。自種種實際上之方面考察之。則能行五者之道念。雖亦可謂之爲善人。然根本未定。神志不一。必有智識淺鮮。能力薄弱之弊。故其人終不能爲完全無缺之人。就發達精神及身體之說而論之。則其所言者。既無一定之限制。又無確然之範圍。其所謂發達精神之事。不知宜以若何之程度爲達極點之時。天文物理。及其他種種學問上之智識。皆精神上之事也。然欲皆完全發達之。則須費無限之歲月。且終不能有遂志之一日。寧見有以一人而合專門之天文學者、專門之哲學者、專門之化學者、專門之法律學者等之智識而兼有之者乎。故必下一定之制限。於何者之範圍養成何者之智識。然後精神能有專一之處而行之之時。可免散漫無稽之弊也。雖然此制限之定也。將何所自而後可乎。則可一言定之曰。必以人生之本務問題爲研究之基礎。底德斯又有雖不知人生之本務。但能養其知情意亦無不可之言。豈知人生之本務不明。則其行動及所施之敎育。或爲違逆乎人生之本務者。亦未可知。故不先定人生之本務而妄定目的者。不親切也不完全也不精密也。無論如何。未有不原本乎人生之本務而能定完全之敎育之目的者。顯露柏羅都主張養成五道念之事。且謂敎育爲所以養成六者之興味者。然就其所謂六者之興味觀之。則無論以何者之材料。皆足以養成之。即棄置他者之學科。專以本國之讀本。或荷馬爾之書敎之。亦非不可能之事。何故日本之少年。必以國語爲主乎。何故不能不由國語而不專由希臘之書敎之乎。又何故徒有讀本之敎授。而不敎算學及其他之諸科爲不可乎。是則非顯露柏羅都目的論之所能下圓滿之解釋者也。今之敎育家立敎育之目的者。或不論及人生之本務。或縱論及之而解釋失當。故敎育之目的。終未得確定之一日。自古諸哲學家之定人生之目的也。有謂人之所以爲人。在乎眞善美者。有謂能領畧美好之製作物。及天然現象之趣味。且智識完全。道德圓滿。爲人生之目的者。然汎觀世界之人。則挽車者有之。從事商業者有之。投身工業者有之。彼等皆智識低微。審美心缺乏者也。然彼等之所爲。果爲背乎人生之目的乎。漢學者謂農工商等不知經書之人爲非人類。韓退之之師說。有巫醫百工之人。君子鄙之之言。其原人則曰。人者夷狄禽獸之主也。希臘之學者柏拉圖之述敎育也。謂唯自由人民始得謂爲人類。奴隸者非人類。且無有受敎育之資格者也。是皆獨斷之甚者也。古來哲學家之立論。多不以人類種屬之全體置於眼中。惟就少數優等人種之歷史。以評論全體。以至有夷狄與奴隸非人類之言。其立論之過酷。着想之涉空。固有非今日二十世紀之人所能認爲適當者也。

由是而言。則欲爲完滿之解釋。宜如何而後可乎。人生之本務。宜以何說定之。而後爲切當乎。是則有不可不先研究之二大端在。一曰、人類及宇宙之關係也。一曰、人及人種之關係也。夫吾人之生於此宇宙之中。固非可爲單獨之生活。而絕不與外物爲關係者也。自物理學言之。則宇宙爲集無數之力而成之物。其力皆互相引攝。例如敲擊此机。則運動起於此處。机面之木。因而震動。机旁之空氣。亦因而震動。傳播而動吾人之耳。動吾人之神經。甚則吾人之精神。亦受其刺激。而大生變動。吾人之家族。亦受其波及。而頓起驚惶。當其敲擊此机之時。机旁之空氣既受其震動。則他處亦必因之而微動。一寸之動。動及全體。一處之動。動及四方。極端言之。則吾一擧手一擲足。而世界全體皆動。且不得不動。其動之之時。雖有多少緩急之別。然其動則一也。是故吾人欲定自己之活動之目的。必不可不知人類之與宇宙有密切之關係。而不能有離隔之之一日。吾人居於宇宙之中。時被宇宙之影響。且時以影響及於宇宙。然人爲宇宙中渺小之物。故人之活動。常被動於宇宙。而全爲所左右。於是而宇宙有一大理法焉有一大目的焉。宇宙之力甚錯雜也。宇宙之萬物甚繁賾也。然持此目的循此理法而宇宙之作用。遂專向於一方面而爲永遠無旣之進行。非僅宇宙進行而已。宇宙一進行而附於宇宙之生物植物鑛物等。亦莫不隨之而進行也。

由是而言。則所謂宇宙之大理法大目的者果何若乎。蓋即今日之所謂進化是也。進化者。宇宙之理法。即宇宙之手段。又同時而爲宇宙之目的也。顯最偉大之勢力造最完全之進化之狀態者。宇宙之獨一無二之目的也。上古之初。宇宙未開。存於此世界之中者。皆混沌星雲。單純之物也。積時旣久。漸成秩序。而此世界遂逐次分化。由單質(Homogeneous.)進而成爲異質。(Heterogeneous.)渺茫之雲霧。分化而爲恒星。爲太陽。爲火星。爲木星。爲地球。爲月球等。故地球者。世界分化之結果之一。又即其進化之現象之一也。因宇宙之進化。而地球以之成。生又進而觀生於此宇宙內之地球。亦以進化之故。產出無窮之變化。上古之初。無有地殼也。五千萬年前而地殼生焉。積久而有機體生焉。古生代之時。初步之植物。甚爲繁茂。隱花植物之高。有達十丈者。其時無脊之動物及初步之有脊動物。雖已漸次成生。然其勢力不敵植物。故植物者實古生代之宇宙之主人翁也。進而至於中生代。則最高等之植物生。而前此最大之植物。遂逐次絕跡。其時動物之成生者。以爬蟲類爲最多。其最長者至十餘丈。哺乳動物雖已於此時成生。然尙無勢力。故其時之支配此地球者。乃爬蟲也。更進而入於新生代。則哺乳動物中之高等者出。而巨大之爬蟲類漸次絕跡。新生代中之第四紀。有冰期時代及現世界之分。冰期時代之横行於此世界之中。占勢力執主權而爲地球之主人翁者。爲巨大之哺乳動物。其時雖已有人類。然尙無勢力。直至現世界而後動物中之最高尙靈敏之人類始出而執主權以支配萬物也。總而言之。則種種之高等動物。隨時代之遷移以漸次成生。而其中之最能發達其身體之進化者。則經時代而愈得勢力。故由此以推論未來之世界。後之時代。將有較人類更爲進化之物出而支配此地球。其時之人類將有如吾人今日之驅牛役馬者。轉而被役於是物之事。蓋以前此之進化之變遷例之。固不敢必其無此時代也。

宇宙之全體進化。故地球及生存其上之物亦無不進化。植物之進化者出焉。動物之進化者出焉。宇宙全體之進化。蓬蓬勃勃，無休息之期。而各方面之進化之物之出。亦無有休息之期。故進化之物之出生者。宇宙之目的也。直接言之。則植物之進化。優於鑛物。動物之進化。優於植物。動物者進化之最優者也。此最進化之動物。更進而益增長其進化者。宇宙之目的也。最進化之動物。有非常之精神。非常之能力。故能顯偉大之勢力。行偉大之事業。而宇宙之進化。遂至於無窮。故謂宇宙之進化即人生之進化可也。謂人生之進化即宇宙之進化亦可也。要而言之。則人之目的。即宇宙之目的。宇宙之目的。即人之目的也。宇宙之進化。既爲宇宙之目的。則人類宜以翼助宇宙之進化。爲人生之本務。養成遂此本務之資格。爲教育之目的。蓋宇宙之進化者。乃宇宙之大勢。斷未有能逆之者。宇宙如巨舟。人類者舟中之人也。舟東駛而人反西向。而爲反對之進行。則必沈溺於川。故人若不以宇宙之目的爲目的。而與宇宙爲反對之運動。以任意行之。則是徒自速其滅亡耳。宇宙之進行爲確定不移之物。不助之。則必至於亡。故翼贊斷不能以人力休止之宇宙之進化者。乃人生獨一無二之要務。變詞言之。則參天地而贊化育。人生之本務者也。

雖然。欲助宇宙之進化。宜如何而後可乎。以言乎助宇宙之進化。則研究牛馬之性質而促其進化。亦爲助宇宙之進化也。苟盡力於此等之事。可謂已遂人生之本務乎。是則大不然也。夫世界之有進化者。以有生存競爭也。無生存競爭。則無進化。生存競爭烈。則進化愈甚。而生存力之最强者出。生存力之强者出。則其他之生存競爭於其間者。不得不更强其生存力以與之抗。競爭愈烈。則生存力愈强。生存力愈强。則競爭愈烈。故競爭之烈與生存力之强者。進化之原因。又即進化之結果也。

今試以人類與虎豹比較而論之。人類體力微弱。其生存力之强。似不及虎豹者。然細思之。則人類之腕力雖弱。然其腦髓之進化甚高。能顯高尙之精神作用。虎豹雖猛。其精神之作用。不能及人。故可以術殺之。或生擒之。而無受其吞噬之患。故凡進化之愈健全愈高等者。則能應外界之境遇。爲種種之運動。而生存力愈以之而强也。

由是而言。則互保存自己。發達自已者。最要之事也。牛馬之進化。可任其自爲進化。雖以人工促之。亦未有能得完全之進化者。且人類既爲最高等之動物。則必愈發達自己於更高尙之地位。而爲無極之進化。然後可也。即自此以後。有較人類更爲高等之動物出現之時。苟人類益努力於保存自己發達自己之事。則生存競爭起於人類及高等動物之間。而使此動物益至於發達進化。極而言之。則爲使生物益至於進化使宇宙益至於進化也。今可以一言蔽之曰宇宙之進化者宇宙之目的也宇宙之能有最進化之狀態者宇宙之目的也故人類亦不可不以此爲目的因此目的之故而使人類種族愈以之發達進化其生存競爭之力愈以之强大者助宇宙之進化之最有効之方法也且人類之本務也於是而最後之問題出焉人類種族之本務。既在於人類種族之保存發達。則人類種族中之個人。亦不得不以翼助人類種族之保存發達爲事。此固固然之理。一定之勢。可不俟詳論而知其然者。然此處有不可不窮究者。則人類中之個人。宜執如何之方法。而後可以助人類種族之發達是也。變詞言之。則人類中之個人于參天地贊化育之事。宜不與全體爲關係而爲獨立之運動以行之乎。抑宜連絡全體爲團結之生活以行之乎。宜以何者之手段行之而後爲促進人類之進化之有効之方法乎。是則不研究個人與社會之關係。則不能得完全之解釋者也。

今請姑置人與社會之關係及個人之社會上之本務不論。而先就普通之事述之。前此所述之發達。皆僅就身體上之發達而立論者。然自心理學上言之。則精神上之物與身體上之物常有密切之關係。而互相表裏。精神上有進步。則身體上(以腦髓爲最)亦必應之而有進步。身體上有進步。則精神上亦必應之而有進步。是故以人種之身體上之進化之問題。移之於精神上而取精神之發達以論之。亦無不可之事。且自精神上之發達言之。則立詞較易也。今請以前此所就身體上之發達言之之物。移之於精神上之發達以言之。前所述者。人類種族之生理上之進化也。移於精神上言之。則即爲人類之開化也。開化者。人類精神活動之現象。因時代之遷移而起種種之開化。其開化之大勢可概別之爲二。一曰精神的生活之開化也。一曰物質的生活之開化也。物質的開化。有經濟的方面及政治的方面之生活之分。精神的開化則爲智識的生活也。審美的生活也。社交的生活也。道德的生活也。宗教的生活也。此等精神的方面之生活與物質的方面之生活。隨時日之遷移而爲無極之發達進化。使人類種族益至於繁盛。而與無機物植物動物等爲種種之競爭。以之愈强其生存力者。

現世界之大勢也。是故教育者。自形式的言之。則爲促進人類之開化也。自實質的言之。則爲致政治的經濟的生活及宗教的道德的社交的審美的生活於發達進步也。由是而言。則無論何者之種族。何處之人民。其教育之之目的。舉不能外乎精神的生活之發達及物質的生活之發達也。然歐羅巴之學者克列們及烏托克等之言。則謂地球上之人種。其數極爲浩繁。然非無論何者之人種。皆有開化之性質也。開化最甚而能壓倒其餘之人種者。僅阿利安人種而已。此外之人種。皆無有文明開化之性質者。又如亞迦息及摩爾登之所倡。則謂阿利安人種。其天賦素優於其他之人種。有高等之本能。故其開化有若斯之盛。其他之人。無有高等之本能。故終不能得文明開化之盛境也。是皆立論之過偏。且過於崇拜阿利安人種之說也。然歐羅巴之中。又有立於是說之反對之位置。而謂今日之阿利安人種。與其他之人種。其根本上固毫無不同之處。以言其進化。則誠有優劣之可分。然其所以如是者。乃爲天然上之影響及其社會上之影響所致。而有或開化或未開化之異耳。至謂阿利安以外之人種無有開化之性質。則可斷其必不然也。此亞歷山大、芬薄爾得、及惠都、(Waitn.)等之言也。於是有立乎二說之間。起而研究野蠻人之性質以討論之而折衷二說之是非者焉。自其研究之結果觀之。則黑人及亞非利加番替斯人之幼兒其十四五歲以內者。均係智力甚爲發達。與歐羅巴人殊無差異之處。及經過此時期以後。則智力漸衰。故年老者之行事。必請命於十四五歲之少年。由是觀之。則此等之人種。究非終不能有進步之望者。特以前此之時代。其社會之內毫無學術。且無智識十分發達之人。故無有使人之智識發達之刺激物。遂至幼兒之知識進於一定之程度。則漸次消失衰亡也。故雖今日之野蠻人。苟有以刺戟之。則亦無不有爲猛勇之發達者。寧得謂世界之文明開化爲阿利安人種獨占有之乎。人種之性質雖常以外界境遇之影響而有優劣之分。然是皆可以修正之而齊一之者也。野蠻之人種雖以其所棲息之地乏少食物。無用力於磨鍊智識之餘裕。而未能開化。然至今日之世界交通既如是之自由。苟自此以後。自外界輸入種種之物。而與以便利之道。固未有不能十分發達者。即自外界輸入之智識。亦可以助其發達也。要而言之。則教育之目的。在乎促進人類種族之物質的開化精神的開化也。無論如何之人種。如何之民族。如何之部族。均未有不能適用此目的者也。

今以欲使閱者之觀念愈爲明瞭之故。請更以左圖證述之圖中之ＡＢＣ者宇宙也。生物無機物。皆存乎其內。ａｂｃ者生物。ａｂｃ以內者人類也。宇宙有無意識之目的。無意識之目的者。成爲能顯最大之勢力之狀態。即成爲最完全之進化之物也。宇宙既有如斯之目的。故居其中之生物。亦有同一之目的。生物之目的者何。成爲有强大之生存力之物也。即成爲最完全之進化之物也。生物既有如是之目的。則生物中之人類。亦必有同一之無意識的目的。故成爲生存力之最强大之物成爲進化之完善之物者。亦即人類之無意識之目的也。

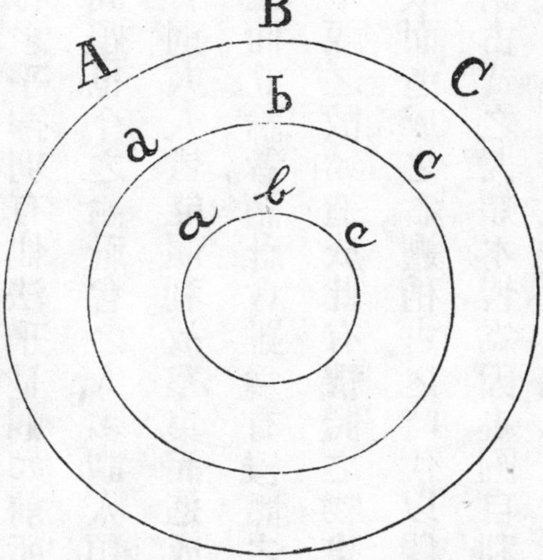

故人類爲皆有自識者。此有自識之人類。宜以何者爲其最終之目的而活動之然後可乎。則曰必以此無意識的目的爲其最終之目的而遂行之。雖不爲學問之人。不思

其目的。而專事經營其生業。然其所經營之處。亦必爲含有此無意識之目的者。故教育者乃務求完全無缺以遂此無意識之目的者也。

雖然。人類種族中之個人。宜以如何之方法。盡人類種族之目的而後可乎。抑獨立而行之乎抑別有他法乎。是則如前所言不先述個人與社會之關係。則不能下解决之問題也。今之論社會之人。多謂人類之所以造社會者。皆爲圖自己之利益起見。造社會則人人皆能便利。故羣集而造成此社會也。斯賓塞之作社會學也。亦爲以人類爲主而立論者。謂社會雖爲有機體之物。然究其由來。亦不外乎多數之人。因欲得利益幸福之故。始造成此有機體之物也。盖皆以社會爲各個人之利益手段。因圖方便之故而造成之者。遡稽古之時代以觀之。則英國霍布士等之所主張。亦與今所述者同。謂古昔之人類。本皆爲因專圖自利之故。無日不互相戰爭者。積時漸久。漸知戰爭則互爲不利。遂止戰爭以造社會。奉君主而爲共同之生活。法蘭西之盧梭。亦有此意見。謂社會者自人人之契約而成者也。然自近日之倫理學社會學上之研究觀之。則社會爲本原乎人類之性質而成立之物。决非可以各個人之利益爲目的而造成之者。人類若專爲自利之物。則社會決無成立之餘地。當其經營共同生活之社會之時。若非稍以自己之利益供犧牲。不專主張利己而互相爲讓。則其結果必不能有成立之望。今之倫理學者之論。謂同情爲居乎社會之內始生之物。然苟無初等之同情。則社會固無從而生也。孩提之時。智識未曾發達。其以物與人。並非有與人則亦必被與於人之智識而欲得更美於此物之心也。乃本於初等同情心之作用而發之於自然者也。故知元始之人類。當其智識未發達之時。固亦無異於是也。即研究其他之動物。亦未曾有專爲自利之實例。且常有多少之社會的生活存乎其中。燕鳥之不顧己身之安危飛於已失火之家而救其子者。亦同情心甚富之一例也。匪獨此也。即其他動物之中。其發見如此之實例者。固不可勝數也。即就人及動物之身體觀之。亦可知爲非專因自利而成立者。生殖之作用。人有之。動物亦有之者也。然使僅就一身言之。則此實爲無益有損之物。若專爲一人生活之計。誠不如無生殖機關之甚爲便利也。然而皆有之者。則爲保存種屬之故。無生殖機關。則種族必絕也。非以欲不絕其種族之故。而始造成此生殖之作用之器具也。乃本乎天然也。然即此亦可以見人之非專爲自利而生者矣。又如下等動物之中。常有於生殖作用未曾發達之時。則甚健全。一經發達而應用之。則即時死亡者。是亦犧牲己身以繁殖種族不自利而利他之實證也。由是而言。則可知以人類爲專圖自利之物之說。爲矯强之論。並無有可爲根據之處也。故社會之最初之原體。不過爲以人類之本來之同情心爲基礎而自然成立之物。但積時漸久。因同住一所之故。而有言語同一。顏色同一。及其他種種之現象。於是而其團結力遂以之愈堅。終至成爲不能解離之勢。故言語宗教風俗道德人種之同一者。所以連絡人及人之關係者也。是皆社會生活之無意的基礎也。非明知乎不爲共同生活則不可之理。而始造成社會。乃本乎自然之勢。成於無意識之中者也。故同情爲其中之本原的基礎。而言語宗教風俗道德人種。則泒生的基礎也。言語風俗習慣宗教人種道德等之同一。於造習大社會有絕大之關係。蓋同情之在乎人類之中有或濃或薄之分。苟有此同一之處。則同情愈厚。團結力愈强。雖不明知乎不行共同生活則不可之理。而社會的生活亦可自然成立矣。

社會生活成立之本原。又有所謂意識的基礎存焉。意識的基礎者。覺悟不爲社會生活則不可之理。意識之而造成社會也。是中有自利的及利他的二者之元素。人類因孤身單獨之害。而悟不相讓而爲團結則不可之理。又以宗教道德之故而知不救人助人則不可之義。因有此利已的利他的二者之意識。始相合而造成社會。例如日本人以誓不被滅於外國之心。同心合力而保護其國家之事。亦社會生活之意識的基礎之一實證也。此外如對父母則不可不孝順也。兄弟不可不相愛也。朋友不可不相敬也。不可不博愛衆人也。是皆社會生活之意識的基礎也。要而言之。則集如斯之無數之元素而始造成今日大社會之基礎也。

由前之說觀之。則社會之最初之元體者由本原的無意識的基礎而成者也今日之大社會則由派生的無意識的基礎及意識的基礎二者相合而成者也知人類有所謂本原的基礎之物則社會非以人工造之乃自然成立者之理亦可以判然矣且初等之同情乃發生乎不知不識之中非特用意以造之者故由是又可知社會爲必然之物非可以人工破滅之者也即使天下之人忽起厭棄社會生活之心。一朝羣起而破此社會矣。然瓦裂時代之狀態。終無有延久之事。其子若孫之中必有起而反對之者。況人類既有社會生活之本原的基礎。且相團結之事、又實爲便利。則積時漸久。反對者必愈多。此社會終將有一朝成立如故之日。而主張破裂之人必漸次衰微。無有制勝反對者之能力。且既爲單獨生活。無互相救助之事。將以不能勝外界之天然物及種種動物之競爭之故。而浸至滅亡。蓋也相團結則互相保護。無有勢力孤微之患。且能有愈推愈廣壓倒一切之勢。故爲單獨生活者。終不能制勝者也。由是而言。可知社會爲必不至永遠滅亡之物。即一朝破裂。亦可以即刻再圖振興、故曰。社會者必然之物也。生於社會之中。則宜專盡力於社會。而以圖社會之公利爲獨一無二之目的。若社會之人民專圖私利而不計公益。或雖知重公益之事。然利他之心終不及利已之切。一有與已之利害相衝突之時。則必先已之利害而後社會之利害。若是則其社會必漸次衰微。終將有被侵蝕於其他强大之社會而不能存立之勢。故社會之盛衰。一視乎人民之公利心之如何。苟社會之人民皆能盡死力於社會。而以圖團體之公益爲莫大之要務。則其社會斷未有不能制勝其他之社會者。若一社會之中有少數之專圖自利而不顧團體之人民。則此種之人民。必將因自然之淘汰。受其他多數之民之排擊。而不能立足於團體。以漸次滅亡也。蓋社會之自然之進行。所以造圖公益之人民而驅除自利之人民者。故曰生於社會之中。則宜專盡力於社會。而以圖團體之公利爲獨一無二之目的也。要之人民之公利心厚則社會强。人民之公利心薄則社會弱。富於利他心之人民多則社會之進步速。富於利他心之人民少則社會之進步遲。故社會之中多一不謀公利之人。則社會之進化必多延若干之時日。不遲延進化之發達而努力前進焉。寧非人類之利益乎。

雖然。今日全地球之社會。尚爲四分五裂之勢。常以社會與社會間之戰爭大傷社會之平和。即平居無事之時。亦必以爲戰爭之准備之故。妨礙其他之開化。故今日之人常有懷聯合全球造一最大之社會以弭戰爭而保平和之空想者。然結平和條約以止戰爭。乃以人力造成之事。終非可保持永久者。即各國之大開議會。棄置己國之天子而奉全世界大統領爲君。亦終爲勢不能行之事也。故國與國之競爭及互相吞併。乃世界自然之大勢。民族之强盛者。則能漸次擴張其勢力。以制服他族。其弱而被壓於他族者。則服從優力之民族而受其管轄。此固優勝劣敗天演之公例。無可如何者。

且因是之故。反足以促進世界之開化焉。固人類之利益也。

由前之說。則社會之成立及其結果之如何。固已了然明晰矣。雖然。僅此尚未足以確定教育之目的也。請更詳論社會之性質以明之。社會之爲有機體。非僅物質的方面然也。更有一大精神存乎其中焉。斯賓塞等社會學者流。僅知社會爲物質的方面之有機體之理。而不知社會爲有精神之物。蓋社會之有精神。與人之有精神無以異也。人有身體。且有精神。社會者有機體也。故亦有精神存乎其中。雖然。所謂社會之精神者。果何在乎。人類者以腦及神經爲生理的基礎。而精神起於其內者也。謂社會有精神。則社會之生理的基礎。又何物乎。黑知爾者。有名之哲學家也。嘗論社會有精神之事。然其立論。乃以歷史爲根據而說明社會精神之發達進步之狀態。但知社會有精神。而不知其精神之何自發生。蓋未嘗自生理的方面觀之也。故此哲學者之理論。雖爲有功於世。然缺少科學的根據。故此理尚未能完全明晰也。由是而言。則所謂生理的基礎者。果何屬乎。社會者有機體也。各人之神經系統者。此有機體中之細胞也。人之腦中。有無數之細胞。聯絡其細胞之運動。而起心之現象。社會亦然。言語文字之交換者。所以聯絡各人之腦者也中發聲爲言。而乙聞之。則甲之腦髓之震動。傳於乙之腦髓之中。觀他人所作之文學書籍。則人之精神混入吾精神之內。是皆所以聯合各人之腦髓者也。即社會精神之生理的基礎也。社會精神之於各人之腦髓。如個人之腦髓之於其中之細胞。故社會精神云者。非僅集各人之精神生活也。又非僅其精神生活之特質也。一社會中之人於其思想感情。必有共通之點。其共通者。乃社會之腦髓中之各細胞運動之聯絡也。雖然。是猶未足以謂爲社會精神也。人與人之腦髓之關係合而大起震動。而後社會精神乃起於其處。因言語書籍新聞雜誌等之媒介。以聯絡各人之腦髓之機關。而大起運動者。社會之生理的基礎也。即社會精神之所由起也。是乃諸社會學家多未嘗見到之處也。

由是言之。社會者有精神之有機體也。而其精神的生理基礎。則各人之神經系統也。雖然。此不過社會精神之一方面之學識的解釋也。不可不更進一步以觀察之。蓋前文之於社會精神。僅自橫面觀之。未曾自直面觀之。僅自空間上論之。未曾自時間上論之也。今請更自時間上以說明社會精神之生命連續之事爲。所謂生命連續者。非謂一社會之人皆能永久存在。而社會之精神遂得以連續不亡也。亦非謂舊者死而新者繼之。而同一之社會精神尚依然不變也。蓋各民族之中有所謂精神的財產之物者。以言語之交通文字之遺傳之故。自前時傳之於後時代之人。昔人之腦髓之活動。傳之於後人之腦髓之中。雖經數百年。而前人之道德學術思想感情等之精神的財產。可無斷絕之處。前人雖死。而其同一之腦髓之活動。可傳之於後代之人。故社會之精神。遂得以延續繼行也。今請就個人之生理上之機關言之。據生理學家之言。則凡人之身體。經七年而一變。故七年前之細胞。與七年後之細胞。毫無同一之處。若是則經過七年。而凡人之性質思想感情意識等不將全然變換。成爲前後不相連續。前此之事均不能記憶之人乎。是則決不然也。蓋細胞雖有新陳代謝之事。然後之細胞乃本於前之細胞而成生者。故前之細胞能以己之同一之性質同一之運動傳之於後生之細胞。雖有變換。乃形去而神尚存。斷不至有全然變爲他人之事也。故生理上雖經七年則造其人之身體之細胞皆全然不同。然其人之精神。則固無有變態也。由是而言。亦可知社會之人雖有新陳代謝之事。而此偉大之社會精神固毫不至有變動者也。不觀乎日本之社會精神乎。自三千年前以至今日。固猶依然如故也。

由是觀之。則社會之精神。固古今一貫無有斷絕之事。而其作用。則一爲精神的生活。一爲物質的生活也。即民族的社會之經濟的生活。政治的生活。知識的生活。審美的生活。社交的生活。道德的生活。宗教的生活也。前文之所論。謂人類之本務。在於翼助民族的社會之發達發展之事。然所謂民族的生活者。其種類甚爲浩繁。宜如何之細而後可以助其發達發展乎。則曰。必以專司分業之道行之。凡人之身體。有種種行之胞。其諸細胞之中。各有特別之機關。以行其所獨任之運動。社會人種之分業而行。蓋亦無異於是也。太古之時。各種之細胞。皆爲同一之作用。凡居於社會者。於社會之經濟的生活。政治的生活。精神的生活等。皆不事分業。一一引受而行之者也。雖然今日之世界。文化大進。種種方面之事業。愈出愈繁。已至於不能不分業而行之之勢。故有或專助政治的方面之發達也。或專助經濟的方面之發達也。或擔任審美的生活而爲美術家也。或殫心於智識的方面而爲學者也。或努力於道德的生活而爲出萃拔羣之道德家也。必如斯分業行之。而後可以造成發達强盛無有底止之社會也。斷未有以一人之身心而能無不知無不能。無論何事皆一一引受而行之者。固實際上萬不能得之事。且如此勉强爲之。反足以防礙民族之開化也。故昔人之以敎育爲造有同一之性質之理想之人材者。乃大誤也。敎育者所以養成對於一方面之能力。非養成對於全體之能力也。然所謂對於一方面之能力者。非僅注重於一方而毫不顧及其他也。徒通社會開化之一方面之事。而無他方面之修養。則有害他方面之發達之憂。且其人格終爲尙未完全者也。養成其通於開化之諸方面之普通之智識。而後專力精修一方面之事。俾其實行分業之道者。敎育之原素也。必如是而後爲完全無缺之敎育。必如是而後爲不違乎人生之目的之敎育也。

右所譯者乃日本文學士熊谷五郎于帝國敎育會所演述之敎育學中之一篇。全書名曰大敎育學。此不過其鱗爪也。全編之意。根原乎人生之本務。以定敎育之方針。蓋所以發明敎育爲養成普通國民而非徒養成優異人之材者。且謂既同爲人類。則皆宜施以敎育。固無分于種族之優劣也。吾國自數千年以來。偏重士農工商階級之制度。重士而絀農工商等之人。遂至一國之內。惟文學稍呈發達之狀。而其他關于農工商等立國之要素。則俱寖就衰微。是編所言。實恰中吾國之弊也。譯之以供吾國民之採擇焉。

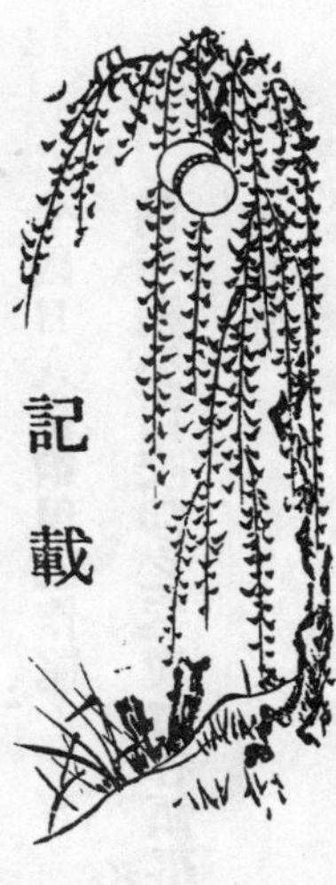

記載

中國大事月表

丁未二月

◎初一日　廿九日南通州大汐港初等小學堂被鄉民六七百人焚燬

外務部奏議覆劉式訓請變通出使章程奉旨依議

◎初二日　黃道中慧與英公司訂立承築伊犁鐵路工程合同經已成議

度支部議改革貨幣主用金本位先從天津銀元局試辦然後推及各省

◎初三日　東京留學界因學生毆監察員事特開中國大事月表

公益協會以爲調停

浙省開辦徵兵

張百熙病假以林紹年暫行署理郵傳部尙書

南通州白蒲鎭窮民聚衆搶掠各米店

太平府貧民聚衆千人搶掠郡河米船

◎初四日　趙爾巽札行各州縣通諭民間禁止售地及租地與外人

長春俄國軍政署是日撤去

法部奏調西洋畢業法律學生陳籙王寵惠嚴錦榮等十八人奉　旨依議

◎初五日　衍聖公孔令貽到京謝孔子升大祀恩即日　召見

外務部通咨各省督撫飭屬查明各商埠所有敎堂公產字樣速行咨覆

記載　二

英兵輪兵士在蕪湖輪姦私娼激成衆怒幾釀大禍

駐英使汪大燮電告外務部謂英日俄三國聯盟消息已確

松江府屬上海青浦一帶搶米之風大起

浙江象山亂匪擄去教堂牧師一名幷與官軍開仗

◎初六日　浙江餘姚縣涉民滋事幾成亂象

直督袁世凱奏將關內外鐵路餘利撥充新民屯至奉天鐵路經費

吉林將軍達桂禁止外人居留城內之令因日人抗拒現已作罷

河南鷄公山交涉之案漢口各領事已允轉圜

福建藩司定議招募本省公債一百二十萬

粵督周札飭鐵路公司將路股餘欵購買九廣股票

◎初七日　陝西藩司樊增祥被參革職遺缺以馮汝騤補授

外尙部書侍郎與日使開議購買新民屯至奉天鐵道事件

◎初八日　黑龍江將軍程德全下令日本居留人退出齊齊哈爾城外否則當飭兵士驅逐日領事與該處道台開始交涉

奉天安東商埠海關是日開關

黑龍江觀音山及漠河金礦之機器建築等物由俄國交還程將軍決議補還價欵三十八萬

◎初九日 澤公專摺奏外官制照政治館原議頒布勿爲各省督撫異論淆惑
政府擬添置葡萄牙暹羅兩國駐使
俄使璞科第在哈爾賓以鐵路長官名義發布市制規則議長只許俄人充當
日人竭力抗議
御史趙炳麟奏各部丞參宜先記名後請特簡奉　旨自後須豫行保薦聽候記名由軍機處開單請簡
蕪湖學界商界會議阻止美商劉懋恩在弋磯地方建築煤油池
◎初十日 北滿洲俄兵全行撤退砂府命馬都統崑源帶重兵往黑龍江接守
俄人佔據吉林省城森林十年以來並未交還吉林將軍照會索討

◎十一日 奉　諭蘇漕著准再行緩運十五萬石以濟賑需
南通州如皋鄉民又起搶米并打毁學董陳某家
◎十二日 德商瑪瓓多硬在江西開設日報贛撫屢與交涉卒未妥洽
◎十三日 陸軍部派學生十五人赴法國留學陸軍由丁士源率領前往
山西人宣布對抗福公司之意見書
江督拿辦稱爲革命黨之孫毓筠定罪監禁五年
◎十四日 蕪湖地方連日迭出搶米案
法使干涉廣東高雷廉等屬礦務請照約延用該國礦師廠商商辦外務部電咨粤督查覆

記載 四

浙路公司議辦銀行舉定胡藻青爲總司理

上海舉行地方自治研究會週年大會到者千餘人

◎十五日 浙江象山匪亂一律平靜

法人干預廣東由北海至南寧之鐵路請中法合辦

使俄大臣胡惟德因病請假以劉鏡人代理使事

◎十六日 政府議以趙爾豐改爲川滇藏邊防大臣

◎十九日 日人居留齊齊哈爾城內問題政府經已承認

俄國欲在蒙古某地設貯茶躉棧向政府要索租賃政府堅拒之

上海租界巡差是日起一律携帶鎗彈

慶王病愈銷假

上海道判結會剛四强搶閨女案監禁五年

◎十七日 外務部咨行駐藏大臣張蔭棠令交涉各事可直接英使商議

◎二十日 駐德欽使簡定孫寶琦

郵傳部尚書張百熙病卒

浙江寧波奉化縣饑民搶米

◎十八日 法人派兵二中隊至蒙自駐紮防護路工外務部咨滇督調查

安徽繁昌縣饑民搶米

是日起電政事宜移歸郵傳部接管

豫省東南部一帶災荒奉　旨蠲免一切地稅

◎廿一日　都察院議准添設殿中侍御史二員秩正四品

陳璧查察各省銅元局被御史參劾攬權索賄交鄂督查辦

法商魏池在閩私招華工出口閩省紳商學界攻發由外部閩督照會法使法領查辦魏池并將工人遣散

◎廿二日　河南開洛鐵路借比款建築

慶王七十壽辰　太后是日　特恩先行賜壽

粵督周馥電請澳督商改澳門提犯審訊定章

◎廿三日　奉天將軍趙爾巽撤回禁止租屋外人告示

政府與北洋議合借洋欵千萬辦理新政

江督端方與三井洋行訂約借日銀一百萬元

◎廿四日　各國運動陸軍部用已國人充當敎習鐵良均峻拒之

福公司又覬覦河南太行山金礦經地方官力拒

◎廿七日　粵督周馥限制報館除現有各家之外不准復開

◎廿八日　郵傳部奏派楊文駿爲上海電報局監督

粵督周馥奏保伍廷芳籌畫九廣鐵路事宜

外務部與俄國訂約合開外蒙古庫臣汗伊魯旗之金鑛

記載

日使照會外部謂滿洲日兵除鐵路守備外已全部撤退

川漢鐵路奏歸商辦公舉喬樹枏爲正總辦胡峻爲副總辦章程是日奏准

◎三十日

天津前獲懷挾炸彈之英人高林經英臬司訊判十年監禁

上海商務印書館

新譯日本法規大全出版預約廣告

日本法律之書以此爲最完全凡全國法律規則命令無一遺漏光緖二十七年盛宮保督辦南洋公學時曾屬管理譯書院海鹽張君元濟聘人翻譯是書成稿約十之八嗣以乏人修校未經印行越四年盛宮保復屬張君賡續成書允由本館修校出版惟原稿係據明治三十四年之本距今已久其增加更易者約十之二三且律學精邃出入所關甚鉅非有專家學者詳愼考核極易貽誤本館特聘日本早稻田大學政學士閩縣劉君崇傑躬赴日本總司編輯復就近延聘卒業帝國大學何君燏時卒業中央大學高君种卒業早稻田大學法政科學人陳君威卒業早稻田大學梁君志宸及其他優等留學生各就所長分門擔任就明治三十七年最新之本精審校閱誤者改之缺者補之幷與日本各法律專家詳加討論以期斟酌盡善惟書中法律名詞具有精義未必盡人能解因聘日本早稻田大學政學士法政科學人董君鴻禕及錢念劬先生編成法規解字凡書中所有名詞皆詳加解釋按照康熙字典部首排列以便檢查計時二年糜金數萬始克卒事欣逢 聖上宣布立憲伏讀諭旨有云先將官制分別議定次第更張幷將各項法律詳愼釐訂而又廣興敎育淸理財政整修武備普設巡警使紳民明悉國政以豫備立憲基礎著內外臣工切實振興力求成效俟數年後規模粗具査看情形參用各國成法妥議立憲實行期限再行宣布天下等因凡屬臣民敢不黽勉勤求以期仰副 聖明殷殷圖治之盛意此書於日本官制敎育財政武備巡警等事言之綦詳且係同洲同文同種之國尤足爲我官紳士庶參考之用故特亟付手民從速出版全書分二十五類共四百餘萬言用上等中國連史紙印成凡四千數百頁分訂八十册幷附法規解字一册裝入楃木箱年內可以出版每部定價二十五元凡豫約者其辦法如左

一豫約價每部銀十八圓 一豫約期限以本年十二月三十日爲止過期照定價每部二十五圓概不折讓

一豫約者應於期內先交六圓向本館及各分館購取預約劵出版後將劵交下幷找十二圓卽可取書 一外埠購豫約劵者請將款六圓由郵局掛號寄上海總發行所收到後卽將豫約劵由郵局掛號寄奉 一廣西雲南貴州四川陝西山西甘肅新疆八省因路途較遠展限二月如在明年二月底以前寄銀十八圓到滬者亦照豫約辦理本埠及近地不得援例 一欲本館將書寄奉者其郵費如下

（甲）上海城廂內外不取送力（乙）向各分館取書每部加運費六角四川省每部加郵費一圓四角（丙）輪船火車已通之處每部加郵費一圓（丁）輪船火車不通之處每部加郵費一圓二角（戊）陝西甘肅雲南貴州四川五省每部加郵費二圓四角（已）日本國每部加郵費一圓四角（庚）歐美諸國郵費各不同應照實數計算不及細列（辛）躉買十部以上運費較廉當照實數收貲 丙丁戊已庚五項因郵局包裹磅數有限全書一箱無從寄遞擬分爲十函用精美結實布套包裹以代木箱

◉注意 現已將譯例總目日本憲法全文印成樣本一册如承遠地函索亦可寄奉 不棄請向本館總發行所或各埠分館取閱

◎上海棋盤街商務印書館◎北京琉璃廠分館◎奉天同春福海利號分館◎天津金華橋分館◎漢口黃陂街分館◎廣州雙門底分館◎開封[illegible]北大街分館◎福州南大街分館◎重慶分館◎成都分館 同啓

三

上海商務印書館新出各種教科圖書

（分設）京師　奉天　天津　廣州　福州　成都　重慶　漢口　開封

學部審定 初等小學 筆算教科書五冊 第一二冊各一角半第三四五冊各二角 教授法五冊 第一二冊各二角半第三四冊各三角半第五冊四角 五彩掛圖 計十六幅二元五角 ○本書五冊適供初等小學五年之用已承學部審定稱爲（綱領備具條理細密步步引人在今初等小學教科書中洵無出其右者）又稱（多列圖畫足以引起兒童旨趣全忘習算之煩苦）又稱（中外度量衡比較法既習算術兼適應用則尤本書之特長）等語教授法一書亦經學部審定稱爲（教員上課時手此一編可不致漫無秩序）等語

◎高等小學 筆算教科書四冊 每冊二角 教授法四冊 第一冊二角半第二冊三角第三四冊各二角半 ○是編繼前書之後仍由加減乘除入手至平面立體求積而止全書四冊適供高等小學四年之用 教授法四冊按課演繹最便教員之用

◎高等小學 筆算教本一冊 價洋四角 ○是書共九編（首）加減乘除（一）諸名數（二）分數之簡易者（三）分數之繁雜者（四）小數（五）比例之簡易者（六）比例之繁雜者（七）利息（八）開方求積序次得宜繁簡適當解釋清晰譯文明暢

◎學部審定 初等小學 珠算入門一冊 每部二冊價洋四角五分 ○此書經學部審定稱爲（條流明晰階級秩如每課多列習題亦便於練習）等語且蒙學部指定爲初等小學末二年之用即商業中人取而習之獲益非淺

◎珠算教科書四冊 六角 教授法一冊 每冊價洋五角 ○此書繼珠算入門而作詳明淺顯條理井然其教授法爲教員實際教授時所用解說詳明丁甯苦口教員但能手執是編依書演講當自知其運用無窮至於有志獨修者取而習之亦能粗窺門徑漸陟堂奧

◎高等小學 理科教科書四冊 每部四冊價洋八角 ○是書爲山陰謝洪賚所著並由山陰杜亞泉參訂材料精當部次分明最便初學附印五彩圖及精圖三百餘幅書共四冊每冊四十課每星期教授一課以一年畢一冊誦習既竣不患無普通之知識矣

上海商務印書館新出各種教科圖書

（分設）京師　奉天　天津　廣州　福州　成都　重慶　漢口　開封

師範學校**教育學**二角○是書分三篇共三十三章先通論次詳教育之目的及主義方法擇精語詳合乎初級師範學堂之用

◎學部審定 師範學校**教育史一冊**二角五分○是書敍述東西各國教育之沿革與其變遷實足導我國言教育者之先路業經學部審定稱爲（凡小學教員欲考求教育之源流者必取資焉）等語

◎學部審定 師範學校**教授法原理一冊**二角○是書分六編一曰緒論二曰教授之目的三曰教材四曰教授之原理五曰教授之方法六曰教授之形狀業經學部審定稱爲（言簡而賅意精而顯）等語

◎師範學校**各科教授法**二角○是書分十科曰修身曰讀書作文曰習字曰算術曰歷史曰地理曰理科曰圖畫曰唱歌曰體操應有盡有賅括靡遺適合初級師範學堂及速成師範講習所之用

◎學部審定 師範學校**學校管理法**二角○是書八章曰總論曰編制曰設備曰管理曰經濟曰衞生曰書籍曰教師業經學部審定稱爲（詳審精密條理井然定爲小學教員參考書洵爲適用）等語

◎師範學校**心理學**二角五分○教育以心理學爲基礎故師範學校必列是科我國現時教育咸知注重師範是書凡二十八章皆詳關乎教育之心理簡要精審一字不苟

◎師範學校**論理學**一角五分○論理學亦師範學校必要之科爲教員者不明論理學則教授時必不能勝任愉快願是學精深廣大欲求簡核明豁合乎教科書之用者實鮮善本是書凡六章其中演繹歸納等法適於教授之用者皆詳略得宜

◎學部審定 **畫學教科書一冊**七角○是書爲圖百數十幅凡人物山水以及動植器用等無不具備末附本圖各省總分圖數十幅業經學部審定稱爲（凡教習教授圖畫最要在善畫黑板使學生一覽了然爲功自易是編深明此法先以虛線作式而後畫爲圖形故雖不著論說而不至於模不模範不範也）等語

◎初等小學**習畫帖八冊教員用一冊**七角六分

◎高等小學**毛筆習畫帖八冊**一元四角

◎高等小學**鉛筆習畫帖八冊**八角○以上三種習畫帖參照東西洋名家筆法所有人物屋宇器具皆按照中國模樣俾兒童一覽而知最爲便用

圖名	輯數	張數	價
陸軍示教掛圖	自第一輯至第三輯	各輯五張一組	各一輯金貳圓
海軍示教掛圖	同	同	同
天地現象掛圖	自第一輯至第二輯	各輯五張一組	各一輯金貳圓
地文學示教圖	自第一輯至第二輯	同	同
[illegible]示教圖	自第一輯至第三輯	各輯七張一組	各一輯金貳圓[illegible]
[illegible]掛圖	廿張一組完	結	金八圓
世界人種風俗圖	自第一輯至第二輯	各輯五張一組	各一輯金[illegible]
衛生示教掛圖	自第一輯至第三輯	同	同
農業教授用掛圖	拾張一組完	結	金[illegible]
家畜家禽正圖	自第一輯至第二輯	各輯六張一組	各一輯金貳圓半
世界哺乳動物正圖	自第一輯至第四輯	各輯五張一組	各一輯金壹圓半
菌類正圖	自第一輯至第十輯	各輯五張一組	各一輯金貳圓
顯花有用植物正圖	五張一組	全	金貳圓
有毒植物眞圖	五張一組	全	金貳圓
救荒植物正圖	同	同	同
有益鳥眞圖	三張一組		金壹圓半
鳥類正圖	自第一輯至第二輯	各輯五張一組	各一輯金貳圓
蟲類正圖	自第一輯至第四輯	同	各一輯金貳圓
稻作害蟲驅除法圖	五張一組完	結	金貳圓

圖名	輯數	張數	價
農作物病害豫防法圖	五張一組完	結	金貳圓
漁業示教圖	五張一組完	結	金貳圓
衛生示教圖	八張一組完	結	金參圓
爬蟲類及兩棲類圖	自第一輯至第二輯	各輯五張一組	各一輯金貳圓
甲殼類正圖	五張一組		金貳圓
[illegible]類正圖	自第一輯至第二輯	各輯五張一組	各一輯金貳圓
貝殼類正圖	二張一組		金壹圓
新撰世界動物圖	三張一組		金八拾五錢
魚類正圖	自第一輯至第二輯	各輯五張一組	金貳圓
海獸類正圖	五張一組	結	金貳圓
熱帶植物圖	自第一輯至第三輯	各輯五張一組	各一輯金貳圓半
寄生蟲及[illegible]圖	自第一輯至第三輯	各輯五張一組	各一輯金貳圓
下等動物圖	五張一組		金貳圓
植物解剖掛圖	十張一組		金參圓八拾錢
兒童疾病トラホーム豫防法圖	參張一組		金壹圓貳拾錢
救急治療法掛圖	六張一組		金貳圓
支那歷朝帝王御影	全一張		金八拾錢
兵式柔軟體操圖	全一張		金四拾錢
銃砲古今沿革全圖	二張一組		金壹圓四拾錢

圖名	輯數	張數	價
鑛石寶石標本圖	全一張		金參圓
世界列國旗章正圖	全一張		金五拾錢
列國帝王軍隊服裝圖	全一張		金七拾錢
世界人種相貌圖	全一張		金七拾錢
世界發明元始系列影	全一張		金七拾錢
古今軍艦沿革圖	全一張		金參拾五錢
貨幣古今沿革圖	全一張		金參拾錢
帝國陸軍服裝圖	二張一組		金貳圓
列國勳章精圖	全一張		金八拾錢
物理學示教掛圖	自第一輯至第二輯	各輯五張一組	各一輯金壹圓半
博物集覽全圖	三十六張一組		金七圓
萬國貨幣全圖	全二張		金壹圓半

本館製造教育專門著色圖畫。[illegible]賞。[illegible]精巧妙。[illegible]洋派寶。無論日本全國。及朝鮮臺灣。大中小學堂無不採用本館圖畫者。本年更欲[illegible]路。對門擴設新工場。裝置精良大印刷機。準備已成。館運旺盛。特爲中國四方君子需。製圖畫目錄大略如以上。東京造畫館主

九拜

一本館書畫目錄壹冊。函致有命。不論遠近。即呈。來函一切要照左記本館所在地。書字無誤

○日本東京市京橋區出雲町壹番地

東京造畫館

●電話新橋七百二十三番

第五回內國勸業博覽會名譽銀牌受領
戰捷紀念博覽會名譽銀牌受領
聖路易萬國博覽會名譽銀賞牌受領

獅子牙粉

謹啓者本廠專用化學製造各種上等牙科葯料精心修合煉成獅子牌牙粉香氣馥郁美味甘涼且能固齒清肺殺虫去穢長用此粉可免牙痛齒落之患居家閨閣不可一日或缺之物氣味常存永不變性誠耐久無比之良品也此粉久蒙紳商賜顧遠近馳名近因貪利之徒竟將低貨魚目混珠故本行另加仿單諸光顧者請認本行獅子牌號爲記庶不致悞

本行　東京市神田區柳原川岸
分行　大坂市東區博勞町二丁目
分行　淸國天津日本租界旭街
分行　同　漢口　河街

小林洋行

牙粉廠主　小林富次郎　謹白

三松堂編輯局編纂（新出）

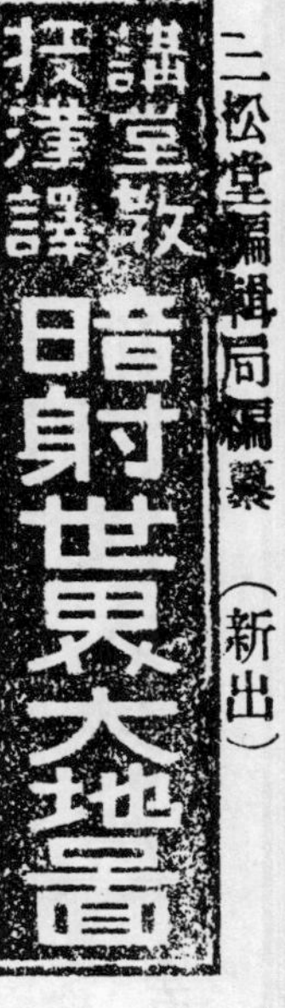

◉縱五尺　橫七尺全一枚大掛圖

◉石印着色　定價金叁圓五十錢

三松堂編輯局編纂（新出）

教科適用最新漢譯 五大洲分圖

◉石版加彩色　定價金壹圓七十錢

日本　吉田晉先生新著（新出）

漢譯 世界大地圖

◉石版加彩色　定價金壹圓貳拾錢

三松堂編輯局編纂

支那帝國 十八省分圖

◉石版加彩色　定價金六十五錢

三松堂編輯局編纂

清國 練習用白地圖

◉學堂用全十四張　定價金四拾錢

三松堂編輯局編纂

最新漢譯 滿洲全圖

◉石版加彩色　定價金四拾錢

發行所　東京市京橋區南鍜冶町　番地　三松堂書局

清國上海　科學儀器館　文明書局　●有正書局　●教育館

休寧程家檉先生纂著　日本伊藤繁延先生案圖

外附漢文說明書一冊全部二十頁已經出版定價金五圓

團一國之精神。有如堅石。有如煉鋏。別無他道。世莫不稱曰國民教育。然其爲國民教育之利器者。則非歷史一科不爲功。中國歷史。浩如煙海。興亡之故。固不難藉教科書以傳之。而國民之眞精神。縱懸河之口。其無圖畫以相輔助。則終莫由而顯也。休寗程韻蓀先生。其經史之學。夙已蜚聲於禹域。自弱冠而負笈吾邦。前歲畢業於大學。其在東京。實留學生之最久者。以應敝局之請。爲著是圖。聯絡古今。貫串倫類。其數雖不過二十。然內準之中國社會之心理。外以合泰西教育之方法。由其精博之心胸。而出以卓越之識見者也。至其描畫神情。幾於頰上三毫。躍躍若活。呼之欲出。足令人可哭可歌。起慕起敬。誠宇內第一之歷史書。而心乎教育者之不可不先睹爲快者矣。特此廣告。務宜家備一編。

講堂教授……漢譯　暗射淸國大地圖

◉縱五尺　横七尺全幅大掛圖

◉石版加彩色　定價金參圓五拾錢

發行所　東京市京橋區南鍛冶町一番地　三松堂書局

善忍堂地圖調製所編輯部編纂
漢譯講堂教授地形圖
縱三尺五寸 橫六尺
石版加彩色
全一枚大揭圖
定價金壹圓五角
地理教育之進步地圖與地形圖相輔而行誠必要者無此種圖出版於教育上誠一大缺點敝堂爲學界起見特令編輯部精意製爲此圖以資學校地理教授之用若人置一幅則凡地形上理解難會處之用語按圖指點便瞭如指掌此誠學校最利用之品也
最新中國各省分圖
石版加彩色
美本
定價金七十錢
學堂練習用萬國地圖
石印美製全八張記號皆確實記入
定價廿五錢
國民必携清國新圖
石印細密五彩印美物產詳注
定價廿五錢
漢譯萬國新圖
近刊
大清帝國全圖
石印細密六彩鮮美
定價六十錢
漢譯世界全圖
石印細密七彩鮮美
付各國旗章
定價四十錢
大清一統分圖
石印細密五彩印美
定價五十錢
支那帝國明細圖
石印細密配彩
定價廿五錢
兩半球圖
石印細密美彩
付各國旗章
定價參拾錢
掌中清國形勢地圖
石印精密配彩
定價廿五錢
清國講堂練習用地圖
石印美製全拾張記號皆確實記入
定價參拾錢
教科用地圖發行所
大日本東京市京橋區三十間堀三丁目十九番地
大須賀善忍堂

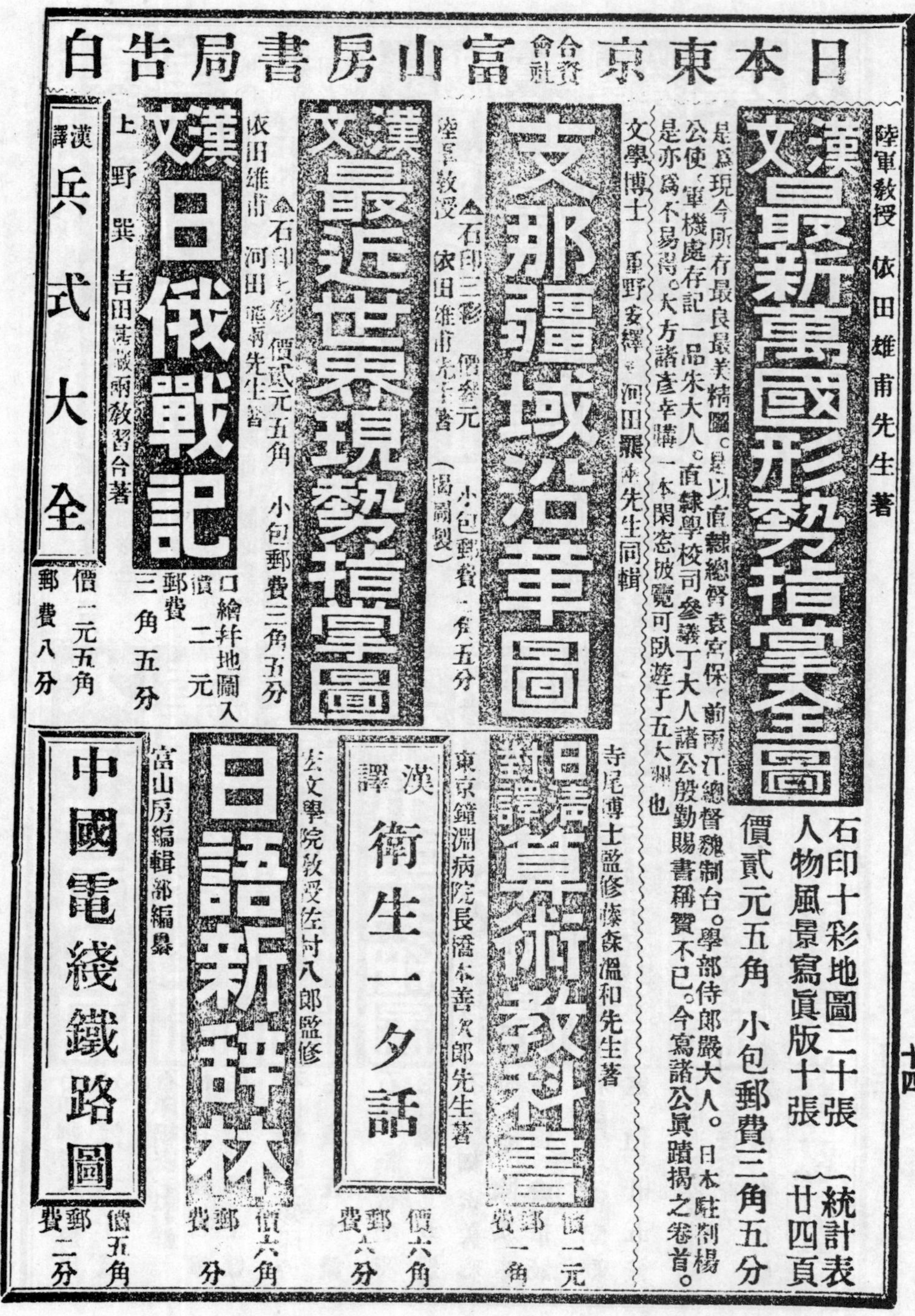
日本東京 合資會社 富山房書局告白
陸軍教授 依田雄甫先生著
漢文 最新萬國形勢指掌全圖
石印十彩地圖二十張 人物風景寫眞版十張 〔統計表廿四頁〕
價貳元五角 小包郵費三角五分
是爲現今所有最良最美精圖。是以直隸總督袁宮保、前兩江總督魏制台。學部侍郎嚴大人。日本駐劄楊公使、軍機處存記一品朱大人。直隸學校司參議丁大人諸公般勤賜書稱賀不已。今寫諸公眞蹟揭之卷首。是亦爲不易得。大方諸彥幸購一本閑窓披覽可卧遊于五大洲也
文學博士 重野安繹 河田羆 兩先生同輯
支那疆域沿革圖
石印三彩 價叁元 小包郵費一角五分
陸軍教授 依田雄甫先生著（揭圖製）
漢文 最近世界現勢指掌圖
石印七彩 價貳元五角 小包郵費三角五分
依田雄甫 河田罷爾先生著
漢文 日俄戰記
口繪并地圖入 價二元 郵費三角五分
上野巽 吉田憲爾教習合著
漢譯 兵式大全
價一元五角 郵費八分
寺尾博士監修 藤森溫和先生著
日清對譯 算術教科書
價一元 郵費一角
東京鐘淵病院長橋本善次郎先生著
漢譯 衛生一夕話
價六角 郵費六分
宏文學院教授佐村八郎監修
日語新辞林
價六角 郵費□分
富山房編輯部編纂
中國電綫鐵路圖
價五角 郵費二分

十四

康南海先生著

歐洲十一國遊記

第貳編出版 洋裝和製定價壹圓八角

海內外所**久渴望**之十一國游記今第二編第三編原稿陸續寄到即將**第一編之法蘭西游記**迅速付梓頃已裝訂成帙本書爲我國**第一流政治家**之作其價値久有定評無俟喋喋本編於法國**專制王權時代**政治之若何腐敗**大革命時代**國勢之若何變遷皆能深探其**原因**窮極其**結果**而還以反證諸我中國使現在之**政府及民黨**皆可藉此爲當頭一棒以**確定我國今後政海之方針**誠可謂**救時之聖藥**也凡有志國事者宜各手一編

總發行所 上海 **廣智書局**

分售處 橫濱新民社 東京中國書林

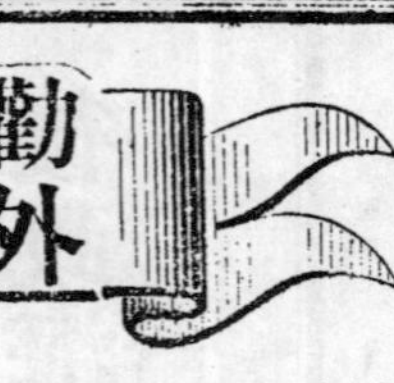

勸外埠同志籌捐辦粵省平糶啓

外埠列位同志兄鑒啓者粵省產米素少向來不敷民食全恃鎮江蕪湖廣西暹羅安南五路接濟近因大江南北之災飢民遍地鎮江蕪湖米不來廣西上年荒歉亦封江禁運暹羅商販來粵亦稀以致粵省米價騰貴往日龍銀一元可購米廿五六斤者今僅購十五六斤故此民情震動上月東莞市已鬧出搶米案大局幾至動搖今始開春現象已如此轉瞬青黃不接更難爲繼誠恐江北之禍即在目前飢民嗷嗷不逞之徒乘機煽亂大局更何堪設想故籌辦平糶是今日急要之圖省城行商現已開辦我同志救災恤難畛域不分江北之災猶慷慨助賑況粵省同鄉相關之切安忍坐視本館特爲提倡乞諸君從速開捐彙欵寄交本館以便交平糶處代辦平糶或欵多則另行開辦以拯救飢黎幸甚盼甚

香港商報
廣州國事報同啓

捐助省城平糶芳名列

商報捐銀三十元
葉惠伯翁捐銀二百元
華益公司捐銀一百元
合共捐銀三百十三元

SEIN MIN CHOONG BOU
P. O. BOx 255 Yokohama Japan.

明治三十一年十二月二十七日（第三種郵便物認可）（每月二回發行）

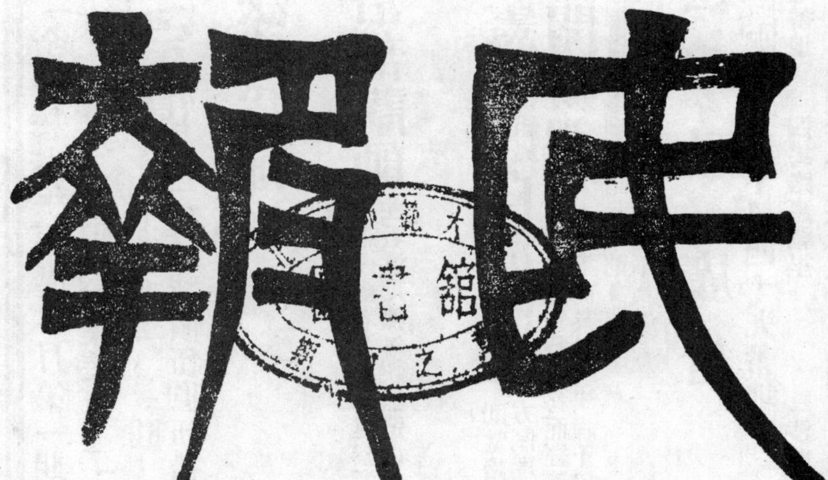

第肆年第貳拾號
《原第九十二號》

光緒三十二年十月十五日　明治三十九年十一月三十日

看！看！！看！！！看

製造新立憲國之原料

政法述義

全書於本年西歷八月第一期出版十二月告成約萬餘葉裝訂三十四冊

定價金十二圓 豫約特價伍圓伍拾錢

（一）特色◎◎ 本書以研究**政治為主法律為輔**

（一）內容◎◎ 本書為東京 法政大學**政治部講師**所講授編者耳聆筆述參考講師平生著述期無舛誤無遺漏此外更譯述碩學名著學理既新尤求簡要精碻

（一）實用◎◎ 本書於**中國豫備立憲**甚有關係如欲組織**自治團體**則當讀地方制度欲**組織政黨**則當讀政治學及憲法比較欲**開辦銀行**則當讀銀行實務而經濟學詳于農工商業財政學詳于租稅尤為中國整理財政之模範至于編纂監獄學刑法諸科一則身業刑幕精通舊律一則監獄見習尤多心得舉其要者他不具述

政法學社廣告

事務所 日本 東京麴町區飯田町二丁目四十九番地

發賣所 日本 東京神田區南神保町七番地 羣益書社　上海 四馬路惠福里 羣益書社　湖南 長沙府正街 集益書社

新民叢報第肆年第貳拾號目錄（原第九十二號）

▲論著一……一

◉再駁某報之土地國有論……飲冰

（三）就社會問題上正土地各有論之誤謬

▲論著二……二三

◉論中國現在之黨派及將來之政黨……與之

（一）革命黨與立憲黨之地位（二）政府對於政黨之態度（三）政黨自身之態度（四）結論

▲論著三……四五

◉中亞問題與西藏問題之參究……知白

（一）序論（二）英俄與波斯（三）英俄與阿富汗（四）英俄德三國與波斯灣（五）英藏交涉之概論（六）結論

▲譯述一……七一

◉論地方自治之定義……淵生

▲譯述二……九一

◉論日本責任內閣久未成立之故……曉宇

▲雜錄……九九

◉所望於新任川督趙公……仲遙

▲文藝……一〇九

◉飲冰室詩話……飲冰

二

報資及郵費價目表

	全年廿四冊	半年十二冊	零售
報資	五元	二元六角	二角五分
上海郵費	二角四分	一角二分	一分
上海轉寄內地郵費	一元二角	六角	五分
各外埠郵費	一元四角四分	七角二分	六分
四川、雲南、陝西、貴州、山西、甘肅等省郵費	二元八角八分	一元四角四分	一角二分

日本各地及日郵已通之中國各口岸每冊一仙

編輯兼發行者　馮紫珊
印刷者　陳侶笙
發行所　橫濱山下町百六十番　新民叢報社
上海發行所　四馬路老巡捕房對面　新民叢報支店
印刷所　新民叢報活版部

論著一

再駁某報之土地國有論（續第九十一號）

飲冰

三　就社會問題上正土地國有論之誤謬

社會問題之眞意。要以分配趨均爲期。凡以使全國中各社會階級。（不問貧富）皆調和秩序以發達而已。申言之。則救資本兼幷之敝。對於大資本家而保護小資本家。此其一也。又調和資本家與勞働者之利害衝突。對於資本家而保護勞働者。此其二也。（社會問題。不當專以現在貧者一階級之利益爲標準。蓋社會者。全社會人之社會。固非富者階級所得專。亦非貧者階級所得專也。但在歐美。其富者階級之受特別保護旣已久。故言社會問題者。不得不注重於貧者一面耳。）然則國家所採政策。其能達此目的者。即其能解決社會問題者也。其不能達此目的者。即其不能解決此問題者也吾以爲如歐美學者所倡道之社會主義學生產機關悉爲國有者最足以達此目的然其事非可實行即行矣而於國民經濟亦非有利其次則社會改良主義派所發明種種政策苟能采用之則不必收土地爲國有而亦可以達此目的若如彼報所持之簡單的土地國有論則始終不能達此目的者也請言其理

彼之所以詪詪然主張土地國有者豈非以惡豪强之兼幷耶豈非以兼幷土地之結果而生貧富階級之懸絕耶夫兼幷土地誠爲貧富階級懸絕之一因然不能謂舍此無其他之原因也故吾前者謂資本家不必皆自有土地往往納地代於地主借其地以營業而未嘗不可以致大富此誠社會上數見不鮮之現象也乃彼報所以相答之言則曰「乃若借地於人而獨能獲大利者則亦有之英倫之西看溫加頓有賣花者、租地以爲貿易人、以爲此微業也、而不知其贏甚多、乃身與妻子、爲僘服以欺其地主使、不爲加租之議、及地主廉得其情、而賣花者已富、此所謂漏網之魚也云云』此等輕薄尖刻之口吻、誠彼報最得意之長技哉。而曾不顧明眼人之方捧腹於其旁也。夫經濟上之貨物、雖離土地而不能產出、然人之爲經濟行爲也、則有直接利用土地者、有間接利用土地者、而間接利用者、其所得往往較直接者爲尤裕、此經濟社會普通之現象、初不必治此學者然後能知也（此就私人之富以言。而社會主義。即以救私人之過富過貧爲目的者也。）太史公亦有言、用貧求富、農不如工、工不如商、夫農則直接利用土地者也、工則强半間接利用土地者也、商則重間接以間接者也、故土地制度之變革、惟農業家最蒙其影響、工業家所感痛癢、既已不甚大、若商業家則幾於無矣、夫躉賣發行之商業、一歲爲數百萬數千萬之出入者、尋常事耳、而善持籌者、常能得什一以上之利潤、然其直接取資於土地者、不過得半畝之廛於鬧市而已、更進則一二畝之倉庫而已、又質押業銀行業保險業取引所業（賣買股份票者謂之取引所業）其獲利愈豐、而且較確實、社會上所謂富之一階級、半胎孕於是、問其直接利用土地者、則亦舍其營業上必要之房屋、無他也、在現今私有財產制度之下其營此業而既致富者往往購地以自建廛店固也然當其初營業之始則賃屋從事者十而八九（銀行保險業等。大率最初即購地自建屋。則其營業上性質使然。彼以是自增殖其信用力故耳）而不害其可以致富此其租地之性質與英倫之賣花者抑何所擇論者得毋曰此亦漏網之魚也即土地國有後彼不過須多納此半畝乃至數畝之地代於政府在其支出總帳中不過占比例百之二三而謂恃此以遏資本集中兼并致富之勢能焉否也況經濟社會發達後則各項有價證券（凡國債票。公司股份票。及各公司之社債票等。總名有價證券。）成爲一種動產流通買賣於是以投機而獲大利者所在多有其善居奇者不旬日而致鉅萬比比然矣（日本大隈伯。即以此術致富。）而業此者則並闤市中半畝之廛而可以不要者也如此則除住家所需地外更無取納一銖之地代於政府而傫然以素封聞國中矣試問土地國有政策能損其豪末否也至於工業則其與土地之關係較爲切密蓋所需之原料皆直接資土地之力而產出者也然謂工業家必須有面積廣漠之土地然後其業乃克昌則又不然（彼報第十二號第六五葉云『今姑即美國論之、則最大資本及爲最劇烈競爭者、若航業大王。其船廠船澳碼頭之地。問爲其所有者耶。抑借諸人者耶。若煤油大王。其礦山及所恃以運輸之鐵道。問爲其所有者耶。抑借諸人者耶。其他若牛肉托辣斯牧牛之地、烟草托辣斯種烟之地。麵粉托辣斯種麥之地。亦問爲其所有耶。抑借諸人者耶。』其言若甚辯。然實無絲毫之價値。下方辨之。）凡世界愈文明則分業愈顯著故爲製造業者以不必從事於原料之生產爲原則其兼營之者則例外耳如論者言則英國之織布公司不可不有廣大之種棉地而其棉花胡乃來自美國及印度其織絨公司必不可不有廣大之牧羊場而其羊毛胡乃來自澳洲日本之精糖會社不可不有廣大之蔗圃而其糖料胡乃來自臺灣及瓜哇更推類言之則製針公司不可不自買礦山以求得鐵製靴公司不可不自闢牛場以求得皮建造公司不可不自養森林以求得木而凡公司之不有此等土地權者其業豈不終無以自振耶殊不思此複雜之經濟社會中實多有其供給原料之塗恣企業家之所擇其在數十年前之美國地沃而價廉企業家見夫自購其地以生產原料而生產費可以較廉也則兼營之可也其在他國或見爲不利也則不兼營之亦可也要其目的在能以最廉之價得原料而已於此而謂必以製造公司自有土地以生產原料者乃能得最廉價之原料乎此大不可使以高價買入土地而此種固定資本須求偌大之利子以彌之則自產原料之價不能廉矣又使須以高價雇勞働者以從事耕牧又須置若干之監督管理人致生產費加多甚則以管理失當之故而生產額反遜於小農則自產原料之價又不能廉矣反

之而他之企業家不兼營原料之生產者或以資本之厚能一時購入多量或以見機之敏人我棄取之間悉中機宜或以特別之關係而得某地方中此種原料之獨占則其得之之價自能以較廉於人如是則雖無尺寸之原料生產地顧能與擁有多地者競而倒而斃之固坦坦不足爲怪也。且業競之勝敗固不能僅以得原料之手段爲標準以良手段得原料不過節縮生產費之一端耳節縮生產費又不過企業原則之一端耳乃如論者之說一若彼大公司所以能制勝者全恃其有得原料之良手段而其手段之所以良者又不外自有業場而自供給之也嗚呼。其傎甚矣彼惟誤認此前提故生出至奇極繆之斷案謂但使收原料業場於國家毋令大企業家得壟斷而豪强兼并資本集中之禍自可以熄信如彼言則英國之爲織布織絨業者何以能雄於其國且雄於世界也。

日本當數年前。烟草未歸專賣。時則有村井兄弟商會及岩谷商會兩家。爲劇烈之競爭。日張廣告。其文曰『勿驚。稅金五十萬圓。職工三百萬人。』而岩谷氏且緣業此之故而得所謂實業男爵者。且被選爲衆議院議員其勢力可謂極偉大矣村井氏之勢力亦略稱是然間其烟草之原料則皆自外國來。岩谷村井未嘗有一町一反之種烟地在日本境內也然則就令日本當時果行土地國有制於岩谷村井之富何損一毫所差者則其製烟之工廠若在土地私有制下則能購地以自建築之若在土地國有制下則須借地於國家而建築之耳借地以建此工廠其所應納之地代能幾何歲十萬耶歲二十萬耶極矣而以行土地單稅之故雜稅一切不征則彼前此應納稅五十萬者今所納者不過十萬乃至二十萬是彼反緣此而每歲可多得三四十萬之利也然則土地國有制徒以助富者而長其燄耳其與社會主義之精神抑立於正反對之地位也

故知凡從事於製造的工業者皆不過間接利用土地土地制度之變革其影響於彼輩者甚微弱　何則土地不過以供給其所需之原料而已彼即不自有土地曾不患原料之不能供給而況乎今後之經濟界實混全世界爲一大市場彼大企業家擁此大資本自能使國外最廉價之原料滾滾以入應其求而謂僅恃國內之土地國有制遂能抑彼專橫使毋與貧之一階級相懸絕不亦謬乎準此以談則土地國有制之影響於製造工業家者實不過在工廠所需區區之地能私有之與否而已而謂必私有此百數十畝工廠之土地然後能以致富苟借地以建築工廠遂無復吸收過當利潤之途則以鄙人之旃愚誠不解其理由之何在也夫租地以建工廠與英倫之租地賣花者又何所擇如論者說得毋又爲漏網之魚也又彼報所論航業其誤謬亦與論製造工業相等彼謂以航業致富者全恃有船廠船澳碼頭此未解航業之性質者也航業公司能自有碼頭

則其利便較大而所獲亦較豐此誠不可爭之事實然此如業銀行者之兼業倉庫亦如製造會社之自產原料皆其附隨之業務而非其必要之業務也故各國制度常有以碼頭專歸國有或市有者如日本大坂築港事業是也又或另組織一公司以經營之而不屬於一航業公司者如日本之神戶棧橋會社是也。而航業家初未嘗因此之故而損其本業應有之利也亦未嘗因此之故而競爭不能劇行也若夫船廠船澳則爲造船業所必不可少之物而非航業所必不可少之物論者混爲一談毋乃過擧以吾觀之則土地國有與否其影響於航業者視他業爲更少所爭者亦不過其營業上必需建築物之所在地能私有與否焉耳而謂此區區之地爲私有爲借用遂能生偌大影響於其營業又吾之所苦不能解也故吾謂斯亦賣花之類也彼所謂美國之航業大王者。吾不知其誰指。美國諸業皆趨於合同。惟航業則今尚呈割據之姿。無所謂大王也。得毋指摩根所經營之大西洋航業托辣斯耶。摩根固無航業大王之名。而此托辣斯恰無一船廠船澳也。若夫造船業則其船廠船澳誠與土地有不可離之關係其蒙土地國有之影響者似甚大乃細按諸事實殊又不然蓋船廠船澳所在地應有其特別之位置其地必非在鬧市與孔道未必因交通發達之結果而地價生激變之漲落其地惟造船爲最適而他業反不適則非業此者無或欲得之而一國之造船業大率仰政府之補助獎厲相與競爭者甚少故欲得其地之人隨而少而地價更無激漲之由且就一方面觀之造船公司無此地則不能存立固已就他方面觀之則造船公司以有此地之故不過減其流動資本之額而增其固定資本之額若能以略有一定之地代分月納於地主而借用之於業此者不可謂不利何則苟除建築物之外專就其土地之自身而論之未必能移時而驟增其値又其土地自身直接之生產物不能逐年增多故此等地反不必以所有之爲利也然在私有制度之下苟不購入之而常借用之則恐隨事業之擴張而地主日居奇以昂其租故其所有權殆不能不歸於企業者之手耳然謂彼企業者惟以賴有此土地之故而始獲利以之與鐵路線旁之土地同一視實非正論也彼公司既投資本之一部分以購此地緣是而資本變爲固定此資本固有其應生之利子而就簿記學上論之此利子即無異其所納之地代也雖在土地國有之後而政府之對於此等事業亦只當有獎厲補助而更無限制壓抑然則政府所徵其地代宜以其購入資本之利子爲標準而不容有所逾

例如其地以十萬金購入。此十萬金若爲流動資本而以貸諸人。則歲可得利子七千。今以用之購地故。而歲失此七千。則此七千即其地每年之地代也。則土地國有後政府所徵其地代。亦不可逾七千。以此種事業宜獎厲故也。然則公司雖歲須多納七千於政府。而彼十萬之流動資本。仍可得七千之利子。則其借貸對照表。豈不適相消而無所餘乎 果爾則土地國有與否能影響於其企業利潤之增減者可謂絕無若謂慮業此者之過富以釀成社會之不均而假土地國有制以裁抑之則政府引高地代之率誠在在足以制其死命但恐非政策上所宜爾耳至於礦業之性質則與土地所有權更無關繫蓋在今日無論何國其土地所有權皆有限制而礦山則大率皆國有故也日本民法第二百七條云。『土地之所有權。於法令之制限內及於其土地之上下。』礦業法第三條云『未採掘之礦業。爲國之所有。』礦業法所云云。即民法上所謂『法令之制限』之一種也。蓋土地所有權。以能及於其土地之上下爲原則。若以他種法令示限制者。則爲其例外。有礦業法之規定。故所有權及於土地之下者不能完全其下之礦產歸國有而非私人所有權所能據也。自餘他國之法制。亦大率類是。然則雖在土地私有制度之下而此制度之適用曾不能及於礦山礦山者無論何時其性質皆爲國有而人民之有礦業權者就法理上論之實不過借國家之土地以營業也（日本礦業法。於礦業稅礦產稅之外。尚有礦區稅。） 如論者說惟私有土地乃能行兼幷而借用土地則不能然則礦業宜爲最均平之分配焉矣而何以各國第一等之富豪強半起自礦業而貧民之受壓制而呻吟者亦莫礦工若也故夫以礦業一端論除非悉舉以歸諸國營而絕對不許私人之自營則礦工之被壓制或可以免（礦業應爲國家專業與否。華克拿財政學所論最平允。）若猶許私人自營耶則在土地國有制度之下與在土地私有制度之下其對於分配上所生結果兩者絲毫無以異何也未稟請採掘以前礦山屬諸國有兩者同也既稟請採掘以後則能行礦業權於國有礦山之上亦兩者同也乃如論者言謂現今礦業家所以能專橫全由土地私有使然一改爲國有而遂能爲根本的救治吾眞百思而不得其解也以上所論凡以證明一切工商業（除鐵路外）皆可租地以從事而其競爭之劇兼幷之烈與在土地私有制之下毫無所異而謂持簡單偏狹的土地國有政策遂足以挽此狂瀾實夢囈之言也　此彼報所持主義不能成立者三十四也。

且如彼言。謂牛肉托辣斯以有牧牛之地故能專橫、烟草托辣斯以有種烟之地故能專橫。麵粉托辣斯以有種麥之地故能專橫。尋其理由毋過曰彼坐此乃能得價廉之原料而已。夫原料之能價廉與否。初不關於需要原料者能自生產之與否。既如前述、今即如論者之意。謂自有土地以從事生產爲企業家得價廉原料之不二法門。然則土地國有後。企業家失此資格而因以不能專橫。其一切原料。不得不仰給於直接利用土地之小農。小農得自主以昂其價。於是乎企業家所得之利潤。因之而較薄。而此企業家所損之利潤。則還入於小農之手以報酬其勞働也。是一轉移間而分配已均於無形。彼論者所希望之目的。寗非在是耶。殊不思經濟者無國界者也、於製造品之需要供給也有然於原料品之需要供給也亦有然彼企業家不能得價廉之原料於國內者則將轉而求之於國外而已於斯時也國內之原料生產家(即小農)將貶其價以與外國原料競耶則企業家雖無土地而固可以得廉價之原料於國內以論者之眼觀之仍不外奪勞働者之所得以益其利潤與均富量於多數之本旨無與也若仍如論者之目的昂其價以期厚勞働之報酬耶則其原料在市場上將無復過問而多數之小農且凍餒以死矣夫如彼所持之土地國有論與土地單稅論相緣一國之負擔全責諸直接利用土地之農民則一切原料其生產費皆甚鉅而萬不能與他國所產者爭衡則企業家不能得價廉之原料於本國殆不俟問而本國價貴之原料既不能求市場於國內更遑問求市場於國外然則土地國有制一方面對於富者未嘗能節其絲毫之專橫**一方面對於貧者反使之蒙邱山之損害**此彼報所持主義不能成立者**三十五也。**

且彼所以斤斤焉言社會革命者不過欲均少數人之富於多數人而已。誠如是也。則必其富量既出於少數者之手緣是而即入於多數者之手然後其目的乃爲克達若雖出於少數者之手而終不能入於多數者之手則爲是擾擾何爲也。如彼言。謂牛肉托辣斯以有牧牛之地故能專橫。烟草托辣斯以有種烟之地故能專橫。麵粉托辣斯以有種麥之地故能專橫。其理由既不外曰。彼坐此乃能得價廉之原料也。即坐此得價廉之原料。於社會抑何損害。而彼報必深惡痛絕之者。豈不以其絞取勞働之結果而使貧者益以貧也。其意蓋曰。「使勞働者自有土地而自耕牧之。則其地之所生產者。可悉爲其所得。今因爲傭於人而代之耕牧。所得者僅區區之庸錢。而庸錢以外之物值。即歸於地主而兼爲企業家者之手。故彼之以一身而兼地主企業家之兩資格者。實無異搾取勞働之結果以厚其利潤也。而土地國有。則使勞働者能享受其全額。故勞働者受其賜也。」今欲判此論之當否。則當查企業家所減損之利潤是否即爲勞働者所收得而已例如有一麵粉公司於此自有土地而雇人爲之種麥其每畝所產麥歲可值二十元而其雇人所費庸錢歲不過十三四元則此六七元似爲絞取勞働之結果矣然按諸實際則殊不然假使土地國有制行小農直接受地於國家以耕則此二十元者果能全爲耕者之所得乎政府所徵地代約去其三元矣肥料之所投農器之所損約去其一元有奇矣由生產地運致之於市場以求售轉運之費囤積之費約去其半元乃至一元矣如此則此勞働者所得亦不過十五元內外視前此所獲庸錢不過增一元有奇耳萬一遇天災地變或市價暴落而所產不能值二十元則此所增一元有奇竟不可得甚且所得不能如前此所受庸錢之數未可知也是知企業家所割取之六七元實依三種性質以受分配其一則土地之報酬即地代是也其二則資本之報酬即肥料農器等所需是也其三則企業之報酬即對於天變地災或市價漲落所生意外之結果而為保險是也（企業家心力勤勞之報酬。亦含此項內。）除此三者以外夫然後乃為勞働之報酬藉令土地國有後勞働者租地以自耕而其總收入果能免前三項之分配乎如其不能則勞働者之實收入其又安能有以逾於前也所異者則地代一項之分配前此則地主享之而土地國有後則國家享之耳然自勞働者一方面觀之實無絲毫增加之利益然則土地國有與均富於多數之旨果何與也此彼報所持主義不能成立者二十六也。

抑彼報對於此非難亦嘗為强辯矣其言曰、『夫國家者何、國民之團體人格也、少數地主之利益而移諸國家猶曰於均利益於多數之旨無關、其性質與在少數地主之手無異、是惟以謂諸專制之國、其所謂國有制度、但以政府專其利者則可耳、非所論於將來之中華立憲民國也』推其意不過謂政府所收之地代、還以用諸種種公益事業云爾。夫在今世立憲國、其政府所收入則何一而非用諸公益事業者。苟不爾則其政府將不能以一朝居矣。雖然。就財政政策上論之。非惟其支出之當否於公益有影響也即收入之當否亦於公益有影響在今世各國普通財政制度之下諸種租稅同時並行使國中各階級之人民各應於其能力以負擔租稅愈富者則負擔愈多貧者則負擔遞減以至於無然後總其所收入者以施設各種公益事業使國中無貧無富悉食其利此則於均利益於多數人之旨洵有合矣乃今如彼報所持之土地單稅論除土地外一切租稅皆豁免。則以無營業稅故無論爲若何之大買賣大製造者可以不納一文於政府以無所得稅故歲入數萬乃至數十萬者可以不納一文於政府以無相續稅故安坐而受人千百萬之遺贈者可以不納一文於政府以無各種消費稅故彼富豪之車服狗馬窮奢極侈者可以不納一文於政府而惟彼鋤禾當午汗滴田土之農夫常須納其所入五分之一更舉例以言之則如前此日本之岩谷商會販烟草於美國以營業者本須歲納稅金五十萬元及土地國有後則一切豁免而惟彼耕數畝菸地之農夫以必須向政府租地故每歲不得不納十數元或數十元之地代就令國家以所收地代還用諸公益事業然此公益事業之利益則岩谷氏與種菸之農夫同享受之者也而岩谷氏所享受之分量其優於種菸之小農者又不知其幾千萬倍也乃岩谷氏對於國家不負一文之納稅義務而享千萬倍於人之權利種菸小農對於國家負偌大義務而所享權利乃僅他人千萬分之一若是則**土地國有政策果不能得損富益貧之結果而惟反得損貧益富之結果也豈惟不能均利益於多數實徒以毗利益於少數而已**此彼報所持主義不能成立者**三十七也**

彼報謂「泰西貧民所以重困者並非土地不足只緣土地爲少數人所壟斷致貧民無田可耕靠做工以餬口」（撮舉原文大意）又曰「勞働者有田可耕於工業之供給無過多之慮則資本家益不能制勞働者之命」又曰「小民之恒性視自耕爲樂而工役爲苦故庸銀亦不得視耕者所獲爲絀其他勞働者之利益皆準於是」綜此三段蓋謂土地國有能得庸銀增加之結果也問土地國有曷爲而能得庸銀增加之結果則曰企業家苟欲尅減庸銀之率則勞働者可相率罷工歸農則企業家不惟不能脅制勞働者

而勞働者反能脅制企業家也。其所據之理由。不外是矣。嘻、爲此言者其於經濟上普通之學理直絲毫無所知焉耳。今請一一駁之。

世運日進。則人滿之憂日劇。對於土地而常感不足。此實所謂天地猶憾者。自瑪爾梭士人口論出世以來。各國政治家汲汲憂之而思所以救之。本報第十四號夫既詳述矣。而彼報引亨利佐治所作圖謂由自身下推於子孫。與上遡於父祖。其數相等。據之以駁瑪爾梭士。夫亨氏對於瑪氏之挑戰。吾輩固可以守中立。不必有所左右袒。即瑪氏所謂人口二十年而增一倍之說。吾亦認其爲過當之談。然如彼報所主張則人口新陳交嬗後者適足補前者之缺而已似此則世界人口宜永古爲一定之數絕無增減夫然後與彼所列之圖相應此則不必求諸幽邃之原理但據顯淺之事實而可以證其謬。試舉數大國百年間人口增加之統計以明之。

	千八百年之人口	千九百年之人口
俄國	三八、八〇〇、〇〇〇	一一二、四三〇、〇〇〇
美國	五、三〇六、〇〇〇	七六、四五〇、〇〇〇
德國	二一、〇〇〇、〇〇〇	五六、三七〇、〇〇〇

奧國	二三、一〇〇、〇〇〇	四五、四〇〇、〇〇〇
日本	二五、五〇〇、〇〇〇	四四、八〇〇、〇〇〇
英國	一六、二〇〇、〇〇〇	四一、四八四、〇〇〇
法國	二六、九〇〇、〇〇〇	三八、九六〇、〇〇〇

據右表所示。除法國外。其餘六國百年間人口之增加皆一倍或二三倍。又據最近十年間之統計。則英國每人口一千。十年間凡增加九十八人有奇。丹麥增加百二十六人有奇。那威增加百二十人有奇。俄國增加百三十六人有奇。德國增加百三十九人有奇。法國增加十二人有奇。美國增加二百六人有奇。除美國之銳增與法國之銳減。皆有其特別之原因外。大率人口每十年而增十之一有奇。此中率也。人口歲歲加增。既已若是。而土地則自洪荒開闢以來其分量一成而不可變者也。然則一國之土地。在今日供一國人之耕而見爲有餘者。越數十年而將不見其有餘。在今日見爲僅足者。越數十年而將見爲不足。此至淺之理也。欲救此弊。惟有廣開間接利用土地之途務。變形以增殖富量。其不能僅恃直接利用土地之業明矣。今彼報所持土地國有論。

謂經此一次社會革命後、可以永無第二次之革命。問其理由。不過曰。貧民自此有田可耕。而富者不能制其死命也。曾亦思中國現在有四萬萬人者越十年當爲四萬四千餘萬越二十年當爲五千萬越六七十年、當倍今日之數爲八萬萬國家擁此面積一定之土地即不必計口以授惟聽民之租耕然在今日見爲僅足者在七八十年後而猶能足乎七八十年後而猶能足者百五六十年後而猶能足乎即曰土壤改良之結果收穫可以增加然爲報酬遞減之法則所限其增加之率固有極點然則土地國有後越數十年百年而第二次之革命遂不可逃避矣何也據彼報所論以貧民無田可耕爲召革命惟一之原因而土地國有後使貧民有田可耕即爲免第二次革命唯一之救治法若乃雖土地國有而貧民仍復無田可耕則第二次革命夫安得不發生也故在今日苟資本家尅減勞働者之庸銀則勞働者可以罷工歸農不爲所挾制若在數十年百年後全國土地之永小作權已在半數人之手其餘半數人不能取得此權者則餬口於工廠工廠雖尅減其庸銀彼將何以抵抗舍之而去耶則更無地可租有凍餒以死耳如是則其死命被制於工廠視生息於土地私有制下者曾有以異焉否也。此彼報所持主義不能成立者三十八也。

且如彼報之說。謂必貧民有田可耕。乃可以不受資本家之脅制。則吾恐第二次革命不必更俟諸數十年百年以後。即彼土地國有制施行之始。而國中已有一大部分之人不能食其賜也。蓋以中國現在人口之總額。配分之於全國土地之面積。則耕地或尚不虞其不足。然各地人口疏密之比例相去懸絕。而人民以有家室等種種牽累。故遷徙匪易。故甲省耕地猶甚有餘者。乙省耕地已甚形不足。此事實之較然可見者矣。即如吾粤。據日本統計年鑑所調查。謂每英方里人口平均三百十九人。然此合瓊州計之也。若專計腹地。則當每英方里平均四百人以上。就中南海番禺順德香山新會諸縣。平均應在七八百人以上。緣耕地不足之故。人民航海覓食於南洋日本美洲澳洲非洲者。二三百萬。就工於香港者亦數十萬。餬口於鄰近諸省者亦數十萬。其在省城及各市鎮爲小手藝及賤工以謀生者。且百餘萬。而乞丐盜賊亦不下數十萬。吾粤之土地。固非如英倫蘇格蘭爲少數大地主所壟斷也。更未嘗或廢耕以爲獵塲也。其小農自有地而自耕之者實居大多數。即其不自有地者。欲貸地以耕。固非有甚苛之條件蓋全省本無大農而分耕之慣習自古未變也然而諸大縣中常有半數人患無田可耕者何也實土地不足使然也今即行土地國有制盡收所有權歸諸國家而聽欲耕者之來租則能得耕地者亦不過半數人已耳其餘半數不能得如故也現在之形勢既已若是越數十年後土地面積如故而人口倍於今日則今之有五百萬人不得耕地者彼時且有千萬人今之有千萬人不得耕地者彼時且有二千萬人矣而謂土地國有制即能對於此病爲根本之療治何其傎也於此時也苟有大工廠興則人之趨之者將如水就下而民困可以大蘇然庸銀之高下初不緣土地之私有國有而生影響也何則此面積有限之土地無論爲私有爲國有而其不足於耕也同在此前提之下雖日取土地制度而一變之終不能增其量以給人求故欲求庸銀之有增無減宜別有道焉以善導之否則不揣其本而齊其末終無當也此彼報所持主義不能成立者二十九也。

（未完）

論著二

論中國現在之黨派及將來之政黨

與之

今者中國之存亡一繫于政黨之發生與否是政黨問題者實今日最重要之問題也而現在各黨之地位及將來政黨發生時之態度尤此問題中最主要之部分今略分爲三段論之竊願與同志者一研究其前途也。

一　革命黨與立憲之地位

數年以來革命論盛行于國中今則得法理論政治論以爲之羽翼其旗幟益鮮明其壁壘益森嚴其勢力益旁薄而鬱積下至販夫走卒莫不口談革命而身行破壞此固由于數千年來專制之淫威有以激之使然而滿漢兩族並棲於一國之下其互相猜忌者二百餘年如一日一旦有人焉刺激其腦蒂其排滿性之伏於其中者遂不期而自發此革命黨之勢力所以如決江河沛然而莫之能禦也至於立憲政體者在今日

文明諸國中必流無量之血擲無數之頭顱乃始得此君民衝突之結果而在於吾國似爲一極穢惡之名詞數年以前民間無敢倡言之者近則政府宣布預備立憲民間公然鼓吹立憲然革命黨指政府爲集權詈立憲爲賣國而人士之懷疑不决者不敢黨於立憲遂致革命黨者公然爲事實上之進行立憲黨者不過爲名義上之鼓吹氣爲所懾而口爲所箝即明知今日中國之時勢宜於立憲而不宜於革命亦姑模棱於兩可之間而不欲以鋒鋩自見此亦極意慮之不自由輕天下而羞當世之士矣夫立憲之果爲何物立憲之後而果有何影響使不立憲而果受何弊害恐中國雖大其能理解之者寥寥無幾即彼革命黨者亦第謂滿人假立憲之名以行排漢之實凡政策之出自滿人者無論其爲利爲害而皆以爲排漢凡漢人之贊助滿人政策者無論其爲公爲私而皆以爲黨滿自陽假立憲陰行排漢之說出一夫唱之百夫和之即令政府而果眞正立憲滿漢有可以調和之道國家有可以救亡之途亦絕對的不承認之且希冀政府之不眞正立憲日流於腐敗以促新政府之出現焉嗚呼感情所蔽眞理爲蒙當舉國人喪失辨理心之日而忽以如火如荼之學說以煽起其蓄積已久之惡

感其勢力之偉大也亦宜蓋革命主動性而立憲主靜性革命主感情而立憲主辨理凡人性情之弱點莫不富于動性而缺於靜性流于感情而疏於辨理是革命黨之在今日者雖非必要之黨派而實必發生之黨派宜其泱泱哉爲國中唯一之黨派也

凡一國黨派之成立也必有激烈溫和二派激烈派對於社會一切之事務主去敝生新用猛烈之手段以達其急進之目的溫和派對于社會一切之事物主因勢利導用穩當之手段以達其漸進之目的此二派者貌似相反而實相成使一國之中無激烈派而僅有溫和派則事物之進步必流於緩慢又使一國之中無溫和派而僅有激烈派則事物之秩序必即於紊亂故曰相成也即以日本明治十五六年間言之其自由改進兩黨即一主急進而一主漸進者自由黨沈醉于天賦人權之學說其一部分之人士往往抱革命之思想而有過激之舉動改進黨則知以腕力抵抗政府之無益主張平和之改革而不贊成危激之革命然其後兩黨卒能互相提携屢與藩閥政府相血戰民黨之壁壘森然而不可侵犯政府亦隱然認識政黨之勢力者由於兩黨者不破壞日本國家之根本的組織而同以建設完全之立憲政體爲主義不過其氣象感

情互有不同之點而已設使當日者自由黨主張改造共和之國家改進黨主張擁護天皇之大權兩黨之根本主義絕對的不能相容則兩黨之行動勢必互相妨害彼此既無共同之利害即不能生息于一國家之下非至於一黨撲而一黨興不止內潰者外必踣然則日本之國家即不亡于幕府柄政之日亦必亡于外力侵入之時矣今吾中國之革命立憲兩黨可以當日本之自由改進兩黨乎曰不能蓋國家之黨派無論激烈溫和必活動于國家範圍以內而非活動于國家範圍以外者今革命黨不認有中國政府即不認有中國國家而自稱曰亡國之民其革命之目的非以改造現國家之政府而以發生將來之新政府是其活動之本旨不在現在國家範圍之內而在未來之理想國家矣且一黨派必有一黨派之主義政見及其監督政府指導國民之天職革命黨之黨綱曰顛覆現政府曰建設共和國是破壞中國國家之根本組織而不承認君主立憲故其對于現政府也猶秦越人之視肥瘠且唯恐現政府之不腐敗以阻己黨勢力之擴張其對于國民也不教以秩序之進行而唯鼓其一瞥之感情以國家爲孤注之一擲究其結果不外於吾所謂絕對的不能相容而非國家範圍內相對

的之黨派也昧者不察援各國激烈溫和二派之例及日本自由改進兩黨之情形謂中國新舊過渡之時代立憲革命激戰之時期兩黨之競爭勢所不免亦勢所必要夫革命黨之必發生者吾既已言之矣若謂爲必要則吾所絕對的不承認者也

夫使革命黨而果活動於中國國家範圍之內抱其急進之主義以爲積極之進行凡有害於國家之公益者不問其爲滿人爲漢人吾得而誅鋤之凡有合於救國之前提者不問其爲革命爲立憲吾得而承認之以其磊磊落落之志出之以公明正大之行爲則其與立憲黨之地位爲相對的而非絕對的聯軍以肉薄政府之堅壘而有致死之決心相携以立於政治之舞臺而爲共同之行動以之改造政府何專制之不摧以之指導國民何民愚之足慮內力不消而對外自競彼日本自由改進兩黨所以能盡其監督政府指導國民之天職者無他即共同生活於一範圍之內而無利害相反互相妨害之事其對于國家前途之目的同其所不同者唯其進行之方法而已雖然論者必謂日本之國體與中國異日本擁戴萬世一系之天皇故即不革命亦能得平和之改革若吾中國者以客族而入主中土兩族嫉忌之勢已成不革命無以得完全之改

革故必由民族問題以解決政治問題此亦論者所常言也夫歐洲自中古以後至于十九世紀之半其以民族主義强國者所在而有德意志之被蹂躪于拿破侖也知其不統一之害於是俾士麥首唱民族主義使各聯邦集合於德意志帝國之下而德以强意大利之被壓制於澳大利也知其不統一之害於是加富爾諸人首唱民族主義使四分五裂之羅馬帝國復歸於一而意以興此皆民族主義之明效大驗也顧其與中國之民族主義有差異之點者則各國皆自民族主義以成統一之事業中國則以言民族主義而得分裂之結果也夫使由國家主義而仍不足以解決民族之問題則亦已矣由國家主義而滿漢各民族皆統一於國家主義之下則民族主義可以不唱唱之亦徒以禍國家而已矣今世立憲各國無不包孕各種之民族以結合於一國家之下而不聞發生種族問題夫以種族之利害爲本位以解決政治上之問題者此在古時之國家爲然今日則以國家之利害爲本位而不以種族之利害爲本位故國際間有發生種族問題者如白種人對于黃種人之觀念其對于中國人及日本人但以爲東亞人而不聞有中國日本之別其對于滿漢蒙回藏各種民族皆以爲中國人而

不聞有滿漢蒙回藏之別其所以不區別之者即其認識日本與中國同種滿漢蒙回藏皆同一種而自居於非黃種人之列如美人之排斥華工及近日桑港之學童學件皆自國際之種族觀念所發生而國內之種族觀念漸以薄弱矣況近世各國所謂帝國主義者勃興民族主義已爲前世紀之遺物今持分裂的民族主義（謂論者所唱之民族主義）以與各國之帝國主義相競幾何而不爲其帝國主義所蠶食也使果由論者所持之民族主義行之則政治問題終無解決之一日故謂論者僅知有民族主義而不知有政治問題者非誣之也頗聞論者所持之民族主義不惜以生死性命護惜之有國可亡民族主義不可詆毀之概嗚呼使論者而果如此言也明知民族主義與救國不相容而偏殉於其主義是徒負氣耳非眞救國也吾黨亦唯殉於吾黨所信之國家主義以與民族主義戰使民族主義而勝也則國家主義消滅使國家主義而勝也則民族主義消滅二者之孰勝孰敗中國之存亡繫焉耳矣

二　政府對於政黨之態度

凡一國由專制之時期以入於立憲之時期也政府與民間必有激烈之爭鬥政府必

竭其死力以抵抗國民之要求而最後之勝利卒歸于國民此固各國歷史所明示而我中國亦不能免此者也夫專制之流毒達於極點。則人民之反動力亦達于極點。方民權自由之學說。灌輸于其國中也。人民之思想日以發達。政府之壓制民權也愈甚。而人民之欲得民權也亦愈甚。政府之壓制力終不敵國民之抵抗力故倒專制而代以立憲者不外于自由與專制激戰之一結果物而已中國夙以專制國聞于天下。近數年來。自由民權之學說膨脹于國民之腦中莫不憤慨于國權之衰弱。而切齒于政府之腐敗者。蓋方在政府與國民激戰之初期使我國民奮其再接再厲之精神以與政府鬥則政府之壓制漲一度者吾民之抵抗亦漲一度吾民之抵抗漲一度者政府之壓制不得不縮一度持之既久終必出于讓步之一途至政府以交讓的精神而許吾民有參政上之權利則中國者非政府諸公之所私有而爲吾民所共有之中國欲其不強得乎夫今世民權自由之大義如日中天使其國而不與各國相交通則其學說無由輸入其民亦自安于專制若其學說既傳布于國中其民復久困于專制奮而思起則其學說深入於人之腦中回顧昔日專制之慘狀有儳焉不可以終日者於斯時也無論如何頑强之政府奮其極猛烈之手段以壓制國民而國民無以爲有一顧之價値者何則。蓋國民對于權利之請願自由之許容如飢之思食不得食則餓死渴之思飲不得飲則涸死使不得權利與自由則亦死于專制而已矣故國民無論經如何之困鬥必達其目的而後已知其不可抗而與以政治上之自由以遂其天然之發達者英國是也始思抵抗民權繼而知其不可抗而發布憲法以確定臣民之權利者日本是也擁護官僚的政治以抵抗代議的政治其國中之紛擾騷動迄無甯歲至今日尚沈淪于黑闇之中者俄國是也稽之理論既如彼証之事實又如此然則當民黨初生之日其所以待之之道孰得孰失一任中國政府之自擇焉

雖然今政府之所以待革命黨者。則步俄國之後塵淫刑重戮。無所不至。不足則請求外人。以引渡國事犯。營營以撲滅革命黨爲事而革命黨卒不可得而撲滅匪獨不得而撲滅且有增殖之勢焉夫革命黨之發生也由于政治之腐敗然則欲禁遏革命黨使不發生者無外于改良政治今不悟改良政治之足以禁遏革命黨而徒以誅鋤殺戮爲事夫誅鋤殺戮者適以使革命之人益堅其革命之志不革命之人亦憤而投身

其間充其所至將遍國中之人無一而非革命黨政府安得盡人而誅鋤殺戮之與即使革命黨而果畏誅鋤殺戮而即不革命然政治之腐敗日甚一日今日之不革命者不保異日之不革命然則無時而不可以革命無人而不可以革命革命之心理今已普及于一般特怯懦者有所畏而不敢爲吾人知其不可爲而不爲乃政府必欲以誅鋤殺戮爲撲滅革命黨唯一之手段是唯恐革命黨之不蕃殖而以誅鋤殺戮者推其波而助其瀾也夫吾人之所以不革命者豈其有所愛于現政府亦豈其有所顧惜于己身毋亦重視國家之事實而不欲以孤注者輕于一擲今人徒恨現政府之腐敗而不知現政府之腐敗者現政府任其咎現政府之腐敗而無人改造現政府者則現政府不任其咎故夫吾人之目的將以改造現政府而不欲動搖國家之根本因現政府危及國家之生存故改造現政府革命黨則因現政府之腐敗並欲變更國家之根本組織其主義既不同其着手之方法復不同然其對于現政府之決心則無不同使現政府而翻然大悟也實行改革以與天下更新則革命黨不期弭而自弭若徒以誅鋤殺戮威嚇天下則豈唯革命黨致死于現政府即革命黨以外之人無不致死於現政

府現政府又豈得高枕而臥耶，夫政府之誅鋤殺戮革命黨者無俄國政府之能力而欲效俄國政府之舉動者也。俄國奮其世界唯一之專制。以與虛無黨激戰。虛無黨固為世界最可驚之黨派。而俄政府亦為世界最頑强之政府。二者之抵力畧相平均。自前歲開國會以來民氣為之一舒。然保守家怙其專制之餘習以與新進之黨派相抵抗。不旋踵而議會被解散。去歲之總選舉。民間黨又占優勢。今則立於議會之地位。發揮其歷年所蓄不平之氣。以對于政府宣戰解散之風說頻傳。國內之騷動屢起。說者對于俄國之前途分為兩派一主樂觀的謂俄國自戰後之覺悟立憲之利益已為一般所認識國民之思潮勃不可遏終必底於完全立憲之域一主悲觀的謂俄國前途之慘憺其禍變正不可測國內之爭鬥終無已時俄國之國力或且從此萎縮而無雄飛于世界之日此二派之觀察未知孰為正確要之其不出是二者之外則無疑也夫其君主斷行獨裁之政體其大臣佐以官僚之政治其以專制立國者與我無異然其行政之敏活齊整豈我政治之腐敗者所能及其政治家能力之偉厚手腕之敏捷又豈我政府所能望其肩背然猶且全國爲之糜爛生民爲之塗炭殺人盈野流血成渠者則以其抵抗近世之思潮妄思壓制各黨其民之仇視政府者深其思顚覆政黨者亦甚國力潛消于內而不能外競也今中國國民目覩政治之腐敗。欲起而改良政治。見現政府之不足與有爲於是乃起而革命。以顚覆現政府爲目的。政府之待之者又專以誅鋤殺戮爲事而不悟其受病之源則腐敗者無窮期革命者亦無窮期兩者之力交相疲則亦交相斃而已矣夫至於兩者之皆斃欲求如俄國之現狀不可得也何則俄之國內雖極其紛擾而其對於國外也則足以自支持故日俄戰後猶不失爲六七强國之一不過其野心的經營生一頓挫耳若今日之中國者處于列强對峙之中一舉手一投足而無不牽動世界之全局以此脆弱之政府立於上而又以無訓練無秩序之革命團體鼎沸於下則二者交鬨之日即中國亡國之時政府哉政府哉其忍蹈俄國之覆轍以爲亡國之罪魁哉若其忍之我國民亦安能坐視之

當政黨發生之日政府之所以待之者有唯一之方法焉曰承認政黨是已日本自發布立憲詔勅以來。自由黨改進黨及帝國憲政黨。鼎立於國中。其政府對于政黨之政

策。初亦主嚴重之干涉。凡關于言論集會。使警察爲嚴密之取締。有涉于攻擊政府之演說者。即命停止或解散之。報紙之文字。稍過于激烈者。即停止其發行。至於政黨員之集會。必有警官臨監。其與警官衝突者。往往而有。且偵探黨人之行動。妨害私立學校之發達。凡有可以阻礙政黨之進步者。無所不至。其時伊藤博文。以調查憲法。自德國歸。去開設國會之期不遠。於是齎其所謂鐵血主義者。以施于警察行政。而羅織黨人。倣其所謂超然內閣者。以政府置于政黨以外。而不相干涉。於斯時也。政黨向于衰運。而政府之勢力日張。自由黨中之壯士。由憤激而絕望。由絕望而開始革命的運動。雖不久即行誅夷。然政府亦漸知其不可過于壓迫。徐圖改換其方針。及其國會既開。民黨以歷年之停辛佇苦。今始得依據立法之機關。公然與政府相對抗。乃聯合以與政府苦戰。政府亦屢受其創痍。雖屢次解散議會。然由是漸知政黨之勢力爲不可侮。而政府與政黨。亦有密切之關係。不可純然置政府于政黨以外。其後第三次伊藤內閣。見迫于民黨以潰。于是伊藤深感組織政黨之必要。自爲政友會之組織而率之。以組織第四次之伊藤內閣。夫伊藤者。其始極不喜政黨。且極主張官僚政治。而排斥政黨政治者也然時移勢轉由屢次內閣之經驗而卒不得不承認政黨且至身爲其總裁焉由是知日本民黨之價値而日本政治家之所以能運用其憲政而强大其國家者亦不外于承認政黨之勢力而已矣夫各國之政府其始未有欲承認政黨者也何則自專自恣之既久一旦忽有人焉以監督之其不便于專恣也孰甚故必欲置政府於政黨以外使政黨之勢力不得及于政府凡初立憲之國家未有不如是者也雖然。憲政之運用所以能完全者恃有議會而議會之職務所以能進行者恃有政黨故憲政與議會之關係猶之議會與政黨之關係也中國之政府而不欲眞正立憲則已苟欲眞正立憲其必自承認政黨始矣

三　政黨自身之態度

有在朝之政治家有在野之政治家以日本言之伊藤山縣西園寺輩在朝之政治家也大隈板垣輩在野之政治家也大隈及板垣。昔嘗爲政黨之首領。而在野之時多。在朝之時少。皆利用其在野之地位以爲積極之活動凡屬于政治之方面者無不爲輿論之先鋒以監督在位當局者故其勢力之偉大有時反過于在朝之政治家者大隈

之因官有物拂下事件而下野也。不久即產出一改進黨。其黨員步趨之齊整。紀律之謹嚴。爲日本政黨中所未有。能與政府相激戰。而不以成敗利鈍渝其節。去歲其黨中內訌。有所謂改革派者。陽標戰後積極經營之名。而隱謀接近政權之實。因是見棄於大隈。然大隈者決非能一日離于政治生活者也。退職以來不入元老之羣。而開始民間的運動。今則見推爲早稻田大學總長。養成政黨之人材。演說於各地方。喚起國中之輿論。其以政治爲生涯者數十年如一日。老而彌篤。洵不媿爲日本第一流政治家焉。至于板垣者。當明治初年西鄉江藤拂衣下野。憤然倡亂之日。獨不效其所爲。而着手于國民的運動。指揮國民以與藩閥之政府戰。日本人之知有民權自由者。實自彼始。其後卒執自由黨之牛耳。盡力于黨中者十餘年。蓋彼者實富於理想的之人物也。其所懷抱之理想。往往行於數年數十年之後。如近者彼之請奉還族籍（即請廢華族之名稱）亦其理想所表見之一端也。要之。二人之人格經歷。皆宜于爲在野之政治家。而不宜于爲在朝之政治家。雖屢次入閣。卒不安其位以去。即二人者亦善用其性行之長點。知其在民間運動之勢力較優勝于立朝之時。故寧竆老於民間而不悔也中國人士夙懍思不出位之誡以故數千年來無發生在野之政治家者歷代以來之黨派雖有近於各國政黨之性質然大抵不出兩派一則藉黨勢爲聲援以爲擠排異已之地者一則召黨徒以講學而間言及朝政之得失者然黨錮之禍相沿不絕後世至以黨派懸爲厲禁是由於不解在野政治家之趣旨前派以爲舍在朝無可以行其道者故結黨爲後援而決不出于下野之舉後派則深嘅朝政之腐敗然禁網既密不得不假講學之名而隱以攻擊朝政從未有以改良政治爲目的結一有秩序之團體樹立旗幟申明約束堂堂正正以與政府宣戰者故政府有所恃而敢于自恣此數千年以來之政治社會所以有退化而無進化也今者立憲之風潮已澎湃于國中。而政黨之組織。國民亦深感其必要。蓋有二方面之必要焉其一對于政府。夫近日政府之從事改革非不汲引一二有新智識之人然上者不過以備顧問下者羈縻之以利祿而已未聞有稍能展布者然則立于受動之地位而非立于主動之地位雖政府求賢若渴人材之趨之者日衆未見其於中國之前途稍有裨益也使不立于朝而立于野公然有政黨之組織以爲政府之監督吾信其勢力必偉大而其影響必較之在朝時爲著其一、對于國民自宣布預備立憲以來人民之應之者卒鮮此固由于政府之不以誠求然人民不知立憲爲何物即與以民權自由又豈知所以行使民權自由之道乎夫一國之政治思想其始非即普及於全國必恃有先覺者以爲之提倡而後自覺的國民乃始興起其培養此政治思想網羅此先覺之士者莫政黨若故政黨者實社會初開明之曙星而立憲政治之先河也本是二者安得不希望在野之政治家發生而依據政黨以爲活動之基礎邪

雖然組織政黨者必非容易之業也各國學者論政黨之得失利害言人人殊要之概括各政黨言之者多而對于特定之政黨下論斷者少中國組織伊始關係至大今對勘吾國人之性質而舉其有可注意之點凡分爲四

(一)道德　道德一語最爲廣漠有個人之道德有社會之道德有政治之道德玆所論者政治道德也雖然自其觀察之點不同故所見爲道德者亦異要之支配各種方面之道德皆出于同一之源而中國政治道德之所以腐敗者毋亦由于一般道德之腐敗而來乎故欲匡救政治道德之腐敗者先不可不匡救一般道德之腐敗

也中國舊政治家固不識有所謂政治道德者今日之欲新登政治舞臺者吾恐因一般道德之腐敗遂致政治道德亦因之而腐敗其爲中國政界前途之蟊賊者正未有限故吾先以政治道德箴砭之也夫有政治道德之人其發于責任心而擔當政治者即其爲公益之心足以克制爲己之心無政治道德之人其發于好名心而擔當政治者即其爲己之心壓倒其爲公益之心夫至于爲己之心壓倒爲公益之心則其源已誤弊害亦百出而不窮明明有公益于此而因其足以犧牲自己之名譽甯棄而不爲明知其于公益有損而因其足以造成自己之名譽則汲汲爲之在一黨則爭黨魁之地位而奴隸他人在各黨中則妨害他黨之行動而不擇手段其爲好名心所驅迫而以他人之無限的精力供其野心的犧牲者實政治道德中之最腐敗者也嗚呼吾黨而有此也庶幾改之吾黨而無此也其益勉之

(二)智識　智識之範圍。亦極無一定矣。自其廣義言之。則凡宇宙之事物。爲吾人腦力之所得知者。皆智識也。然狹義之智識。則由教育而來之智識。教育之種類不一。故其所得之智識亦不同。今欲活動于政治方面則法政教育者其不可忽者也夫政治上之智識者亦至難言矣各種之教育麗於實循其順序以求之終必有智識完滿之一日法政之教育麗於虛非善用其腦以受之則智識不獨不進化反益形其閼塞故法政教育者活的學問也政治智識者亦活的智識也政治之變化瞬息萬狀而不可端倪使執一定之政策以待之而不知變通盡利之道者則其失敗也無疑矣中國今日當輸入法政教育之時代各國之學說及其政策果可一一適用于中國乎夫各國之學說及政策皆應其社會之狀態以發生者也中國之社會狀態既不同於各國則不能不分別採用之矣雖然吾觀今之修法政學者其剖解力之不強其辨別心之不有徒墨守一先生之言而不知所以活用之者比比皆是以此種人而組織政黨不過多一盲從之分子而已故吾以爲智識者不可不求其活潑而政治能力之厚薄即由之以爲差等者也

(三)感情　天下之能成事者恃有感情而已雖然天下之最可畏者亦莫如感情方寸之地戈矛生焉立于黨派之中者感情尤易走於極端對於異黨之人必極力攻擊而不爲之稍留餘地問其何以如此則曰我爲增進黨力計不得不如此也姑無

論其主義之正當否政見之確定否而即此黨派心之增長感情上之衝突已足以禍國家而有餘矣今日之革命黨與立憲黨其立于絕對的之地位者已如吾前所言。雖然。彼此既同認爲救國則各抱其主義政見以進行于國中任彼此之自由競爭而不互相妨害斯亦足以張一軍之旗幟而訴于民最國後之同情矣乃革命黨者必不認立憲黨爲救國且不許其同時生存凡有可以傾陷誣衊之者不惜用種種卑劣之手段以撲滅立憲黨爲唯一之方針。嗚呼。抑何酷也革命黨無論矣今後以中國之大凡立憲黨之發生者不知凡幾主義政見既有不能悉同之點則於立憲主義之範圍內或主張急進或主張漸進各任其自由之競爭而爲分機之發達愼勿爲感情之奴隸以戕賊國家於無形也

(四)手段。夫所謂手段者。即以權濟經之意也。故手段者可用之於既正之目的而不可用之於不正之目的可用之於一時的而不可用之於永久的政治之事情變化莫測有時不得不以手段濟其窮者固無害于正當之目的也。雖然政黨之競爭最易流于不正之手段如各國黨派之間或以賄買或以威脅其種種卑劣之狀態

實足使有高尚之品性者日遠於政治今返觀中國之有政治思想者若以手段爲組織黨派唯一之要素無時而不用手段無人而不用手段遂至纖細之事亦呈風雲變幻之觀親密之交亦有同室戈矛之嘆卒之其手段無不破露而其事亦歸于失敗夫以善用手段而論宜莫如日本之星亨者其破壞大隈板垣聯有之內閣及離間自由改進兩黨之親交可謂收手段之效矣然其於憲法上之功罪果何如邪吾願今之組織政黨者其毋輕于用手段也

結論

夫吾人今日之組織政黨者所以爲國家計也爲國家計則凡於國家之前途有利益者不獨可以犧牲個人之身體及名譽即一黨之主義政見無不可以犧牲之何則以國家爲主體而個人及黨派皆國家之客體也吾讀日本政黨史吾有最感心之事一焉即中日日俄兩大戰開始之時正政府與政黨相持最急之日而開戰之詔勅一下但聞舉國一致之聲黨爭忽至于絕迹竭全國之力以對外凡平日之甲黨與乙黨相攻擊者黨派與政府相激戰者至是而烟消雲散渺不知其何往盖一黨之主義政見

不敢其國家之危急存亡也於是而嘆日本之能張大其國威者在此而我中國歷代亡國之歷史强隣壓境而朝局水火者往往有之此國力之所以不充對外之所以不競也今者政府腐敗于上人民沈湎於下其所以有一綫之生機者唯有組織政黨之一法顧吾之所重以爲慮者當此道德滅絕人慾橫流之日其出而任天下事也不發于責任心而發于好名心其在一國之中則以本黨爲主體其在一黨之中則以自己爲主體充其所至仍不外於個人主義個人主義發達之至極而國家亦隨以亡然則亡國之咎實政黨尸之又豈吾人之初衷所忍出邪組織政黨者可以深長思矣

中亞問題與西藏問題之參究

論著三

知白

西藏改議條約。經唐紹儀氏與英使薩道義議准畫押。以昨年公布於北京。其內容有正約有附約。正約者唐與薩所議。附約則光緒甲辰七月英國邊務大臣與達賴喇嘛商訂。吾國有識之士。曾奮筆悲鳴。謂爲盡喪中國之主權。舉六十萬方里之屬地。投入虎口。將遂坐是。而無可如何者也。經唐氏改議。氣象似稍蘇。然有不能釋然者。即附約之列入果有關繫輕重否也。著者未諳國際法。不能爲正確之評論。偶以翻閱東報。得英俄兩國於中亞細亞互爭事實。以其與吾國西藏有密接之關係也。爰綜其概要。以己意論列之。冀供吾國留心邊事者之參攷。

近日時報載駐藏大臣電致外務部。謂以某事約英人會商。英人踞江孜不肯相見。似通商事又將起紛糾者。

篇中關於地理處。其名稱類從京師大學堂定本。而附以英文地圖International Students Atlas所載。其有定本所無。而有英文或日本カラ者。則臨時審音加入中國於稱又關言地形處。能并圖參看。則益見明瞭。

著者識

(一) 序論

英人得五印度之寶藏。則必不容俄之覦探攘奪於其西北各鄰境。其爲防守之計愈密。則西北各鄰。如西藏、如阿富汗、如波斯、等地。遂無日不在俄人探索意計之中。即無日不在英人規畫範圍之內。此亦勢之顯著者也。自俄敗於日。驟斂其鯨吞蠶食之謀。已不能遽出而與英人爭衡於中亞。英之乘是隙也。得稍緩其西防之力。始幷計以圖擴張印度北邊以外之疆。故西藏問題。推延陰宕者已十有餘年。至光緒甲辰間。忽有岌岌不可終日之勢者。日俄之戰爲之也。夫吾國政府置西藏一隅於不甚措意以涎俄。而餌英。英俄之勢。又不兩立也。觀於其在波斯阿富汗蹈瑕抵隙各竭其智各厚其防。其不相下者。蓋有年矣。今俄雖不得志於日。兼以憚英而不得即逞其謀。然其潛踪於新疆青海間者。與西藏固息息相通。則西藏之爲英人所夢寐不忘。將以是攙喪中國之主權。又其注射綫固先集於俄人之一身。其去波斯阿富汗庸有幾許耶。然則吾國而欲以自力保全西藏。就西藏以謀西藏。不得也。其計莫先於能敵俄。然僅就新疆青海間專注於一方面以敵俄。亦不得也。其計莫先於刷新內政。充實國力。夫今世外交界之瞬息百變。其所恃以盾其後者。舍武裝的武備則更無進步之可言。蓋未有內治不脩。而對外可以制勝者。觀於波斯阿富汗。彼固以弱小稱。非我泱泱大國所可同日語。然就是以察英俄之現狀。則於我之防護西藏。亦補助之一端耳。

(二)英俄與波斯

波斯之於今日。果有如何現象哉。據昨年冬、英國諸新聞紙報道。則英俄二國、忽由互相競爭之地位。一變而爲協商之政策。由兩國合同貸金四十萬磅與波斯。而各任其半。此協約成。或曰波斯其不免分割矣。蓋兩國欲免於永久之衝突。則豫爲分割之協商。此亦意中事也。或曰德國自土耳其許以小亞細亞建鐵路之利益。因以直達於波斯灣。而波斯外交之衝。德忽與英俄參列。以立於第三者之地位。若英俄突衝之點甚劇。則漁夫之利。或竟爲德國所坐收。協商之舉。避衝突其次。而防德其首圖也。由前之說。則波斯之亡也忽焉。由後之說。亦不過揮一片土。爲三國鈎心鬬角之場。而於波斯之運命。終不能以自保。嗚呼曩者視英俄於波斯外交之關係。或例以三角形。謂俄之對波政畧。即其所以對英。英之對波運動。即其所以對俄。波斯介立於其間。則各以一婦人事二夫。承此之恩。即逢彼之怒。進退失據。無以自存。乃忽焉參入德意志。而外交界之形勢。一變。由今擬之。則英俄德三國鼎足之勢成。而波斯其鼎中烹飪耳。尚得謂

爲有國體存耶

外交變相之劇。誠不可思議矣。然自是有之一研究點存焉。夫曩者英人之所以抵死抗俄。而决不容俄有併吞波斯之擧者。蓋波逝則不利於英者有三。蹂躪其已得之商權一也。印度海上之主權將不免爲俄所侵犯二也。其大者則阿富汗之境危而印度之屏藩不固三也。此英之不能一日忘俄者。繫於印度之安危故也。若夫俄之對英。將謂其無意於印度之爭攘。則彼固奉其祖訓。以侵畧政策爲第一義。此路人所盡知也。然俄雖跨有歐亞兩洲。而欲求一不凍之港灣。以適於暖海交通之便利。則經營渴望者。莫急於波斯灣。蓋以領土之位置言之。則商業經濟之競爭也政治軍事上之擴張也皆與俄有絕大之關係者也此俄之不能忘情於波斯者一。俄人近時所擬之三大交通政畧。如西伯利亞鐵道如開運河以聯絡波羅的海與黑海又延長裏海既設之鐵道以達於波斯灣或已竣工或猶孳孳以計畫而波斯灣之重要俄人苟欲其全入於掌握中則非併吞波斯不可得此俄之不能忘情於波斯者二。夫以波斯之壤地與俄相接。其併吞之也。亦順而易耳。一英之障礙已多。而德人之飛躍忽至。以近勢揣之則謂德之加入也。於俄爲大不利而於英似轉得一奧援可也。何則英固時以防俄爲事今有可以掣俄之肘而輔英之翼者謂非俄所隱憂而英之所喜而默認者乎雖然自一方面觀之則似矣。而以實情按之則又非。何也俄與英衝突之點在波斯之東面而亦在其南其範圍固濶矣自德之增入波斯東面之防未可輕而南面之防則轉亟夫波斯灣者爲印度洋之管鑰而英領印度外防門戶之重鎭也俄占有之與德之加入而分攘之其於英之海權有損而於印度之防未安全而鞏固也斯固英人所朝夕旁皇而熟慮者矣

由前言之則波斯今日之地位也。英俄二國所未經料及者也。然溯其以往之事寔則英與波之交涉。及俄與波之交涉。其同異之點。可得而畧窺。

夫英俄與波之關係。英常有捍衛之情。而俄則實居煽動之地。今得擧其事之重要者言之。

英與波交涉之由來　當拿破侖之蹂躪歐洲發奮遠征也。夙具侵畧印度之謀事爲印度太守烏乙累斯所偵知。乃銳意講防禦之策以爲印度攻畧之衝路。首在波斯。是

阿富汗

鷸蚌爭則漁人利此其意義今世之敏活外交家何時不渴望遇此機而又何人不欲一倖逢斯會也英人之竭力拒俄於印度以外也拒之於阿富汗拒之於阿屬之侯勒特且圖拒之於阿境以外之謀夫 Mer 蓋常置重而籌慮及之矣謀夫者爲自歐洲出印度之要路當俄人蠶食帕米爾高原以北諸邊地也西自鹹海東達中國之天山諸路南抵帕米爾凡併塔什干 Tashkeut 撒馬兒罕 Samarkent 諸重要都邑置土耳其斯坦省 Furkstan 然自軍事上論之則此地於入中國爲便而於出印度爲不便蓋由歐洲以出印度則謀夫其要衝也而次以出於侯勒特更東南下以抵於堪達赫爾 Kandahar 又東北上以出於喀布爾 Kaboul 踰喀依巴爾峠 Khyer 以出印度阿斯即往時歷山大王征伐印度所經行而今日爲軍上最良道路者英苟得之則大足以捍俄會千八百八十四年英有蘇丹之役而俄人乃乘機以入謀夫英以不能兼顧默視而無可如何俄人乃駸駸南向侯勒特以進發夫勢之伸於彼而即絀於此者此又事勢之常但以英人之沈鷙忍鋭未嘗一息惰猶時有不利之遇所未解夫膺外交而深識遠慮

不如英人學力天資不如英人所任之國力充實不如英人亦賀賀然操刀以從事則其敗衂挫頓險象環生而漁夫滿旁一失足則推墮千丈吾言之而不禁毛髮悚然以豎。

俄人於畧地政策常取突飛之勢以進其欲馳騁夫阿富汗也乃先得志於謀夫更傾全力以圖鐵路政畧之進步從英人方面觀之則反遜一籌焉今試取英俄兩國於中亞細亞計畫之鐵道一比較其速力。

俄自得謀夫乃謀自此築鐵道分二路以進一東北走與土耳其斯坦各境聯絡一南下入阿富汗之侯勒特其通土耳其斯坦一綫已於千八百八十八年行開業式其向侯勒特一綫曾擬千八百九十七年着手期以三年竣工蓋此路成則英俄軍事上之競爭點共集矢於侯勒特而其最先之勝負則分於兩國進軍之時日綜算俄自科薩須亞 Canasia 省之提弗利斯府 Fiflis 依鐵道出巴克 Bakn 港（位於裏海之東）乘汽船二日涉裏海又依鐵道二日達謀夫又以二日抵侯勒特綜計之俄兵以七日至。

英自普利瑪斯港出發。二十五日達印度河口之喀喇蚩 Kuraehi 港。以鐵道四日達邪曼。Chaman 邪曼以北無鐵道。百二十吉羅之程。須七日始至堪達赫爾。由此至侯勒特。四百八十吉羅須二十四日。綜計之英兵以六十日至。

然則英俄特未出於戰耳。苟出於戰。則最後之勝負。英其絀也。殆未可知。但侯勒特一綫未成時。俄方注意於遠東侵畧。努力於西伯利亞之成功。英俄亦幸得相安於無事。

由上言之。則英俄兩國視綫中之阿富汗。而非英國獨力籌防之阿富汗也。爲英俄武事方面設想之阿富汗。而非外交政畧爭衡之阿富汗也。夫英人之對於阿富汗。以獨力籌防也時。用兵力以强制。亦時取賄賂以懷柔。英人之對俄政策。取於阿富汗以曲施之也。則純取撫慰之策。以示恩而以託於保護之名。爲正義。蓋阿富汗之情勢。比之波斯有不同者。一緣於地理上之關係。而征伐之爲難也。一緣於其國內之尙有人。而有可以利用之資也。

緣於地理上之關係者。阿境有二大山脈。一蘇里曼。自俾路芝國境。向北走。以達於喀布爾之南。一興都庫什。自喀布爾之北。向西北以達於帕米爾。加普爾河流於此兩山脈之間位於喀布爾府之南岸英領印度鐵道之一端則沿此岸延長以至白沙威爾 Peshawar 介於鐵道端之地與阿富汗境間者則有喀依巴爾峠爲亞洲可屈指數之要害沿激流與絕壁得迂回之狹路蓋不過四五米突之幅員也自此而進則稱札拉拉巴得 Jalalabad 險境有蠻民部落曾戕英兵士四千五百英民一萬二千於此其兩山脈之間尤多蠻族往往四出侵掠英人之欲征服此等部落也動兵至二十五次以蠻族據天險且數夥竟無全勝之可望故英人常以阿富汗境與印度之設防爲政海一大事印度政府尤感此爲最困難常名曰西北邊防問題 Northwestern Frontier Question 亦英國之政治家軍事家所曾絞腦汁揮手腕以冀得一當而尙未能滿願者也

自是對於蠻族在政府取撫育主義在軍人則取鋭進主義撫育之則安其部落貸以金錢但利用其山道以通往還之境或與之約爲共同守備命官吏爲監督以指示取鋭進則以兵力思勦絕或降伏之然有難焉者山境之險蠻族之多有一勝而復有一挫與之相應也英兵士之數少而印度士兵之數多以能力之參差則戰鬬之方畧不能必其可以制勝也是皆起於地理上之關係而英之與阿富汗比之俄與波斯之壤

地密接無險阻之虞者固又迴異也

緣於國內之尚有人者。阿國雖小。然政界亦分兩派。一黨英。一黨俄。阿王亞米爾者。能知治業之艱難。解對外之政策。雖從英國之保護。然倚賴之心。固不甚深。其對於英俄兩國。常取閉守主義。故兩國之鐵道。今猶不許其直入於國境。其爲人也能取所持主義始終一貫以行之。故英人百方聯絡於印度政策。費其益者甚多。所謂黨人者。終王之世。未嘗有所傾軋。至一千九百年。王忽病篤。諸子以爭嗣位。國內起紛擾。王逝。黨俄者思通好於俄以借助。賴是時英俄互約以平和維持中亞。黨俄者勢消。阿王長子哈比幼拉得以順序登位。千九百零一年冬。以書達印度總督。謂己開諸王族諸大臣及軍隊會議。國事一統於新王。外交政策。遵父遺義而不改。冀與英交益親。今年一月。哈比幼拉訪問印度。印總督張筵厚禮以欵之。盛稱其服飾笑貌類歐洲顯者。且習於文明交際。王亦流連巡視於印度各地者幾兩月餘。是可以測知印度西防之穩和而何怪我國西疆之日以多事矣。

(四)英俄德三國與波斯灣

地勢足以發展人力乎。抑人力足以操縱地勢也。舉莽重沈滯之一片土苟納之今世數强國之腕下則以少數之時日可以靈敏迅捷煥然頓改其舊觀焉故昔日所視爲寥落荒蕪人跡罕經之地有不數年而闤闠連雲車馬絡繹者其始不過一二大政治家畧注眼光畧施手術遂有以變枯槁爲繁榮一新天地之氣象則謂爲人力操縱地勢固宜。雖然地理上之制勝人謀與天定恒有各擅其勢者有古昔視爲形勝扼要之區迫其後有人焉。別闢一途。則所謂。形勝者忽焉日即於衰落泊乎人事之倥傯變幻傾智鬥力務有以短縮其時日而於地利上不能不多其道以探求也則形勝中落之地將有復還舊觀且較往昔有愈崢嶸顯著之勢然後知天定者終亦未可移而人力之發展仍有賚乎地勢也今世强國之政策。莫不注意於治地地之爲我所有者。固竭力經營之必使通全國無一境之阻滯無尺土之荒棄而商工業之被支配於此範圍內者必整頓其交通機關有以催進而活展之而後經濟之發紓國防之整備乃相因而躋其國土於燦爛莊嚴之境其地之非我所有。若一計及吾國之經濟界於某港也有必爭之點國民之生業界於某埠也有必赴之場則通商條約以先之兵艦巡游以擁護之其國而有他釁可乘足以伺瑕而活動吾之野心者則熟審各國之情勢亦斷不甘居人後以坐失事機此實十九世紀以來各國所行之慣例特愈爭愈烈愈演愈進迄於今日乃覺外交界遂有不可豫測之象耳

波斯灣之在西亞。今世評論家。皆謂將有握東西兩洋商業中樞之勢。然是地也。在今日既已野心家勃起此衝則彼捍甲進則乙隨而最先捲政界之風雲促此地為政治的戰場者則英俄德三國。前既畧言之矣。當喜望峯未發現以前。波斯灣實於東洋之貿易場翹一優等之價値逮東西兩之洋交接闢新鎭於非洲之南及蘇彝士河之開通聯捷徑於紅海之峽昔波斯人所呼為世界第一市場者蓋稍稍替矣然以其為印度貿易中心點也。故英人之迴旋努力於此間者。幾三百年焉繁衍遞嬗至有今日豈非地勢之由天定者亦有可貴耶今就波斯灣劃分數時代以明其變象。

葡人時代之波斯灣　據此地之形勝。則以橫娥兒孟斯 Cermuy 海峽之一島著稱。（亦島名娥兒孟斯）千五百七年有葡萄牙人阿魯普格率兵艦來侵。戰降島王遂據此以壟斷印度之貿易。

英人時代之波斯灣　波斯王阿巴斯者。常憾葡人之權利。欲攘斥之。顧力不足而中止。會英國東印度商會之役員。爲葡吏所窘。乃慫波王以斥葡人。而暗爲之助。葡人力不敵。遂潰。波王大喜。德英人。遂許英貨物得無稅以出入於諸市。移橫娥兒孟斯島之稅關於板得爾阿拔斯 Bander-Abbas 英貨自印度入經此關。但納半稅。板得爾阿拔斯者。橫娥兒孟斯島之前岸。握波斯灣之咽喉。亦形勝之地也。嗣是英人復於西岸經營埃爾克底夫 El-Katif 及巴爾印 Bakrein 二島。是島之眞珠採集業者甚多。

英俄交嫉時代之波斯灣　英欲短縮地中海與印度之距離。乃謀通米藪包大米 Mesokotamia 跨氣固利斯 Tigris 幼發拉底 Eukhrates 兩河流間。以通鐵道。俄則早有延長裏海鐵道。綫達波斯灣之計畫。英謀短縮由波斯至印度之陸路。以鐵道開通依斯拔罕 Iskaban 至德黑蘭 Teheran 白沙威爾間之捷徑。俄則亟圖展長謀夫綫路。經俟勒特及拔耳底斯坦 Barjistan 以出於波斯灣之一端。新聞紙中議論之紛騰。外務官調查之密告。無在非綢繆擬議於事先。冀事發之頃。得以互謀制勝。故今後火力與電力之交馳。即謂之助各國政治家之腦力奔騰。宣漲於世界亦無不可。

按、千八百九十九年。英人Demetrius Baulger氏、著有喀布爾及俟勒特論說。謂俄國原與波斯密約。擬最初延長哥薩須亞鐵道。經特布列斯Talris及喀爾曼沙Kermanshah出喀耳印Karnah河口。河流即注波斯灣其後以中亞鐵道布設之結果。改其計畫。即前謂欲展長謀夫之鐵道綫是也。但前云經俟勒特通過。而此則有云擬經過魯特Rud沙漠。不觸俟勒特。以避英人之衝突。是稍異耳。

英俄德三國時代之波斯灣 英俄之暗鬥於中亞細亞也。會各有遠圖。俄注意遠東英與杜戰故勢稍靜謐。德皇即乘此機與土帝互見於君士坦丁堡。得土帝欣諾。獲小亞細亞鐵道建築之利益。實無異自英人掌中攫入於德人之手。此路原英與土耳其交涉將近奏功者而德人長顧卻慮所欲與英俄爭抗者。其主因則在經濟發展。視英之駐防印度。俄之欲得第二浦鹽斯德者。其情勢又稍異焉。

然則以德與英之關係論則商戰。其先而軍事。其緩計者也。以英與俄之利害論則兵戰。其亟而商業其淺圖者也。英受兩方面之敵。而俄與德則互爲犄角焉。然據最近之傳聞。則英俄之抗力其勢若甚輕而合謀注意以防德其情反至急者。夫德以方新之氣銳意以逞東來比之俄當喪敗之秋不復即圖南下有輕重緩急之差則外交界亦倏有離合變遷之態謂英非老謀深算不得也謂德非鷙鳥之一攫實具有攪亂東亞平和之意嚮者吾亦安能不慮其影響於將來

(五)英藏交涉之概論

英藏大勢飲氷室主人曾著哀西藏篇已具概要此節論點多可互爲參證讀者鑒焉

吾政府對於西藏之往事吾無責焉矣。往昔舉國上下馳騖於空疏無用之學。不知國際法之爲何事也。則於西藏對待之法其性質已混淆不明不諳外交術之一言一動皆有重大之關係也則於英藏轇轕之時其發言即罅漏百出當藏事劇動之始誤於不解領土與保護國之定義故平日交涉與締結條約一聽英人之所爲不復能出一辭以相辯證又以其疆域險遠內國人不習於見聞也偶談及之。幾等於絕域。士大夫之能言掌故熟邊事研地學者已如鳳毛麟角群起異之故西藏問題直至丁酉戊戌間偶出現於報章其時旅大膠廣紛紛割讓士論間始有以邊事爲警問者嗚呼。全國如此。彼代表人民之政府昏眊短昧不學無術坐是以貽誤政局置防邊於不足輕重。是亦吾國民之與有責焉者矣。吾聞英人之誚我曰。（彼視西藏爲秘密國。寧知吾英之一歲出入於其險中者。蓋不乏人。）英以中國曾阻止馬耆烈入拉薩。且禁阻外人之游歷入境者。印度政府乃募少年英銳者教育之。派爲西藏探險隊。有能入拉薩精測其地域者。歸即與以上賞。因是得入拉薩。還印度。獲重金。蒙優待者。頗有其人。至甲辰則英兵直入拉薩而吾國固懵焉未之覺也。吾又聞夫英人自威服哲孟雄布丹尼伯爾諸國。於獨吉嶺噶倫绷一帶。選土著之青年給與學資。命教師授以測地繪圖法。跋涉山野實地練習。分生徒爲若干班。班各一師。獎厲不遺餘力。蓋必舉鄰境地理無纖悉之不明。以備乘釁而動之大有可用也。問吾國置身邊務者曾一留意於此乎。是猶漠然未之顧也。吾又聞夫英人謀引印度鐵道綫達於春碑原野。且延長之導於西藏高原。其計慮中蓋有二義。西藏爲黃金產地。世界豔之。商業必有發達繁榮之一日。而此鐵道即所以勵其進步也。俄人虎視於北。勢將與印度接近。而西藏其要衝。若一旦中國有變。印度軍可七日自春碑達拉薩。而此鐵道乃所以神其速力也。嗚呼英人之深謀熟慮於平時。冀一朝馳騁活潑於有事。吾國苟聽是重要之屏蔽長此委諸强鄰則亦已矣若猶欲顧惜之也根本之計則在於刷新內政充實國力前固言之矣猶有其重要者。請得以次論之。

波斯阿富汗。本具有國家之資格者也而英人必欲於實計上摧沮而藩服之西藏非僅吾之藩服且以屬地目之者也而英人必欲於名義上推崇而國家之嗚呼十九世紀滅國新法行則殘很狡獪之術亦何所顧而不逞夫癸卯甲辰間英兵入藏迫藏番訂約十條以與所謂藏哲條約較則（哲孟雄由英國保護。一切外交除由英國經理準行之外。概不得與何國交涉。）今何適與之相反對也彼以哲孟雄為保護國因而干涉其外交我以西藏為屬地乃英人必強其干預外交非直以國家資格視西藏置中國政府於度外乎夫英人既施此手術於前數年。則我雖已遣使續訂所謂中英藏約（即唐氏所訂）而於西藏對付之法是不可不速為畫定者也吾國前二十年。即有建議請改西藏為行省者。近見報章。謂政府亦提議及此。（昨西歷五月十一日日本報有謂度支部以經費無出反對西藏官制似建行省已議定）雖然西藏之適於建行省與否建行省矣吾之能力果有以高於藏番與否是又今日所宜熟計者也夫建行省則名義之優於混淆不明也固有可以間執英人之口且可免於英俄兩國煽誘其爲計非必無可取所患者防守之具未充交通之機關未備名義雖正而實力未足以副之則英人之可以操縱我官吏仍等於其待藏番我又將何術以禦之也然則今日之對於西藏非於名實兩途皆有以自樹立則亦長爲第二之波斯阿富汗而已不其恫哉

按、改西藏爲行省果能實行與否亦一問題彼班禪喇嘛世襲其尊者已數百載且以宗教綿延之故其力直達於蒙古新疆青海各境設行省則置州郡官吏愈多理事愈密則削班禪喇嘛之勢位必愈促以視今日僅有駐藏大臣以下數官但主監督之者其馴之也較易若操之過蹙恐爲力愈難往者乾隆朝之改土歸流特苗猺耳煩兵者且數歲若新疆改建行省則大亂之後乘左文襄兵威震盪其爲力自順而易昨歲巴塘事變致戕殺都統某吾竊疑其必有阻礙者非先事確切調查熟思審議漫然如今日議政諸公曰改行省改行省或稍有變故又相顧而不知所措手與其輕於一發也毋寧多其察而愼其發竊謂防邊如西藏舍傾全力以謀鐵路之開通精武裝之整備爲第一不能緩之策餘皆宜熟籌而後動作非謂一改行省而英人遂辟易不敢進也。惟名義上所關亦鉅。除改行省而別有善策與否。著者未修政法學。且於列强殖民史涉獵亦甚稀。不能舉其義例。對於西藏有所勘究。則今之發爲是言者。舉大義而已。近日精研法政學諸君。苟有就西藏名義上交置問題。能引證各國殖民史善法成例。與法律學之定義條文。對於西藏下一確論。以宏著登報端。其爲誨益。豈獨著者歡迎。裨益時局。與當道正匪淺耳。

又巴塘雖土司境。然爲由川入藏要路。其風習必同於藏。

全西藏首在厲名實。是仍爲根本之論。而非充實國力。則有不能奏功者也。今猶有一二義。可爲置身邊務諸公告者。鑒既往。善將來。是在諸公好爲之耳。

(一)交涉時宜力掃推諉顢頇之陋習。而與之爲明瞭之談判也。彼英人之詬我。謂巧設遁辭。以己意而諉諸喇嘛僧之意見。因是主張有事當直接與藏人談判。置中政府於不顧。夫中國官吏之性質。平日於社會交際。最喜張虛託之游詞。爲諉卸之地步。習爲延宕狡詐。坐是失信用而長嬌僞者。蓋沿爲陋俗矣。乃其任外交也。亦欲以此種手術施之。吾政府誠認西藏爲永不可開放之地也。則事先宜有一定之宗旨。按西藏萬無可永閉之理。且必有所恃而可以貫徹吾宗旨者然後發言而與人交涉今內顧則軍事上漫無把握於藏境防守亦迄未講求徒欲以深閉固拒者益滋外人之疑慮及夫實言日至而所以應之者又漫取乎虛與委蛇而無健全之策以盾諸後則又何怪人之視我蔑如矣夫吾國而以屬地視西藏也則喇嘛亦官吏等耳今遣委員與彼會議開市而吾不欲實諾其約乃諉其責於喇嘛是何異以此官吏委過於彼官吏因以損國威留釁隙而甲辰間之印藏條約謂非兆端於此乎（英人固疑我不欲開印藏互市且證以曩者搜得駐藏大臣與哲孟雄酋長書謂諉諸喇嘛不肯通商者即前此故智）

（一）宜洞悉英人所行之商業政策、國境政策、殖民政策之變更沿革以便於因應付施也夫英人以商業政策亡印度而殖民政策隨之以國境政策對阿富汗非俄之旁睨則殖民政策亦必隨之其對於吾國之西藏也直取商業政策而國境政策緣以紛擾焉彼之操是數策以廣其屬地於五洲其歷史必有宏偉之奇觀平日見諸彼國諸新聞雜誌亦必有政治軍事航海諸家之名篇卓議登稿者或竟有他國雜誌（如佛國外交殖民雜誌等）窺述英之殖民政畧其眼光尤極透徹者是宜聘二三精於歐文者按旬譯述藉供攷鏡或徑假印刷物出版凡邊防問題及藏事交涉各件均共譯件編入爲月報既足供當局者之研求尤可以喚起國民有志外交邊務者之購讀或庶幾有長才傑抱者出乎其間供救時之急用毋使英人得操其所謂商業政策國境政策盤旋繞互於我邊域終得施其殖民政策於我邊內焉則庶乎免於波斯阿富汗之危此中心所惓惓者耳。

(六)結論

吾聞日人大隈伯之言曰。（國不自亡。人未有能亡之者。）今以根本內潰之國而望其枝葉扶疏斤斤以西藏保全是慮毋乃舍本齊末輕重倒置歟。雖然吾希冀一日之不亡乃熟慮夫足以致亡之因則其大患莫逾以一國之重而漫無所主。甲進一說朝蒙採納焉乙駁一說夕見更張焉夫奕者舉棋不定不勝其耦今以四百餘州之廣土環處乎列强經濟能力軍事能力政治能力膨脹外洩之旋渦中而躬其任者。不復趨一定之嚮如駕重荷之舟於狂風捲浪中衆技雜陳手忙足亂呼號者引篷倉遽者振槳顧其操舵者不得一手眼敏捷志意沈定出而膺指導之責則喧闐擾攘頃刻而即於顚覆此亦事勢之顯而易見者矣。其尤險者以阿富汗之小。其政界中尙有所謂黨英黨俄兩派今以吾國政界之翻覆其援引私黨以樹敵者日有其人角立不勝必將有緣附外力冀以洩私忿而圖一逞者其智識之黯陋其居心之險逼其所樹之黨吾知必有黨英黨日黨俄黨德法者潛乘暗伏於政界中各國見其有機可乘亦將本其所欲達之目的賣其陰柔狡昧之手術顚倒播弄擺壞政局於不自覺則危險之候無有出乎此者矣吾又見乎波斯或爲俄所利用也則出其軍事勢力選派將校爲之敎練軍隊使兵士服俄之軍服習俄之口令而舉國之兵悉俄化焉浸假而爲英人所煽動又將舉其服習俄者轉而効英至所謂波俄銀行其設立之旨趣一如中俄銀行舉波斯之朝局競沾丐乎俄之百餘萬盧布欣欣足以自飽其賄賂風行吾今日之政府亦何不幸而適與之同病耳日來各報騰布所謂日俄日佛日英諸協約揆其動因則危機又伏至日人以一無價值之天津日報中朝爲罷免新授之黑龍江巡撫是皆近日**報章宣布者是何鬼魅其眞僞雖未可詳然其動因之所在吾省之而一息不能以自安嗚呼月暈知風礎潤知雨今後北京政局吾慮乎各國之波斯我而阿富汗我也**

論地方自治之定義

淵生

我國現今爲何時期、曰豫備立憲時期也。豫備立憲。以何者爲根本上之重要事實。曰地方自治也。地方自治。何以爲憲政根本之重要事實。曰。立憲政治之妙用。在人人有參與政務之智識而地方自治者即所以養成人民之政治上智識者也。憲政爲自治發達之結果自治爲憲政成立之原因世界若無自治制度即世界無憲政發生之餘地也各國擧行憲政無不以地方自治爲先河此歷史所昭垂也。英國之憲政。不能確定其成立之時期。純爲人民之自治能力逐漸所釀成者。更不俟論矣。日本之施行地方自治制度。亦在施行國會制度之先。蓋明治四年四月。廢除藩制。以郡町村爲區域之時。即已注重于自治行政。十一年太政官。

頒佈第十七號郡區町村編成法。十三年四月頒佈區町村會法之後。地方制度。日趨圓美。二十一年四月復採德意志地方制度頒佈市町村制。『即現行之市町村制』而日本之自治規模。遂大輩固。迨二十二年二月十一日始發佈憲法。合觀以上事實。則地方自治者實憲政唯一之楷梯。不能實行自治。即不能實行憲政也。日本法學博士清水澄氏曾力言憲政未行之先。當實行自治制度。其理由有四。(一)養成人民之公共心。(二)養成人民政治上之智識。(三)使地方不受中央變動之影響。(四)聯絡國家與社會。此最足以發明自治與憲政相關係之眞理者也。我國今日號稱豫備立憲之時期。乃地方自治之制度。毫無基礎。誠不知其所豫備者爲何事也。雖天津現在試辦。著有成效。然無推行各省之明文。嗚呼。外侮日迫。內亂益深。人民希望憲政。如飢如渴。而政府且幷此憲政根本上之重要事實。亦不激急進行。國家前途。其可推想乎。雖然。我國自治觀念之所以不發達者。由于國人誤認自治之性質也。余嘗默察國人之心理言論。而知其誤認自治之性質。約分兩派人。(一)爲事實上之誤認。(一)爲法理上之誤認。

事實上之誤認者。蓋謂我國之人民程度不及也。財政困乏不能供給也。新政繁多地方官一時不能兼理也。按此等言論。毫不能成立者。蓋如謂人民程度不及。則世界各國。除英國爲自治之祖國外。其餘各國之人民皆可謂無一有程度者何也。因各國之地方自治最初無不由政府之提倡。故也。夫惟人民程度不及故須政府之提倡。乃我國政府今日不極力提倡。反歸咎于人民之無程度。豈非操矛伐盾之言耶。得毋政府無提倡之程度耶。如謂財政困乏不能供給。此不知各國地方自治之經費以支用其地方之財力爲原則。雖最初開辦須仰給于國庫然爲數必不多。決非如舉行他種之新政。事先必豫籌若干鉅金也。如謂地方官一時不遑兼理。此亦不知自治事務全不須官廳之直接舉辦。惟間接監督之原理也。蓋地方自治之團體員。以在區域內之人民自然充當。其職員多由人民選出。其事務皆爲國家所委任性質。固定作用簡單。毫無繁雜轇轕之可言。萬不須地方官爲之勤勞奔走也。

法理上之誤認者。蓋謂地方自治者。所以限制中央之權力者也。所以抵抗中央之事恐者也。其用意誤以地方自治之性質。在法理上與中央政府立于平等之地位。故近有一派人之心理。見政府之改革反覆。羣思脫離政府之關係。提倡地方自治。以爲監督政府之後援。殊不知地方自治之性質純係生活于中央支配權之下。其所執行之事務。所享有之權利。所保障之法規。皆隨時爲中央之意志所左右。自身固毫無特殊之權力也。縱一時因委任之範圍廣汎。可以驟增其權力。然中央可以隨時收回。隨時變更。良以地方爲國家之一部。國家爲各地方之總體。不能以一部之意思。抵觸總體故耳。且自治二字之名詞。學者有訾其爲近於人民主體說之謬論。謂當易自治二字爲民治二字。蓋近世學者。既公認國家主權說爲確當。則人民所治之地方事務。不當謂之爲自治。倘必謂之爲自治。則國家主權直接所舉行之事務。不轉爲他治乎。此地方自治之一名詞。不能成立于學理上也。特世人因此二字。歷史上襲用已久。恐一旦改換。以滋紛亂。故姑仍其舊稱耳。據此觀之。地方自治之性質。絕不能與中央平等。無待深辯矣。乃我國人對此問題之性質。有許多離奇糅雜之言。此全由于不知地方自治之定義耳。

夫治。一種學科。而不。先研究。一精確。之定義。則學說之新舊派別之異同皆不能。明晰。雖博覧羣籍終無統係也。日本渡邊廉吉氏之『論地方自治之定義』一文。于自治之原理。發揮無餘。雖區區一簡短篇幅。然萬不同于他之普通論文。徒矜宏博耳。讀者如略能細思。則地方自治之眞理自能得其概要。而我國自治制度。即可因此而推行無阻。盖學說既明。事實自易進行也。故余譯之以爲研究地方自治者之一助。

地方自治之觀念。日本自地方制度實施以來。固已漸臻發達。其文字胎原于歐西諸國。而其意義之規定。則異說紛歧。近世各國學者。猶議論集注于此問題也。要之自治云者。以廣義釋之。凡人民不負官吏之資格。而參與政權者之稱。以示區別于爲國家、直接機關之官吏者也。然竊以爲就人民爲統治之主體而言。則自治者所以名人民、之直接參與之政治者也。反是而以國家爲統治之主體者。則必謂國家直接所行之政治爲自治或國治或官治而人民參與者爲他治或民治則其理論乃能壁壘森嚴顚撲不破矣。雖然、此語源既非日本所固有。而自治之名稱。復譯行已久。則欲不勉從慣習名民治曰自治不可得也夫此自治之原語有二一爲英語之(Self Gov'rnment)其字義訓自爲政治也準此義而言則凡政治云者包羅國家統治之三作用即所謂立法司法行政者也然則人民之自爲政治一語必釋爲參與三種之政治者無能非難之者也而英國之自治制度實活動于此廣汎之範圍中故言其司法則有曰陪審制度者任人民以名譽職員使參與判決刑事被告人之有無犯罪也又如商事裁判所者亦列名譽職員之商人于陪審席若此者莫非基于自治之觀念者也且英國學者謂立憲政治者淵源于自治理想而人民之選舉國會議員不徒使之參與法規之制定凡國會所決議者原則上勢在必行若夫君主之裁可權固如置之度外者也夫自治之理想汎漫若是必如英之執人民自由主義者與夫民治主義之民主國乃能相容若國體如日本者固無發生此現象之餘地也反是之第二原語則爲德語之(Selbstueawaltung)其義訓自身行政蓋外乎立法司法而專言國家之行政職務之意也雖根據于行政而立論然亦非涉及各種之行政事務其範圍固專指地方行政之一部也夫行政云者國家臨機處事之作用端緒紛繁其區別之法未能一致者也雖

然類別之最普通者。要不外乎外交軍事司法財政及內務之五大部也。前四者皆必須國家之直接施行之。其能以地方自治行政輔助之者。惟屬于內務行政之一部。就財政而言。于國家財政之外。雖亦有地方財政。然施行內務行政之結果。要不過課賦地方之租稅。是以自治之主要部分。仍在于內務行政也。本論之目的在研究地方自治之性質。故各部行政之義。不遑深論。然自治之定義。學者之辯駁亦極繁奧。蓋其立論之根據互異也。有以自治之起原沿革及其政治上之目的為主者。有基于現行之自治制度以立論者。要之此制度之規定。國異其宜。如欲立一世界共通之定義。固勢有所不能也。茲首述歐洲英法德諸國之關于此制度之梗概。次揭學者之議論。終論日本之現制。以期地方自治之本質。瞭如指掌而已。

夙稱自治制度之初祖。其發達最圓滿而為全歐之模範者。英國是也。其後經德國鴻儒克呢斯的之研究。遂得為斯道別開一新紀元焉。

英國于中古時。議院制度既發達。于是自治制度亦如風馳電逐。有日進不已之勢焉。其自治之主裁者為治安裁判官。受委任于國王。獨立以行其職守。不為中央政府所掣制。亦無俸養。其執行職務。必以國家之法律爲標準。而法律上之監督。則王國裁判所掌之也。此治安裁判官于地方政務之外。下等刑事裁判。亦爲所參與。是英之自治制度。非專務官吏而爲名譽職員（即無俸養）以參贊國家之統治權者也。其後別有所謂新制度者。即千八百三十二年實施之社會制度改良法。如以整理濟貧衛生及教育諸制爲目的。而組織行政區之地方團體是也。行政區者何。即以發達一定之行政目的。而組合之一機關也。如濟貧組合學校組合道路組合等皆然也。置公舉之委員俾管理財政。其主要之任務。則爲有俸給之吏員所執掌。然此吏員之行爲。必有以監督之者也。將以委員監督之乎。其兩方之權力相若有難于盡職之虞也。故國家特設監督官以從事焉。于是中央監督局。亦因以發生。即千八百七十一年法律所規定之地方政務局也。英國郡町村之自治制度。畧具如斯。若以市論。則市者。非總理各地方行政事務之團體。而爲一部之行政自治耳。在昔其自治權力之實施。惟限于裁判警察及財政諸端。今則不然。雖衛生建築及學校事業。亦漸爲所吸收矣。雖然。就理論言之。固無以市爲包羅一切行政之自治區者也。但英國此制度之廣汎無垠者。既為堅牢不拔之慣習則實際除外交軍事而外凡百政治無不總攬無餘矣故欲區別其自治事項與國家行政之異點極難于立說也今之强劃以自治與官治之界者純自其事務官吏與夫名譽職員上而溝分者耳

法國當舊制時代中央集權及官治主義併極昌隆自治制度亦無從發生至大革命之時各地方機關以公選而設置雖曾試行于一時卒以其結果不良弊竇百出遂仍復舊制焉及拿破崙一世出乃創為新法其主要之原則今猶多奉行不變者蓋能準之國情而善為制定之故也其制度之概畧為州置知事郡置郡長邑置邑長以隸屬于中央政府此外則有曰參事會者基于人民之公選與官吏相若惟其職權則止于管理地方之財產及參列會議而已要之法國之制度非地方分權而為中央集權故官治日以鞏固而自治一端猶未能圓滿發達也

德國者異于英亦不同于法者也其官吏政治充實進行之時其一方如市者亦善能保存自治之原素俾于警察權以外施行數多之國權且人民之有擔任其市之名譽職員之義務者垂為原則一般所公認者也反是若郡若村以此法不見容于私領地

主。故未能實施。而有日就消滅之勢。至本世紀以來。普國于千八百八年。改定市制。于自治制度。大加改良。逐次流行于諸聯邦之間。其勢力膨湃之結果。遂至使市制之主義。潛移默播于各郡村。而私領地主之權力以袪。自治制度乃得而光復于一旦也。惟憲法頒布以後。力求維持從來之官治主義。故于國家大行政區之郡府縣之間。防國權之日薄。而悉任之官吏焉。是以地方團體之組織雖存。其職權僅行使于地方之營造物。及財產二者而已。降至本世紀之中葉。乃設自治機關于郡縣。俾參與各種公權。雖然。亦非如市町村之專以地方機關施行地方政務者也。不過官吏與地方議會所選之名譽職員。合同協議。以定公權之設施而已。律之英國名譽職員之治安裁判官等。獨立以參與凡百之政務者。豈可同年而語乎。申言之。德國者。介乎英法之間。市町村之自治制度。雖曰完善。若夫郡縣。則僅以名譽職員。協贊官吏以定行政之道而已。英法德諸國之地方制度。既述于前矣。玆再揭各學者之學說。夫對此問題之議論。派別繁衍。頗難得其精要。今就其大旨而區別之。則亦不過二種。一爲政治論。一爲法理論是也。

持政治論者。其說、亦未嘗、一、致者也。然其所根據之論旨。要不外謂自治團體者。其萌芽之茁育。在於國家成立以前有獨立之性質。及固有之事業者也。然近日唱異議者。謂自治團體者。非能成立于國家之前者也。凡人類相聚而爲部落。遂團結以構成國家者。固事理之必然。徵之國家起原之歷史。亦章然事實者也。然所謂部落者。在當時宜認爲自治團體乎。抑國家乎。此心須研究者也。夫部落之爲物。在國家成立以前。固負獨立之權力。毫不爲外界所羈束者也。然則謂爲自治團體毋甯以謂爲國家者爲適于論理乎。蓋自治團體者。非有獨立不羈之權力。其性質固判若霄壤也。惟部落被國家所統一而爲國權行使之一部之時。則謂爲自治團體。乃不至失之謬誤。質言之。部落當國家未經統一之前。爲獨立之團體。即國家也。既經統一之後。乃含有自治團體之性質。始得名爲自治團體焉。故自治云者。實與國家同時發生。不能强判以先後者也。其次。則自治團體負有獨立性質之一語。意謂離國家而獨立。亦實不可維持之謬說也。夫自治者。爲自存之目的。而對于一已謀所以享權利及負義務之道。且以法人之資格。行對人之競爭者。實必然之定義也。雖然、法人云者。爲所受法律上之人格。

非自治團體固有之資格也。而法律原于國家之制定。則自治團體之生存于國家法治權之下者不容疑者也準之此義。是自治云者。不過于國家容許之範圍內負一種之特權耳易言之。即爲國家之一建設物而已其存其廢及其範圍之廣狹悉隨國家之意志爲轉移也從來學者之重視自治權力。謂雖國家之大權作用。不足以左右之者。實基於英德諸國之自治歷史及其定義而云然不足以爲訓者也夫以英德言之。其自治制度發達。既臻圓滿。不易得而變改之者實理勢所當然如必欲有以動搖之又豈其國之政策所宜爾耶故自普通之政治方面立論則自治者存在於國權之下苟國家不能左右之是爲與國併立無以異于北美合衆國及德國之聯邦政治矣非背戾乎自治團體之性質乎故此說已全失其成立之理由矣再次。則自治團體之有固有事業一語。然乎否乎。非有縝密之研究。不足以解決之者也。

從來學者區別事務爲二類。曰固有。曰委任。委任云何。蓋原爲國家所宜直接執行之事務。以任於自治團體之謂。固有事務者。即原屬于自治團體之權限內者也。夫固有事務與委任事務之區別。雖各有定義。然何者爲自治團體之固有事務。與夫國家之固有事務之區別。仍在迷離惝怳之中也。日本之市町村制理由書。亦曾採用此區別。凡市町村之事業。有本之全國公益及一局部公益之別。如軍事警察教育之類者。全國公益之事也。是爲委任之國政事務。反是之局部事務者。如農業經濟交通衛生諸端。以其爲市町村之公益事業。故名之曰固有者也。夫此理由書之目的。在欲據公益之種類。以爲全體及一局部之標準。然準此說。以類別國家事業及自治事業。又豈定論也乎。

例如交通及衛生二者。豈必限於市町村之公益哉。蓋一局部交通之利害。固影響及乎全體。若其衛生事業。則一地方之不愼。禍毒尤蔓延一國。是國家與市町村之關係。如人體然。拔一毛而全身動。利害固相共也。且夫市町村者。非府縣之一部乎。府縣者。實一國所區畫者也。大之曰國。區之曰府縣。再區之斯爲市町村。然則市町村者。國家之分體。國家者。各市町村之總稱。烏得據公益之種類而爲區別之標準乎。今姑讓一步曰。可以爲標準矣。然仍不足爲不受國家干涉之根據也。蓋凡公益事業。斟酌經濟上之利害得失。及舉事之難易。以決其孰爲府縣或市町村之事業。孰爲國家之事業。

非有懍然不可侵犯之畛域也。故理由書有云。如農業交通等一局部之事業。若國家因時制宜。直接有所改革之時。非即爲剝奪其權限侵掠其固有事業也。反是、如教育諸普通事業。其委任地方團體之設施者。則爲國家之權力。地方團體固不得而抵觸之。要之。公益事業之判乎國家及市町村者。悉國家職權內之自由規定。法理上無所障害者也。精密言之。凡百政務。無非國家所宜直接處理之者。故悉以爲國家之事務亦所當然。其所以立爲區別者。據其繁簡難易諸利害問題而生者也

德國學者。多數之主張。謂自治團體之精神。在有固有事業。蓋人類既有生存之目的。從事自治而負有人格。則必有以異於他人之普通事業。與夫所以趨利祛害之行爲者云云。按此說實流於紕繆也。

本法理論而立說者。亦議論紛雜。今舉其重要學說于左。

克尼斯的氏之言曰。自治云者。郡市町村準據國家之法律。以地方之租稅爲費用。任名譽職員。以奉行國家之內部行政者也。克氏以自治之精神。在於任名譽職員一端。良以舉地方之有德望者。爲譽名職員。以行國政。可不爲中央政府所左右故也。故氏

不曰自治團體之固有事務。而總稱之曰國家之事務。是國家行政。與夫地方行政之異點。不在行政事務之種類。而惟以有俸之官吏與夫無俸之名譽職員爲別也。日本之市町村制理由書。亦以氏所主張者爲要領。其言曰自治云者。準據國之法律。以名譽職員處理政務者也。夫克氏之說。基於英國之自治制度而立言。其善得自治之奧義。固爲余輩所推崇。然以名譽職員爲地方團體之唯一要素。則似詞語過激。不能無疑義焉。

夫名譽職員者。非地方自治之特質。即于一般行政、與夫司法之間。亦曾有此性質者也。地方團體。固必以此爲一重大要素。然必謂爲此事業之精神。闕之即無以成立。則不可也。如必準此定義而言。則日本之市町村自治制度。將不能存立也。何則。即以市論。日本現制。其市長以下。皆非名譽職員。而受俸給故也。故克氏之說。爲英國之自治論。而不能適用于一般者也。學者鑒於各種之非難。更爲定義曰。自治者。爲以地方團體執行國權。又有曰自治團體者。具公法及私法二人格。受一定之委任。而爲國家之一機關也。如此者、皆以自治團體爲國家之機關。其所見異于官廳者。則謂官吏者。本君主之任命以奉行大權作用。自治團體者。據法律之委任。而施行其權力。而近世國家既否認自治團體之固有職權。是其職權。悉爲國有者。不過任之而執行耳。故自治云者。非自謀之謂。亦非以一己之利益而成立。代國家以處理國政者也。其立說之概畧如此。雖然。亦有所不當者。葢如上所云。則自治爲施行國政于一地方之謂。無以異于官治。若夫以奉行君主之大權。與受法律之委任。而別以自治官治。則官治中豈無據法律之委任以執行者乎。自治中豈無受勅令之委任者乎。故以此爲區別之標準則全不適用于一般也。于日本則尤不克成立焉。夫此問題之定義。欲求一精確之語。固未之爲得。今試本之日本地方制度。而下一定義曰。地方自治云者。地方團體自以其機關。自以其財力。本之法令。以處理公共之事業者也。質言之。自治者。地方團體于法令之範圍內。得自由治事之謂。要之自治之要義。在承認地方團體。並與以一種之人格也。不然。則地方行政。皆爲官治。而自治制度。將日就澌滅矣。故自治者。團體行政也。官治者。官廳行政也。此二者之區別。可得而斷言之。今尙就其要義而說明于左。

一 自治者。行于地方團體之機關者也。自治者。所謂法人也。不得如自然人之自由行動。必須有代法人而爲發動之機關。而此機關之組織。概自人民之選舉而成。議員及名譽職員參事會數者固然。即有俸吏員市長助役與夫有俸之町村長者。亦莫不皆然也。惟上級地方團體參事會員之少數。有出自人民之選舉而爲官吏者。然此官吏爲參事會員資格之行動。仍不失團體爲機關之定義也。若據自治之精神在以名譽職員行政之定義而言。則日本惟于町村及或種之組合（以名譽職員之町村長爲組合長之組合）爲有地方自治。而市郡府縣之間將無復自治之可言矣。且一旦若易町村之村長爲有俸給者。將亦否認其非自治制度乎。故其與町村之旨趣。不無違戾也。

二 自治者。必恃其地方之財力者也。其財源所出。一爲財產營造物之收入。二爲使用料暨手數料。三則租稅。以爲之補助也。克氏之惟以地方租稅爲其財源者。不過舉其重要者而言耳。論者見地方團體曾有受上級團體或國家之補助者。于是謂自治者。不可僅論其財源。雖然此過慮也。夫所謂補助金者。不過以供一時之不足非以代團體之財源。則以其受補助之故。謂其失自治之性質。豈篤論耶。反是。如町村組合內之町村者。據共同之財力及共同之機關。以盡維持町村之任。非自以其財力自以其機關。則不能厠諸自治團體之列也宜矣。

三　自治者活動于國家法令之範圍內者也國家以其直接機關之官廳。施行其統治權與夫畀地方團體以一種之政務者。皆其自由之意志不爲外界所干涉者也。惟地方團體既爲國家所建設。則其服從國家之法律命令者理勢所固然故曰自治者運行于法令之範圍內受國家之監督者也。要之自治之要素在于團體負法人之資格。如前所論者然夫法人之權力本于國法。則團體者于其權限內受國家之監督以執行政務者豈猶有所疑義耶。

四　團體之自治事務。皆其地方之公共事務也。自治事務者屬于內務行政之範圍。爲關係國民精神之教養身體之發育經濟之發達者。即教育衛生勸業土木諸事業也。然此諸大端。非悉自治之事業也。有爲國家所有者有爲地方公共所有者。故何者屬國之經營。何者爲府縣或市町村之職務。雖衛生土木諸事業。亦莫不判然分晰。但以上各種事業。雖有屬于國者或地方者之別。然皆可任國家之便宜規定

蓋國家于一事業中關係廣汎者國家直接行之其關係狹小限于一隅者即地方自爲設施可也

例如大學者國事也中學屬之府縣小學則不過爲市町村之事業而已而現制凡原則上爲市町村內之公共事業者任之市町村之自治（市町村制第二條）府縣郡內者一任其團體之經營（改正府縣郡制第二條）故謂地方自治之事業爲地方公共之任務非可任之他團體及國家者篤論也若如理由書之逐一別之曰教育爲國家之事業衛生爲地方之事業則措詞拘泥矣但地方公共事業中有强制的與自由的二種之別久爲一般學者所承認然此別爲一問題茲不旁及也

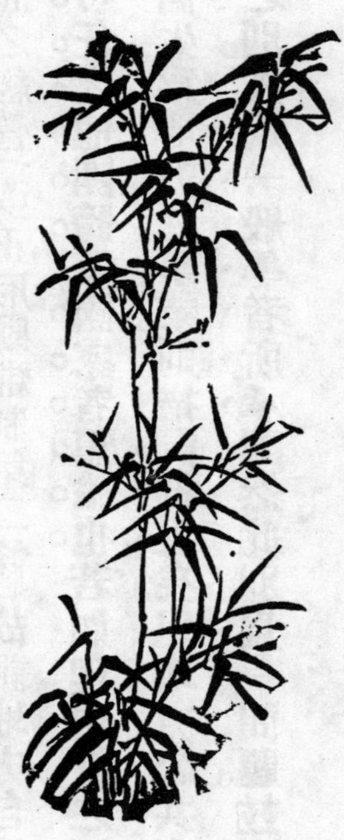

譯述二

論日本責任内閣久未成立之故

曉　宇

此篇見於財界第六卷第六號。(丁未三月出版)爲伯爵大隈重信之演說。譯者蓋有二意。以外國人而論日本政黨史不如日本人之詳。大隈伯。日本人也。以臆察者之論政局。不如身親者之切。大隈伯。日本之進步黨及憲政本黨之總理也。以當局者之論政事。不如旁觀者之明。大隈伯日本在野黨首領之退隱者也。準此三長言可徵信。故譯之。

大隈伯曰。『夫以議會創設以既來及二十年之日本而政治之基礎。不置於國民之上。非國民的内閣。今尙儼然存立者。果因於何等之理由而然乎』大隈伯又曰。「猶有遺憾者。則從來藩閥政府之對於議會。純用陰險政畧。且非常奏效。大隈伯又曰。「蓋在立憲之政治。苟有以致民心之腐敗者。實爲非常之可恐也。」吾國今日言立憲者紛如矣。盍一思大隈伯之所言。故譯之。

自明治二十三年始開議院。召集議員。以至於今日。其間實經過十八年之長日月。此時期中。政治上之遷移狀態。實呈波瀾千萬。立於日本以觀之。均已屬於過去之事實。亦不外歷史上之陳跡已耳。雖然。若論既往政治史上吏民二派之爭鬥。演成種種活劇。其間勢力二者雖互有消長。然自大體而觀之。則日本之大權全掌握於藩閥者流之手裡。實不可爭之事實也。苟有精通現時政界之形勢者。則無論何人。均可不疑吾言也。

夫藩閥政治。於其形式時。能化爲一種官僚政治之現象。昧者不察。每有攻其小指而失其肩背者。吾人論事貴得其眞相耳。今有其內容尚純然爲藩閥政治。則外形雖呈若何變態。而政治之中心。欲云不在藩閥之手裡而不得也。彼今日之西園寺內閣。此所謂混合有力的政友會員而組織者。故由其外視之。恰如政黨內閣之形式。苟一究其內容則政治之基礎不置於國民之上雖欲稱爲國民內閣不能也夫以議會創設以來既及二十年之日本而政治之基礎不置於國民之上非國民的內閣今尙儼然成立者果因於何等之理由而然乎是非有一研究之價値乎

徵之過去歷史此十八年間吏民二者政權競爭勢力競爭時可謂政烈矣雖外觀或互有勝負然爲全局之較量則可謂民黨全敗藩閥制勝其有激烈之競爭正所以助長彼等之勢力耳盍一反觀其經過之事蹟則當二十四年松方內閣解散第二議會而越二十五年舉行衆議院臨時總選舉之際政府使品川爲內務大臣大行干涉選舉盛散黃白以買收民心敢行非理不法大出於立憲的行爲一時人心非常激烈政府成蹟毫不可見總選舉之結果依然民黨制多數國民反對政府的感情却益示强大是實政府當局者之第一失策且與收攬民心者一大創痍也其後非難之聲進而愈上不唯民間已也內閣員中亦往往有指摘其非政者松方首相遂去其職伊藤侯代之而組織新內閣也大網羅元勳作薩長聯合內閣伊藤山縣黑田井上等諸氏並立其中心比諸前內閣稍用溫和手段欲以徐徐融和國民之惡感然此等處置當時

非唯不克奏效已也。却益高國民激昂之性情。示國民的勢力之强大而藩閥的勢力立受一頓挫由此觀之欲保立憲政之完和萬不能外於國民的勢力者此非一大新例案乎

於第三期議會之後。日本政治史上有堪注意者。則國民協會之出生是也。國民協會以西鄉品川二氏爲盟主。聲明爲國家主義。取接近政府之態度。然當時改進自由兩黨依然不枉從來之方針。表彰民黨。繼續聯合運動。臨第四議會。大整旗鼓。肉薄藩閥之牙營。保持其不可侮之勢力。對於政府之財政計畫。極力反對。吏民二者衝突愈甚。際此危機一髮之時。忽而大詔煥發。於是政府與國民。一時咸奉聖旨而姑協恭云。

夫吏民之爭鬥。與日愈進。兩不相下。議會繼以解散。當此憲政生存競爭危逼之秋。無端而有朝鮮事件。更一轉而爲日清戰爭。由來忠勇愛國念深之我日本國民。於此時也。一掃感情。勉助政府。共圖破敵之方。是役也。博無前之大勝利。繼而有三國干涉之失敗。大招國民之反抗。伊藤內閣大失國民之同情。將及瓦解之秋。彼自由黨名爲戰後之經營。公然與伊藤內閣相提携。板桓總理挺身入閣。自爲伊藤內閣之內務大臣。

自是之先藩閥黨與分爲二派一即標榜自由主義欲求憲政之完美者一行護力保守主義欲施行官僚政治者而高名之政治家伊藤侯實代表前者其他藩閥政治家之多數實代表後者彼自由黨力助前者以肝膽相盟之美名與伊藤內閣相提携是實開我國政府與政黨相提携之端緒也

當時伊藤內閣因板桓伯之入閣欲專賴自由黨之助以完成戰後經營之事業然而馬關條約大失民心到底不克挽回伊藤內閣遂以瓦解當時我輩副國民之輿望以國民多數之意見爲基與藩閥之一部聯合組織一種變態之聯合內閣時人稱之爲松隈內閣云此在我國憲法史上始表出責任之內閣之意義者也故於此時苟一簣成功則責任內閣樹立之期可得而待而其不能者實於憲政上甚可惜也然於此時有堪特筆者則如今所傳松隈內閣之史蹟當時言論出版集會等憲法上人民可享有之權利政府厚尊重之固其保障是也

自是之先民黨中以對外硬相標榜之改進黨革進黨及中國進步黨等行在野黨之一大合同改稱爲進步黨而發表其政綱以接近於內閣

松隈內閣得進步黨之後援。得以安然無事通過議會。特當初發表之政綱。非唯不能維持已也。而政治之設施。亦以不能出於立憲行爲。進步黨及非難內閣之行動。爲好意的忠告。逼其實行當初之宣言。然松方伯不之應。進步黨乃開代議士總會。自其決議。全與政府斷其提携。而自由黨及國民協會亦不助之。政府際不得一有力者之援助時。而全國之新聞雜誌記者。亦同盟非難松方內閣之非政。政府乃解散議會。同日又總辭職。故不及待總選舉之結果。而增稅計畫亦到底不能成立也。

及明治三十一年一月。第三伊藤內閣成立。然第十二議會之解散。民黨痛被激刺。進步自由之二大政黨。一致結合。組織一大政黨。名曰憲政黨。此固基礎於國民多數之輿望而成立者。其勢力之强大。固甚不可侮也。當時伊藤首相見民間一大政黨之新勃興。亦欲乘此時機。組織一政府黨與之對峙。廟議不合。遂斷然去其職。當其奏薦後繼者。直指示憲政黨之首領。於是我輩及諸黨與新入而組織內閣。此固日本最初之責任內閣。大堪慶幸者也。而適有不然者。則兩黨之結合。爲日尙淺。而其基礎甚不堅固。黨員內訌。自相攻訐。遂至陷於內潰之不幸。此實至於今日而責任內閣尙未能成

立於我國之一重要理由也

猶有遺憾者則從來藩閥政府之對於議會純用陰險政略且非常奏效當斯選舉時甚感疲勞之多數議員爲利益問題其所主張不無二三其德如斯運用議員人民大至墮落此實官僚政治家之大所滿足而責任內閣之欲成而不成者之所以也夫在彼等之成功固自足喜然於憲政前途何以堪焉於是名之大政治家伊藤侯看破政黨改革之遂不可已欲爲憲政有終之美組織一大新政黨此即政友會之所以起也政友會之成立同時而有自由黨之滅亡於日本憲法史上深可痛惜者也然而伊藤侯得政友會一致之助力後援雖代山縣侯而組織內閣然伊藤內閣亦未旣瓦解桂內閣相尋而成立斯時也恰遇日俄戰爭之開始全國民心皆傾向於此一方面議會亦一致協力擁護此內閣皇師所向無敵連戰連捷大發揮日本帝國之國威由是因於國力之發展大促起民心之猛進戰勝之結果却使國民惹起一種之傲慢心苟進而細察之非無致一般民心之腐敗者然一利一害之數固所不免也故於今日須利導民心求所以勉收其利而避其害若不然者憲政之美果未能望也蓋在立憲政治

苟有以致民心之腐敗者固為非常之可恐也

要之於過去十八年間勢力之競爭利害之衝突而其極乃以來政治之腐敗國中自治團體無不蒙其影響其勢滔滔不知所歸苟如斯流極而不已則憲政之美責任之實果成於何時乎是在善謀國者打破錮疾一掃民心竭力養成清新之氣品蓋物窮必變天下之通理也是則今政治之腐敗亦所以開他日憲政改革發達之端緒乎考之英國歷史當十八世紀之中葉國勢優柔不振屢為法人所乘乃至失亞美利加殖民地爾來千古之偉人陸續輩出如比的如福開士如柏克等慘淡經營遂成今日之隆盛夫為政固在人也前事不忘後事之師夫然則今日我國政治界之腐敗者即為他日刷新之動機未可豫知也況也嚴寒之後必有春和此其時乎是不可不依賴青年諸子之手腕

雜錄

所望於新任川督趙公（川漢鐵路問題）

仲遙

本社先後接內地來函言川漢鐵路問題者。不下數十通。余旣嘗擇錄一二。以示國人。具見前報。頃見上海時報。復載有酉陽嚴君擬上岑督一書。其中意見雖不與鄙見盡同。然指陳事實頗爲詳允。不可謂非內地進步之輿論也。今者易岑而趙矣。余故轉錄於此。以嚴君所望於岑者。轉而望諸趙。抑吾聞趙公賢者也。爲人仁厚而愛民。此次蒞蜀。吾固知其於鐵路問題之外。必更有以大慰吾望者。雖然鐵路問題。亦數大問題中之一也。然則趙公之視吾蜀何如。吾即以是卜之。

擬上川督岑宮保書（酉陽嚴雲青稿）

（前略）四川據長江上游。古來形勝。備在方冊。自英法耽逐於外。土番蠢動於內。遂成門戶洞開腹背受敵之地。前督憲錫有鑒於此。當　陛見出京時。即與鄂督張香帥協議奏辦川漢鐵路一枝。以冀國家人民交受其益。其時全國路權。半落他人之手。自辦之議。居中國第一。路枝之長。尤各省無兩。小心謹愼。不敢輕率從事誤一省。並誤全局。因議博采衆長。奏派在籍紳士翰林院編修胡峻調查於外洋。復札飭蔡道乃煌樓牧藜然等。周諮內地。□□不材。亦得備參隨之列。先事遠慮。至周至密。惟□□用非所習。何敢言工程專科之學。猶幸駐省學堂。久路事素所留心。而浙路總理湯京卿裁成後進。時受開懷訓告之益。公餘之暇。輒即兩省辦理情狀。及中國現勢。比較興業之道。略可得言焉。竊以爲一二年來。倡保主權之說。日激一日。各省鐵路。不患不逐漸擴張。雖然。空談匪難。實行爲難。慮始不易。圖成更不易。披地圖鐵道綫一覽。僅有事於預定者。比比也。尋繹其故。蓋有兩大原因。一曰無人。一曰無財。其屬於邊境及藩服諸綫。綿延無既。勢必歸國家辦理。然今庫欵奇絀。烏能撥此鉅資。從事萬里之外。揆情度理。不得不待諸十年二十年後。此所謂絀於財者。內地與邊藩異。司理得人。百千萬金。不難賡續招集。然反之則不惟無功。並且階厲矣。此所謂絀於人者。川省古稱財富。江漢炳靈。又世產開明之英。準上二者。均無或有欠缺。顧何以川漢鐵路開辦數年。初無一二成效。以慰中外士夫渴望。然則或以有仁賢大吏發起於上。而司理於下者之非其人歟。□□愚謬竊以爲此路成敗。實關全局安危。凡官紳士庶。均宜各發天良。匡成偉業。庶無負國家并大吏注重路政之至意。謹就前辦理人情狀。敬爲宮保陳之。

(甲)**資格不副** 當他族攘臂之際。凡鐵路之自辦者。莫不欲迅見其成。並大獲其利。第發軔伊始。成與利均莫可必。所稍恃有把握者。在視總司理人之資格。資格有二。一聲望。一資產。其屬於商辦者。則總副理由衆推選。自必爲羣望所歸。若官辦。則必取資產主義。出宦囊所蓄。附巨股若干。明以培公司基本。即晤以示全體證金。則雖英聲碩望。未見重於遐邇。然既附巨股於公司。則人知公司損益與己有密切關係。必不至漠不關心。如前局所委員矣。故附股不招徠而自踴躍。工程不焦勞而自迅速。雙方獲利。莫逾於此。前川路總司理人聲望天下。自有公論。而資產復不認一股。不惟不認一股。並且有挪移侵蝕諸證據。騰說於海內外。是爲資格不副。

(乙)才識不足　十餘年前。中國無鐵路軌跡。五千年中歷史無鐵路名詞。故歸諸研究。則新學問也。見諸經營。則新事業也。垂諸法制。則新政體也。以舊時故技。營最新事業。夫豈有濟。然浙之湯京卿蘇之張殿撰。固非如外洋之專科卒業。久歷鐵路。爲股東公推爲總司理者。胡以辦理初始。一日千里。亦以其人卓識高才。富有商業智識。兼之毘鄰海上。周知外洋及京漢關內外鐵路情形。復運精深之理想。采通博之論說。取詳密之調查。苦心孤詣。實事求是。故能獨力經營。開創偉業。然則不服其才。其識。漫曰時會爲之。夫豈通論。前川路公司總司理人才之優劣。不敢荃次。惟其浮沉宦海。不識鐵路公司。如何組織。不識鐵路事業。如何經營。則可斷言。試即章程一事言之。凡鐵路發起後。即必假定章程。上以遵國家律令。下以取商民信守。外國如此。中國亦莫不如此。而獨開辦數年。一並無之。客歲十月間。因留學生激刺。强事剽竊。訂成一草冊。謬陋簡陋。不能終目。如最重要之股金。分紋銀銀元兩種。優先股限四年。分特等次等各名目。其他類是。是爲才識不足。

(丙)責任不專　鐵路公司爲事務最繁冗之地。鐵路總辦。爲責任最重大之人。浙總理湯京卿之言曰。勞苦哀毀。金石亦靡。蘇協理張殿撰之言曰。自問才力日力精力皆有不足。實不克當。二子皆實業界泰

所望於新任川督趙公

斗。以全副精神營路務者。其言如此。他可概知。是以日本法律。凡有職官吏。皆不得營商務。誠洞見癥結所在。蓋恐兼營並騖。毫無成效。貽害個人名譽者事小。貽害全體關係者事大故也。然則中國欲發達軌政也。無論何省何路。皆當奏派通才。獨力擔任。以專責成。萬不可蹈局所故轍。追悔事後。川省自人言嘖嘖後。改爲官紳合辦。分派總辦各一人。適趙大臣赴藏。胡紳出洋。因奏派前任成綿隆茂道現署鹽道沈秉堃爲官總辦。前刑部郎中現學部丞喬茂萱爲紳總辦。其時喬遠在京闕。身充學部要差。雖曰總辦。名譽而已。所恃以綱維一是者。胥沈道一人。夫沈固在任實缺人員。兼充武備學堂總辦。警察局總辦。勸工局總辦者。更益以最重大之鐵路。豈能勝任。此爲責任不專。

右上三者。皆就□□在川時。目擊實在情形而言。不敢深文。不敢瑣屑。夫路政猶軍政也。鐵路總辦。猶總司令官也。世未有總司令官不知軍事。而能克敵致果。終洗國家積恥者。亦未有總辦不知路事而能長駕遠馭。不負股東委托者。雖然。此猶曰高遠之論。不知權變。請言因上三者之故而生種種惡果如左。

(子)官民衝突之弊 公共運輸團體之組合。其原質曰股東。受股東之委托而被其監督者曰董事。曰總副理。曰查帳人。中外股份公司範圍內。無因社會之區別。而分官民者。更無因官民而生衝突者。然四川則竟有之矣。推其原因。在總辦以官自大。而卑視股東以民。故因官之階級高。故飭民不得與發議。因民之地位卑。故畏官不敢肆稽查。以官而利用官。曰招股多者列上考。藉官而强迫民。曰附股遲者服上刑。胥吏乘此魚肉。鄉里挺而蜩螗。此主事王荃善。舉人張羅澄等之叩商部外部。不爲無因。而留學生之集議日本豈謂多事。口口往來江浙間。竊見公司之判一詞。必曰本總理浙之商人本副理浙之商人。定一章必曰斟酌商情遵守商律汰盡官府積習溝通商學二界是以羣情歡悅赴股如赴其私。而視公司如視其室也。四川一一反之是曰官民衝突之弊。

(丑)機關部缺少之弊　董事總副理察帳人股東會四者是爲股份公司高級機關其四者必完全不可缺一之理由稍留心於商業者類能知之。其必完全不可缺一之規定稍寓目於商律者類能言之。然則欲決公司之成敗。假巡視法定該機關部人員之義務權利選舉位置如何而此部之有無在所不問。不謂川路公司之於此部。不惟不善。並且無有。殊足駭人聽聞矣。謂總辦而才爲省事計耶。則鐵路事繁資巨。內集谷於自身。外表白於天下。不能無此。謂總辦不才爲掩蓋一時計耶。則鐵路必期於實行。必見諸成效。贊襄監督更不能無此。且公司猶軀體也。機關部人員猶大腦小腦也。無軀體不能成人。無大腦小腦。則雖成人而與土偶無異矣。烏有成長發達之日。是爲機關部缺少之弊。

(寅)職員濫竽之弊　公司事繁。不能漫無端緒。故必以分工法治之。其分類而治之之地曰部課。其按部課規定之事而治之之人曰職員。公司職員與厘局司事異。必其人有普通智識經驗并具特異才能者。乃克承充。必有資望紳董推薦擔保者。乃能中選。非故漫無人情。實因公司業務經緯牽連。一職尸位。則全體受其影響故也。雖然中國執政發軔伊始。職員訓練毫無預備。即以江浙論猶歎才難。何有於邊徼。不得已而思其次。則必遴其切實勤懇。不熱中於薪俸多寡與得隴望蜀之望者。亦足有濟。此商界有所望於新任川督趙公閱歷家言也。川路公司。不堪回首。部課餉漫無條理。職員更難為形狀。盲人引盲。如塗塗附。酒食酣嬉。蓋已托鉢數載。夫四川非無職員其人也。惟必以大公羅致。則求仁得仁。不問緩急。若概以奔走私門者塡塞樞要。固不能棄及於修能之士。而修能之士。亦寧巢覆同盡。逃避山林而已。是為職員濫竽之弊。

（卯）股金浪用之弊　川路公司之於股金。東北兩京人士。屢摘其挪移侵蝕的欵。布告中外。茲不贅論。第舉其他未提及之淺而易見者二種。以概其餘。一曰鐵路工兵。一曰駐宜分局。工兵為巡防起見。本不差謬。然必先招數百人於未興工之數年以前。使年費巨金。則僨矣。分局有為招股設者。有為分段辦公設者。亦屬通例。然必設不招一股。不辦一事之局。坐使道員一。隨員三。上下五十人。年費薪俸房租數千金。則妄矣。夫鐵路事業。資本事業也。川路資本出於租。則又民膏民脂所揉而成也。就全體言。動一欵必符鐵路檢計學。就一部言。支一費必符鐵路會計學。斯為不負股東。不負國家。而前公司辦理人。肆官家之性質。揮霍自由。不知撙節。勸用儉省辦理。如浙公司咨郵傳部及九廣合同所載之語。為何謂。是曰股金浪用之弊。

右僅撮要而言。不嫌詞費。則可推演商股滯銀、租股滋擾、無改良無改步諸弊。然皆卑之不論。夫鐵路實業也。實政也。使總辦能以一人掩盡天下之目。杜絕天下之口。姑不妨自誤誤人於一時。無如民智大開。生命財產關係。勢有所不能。驚顧怒潮。前仆後起。甚可慮也。又使能以一人輿盡公司之利。剔盡公司之弊。亦不妨武斷於一時。無如一法不善。動搖全局。西潼鐵路之前轍。固眈邏隣封也。且夫川漢鐵路。不僅為商務謀發達。兼為兵事籌利便也、不僅為四川增幸福。蓋為中國保安寧也、前督憲錫以隻手千鈞之身。不克躬親繁複、故特派員司理之。又恐司理人百慮一失、故派員紳四出調查。歸思所以補救之。其謀集思廣益。勇於圖成者至矣。今司理人情形成蹟、既如上論。使稍有見聞者。為嫌怨故。默不肯言。不又上負仁賢大吏之盛意乎。是以不揣狂謬。擬綴拾管見。備萬一之補。適朝廷以西南鎖鑰。關係重要。不可不人地相宜。故於春王正月十九日有前督憲錫移節滇黔。我宮保開府粱益之命。敬維宮保勳謨偉略。昭灼中外。德威渥澤。尤鐫銘於我蜀父老。凡大政之興革損益。自有璣衡。一介鯫生。何敢妄肆嘐嘐。掉弄寧舌。因念泰山不辭土壤。野人敢貢芻蕘。是以奔走行轅。仰陳顛末。伏願我宮保就中國現勢狀況。定中國鐵路政策。就股份公司意義。定辦理股份公司名稱。就川公司失敗情弊。定改良川路公司秩序。奏派有才識有資望員紳。協力同心。擔任一切。則責任專而功罪可畏。才識練而成效可期。將浙路公司之頌大吏主持於不已者。及復謳歌頌禱於我宮保矣。雖然蜀地僻遠。風氣未開。商界士林。多未諳鐵路利益。使純取放任主義。聽公司自由經營。恐又不免轇轕百端。跬步見阻。□□斟酌利害。竊以為有必須我宮保提倡者保護者監督者。再為陳其概略。

(甲)提倡　提倡有訓導之義。如風氣未開時。路權墮落。官紳思有以救其弊。乃倡主權團體之說。以鼓勵之。是又有模範之義。如湘路公司辦理二年。籌款無幾。自袁大京兆樹勛認股八十萬後。附股者日源源而至。是□□所請提倡。蓋兼二者之義。而其事則籌款是也。蓋川漢線最長。需款最大。非大吏設法提倡。則僅藉公司之力。或有不逮。近江督端對於商辦蘇路公司。有代爲籌欵之舉。竊謂於蜀行之尤宜。謹節取之。以備採擇。說分天地。

(天)提倡官吏認股　普通人民。視綫背以官爲向背。上好仁下不好義。古今無此公理。蜀官最繁。大小不下千數百員。其中富有宦囊者。尤爲指不勝屈。設出其羨餘附股。則自身有可靠之利。公司有集腋之益。實爲兩得其便。是可仿江督札飭各屬官吏認股之例。以爲民倡。其他官家產業可放鐵路生息者屬之。此屬於模範之義者。

(地)提倡商民認股　蜀沃野千里。鹽鐵之饒。尤豔稱古今。惟智識未開。不知泉布流通之義。穴金巨萬。地有其人。設曉以京漢及關內外己成鐵路利益。並謂公司自改良後。非萃大衆資本。供一人揮霍。事未成而貲先罄者比。則爭利心愛家愛國心。無人不具。不患不攫汗挹血。爭先恐後也。此宜仿江督派得力之員。分投勸集之例。以期商股踴躍。其他鄉族公產可放鐵路生息者屬之。此屬於訓導之義者。

(乙)保護　恐公司勢力薄弱。輔之以官力而利其行爲。是爲保護。說分子丑。

(子)保息　公司通病。莫甚於無息可發。移母作子。以欺飾一時。而敗壞全局。故美國於民有鐵路之幼穉時代。莫不汲汲設法。與公司以保護之利益。湘鄂以官錢局作公司保息。即其例也。四川以燈捐一項供公司雜用。於義亦近。然界限未淸。諸多混淆。且戒烟之令。在所必行。此項旋歸銷滅。是不可不另籌的欵以保其後。庶商民信用益堅。公司基礎益固。

（丑）特權　英國路政創辦之初。亦有互相攻訐之事。然率權與於技術上經濟上。中國則恒因世俗迷信。發爲暴動。誠民智未開時所莫可如何者也。川人愚悍。其因風水關係。羣起械鬥而釀巨案者。數見不鮮。今路綫所經。遷移坟墓以千百計。非有特別懲導。恐難資於鎭壓。其他土棍之藉端滋擾。奸商之事先居奇。尤在所嚴禁也。

如右言則集股可。速資本可富。可以言建築。可以希營業矣。雖然猶有可慮者。在中國辦理新政數十年。其毫無寸進之故。雖有多途。而總因牽胎於官私侵蝕。鐵路公司爲資本所匯萃。而貨幣之淵海。本源或一不愼。則通同作弊之風潮起。害且不可勝言。雖商律載股東查出有他項弊竇。可以解散不認等語。但股東會開有定期。恐查出時業已緩不濟急。□□愚謬。以爲非宮保以親切之耳目。時時監督之。終非萬全之計。竊歎環球商戰。鐵路爲運輸機關。路線所及之地。即其勢力所及之地。自英藏通滇緬。滇越之路成。歐風亞雨。日逐川滇川藏而來。猶幸大吏維持。士紳固結。川漢一綫。不墮京漢滬甯覆軌。大局尙有可爲。惟歲月遷延。倏逾數載。外激內刺。瞬息百變。兵業商業。一髮千鈞。其所以杜眈逐。輿富强。釋羣疑。收速效。端惟我宮保是賴。狂瞽之言。未審有當。臨楮不勝悚惶之至。　（完）

所望於新任川督趙公

飲室冰詩話

文藝

飲冰

何厰高部郎藻翔吾鄉骨鯁士也客秋持節入藏於對藏政策大有所經畫近頃以西行雜詩見寄非徒詞釆斐然抑亦輶軒實錄也亟錄以餉關心邊事者「芝鴨加船上見粵傭自鬻赴荷蘭充苦力者感賦」瓦盆銅鉢朝分水醃菜乾魚午吃餐莫纂黑奴籲天錄豬圈還有甲不（叶平）丹（船上人言某京卿某觀察均以豬奴至甲不丹）使節初聞赴荷蘭（去年初派陸徵祥充荷使）百年喜見漢衣冠輸邊十萬咄嗟辦海外於今覓食難「七月十三夜過婆羅洲海峽贈船主」月黑天陰渡海腰婆羅洲外五更潮白頭浪蹴舵樓過風雨篝燈立鐵橋「檳榔嶼江干晚步」五月星洲舶艓歸開春天氣雨霏霏（庇能以華歷六月爲開春）胡椒椰葉江干路芒果熟黃魚正肥（芒果魚以六月芒果熟時登市最肥美）合是前身張黑女茜裙窣地影驚鴻珠題金紐銜涼屐（土婦晚浴

文藝

穿衝涼履飾以金珠口喫檳榔去食風江干納涼諺稱食風「過方伯第門首閩粵鉅商甲第雲連榜門金字大書方伯第觀察第門外印兵持槍鵠立家家有山
園十餘畝果樹蔭翳」此間樂已不思蜀海外還堪種子孫金字牓門方伯第紅毛丹熟滿山園紅毛
丹似荔枝而多刺「留連子留連子味甜俗而臭惡初食之下咽輒嘔久客南洋者有嗜痂之癖諺言喫之令人留連忘歸」自別唐山華僑稱中國曰唐山兩髩霜衣
冠未改土音忘華傭娶印婦育子女仍華裝而多不解漢語勸君莫喫留連子富貴他年歸故鄉極樂寺閩粵商鳩貲建爲遊讌之所土木
三十萬樓觀幽邃康南海題楹額勿忘祖國四字所感深矣「聞星坡海客談保護華僑回國事有感」少年無賴走南洋
海禁森嚴詔捕亡白髮重談嘉道事田廬無地感滄桑「恆河口夜泊候帶水船未至」
橫海東風吹浪顛桅燈明滅亂流船脚緣鐵鎖猱緣上人命黑奴不值錢「印度河口」
河流九曲瀠天塹七十二沽形勢同印度河口旋曲七百里形勢似直沽無量恆河無量刧夕陽遺蹟故王
宮海口有廢宮英人拘四印度土王於此嘗與藏官噶布倫遊此述遺事泣然「自大吉嶺入哲孟雄境」漠北峯巒萬馬奔由岡底斯山山脈蜿
蜒而來西金英於十六年佔領哲孟雄立碉堡鞏印度後路屏障以防俄鎖鑰控烏孫漫山嵐湧雲成海四山雲氣溟濛中窪如海西人謂之雲海驚瀑
雷鳴石有門瀑數道、出西金山澗、湍激雷吼、英人因石勢修闢、以渟滀之、上設木皮橋、泰華一丸伸右臂中原五嶽發脈於此江河兩派入中
原恆沙無量胡僧刧興廢何因問世尊西金即阿育王降生地現奪顛佛敎尚衆去年英太子至印度議收回奪顛佛地事請西藏班禪爲印屬黃敎之主其謀

詭矣「石塘遇雨（雖噶倫綳約六十里）轉馬出松頂、鬟髻裏煙雨不見雲裏人但聞雲外語「竹笆道中（布丹西南鄙毗連春丕地氣和煖禾麥暢茂英人以爲佔領春丕後可以賤價向布丹購地聯成一片大陸者此也）」疊巘參天入布丹（自大吉嶺起程計十站日日盤山直出天表入春丕後始見山坳一片平壤）竹笆頭目獻蔬盤（牛羊肉賤唯蔬果至難得近英人百計籠絡布丹四頭目今竹笆頭目聞使節至特獻蔬果至可感也）嵌巖三五板皮屋（土人穴山以木皮爲屋）木客山都趁地攤（無闤闠蠻婦藉草擺布攤子）「多打塘即目」野鴿巢雲多似蟻、（野鴿巢山洞千萬羣飛蔽日）蹇驢喘月瘦於柴（由亞東關至此人馬皆喘嘗一日六點鐘登高六千尺）兒茶黃臉巴塘女（藏女以兒茶塗臉腰鼓搖鈴踏歌步步自成音節巴渝舞之遺也）腰鼓搖鈴踏繡鞋「唐納山口望諸莫拉利雪山諸峯（唐納山高一萬六千尺諸莫拉利雪山最高峯二萬三千尺爲地球上第二高山）」喜馬峯頭作重九四千年來得未有（使節由印度入藏者此爲第一人登地球上第二高峯足自豪矣）壯遊應在元奘前、山賊不居靈運後咳唾落地成江河蜿蜒五嶽皆培塿地平線已沒西極天樞夜不見北斗（入藏後不見北斗）淩晨雲氣排海出白晝怪風吹石走（午後輒有怪風從北徼諸山土囊口而來人馬爲吹至數十里外）百道飛泉出樹杪。白沙銀礫聲細吼。石鬪漩洑螺旋深。古澗斷冰鐵寸厚。壞碉榛棘竄狐兎陰巖燐骨餵鷹狗（英軍破藏碉堡殘毀人馬骨狼籍又藏俗以屍餵鷹狗名天葬）中亞屋瓴天下脊。北徼屏障土囊口。白頭胡賈出波斯歐亞孔道通樞紐（英圖併後藏阿里越帕米爾阿富汗以通波斯灣與俄西伯利亞鐵路爭衡非徒窺川滇也）天竺迤北葱嶺東宗敎佛回居八九神奈山頭十字軍蒼頭突起破械杻吁嗟乎、二十世紀秘密國（南斐北美覓地殆盡寄留此大陸咄咄怪事）中原鼾睡無人守泰西多少地學探險家足跡未到管窺牖（自十六世紀歐人探藏者十一家能至者四五人而已）我來一萬六千尺雪山森峙驚奇陡（藏中雪山觸目皆是以諸莫拉利為最）巖腹雷火燒虬松石罅人臂攫僵柳斜緣險仄不容腳下瞰巉巖敢迴首磨驢旋轉蛇盤上東歪西倒誰援手十步九喘竹筒吹倚樹小立憩復久下坡險似上坡難石破馬腹人折肘（馱行李馬墜澗石破腹立斃沿途驢馬骨狼藉）山湖周迴六百里（循客木湖周迴二十四站）野鳧黃白成淵藪（湖中野鴨黃白千萬藏人以為喇嘛所化相戒不敢食）破驛香火狐鬼廟（野廟及巖腹多畫魑魅百怪之像）壘石膜拜土木偶（驛竿沿山壘石成塚塔數十座懸紙幡膜拜其下）黃昏言投喇嘛寺人面皮裂髮蓬垢（下馬錯愕幾不相識面目似印度人矣）氆氌方褥繡佛龕（寺僧以古錦裹四壁上設繡龕氆氌方褥為余臥室）且喫酥茶食饗酒（以牛奶油入竹筒和鹽茶攪數千杵成紅黃色藏俗嗜醴酒以青稞釀成濃漿如雪毬）「客木湖令寺僧種柳萬株」他年十萬何郎柳兩岸陰環客木湖補入三招圖畫裏溪山得似白隄無「帕克里」翅如車輪眼如火霜鶻人立驀驚馬廢碉茗磧無人烟三日盤旋雪山下「登色拉寺西望（在拉薩北寺僧三千餘人與別蚌寺甘丹寺名三大寺參議政之權焉）」三千五寺塔黃紅六十八城烟雨中欲訪康乾舊碑碣老僧遺事說雙忠双忠祠在龍斯岡乾隆時朱爾墨特之亂傳拉二公殉難唐古特立廟祀之「札什城國初藏臣衙署在焉今廢」藥王山在拉薩東下賣春餳。鉞斧跳歸札什城。元旦後二日童男女戴假面蟒衣扮諸魔戲名跳鉞斧屋脊竿幡燈似海上元夕及唐公主得道日家家屋脊懸燈千萬夜深唯有木魚聲「以綠松石屏供養大詔寺泫然有感寺祀唐文成公主像喜馬峯頭夜隕星鏗然成石松綠屏眉黛點點中瓏玲千年巖璞雲閉扃山靈呵護烟冥冥匠石驚眴按圖形。貓兒眼石名碧鴨頭青。雲母屏點翡翠翎。綠螘新熟泛湘醽。青銅松根斸茯苓。古苔鏽蝕金帶釘。桐魚細扣聲玲玎。閃山雲石名火失晶熒。銅綠斑駮新磨硎石骨堅縝難鐫銘東坡玉帶懷前型。山門鎮壓假惺惺。神敎忽感雍和瓶文成遺履藏人幞頭仿公主履造閱千齡妝樓寺後有公主妝樓唪經處香火供娉婷昭陵石馬荒郊坰唐家天子愛黃庭唐家公主愛佛經吁嗟乎、漢番兩戒判渭涇至今中原柱下毒霧晝晦暝時論以中國至今受老子之毒金銀法輪天西寧淨土一片仗佛靈夜叉羅剎驚奔霆韡刀帕首吹臚腥龍頭山名、印藏第一重門戶天險開五丁西金鷹旗屋建瓴恒河牛皮風揚舲藏俗支牛皮爲船四柱支竹活佛北走散澠萍我來憑弔涕欲零沈沈大詔雙柳廳寺前有公主手植柳兩株丹珠梵唄我服聽白晝靈飈吹塔鈴」乾隆初唐古特戶口百八十萬今僅存百萬其喇嘛之衆歟昔日本僧空海離黌改定僧律不禁蓄髮藏人髮終身不梳洗蓬垢可憎不如剃去娶妻食肉一時社會推爲廣大教主遂成富庶之業嘗標此義以勸達賴噶勒丹池巴期期以爲不可攷印度史釋迦十六歲娶首布羅馱那國王女耶素陀羅爲妻妃妾騈侍亦足爲佛教不禁嫁娶之證因拈此示之以俟後之達者　初到藏發善後問題二十四條交商上三大寺會議末一條即此義不意駐藏大臣聯豫於除夕差急足至巴塘密電奏奈勒令喇嘛盡數還俗改易洋裝恐操切激變云云不知是何居心意蓋別有在也初七日奉廷寄詰問兩宮亦知其誣矣坿誌於此」周妻何肉不妨禪微笑拈花袒右肩但祝家家歡喜佛癡男怨女總生天夜闌燭灺問陀羅嚼蠟橫陳悟道多不似野狐魔障墜私將戒體壞阿難生子當爲舍利弗生女當作比邱尼不有衆生安有佛我聞法喜以爲妻赤足參禪白布妃白布國王女贊普之妃也與文成公主同參淨業至今附祀大詔　是空是色見天機春風吹綠柳林子番官世家於拉薩各闢荒園數十畝徧植柳名柳林子爲銷夏地　蚨蝶雙雙自在飛「攢招自正月初七日至二十五日藏俗於大招寺佈施朝佛名攢招」不生西土亦生天嬴得摩頭抱脚緣蒙古王公朝佛布施動數十萬獻金珠寶石無算冀一抱釋迦彌勒佛脚或達賴以手摩其頭畢生心願於此已足他人

布施者亦往乞一錢焉以為佛祐也青海黃公家十萬攢招來乞半文錢「大喇嘛」葱手搓香捻糌粑糌粑青稞研粉如粵俗之炒米粉藏人以手捻糌粑和酥茶作飯銀壺滴乳獻酥茶富貴家以銀壺玉碗飲酥茶喃喃宣佛金輪轉無男女老幼手持金銀輪傘日夜萬千轉轉一輪作為誦經一週蓋佛家為不識字者開方便法門也生子他年大喇嘛

文藝

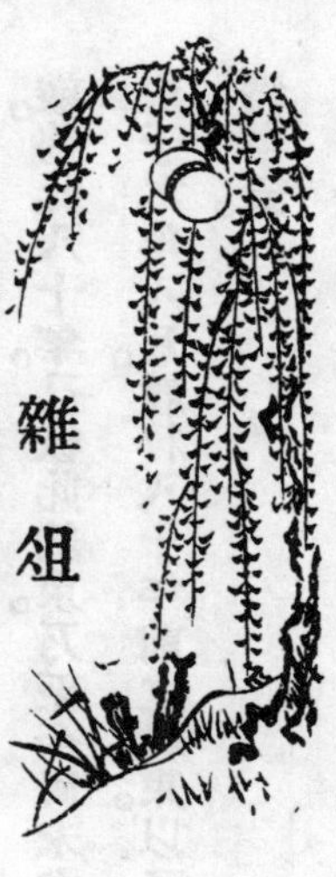

雜 俎

如是我聞

靈魂之重量　北美合衆國馬沙超屑州名醫五人。近日發表其六年來所研究之結果。謂生人之重量與死體比。其差常在四錢乃至七錢半之間。此四錢乃至七錢半之重量。即爲靈魂之重量云云。

地球之年齡　英國最有名之天文學者盧扳保羅氏。謂測量地球之半徑。精細察視。知地球之年齡。已達十八億歲。

英皇與大砲　英國皇帝素好蒐集世界各國大砲之種類。以爲娛樂。其聖杜連咸宮殿中之大砲陳列室。廣大而雄麗。凡世界自古代直至今日所有之大砲。皆順年代以陳列。秩序整然云。

德帝與皿器　德國現皇帝維廉二世。最好蒐集皿器。其所蒐集者。各國古今所有食皿。無不畢備。而其所值之價。約爲五百萬馬克云。

印度之奇習　印度之一部落所謂柯照衞族者。其中上自會長。下至一般住民。自早起以至夜寢。殆無一息不歌。歌其冠婚喪祭等禮。固以音樂爲必要不可缺。即其會長亦常擇美聲善歌者以爲之。而會長發號令訓示于其部下時。亦以歌代言語文字。此實世界中獨一無二之怪習也。

汽車進行中之電話　美國近有亞比約翰氏者。發明一新機。當汽車進行中。旅客可得自由自在以與各地通電話。已以之試驗于一時間二十五哩速力之汽車中。結果異常良好。將來當見採用於各地。此亦一大便利也。

雜

奇異之慈善會　伯林市中。有一慈善會。凡爲此會會員者。即有將其一年中吸烟所餘之煙頭。納之于會中委員之義務。委員即隨時貯之于倉庫。至年十一月末。然後出之以盡賣于紙煙製造業者。而以其所得金額。爲基督降誕祭日饗應市中孤兒之用。

禁風船法案　荷蘭議會中。近日提出一極奇妙之法案。謂此後凡有風船之乘客。決不許下降于荷蘭領土內。若有犯禁者。必罰金四十磅。或禁錮三個月云。

百歲男女之結婚　美國聖路易市中。有男女二人。男曰約翰班林。年百一歲。女名羅士麥額華。年百歲。前此八十年。已彼此約束。乃至今尚未成婚。因決于本年八月。履行八十年前之約束。以了結此婚事云。

蓄髯税之税率　美國新佐治州議會中。近日提出一蓄髯者課税案。其課税率。則蓄有普通之髭者。年賦十圓。頦有山羊髯者百圓。有六寸以上之頰髯者。每寸二十圓。禿頭而有頰髯者五十元。若髯而赤色。則增十之二。惟此法案。尚未議決。

歐洲之陸海軍費　歐羅巴諸國中。昨年所消費之陸軍費二十億圓。海軍費八億圓。比之于第一回平和會議開會時。(即千八百九十八年)陸軍費增加五億四千萬圓。海軍費增加二億圓。合爲七億四千萬圓之增加也。

俄國革命運動之犧牲　據俄國比律查威毛士提新聞之言。謂于尼格拉一世、亞力山大二世、及三世之時代。爲革命運動之犧牲者。其數雖多。然比之于現皇帝近二年間。則覺其尚少。蓋據國內之公報。則此二年間。因革命運動而死者。總數二萬六千人。傷者總數三萬一千人。處死刑者千六百五十人。處禁錮者九千四百十二人。合爲六萬八千六十二人云。

鐵道之鋼鐵使用額　世界各地之鐵道。其每年所使用之鋼鐵約爲二百萬噸。而世界每年所產出之鋼鐵。亦約爲四百萬噸內外。故鐵道所使用之鋼鐵。實占世界每歲所產出鋼鐵之半額也

倫敦市之警察費　倫敦爲世界中最大之都市。故其警察費之巨大。亦殊可驚。據最近之調查。則該市一年之警察費約二千萬圓。其警吏之數。則爲一萬七千二百十二人。其中最高級之警察部。年俸八千圓。最下級之巡查。亦有六百六十六圓之年俸。又應等級之高下而年給以二百五十圓以下之被服費。及一來復四角以下之靴費。若有特別任務者。則又每來復授以五角乃至二十七圓之特別給與。凡此等之警察費。非皆爲市民之負擔。於自國庫受補助外。又以英國博物院、英國議會、鐵道會社、及銀行等對于警吏之報酬。以充其用。而此等報酬。每年約有五十萬圓云。

如是我聞

雜俎

四

上海商務印書館新出各種教科圖書

（分設）京師　奉天　天津　廣州　福州　成都　重慶　漢口　開封

學部審定　初等小學筆算教科書五冊第一二冊各一角半第三四五冊各二角　教授法五冊第一二冊各二角半第三四冊各三角半第五冊四角　五彩掛圖計十六幅二元五角　◯本書五冊適供初等小學五年之用已承學部審定稱爲（綱領備具條理細密步步引人在今初等小學教科書中洵無出其右者）又稱（多列圖畫足以引起兒童旨趣全忘習算之煩苦）又稱（中外度量衡比較法既習算術兼適應用則尤本書之特長）等語教授法一書亦經 學部審定稱爲（教員上課時手此一編可不致漫無秩序）等語

◎高等小學筆算教科書四冊每冊二角　教授法四冊第一冊二角半第二冊三角第三四冊各二角半　◯是編繼前書之後仍由加減乘除入手至平面立體求積而止全書四冊適供高等小學四年之用　教授法四冊按課演繹最便教員之用

◎高等小學筆算教本二冊價洋四角　◯是書共九編（首）加減乘除（一）諸名數（二）分數之簡易者（三）分數之繁雜者（四）小數（五）比例之簡易者（六）比例之繁雜者（七）利息（八）開方求積序次得宜繁簡適當解釋清晰譯文明暢

◎學部審定　初等小學珠算入門二冊每部二冊價洋四角五分　◯此書經學部審定稱爲（條流明晰階級秩如每課多列習題亦便於練習）等語且蒙 學部指定爲初等小學末二年之用即商業中人取而習之獲益非淺

◎珠算教科書四冊六角　教授法二冊每冊價洋五角　◯此書繼珠算入門而作詳明淺顯條理井然其教授法爲教員實際教授時所用解說詳明丁甯苦口教員但能手執是編依書演講當自知其運用無窮至於有志獨修者取而習之亦能粗窺門徑漸陟堂奧

◎高等小學理科教科書四冊每部四冊價洋八角　◯是書爲山陰謝洪賚所著並由山陰杜亞泉參訂材料精當部次分明最便初學附印五彩圖及精圖三百餘幅書共四冊每冊四十課每星期教授一課以一年畢一冊誦習既竣不患無普通之知識矣

上海商務印書館新出各種教科圖書

（分設）京師 奉天 天津 廣州 福州 成都 重慶 漢口 開封

初等小學中國歷史教科書 每部二冊 價洋三角 ◯是書爲初等小學第四第五兩年之用計一百六十課每星期授兩課以一年畢一冊起自上古訖於今日專取歷代大事及名人事蹟之足資觀感者以充材料簡要不繁文筆亦雅潔可誦另附歷代沿革圖一冊

◎**高等小學中國歷史教科書** 每部四冊 價洋七角 ◯上起五帝下迄兩宮回鑾下詔變法之日凡分四冊共二百四十課約十萬言文辭雅馴體例精當並附歷代圖表尤便檢查

◎學部審定 **初等小學地理教科書四冊** 定價五角 ◯近來地理書多臚列府縣名字山川形勢物產風俗千篇一律陳陳相因味同嚼蠟是書改用游記體裁於童子之記憶頗足相助本國行程分爲七路外國分爲四路每路各附一行程所經圖以朱線並附精圖一百數十幅刷印鮮明每一開卷尤增興味本書業經學部審定

◎**高等小學地理教科書四冊** 定價五角 **萬國輿圖一冊** 定價三角五分 ◯是書爲高等小學堂第一二年之用計一百六十課每一星期教授兩課適供二年之用前二卷論中國後二卷論外國皆按最近情勢立論敘次明晰詞旨簡雅可爲初學精本插印銅板精圖一百餘幅兒童讀之尤有興味另附五彩萬國輿圖印刷鮮明裝訂華美

◎**簡易課本** 修身一冊價一角◯國文二冊價二角半◯歷史一冊價一角◯地理一冊價洋一角◯數學二冊價洋三角◯格致一冊價洋一角 ◯本館前編小學中學高等學堂各種教科書均遵奏定章程按年級輯出版以來深承學界歡迎復思我國地廣人衆學制初定風氣未能遍開其有貧寒子弟過時失學或雖當學齡而迫於生計勢須兼治他業不能受完全之教育本館用特設變通之法謀普及之效編輯簡易課本爲修身國文歷史地理數學格致實業法制八種簡要淺明最易教授每冊中各附精圖數十幅以爲講解之助凡年長失學者得此書而肄習之一年卒業於立身之道應世之用亦可粗知梗概至半日學堂夜學堂星期學堂徒弟學堂不能受完全教育者以此爲課本尤爲適用茲已印成六種廉價發售

上海商務印書館出版

慶親王題籤　澤公　戴尚書　呂尚書　沈正卿　賜序

瞿中堂　袁宮保　端制軍　岑宮保　盛宮保

新譯日本法規大全

潔白連史紙　四開式鉛印　全部八十冊　附解說一冊

是書原定去年年杪出版嗣因排印不及未能如期無任抱歉邇來晝夜趕辦業經告竣准於二月二十五日出書凡在何處購預約券者請持券至原處并找洋銀十二元取書又在四川分館取書者每部加運費一元四角其餘各省分館加運費六角如欲本館將書寄奉請將預約券及找洋銀十二元並郵費寄至原購之處收到後亦可將書寄呈郵費如下

(一)輪船火車已通之處每部加郵費一元　(二)輪船火車不通之處每部加郵費一元二角　(三)陝西甘肅雲南貴州四川五省每部加郵費二元四角　(四)日本國每部一元四角　(五)躉買十部以上者運費較廉照實數收費　再在本館總發行所及各分館取書者均有書箱其屬本館寄奉者郵費包裹磅數有限書箱無從寄遞分爲十函用精美結實布套以代木箱特此陳明

現在定價每部售洋銀二十五元正

另加郵費分用木箱布套亦如前例

上海商務印書館新出各種教科圖書

（分設）京師　奉天　天津　廣州　福州　成都　重慶　漢口　開封

師範學校**教育學**二角◯是書分三篇共三十三章先通論次詳教育之目的及主義方法擇精語詳合乎初級師範學堂之用

◎學部審定 師範學校**教育史一冊**二角五分◯是書敍述東西各國教育之沿革與其變遷實足導我國言教育者之先路業經學部審定稱爲(凡小學教員欲考求教育之源流者必取資焉)等語

◎學部審定 師範學校**教授法原理一冊**二角◯是書分六編一曰緒論二曰教授之目的三曰教材四曰教授之原理五曰教授之方法六曰教授之形狀業經學部審定稱爲(言簡而賅意精而顯)等語

◎師範學校**各科教授法**二角◯是書分十科曰修身曰讀書曰作文曰習字曰算術曰歷史曰地理曰理科曰圖畫曰唱歌曰體操應有盡有賅括靡遺適合初級師範學堂及速成師範講習所之用

◎學部審定 師範學校**學校管理法**二角◯是書八章曰總論曰編制曰設備曰管理曰經濟曰衛生曰書簿曰教師業經學部審定稱爲(詳審精密條理井然定爲小學教員參考書洵爲適用)等語

◎師範學校**心理學**二角五分◯教育以心理學爲基礎故師範學校必列是科我國現時教育咸知注重師範是書凡二十八章皆詳關乎教育之心理簡要精審一字不苟

◎師範學校**論理學**一角五分◯論理學亦師範學校必要之科爲教員者不明論理學則教授時必不能勝任愉快顧是書精深廣大欲求簡核明豁合乎教科書之用者實鮮善本是書凡六章其中演繹歸納等法適於教授之用者皆詳略得宜

◎學部審定**畫學教科書一冊**七角◯是書爲圖百數十幅凡人物山水以及動植器用等無不具備末附本國各省總分圖數十幅業經學部審定稱爲(凡教習教授圖畫最要在善畫黑板使學生一覽了然爲功自易是編深明此法先以虛線作式而後畫爲圖形故雖不著論說而不至於模不模範不範也)等語

◎初等小學**習畫帖八冊教員用一冊**七角六分◎高等小學**毛筆習畫帖八冊**一元四角◎高等小學**鉛筆習畫帖八冊**八角◯以上三種習畫帖參照東西洋名家筆法所有人物屋宇器具皆按照中國模樣俾兒童一覽而知最爲便用

四

橫濱上海間航路船期

敬啓者本公司常有快捷輪船鎮安、金華、安徽、三號專往來上海橫濱間沿途順經長崎門司神戶三埠每禮拜開行一次依期不悞在橫濱上海皆灣泊碼頭以便上落至于船上房位之潔淨招呼之妥當更不俟言諸君欲附本船者請向本行及各代理處購取船票可也茲將船期開列于下

每禮拜六下午由橫濱啓行前往上海

每禮拜四上午由上海啓行前往橫濱

橫濱山下町海岸七番
上海法租界洋涇濱 太古洋行啓

代理處 東京神田區裏神保町三番 中國書林
日本橋小舟町三之一 本行支店

本社特別廣告

啓者本報現已出至第四年第十九號閱報及代派諸君有未將報資清交者請即如數滙下是所切禱否則自第廿一號以下暫行停寄此啓

橫濱新民社謹白

東洋　教育掛圖　無雙

陸軍示教掛圖	自第一輯至第三輯	各輯五張一組	各一輯金貳圓
海軍示教掛圖	同　同	同　同	同　同
天地現象掛圖	自第一輯至第五輯	各輯五張一組	各一輯金貳圓
地文學示教圖	自第一輯至第二輯	同　同	同　同
世界地理示教圖	自第一輯至第三輯	各輯七張一組	各一輯金貳圓八十錢
人體生理解剖圖	廿張一組	完結	金八圓
世界人種風俗掛圖	自第一輯至第三輯	各輯五張一組	各一輯金貳圓半
工業示教掛圖	自第一輯至第三輯	同　同	同　同
農業教授用掛圖	拾張一組	完結	各一組金四圓半
家禽家畜正圖	自第一輯至第二輯	各輯六張一組	各一輯金貳圓半
世界哺乳動物正圖	自第一輯至第四輯	各輯五張一組	各一輯金壹圓半
植物正圖	自第一輯至第十輯	各輯五張一組	各一輯金貳圓
喰蟲有感植物正圖	五張一組	全	金貳圓
有毒植物彙圖	五張一組	全	金貳圓
救饑植物正圖	同	同	同
有益鳥類圖	三張一組		金壹圓半
鳥類正圖	自第一輯至第二輯	各輯五張一組	各一輯金貳圓
蟲類正圖	自第一輯至第四輯	同　同	各一輯金貳圓
稻作害蟲驅除法圖	五張一組	完結	金貳圓
農作物病害豫防法圖	五張一組	完結	金貳圓
漁業示教圖	五張一組	完結	金貳圓
養蠶示教圖	八張一組	完結	金參圓
爬蟲類及兩棲動物圖	自第一輯至第二輯	各輯五張一組	各一輯金貳圓
甲殼類正圖	五張一組		金貳圓
菌蕈類正圖	自第一輯至第二輯	各輯五張一組	各一輯金貳圓
貝殼類正圖	二張一組		金壹圓
前世界動物圖	三張一組		金八拾五錢
魚類正圖	自第一輯至第二輯	各輯五張一組	金貳圓
海獸類正圖	五張一組	完結	金貳圓
熱帶植物圖	自第一輯至第三輯	各輯五張一組	各一輯金貳圓半
人體寄生蟲及黴菌圖	自第一輯至第二輯	各輯五張一組	各一輯金貳圓
下等動物圖	五張一組		金貳圓
植物解剖掛圖	十張一組		金參圓八拾錢
[illegible]眼病トラホーム豫防法圖	參張一組		金壹圓貳拾錢
救急治療法掛圖	六張一組		金貳圓
支那歷朝帝王御影	全一張		金八拾錢
兵式柔軟體操圖	全一張		金四拾錢
銃砲古今沿革全圖	二張一組		金壹圓四拾錢
鑛石實寫標本圖	全一張		金參圓
世界列國旗章正圖	全一張		金五拾錢
列國帝王軍隊服裝圖	全一張		金七拾錢
世界人種相貌圖	全一張		金七拾錢
世界發明元始家列影	全一張		金七拾錢
古今軍艦沿革圖	全一張		金參拾五錢
貨幣古今沿革圖	全一張		金參拾錢
帝國陸軍服裝圖	二張一組		金貳圓
列國勳章精圖	全一張		金八拾錢
物理學示教掛圖	自第一輯至第二輯	各輯五張一組	各一輯金壹圓半
博物集覽全圖	三十六張一組		金七圓
萬國貨幣全覽	全二張		金壹圓半

本館製造教育專門著色圖畫。備蒙[illegible]賞。名聲籍甚。亦殊稱巧妙。實良價廉。稱東洋無雙。無論日本全國。及朝鮮臺灣。大中小學堂無不採用本館圖畫者。本年更欲拓販路。對門增設新工場。裝置極其大印刷機。準備已成。館運旺盛。特爲中國四方君子賞鑒。謹將圖畫目錄大略如以上。東京造畫館主九拜

一本館書畫目錄寶備。函致有命。不論遠近。即呈。來函一切要照左記本館所在地。書字無誤

○日本東京市京橋區出雲町壹番地

東京造畫館

●電話新橋七百二十三番

三松堂編輯局編纂（新出）

講堂敎授漢譯 暗射世界大地圖

◉縱五尺　橫七尺全一枚大掛圖

◉石印着色　定價金叁圓五十錢

三松堂編輯局編纂（新出）

敎科適用最新漢譯 五大洲分圖

◉石版加彩色　定價金壹圓七十錢

日本　吉田晋先生新著（新出）

漢譯 世界大地圖

◉石版加彩色　定價金壹圓貳拾錢

三松堂編輯局編纂

支那帝國 十八省分圖

◉石版加彩色　定價金六十五錢

三松堂編輯局編纂

清國 練習用白地圖

◉學堂用全十四張　定價金四拾錢

三松堂編輯局編纂

最新 漢譯滿洲全圖

◉石版加彩色　定價金四拾錢

發行所　東京市京橋區南鍛冶町一番地　三松堂書局

清國上海　科學儀器館　文明書局　●有正書局　●敎育館

善忍堂地圖調製所編輯部編纂
漢譯講堂教授地形圖
縱三尺五寸　横六尺
石版加彩色
全一枚大掛圖
定價金壹圓五角
地理教育之進步地圖與地形圖相輔而行誠必要者
無此種圖出版於教育上誠一大缺點敝堂爲學界起
見特令編輯部精意製爲此圖以資學校地理教授之
用若人置一幅則凡地形上理解難會處之用語按圖
指點使瞭如指掌此誠學校最利用之品也
最新中國各省分圖
石版加彩色
美本
定價金七十錢
學堂練習用萬國地圖
石印美製全八張記號皆確實記入
定價廿五錢
國民必携清國新圖
石印細密五彩印美物產詳注
定價廿五錢
漢譯萬國新圖
近刊
大清帝國全圖
石印細密六彩鮮美
定價六十錢
漢譯世界全圖
石印細密七彩鮮美
付各國旗章
定價四十錢
大清一統分圖
石印細密五彩印美
定價五十錢
支那帝國明細圖
石印細密配彩
定價廿五錢
兩半球圖
石印細密美彩
付各國旗章
定價參拾錢
掌中清國形勢地圖
石印精密配彩
定價廿五錢
清國講堂練習用地圖
石印美製全拾張記號皆確實記入
定價參拾錢
教科用地圖發行所
大日本東京市京橋區三十間堀三丁目十九番地
大須賀善忍堂

康南海先生著

歐洲十一國遊記

第貳編出版

洋裝 定價壹圓
和製 定價八角

海內外所久渴望之十一國游記今第二編第三編原稿陸續寄到即將第二編之法蘭西游記迅速付梓頃已裝訂成帙本書爲我國第一流政治家之作其價值久有定評無俟喋喋本編於法國專制王權時代政治之若何腐敗大革命時代國勢之若何變遷皆能深探其原因窮極其結果而還以反證諸我中國使現在之政府及民黨皆可藉此爲當頭一棒以確定我國今後政海之方針誠可謂救時之聖藥也凡有志國事者宜各手一編

總發行所 上海 廣智書局

分售處 橫濱新民社 東京中國書林

最近 大清新編法典 三角半

經售處 東京 中國書林 上海 廣智書局 內地 各大書坊

本館於三月廿六日午前六句鐘被鄰失愼殃及本館所有編輯印刷各部盡致焚沒現托別家代印每日暫出貳張俟机器購備後仍出三紙前蒙東西洋各國及中國境內定閱本報按期發寄之簽條悉數被燬殊深歉仄務請定閱本報諸君速將前定之報何日訂購付欵若干住址何處分別詳示以便照寄現本館遷設四馬路一品香對面辰字第二十一號門牌此佈

上海時報館謹啓

閱時報諸君鑒

請右看！ 請右看!! 請右看!!!

SEIN MIN CHOONG BOU
P. O. Box 255 Yokohama Japan.

明治三十一年十二月二十七日（第三種郵便物認可）（每月二回發行）

新民叢報

第肆年第貳拾壹號
（原第九十三號）

光緒三十二年十一月一日　明治三十九年十二月十七日

學報

第參號目錄

文學 國文語源解　論理 耶方思氏論理學　地理 地理教授法　傳記 德意志皇帝　博物 動植兩界區別說○珊瑚攷　數學 初等代數學○數學難題解決　化學 釋酸○化學分析室實見談　物理 動電氣學述要○物理計算法　英語 英語讀本音義○涅士菲爾文法第三卷釋要　音樂 音樂概說　美術 西洋畫科　生理衛生 生理與飲食物之關係　談叢、時事、

第四號目錄

論理 耶方思氏論理學　傳記 德意志皇帝　博物 魚類叢談○說鐵　數學 初等代數學○數學難題解決○算術講義　化學 化學分析室實見談　物理 動電氣學述要○近世物理之進步　英語 英語讀本音義○涅士菲爾文法第三卷釋要　法制經濟 法律之定義　音樂 音樂概說　美術 西洋畫科　生理衛生 動物之體溫　談叢、時事、

定閱全年十二冊取價五元　郵費一元二角　半年六冊二元八角　郵費六角　零售每冊五角　郵費一角　空函不覆

總發行所　上海棋盤街中市　學報社

目錄

新民叢報第肆年第貳拾壹號（原第九十三號）

▲論著一……一
●中國教育問題之根本研究……知白
○上篇教育泛論○第二章教育與國民性質之參究
▲論著二……二一
●日本交通發達攷　王愷憲
○第一編序說○第二編通信……（一）通信法之開始……（二）通信政策之變遷……（三）行政官署之變遷……（四）日本郵便之始祖（五）日本郵便之創始一
▲論二……四九
●外國貿易論　重遠
○序論○第一章外國貿易之概念
▲譯述一……七五
●國家之政治的方面　淵生
○第一章主權○第二章政體○第三章憲法○第四章政府
▲譯述二……九三
●泰西倫理學變遷之大勢　黄國康
▲雜錄……一〇九
●弔陳君天聽並代演說文　劉士驥來稿
▲記載……一一三
●中國大事月表
○丁未三月○四月

啓者本社所設之上海支店于三月時被火所有從前該支店經理本報諸事現悉託上海棋盤街廣智書局代理凡閱報諸君自後請直接向該書局交涉可也

丁未六月

橫濱新民叢報社謹啓

報資及郵費價目表

	全年廿四冊	半年十二冊	零售
報資	五元	二元六角	二角五分
上海郵費	二角四分	一角二分	一分
上海轉寄內地郵費	一元二角	六角	五分
各外埠郵費	一元四角四分	七角一分	六分
四川、雲南、陝西、貴州、山西、甘肅等省郵費	二元八角八分	一元四角四分	一角二分
日本各地及日郵已通之中國各口岸每冊一仙			

廣告價目表

洋裝一頁	洋裝半頁
十元	六元

惠登廣告至少以半頁起算刊資先惠論前加倍欲登長年半年者價當面議從減

編輯兼發行者　馮紫珊

印刷者　陳侶笙

發行所　橫濱山下町百六十番　新民叢報社

上海發行所　四馬路老巡捕房對面　新民叢報支店

印刷所　橫濱市山下町百六十番　新民叢報活版部

中國敎育問題之根本研究

知白

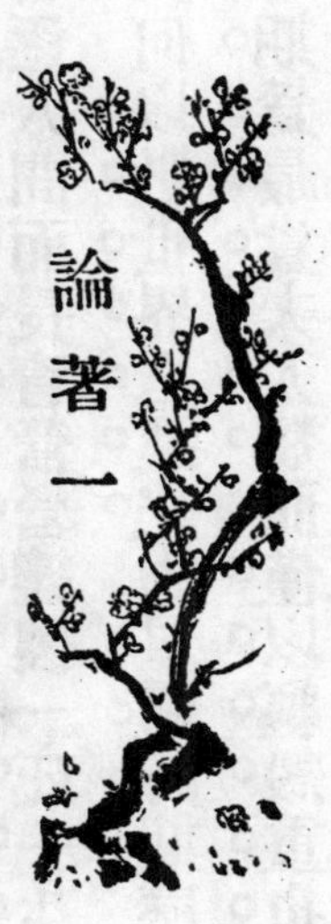

論著一

上篇 敎育汎論

第一章 敎育與國民性質之參究……第二章 敎育與各國之現勢……第三章 敎育應於時勢之急需……第四章 敎育與立憲之關係……第五章 敎育與尊孔……第六章 女子敎育問題……第七章 敎育與敎員之資格……第八章 敎育與遣外留學生

以敎育之狹義言之。則內務行政之一部分事。然推論之。則關於國家作用。如政治軍事經濟諸方面。關於社會改良。如倫理心理職業諸要素。其原動力何一不出自敎育。然則敎育問題亦廣矣大矣。作者忘其謭陋。平日於此道。既私有所研慮。又身居人國。凡有一次剌戟。即蓄有一種觀念。因比較的而聯想以起者。又有無數之觀念。圍繞於腦界。恐其或久。遂終歸於消滅也。乃稍筆述而整秩之於簡端。分爲上下二篇。上篇曰敎育汎論。下篇曰敎育本論。於各篇分章節。以申論之。吾國有留心敎育界者見之。其以所言爲有一當歟。抑盡覺其紕繆不中事理也。肯敎正之。則幸甚耳。 著者識

第一章 敎育與國民性質之參究

因地形位置之異。而天時氣候有不同。因熱寒燥溼之殊。而殖產生活不一致。雖以人之智力擴充之。可以操縱世界者。然有時被局促於其一部分而生理作用心理作用悉因是外界圍繞之現象。有以生開化之遲速通塞諸原因。故人也者。以其意識之開展言之。則謂爲有人然後有世界可也。以其能力之有限。一窘於本身生理之制限。再窘於外界地形氣候之迫束。雖思想力可以宏九垓通九域。然耳目官骸之作用。終不能不以繼續者開相引而進之機。然則人類之所以制勝於世界者。亦恃有前後相續之精神現象。窮幽鑿險於無窮。不與前後相續以死之形骸。決然長往而不顧者同其腐潰。故世界之進機。日相引續。乃能不爲生理作用及地形氣候所拘縶耳。夫人類之軀殼。既已年復一年。月復一月。皆必有其陳死者隨黃土以湮沈。而又以其年月日復必有其誕生者。逐人間而長育營營擾擾。一死一生。斯亦天地間所數見而不鮮平淡無奇之境遇矣。何以數世界之進化。由星霧時期歷地質與生物兩時期。獨以進於有人類社會之時期。爲最貴。夫人類而僅以軀殼重也。僅以其生理作用。爲攷索也。則一醫科大學卒業者可以剖分而解晰之其爲心力與時間蓋無幾耳獨至以精神作用言之則舉所謂過去現在未來三候者窮往昔諸大哲學家及近今諸科學新發明家之腦力各有陳說各有旨趣迄不能如形而下者之科學易推得一定理因以立原則爲一科之標準者則以人之翹異於動物界也就其精神上言之有本身之智情意三者之作用而以之及人與人之互相吸引者循環起伏遂以啓人與人交接之關係即所謂社交作用此其現象蓋有日進而益複雜者矣然人之具此智情意作用非僅與人爲緣也恒必以之及物焉彼夫山川之生色花木之有情明月之感懷啼鳥之助興是固塊然一物象耳至於啼鳥則已有意識尤易動人惟人之有智也得辨其爲山川草木等而認識起焉而人於是時間所動之情乃隨所感觸而附託之知其爲山川花鳥而可以寄興也始必對於是等物乃動心焉是即有意志之作用然特就人之智情意作用之關係於一事物一時間者言之已有此境耳其對於他之各種現象靡不有其精神與外界之衝動故於今日之世界無論自何方面拈一事物指一現象皆有以見人之精神所存至回而索之往日之世如考古物及歷史前人與後人精神之相纏荷從是以研討焉亦足以起無窮之

興味然則人之可貴誠不以其有軀殼而在乎其有精神即凡今日之研究各科學者。其問題雖累數千萬然以人之精神相續智識日推日進亦無甚難解答者獨研及人之心靈勢力雖諸說雜陳迄未能得一圓滿之解決非不可解決也實以進化之公例推之。社會之演變無盡歷史之紀述無盡即由於人之心靈勢力日有變遷日有增長而莫知其所究極凡可以科學之智力探索者特其已然及當然者耳至索其所以然孔則指曰天命佛則命曰眞如耶則歸以上帝以吾人今日之心力推之。卒亦不能出乎孔佛所陳以外故夫講學而研究及「人」。非不可解決也。實不能解決耳。雖然吾輩生於今日。不能解決「人」之究竟然既負此軀殼且具有此精神尤復遭此五洲開變之局見夫各强國之人皆有以自保其生存日催進其心靈勢力之發展而吾國人固儼然與各國同列於人之類者也何以各國識之者輒曰覆亡覆亡。吾國人亦自相驚擾慮生存之無日而人種將日形劣敗湎然不足以爲人。然則吾國人於其有生也雖不爲究竟之解決又何能已於應用之探求雖不爲高深卓絕具哲學之精心其何能不敏勉奮勤求生存之自適況乎教育事業日以陶冶國人爲務者也先不能於其一己之心神作用修明熟孜而不疑而欲以是轉移人之性情心術其操之也無具則其導之也無方其形諸教育事業者非掎摭他人之形式移而設置於國中即仍一循乎舊社會之心情迄不能大有所撥作所謂教育者能有幾許效力哉夫以人與人之相接也。於形質上。則顯然有所分。然於精神上。固隨地隨時可以貫輸不息者也。孔子言「仁者己欲立而立人己欲達而達人」故孔門言學欲齊家治國平天下也必由正心誠意與致知。即佛說所謂難行道亦在於自力教與聖道門蓋必一出以唯心的傾向以求到達乎無餘涅槃始爲最終極上之理想境界（涅槃者爲事物本來面目之境界脫離諸般之變態汚濁毀損蒙蔽之境地也無餘涅槃者一切消滅也）故佛說以度衆生爲義者也其爲力先在度己孔子以救世爲心者也其爲學莫重乎修身誠以己身與人。於形骸可隔而於心理相同視乎操教育事業者平日所以自律之淺深。即可卜其他日感人之淺深未有平日漫不自修於一己之軀殼精神茫乎其無所區別乃欲出而左右社會轉換人心改良風習則既於社會人心風習之由來與其所以然之構造未嘗一諳其原理矣果何所恃而能左右之改換之乎嗚呼、以言乎吾國今日之教育界。思想不欲其過高操術不苛其過重然既以一身出而膺育人之責矣。於已身與人身之立於社會在於國家對於世界能以若何之程度爲適宜若何之趨嚮謀共進與乎如何有此人群有此社會有此國家與世界漫然不復一措意而惟以擾擾惺惺日被束於思煖飽謀快樂嬉游之軀殼逐流俗爲轉移隨世風而波靡。舉國日言新政。日倡教育矣。問諸置身當局者。其得免於逐流俗隨世風也又幾何矣雖然、立國於世界而於其中乃有所謂「流俗世風」之諸種名詞是必有其所習而後此名詞者乃相引以俱來觀察社會與體驗國民心理者將於此乎施其研索之手術焉是未可忽畧者也是即謀教育者最注意之點也彼今日居國中而悍然握政權侈然膺教授之任者其等級其位置雖有不同然其範圍固皆列諸全國國民之類者也其得教育之深淺各殊然在謀教育者固一例有研究之心情皆將推溯其原因與現狀以供教育家之參攷者也故言教育莫亟於推察國民之性質。

夫以人之一身論亦既有已之心理已之耳目官骸局於此社會而有此等觀念入於彼社會又復生彼等觀念或有移動其觀念遂從此爲文明進化之身或偶移其觀念不久即消滅而旋復其舊社會之思想遂永以沈淪爲頑固閉塞或游移觀變之黨類。

其所呈之變象雖不同。然其所以致此之由來。非必無原因之可窮溯也。故研求人性者。先觀其人之自待如何。即其人對於本身之研攷可知也。次觀於其對人。可覘其察人之智識。次觀於其用物。可覘其體物之腦力。故夫人之立於社會也。不外乎「人我物」三者之間。有以見其活動力之本能與其思想力之發現。而其觀念之轉旋。或久或暫。悉根起於是焉。是又非甚奧賾而難窮溯也。雖然。尤必有其本原焉。蓋人之由此社會以入於彼社會也。必有一社會爲其久居。一社會爲其暫進。其暫進而遽爲是社會所遷化也。必其人於所久居之社會。已惶然若有所不安。其動機早伏於所居之舊社會中。其腦想已翹然別有異乎群衆。特其映入眼簾者。無一新景物可以促其更變之決心。故尚傍徨而有所待。及乎身入他社會。其所迎入於目光中者。固即平日腦想中所或揣及者也。是此理固確然無可疑也。而觀念之轉於以決焉。已其反乎此。偶有所變。而仍復其舊者。必其於素居之社會。無甚空靈之腦想者也。然則教育之要義。亦在乎善轉移人之腦想耳。腦想變則性質即隨以更換焉。非事理之至易見者乎。雖然、是固非易事也。夫演數千年歷史綿延之古國。群八十餘萬方里面積之土地。數億兆繁衍不絶之人種其成爲社會也或緣於歷史或因於舊習或成於氣候隔殊而異其慣俗或成於政體及一時之團體規例而異其材能其中所含之複雜分子非有確切之調查與據實之報告因其各種之現象曲謀施敎之方針而諉曰但以敎育之精神鼓舞之將遂日新月異可坐觀其不變無論以今日政府所施之敎育不能望其効力若是之神即使當局者專心致力以籌敎育之進步而全國人民之思想界。恐亦不能以十年之誘迪期多數之轉移蓋敎育固緩性葯也然正惟其緩也而操術者不能不多其探索之途矣今以吾人身居國外。目擊乎他國振興之現象研攷乎外人所成之著述移爲一種之觀念積爲一時之理想乃遽然曰若如彼者或可以改良吾國某地人民之性質焉。如此者必有以驟高吾國某地人民之程度焉。甯不得二三之臆中。況以生於本國者謀本國敎育之事業。雖不能盡洽。然必謂其有若何之難境焉。恐亦未免過爲高論。夫謀業而急於創造也。是但嗇乎事之當爲。而不必亟亟焉晰理之過密。然既創造矣。苟其立旨不宏研求不細則其所謀之業必無進步之可言。矧以敎育事業固息息與人民之心理精神爲作用漫然取一形式加之焉謂是爲謀國民之進益而其內容之艱苦曲折無一能默喻之以期推演曲至爲改良之希冀則所謂教育界其亦於此觀止焉斯可耳若猶欲圖寸進確認此爲轉旋國勢之原動力則非竭教育者之心思材力朝夕與國人謀利益念念與國人之精神相貫通則其施教之術必甚疏而於國事固終無當也。夫全國人民之性質固非一人之懸揣可類推。然有此性質之原理與搆成法。則可以今日所研求者。供擇取運行之用。今得陳其概論於次。

夫研求諸種之現象。常有主觀的方面與客觀的方面。不能無衝突之虞。或有時兩方面亦竟得融和之象。今吾之懸揣國民性質也。其取法乃純自客觀的紀載。其斷論則專取主觀的心理。求之於理想。則客觀與主觀固相協而未嘗遠相異也。若取而衡之以事實。將有待乎審擇以推行。必不容以主觀的意識。遂謂施諸客觀的而必無不適當也。斯亦理之可推定者矣。夫就教育方面以推察國民性質。比之於孟德斯鳩 Montesquien 氏著「法律之精神」。依米爾 Emile Boutomy 氏著「英吉利人民之政治的心理作用」。其所依據。多本於氣候與土地立言。因以推論人民之性質。被影響於此二端。遂各殊其表見者。其取法固相同。而其立言之根據。則有異。何也。氣候與土地。

其影響於國民性質者固多。然以吾國之茫茫廣土。以大勢論。則謂其跨有寒熱二帶之範圍而精密以繩之實未嘗有親歷之經驗與確實之調查書其何能據此以爲推論即有可陳者亦其槪畧耳故此最適宜之根據孟氏取以論法律依氏取以論政治而吾人今日論教育徒羨其法之良而不敢冒爲依稀恍惚之談以誤我國民心意者實以吾國之地理學今日未有新發明未能幾於完密遂不能不留此缺憾待補葺於後日今玆所據以立論者。亦惟本諸社會學之原理。將取是以推闡比附之。而於探溯國民性質。亦相去不遠耳。

其一　意識說

今人之持論者。見人之明晰事理而言動有序也。則稱之曰有意識。其反是者。則目之曰無意識。夫推論宇宙進化有四大時期。然由物的進化。以至於人的進化。則此乃爲顯著之二階級。而又以意識一端爲區別人與物之標式。其意蓋謂人爲有意識。而物爲無意識。惟人之有意識也。故其對於世界有特顯之靈明有闢新之構造常有擧天然界之萬有物爲人身隸屬之勢故當人類意識愈開拓之時即爲生物界愈有以供其驅役之用而人類遂益著其進化之徵足以主宰乎世界雖然、就其大體論則指物爲無意識可也試精密以衡之彼動物中之奔走飛馳者亦實具有意識之胚珠而微妙如蜂蟻之能群尤足以供人之玩味特其爲狀也最薄弱而無足推尋極簡單而無煩攷索遂舉有意識之稱群以奉之於人而物乃爲其所掩耳今吾人輙以無意識三字加諸評論之間也實不過詈人爲物而於其意義固未遑細審也然而人類亦非具有意識遂人人皆有主宰萬物之能力也其優者固已能爲精細之攷覈而其劣者則猶未免趨徇物之迷途試舉所謂意識之階段論之則有三級。

(一)爲寫表之時期凡人類以外之生物屬之。

(二)爲自覺之時期凡人類以外及人類之生物兩界屬之。

(三)爲思想之時期則專屬之人類。

所謂寫表之時期者。惟有朦朧意識之發生。對於他物之慟態亦僅具反射之作用能爲被慟之趨圖而不解爲能慟之展布如蟲豸等物。蓋此類也。至於自覺則對於外界之慟作可以立於主慟的地位施能慟的作用惟高等慟物與人類始有之夫論意識之發生進而至於人類乃以有思想目之者非謂有思想而遂無程度之可判也今更舉思想實質上之開展與思想形式上之開展。列其階級於次。

其關於思想實質上者。則(一)自然觀察之時期、(二)人間攷察之時期。(三)宇宙攷覈之時期。

其關於思想形式上者。則(一)獨斷之時期。(二)懷疑之時期。(三)攷覈之時期。

今取以上之論點。以繩諸我國民之性質。則於其實質上。能爲個人被働之生存。以域於自然觀察之境者。實占多數。其偏於唯心之傾向。能爲自覺之生存者。則已居少數矣。至爲宇宙攷覈具有高尚純美之性格者。則更寥寥無幾焉。由是推之。故國人之於事實於思想。每易陷於朦朧獨斷之域。有類於盲從。而明暸推理之意境。求諸普通人衆。實罕覩焉。即有自謂翹然秀出乎齊民者。至觀其行事。亦實不免於朦朧獨斷之弊（觀於東京留學界疊次鬨動之風潮即可以推見國民之心理）是則我國民之意識界。方如此其幼穉也。而置身教育者。使無以去其被働之盲從。進之於能働之自覺。則欲與諸强國意識開展之國民相競爭也。有以知其不能矣。

其二 慾望說

人類旣以其意識區域之高。有以別於生物界。而又以其活動之力。能使社會諸方面有日趨於崢嶸顯達之象。謂其盡出於有意識之一途。而無他原動力以助長之也。則人類活動之範圍。亦不覺其廣汎而可貴。夫意識之爲用。多出於人之選擇性。與思攷性。至充其本能之好尙。一方面能脫除苦痛之浸尋。一方面能謀快樂之高用者。則實存乎有慾望。惟其有此。而寒則求衣以煖。饑則謀食以充。進而愈取愈精。則一切實業及技術之發生。美術品之所由製造。皆所以供其遂愉快避煩苦之心情。而愛美之思想。乃益因之發達。雖然。慾望之義。自其本能言之。則以避苦痛求快樂。爲其發動之因。然自有智識以爲指揮慾望之主。乃始隨智識而遞演遞進。其範圍乃愈推以廣廓。不觀乎往昔以舟車代徒步之困難也。常自覺其安閑矣。然謀一二有勢力者之展舒。仍不免役多數無勢力者之苦辱。究其樂境。仍未爲滿足焉。及乎智識發展。一出以火力電力機械力。其巧便百倍於人力風力挽輪力。而慾望乃更溢於往日。其勢且突進而未有已。則食有智識之効也。其他種之利用。同於火力電力以便舟車者。今實已不勝指數。試以攷諸我國人。其有慾望也。其愛美而恒思避苦以求樂也。實與各國人種之性同。其樂於輪舟電鐵之交馳。而不樂於肩輿牽挽之弛緩也。今已舉國得其多數。然試詢其所有之智識。則多不能與其慾望相應。夫西人惟以智識擴充其慾望。故智識進而後慾望始進。今吾國人則慾望或已等於西人。而智識則退居其後。危險之狀。莫此亟矣。夫使一國之人。但利用其智識不進之慾望。則其生活程度之比例。既已劣於西人。而其精神之養育。則恆有人處乎優我居於劣之勢。其爲現象。固已可悲。然使一國之人。其慾望之高度。恒等於西人。於精神之養育。可謂優矣。而環顧自力。則但有倚賴心與消費力。人苟出之以險惡之對待。勢非遏絕慾望。終必蜷伏於其肘下。則以智識短少之國民。但謀充其慾望之高度。絕不一慮及後患之將乘者。其爲可悲也。甯有逾於此者乎。夫吾國人之性質。易爲慾望所役。而又憚於智識之勤求。身任教育者。固莫急於彌此缺點矣。

其三　意志結合說

以一手一足之勤。恒不足供一身之需要。而況乎需要之亟也。其始僅拘於物質。其後因意識之境域日開。慾望之用途愈濶。則取諸物質之樸野者。必緣以進於文明。有文明而精神界乃躍躍焉待時以逞。所謂智識交換之作用。遂不識不知而聯引以起於一團體中焉。由是而人生往來交際之會。其爲始於各個人之有所需要。團結以謀供應之易於產出者。又實爲社會中組織團體之一要素矣。試本此以推論之。則今日歐洲諸國。無事無學不有集會。則無會不有簡明之規則。實行篤守。俾維持秩序以進行。而諸種事業。乃日以發達。究其本義。不外隨意識與慾望之進。其需要之品物。列爲程式者。亦愈引而愈高。尤以其教育盛行之故。一群之人意識相等也。慾望平均也。爲一科之學術者。則能深得一種之趣味。得多數之人。相與研鍊而演述之。乃愈以增進其精神無上之愉快也。其爲他種之事業者。亦以其意識慾望能相等。絕不爲強相聯絡之機謀。而自有針芥吸投之契合。故其發爲政績。倡爲學風。無在不徵其意志結合之深固。所謂意志者。舉人心所欲爲之事。已衡定審慮於中。但發現而即有事實可觀。有條理可尋求者也。然必先有明瞭之意識。優美之慾望。充積廻旋於腦想之域。舉社會之個人集合體。又適有一種言論景象。足以迎入於腦際。而大開其靈活快敏之感想焉夫而後意志既決必不屢頓挫之來聲氣相和不雜以分馳之念乃始覺人類中有團體之可貴雖然謂團體之成。先貴有明瞭之意識優美之慾望而後意志可決此固其探原之論矣然組織團體時猶有未可缺之一要素則信仰心是也夫信仰心者。果何自而起哉分論之。則不惟有程度之各殊亦且明其性質之各異彼孔子之篤信天道不以疏水曲肱易其樂釋迦之大起慈悲心乃脫其富貴妻子如敝屣彼惟洞察宇宙現象之運行及人生立命之要道不如此則自性不足以完存而於物之對象亦終不能使之各完其分量故豁然洞見乎此乃始浩然長往挺然獨立而不疑此則信仰心之高邁雄傑無與比倫者也次之則於世界中。無論占何等位置。其能對於所行所學有發揮光大之境域者必其人平日苦心積慮有不欲見知於人甘苦但能默喻之處充實既久自然流露於不覺人之從而窺度者或驚異其成績之良而不知皆自信仰心之篤誠有以啓導之乃始收如是之効果也夫信仰心者。用之於講道。用之於受學用之以修明政刑勵修國治。用之以改良技藝。振興百工。即用之以邀名譽以崇利祿皆必對於其所事有固結不可解之癖然後能期其有成未有出之以輕心浮動凡與一事也樂隨附和之聲慣作騎牆之見或既置身事內於其本能之活動概未見其有所展佈而惟以奸猾伎巧之心籠絡陰柔之計欲以買弄人之懽心肆其利用如此者、則其臨事也先已失其仰信之誠而欲人之和之者能有肝膽相見金石不渝之節共與終始焉此亦不可得之數矣觀於此而知以吾國人今日之性質出而組織團體。其不能有一成也。固宜由前所述之義。而以例諸我國人、則意識之不齊。先足以爲阻礙也、一團之人或近百。其有一二意識稍高者。非欲挾以別逞其野心即或岸然不屑以輕衆其餘子之碌碌者謀公益之精神或不足其爲私忌之破壞則有餘蓋彼此各翹一不能相下之心而所謂意識稍高者實亦無眞道德眞學術足以維持衆志於不潰況加以慾望不相等之故人懷一私圖利便之心不復知需要與社會相應之理雖以日日近學惟其所求在此而信仰又在彼其所得亦依稀恍惚不足供其臨事之研究遂至舉十人之團體則此十人中者必各具一意識之階級各有一慾望之程度乃欲强其謀共同之生活爲意志結合之經營其不能久持也固矣其幸而能久持也。非其中別有可以爲依賴之計足以邀致數人之希望者亦更無高等契業之可言夫以如是之現象而歸咎我國人信仰心之薄弱實亦有未盡然者矣夫信仰心之發動也必先對於所事所學已能洞解其利弊而無遺深明致用之方而不惑其投身於此中者直將倚此爲身心性命所蘊藏而又非他端之炫耀可以搖動斯則爲信仰心之眞象矣其不如此。聞甲之說而崇拜之浸假聞乙之義又揚美之其立足之點亦隨其根性之不穩固而累有所轉變語其高者。則謂爲聰明絕世樂於遷善此固爲一面之眞理矣。語其卑者則所崇拜讚揚者非如下等社會之迷信即爲無意識之盲從其原因則實由全國人學問程度之過低雖有意識不過畧高於生物界寫表之時期雖有慾望實亦不離乎軀殼之眷戀因是而見爲有意志之組合及覺其爲有信仰之經營者除謀利營私之外絕不復見其有遠大之圖（吾國稱團體最堅者莫如商賈彼能如此者志在多金也）而士類中雖初有萌芽亦累崛而累潰其非吾國中之佳氣象也人人能歎息之而敎育界之重要點。蓋全集於此。非深思熟慮以從事其於轉移社會寗有當耶。

夫綜論國民之性質。而舉其最重要之三原理以爲推論。誠以此三者。爲宇宙有活動象。社會有進化機。皆必本於此。其他之政治經濟道德宗敎倫理美學凡所以佈滿於一社會中期人類之幸福日以增進世界之生機日以洋溢者悉賴人類於此三原理所包涵有以改良漸進其程度之愈達於高尚者即其國民之生業幸福日以增進者也而使之日進於高程則又視乎各國教育之趣向夫教育之力。原不能外政治經濟諸門而別樹一幟特以轉移國民性質論則教育有包圍之現象而政治諸門其內容之分列者也其置重之點則又在於研求人性（日本明治初年所主張教育宗旨即置重人道論容俟他章再述）然吾尤有一言者。凡研究吾國民性質者皆謂其種惡根之因在於專制政體之積久以致於無公德心無責任心但知有自保性而絕無進取性有服從性而絕少獨立性又以累代兵燹之疊遭流離播遷之過甚試入國中察其人民現象但有朝不保夕苟安旦暮之心情而絕無長慮卻顧永有治安之想望重以累世帝王愚民之術相沿不絕上下習於詐欺而舉國樂於虛應故事此亦信仰薄弱之由來也夫察其積弊之所在以施挽救之術則亦惟針向弊之反對處以曲盡其扶掖誘進之心舉國而病專制也則養成國人參政之能力斯可矣舉國而病公德心之缺乏進取獨立性之消泯也則先自政府去其偏私去其游移倚賴之性質而以善良之教育進國人於公忠勇往之途斯亦可矣。至。於。兵。燹。之。足。以。阻。喪。民。氣。而。號。呼。救。國。者。猶。倡。爲。破。壞。激。進。之。說。以。冀。暴。動。之。萬。一。成。功。無。論。其。有。百。害。而。無。一。利。也。即。使。倖。得。一。利。而。於。養。囘。國。民。之。鎭。定。性。已。非。累。多。數。之。歲。月。不。能。恢。復。元。氣。此。又。審。之。今。日。吾。國。民。性。質。所。極。不。容。受。納。者。矣。

此章已完本論未完

論著二

日本交通發達攷

王愷憲

第一編 序說

今之時何如時也人類足跡交錯於五洲間凡政治之發展科學之革新文藝之傳播工商業之繁榮靡不電逐星馳日接觸吾人之耳目而不可絕非交通事業之發達使之然乎夫交通者人類生存之自然發動也原始時代老死不相往來一村以外如敵國也一山之隔如天限也人惟具有此自然發動性日以之相衝突相調劑馴至有今日之世界一日之程而寒熱易帶氣候不齊一時之內而音達環球聲聞異域嗚乎何其盛也夫交通事業之繁興也由于一般社會狀態之進步歐美文代之程度即以交通發達之程度爲之表徵其道路河流凡人跡可到之處罔不修治之開濬之以爲交

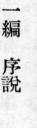

通之便者無論也至其鐵道經營以爲經濟殖民政策者其國勢之膨脹尤可槪見今試徵之。德延長三萬三千哩。英本國二萬二千哩。俄三萬哩。法二萬七千哩。匈牙利二萬三千哩。伯西兒萬二千哩。亞爾然丁萬哩。澳地利萬一千哩。墨西哥萬哩合衆國則二十萬哩以上。各國經濟界之實力本國已無可擴充之地位於是挾其最强之國力聯騎整武以紛馳於吾國之土地夫交通事業之在本國也則爲增進國民之幸福舉而置之他地則爲滅人國家最辣之一手段千九百年杜蘭斯哇之抗英也伏尸流血非不力矣徒以交通機關盡握諸英人之手終歸敗劣而不能自解脫此其大較也年來吾國上下亦頗知列强鐵道經濟之競爭爲吾國存亡之所繫遂主張權利收回說以喚起國民之自强心卒之分割牽制每以敷設權許可爲藉口而不容吾國有從容展布之勢雖然。我不交通彼必交通之非獨斬五嶽塡四瀆盡失吾民之險而已也交通之不已必使全國無一未開之域勢不至跬步之內房闥之間處處與我爲難不止

嗚乎。交通之道如此吾豈猶有國之可言耶

吾國磁石之發明爲今日航海之初祖此數千年歷史上之最大光榮事也以歷史上

之資格吾國交通事業當出於萬國之上然匪獨不能出其上即求一並駕齊驅而不可得鐵道政策既如前之所述矣航海之業更闃焉不可得聞即以國內論擁有四百二十萬哩之土地含有四億二千餘萬之人民而道路而河流而郵便電信無一有達於健全之域者京師首善之區穢濁聞於世界西人履此者至謂二十世紀中不應有藏垢納污之一片土年來一二有識之士用開明專制之手段整飭一二道路即已釐然可觀然在各省則未之有聞雖以通商埠之繁榮而接壤者絕無所觀感地方官吏亦不過問焉若謂此區區者非國家所有事也水運則中央有楊子江及漢水湘水等各支流南有閩江及甬甌韓粵錢塘等各支流北有黃河遼河及白河各河流且有大小運河縱橫交貫散布於各方面綜其全流通民船者萬餘哩通汽船者亦數千哩使組織他各種機關聯絡以求交通之便利則開化之疾速誠足以誇雄於全世界然河流雖多而不知所以利用既無陸上之機關以輔之又多僅恃民船運送普通一日之航程不及汽機一時間之速力且其運金之昂貴較之歐洲海岸甚增至數十倍所謂便民之道者果安在耶至於郵便電信雖漸達各行省較前之專恃民間各信局固已

有天壤之別然機關之設備固已不完且管理之全權盡握諸外人之手而吾國人不得一參預焉此地球完全獨立國所未有也要之吾國之大固無交通之可言其稍可言者非政府國民事業發達上之目的而軍事上之目的也非對外軍事上之目的而對內軍事上之目的也使政府專以此爲目的而不他計也吾無言焉矣如欲於國民事業發達上而一究心也則請與求交通之道

今者吾國議立憲矣夫立憲何物也豈今日在朝二三諸公漫然而思之所能發生之一物耶法何由生生自議會也議會何由成成自議員也議員何自來來自全國之各地而不容有一地之或偏廢也曩者吾國有南船北馬之稱蓋南方多河流北地多陸道河流利用舟楫陸道利用獸類故陸上之交通較水上爲最困苦其行路之難遠者且非數月不得達使儘此不求交通之進步而貿然召集議員將事實上而有無窮之困難且吾國之所以謀立憲者非欲集全國人之力以求鞏固國家之獨立增進國民之幸福耶然以交通不便之故言語不相通情誼不得達風俗習慣之不能周知非獨全國國民不便於政界上之活動且將以種種之隔閡生種種之窒礙當利害衝突之

點而界限之見終不能消滅馴至國家全部之行政無由統一而調劑之安得有一完全圓滿之中央集權制度出現於吾國此事理之當然無可疑焉者也然則交通事業非吾國迫不及待之一事業耶今吾國既有郵傳部之設矣亦似知交通之業爲吾國唯一之急務設專部以司之然數月以來不聞有所計畫以此迫不及待之一事業紓徐而委蛇之是豈襲改革之門面以欺吾國人耶抑特設官分職以爲遷陞計也雖然。今日交通之在中國固屬至急之事然亦至難之事千頭萬緒着手無從如治絲然不得其端終不可得而理又或與他事相勾連有密接不能脫離之關係非間接改革合謀經營徒枝枝節節而爲之終莫由得其進步之道此亦無足怪焉者也往者吾國變法事事規隨日本日本新進驟强其國度又與吾國多種種相同之點其倣效之固爲至便然交通事業之在日本則又爲可驚可歎而不可思議之突飛進步者也迄今溯其沿革尋其塗轍其上下一心合力以求其發達者進行之途徑昭然在史宬間今特攷之以爲吾國有交通責任者一考鏡焉

日本未開化以前。國民生活之狀態。皆原始樸素之風。夜宿蠻人洞穴中。日食栗豆獸

魚編樹木之纖微。染草以爲衣服其鄰村接近相通之道路皆自然踏步而來無一人爲之構造處也崇神天皇朝。一旦與三韓通。間接吸取中國之文明而舊來之面目爲之一變造船舶開航路步步以進於交通當王朝時代。於地方政治之必要上採驛傳之法。當時全國分大路中路小路。三十里置一驛。驛備人馬。旅行者自朝廷受傳符示驛司。得一切供給。然此惟親王大臣所得有非普通國民一般所有之權利也故山賊野盜。出沒於山林。行者結件。入夜結草幕以蔽風雨。日則負食物。腰橫刀以行。雖迄唐高宗朝。直接與中國交通日久。文物制度已決河傾注於日本。自平安朝末葉至鎌倉開府。內地已交通頻繁。遍置驛路。然行旅戒涂。死亡相屬於道。其困苦仍無改於疇曩。降至足利時。嚴守備獎厲工商業使强豪者不得逞而寇盜之風遂稍稍戢矣厥後葡萄人來入其境。爲日本最早遠來之新客天文年間西班牙人亦尋至。輸入秦西之文物宗教以及各種之商工藝品。日本海外交通之盛業迺自此時開始德川幕府。感內國之交通。不可不大發展。於是通信運送之途日益設備。蓋自入此時代爲日本交通界之一大變局抑亦出於德川氏國權統一之政策也其時陸路之開通。修築橋梁設備宿驛，開大坂京都江戶間大道。上野京都之中仙道。以及北國路。中國路。長崎路。伊勢路。甲州街道。日光街道。奥州街道。水戶街道等。元祿年間。更於宿驛近傍諸村。定助役之制。課公稅以補其不足。此役塲雖多供官吏之用。然普通人民亦以此而蒙其惠焉。至於國內船舶。首開東北沿岸航路。次以達於日本海沿岸瀨戶內海太平洋沿岸等。設置漕務場。定廻航方式之制。而人民自此稱便。此明治前之大概情形也。蓋即德川氏以三百年之文代經濟界之發達。生活狀態之變更。轉以移諸明治時代者也

明治時代。日本由半開化之國。一躍而入於文明最强國之時代也。數交通界之歷史日本無一發明家。自吾國發見磁石以來。歐洲十九世紀利用汽力電力。爲自然循序之進化。日本後起。取而置之本國。無一有遷地勿良之感。於是兼營竝馳。通力合作。不動聲色。銜枚疾走。直至今日。始有繁榮增大之好景象。人見其他部分。即驚歎其進步之速。而不知何一事業不受交通界之賜。試問人民智識之普及。國家政治之施行。農工商業之發展。以及一般社會狀態之改良進化。不有交通事業以貫之。有如此之騰驤奮起耶。覘國度者。不於其他。而於國民之便利不便利求之。蓋覘此而其他之部分

不問而可知也明治交通之發達。可分五者觀之。曰道路。曰河運。曰通信。曰陸運。曰海運。

日本普通道路之延長。爲國道千八百九十七里。(日本一里當中國六里餘)縣道七千八百二十八里里道七萬九千五百六十六里。合計八萬九千二百九十一里。(明治三十五年三月調查)蓋明治六年。定河港道路修築規則。分道路爲三等。一等爲以東京爲中心通於伊勢大廟開港塲各鎭臺及各府縣廳所在地之道路。二等爲各府縣廳開港塲鎭臺等處所通之道路。三等爲地力町村各處所通之道路。改修築造之經費。其負擔皆仍舊例。亦無何等之阻礙。明治八年。開地方官會議。議案第一。即道路堤防橋梁費之件。議決以明治九年太政官第十六號布達。始改稱國道縣道里道。蓋即當時之一等道路。二等道路。三等道路也。其改築修理及維持之經費。仍依舊例。降至十一年。發布地方稅則。國縣道以舊例及地方稅爲之。里道則定爲町村之負擔。十四年以後。始改歸府縣。又限國道之改修。其費用自國庫支出三分之一。政府爲道路開通計。是年費用三十五萬圓。開鑿上野越後間道路。以便東京新潟間之交通。其全由國庫負擔以開道路者僅此而已。爾來敷設鐵道。不能盡循舊路。普通道路。發達上。不能不生一度之障礙。前聞內務省擬編成道路法案。提出於二十三回議會。然議會已過。改正法令甚多。而不聞道路一案。至實際如何之變更。仍不得不有所待也

河運之通路。在日本火山國。天然之河流湖澤。比較為最富裕。然激湍急流。不適於船舶之航行者亦匪鮮。故以河身改良隄防修築之問題。二十餘年間。耗地方及國家之經費。已成為巨額。然其目的大概在豫防水災。灌溉田野。而出於航運疏通者實少。近東京市擬以二百六十萬圓。浚渫隅田川河口。此則特別之計畫也。總之日本利用水運之結果。今合計延長得三十一萬三千五百十九尺。水面平均寬二十四尺。乃至三十尺。水深平均四尺五寸。

郵便電信電話。自創業以來。歸政府專掌。經營至今不改。故能為同度之發達。現郵便綫路二萬四千餘里。電信綫路七千三百里。電話綫路七十里。郵便電信電話局所四千二百。郵便物十億。電信取扱約二百萬。夫以千九百二年之統計。英封書數二十五億七千九百萬通。一人平均為六十一通。餘其他端書新聞及小包郵便等。四十一億

四千三百九十萬。一人平均當九十八件。以日本例之。雖遠不及。然其發達之迹已有蒸蒸日上爭與比倫之傾向矣

鐵道者近世陸運之一大革命而最新最要之事業也日本採用之建設之費總約四億萬當其敷設時也政府政策不一定初用民間之資本後稍稍從事官業久則官私並行創業以來三十五年間以去年五月總計全國之官私鐵道綫路達於五千六十四哩今日上下又多主張國有主義政府向後十年間將買收全國重要之私設鐵道以歸移國家經營蓋日俄戰勝之結果政府將驅其全國之資本家以從事滿洲之事業日本政府財政之布施固廣而民間之利益經營則幾以鐵道爲其主體如鐵道收爲國有則國民經濟界不得不傾注旁瀉於滿洲一片土今日經濟狀況所發展之區域即其殖民政策所發展之區域也而鐵道其主幹也

日本島國。四面環海。海波蕩漾。殆無不可航行。然其一定之航路。今已別爲歐洲綫。瀉特爾綫。桑港綫。孟買綫。白河近海綫。日本海綫。揚子江綫路。上海蘇州杭州航路等海上之航走無所施其人工惟對於通行之船舶國家獎勵之經費殆已成巨萬其

間港灣之設施政府與公共團體經營之凡修築浚渫以及陸上設備等幾無不達於完成之域至於戰後神戶築港橫濱擴張工事更爲偉大之事業矣

以前所論。皆日本交通事業之結果而非考其進行之路也吾國之皇皇然求所以進步者不在震鑠日本之文化而在遵循其涂徑取以爲步步之標準吾之考此將取其犖犖大者如通信陸運海運等次第詳之於後至於道路河運概從畧焉盖道路爲一國政治上之代表修繕固不可不勤然吾國爲之其事爲至易所難者不過經費之一問題然如日本別爲國道縣道里道里道歸府縣負擔國縣道支用地方稅不足則出國庫以助之此至善之法也雖然。吾國興業動縻巨帑何獨於此而靳之盖吾國道路之不治究竟非經費之問題而人之問題也五日京兆官如傳舍苟且以免咎足矣誰復計及十年之謀乎藉曰有之或後任推翻前任之所爲即不推翻或更易其設施爲或改變其方針焉總之十年之謀無有始終能貫徹者吾國凡百事業之不興皆此之咎也况修治道路舊有之房屋山林每多更變小民無知難與圖始興辦之初期非無一二棘手重足之處今日之官箴所切戒者曰激成民變非有朝令以迫之其無復執開明專制之政策爲國計民生謀久遠者固其所也吾故曰非經費之問題而人之問題也中國河流其能通行者總計一萬四千四十四哩雖比之全國面積爲每三百方哩得一哩之水運即比之內地十八行省之面積亦爲每百方哩得一哩之水運使儘此而不求發達固無交通之可言若有陸上各種機關以補助之則中國現有之河流已如人身之血液固無不見其流通也不過淤塞者開濬之湍激者紓緩之順自然之水性盡人力之能爲一則爲交通上計便利一則爲農業上計灌溉不使天行自然毀壞之能力得行於國理民勸之域而已足矣至於黃河堤工爲吾國最鉅之工事前之殫國帑於此者無慮數千百萬此非獨日本無其比例抑亦世界唯一之河工也將來吾國政理帝國大學工科中此爲最重要之學科爲群學者研究之一大事業豈今日日本所可得而借鏡之耶若通信陸運海運等本諸人事之經營可日求其發達發達之程度亦無所止限非若道路河流順固有之規模而加以人事也蓋吾國面積二十六倍於日本則此等交通事業亦當二十六倍之方不失爲日本今日之文化例如日本鐵道延長綫爲五千六十四哩而中國二十六倍之當得十三萬千六百六十四哩

其他通信海運以如是類推雖未敢媲美歐洲然得如日本明治三十五年間經營之結果亦不失吾國民之天職焉至交通事業必確定本國主權不旁落他人之手不至人歎其有反不如無則盡人所能知者也故吾之考此並詳其行政法焉

第二編 通信

一 通信法之開始

通信法發達之迹世界萬國如出一軌通考各國之歷史凡變遷之程度無不隨一國文化之程度以爲差其始也不立文字用口語傳遞降而擧烽火通緊急爲單純之信號及人文稍進則用書信傳遞焉書信之傳遞也初用傳馬驛夫後用輪船鐵道或用電氣以最短之時間爲最速之傳達海陸縱橫無所於礙其制度之創始也在兵馬倥偬時備官史文書之用久則變爲公共交通之一機關國民事業由此而發達各國進行之跡無不如此

日本通信法不知何所昉口語傳遞時代荒漠不可考其迹可尋者自王朝時代驛傳始也驛傳之制疏畧不適用大化二年取唐制廢驛馬驛傳之令定驛鈴驛符等自是

用文書之往復軍事上無阻閡之虞再進而各地置郵停驛。定新律。給驛田。免驛夫課役。其制遂大備。雖延歷朝不無廢弛。然弘仁以來取貞觀式。至延喜亦更修明。凡神祇官、中務省、兵部省、民部省皆有驛制焉

保元平治之亂。王室衰微。驛政不理。後開鎌倉幕府。驛傳之中心遂移於鎌倉。而諸侯通信專用飛脚（通信人）至豐臣氏時代。驛制中心又移於大坂。征韓之師起。定驛傳朱印之制，傳馬驛夫縱橫全國。此爲日本驛制上最發展之一時期

德川幕府立驛政在江戶城。今東京大傳馬町。小傳馬町。皆當時傳馬供給之中心點。諸國領主亦備飛脚與東京聯絡。以爲官用文書往還之便。自元和年間大坂城定番衛戍諸士。以與東海道各驛宰領商議之結果。遣家隸致信江戶。此爲私人通信之濫觴。後大坂商賈竊以飛脚爲業務。假衛戍諸士名往復三都之間。垂五十年至寬文三年始有町飛脚。離衛戍武士而公然營其業。解武裝而爲商賈。幕府亦公認之無所咎。其配達之法。則脚夫達目的地。齎其書狀貨物等陳列戶外。以供路人縱覽。得已名者取之。遇緊急之事。則以同一之方法。別立早飛脚。其後又有金飛脚仕立飛脚登早繼

飛脚等之變遷。當時各藩相互間無甚聯絡各固其疆宇不與他藩相通故人民苦之當遞信時非出高額之賃錢託飛脚不得達蓋二百有餘年以至郵便創始民間通信之法僅此而已此未開化時代通信發達之程度不過如此也

二　通信政策之變遷

驛傳傳馬等制。安全以外。不負他之責任。至飛脚時代。遂稍稍計較遲速。然國家未嘗以之圖國內思想之統一而作爲一交通機關也雖繼飛脚町飛脚出現幕府容許之亦不過視爲單純之營業未嘗保護而奬勵之以故其業雖漸發達而業飛脚者日益專横貪法外之賃錢遇緊急則攫取暴利至保護個人秘密之責任則尤非所夢見損害既不任賠償則雖以最密之委託物或竟爲他人所攫去如此弊風爲一國人民之害而幕府亦未聞有特別制度之設也蓋自驛傳之初期以至德川幕府其無責任政府之現象如斯也

明治政府創設郵便對於通信政策初猶不斷爲政府所獨占繼以通信機關普及爲目的又見夫飛脚業惡弊横生遂覺此重要之事業非以政府之威力不足以滌滌前

弊。喚起國民之交通心。當時業飛脚者。亦欲採用新式飛脚法。以接續其前業。然自歸國家經營。民間卒不可得。蓋自有郵便以來。前之視爲營業者。一變爲公益機關之觀念。至國家獨爲專業。則採自歐美之制度也。六年五月。禁止民間從事通信業務。其政策實施。爲第一着手時期焉。

政府通信事業。既執專掌之政策。則從來以公信爲主體者。遂改爲以私信遞送爲目的。尊重書信之秘密。以確定個人通信上之權利。六年頒布郵便規則。其最著明者也。十五年。郵便條例較爲擴充。三十三年。制定郵便法。則更爲完備。

通信事業。爲政府之獨占權。除以私便運送外。其緘封及不緘封書信之遞送。概不許民間營業。惟新聞紙、印刷物、書籍、商品見本、證券、及他貴重品等。與書信異。不屬於獨占之範圍內。又關於郵便物之取扱。政府對於人民。不負何等之責任。人民不得以郵便物之不到。或遲到。而請求其損害賠償。惟既經掛號。雖不負遲延之責。然當郵便物遺亡時。亦必賠償其損害。請求之不應。或應之而有異議。則可提起民事訴訟。歐洲各國之制。大都如此。

三 行政官署之變遷

日本向有驛遞司。明治政府以大政官內之內國事務局。改稱民部官。三年七月。釐定官制。稱民部省。置卿大小輔諸官。掌地理土木驛遞租稅監督通商鑛山等七司。是年八月。又民部大藏二省合併。三年六月。頒民部省令。凡驛遞鐵道交通行政諸事務。歸二省合掌之。至七月。民部大藏二省又分立。驛遞鐵道電信燈臺及土木鑛山等專隸民部省。更定民部大藏以前之寮司及章程。四年七月。廢民部省驛遞司及租稅寮勸業統計紙幣戶籍等諸司。一時皆屬之大藏省。六年十一月。新設內務省。驛遞寮又移於內務省。十三年三月。本省置驛遞官。定總監以下諸職員。十四年四月。官制大改革。其結果驛遞局掌之於新設農商務省。十八年十二月。特設立遞信省。凡驛遞事務。概歸遞信大臣監督而經營之。

電信事務。初屬民部大藏省。自三年七月。兩省分離。專掌之民部省。置傳信機係。八月。置電信寮。十一月。又移之新設之工部省。十八年十二月。工部省廢。官掌之於遞信省。

自明治初年以迄今日。交通上之行政管理法。政府幾無定制。明治初變更爲尤著。蓋初年百度維新朝政雜出必幾經變遷幾更設施然後達於完成之域亦自然之情勢也。

自明治二十年至二十四年。遞信省設爲替(匯寄之義)貯金局、郵便爲替貯金局等。二十四年十月。改郵便爲替貯金管理所。二十九年六月。設登用女子判任官之制數年前使於鐵道作業局賣車票以試用之先電話交換局原採用女人至設判任本官實自此始。

地方通信事務至明治十六年。猶以該地方官管理之。是年制定郵便條例。變更監督之方法全國劃分驛遞區爲五十二。每一驛遞區設一驛遞出張所。歸驛遞局直轄之。十九年改電信管理法。置十五遞信管理局。廢從來之驛遞出張局。其管理區域內掌理郵便電信一切事務。二十三年七月。又廢止遞信管理局。全國設一等地方局四十四。凡前遞信管理局所屬之事務。歸本省之內信局及新設一等局分理之。二十六年。制定郵便及電信局官制。減一等局爲十八名。一等郵便電信局。又設二等郵便電信局。從來二等郵便電信局數。自十二不過十八者。至是增加爲四十三。分掌一等郵便電信局管理事務之一部。又設三等郵便電信局。三十六年三月。發布通信官署及官制。以四月一日實施。從來從事一等郵便電信局事務者。繼之爲一等郵便局。又二等郵便電信局。爲二等郵便局。三等郵便電信局。三等郵便局。三等電信局等。爲三等郵便局。今一等郵便局名稱位置及管轄區域。列表如左。

(名稱)	(位置)	(管轄區域)
東京郵便局	東京	東京府、琦玉縣、千葉縣、山梨縣、
大坂郵便局	大坂	大坂府、奈良縣、和歌山縣、
京都郵便局	京都	京都府、滋賀縣、
橫濱郵便局	橫濱	神奈川縣、靜岡縣、
神戶郵便局	神戶	兵庫縣、岡山縣、鳥取縣、
長崎郵便局	長崎	長崎縣、佐賀縣、
札幌郵便局	札幌	北海道、
新瀉郵便局	新瀉	新瀉縣、
名古屋郵便局	名古屋	愛知縣、岐阜縣、三重縣、

熊本郵便局	熊本	熊本縣、福岡縣、大分縣、
仙臺郵便局	仙臺	宮城縣、福島縣、山形縣、
廣島郵便局	廣島	廣島縣、島根縣、山口縣、
宇都宮郵便局	宇都宮	栃木縣、羣馬縣、茨城縣、
長野郵便局	長野	長野縣、
青森郵便局	青森	青森縣、岩手縣、秋田縣、
金澤郵便局	金澤	石川縣、富山縣、福井縣、
高松郵便局	高松	香川縣、愛媛縣、高知縣、德島縣、
鹿兒島郵便局	鹿兒島	鹿兒島縣、宮崎縣、沖繩縣、

郵便局初稱郵便所。及郵便取扱所。六年。分郵便役所爲四等。七年。與郵便取扱所合。八年。更分爲五等。改稱郵便局。十九年。又分郵便局郵便支局郵便受取所三級。電信局最初稱傳信投機所。次改稱傳信局。明治五年。又改爲電信局。六年。亦分爲三等等級。十八年。自工部省改歸遞信省。其經營管理以至於今日。十九年。又於一、二、三等電信局外。設郵便電信所於長崎矣。

政府既定通信官署之制。又以三十六年十二月敕令第二百五十一號。規定其職員數如左。(三等郵便局長以下、在此定員外、)

職名		定員
郵便為替貯金管理所長		一人
一等郵便局長		十八人
通信事務官	專任	十四人
通信事務官補	專任	二十八人
通信技師	專任	三十人
通信屬	專任	二千二百人
通信技手	專任	三百五十人
通信手	專任	二千八百人

通信官署現在數(除便為替貯金所)(明治三十八年三月末)

		三十七年度末現在
郵便局	一等	一八
	二等	一三九
	三等	四、〇五〇
	計	四一九七
電信局		一〇
電話局		五
郵便及電信取扱所	郵便電信	六
	郵便	三
	電信	一三 ×五七六
	計	五九八
郵便及電話取扱所	郵便電信	一五四
	郵便	一、七二九
	電話	五一
	計	一、九三三
電話所		四四
自動電話		一四一

比之前年度末	……	增三	增一七	增二十	減二	……	……	減三 ×二七	增二四	增三五	增一三五	減四四	增一五六	減一三五	減一

備考 ×者鐵道停車場公衆電信取扱所也。其電話減少者。因三十七年告示第二百四十五號。自本年四月一日始。廢郵便及電信電話局內所設之電話所。凡電話通話事務。即歸其本局取扱。

又前表之外。其在外之日本郵便電信及電話局所如左。

	郵便局	郵便局出張所	電話取扱所	郵便及電信受取所 郵便電話	郵便及電信受取所 郵便	計	電話所	自動電話
三十七年度末現在	二三	九	一〇 △四	一	四九	五〇	四	六
比之前年度末	增一	增四	增六 △四	……	增二九	增二九	增一	五

備考 △者軍用通信所也

又三十七年末至三十八年三月。郵便印花賣出所爲四萬八千五十八。郵便柱函一萬二千七十五。掛函三萬八千四百四十九。合計五萬五百二十四。郵便配置之狀況。爲每面積一方里設置二函之割合。比之前年末印花賣出所一千三百九十二。郵便柱函五百六十二。掛函一千十三。合計一千五百七十五。在比較上固爲不可思議之進步。盖此等器機之增加。亦通信發達之現象也。

四　日本郵便之始祖

日本自飛脚時代一躍而入於文明國郵便時代者前島密之功也國家重要之大事業委諸卑賤之飛脚非獨國民事業發達上不能爲長足之進步即凡新政亦無能發生前島氏建議收歸國家經營因而政府所有計畫罔不出自前島氏之請願故郵便創始十餘年間皆前島密獨自活動之時代也吾輩求日本郵便活歷史不可不考前島密

前島密越後人也。天保六年一月生。原姓上野。名房五郎。養於幕臣前島氏。遂改今名。年十三。出江戶。學醫。嘉承六年。美使來聘。國人競言海防前島氏棄醫行沿海實測。遍歷諸地多交納豪俊窺世界之大勢後之奉職官府言議多中理又郵便創始時善爲計畫者皆此時歷練而來也逾年函館奉行之命下。任近海測量之業。學航海術。執船長之職。乘遍各藩所屬汽船。日本新式航海術普及之效前島氏最有力嗣受鹿兒島藩之聘。任開成學校敎授。預神戶開港事。維新之際轉爲德川家公用人。居駿府。當時明國勢察天下大局者無如前島氏尊王之師舉也官軍抵幕府國本已大撼動然卒交出江戶城以創建明治政府者前島氏斡旋爲最多後擢爲奉行職集幕末之士族。盡力於授產一事。明治二年入中央政府授民部大藏兩省職與井上勝得能良介等稱官界三能吏自是國之先輩稍知其人繼歷仕租稅權正驛遞權正驛遞總監。內務少輔。內務大輔等。又命視察歐美以從事郵便事業而取其行政規模其他又興工勸業。歷舉各長官會長等。兼元老院議官凡經營鐵道改正地租及度量衡興勸業博覽會靡不盡心焉蓋明治初年之新智識彼固罔不周知而又百折不回堅忍以求事之成也。十四年國家憲法立棄官追大隈重信後組織改進黨。大隈甚厚之二十一年。大隈再入閣。彼入遞信省爲其次官當時郵便制度之改良電話官營之計畫遞信大臣多執行之然皆前島氏所唱道也居官三年。棄職，不復齒政治問題，迺投身實業界。關西鐵道、北越鐵道京釜鐵道、東洋汽船東京馬車等創業。前島氏皆獨當其重役三十五年。萬國聯合郵便加盟舉行紀念祝典。朝廷嘉其勳能。授男爵列入華族。至是全國始仰望之嘖嘖稱道不絕謂前島密者日本郵便之初祖而通信界之大恩人也前島密乘維新之風雲驤首奮起爲日本開化時代之一偉大人物亦可謂豪傑之士矣夫成功諸事業家大都多所憑藉所謂順風而呼聲不加疾其勢激也前島氏一農家子耳材能不顯於時聲名不重於世獨以一身爲國家經營循序以入政界堅忍沈卓垂三十年而業成後之人考通信史郵便業之初祖終不能不推崇之語曰有志者事竟成不其然耶前島氏謙恭能下人不與人競權位當遞信省設立時適任之大臣當爲前島氏然彼坦然不爲意營營計其業不休嗚乎前島氏未顯時人不得知惟大隈獨重之是大隈知人於先也日本先輩多推服大隈又豈偶然哉

五　日本郵便之創始（一）

明治三年五月十三日。前島密得一書載東西兩京間官文書往還之運送費。大喜。以爲其業可成。時前島氏任租稅權正而兼驛遞權正也。飛脚業之通信也。中央政府與府縣藩廳不相接。凡費用由各處供給之。故東西兩京間每月所支出之額。久不可得而聞。自是得其數爲每月千五百兩彼遂計算其經費可爲郵便創業之標準何也國家當未開時代人民不感交通之必要如月支數萬金以興郵便政府亦將不認許今以月額千五百金首建一東西兩京綫延以至於大坂沿道之人民將感其便利然後再謀新綫路之擴張漸以普及於全國此前島氏之計畫也斯時也前島氏年三十餘足跡遍全國常苦一地之隔音問不得通必如何方可自由通信日夜求解決此疑問又泰西之制茫無所考見所謂組織郵便事業者不過綜合不規則之見聞而有一朦朧之概念而已矣。

先是文久初年前島氏任測量乘函館丸抵長崎。時長崎新渡來漢譯聯邦志一書中設官分職一章。載驛遞院長掌水陸驛傳。凡往還本國及外國書信。視路程之遠近定銀數之多寡云云。斯時也爲發見外國通信之第一時期也然即爲郵便最終之事業也據書以求之凡通信業務必掌之官府政府不能放任之以聽飛脚之專業至是已取國家經營主義然歐式通信法欲以此數語了解之不堪大噱耶

長崎開港。美國宣教師烏利馬斯來前島。謁之。問郵便制度。宣教師曰。郵便者國家交通之機關也如血液之在人體血液循環人體賴以健全而生活血液之循環又在乎血管血管塞則血液枯血液枯則人體以瘦以疲以死此自然之理勢也通信者血液也驛遞者血管也美國聯邦惟因有完全之驛遞機關助政治經濟百般事業之發達

故能有今日活潑肥碩之國家言竟。啓篋出一書示之。指上粘郵便印花而告之曰。此合衆國所定賃金之標章也信物有此標章不獨行之本國凡通信締約之邦皆得而傳達之斯時前島密郵便制度雖不可得而聞然已知交通機關爲政府獨占經營之事業又爲國家發達上有至大之關係於是通信改良之意志益與以有力之聲援矣。

雖然幕府擅國權各藩割據鎖疆宇互相敵視所謂交通新事業終不能施行抑鬱者久之明治政府立前島密復起以此唱道在朝諸公然軍馬倥偬之後又百度維新皆不獲就緒縱有所建言終不視爲唯一至急之事務三年。任驛遞權正以數十年懷抱之素志一旦立於目的地以負擔其責任此前島氏縱橫得意之時期抑亦前島氏忙亂無助之時期也

（未完）

外國貿易論

重遠

序論

近世世界列國之政策。一言以蔽之曰國家本位主義是已。夫其所謂教育者。獎勵國民以對外者也。所謂外交者。縱橫捭闔以固一己之地位者也。所謂軍備者。維持相當之兵力恃爲最後之一手段者也。而下至凡百庶政。幾無不與此大主義息息相通。嗚呼黃金世界旣無湧現之日。則競爭均勢之局。雖長此終古可焉。吾以是因果觀察列國經濟政策之變遷。曰亞丹斯密世界主義個人主義之說。所以見擯于當世。而李斯德氏國民經濟之論。所以獨稱于列國者。又豈無故哉。國民經濟者。近世國家主義日益發達。知經濟上之利害。亦不可不以國民爲標準。而國際分工。雖爲消費者個人之利益。然一國需要之物。仰給于他國。決非國家長治久安之計。故寧犧牲一部分消費者之利益。使一切物品一國自生產之。以謀國民全體之利益。故國民經濟之政策不注重世界與個人而以國民爲本位者也。以是之故經濟獨立問題遂騷于列國而謀農工商三業之發達最爲學者政治家之所注意而此中操其消息盈虛之關鍵外之抵抗入口之貨內之獎勵本國產業者維何曰貿易政策是已

所謂經濟之獨立者何也一國之食品原料與製造品。並足以自給。而不受制于他人之謂也。美國開國以後。獎勵農業。不遺餘力。而自一千八百六十七年以來實行保護政策。德意志于一千八百七十九年。俾士麥實行商業政策。而近年來又竭力保護農業。澳洲加拿大。固新進國而富農產者也。而近來保護工業不止。英國固以商工業立國者也。而近來彼國政治家竭力主張與殖民地行特惠關稅制。蓋皆將以謀一國之食品原料與製造品並足以獨立而不仰給于人即爲一國經濟上之獨立計也蓋自前世紀以來交通機關。日益便利。昔者因政治之分立而可以行經濟之分立今者不然世界列國由政治上觀之雖分若數十國而經濟上之關係則天下猶一家也一國

之變遷。全世界爲之動搖。全世界之風潮。數十國咸相警備。而當此橫風怒潮之中。雄于經濟界者則勝。啬于經濟界者則敗。勝敗云者。家國存亡之所繫。而一國國民經濟界上之位置所由以定也。今即以例言之。使一國以農業立國。而不能產製造品。則全世界以交通利便之故。萬國之貨源源而來。不幾時固已充塞我之市場矣。雖曰我以農業品換工業品。足以相償。而農業品之不敵工業品。固章章明甚也。因是日剝月削。勢不永爲債務國不已。且一旦有事。平日所依賴外國之軍用品。若戰艦砲彈等。至此不能輸入。則其滅亡可立而待也。反之以商工立國。而農業品不能獨立者。亦莫不然。若英國者。食品原料。一仰給于外國。即以食品言。一年本國產者十六億磅餘。自外國輸入者。則十七億磅有餘。而英國幸有此廣大之殖民地。故平日尙不受制于人。然一旦與他國啓釁。殖民地之交通。爲他國所斷絕。則本國人民。不數月間固已盡成餓莩。至是而欲保政治之獨立。其可得乎。嗚呼。經濟界混合之關係。既若是其可危。則一國縱不能使之超然立于此盤渦之外。終不可不講求所以防衛對抗之策。是即近世經濟獨立問題之所由起也。

如上所言。則一國欲謀政治上之獨立。不可不先求經濟上之獨立。欲謀經濟上之獨立。則不可不謀農工商三者之並興。雖然。于近世農業不能獨立者。猶可自立。工業而不能獨立。則未有不敗亡者。何也。凡社會經濟之組織。必始由漁獵而進于牧畜。由牧畜而農業。而農工業。而農工商業。故爲世界之文明國者。無不進於工業之一階級。而其所以必進于工業者。則以工業品之獲利多。而足以制勝農業品故也。蓋農業品之要素。土地而已。然以其爲報酬遞減法所支配。故生產費雖加。而土地之生產力。不能應于所投之勞力資本而增加。反之工業則不然。隨勞力資本之增加。得以無限生產。且生產愈多。資本愈輕。因之獲利愈厚。而大足以吸盡人國之脂膏。故世界工業之發達。由工業國言之。實攫取世界市場開拓殖民地之一利器。而由農業國言之。則漏巵大開。斵喪國家元氣之一大坦途也。故農業或工業不能獨立者。其前途最終之危險。姑置勿論。而于平和上之競爭言之。則工業國之農業。雖不能獨立。而由工業上所得之利益。大足以補償之而有餘。而在農業國。則常立於被供給之地位。而莫由自振。故以英國與中國較。當遭遇戰爭。其前途同不免於敗亡。固不可知。然于今日之情勢觀之。則工業不能獨立之國。其危殆愈可知矣。竊觀吾國今日之大勢欲求經濟上之獨立。不可不先振興商工業商工業獨立問題實我國之生死問題也而欲謀商工業之獨立。不可不知此中利害關係與夫所以獎勵保護之者何如是在貿易政策

日俄戰爭起。世界之視綫。咸集于砲彈血肉之競爭今者東亞已告平和美德互惠條約將及告成。英俄協商日法協商已在進行。數年來各國間相互紛擾之問題盡行解決此後乃將注全力於極東商業而區區三島之日本自日俄戰爭以後已入世界第一等國之列。以近年來輸出入貿易而論則已進于商工業國而足與各强國相角逐矣。而當此極東之共通競爭市塲為世界之所注目者其將何以堪之嗚呼作外國貿易論。

全論共分四章首章述外國貿易之概念以示貿易政策之所由來,

(一)外國貿易之概念

次述貿易政策古代如腓尼基及意大利之自由都府等固未嘗不無特別之商業政策又十七世紀之重商政策。(Mercantilistic System)固一時風靡全世界者惟自十八

世紀以來。新學說出。此等政策。於世界毫無影響。故畧之。現世界各國所行之貿易政策。不出自由與保護兩途。而實我輩以後欲改良貿易政策之所不可不本之學說。故此二者。實本論之主人翁也。

(二)自由貿易及保護貿易

定一政策而實行時。不可不有其方法。若關稅等其最著者也。故將種種實行之手段。一述其概畧。

(三)貿易政策之手段

于一國貿易政策上。所不可不知者。以上三者而已。惟外國貿易日益發達。國際間之交涉。日益複雜。因之國際間相互定一定之通商條約。規定國際間貿易事情。故通商條約。常有左右一國貿易政策之勢力。于外國貿易上實占重要之位置。玆附論之

(四)通商條約

本論止就學說上及一般之事實上立論。至于中國之貿易事情及通商條約等。待本論完結。別論之。

第一章 外國貿易（International trade）之概念

（一）外國貿易之起因 外國貿易者國與國間物產交換之謂也。交換之起因有二。

（一）物產之有無 世界萬國以風土氣候之不同而生產有異。一國中所需之物有能生產者有不能生產者。不能生產者不得不仰給于外國。是有無相通之理與個人之分業無殊。

（二）生產費之比較 交換之起因。不僅在物產之有無。又在生產費之差異。而所謂生產費之差異。不特指二國間一般之生產費之高低之差異實在兩國間諸物品生產費高低之比例之差異也。譬若甲國兩物品之生產費雖均較乙國爲廉。而若一品與乙國相較有四倍之利。一品止有二倍之利。則甲國但生產有四倍利益之品。二倍利益者仰給于乙國。若是則二國均霑其利。二國間貿易之繁盛即由于此。

今將其理由詳述之假若

中國以或定額之勞力資本產（石炭四噸 生糸四捆）

英國以同額之勞力資本產（石炭二噸 生糸一捆）

如上例所言。英國之生糸與石炭之交換比例爲一捆與二噸。於中國則爲四捆與四噸之比例。則中國二者之生產並優于英國。以不明此理者言之。必曰二者中國儘可自產。不必與英國通商矣。雖然是決不然。中國之生產石炭較之英國有二倍之利。生產生糸較之英國有四倍之利。故若併力專從事於生產生糸。則可多得二倍之利益。即併全力于生產生糸。則可得八捆以四捆送之英國。而英國二者之交換比例爲一與二。則四捆生糸可得石炭八噸。果如是。則二者之貿易於英國既無所損。而中國可多得石炭四噸。況實際交易上。中國必再讓去一二噸使英國亦享其利。以謀貿易之永續。由是觀之。外國貿易。誠兩國交便兩利之業也。故若甲國二品之生產。雖均優于乙國。乙國必棄其利之小者。而就其大者。乙國二品之生產雖共劣于甲國。亦必擇其稍優者爲之。外國貿易之大部分。實源于是。非徒起于物產有無生產難易之一二單純原因也。

今以一實例言之。西歷千八百五十年澳洲發見金礦時。採金之利益甚高。礦工一日可得工銀五元。因是農工業者。無不趨之若鶩。而本國所用之材木。仰給于瑞典挪威食品仰給于歐美。雖然澳洲多未開之地。森林茂盛。而土地之膏腴。又非歐洲可比。較之美國亦不爲下。則此等物品不產之本國而反遠求于他國者。果何故耶。是無他。曰採金所獲之利。遠優于耕作伐木故也。嗣後金礦漸盡。採金之利漸減。而農工業亦漸興矣。後美國加洲發見金礦時之情況。與此亦不稍異。則比較生產費之說。可以證矣。若二國生產費之高低在同比例時。譬若甲國兩物品爲四與二之比例。乙國爲二與一之比例。則決不能生貿易。又此理在內國貿易中無之。以同在一國中。勞力資本易于遷移。故假若甲地有利。則乙地之生產事業。勢必盡移于是。

(二)外國貿易之利益　自來學者。於外國貿易之利。不一其說。舊經濟學派。絕對主張輸入之利。以爲輸入可以得己之所欲。增進消費者之幸福。故直以輸入爲外國貿易之目的。輸入超過輸出之價格。爲外國貿易上所得之利益。反之一般保護論者。則絕對認輸出爲貿易之眞利。曰輸入者所以妨害國民產業發達之進路者也。輸出多則多受外國之代價。可以增富。輸入多則流出金銀。必致貧乏。故以制限輸入爲貿易政策之大本。雖然輸出輸入各有其利。決非可以絕對的評論者也。蓋一國貿易之目的不僅在輸入而輸出入之間。又非可計以金銀故也。今將輸出輸入之利分別言之。

輸入之利益別爲三。

(一)國民之幸福　即上所述貿易之第一原因世界各國以風土氣候之不同。一國中必有不能生産之物。若瑞士無炭。法國無銅。美國無茶。歐洲無熱帶果實等是也。此等不能生産之物能由外國輸入則可以豐國民之消費增進國民之幸福。

(二)勞力之節約　即貿易之第二原因之理夫生産之難者。若能仰給于於外國。則可以節國民之勞力。與夫全國事業界之資本以集中于最多利益之物。若是則勞力少而成功多。而國富之增殖益易。且以此而二國間之生産事業日以繁盛。物價自廉。消費者實享其利。換言之。即一般國民之利也。

(三)劇變之調和　凡一國遇事變之際。若戰爭天災等事。一國之生産力。劇然減退。當此而無輸入品以調和之。則國民所受之慘苦。烏可勝計。不特此也。一國之人口。日以加多。食品原料之需要日增。因是耕作者日增其勞力資本。以求生産之多。雖然地利有限。决非無盡者也。耕作之收穫。非永與資本勞力成正比例。而至一定之程度。則收穫有增無減。即前所謂報酬遞減法是也。此實一國農業上最恐怖之現象。而調和之使不遽見此現象者。厥惟外國農產物之輸入。

次述輸出貿易之利

(一)富源之開發生產力之增進　一國往往以特別地理上之關係。物產豐饒。供本國而有餘而此有餘者。非求販路于外則既不足以開拓一國之富源。所生產者亦終歸于無用而已。若澳洲之羊毛。西班牙之酒。美國諸州之銅鐵。若無市場于外則此一部分者。將何所用。故欲盡一國之富源。增進其生產力。不可不求輸出貿易之日盛。

(二)工業之發展　分工之發達及生產業規模之大小與市場之廣狹有密切之關係者也。斯密亞丹原富中論分工與市場之廣狹之關係之一例曰。蘇格蘭一年間不能銷千數之針。因之造針皆附入他種鐵業中而專門製針者。竟無一人。蓋貿易盛。販路廣。則分之有利。不然則有損無益。若此千數之針。以專門造針者。固一日間已得造之而蘇格蘭每年之銷數。尚不滿千。則此專門業者。一年間三百六十四日將游蕩無業矣。此實最淺顯之一例。觀此亦可以知市場不廣。決非可以謀分工之發達也。至生產業規模之大小之關係。則更不待言而自明。美國近年工業之發達。可以證矣。

(三)劇變之調和　此與前輸入之利同。凡一國之產業界。不可不求穩和之現象。生產不足。固非國民之福。而生產過剩。亦決非國民之利。蓋農產物之變動。最非人智人力所能左右。雖曰過剩。可以賤物價。然此現象。決非可年年永續者。逮一旦生產減少。物價騰貴。則于物價下落時代群起之事業。勢不至傾倒不已。而外國輸入品。將充斥我之市塲矣。至是則國民之活動。不能不生一大頓挫。故輸出者。實調和生產過剩之一要件也。

(三)外國貿易之弊害　有利必有害。事理之通則也。外國貿易之利益。已如上所述。而其爲害亦約畧可舉。近世列國猶未脫國家主義時代。故此貿易上之弊害與政治上相衝突之點。近世經濟學者於貿易政策上所最精心研究者。今試述之。

(一)產物種數之減少　國際分業之理。與個人之分業同。原始時代之人民。自生產而自消費之。行同魯敏孫之漂流孤島。一切不求于人。自後人智漸進。始起交易而生社會的分業。于是人人各生產其最有利益之品。以易己之所欲。國家亦莫不然。始閉關而終於開港。於是國際分業起。本國獨生產其最有利益之品。而其利之少者。則仰給于外國。換言之。即一物之生產條件。非優等者決無由振興之。而劣等者受外國之競爭。不得不爲所傾倒。因是生產物之種數。日益減少。爲一國產業之基礎者。殆無幾種。即所謂但能爲偏方單調之發達而已。而一旦此數種產業中或生變動時。則產業家失其資本。勞働者失其職業。而全體之經濟組織。爲之動搖。其尤甚者。因是而累及政治上之獨立。

(二)外國變動之反響　輸出貿易者。自國之生產物賣于外國之謂也。輸入貿易者。輸入外國之生產物也。故賣買交易。盡在領土以外。爲本國之力之所不及。因是外國市場之變動。忽反響及于內國之經濟界。若英國之棉花饑饉(Catton Famine)其一例也。棉花饑饉者。當前世紀南北美戰爭時。英國仰給于美洲之棉花。一時中絕。全國機織工場倒閉者不計其數。勞働失業者數千萬。實英國經濟界最恐慌之一大事也。

(四)貿易之平衡(Balance of trade)　貿易平衡之語。普通指輸出入之差額而言也。雖然。於統計上觀之。輸出入相等之國。竟不一覯。非輸入超過。即輸出超過。二者必居其一。又更爲一般所懷疑者。即輸出入與金銀之關係是也。蓋今日之貿易以金銀決算。以常理言之。必曰商品輸入超過時。則金銀必輸出超過。商品之輸出超過時。反是。雖商品之差額與金銀之差額。決不一致。徵之事實可知。即若美國自一千八百九十三年以來。年年輸出超過。今揭其自一千八百九十八年至一千九百〇二年之貿易表如下。

（年）	（輸出）百萬弗	（輸入）百萬弗
一八九八	一、二三一	六一六
一八九九	一、二二七	六九七
一九〇〇	一、三九四	八五〇
一九〇一	一、四八八	八二三
一九〇二	一、三八二	九〇三
總數	六、七二二	三、八八九

依右表觀之。五年間輸出超過額共二十八億三千三百萬弗。一年間平均額約得五億六千六百萬弗。雖然、其金銀之輸出入額則何如。今揭其表如下。

(年)	(輸出) 百萬弗	(輸入) 百萬弗
一八九八	七一	一五一
一八九九	八四	一二〇
一九〇〇	二〇五	八〇
一九〇一	二一七	一〇二
一九〇二	九八	八〇
總　數	四七五	五三三

則五年間輸入超過。共五千八百萬。一年平均數約共一千一百萬。以此與前商品之差額相較。其相去奚啻天壤。故決不得以輸出之多而即謂可得如許之金銀也。今再以輸入超過之法國言之。其自一八九七年至一九〇一年之貿易額如下。

（年）	（輸出）百萬弗	（輸入）百萬弗
一八九七	七二〇	七九一
一八九八	七〇二	八九五
一八九九	八三一	九〇四
一九〇〇	八二二	九四〇
一九〇一	八三三	九四三
總數	三、九〇八	四、四七三

則法國每年買入較之賣出多五億六千五百萬。一年間平均額共一億一千三百萬。以不明貿易之理者言之。必曰法國每年必輸出如許之金銀。若年年如是永續。法國之金銀。必流出殆盡矣。雖然法國每年之通貨。通貨者。即市場流通之金銀也。則有增無減。今觀其金銀輸出入表可知。

（年）	（輸出）	（輸入）

	百萬弗	百萬弗
一八九七	六五	九四
一八九八	一〇〇	七八
一八九九	七六	一〇一
一九〇〇	六七	一二一
一九〇一	五七	一〇五
總數	三六五	四九九

可知五年間共增一億三千四百萬。即每年平均額當約得二千七百萬弗之金銀。

試再一觀英國之貿易。則愈足驚人者英國之金銀通貨止有六億弗。而每年之輸入超過平均額共十二億弗。如是則英國即將所有之通貨盡輸出而尚不足一年間之貿易。已足使英國之經濟界陷于死地矣。雖然。於事實上觀之則絕然成反對之現象。英國之通貨固依然有增無減。是實最不可思議之現象。而一般留心外國貿易者所最懷疑之點也。然則其重要之關鍵。果何在耶。曰貿易之平衡。不定于輸出入之差額。

而定于國際貸借之差額(The balance of ito credits and ito defts)也。國際貸借之差額者。即一國或立于債主之地位或立于債務者之地位。其間債權與債務之差額之謂也。蓋外國貿易上之通則有二。

一　輸出貿易必引起輸入貿易。故一方面行盛大之輸出貿易。一方面亦必有同額之反動品輸入。（此非絕對的言。惟必生此傾向而已。）

二　所得于外國之利益必引起輸入貿易。故譬若英國得我國國債之利息十萬。決不即取十萬金銀以回。大部分必購我國之生產品。此等之利益金。經濟學上常謂之曰無形之輸出品(Invisible exports)蓋實與輸出無異故也。

故無論輸出超過或輸入超過。必有他物以對應之。若英法之年年輸入超過而本國之金貨反有增無減者。實以所得于外國之利益多。以他人之錢購他人之貨。而尚有餘。決非英法年年購無償之物品也。美國之年年有巨額之輸出超過而所得之金銀甚少者。實以外國人所得于美國之利益多。各以其所得之利益購美國之生產品。因之美國一部分之輸出品。實爲其償還債務之具。亦決非美國之年年供給他人以無償之物品也故若知國際貸借之關係則知貿易之無不平衡而貸借之關係除輸出入貿易之外即前所謂所得於外國之利益其種類甚多今取其主要者述之。

(一)輸出品之運送費　是包括運費及保險料二者而言之也。凡貨物之運送料必取給于輸入國故輸出國自當運送貨物之任。則于原價之外更可得運送費之利益。若以海運業之盛大更能為他國代運貨物。則其獲利之多更不待言。若英國是也。英國每年所得之運送費共有九千萬磅。其額之巨蓋可知矣。雖然此費用以貨物既出口岸後在途中所起之費故並不入輸出價格之內。是以為輸出入貿易外一特別之關係。

(二)外國投資之利金　舊開國而為資金豐厚者。往往以貯蓄之大部分投于海外之新開國。若買公債票公司債票股票開公司買地等是也。因此所得之利益及地租等。即取金銀或購商品以回。若英國年年自外國及殖民地所收得之利益。其數實一億磅有餘。法國投資于歐洲大陸之數約共十一億餘磅。每年之收入約共五百萬磅內外。外國之投資于美國之額。共有三十億餘弗。因之每年付出之利金約共一億二千萬弗。故投資之利金實爲貸借關係中重要之一項觀此則前美國之輸出雖多仍不能多得金銀而英法之通貨有增無減之說更可以證矣惟此所當注意者一事即在他國發行外債時。若外國債金未交淸時。則發行國仍立於債主之地位。至交完後則爲負債國。每年不能不付出定額之正貨。

(三)在留外國人之消費金　前世紀意大利一大藏大臣曾以國庫窮乏竭力改良游玩娛樂之地以招徠外人。吸收資金。蓋外國之漫游者或居留者所費之金額。大半取之本國。故常有外國富豪漫游之國則吸收之資金其數實不貲也。若瑞士每年所得於外國游歷者。共四千萬弗美人之費于外國旅行之金額。每年共五千萬弗。故決非可以無足輕重目之也。惟此資金均隨身携帶或郵匯。並不入輸入之統計。故亦爲貿易以外之條項。

其主要者不過如上所述。餘尙多惟以關係甚小畧之。

故貿易上之差額。雖不平均。實有此等無形之關係以調劑之。英國之年年十二億弗之輸入超過而金銀日以增加者職以此也要之所謂貿易之平衡者不在輸出入之

價格而在貸借之相等學者研究外國貿易決非可以畢悉各國貿易數字上之差異爲已盡其能事也

嗚呼今論貿易上之平衡。最足爲我國痛者則前所述之三特別條件。既不一具。而金融界之大權幾盡落外人之手。航外國之商船竟無一艘。留外洋學生其數實一萬餘。國債數千萬。則一年間立於負債地位之金額其數奚啻數千萬而吾國學者乃曰吾國輸出貿易額不爲不巨足以相抗未足爲吾國慮也雖然。使一考此中消長之關係乃知此輸出貿易之大部分直以償還債務而已豈能得貿易之眞利乎而若英若美若日固以吾國之錢購吾國之物品直無異享無償之物品也嗚呼國家財政至此有不破產不貧乏者是理之所必無而興業殖產之大方針今尚不知稅駕何所此所以吾輩研究貿易問題而不能不爲吾國家前途一痛哭也

(五)平衡之維持　凡產業幼稚之國。全國之產業。不至全爲外國所傾倒。而輸出與輸入常遙遙相應。永保貿易之平衡。不生絕對的輸入超過者。雖曰輸出貿易亦外國之利然固別有他原因以轉移之也。其原因凡二。

(一)匯水之漲落 凡輸入國支付物價時。若運送金銀。既生費用。又多危險。故雙方各買匯劃票以決算。匯劃者買得他人受取現金之權利以償還自己之負債也。譬若在倫敦之甲對于在上海之乙。有一萬圓之負債。又在上海之丙對于在倫敦之丁。有一萬圓之負債。若運送現金。則甲丙不能不出運送費。而甲丙因擔負運送金之故。後日或賣物品於乙丁時。必特高其價以復其前之損失。究之乙丁雖爲債主。亦不得不負擔一分之損失。終非相互之利。因之乙出一向甲索欵之票。丁亦出一向丙索欵之票。而丙即買乙之支出票。甲即買丁之支出票。如是丙對于甲得一萬圓之債權。甲對于丙亦得一萬圓之債權。二者相消。則四人間之債務關係。可不用現金而清償。惟是乙丙或甲丁之投合。乃絕難之事。因之銀行業者立於二者之間爲賣買之媒介。以上乙與丁所出之票。即謂之匯劃票。而此匯票需給相平均時。即若上海之丙。對于倫敦之丁。有一萬圓之債權。而在上海之乙。對于倫敦之甲。適有一萬圓之負債。如是則在上海之甲與乙之需給適相平。均倫敦之需給亦適相平。此時若丙賣票于銀行。或乙買之于銀行。均照票上所寫之一萬圓計算。此之謂平價之匯劃。若上海之丙。對于倫敦之丁。有一萬圓之債權。而在上海之乙。對于倫敦之甲。乃有十萬圓之負債。則倫敦劃銀于上海之匯票。需要超過供給。此時若丙賣票於銀行時可得一萬圓以上而乙去買之亦不得不出一萬圓以上此之謂拂逆之匯劃。反之供給超過需要時。即若丙對于丁有十萬圓之債權。乙對于甲止有一萬圓之負債。則丙賣出時不能滿十萬圓而乙往銀行買一萬圓匯票時反可少出數元此之謂正順之匯劃。匯水者即此漲落之價格也在輸入超過之時即匯票之需要多於供給因之匯水大漲對于外國有債權者可得其利負債者不得不受損失即輸出商之利而輸入商之不利也因是爲輸出商者竭力輸出物品以得外國劃銀之匯票賣之以多得利益反之輸入商以負債之不利而制限其輸入如是則輸出入復歸于平衡

(二)物價之高低　貨幣賤則物價貴貨幣貴則物價賤經濟上之通理也譬若本以貨幣四元可買米一石。今若四元止能買半石。則値米一石之貨幣四元今但有半石之價格矣。是非貨幣價格之下落乎由米一方面言之。則一石米本値四元。今乃

半石値四元。即一石有八圓之價格矣。是非米價之騰貴乎。若澳洲發見金礦後。金價大落。因之礦工銀每日可得五元。醫生一回之診金達五元。即金價賤而勞力貴也。又日本明治十二三年時。以紙幣濫發之結果。紙幣價格大爲下落。而米價突漲至十圓以上。至十七年末紙幣消却之舉。漸見成效。而米價亦即減至四五圓矣。故貨幣下落。則物價必貴。貨幣騰貴。則物價必賤。故以是察兩國之貿易。若輸入超過時。金銀日以流出。中央銀行之存金日以減少。金利騰貴。融通不能自由。物價即由之而下落。于是輸入國以本國物價低廉之故。不再輸入外國貨品。而外國以他國物價下落之故。爭相購買。於是輸出增而輸入減。輸出入復歸于平衡故貿易之變遷。猶潮流之上下。必有來有復。決非以絕對的方向進行者也。

(六)貿易表之解釋　解釋輸出入統計表時。有不可不注意者一事。即全世界之輸入常超過輸出之一事是也。蓋一國之輸出入與他國之輸出入。常立於相對之地位。則全世界之輸出與輸入。當在同額。是蓋必然之理也。雖然于事實上觀之。則常輸入超過輸出。即若一九〇一年全世界貿易統計表輸入爲一百〇三億弗。而輸出乃爲八十八億弗。則此十五億之差違究何自來曰。即輸出品之運送費也。蓋現在各國除美國之外。各國均將輸來時之運費保險金等計入輸入價格之內。而一方輸出時以是爲途中所起之費用。並不算入輸出價格中。因是雖爲同額之貿易而輸入價格終不能不大于輸出之價格矣。

（第一章已完）

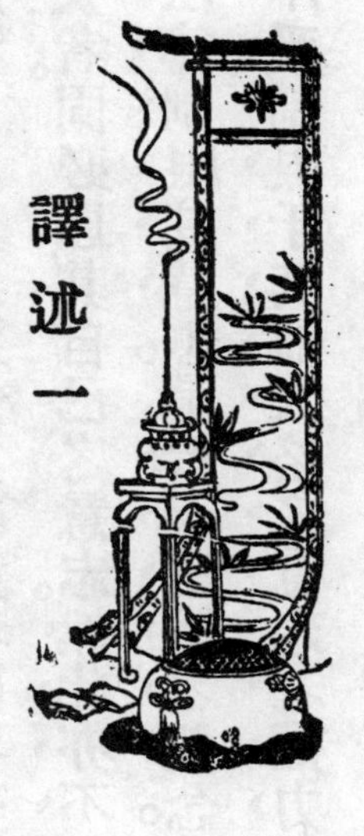

譯述一

國家之政治的方面

淵　生

日本法學士永井惟直著政治汎論一書。以研究政治學上高深之學理爲目的。其衍義甚顯。分類綦詳。雖有時探究深邃之學理。而論斷處終能按之于事實。雖有時泛陳各國之政治。而結搆處終能本之于日本國情。條理分明。統系一貫。最足以助我國人研究政治之興味。全書分二大編。今所譯者。乃其中之數大節目也。本節之標題爲「國家之政治的方面」其義解似甚澁滯。然深按之。實不能代以他之標題。蓋政治方面之意義。原萬不能以字句泥視之。惟默會其通可也。

第一章　主權

英國大家達齊氏曰。憲法者、直接、或間接、以支配主權、之作用、之條規、也。故憲法、上、主、權。維何。必先有以明之云。是則凡欲討議國政者。必以先識主權之大體爲其楷梯。今準之此義而論及之。

主權二字。其義不一。英人阿侵賀僕曰。主權云者如主權者之謂也。亞莫司之說明主權之性質。則謂凡國之特立于世界中者。必有檢束其多數人之行爲之絕大權力。此即主權。此即所謂最上權也。余則區別主權與主權者。視主權爲無形的意義。而下以簡單之定義曰。主權云者。非直接或間接。基于自己之意志。不受法律上制限之權力也。尙進而剖析之如下。

(一)　主權者。不受法律上制限之權力也。

若夫爲自然力所制限者。又當別論也。蓋雖貧若何之最高權。苟事實上所不可能者。終無術以爲之。蓋此不克與天然力相競者。固理勢所必然。他如國家因其國力脆弱而見壓服于人者。固必屈其自己之意志。然此亦不過爲事實上之制限。腕力上之折服而已。非以法律制限其意志。是皆于主權之觀念毫無所損傷者也。

(二)　主權者。不受制限于其他人格之意志之權力也。

若夫自以其意志而制限之者。爲其一己行動之自由。無害于主權之觀念也。故自爲憲法以羈束主權之作用者。與主權之觀念全無所衝突。且能于其制定憲法一端以證明其主權所在也。苟非其一己之意志。而原于他人格之意志。以制限其權力羈束其行動者。則喪失其主權之作用矣。

（三）主權者。非直接或間接基於自己之意志。則不受制限之權力也。即或自形式上觀之。雖受他人格之制限。而究其實原爲國家之意志之時。則其所受之制限。仍不外間接基于國家之意志。而亦無妨于主權之觀念也。蓋國家基于約束。而對他國負擔義務者。國際之常情也。其國家之意志。雖或見制限于他之國家。然究其負義務之由。則原于以己意所結之約束。故猶可謂間接受羈束于自己之意志也。其無害于主權之觀念者。不竢論矣。

準上三說。已足明主權觀念之大體矣。玆進而論其主權之作用。以對外的作用。及對內的作用二方面分析之。

對外的作用

凡對于外國表其主權之作用者。如派遣公使或獨立締結條約與夫宣戰媾和之權、皆主權也。

對內的作用

國無大小强弱之殊。必以土地爲其存在之根據而臣民亦其構成要素之大端也。二者不備。主權以失。蓋主權之對內作用云者即其作用及乎國土臣民之上之義也茲再詳舉之于後。

甲　領土　主權之作用于其領土之內。無所不及亦無所制限且決不容他主權之侵入者其原則也然基于國際條約成外交上之慣習時。或有所伸縮者皆出于主權一時之便宜行事仍于其本性毫無所衝突也今列舉其重要者于次。

(a)帝王皇族公使及其從者之羈旅于外。不受其外國法律之拘束。

(b)原于國際條約之結果。曾得有治外法權之國民。對于其在留國之法律。無服從之義務。

(c)國民雖出其本國。其身分能力及憲法上之國民義務等。須遵其自國之法律。

(d) 一國沿岸之海面。凡三海里以內。曰自國之領海。可視同領土。

乙 臣民 臣民者有絕對的服從主權之義務者也。

第二章 政體

夫政體之區別。將何所據以爲標準乎。自統治之主體而言。以主權本體之爲一人。或爲國民中之少數人。或爲全國民。三者爲區別之標準。于是而得君主政體貴族政體民主政體之三政體者。昔亞里斯多德氏所唱道者也。此說之不正確。在混視國體與政體爲一物。然蹈此弊者。非獨亞氏一人。多數學者皆然也。法國學者謂必民主國乃能行立憲政體。故法國雖于政治上經濟上有各種原因。而其誤解之主旨。在實行共和政體。必先革除其爲主權者之君主。此即其一例也。阿斯清氏據主權所在。以區別政體。以主權之屬于一人者曰君主政體。其屬于二人以上者曰數人政體。皆原于上之誤解而生之結果也。吾國人素曉然于二者之別。故于國體無所變更。而得立憲政治之美果。夫不能據主權所在。以分別政體者。既章章明矣。而其分別之標準。果以何者爲正確乎。蓋必以其國之元首。即統治權之總攬者立說。而後可也。夫此區別。固久詳于各教科書中。不復贅述。茲僅及各國憲政之特質焉。

立憲政體云者。以憲法區別立法、司法、行政之三作用。如設獨立機關。以議會參與立法權。元首經各機關之協贊。以行其統治權之謂也。詳言之。即人民舉代表者以組織立法部。凡有所議決。經君主之裁可。即爲法律。行政部以執行此法律爲主。并旁察外部之情實。以期斟酌盡善者也。司法部惟于法之範圍內。從事于適用解釋之道而已。

上之立法司法行政三者。世人不無誤解。茲特述其大旨。使人以粗通立憲政體之意義焉耳。

立法者意志也。行政者力也。此說爲盧梭氏所主張。伯倫知里謂立法權之較大于他權者。如物之全部較大于其一部之比例。蓋行政、司法之活動。終不能脫法律之範圍。凡屬于行政司法之事業。其不能與立法無涉者。章章明矣。即憲法有所變更。亦不外立法之作用。質言之。行政司法之對于立法。實居于從屬之地位耳。故爲政治論者。即不外爲法律論而已。然是說殊不適于吾國情實。蓋吾國之主權。在于萬世一系之天皇。所謂立法行政司法三者。皆不過統治機關所顯著之活動。其間固無所軒輊也。夫立法權既爲國權發動之一部。準之國權不可分離之說。其必以之屬于總攬之元首者。固不待深述。然元首之行使立法權亦不可無議會之協贊。此伍羅塞氏之著書中謂三權者果孰占優勢。殊難得而斷言之者。良有以也。

夫政體之區別。必求一圓滿無缺者。實古今學者疲精勞神思考爲竭論辯爲窮之一難題。而卒無正確之解決者也。大抵爲政體論者。多自理論上立說。謂專制政體者魚肉萬姓以奉承一人。國家之存亡。生民之禍福。惟王命是覘。專權橫恣之爲害日烈。其必不能久存立于民智日濬之世者。宜矣。立憲政體則反是。而立一定之法以爲準。上下共遵守之。君主不失其尊嚴。兆民得享其權利。爲協和上下弭戢紛爭之唯一良策。雖然此偏重歷史而未嘗審時度地之說也。蓋政體之美惡隨時地以遷移。夫專制政體之一人專橫于上。無往不足以害民者。今之言治者固深惡而痛絕之。然當草昧初闢文化未進之世。人民惟以武力相角逐。不知法治爲何物。欲有以抑其强而護其弱。俾得均勢之結果者。殆舍專制莫由也。然則專制政體之發生。亦理勢所必至。若以言其功用。亦有不可缺之道存焉。洎乎人權之說日昌。固必趨勢于立憲政體。然其流弊所及。至使一國政權爲各黨派所操縱者有之。故議會雖號稱取決于多數。然輒爲强有力者所左右。以多數之希望意志。供少數者利害之犧牲。凡立憲國。殆無不具此傾向者。然則必謂立憲政體爲盡善盡美。毫無所間然者。又豈篤論耶。況乎政體者形式的物也。運用之妙。端在得人。其人存則其政舉。斯言盡之矣。證以下語。益足以明之。

　欲建設完全無缺之政體者。不可不還求諸其國民自身。

此伯倫知理氏之名言也。其對于論斷政體之良否。無不痛下攻擊。凡以共和爲無二之良政體者。尤深誹之。謂其視如建築術。良者之能通行于世界也。其定政體良否之標準。惟以計國民幸福。人道進步與否爲。率世之言治者。可以思矣。

第三章　憲法

憲法者何。必于憲法專書研究之。乃能探其奧義。玆編以識政治之大體爲目的。故不克詳述。而僅及其概畧焉。亦其範圍之廣漠有以致之歟。

欲明憲法之大體者。須先究其于法律中所居之地位。夫法律之爲物。大別爲二。一曰。

公法。一曰私法也。此區別之發生。基于嗟斯戚仰法典第一章準之公益私益之關係以規定之。凡所以範圍國家與人民之關係。確定其權力義務者。是爲公法。其于箇人之間者即私法云。然論戰不一。取舍殊途。且有執無差別之說者。要之。凡承認此區別者。莫不視憲法爲公法之一部。法律中所居之地位既明。次當以二方面之觀察。而畧叙其意義

一爲實質上之觀察。一爲形式上之觀察也。準之第一法以釋之。則憲法者其實質中雖有屬於行政法規及私法上關係諸規定。然其主旨在表明主權之性質存在作用等。即爲所謂報本法。司泰陰氏之言曰。元首之規定立法行政各部之關係者。即憲法也云云。是爲自實質方面之定義。其第二法以形式的解釋之者。則必認憲法爲表示國家最高意思之法也。伊藤侯所著憲法義解有云「恭按憲法者天皇親制定之上承祖訓。下遺後謨。俾全國臣民及其子若孫。恪遵無違。以爲不磨之大典。故憲法者不容有所紛更」所謂爲不磨之大典及不容有所紛更者。形式的說明憲法之一例也。

上列二種之觀察。政治學的憲法之解釋也。若以準之法律的解釋。則自形式上觀察

而得之答解尙有所未盡也葢憲法者雖爲表示國家最高之意思不若謂爲法令上之國家之最高意思者較尤正確也

就法律的而言則英國之憲法據實質的觀察雖煥然存在若以形式的律之則其所謂憲法者以不認其存在爲正確也葢其制定之手續等諸法律而毫無特殊之點故耳若吾國則不然所謂欽定憲法者成于朝廷特立于法令之上爲最有效力之國法也是以自法律上形式的解釋吾國憲法者必謂其立于法令之上然玆編自政治上立說僅釋爲表示國家最高之意志者亦不爲謬誤也

準諸上說則憲法者自政治上言之可得於法律中占有特殊之他位也帝國憲法第七十三條未嘗設關於廢止之規定以示傳諸後世不可得而廢止者也其于條文改正則規以鄭重之手續皆與以特殊之保證故也玆錄于左端而說明之以供資考焉

(一)改正憲法之發議權爲天皇及其繼統者所有夫尋常之法律案有自政府提出于議會者有議會首先發議者惟憲法則不然必有諭旨飭議乃得而討論之

(二)上下兩議院于尋常議案凡議員總數中三分之一以上出席之時即可開議者

憲法第四十六條所規定者也。若夫改正憲法。則非其總員三分之二以上出席者不可。

(三)上下兩議院。凡于尋常議事經出席議員中過半數之贊成即可決議者。亦憲法第四十七條所明示者也。惟憲法條文之改正。則非有出席議員中三分之二以上之同意者。不可得而取决也。

(四)攝政御極之時。不能變更憲法。

夫吾國憲法之由天皇制定以下諸議會者。其理由維何。頗爲世人之疑竇。蓋君主專制之世。君權至大無限。頤指氣使。國家之存亡繫焉。恩怨集于一身。位雖尊而益危。令愈行而愈殆。于是乃與民更始。立爲大法。明定國維。以除君主之專恣。即以固君位如磐石者。憲法義解所默示者也。若夫憲法條文有改正之必要之時。固必經議會之協贊。然君主之裁可與否。悉任其自由意志。無以異于法律之裁可也。伯倫知理氏謂凡于一般之法律。目其裁可與協贊同功者。其訛謬亦云甚矣。蓋裁可者不徒有消極的作用。且有積極的效力者也。

國家之政治的方面

次須注意者。即憲法者爲凡法律之報本之大典。故苟爲國家之大典者。不論其政體維何。即可通稱之爲憲法。法國學者爲狹義之解釋曰。憲法云者所以規定君主國會裁判所三者間之權限者云。而玆篇究以取廣義之解釋爲宜。即德國國法學者所謂Staatrecht之義也。次則當論憲法中成文及不文之區別。若英國者其憲法由沿革而成。謂爲不文憲法。然英國古代亦有所謂成文之憲法也。總之英國憲法之重要部分。以較諸他國。其不成文之點良多。故以謂爲半成文憲法者爲正確也。此外則憲法者。尚有欽定憲法。及協約憲法。亦曰民約憲法二種之別。欽定憲法者。爲君主所專定。協約憲法。則君主與人民之代表者協議而成。此區別于政治上雖無必要之道。而政治學上亦爲不可忽之大端也。蓋欽定云者。君主以大權作用。任意獨定之。如德國憲法之始出于君主。繼開國會以議之。俾得其協贊而確定之者是也。如英國者。則協約憲法也。蓋其始即君主與國會互相協議而成。故耳綜上之三區別。皆政治學上所極宜注意者也。

第四章 政府

政府云者其義有二即通常之解釋與學術上之解釋是也夫通常之解釋恰如朝廷之意也若學術上之解釋則政府者爲政治學上及法律學上之意其用法大別爲三其一僅指元首次則元首之外并以合稱輔弼元首之行政機關三即唯稱其輔弼機關者是也墺大利憲法政府組織篇第一條所規定曰與大臣及諸官吏以執行行政權是墺國政府云者爲君主大臣官吏之合稱如上述第二之義也法國以大統領爲政府之首長德國亦爲Oberhaupt der Begierung英國則政府云者單指內閣而言然自此等以君主爲政府者觀之必認其君主爲政府之長官蓋非圓滿之統治權之主體除立法權及司法權之二部分徒爲行政權之統治機關之長而已上述之第三種意義以指輔弼機關者即稱內閣全體爲政府者也而吾國政府云者果本諸何說乎憲法第八條之末文曰政府公布其對于將來失効力之事第三十八條曰兩議院者議決政府提出之法律案及有提出各法律案之權其第六十七條曰無政府之同意不得廢除議會或削減其權能第六十八條政府者豫定幾年間之繼續費而求帝國議會之協贊其第七十條政府于不能召集帝國議會之時得依勅令以爲財政上之

必要處分。其第七十一條。政府得施行前年度之豫算。據此諸條文觀之。則憲法上所以顯政府之意義者。可謂周詳矣。憲法第八條之文曰。天皇因保持公共之安寧。或豫防其災厄有緊急之必要。得于帝國議會閉會之時。發勅令以代法律。而以此勅令提出于次期之帝國議會。若不得議會之承諾。則政府公布其對于將來失効力之事云云。準此條文以釋之。則前之稱天皇者。以表統治權之總攬也。然憲法上負責任者。仍爲統治機關之政府。可謂善于規定者矣。

準此說明。自憲法上觀察之。無與行政官府混同之虞。蓋其一爲憲法上之統治機關。其權限因憲法而定。其廢止或有所變更。亦皆根據于憲法。然于行政官府則不然也。自政治學上廣義釋之。則政府者爲達國家之目的之機關。尙詳言之。國家者爲有人格之一法人也。必有其獨立之意志。且必有行其意志之機關。其機關之一。是爲政府。以達國家之目的爲務者也。從來學者多以國家與政府相混視。蓋未明全部與一部之別也。

夫政治學上政府之義。已如上所述矣。其職司之範圍。因國及時代之殊。其規定亦異。

蓋國家之目的（非必最高之目的）各國殊途。故政府之職司欲絕對的概括立論者。不可能之事也。曼且斯達之學者。蒲林支司密司氏以政府之職司。爲狹義之解釋。于幼穉之國家職務簡單之時代。固必認爲適宜也。然德國社會民主黨之首領勒薩爾氏力闢是說。斥其視政府如哨兵。夫以廣義釋政府之職司者。于庶政叢脞之今日。固壁壘森嚴不容有所非難者矣。

夫政府職司之範圍。不能爲統一之論斷者。既如前述矣。惟近世政府之定其職司。莫不有一定之主義存于其間。茲就其主義而爲次之研究。蓋主義者。其關係于規定政務之範圍至重且大。殆如濟江海者之于舟楫與

干涉主義與放任主義。

此二主義之觀念。顧名思義。已足明其大旨。殆無論辯之必要也。英法兩國之學者。多推崇放任主義。而德國則獨取干涉主義者也。故其政務之範圍亦因以擴張。若主張放任者。其政府職司之範圍必漸流于狹。亦自然之趨勢也。世之評論此二主義者。見德之國勢蓬勃。日進千里。至有尊干涉而詘放任之臆斷。夫各國之歷史不同。情實不

一或各有其弊之當除各有其特質之宜保故甲國以爲善良之主義不必行于乙國而相安也德之以干涉主義致今日之富强者原其建國未久非假政府之誘導不爲功反是之主放任者必以英國爲巨擘然其國勢準諸德而足相匹敵且或過之者葢其文明程度已高不待政府之獎勵其人民已足宣揚其國威故耳是二國者以絕對的主張博同一之良果可謂殊途而同歸矣近年來吾國政界于鐵道私有國有之說論戰紛歧莫知所極其心醉德國之以國有而得美果者列陳其利謂買收政策誠吾國之急務焉一方則以美國之非國有而于政治上經濟上亦多所裨益者肆爲論辯若此者其不深察亦云甚矣據此諸說推之果放任優于干涉抑干涉優于放任乎殆難定其標準必由其國家之性質人民之程度以爲別也葢治道萬殊無得失是非唯當局者善爲運用而已

夫政府職司之範圍固無强下論斷之術矣然進而探究諸政務之眞象于其性質上自爲一標準以明政府之必引爲已任者與可委諸私人者亦今日之急務也以次及之

(1) 政府當然之職司。

(a) 維持社會之安寧秩序關于國家公益之事務。例如陸海軍事務。

(b) 關於國家生存發達者。例如外交事務。

(c) 非私人及一私團之力所能奏効之必要事項、

(d) 非僅計目前而維持永久之利益者。例如山林事業。

(e) 貨幣度量衡制度。及無報酬之貨幣鑄造(吾國僅徵其手段料)

(f) 衛生事務

上列數端。僅及其主要者而已。

(2) 政府將然之職司

(a) 教育事業　教育事業中之普通教育者。少年兒童受教育于家庭之謂。雖爲父母者應盡之義務。然以之任諸私人終難獲圓滿之結果故英國雖執放任主義。近世亦注意干涉之。而視如政府必然之義務也。且國家最高之目的。在增進人民之程度耳。則教育事業之必歸政府職掌者。亦豈有異議耶。

(b)交通事業 交通事業中。如郵便電信電話等者。諸國概認爲政府之必然事業。然就其所以謀普及全國及其收入豐富。非如租稅之含强迫的性質者而言。則其性質上果爲政府之必然的事業與否。尙屬疑問也。如郵便事業中其保守書信之秘密一端。則其私人不若國家之信用。其以爲政府之事務者。亦有以也。

(c)濟貧事業 窮民之救濟云者。從來以爲道德的事業。一任之人間博愛之慈善心。然文化日進。貧民之數益增。非政府有以補助之。不爲功也。但自性質上言之。固非政府之必然的事業。若夫命自治團體以負擔經費。而從事救濟者。已爲今日之慣習矣。要之私人團體所得而成功。或必須委任之者。其監督之權。仍必操于政府而後可。

（本章已完全論未完）

譯述二

泰西倫理學變遷之大勢

黃國康

西洋倫理問題之研究。始於希臘之蘇格拉底氏。氏生於西歷紀元前四百七十年。沒於同三百九十九年。蓋距今二千年前之人也。自彼時以至今日。其間既經如斯無限之歲月。則其問題亦必經無限之研究而生種種之變更。故近世新起之倫理學較之二千年前者。其差異之多固可不待言矣。雖然。此處之所宜討論者。則倫理問題之研究。何以始于是時是也。蘇格拉底以前非無研究倫理之人。然其所抱持之思想大抵以爲循守社會之風俗習慣而生活者。人之道也。而無自根本上研究倫理者。至蘇格拉底之時。人智漸就發達。對于世間萬事。已有探索其原因考察其理由之智識。此倫理問題之所以始于是時之一因也。希臘之人民。不受宗教之束縛。故于倫理問題。可以自由研究。不若他國之動被攻擊于教會。不能任意發明。且當時希臘之人民。因殖民諸國。與他國之人民交通。見他國人之道德思想與其國之道德思想。異點甚多也。遂起一疑問曰。同一善也。同一正也。何故因國民不同而有差異乎。因有此疑問之故。而倫理之研究。于是乎始。

當時希臘人之交際範圍。既愈推愈廣。且知識又漸趨進步。故知不宜妄從過去之風俗習慣。而不可不發見政治教育法律等確然之基礎。于是倫理問題之研究。遂更形重要。當其初也。并非有所謂倫理學之專門學問者。其研究之也。乃不過以之爲政治法律教育諸學之緒論而已。及至後日。遂漸離政治法律教育而爲一科之學問。當蘇格拉底之時。雖已有倫理問題之研究。然尙不得謂之爲一專科之學問也。及拍拉圖亞理士多德諸家相繼而出。倫理問題之研究。愈趨進化。至亞理士多德之時。倫理學遂脫離各科之範圍而成爲一科獨立之學問焉。

亞理士多德之後。希臘國內紛亂。自亞歷山大出征服諸國。當時之情狀。遂與前迥異。於是學問上亦起非常之變化。蓋自爲學問而研究學問之精神。一變而爲注重于實際上所必要。且直接有利益之學問之勢。蓋亂世人心皇皇。人民之所最要求者。自已之、安、心、也、而、足、以、慰、安、於、人、心、之、學、問。無不關係於倫理問題者。故其他之學問。漸就衰頹。而倫理獨爲主要之學問。爲學問中最高尙之學問爲當亞理士多德以後。希臘之學問。舉一切之事。皆爲倫理問題而研究者。其他之學問。皆不過爲倫理學之豫備而已。其後世亂相續。學問次第衰微。遂至倫理學亦未能圓滿闡明。而倫理學研究之問題。乃至委之于宗教。于是基督教起。代希臘之倫理學而與滿足于人心。至歐羅巴之中世。學問之研究。復漸次興起。其時所最注重者。亦爲倫理問題之事。但其所研究之問題。則與前大有變更之處。蓋希臘古代之倫理。以研究人生之窮竟目的爲主。（即人何爲而生存之問題）期解釋此問題。以求己心之慰安而定一生行動之方針也。然至基督教之時代。則此問題全依宗教上之思想以解決之。以爲人者神所造也。爲實行神之意志而生存者也。此人生之目的也。人生窮極之目的。旣如斯解決。然則此因實行之意志而生存于斯世之人。宜具如何之品性。始爲適于其目的乎。此爲當日倫理上之問題。即今日所謂德論者也。蓋本原乎人生之目的。以研究人所應有之德。應具之品性者。此當時倫理問題之一變也。當時學者之所研究。以爲德有二種。且當期此二者之調和。希臘之倫理學。以節制勇氣智慧公正爲人之主德。以此爲人之品行所不可缺者。基督教則以信仰望愛爲人之主德而依宗教以發明之。當時之學者。謂前者爲哲學上之德。後者爲宗教上之德而研究此二者之關係。以期其調和。此當時倫理學上最重要之問題也。

以上所言。乃由古代以至中世倫理學問題之變遷也。及至近世而倫理學之方面又一變。近世倫理學之研究。自英吉利之霍布斯始。霍布斯之研究倫理問題也。蓋因法理學政治學之必要而起。與人生目的之問題。無直接之關係。其說曰。人皆利己者也。各求滿己之欲者也。原始時代。人類相爭。有如禽獸。及人智漸進。知爭亂無已。則己之生命不得安全也。遂人人相合。各制限自己之慾望而爲平和生活之契約。欲促其契約之實行也。於是罰背契約者。欲堅守其契約也。於是定主權者。此國家政府所由起也。其主權者。欲使人互制自己之慾望。而爲平和之生活。於是設法律。作種種之規定。背其規定者。則爲罪爲惡。從其規定者。即爲善爲正。蓋霍布斯之意。以爲人皆利己者。善惡正邪。非天地之道。乃人道之所作也。然當時反對其說者四起。其第一攻擊之者曰。道德者。根據乎人性之物、確定不變之物。決非可依人之意志而變更者也。此爲建布利欺之柏拉學派、乃以道德爲永遠不朽之物者。其次又有反對之者。其說曰。霍布斯以人類爲利己之物。專求自己慾望之滿足者。然人類決非如此。乃生來有利他之感情、對他人有同情有與他人共喜共悲之情者。霍布斯之所言。甚不合於心理。且所謂善者。利他的行爲者也。實行利他則合於道德。自利則違反道德也。又有爲說者曰。人于自利心利他心之外。又有所謂良心者。有判別善惡正邪之能力。人之所以異于禽獸者此也。人類於利己心利他心之外。更有可爲精神之主權者之良心。此人類之特色也。從此良心而行。即謂之道德。從良心而行。則爲自己之利益亦爲他人之利益此良心之所示爲宇宙之原則。非可依人爲變更者。凡攻擊霍布斯之說者。大概如此、當時又有辯護霍布斯之說者。有改良霍布斯之說者、於是倫理之問題、又爲之一變。而良心起原論。遂爲倫理學上之爭點。此良心也。果生而具之者乎。抑爲經驗之結果。因習慣而成者乎。此良心起原論之爭點也。其後問題又變。謂良心之判斷善惡正邪也。果如何判斷乎。依直覺而判斷之乎。抑依他之標準而判斷之乎。此覺直論者與功利論者之爭點也。据直覺論之言。則以良心爲有直覺善惡正邪之能力者。而功利論者則以最大多數之最大幸福爲善之標準。其所行能得最大多數之最大幸福者。即與良心之所命爲一致。此二者之異點也。後斯賓塞爾出。主張進化論。以調和此二說。其說曰。人之良心自一個人言之則爲生得的直覺的。吾人初生之時。即有良心。乃自遺傳而得者也。然自人類全體言之。最初之人并無所謂良心也。因代代經驗之結果。於是始有所謂良心者。傳之子子孫孫。故自人類之經驗上言之。良心者經驗之結果也。自個人言之。則雖謂自有生以來。即有禀賦于祖先之良心。亦無不可。蓋尋善惡正邪之根本原理。仍不可不歸著於最大多數之最大幸福也。故自根本原理言之。功利論者爲合於眞理。然自一個人之判决正邪言之。則雖謂爲直覺。無不可也。此斯賓塞爾之說也。斯賓塞爾者。欲調和綜合古來數百年倫理之爭論之人也。而其調和綜合也。以近世生物學者所倡之進化論爲原理。此自霍布斯以來。至三十四年前。英吉利倫理學大體之變遷也。

歐羅巴大陸之哲學之研究。自佛蘭西之笛卡兒始。倫理學之問題。亦始於此。然歐羅巴大陸之人。不以倫理問題爲特殊之問題。但以之爲哲學之一部分而研究之。故解釋哲學之問題。依其解釋之結果而解釋倫理問題者。歐羅巴大陸之學風也。英吉利風則不然。其于倫理也。不自哲學上解釋之。而以倫理問題爲特殊之問題。以爲倫理之問題。雖終必入于哲學之研究。而以哲學置於最初者。誤也。哲學自哲學。倫理自倫理。宜特別研究之者也。故以今日之新名詞言之。英吉利風之倫理學者。科學的倫理學也。歐羅巴大陸之倫理學者。哲學的倫理學也。其發足點大有差異之處。

倫理學既有如上所述之歷史。則可知其問題之複雜。研究之困難矣。今請先就歐羅巴大陸之學者所研究之倫理學。及英吉利學者所研究之倫理學分別論之。今日之倫理學者。大都將科學的倫理學之方針。倫理學與哲學各別爲一問題而研究之。蓋恰如動物學物理學之于哲學也。無論如何之學問。其最始之時。固無所謂哲學與科學之差別。既而科學與哲學漸次分離。至今世學者。則一切學問皆務期與哲學分離而研究之。倫理學即其一也。雖然。吾人之研究科學也。僅知科學則問題之全部尚不能解決。苟論究科學問題之窮極。則必皆入於哲學問題之範圍。倫理學及其他之物理學生物學心理學。其終結之處。固無不關係於哲學問題者。故斷不能謂哲學之於倫理學無研究之必要也。

然今日之主張科學的倫理學者。則多以倫理學與哲學爲毫無關係。幾有雖不研究哲學亦無不可之意。此大誤也。依哲學問題以解決倫理問題。固爲謬誤。然倫理學非與哲學關係者。倫理學非不需哲學者。且倫理學與哲學之關係。較其他之學問尤爲密切。故大陸派學者之所主張與英吉利學者之所主張。幷無矛盾之處。乃兩兩相待而行者也。特其研究之方法不同而已。始於科學的倫理學而終於哲學的倫理學。乃正當之順序。蓋必合兩者之研究。而後倫理之研究始克抵於完備也。

今日之倫理學。較之四五十年前之倫理學範圍較廣又較深。四五十年前之倫理學。多不過良心起原論。及善惡標準論而已。於以外之事。殆毫無論及之者。至今日之倫理學。則善惡標準與良心論。皆所研究。但此不過爲倫理學之一部分。此外又有所謂道德意識論者。即廣義之良心論也。又有所謂理想論。即研究人生窮竟之目的者。此古代希臘倫理學所研究之問題也。次又有所謂德論。即研究凡人宜有如何之德。具如何之品性者。此歐羅巴中世學者所研究之問題也。又有所謂本務論。即研究人有如何之本務。且何故不可不實行其本務者。此近世倫理學者所研究之問題也。然今日之本務論較之四五十年前之本務論。則其範圍更廣矣。今請先就上所述倫理之諸部分。而述今日所最傾向者。

一曰良心論　今日之良心論較之四五十年前。甚多不同之處。且帶有調和綜合之性質。良心論之中。其最古者爲天賦論。以爲良心者天之所以特與于人者也。次爲生得論。以爲人生來即有良心。良心者附屬于人生之物。人無不有良心者也。次爲經驗論。以爲良心者。非天之特與於人。亦非人之本性所固有。乃由經驗而來者也。此古來良心論之三說也。而今日之良心論。則立乎經驗論生得論二者之間。而謀其調和者也。謂良心者經驗之結果也。故因其人之境遇社會時代之異。而良心之發達進化各自不同。然吾人之所以能皆有此良心者。則以人之性中有足以造成良心者之一原質在。因有此原質。而良心遂隨社會之事情時時發現。然此原質乃人性所固有。非因境遇而生者。此今日之良心論也。

譯述二 十 二八〇二

其次、爲理想論。即關乎人生窮竟之目的之問題也。古來學者于此問題。爭論甚多。然大概可別爲三。一快樂說。二克己說。三實現說。快樂說者。謂人生之目的在于快樂。而以快樂爲最高目的者也。然其所謂快樂。立說各自不同。約而言之。亦有三派。一爲自利說。以自己之快樂爲最高之目的。一爲功利說。以圖最大多數之最大幸福爲目的。一爲進化說。此說雖亦以最大多數之最大幸福爲目的。然不以快樂爲直接之目的。而以致快樂于最大多數所必經之階級。必由之道路。爲直接之目的。蓋依此目的以行。以期得最大多數最大幸福之結果也。此快樂說中之三派也。

克己說。乃快樂說之反對。蓋爲反乎快樂以定人生窮竟之目的者。是說亦有三派。第一、爲禁欲說。以爲禁制其欲。使其身毫不生快樂之感者。窮竟之目的也。蓋以勉于不爲快樂苦痛所動。以造成全然超拔于快樂苦痛之外之人爲目的者。第二、爲制欲說。以爲全禁快樂。終非人之所能。但當隨時隨事。勉力節制其欲。俾不爲欲所誤。以此爲人生之目的。第三、爲合理說。或謂之良心說。以从理性之所示。良心之所命而生活。爲人生之目的。此克己說中之三派也。

實現說者。以完全天性爲人生之目的者也。是說亦有三派。一完、已、說。以完自已之品行爲究竟之目的。二洽善說。以爲不僅完已而已。必使最大多數之人爲完全之人。然後爲人生之目的也。三人格完成說。以爲人者爲社會的生活者也。故不可不盡力于社會。謀社會之進步發達。以完全自已之品行。此實現說中之三派也。

以上各說。其主張各自不同。然今日之倫理學者。大抵主張實現說者居多。主張快樂克已說者。雖亦有之。然極爲少數。其勢力終不能及實現說也。

其次爲德論　今日之德論。與古來之德論不同。人類當具備之德。其數較昔爲多。其輕重亦有差異。即同一名稱之德。其語之內容。大有變化。勇者古人之所謂德。亦今人之所謂德也。然古人之所謂勇與今人之所謂勇。其意又大有不同。要之德論之變化。自生物學之研究始。例如人者生存競爭者也。其性情亦與動物同爲境遇所支配。又因遺傳而生品性上之變化。此皆生物學上之議論。而入之德論之中者。此今日德論問題所以非常複雜困難也。今日之本務論。較之四五十年前亦更爲複雜。蓋重視對于團體之本務也。故個人對于社會國家之本務。或國家與國家之間之本務與權利。

皆其所研究者以爲不僅個人與個人之間有本務而已個人與團體之間亦有本務團體與團體之間亦有本務且更有對于己之本務有對于禽獸之本務要而言之則社會的自我之觀念（即人格之觀念）益明而本務之範圍从而益廣也。

今日之倫理學如上所述有種種之學說。然考其由來。大體有三倫理問題者。自說明天然與絕對（即實在）與人類三者之相互關係而起者也。然其發足點各有不同。天然論之學說以天然之現象爲其發足點。以爲人亦天然生物之一與他之生物依同一之法則而生存者。此天然學者所依以說明倫理者。而研究自然科學者多信之。斯賓塞爾爲此學派之代表。蓋屬于此學派之人。多由進化論以說明倫理者。絕對論之學說以萬有之實在爲發足點。由此以說明倫理現象。英國之格林代表此說。而哲學者多採用之。此先論定萬有之實在。而依之以定倫理之根柢者也。人本論之學說。（又謂之人本主義）以人類爲研究之發足點。研究人類與他之生物相異之處。而以人類之特色爲基礎。依其特色以確定倫理之根柢者也。此三學派各有代表之人。而人本主義。於英美爲最新之說。其所說尚不一定。然其大體之主義方針。則寄同情之

學者已有逐日增加之勢此人本主義與東洋之倫理思想甚爲相似盖依人類之特色以固倫理之根柢一切之事皆以人爲本位而論之者也

以上所述乃倫理研究自最初以至今日之變遷之大勢也今日之倫理學既如斯複雜故研究倫理學者若徒注重于倫理學之一方面而不研究他之諸學則倫理之研究終不能有了解之時盖倫理學與其他之學問有種種之關係舉凡一切之學問殆無不與倫理學有直接或間接之關係者今請舉其有直接關係者于左

一不可不有生物學之知識也生物學之原則直接影響于倫理學無生物學之知識則倫理之研究無從着手

一不可不研究心理學也不知心理學則凡人心象之變化不明亦不能爲倫理之研究

一不可不有社會學之知識也人無不生活于社會者不知社會學則倫理之研究無有頭緒

一不可不知哲學之大體也倫理學與其他之諸學同自哲學分出其初皆係以之爲哲學上之一部分而研究之者故不知哲學則不知倫理問題之所由起且不知倫理問題有如何之變遷而倫理學之研究終不能充足此外如政治學法律學等皆與倫理學有密接之關係不知此等學之大要則倫理

之研究不能完美。又如欲應用倫理學。則社會的經濟活動如何。宗教的活動如何。教育的活動如何。皆不可不知其大概。否則倫理之應用不能切實。要而言之。今日之倫理學雖已成爲一科之學問。然不可專讀倫理書而不通以上諸學之大體也。

汎觀諸學問進步之歷史而知凡學問之第一期。大抵爲無差別混同之時代。古代之學問。政治倫理經濟宗教。無所不包。且毫無差別。及學問漸進。而學問之分化行。遂分爲種種之科學。今日西洋有種種之學問。即此學問進步之結果也。然分化者非孤立也。不可不以他之學問所研究之結果。與自己之學問所研究之結果。對照觀察。而調和綜合之。若孑然孤立。不知他之學問所研究之結果如何。又不知自己專攻學科所研究之結果與他之科學之關係如何。則學問之進步無由而至。故對於一切之學術研究之結果。不可無綜合調和之精神也。要之學問之進步凡有三段。第一爲無差別混沌之時代。第二爲分化差別之時代。第三爲綜合調和之時代。今日之學問蓋已入于第三階級。不僅倫理學然也。他之學問至今日亦皆漸入第三之階級矣。由是觀之。亦足以知研究倫理學者之不可專守倫理之一部。而不研究其他之諸學也。今日之倫理學既有調和綜合之傾向。故今日之倫理學說。非快樂的。然亦不反對快樂。以爲快樂亦人生不可缺之事。蓋倫理學包含生理生物之學問之原理。故不反對快樂。但不以快樂爲主而已。又今日之倫理學非物質的。然亦不反對物質。且恒利用之以爲達人生目的之一助。蓋有所謂實用的傾向經世的傾向者。故于古代之仙人的及退隱不與世事之人。皆非常反對。蓋重社會的活動的而排斥但求致已一人于完全者也。故不顧社會之如何而專以保全已之品行爲人之本分者。乃今日倫理學之所大反對也。雖然今日之倫理學。非僅爲實用的且又爲理想的。乃不徒求目前之實益而以窮究人生最後之目的。以期其實行爲事者也。然又非空想的。非徒持空理空論而不顧世務者。乃以實現其理想爲主者也。又今日之倫理學爲現世主義。不以來世之幸福來世之黨與爲目的。而以此世之人類社會眼前之道德之實行爲目的。故由來世之有無而定人之主義方針者。乃倫理學上之所必無也。一言以蔽之。曰非反宗敎的。亦非宗敎的也。

雖然。此四五十年來倫理學問題之所以有如斯之變動者。其原因果安在乎。可一言以答之曰。近世科學發達之結果也。而其影響之大者。以生物學之研究爲最。蓋生物學之研究精而進化之思想大占勢力于倫理問題之上。于是良心論、理想論、德論、本務論等俱起非常之變動。其次則經濟思想之變動也。社會之實業的方面既變。倫理思想亦大受影響。以凡人之衣食住之方法皆變也。科學所研究之結果應用于實業之上。于是人類之交通大起變動。且產業工業亦異常發達。直接關係于凡人衣食住之事。而今日之倫理學。遂以之一新其面目。其次則人格觀念之明確也。因社會學心理學之研究。及法律學政治學之發達。而人格爲如何之物。瞭然明晰。而倫理學之問題。遂不得大異於昔日。其次則史學研究之進步也。如倫理學史之研究。道德史之研究。經濟史之研究。政治史之研究等。凡關于學術之歷史之研究。皆與他之學問同授影響于倫理學發達之上。而倫理學史之研究。則其功效爲尤大焉。蓋倫理學史之研究明而知倫理學因時代之變遷。其研究之解釋之者皆大有變動。且與他之學問進步之關係。及與宗教之關係。亦更爲明晰。于是倫理問題遂爲之加廣其範圍。更改其面目。凡此皆影響于倫理學問題。使四五十年來之倫理思想。至今日而大爲變遷之原因也。

是篇爲譯日人文學博士中島立造之作原題曰現今之倫理學　譯者識

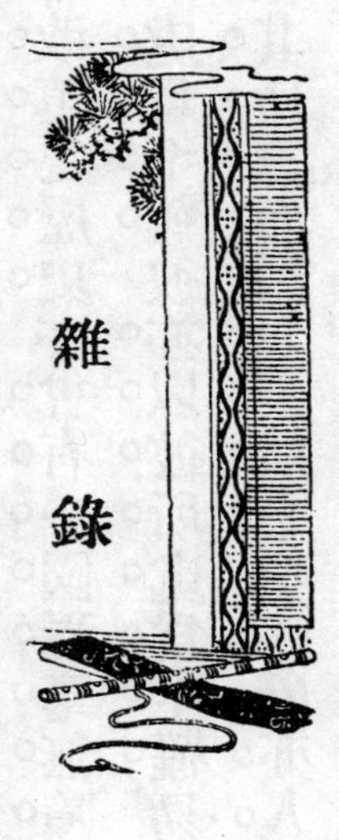

弔陳君天聽並代演說文

劉士驥來稿

丁未四月二十一日。劉士驥以奉派攷察日本政學歸國。乘博愛丸。方自神戶啓椗後三小時。忽有福建留學生陳君天聽蹈海之事。闔舟震悼。公議有以郵其家。且舉代表二人。由門司返東京。報諸國人。謀所以追悼之者。士驥素未知陳君之爲人顧聞其蹈海前一夕言及國事欷歔流涕据其同行之人所述則君固已畢業於法政大學斐然成章而如狂之熱誠則蘊之自昔此次就義實感念國恥而以身殉之冀國人之自玆一悟也嗚呼烈矣抑士驥聞比年以來我國績學少年因國事以自戕其生者已五六見矣人孰不樂生而惡死而顧若是者豈非以義憤之氣激發使然耶彼誠見政府之彼昏日醉事事因循粉飾無復可望而欲自民間倡暴動破壞秩序則又徒膏萬人之血而難收建設之功故左思右維希望全絕夫人而至於希望全絕則小之發狂大之自殺固其所也雖然。人人皆樂生惡死而有一二人焉獨能犧牲其身命毫無所顧惜此非至誠之人不能爲也一國中至誠之人能有幾何其有一二則國之所賴以立也國之所賴以立之人而徒以絕望發狂故致一瞑以謝天下此其於國家前途爲福乎爲禍乎此稍有識者所能見也故吾於陳君之舉既對於其箇人而深表敬慕而爲國家前途計又不能不惜其以彼血誠男子方當盛年抱有用之才而竟卸脫此後對於國家之責任泰然以長逝也士驥竊以爲我輩今日處此國勢苟其無悲憫之思者誠非復人類然使徒悲憫而不從黑暗世界中努力以造出光明則豈惟憂能傷人自戕其有用之軀而已抑於國家更何賴也故所貴乎豪傑之士者在能以人力回天行我國今日之政治雖前途似有種種障碍橫於吾前幾令人有山窮水盡疑無路之感然熟考歐美日本改革之歷史亦曾有一國焉毫無障碍而政治上之改革能順流以渡者乎我以我所處爲至難彼亦以彼所處爲至難易地而觀則皆爾爾他人能翦除爾許障碍終貫徹其所志而謂我不能乎嗚呼。毋亦人力有所未盡而已夫現政府令人失望固也暴動手段不可妄行亦固也然舍此之外我輩獨更無他途以達政治改革之目的乎彼歐美日本諸國政治現象之能有今日者豈其皆政府自動之結果乎又豈其皆革命軍暴動之結果乎其不必如是而政治上可以有改革則亦人民能造出正當而強有力之輿論以監督政府改造政府而已誠能如是雖以路易十四爲之君梅特涅爲之相猶且不能不帖服於輿論之下以從其要求況於現政府者乎觀近來雲貴閩浙以公電故而能易地方長官則人民要求政府之非無效可見矣知此一義則吾國前途必非絕無希望可以斷言而所以撥黑暗而見光明者則亦視乎仁人志士之心力而已苟不從此著想則四衝八撞無路可通其必至發狂自殺有固然矣士驥淺學不文不足以語天下事今因目睹陳君之變感不絕於余心敬灑一掬血淚以弔君之靈尚冀愛國之士聞君此舉者哀君之志敬君之誠而勿爲君之續從絕望處自演出希望採積極的救國手段而勿採消極的救國手段則君其可以瞑矣夫嗚呼。

海波蒼蒼海雲茫茫汨羅遺恨行路悽惶魂兮有靈尚歸故鄉。

雜錄

記載

中國大事月表

丁未三月

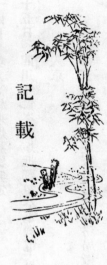

◎初一日 揚州府屬瓜州饑民搶刦米行闔埠舖戶皆閉門罷市

◎初三日 蒙古科布多請練新軍

◎初四日 蘇撫密奏阻改外官官制

陸軍部通咨各省陸軍統制赴武昌研究陸軍事宜

◎初五日 法部奏催各省督撫速行議覆刑事民事訴訟法以便議訂章程試辦

中日合辦鐵嶺至寬城子鐵路條約業已簽押其新奉鐵路亦已由中國向日本贖回

◎初六日 開鄭鐵路行正式開車禮

◎初七日 哈爾賓擬定中俄會審裁判制度又設中俄協同警察

◎初八日 德領事在漢口侵奪我巡警權

鴉片進口條約經慶邸與英使磋商就緒已行簽字

盛京將軍改爲東三省總督奉天吉林黑龍江各設巡撫徐世昌補授東三省總督唐紹儀補授奉天巡撫朱家寶署理吉林巡撫段芝貴署理黑龍江巡撫

◎初十日 奉天鬍匪悉數破獲

◎十一日 簡孫寶琦爲出使德國大臣

日使林權助赴津與袁督議訂中日合

記載

辦木植公司合同事
陸軍部定擬抽調各鎮將校兵士改練
規模營以爲各省新軍模範

◎十二日 政府已將編制館改定之外省新官制
先在東三省試行
新簡東三省總督徐世昌擬到任後即
行院司同署辦公之法
安徽銅官山礦地交涉紳商堅持將原
約作廢

◎十三日 粵督周馥奏准伍廷芳張振勳權理粵
路事宜

◎十四日 英人高林斯炸葯案判定

◎十五日 四川總督岑春煊抵鄂忽奉軍機電寄
入京
奉天趙將軍在毛家屯設立鹽務局徵
收日本鹽課日領事因此力爭

◎十七日 廷寄各省實行禁烟
粵督奏准派伍廷芳籌度廣九鐵路事

◎十八日 政府向俄國贖還漠河金礦並各金礦
契約於是日簽押

◎十九日 曹匪又報肅清

◎二十日 新簡東三省總督徐世昌奏請前署黑
龍江將軍程德全留東襄辦要政
外務部電粵督添設薩摩島領事

◎廿一日 趙爾巽補授四川總督
岑春煊補授郵傳部尚書

◎廿二日 粵東觀音山麓火葯局轟炸傷斃多人
東三省總督徐世昌奏准提磅餘三百
萬兩爲東三省行政經費

◎廿三日 奉天將軍對於租界問題特設區劃日

本領事因此抗議

◎廿四日 慶親王奕劻管理陸軍部事務

外務部照會俄使此次中俄議約改罿鴻禨主任鄒嘉來協同辦理

◎廿五日 上諭御史趙啓霖奏新設疆臣段芝貴夤緣親貴以十萬金爲慶親王壽禮以歌妓献於載振均應澈查著派醇親王載灃大學士孫家鼐確切查明據實覆奏

上諭段芝貴著撤去布政使銜無庸署理黑龍江巡撫

上諭黑龍江巡撫著程德全暫行署理

◎廿八日 政府議將川漢鐵路改道由秦晋經漢中達成都北接汴洛與京漢鐵路連續借法款修築已訂立合同五年包築完竣鄂督得消息力爭派高道淩蔚星夜晋京與郵傳部直接爭辯

◎廿九日 粵督札飭粵路公司將四月朔會議停止衆股東堅持不允並電告郵傳部

四月

◎初一日 三月廿九日奉 諭梁如浩調補直隸津海關道奉天奉錦山海關道兼按察使銜著蔡紹基補授

福州全城烟館五百餘家一律閉歇各學堂及各社會均懸旗慶祝

上海大鬧公堂案江督端方議分三段辦法一鬧公堂之原由二暴動之情節三損失之賠償案內華官可延律師舉代表辯論電請外部與英使商議

梁誠出使美國李經方出使英國

記載 四

大連灣稅關問題赫德與日使商定擬試辦一年約中如有缺點隨時修正

◎初二日 駐法欽使電告外務部謂日法協約互相承認在東亞之勢力與南清各行省有重大之關係

日本照俄國租借南滿洲時例承認中國可派兵至復州蓋平大孤山各處駐札

外務部儲材館是日開館

◎初三日 滇督錫良奏請設立河內領事

◎初四日 黑龍江俄兵以保護爲名至今仍未撤退將軍程德全電告政府請與俄使交涉

甘肅留東學生因甘督升允給與比人開採甘省礦產之權致電外部及甘督力爭

直隸臬司陸嘉穀倡設全省水利局

◎初五日 日本陸軍大臣寺內侯是日出發巡視滿洲及高麗一帶

黑龍江巡撫段芝貴被御史趙啓霖奏參献妓於振貝子及賄慶王十萬金奉旨段芝貴撤去布政使銜巡撫開缺派醇王孫家鼐查辦旋以查無實據覆奏趙啓霖革職

◎初六日 岑春煊嚴參京漢鐵路副監督陶湘有受賄情事派員查辦

袁世凱派蔡廷幹管帶軍艦二艘遊歷南洋一帶順便保護華僑

俄國交還前代收營口關稅六十餘萬兩

京城烟館共八九百間限是日一律停止

俄國欲要求自些美巴拉齊斯克山寨直溯新疆塔爾巴哈台之額爾齊斯河流五千英里輪船航路刻下與政府交涉

陸軍部興復海軍之計劃定常年經費銀一千二百萬兩擬仍由各省攤派

都察院各御史因趙啓霖被革事大集於研究所會議辦法

農工商部尙書振貝子因段芝貴被參案奏請開去差缺奉 旨允准

◎初七日 奉天興仁縣鄉民被日人强姦槍斃二命

農工商部尙書著溥頲調補載澤補授度支部尙書

◎初八日 張英麟補授廂黃旗漢軍都統奏綬章補授廂黃旗蒙古副都統

◎初九日 天津海關查獲德商瑞記洋行私運大帮軍火洋槍七千餘桿并彈藥等扣留充公幷嚴究來歷政府因通飭各省關道稅務司嚴密查拿准其請奬

德國將增派北淸駐軍殆因津鎭鐵路問題欲借此爲示威運動之擧

◎十一日 廣東潮州饒平縣黃岡土匪鬧捐作亂燒毀衙署戕殺官吏黃岡城失陷汕頭戒嚴

關東洲漁業問題日本人在中國領海熊岳城沿海强認爲捕魚區域政府現與日使力爭

記載

大連灣稅關准於西歷七月一日開關

◎十二日 西藏江孜開設商埠英使請予藏番以畫押全權俾與印度官員直接交涉外務部不允

滇督電告政府謂法國備款六十兆法郎爲造蒙自至老開間鐵路經費并延定工程師測勘工程預定明年竣工

上海華洋紳商學界在張園開萬國賽珍會三日將所得款助賑

沈家本調補法部右侍郎大理院正卿以張仁黼調補

東三省奏定官制三省分設公署總督爲長官巡撫爲次官如京部堂官制總督下設左右參贊公署設承宣諮議兩廳交涉旗務民政提學度支勸業蒙務七司又督練提法二使

◎十三日 黑龍江將軍程德全電奏日本商人私售鎗刀彈藥軍械等物以供鬍匪當由外部與日使妥商嚴禁

外蒙古土謝圖東部各藩王電告政府憤俄人採掘庫倫金礦主張廢約

外部照會德使請稟商德政府改輕青島稅則以恤商民

◎十四日 鄂督張之洞奏商辦鐵路限期二十五年官款贖回一摺郵傳部尚書岑春煊議駁請毋庸議

駐法欽使爲與暹羅訂立通商條約先向法國政府協議

奉新鐵路是日交付了結

◎十五日 東三省督撫是日請　訓并奏調人員

四十餘名
徐世昌奏請吉林移至寧古塔爲省會
黑龍江移至墨爾根爲省會
周樹模賞加二品銜署理奉天左參贊
錢能訓署理奉天右參贊吉林哈爾賓
江關道以薩蔭圖補授
御史吳鈁賞加三品銜署理奉天提法
使直隸候補道吳燾署理吉林提法使

◎十七日 英政府以中國不令西藏商民與英直接交易不肯派員會勘江孜商埠
粵督周馥開缺另候簡用岑春煊補授兩廣總督
毛慶蕃補授江蘇提學使

◎十八日 廣東廉州因厘捐鬧事亂民焚毁學堂敎堂欽州亦因厘捐亂首劉思裕糾集數千人作亂粵督調兵赴勦
趙爾巽飭各州縣出示如有貪利私售礦產與日人者處以重懲
新奉鐵路條約在旅順交換
陳璧補授郵傳部尚書林紹年補授度支部右侍郎

◎十九日 饒平亂匪被官兵擊散汕頭解嚴

◎二十日 林紹年不開軍機處差使度支部右侍郎仍以寶熙署理
欽州廉州亂事略定
山東高密縣及膠州之德國兵房由政府以三十八萬元贖回

◎念一日 兩廣總督周馥嚴禁各日報登載亂事

◎念二日 奉天熊岳城漁業問題中國交出五條理由並要求日本賠償損失日本亦向

記載

中國要求賠償

度支部奏設造紙局以曾習經爲總理陳錦濤爲協理又奏設印刷局以劉世珩爲總理李經滇爲協理

張鳴岐實授廣西巡撫余誠格實授廣西布政使王芝祥實授廣西按察使鄭孝胥補授安徽按察使

◎念三日 廣東惠州七女湖地方土匪倡亂戕勇奪械

◎念五日 署黑龍江巡撫程德全奏辦新民洮南札賚特愛琿鐵路擬合奉吉黑三省財力大學經部議准

◎念六日 東三省督撫起程赴任

日本所擬關東租界條約經外務部駁正三條一關東州總督應改稱辦事大臣一關東州租界改稱旅大租界一稅關不得全用日人稅則應與各國一律當即簽押

法國因欽廉亂事大肆要求

前協辦大學士徐郙病卒

◎念七日 政府與各公使協議禁止鴉片進口事延至西歷明年正月一號起禁

陸軍部官制是日具奏

鄭孝胥調補廣東按察使安徽按察使以朱壽鏞調補

◎念八日 郵傳部定議嗣後各省鐵路會辦均派郵傳部司員充當

◎念九日 外官制議定裁撤各省道員缺及各閒曹缺奉 旨飭交孫家鼐等覆核

◎三十日 陸軍部奏本部文武漢員凡遇丁憂請照旗員一律辦理奉 旨依議

上海商務印書館新出各種教科圖書

（分設）京師　奉天　天津　廣州　福州　成都　重慶　漢口　開封

學部審定 初等小學修身教科書十冊 每冊一角 教授法十冊 每冊一角 五彩掛圖 計二十幅已裱六元未裱五元

○本書為浙江蔡元培福建高鳳謙浙江張元濟諸君編輯採取古人嘉言懿行足以增進民德改良風俗者依次編入由淺及深循序漸進末數冊於合羣愛國尤為再三致意全書十冊適供初等小學五年之用第一冊全用圖畫不著一字令兒童不生厭倦第二冊至第四冊每課一圖第六冊以下文漸增圖漸減每冊至少亦有十一圖左右茲承學部審定稱為（斟酌取舍之間皆足見其精審）等語　教授法十冊按課編纂均注明出處詳列教法亦承學部審定另附第一冊掛圖二十幅彩色鮮明最便講堂指授之用

◎學部審定 初等小學國文教科書十冊 第一冊一角五分第二冊以下各二角 教授法十冊 第一冊四角第二冊至第五冊各三角第六冊三角半第七冊四角

○本書為福建高鳳謙浙江張元濟江蘇蔣維喬諸君著悉心編纂一字不苟經營二年始克成書文章淺而不俗雅而不俚每冊附圖數十百幅五彩圖二三幅尤為精彩動人全書十冊適供初等小學五年之用發行以來頗蒙海內教育家許可銷流至數十萬冊疊版數十次茲經學部審定稱為（文辭淺易條段顯明圖畫美富板本適中章句之長短生字之多寡皆與學年相稱事實則取兒童易知者景物則預計學期應有者并將一切器物名稱均附入圖中使雅俗兩得其當）等語　教授法一書專為教員之用按照課數編次凡諷讀講解習問默寫聯字造句作文等法無不詳備名物訓詁皆加詮釋　所引古籍西籍亦詳其出處以省教員檢查之煩此書亦承　學部審定

◎初等小學習字帖 第一冊一角第二三四冊各八分

○此帖與本館所編國文教科書相輔而行書中所有者無一不備書中所無者亦不攔入以便隨讀隨寫可助記憶第一冊用描紅第二冊以下用影寫

◎小學唱歌書一冊 價洋三角

○此書前半詳列教授法凡音調拍子趣味等法循序不紊後半列歌辭雅而不俗淺而不俚其於愛國思想尚武精神尤為注意

上海商務印書館新出各種教科圖書

(分設) 京師 奉天 天津 廣州 福州 成都 重慶 漢口 開封

學部審定 初等小學 **筆算教科書五册** 第一二册各一角半第三四五册各二角 **教授法五册** 第一二册各二角半第三四册各三角半第五册四角 **五彩掛圖** 計十六幅二元五角 ◯本書五册適供初等小學五年之用已承學部審定稱為(綱領備具條理細密步步引人在今初等小學教科書中洵無出其右者)又稱(多列圖畫足以引起兒童旨趣全忘習算之煩苦)又稱(中外度量衡比較法俾習算術兼適應用則尤本書之特長)等語教授法一書亦經學部審定稱為(教員上課時手此一編可不致漫無秩序)等語

◎高等小學 **筆算教科書四册** 每册二角 **教授法四册** 第一册二角半第二册三角第三四册各二角半 ◯是編繼前書之後仍由加減乘除入手至平面立體求積而止全書四册適供高等小學四年之用 教授法四册按課演繹最便教員之用

◎高等小學 **筆算教本二册** 價洋四角 ◯是書共九編(首)加減乘除(一)諸名數(二)分數之簡易者(三)分數之繁雜者(四)小數(五)比例之簡易者(六)比例之繁雜者(七)利息(八)開方求積序次得宜繁簡適當解釋清晰譯文明暢

◎學部審定 初等小學 **珠算入門二册** 每部二册價洋四角五分 ◯此書經學部審定稱為(條流明晰階級秩如每課多列習題亦便於練習)等語且蒙學部指定為初等小學末二年之用即商業中人取而習之獲益非淺

◎**珠算教科書四册** 六角 **教授法二册** 每册價洋五角 ◯此書繼珠算入門而作詳明淺顯條理井然其教授法為教員實際教授時所用解說詳明丁甯苦口教員但能手執是編依書演講當自知其運用無窮至於有志獨修者取而習之亦能粗窺門徑漸陟堂奧

◎高等小學 **理科教科書四册** 每部四册價洋八角 ◯是書為山陰謝洪賚所著並由山陰杜亞泉參訂材料精當部次分明最便初學附印五彩圖及精圖三百餘幅書共四册每册四十課每星期教授一課以一年畢一册誦習既竣不患無普通之知識矣

上海商務印書館新出各種教科圖書

（分設）京師　奉天　天津　廣州　福州　成都　重慶　漢口　開封

師範學校**教育學**二角◯是書分三篇共三十三章先通論次詳教育之目的及主義方法擇精語詳合乎初級師範學堂之用

◎學部審定 師範學校**教育史一冊**二角五分◯是書敍述東西各國教育之沿革與其變遷實足導我國言教育者之先路業經學部審定稱爲（凡小學教員欲考求教育之源流者必取資焉）等語

◎學部審定 師範學校**教授法原理一冊**二角◯是書分六編一曰緒論二曰教授之目的三曰教材四曰教授之原理五曰教授之方法六曰教授之形狀業經學部審定稱爲（言簡而賅意精而顯）等語

◎師範學校**各科教授法**二角◯是書分十科曰修身曰讀書曰作文曰習字曰算術曰歷史曰地理曰理科曰圖畫曰唱歌曰體操應有盡有賅括靡遺適合初級師範學堂及速成師範講習所之用

◎學部審定 師範學校**學校管理法**二角◯是書八章曰總論曰編制曰設備曰管理曰經濟曰衛生曰書簿曰教師業經學部審定稱爲（詳審精密條理井然定爲小學教員參考書洵爲適用）等語

◎師範學校**心理學**二角五分◯教育以心理學爲基礎故師範學校必列是科我國現時教育咸知注重師範是書凡二十八章皆詳關乎教育之心理簡要精審一字不苟

◎師範學校**論理學**一角五分◯論理學亦師範學校必要之科爲教員者不明論理學則教授時必不能勝任愉快顧是學精深廣大欲求簡核明豁合乎教科書之用者實鮮善本是書凡六章其中演繹歸納等法適於教授之用者皆詳略得宜

◎學部審定**圖畫學教科書一冊**七角◯是書爲圖百數十幅凡人物山水以及動植器用等無不具備末附本國各省總分圖數十幅業經學部審定稱爲（凡教習教授圖畫最要在善畫黑板使學生一覽了然爲功自易是編深明此法先以虛線作式而後畫爲圖形故雖不著論說而不至於模不模範不範也）等語

◎初等小學**習畫帖八冊教員用一冊**七角六分

◎高等小學**毛筆習畫帖八冊**一元四角

◎高等小學**鉛筆習畫帖八冊**八角◯以上三種習畫帖參照東西洋名家筆法所有人物屋宇器具皆按照中國模樣俾兒童一覽而知最爲便用

上海商務印書館出版

慶親王題籤 澤公 戴尚書 呂尚書 沈正卿 賜序
瞿中堂 袁宮保 端制軍 岑宮保 盛宮保

◎◎◎◎ 新譯 **日本法規大全** 潔白連史紙 四開式鉛印 全部八十册 附解說一册 ◎◎◎◎

是書原定去年年杪出版嗣因排印不及未能如期無任抱歉邇來晝夜趕辦業經告竣准於二月二十五日出書凡在何處購預約劵者請持劵至原處幷找洋銀十二元取書又在四川分館取書者每部加運費一元四角其餘各省分館加運費六角如欲本館將書寄奉請將預約劵及找洋銀十二元並郵費寄至原購之處收到後亦可將書寄呈郵費如下

一輪船火車已通之處每部加郵費一元 (二)輪船火車不通之處每部加郵費一元二角 (三)陝西甘肅雲南貴州四川五省每部加郵費二元四角 (四)日本國每部一元四角 (五)躉買十部以上者運費較廉照實數收資 再在本館總發行所及各分館取書者均有書箱其屬本館寄奉者郵費包裹磅數有限書箱無從寄遞分爲十函用精美結實布套以代木箱特此陳明

◎◎ **現在定價每部售洋銀二十五元正** ◎◎

◎◎ **另加郵費分用木箱布套亦如前例** ◎◎

[illegible]

衛生示教掛圖	自第一輯至第三輯各輯五張一組		各一輯金貳圓
[illegible]示教[illegible]圖	同	同	同
天文[illegible]圖	自第一輯至第[illegible]輯	各輯五張一組	各一輯金貳圓
[illegible]示教[illegible]圖	自第一輯至第二輯	同	同
[illegible]	自第一輯至第三輯	各輯七張一組	各一輯金貳圓八十錢
[illegible]解剖[illegible]	廿張一組完	結	金八圓
世界人種[illegible]圖	自第一輯至第[illegible]輯	各輯五張一組	各一輯金[illegible]
工業示教[illegible]圖	自第一輯至第三輯	同	同
農業[illegible]掛圖	拾張一組完	結	各一[illegible]金[illegible]
[illegible]家畜[illegible]正圖	自第一輯至第[illegible]輯	各輯六張一組	各一輯金[illegible]
世界哺乳動物[illegible]	自第一輯至第[illegible]輯	各輯五張一組	各一輯金[illegible]
[illegible]鳥類正圖	自第一輯至第十輯	各輯五張一組	各一輯金貳圓
[illegible]	五張一組	全	金貳圓
[illegible]植物[illegible]圖	五張一組	全	金貳圓
[illegible]植物正圖	同	同	同
[illegible]昆蟲圖	三張一組		金壹圓半
[illegible]類正圖	自第一輯至第三輯	各輯五張一組	各一輯金貳圓
魚類正圖	自第一輯至第四輯	同	各一輯金貳圓
病作害蟲驅除法圖	五張一組完	結	金貳圓

農作物病害豫防法圖	五張一組完	結	金貳圓
漁業示教圖	五張一組完	結	金貳圓
鑛[illegible]示教圖	八張一組完	結	金參圓
爬蟲類及兩棲類動物圖	自第一輯至第二輯	各輯五張一組	各一輯金貳圓
甲殼類正圖	五張一組		金貳圓
[illegible]類正圖	自第一輯至第二輯	各輯五張一組	各一輯金貳圓
貝殼類正圖	二張一組		金壹圓
[illegible]世界動物圖	三張一組		金八拾五錢
[illegible]類正圖	自第一輯至第二輯	各輯五張一組	金貳圓
[illegible]獸類正圖	五張一組	結	金貳圓
[illegible]帶植物圖	自第一輯至第三輯	各輯五張一組	各一輯金貳圓半
[illegible]生[illegible]及[illegible]圖	自第一輯至第二輯	各輯五張一組	各一輯金貳圓
[illegible]下等動物圖	五張一組		金貳圓
[illegible]植物[illegible]圖	十張一組		金參圓八拾錢
兒童[illegible]病トラホーム豫防法圖	參張一組		金壹圓貳拾錢
救急治療法掛圖	六張一組		金貳圓
支那歷朝帝王[illegible]影	全一張		金八拾錢
兵式柔軟體操圖	全一張		金四拾錢
銃砲古今沿革全圖	二張一組		金壹圓四拾錢

鑛石實物標本圖	全一張		金[illegible]
世界列國旗章正圖	全一張		金五拾錢
列國帝王軍隊服裝圖	全一張		金七拾錢
世界人種相貌圖	全一張		金七拾錢
世界發明元始家列影	全一張		金七拾錢
古今軍艦沿革圖	全一張		金[illegible]拾五錢
[illegible]古今沿革圖	全一張		金參拾錢
帝國陸軍服裝圖	二張一組		金貳圓
列國動物[illegible]圖	全一張		金八拾錢
[illegible]學示教[illegible]圖	自第一輯至第二輯	各輯五張一組	各一輯金[illegible]
[illegible]動物[illegible]覽全圖	三十六張一組		金七圓
[illegible]國[illegible]幣全覽	全二張		金壹圓[illegible]

本[illegible]着色[illegible]精巧[illegible]。[illegible]本全國。及[illegible]小學堂[illegible]者[illegible]大中[illegible]洋[illegible]。[illegible]準備已[illegible]。[illegible]目錄大[illegible]以上。[illegible]

一九拜一本館書籍目錄壹冊。函索有會。不論遠近。郵呈。來函一切要照左記本館所在地。寄字無誤

○日本東京市京橋區出雲町壹番地

東京造畫館

●電話新橋七百二十三番

善忍堂地圖調製〻編輯部編纂

漢譯講堂教授地形圖

縱三尺五寸　橫六尺

石版加彩色

全一枚大揭圖

定價金壹圓五角

地理教育之進步地圖與地形圖相輔而行誠必要者無此種圖出版於教育上誠一大缺點敝堂爲學界起見特令編輯部精意製爲此圖以資學校地理教授之用若人置一篇則凡地形上理解難會處之用語按圖指點使瞭如指掌此誠學校最利用之品也

最新中國各省分圖

石版加彩色

美本

定價金七十錢

學堂練習用萬國地圖

石印美製全八張記號皆確實記入

定價廿五錢

國民必携清國新圖

石印細密五彩印美物產詳注

定價廿五錢

漢譯萬國新圖

近刊

大清帝國全圖

石印細密六彩鮮美

定價六十錢

漢譯世界全圖

石印細密七彩鮮美

付各國旗章

定價四十錢

大清一統分圖

石印細密五彩印美

定價五十錢

支那帝國明細圖

石印細密配彩

定價廿五錢

兩半球圖

石印細密美彩

付各國旗章

定價參拾錢

掌中清國形勢地圖

石印精密配彩

定價廿五錢

清國講堂練習用地圖

石印美製全拾張記號皆確實記入

定價參拾錢

教科用地圖發行所

大日本東京市京橋區三十間堀三丁目十九番地

大須賀善忍堂

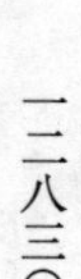

第五回內國勸業博覽會名譽銀牌受領
戰捷紀念博覽會名譽銀牌受領
聖路易萬國博覽會名譽銀賞牌受領

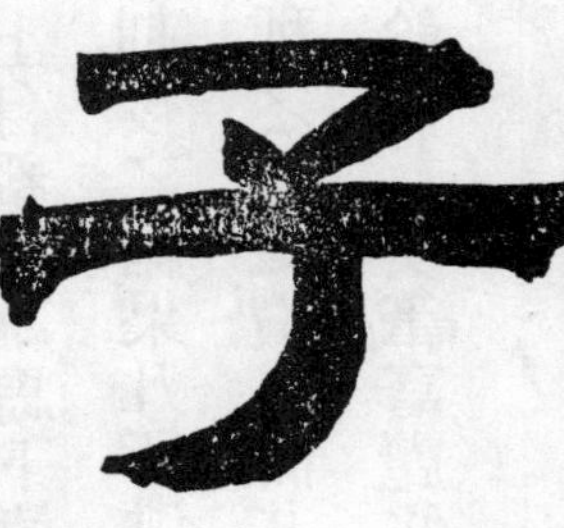

謹啓者本廠專用化學製造各種上等牙科葯料精心修合煉成獅子牌牙粉香氣馥郁美味甘涼且能固齒清肺殺虫去穢長用此粉可免牙痛齒落之患居家閨閣不可一日或缺之物氣味常存永不變性誠耐久無比之良品也此粉久蒙紳商賜顧遠近馳名近因貪利之徒竟將低貨魚目混珠故本行另加仿單諸光顧者請認本行獅子牌號爲記庶不致悞

本行 東京市神田區柳原川岸
分行 大坂市東區博勞町二丁目
分行 清國天津日本租界旭街
分行 同 漢口河街
分行 同 上海佛和界

小林洋行

牙粉廠主 小林富次郎 謹白

康南海先生著

歐洲十一國遊記

第貳編出版 洋裝 和製 定價 壹圓 八角

海內外所**久渴望**之十一國游記今第一編第三編原稿陸續寄到即將**第二編**之**法蘭西游記**迅速付梓頃已裝訂成帙本書爲我國**第一流政治家**之作其價値久有定評無俟喋喋本編於法國**專制王權時代**政治之若何腐敗**大革命時代**國勢之若何變遷皆能深探其**原因**窮極其**結果**而還以反證諸我中國使現在之**政府及民黨**皆可藉此爲當頭一棒以**確定我國今後政海之方針**誠可謂**救時之聖藥**也凡有志國事者宜各手一編

總發行所 上海 **廣智書局**

分售處 横濱新民社 東京中國書林

第三種郵便物認可

SEIN MIN CHOONG BOU

P. O. Box 255 Yokohama Japan.

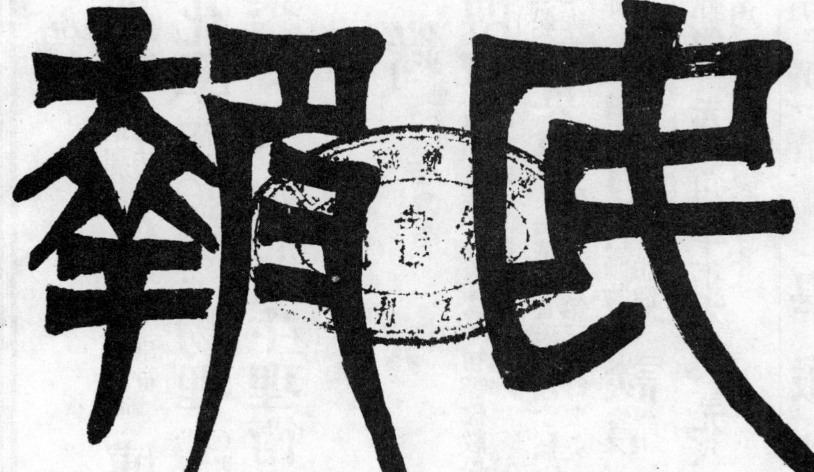

（第三種郵便物認可）

（每月二回發行）

第肆年第貳拾貳號

（原第九十四號）

光緒三十二年十一月十五日　明治四十年八月十五日

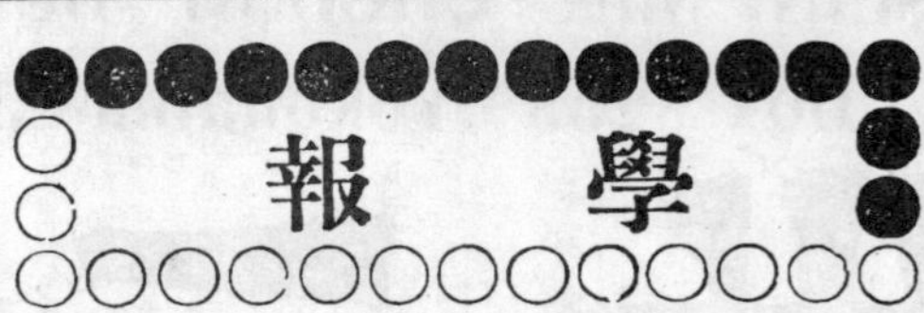
學報

目錄

新民叢報第四年第貳拾貳號

（原第九十四號）

▲論著一……一

◉論日法協約與中國之關係……與之

▲論著二……一七

◉日本交通發達攷（續第九十三號）王愷憲

○第二編之續……（六）日本郵便之創始二……（七）郵便開始之時期……（八）郵便規則之發布……（九）郵便發達之基礎……（十）外國郵便之初期……（十一）外國郵便之開始……（十二）萬國郵便聯合加盟……（十三）郵便條例之制定……（十四）郵便制度之完成

▲論著三……四九

◉外國貿易論（續第九十三號）重遠

○第二章自由貿易及保護貿易……第一節重商主義……第二節自由貿易主義……第三節保護貿易

▲譯述一……七五

◉國家主義教育　光益

▲譯述二……八五

◉個人主義教育　光益

▲譯述三……九三

◉歷史哲學及哲學史　黃國康

▲記載……一一五

◉中國大事月表

○丁未五月

啓者本社所設之上海支店于三月時被火所有從前該支店經理本報諸事現悉託上海棋盤街廣智書局代理凡閱報諸君自後請直接向該書局交涉可也

丁未六月

橫濱新民叢報社謹啓

報資及郵費價目表

報資及郵費價目表	全年廿四冊	半年十二冊	零售
報資	五元	二元六角	二角五分
上海郵費	二角四分	一角二分	一分
上海轉寄內地郵費	一元二角	六角	五分
各外埠郵費	一元四角四分	七角一分	六分
四川、雲南、陝西、貴州、山西、甘肅等省郵費	二元八角八分	一元四角四分	一角二分

日本各地及日郵已通之中國各口岸每册一仙

編輯兼發行者　馮紫珊
印刷者　陳侶笙
發行所　橫濱山下町百六十番　新民叢報社
上海發行所　四馬路老巡捕房對面　新民叢報支店
印刷所　橫濱市山下町百六十番　新民叢報活版部

論日法協約與中國之係關

論著一

與之

自各國倡領土保全機會均等之主義以來於是向之併吞的政策一變而爲平和的政策各認定其勢力之範圍竭全力以赴之滔滔進行一日千里其懷挾野心者往往逸出於其所經營之外攫取他人之權利以歸於己各國慨然憂之思所以撲滅其野心而保全東亞之平和乃始有同盟協約之發生如前者英日之同盟。俄法之宣言。近日英俄之協商。日俄之協商。日法之協約、皆此現象之表著者也。各國之策中國者。約分兩派、一曰侵畧派一曰保全派庚子以前侵略派大占勢力庚子以後保全派大占勢力今侵略派中亘擘之俄外見挫於日本內復疲于革命方汲汲與各國講邦交謀平和法國自摩洛哥問題、以來力避與國之衝突而漸傾注於保全之一途唯德國者因歐洲各國之外交生雲譎波詭之變化漸立於孤立之地位乃一變其恫愒之政策而用懷柔之手段雖其操老氏欲取姑與之術爲世人所共知然當此保全派最占勢力之時亦不得不暫戢其鋒以交驩于中國而見諒于列强由是觀之今日之中國一保全派所支配之中國保全派之勢力何以能支配中國則以中國者世界之亂源也以爲世界之亂源故則世界各國皆負有解決此問題之義務而解決此問題無有逾于領土保全機會均等者何以故則以中國之領土中國不能自保全之而必待乎列國之保全使列國中有一國覬覦中國之領土攪亂東亞之平和者或中國國內自釀禍亂者則各國保全之局破所謂機會均等者亦猶是也有一國獲利益於中國則各國競享均等之權利使甲國獨獲利益于中國而乙丙等國不得均霑則各國均勢之局破各國深有鑒於此乃求所以實行保全而保證均勢者汲汲於勢力範圍之確定彼此同認爲權利之所在即彼此互相承認而各不妨害其勢力之進行馴至中國之一草一木無非在各國同盟協約勢力之下然則所謂保全中國者亦不過瓜分之一變相而已

平和之風雲圍繞於歐洲之大地英皇周歷各國與其國君握手言懽發揮其極輕妙

圓滑之外交手段於杯酒譚笑之間化各國之猜忌嫌疑爲懇誠肫摯由是有名無實之德奧意三國同盟愈加落寞德遂不幸而陷于孤立之地位雖舉國中之人狠顧狐疑攻擊英皇之舉動不遺餘力而英意西三國協定關于地中海大西洋之事項締結三國協約德亦承認其宗旨平和特靜穩之態度其他如英俄二國協商中亞細亞之事英法二國協商北部非洲殖民地之事橫覽一年來之外交舞臺平和之潮流勃不可遏歐洲各國漸享平和之幸福由是推之以及于東亞夫東亞攪亂平和之源在於中國中國而自強則豈唯東亞之平和可保即世界之平和亦可保中國而不自強則攪亂世界之平和者罪不在中國而在列強何則。列強之勢力一日不平均則中國之平和一日不可保因中國平和之不可保遂致攪亂世界之平和夫均勢及保全者豈中國之力所能致哉毋亦列強之自爲均之而列強之自爲保之也使列強而竟放任之則或出以恫愒之手段或籠以巧詐之甘言或主張保全或橫施侵畧列強之行動不一致即其利害不一致於是相爭相忌相殘相殺在中國固靡有寧日矣又豈世界前途之幸福哉日本於此利害最切日人中村進午曰。吾國之與支那隣。猶構居於火藥室之側也日夜耽耽思分得一杯羹而未得其間會日俄戰後乘戰勝之餘威與英國結攻守同盟之約首條即明揭領土保全機會均等之主義英國者最愛平和之國也自今歲倡導平和主義以來於俄於法皆有協商日本亦於斯時與俄協商滿洲樺太問題與法協商中國問題數月以來凡號稱協商協約者數見不鮮試一研究其性質深考其內容無不含有一中國問題之意味若是哉東亞問題之曝露於世界之耳目而平和勢力之偉大也德國雖有併吞之野心反對平和之意志亦抑鬱不自得俛首而從於列國之後矣

日本與法國素缺感情之聯絡自開港互市以來兩者之猜忌憎惡時有所聞日俄之役法以同盟之故有所助於俄及波羅的艦隊航駛之途中泊於柴棍(法領港名)者閱月於時日本輿論大激昂謂宜責法以違反中立軍人戰士咸有鬥志然其時荷嚴辭詰法法必加入戰鬥團體而當時之英日同盟非今日攻守同盟之約則英之助日拒法與否尚屬一疑問故日本政府寧負重忍辱而不援國際上違反中立之規則以詰責法然自是嫉視法國之心亦愈深矣自日俄和議告成日本武功之炫赫震驚世

人之耳目於是法國深以與日本感情衝突爲慮日謀所以接近之者日本亦以戰後經營之故亟謀發展國內之實力於海外不欲與諸國稍有齟齬而日法協約之動機始稍稍萌芽自時厥後經兩國政府之往覆商議乃見其成立雖然。此不過就歷史上觀之謂日法協約者所以調和兩國之感情而自實利之一點觀之則日法協約者實因中國問題而始發生無中國問題則無日法協約此徵之實際而可見者也盖法國對於交趾及安南軍備久已不敷而增加交趾安南軍備之議案遂爲議會討論之一問題欲遂增加之則軍費支絀欲不增加則防禦單薄恐啓戎心日本以後進之强國崛起東亞多突飛進步之舉動法人尤忌之盖恐其以併吞東亞之野心爲飛而食肉之舉遂至於蠶食交趾及安南也更自日本之一方觀之自滿洲開放而後日人以有優先之特權多不顧列國共同之利害列國以其背機會均等之主義也多嘖有煩言而尤以法德二國爲甚於是滿洲經營之問題遂爲日本全國人士之所注意求其不害列國共同之感情而自國占權利之先着無已。其唯先撤滿洲經營之障礙物乎綜是二者觀之法國之對于交趾安南則爲鞏固其舊領域日本之對于滿洲則爲開闢

其新利源雖其經營之方法各不相同而其互以條約的精神求其正當之保證以致產出今日之日法協約者則固兩國之所日夜禱祝以求者也

夫今日六七强國對于中國挾一領土保全機會均等之主義以經營之者固各國所同然而其經營之尤切要者莫如日法兩國法國共和政治之不穩固與俄國之專制政治相同非急於建殖民之事業於國外則不足以饜國人之輿望而政治上有反動之虞故其對於中國也向持一强硬之手段凡事無不肆其恫愒脅迫以遂其所要求特俄國當新敗之餘近又解散第二次國會國中之政治家殫精竭慮於內政而尙虞不給無暇外圖故近日之中俄條約懸而未決者幾及一年若法國則異是其經營雲南也實可謂長足之進步第二滿洲之論已早爲識者所唱道其經營廣西也鐵道鑛山之要求無日無之汲汲於制列國之機先不以廣洲灣爲已足者固非僅對外之政策而實有對內之關係也若夫日本者向唯認福建爲其勢力範圍結不許讓與他國之約自勝俄以後勢力彌漫於滿洲其隣於滿洲諸行省亦認爲在其勢力範圍之內蓋其國中以人滿爲患乃以中國爲尾閭其財政受戰後之影響非常困難乃恃中國

爲挹注舉國皇皇但聞滿韓經營之聲震人耳膜夫地球日向于開闢世界日趨于進運幾不容後進國有殖民之餘地日本膏血於滿韓之野其經營之不遺餘力者亦以舍此以外更無第二之殖民地可以發見也夫日本則亦何足怪値此生存競爭之世唯有損人以自衛耳獨怪彼滿韓者自有寶藏而不知闢自有人民而不知敎乃假手於野心蓬勃之日本是亦不可以已乎以日本及法國經營中國如此其急而其協約則曰。保全中國之領土所謂保全者不外假以國際體面之名詞以謀攫得其實益彼法之滅安南也何嘗不保全安南之王位日之亡朝鮮也何嘗不曰保全皇室之尊嚴從可知保全云者爲日法兩國慣用之手段今於日法協約中復援用之然則今之聞保全而喜者可以廢然返矣

今進而述其協約之性質試分數段說明之。

(一)協約之內容　分爲協約、與宣言書、二者。協約者所以規定對于中國之關係宣言書者所以規定日本與交趾安南之關係今錄其原文如左。

協約

日本國政府。及法蘭西政府。因確保中國之獨立。及保全中國之領土。並對於各國在中國之商業臣民、又人民。尊重均等待遇之主義。且兩締約國家。在近邇於有主權保護權占有權之領域之中國諸地。確保其秩序、及平和。及維持兩國在亞細亞大陸相互之地位。並領土權。故締結此協約。

宣言書

日本國官吏、及臣民。在法領交趾安南地方。凡關于身體及財產保護一切之事項。受最惠國之待遇。法領交趾安南之臣民及保護民。在日本帝國之內。亦受同一之待遇。但本協定者。因一千八百九十六年兩國通商航海條約之期限終了。失其效力。

(二)協約之解釋　此協約者。以極簡單之文字。包含無限之大原則。因其規定之過於簡單。遂疑其別有具體的規定。而此不過抽象的規定者。夫日法兩國間。果有秘密條約與否。別爲一問題。要之就協約以解釋之。固不難知其用意之所在也。

(甲)協約及宣言書　協約之存續期間。爲不確定的。宣言書之存續期間。爲確定的。

即協約者不因他之拘束而失其效力而宣言書者則因新通商條約之發生而失其效力也

(乙)近邇於有主權保護權占有權之領域之中國諸地　主權及保護權者意義已極明瞭無庸解釋唯所謂占有權者乃係指租借權而言租借之名始于中國與各國之交涉開國際法之先例各國學者多研究其性質謂與割讓無異特避其名耳今不曰租借權而曰占有權者乃於占有之中含有占領及先占之意謂排斥他人優越之權力也單曰占有則不過以所持之意思爲自己而占有非排斥他人之權力故知非以占領及先占釋占有不可租借之地雖訂歸還之期然期滿之後更可續租則租借已變爲領土之性質猶之占有之可以爲所有故以占有權概括租借權者不可僅就占有權之性質而解釋之也

或曰關于兩國之領域及近邇于領域之諸地兩國間別有詳細之規定所謂主權者在日本則爲臺灣在法國則爲交趾所謂保護權者在日本則爲朝鮮在法國則爲安南東埔寨東京老撾所謂占有權者在日本則爲遼東半島在法國則爲廣州

灣。次就近邇之諸地言之。對于遼東半島及朝鮮。則爲滿洲。對于臺灣廣州灣。則爲福建。對于安南東埔寨交趾。則爲雲南。其有此具體的規定與否。雖不可知。然以情勢度之。理或然與。

（三）協約之利益

（甲）政治上之利益　日法協約純爲政治條約。故觀其內容之規定。無一而非表明政治上之關係者。以政治上之利益言之。則爲兩國共通之利益。何以言之。兩國於日俄媾和以前。雖有齟齬之狀態。媾和以後。兩國之關係。仍然親善。無可爲政治的衝突之原因。不唯此也。兩國之政治家。方日引領以望其譚判之成。知其協約成立之後。可以鞏固兩國在東亞之地位。交通兩國國民之感情。而又不至買各國之反感。由是觀之。此協約之裨益於兩國政治上者。豈淺鮮哉。

（乙）軍事上之利益　法國在交趾安南之軍備。常患其單薄。自日俄戰後。國中唱增兵之必要者。不乏其人。徒以經費支絀。遂至遷延不決耳。至於日本者。因其對于東亞之關係較法國爲切迫。故滿韓駐屯之軍隊。早已布置周密而無隙之可乘。然則

自軍事上言之其受協約之利益者實唯法國因此協約法國不獨無增兵之必要且可減少其軍備而節約其經費矣

(丙)經濟上之利益　日法兩國經濟之關係因此協約而愈加鞏固固無可疑矣雖然。法國所受經濟之利益爲間接的而日本所受經濟之利益爲直接的當日法協約議有頭緒之時日本在巴黎之公債即大有起色可見日本之經濟上受其直接之利益者正復不少且日本以後對于法國之輸出其每年增加者固可豫測而知若法國者則不過直接受政治上之利益而間接受經濟上之利益而已

(四)協約之影響　凡兩國間締結外交上之協約其於第三國有利害之關係者無不抱有深甚之疑懼而惹起其誤解今次日法協約其對于吾國爲直接之關係固不待言而其對于與中國及東亞有利害關係之列强不可不求其諒解者固日法政府之早所慮及故于其未發表以前已通知于列强。得其熱心之贊成。即未通知之各國亦無不表滿足之意。夫英國與日本爲同盟。與法國爲友邦。宜其樂於贊成矣。其餘諸國。亦以其保全東洋之平和不背機會均等之主義。而贊成之。唯德國者疑日法兩國妨

害其在中國勢力之進行。故其國中之輿論。咸謂此協約者。對于德國經營中國之政策加以一大攻擊。其後知其性質之平和。亦遂承認之。雖然。此不過列國間接之關係也而還觀直接立于第三國地位之吾中國顧何如者其始因協約之未發表爲種種之揣摩懷拖疑懼之念慮其後見協約之內容喜保全領土之空名則狃以自安如小兒得餅有不知其所以手舞足蹈者烏乎吾國之外交家固若是其易於欺騙邪夫今世滅國之新法其以保全之名義墟人宗國者何可勝數即吾國之外交政策其以愛體面樂虛名而致失敗者又何可勝數吾國疲軟無能之外交家引以自安可矣吾願吾國民愼勿樂於居保全之空名而遂以自逸也

夫此次之日法協約謂其於日法外交史上開一新紀元可也試一披覽其外交史則兩國傾轢之情形固不庸掩中日之役法與俄德干涉還遼日俄之役法顯有助俄之形跡此固挑撥日本國民最惡之感情而貽兩國外交以莫大之累者且即以其經濟上及商業上之關係言之兩國之貿易往來亦不如英美與日本之密切今一旦捐棄其宿怨對于東亞之經營同取領土保全機會均等之主義且使兩國之經濟的關係

愈加密切者無他。在法國欲保障交趾安南之地位在日本欲保障戰後之地位而已。夫豈徒曰保障而已蓋將由保障以圖進取先其根本而後其枝葉也法國不固交趾安南之地位則時時在風聲鶴唳之中懼日本之來襲取而無由進取以規畫雲南廣西日本不固其戰後之地位則財政之計畫不立經濟之來源已竭不獨經營滿韓之問題終歸畫餅且無由發展其雄飛東亞之野心由是觀之兩國以同一之利害關係遂發生同一之意思表示且以一局部之協約而聳動全世界之耳目使東亞之外交舞臺忽焉增色者偉哉協約之力也偉哉日法協約之力也

雖然。此不獨可以覘日法兩國意思之合致而亦可以察世界之潮流矣今日之時代一協約極盛之時代也由同盟而生協約又由協約而生協約苟有危機伏在之處無不為之豫防其危險而期保證其平和昔英日同盟開領土保全機會均等之先聲繼之以俄法之宣言大旨謂兩國之政策贊同英日之主義苟中國有變亂時則俄法兩國有干涉之之權利今者。英俄協商矣日俄協商矣使無日法之協約則雖英日俄三國有接近之機會而日法二國不接近因之其影響及於四國之外交而可以破壞保

全之局故日法協約者雖其主義出於日英同盟及俄法宣言而繼日英同盟俄法宣言之後者實不可無日法協約因此協約者足以貫澈日英同盟俄法宣言之宗旨而實行領土保全機會均等之主義也數年以前英日美爲保全派俄法德爲侵畧派今則俄法已加入保全派所未加入者德國耳雖暫時羈勒其驥足而其經營東亞之雄心則固未嘗一日忘吾恐將來此等同盟協約之破壞即在於同盟協約以外之德國何則。其攪亂歐洲之政局者自俾士馬克以來而已然至今帝維良而益甚異日振其反動的勢力以破壞保全之局而恢復侵畧派之勢力者固屬意計中事況俄國者亦不過因內治之棼亂遂輟其對外之競爭一旦國內復歸於平穩有不助德以張其燄者乎俄既助德則法之復歸於侵畧派蓋不問可知矣然則東亞之平和爲之攪亂而同盟協約之勢力乃掃地以盡即令同盟協約之效力果足以保全中國之領土維持中國之獨立而其易于破壞也如是況所謂同盟協約者不過假保全以爲名而其實有包藏禍心不可測度之舉動吾國人有聞保全而喜者其亦可謂飲鴆如飴矣

各國所標榜之主義曰領土保全曰機會均等其實可一言以蔽之曰維持東亞之現

狀而已各國在東亞之地位勢力其既確定者日謀保存其未確定者使之鞏固則汲汲於維持現狀亦無足怪獨是各國維持現狀之主義利用中國之黑暗以遂其蠶食鯨吞之野心誠各國之利矣若中國而亦以現狀自安長此不已日復一日寧能免於亡乎故夫吾人於此唯有不討生活於維持現狀主義之下値此同盟協約極盛之時代急起直追以謀鞏固國家之基礎而不藉他人保全之名義以遂其生存則十年之後中國可以自强即於維持現狀之主義與以一大變化而一新東亞之耳目焉而不然者徒擁有主權之虛名樂於受他人之保全則使中國永沈淪於九淵之下者即此維持現狀之主義而已矣

論著二

日本交通發達攷（續第九十三號）

王愷憲

第二編之續

六　日本郵便之創始(二)

前島氏自經營之時期交入實施之時期其最先之一問題以橫於前途者即官業民業兩主義其是非得失究以何爲標準而解决之也久之謂郵便事業要以遍及全國爲最終之目的當創始時代各府藩縣須各立一司設官以掌遞送傳達之事是則交通組織上非依政府之權力終無由統一而控制之於是採政府獨占經營之策規劃全國制定區域其距離之長短人口之多寡商業之繁簡皆其所經歷而周知者也計既定提出於改正局改正局者立於民部大藏兩省之中凡制度文物之釐定悉自此而出時前島氏亦局員中之一人也提案出首得大隈伯之贊成他亦相互而容認之於是前島氏忻然而起草矣

六月立案成。經民部省審議。稟之於太政官。以四年一月發布告文於全國。定五年某月實施。其一年中爲新式郵傳法施行準備之時期也。其間製造印花。開設役所。驛遞司役員。犇走全國不得暇。時前島氏以他事派遣至英國。繼之者爲杉浦讓。杉浦氏一守前島氏所計畫。至歲末頒布郵便法令焉。法令之初頒也。他種交通機關皆未創立。凡書信傳遞之事。不得不依人力。故當時就各地相距之道里。限爲一定之時間而賃金之多寡。即以此爲標準。所謂第一次之郵便規則也。當時人智之幼穉。其經過之事實多煩瑣不足述。至當局創始之苦心。亦有不可掩者數端如左。

郵便之定名　日本書信傳達之業。昔稱爲飛脚。至是前島氏既惡其不雅馴。且政府業務創始。非有一特別之名稱。不足以新人之耳目。久之選定郵便二字。當時反對者謂其爲不普通。而前島氏則以此遠大之事業。不患不習之全國也。五年東京市中巍然立柱凾。外署郵便二白字。路人視之。讀爲垂便。他或呆立柱旁。不知所謂。抑亦當時笑柄也。然至今日雖孺子亦盡識之矣。

印花之盖印　美國宣教師既示前島以郵便之標章矣。至是取用之而不知所倣。時有澁澤榮一者。得法國郵花。即擬其原形。以銅板印刷之。既得印花矣。其一最大之疑問而不得解釋者。即杜印花再使用之弊也。當時歐人書籍流行國內者甚尠。遍求而不可得。不獲已。取最薄之紙質以製之。使其一度使用。則破裂不可再。然此終非安全之策也。前島氏使於英。乘美國郵船。見船中設一函。疑之。讀其揭示之文。知爲郵便函也。益疑。豈船中亦設有郵便局乎。此不可思議之事。問之船長。始知歐美各國皆然。並問印花。得蓋印之法。遂以報告驛遞權正杉浦行之。國中爲

遞送之速度 前島準道里制定時間賃金表。皆其一生所有之經歷也。然一事之歸政府經營也。必其利益較民業爲最多。此事業發達上不可易之原則也。不然。强以歸之政府。而又禁之民間。失文化進步之公例矣。然則郵便新章之發生。與飛脚業之競爭。其最要者。即速度之競爭也。前島諮訪飛脚。以若干時行若干里。既得其梗概。且家中假設一局。僱驛夫通之東京大坂間實驗。一切所需之時間。以推定其結果。繼得傳遞法速度之增加。終爲飛脚業所不及。於是取爲標準。編一表。以實施之第一次之郵便規則。皆前島氏所手定也。

賃金之制定　郵便賃金之多寡。亦最難得標準之事。前島欲準郵物之重量道路之遠近而徵收之。然重量可粗定。道里終不得知。有名都會之距離。尚難得正確之里程。其他豈能驟爾測定。當時所實施者。爲先取距離最長者。如東京大坂間。制定賃金其他例由到着之時間轉以推定者也。

七　郵便開始之時期

明治四年三月。實施新式郵便業。首行之東京大坂間。以三日餘達其地。賃金爲錢一貫五百。比較前之飛脚賃金減而速度加。所簡單示人以便利者也。然人民習於飛脚業。以爲此亦政府營業。不認爲制度之改良。發信人持書至役所。爭論賃金之高下。且或詈其欵接之不恭。局員苦之。多以此辭職。初書信配達之方法。凡市外郵便取扱所不在者。則增加賃金。至是前島氏爲便民計。倣泰西之例。特於東京大坂兩郵便役所內設私書函。受者納若干之借金。發者不給一錢。派員以此勸誘於各商家。其始猶疑之。至開始一年餘。感郵便之利便者。則商家爲最甚也。

當時緊急通信。設特別配達(送分)法。然警察制度未立。山賊野盜出沒無常。監察保護之方。久苦不可得。五年、頒發郵便規則。凡郵便物中無貨幣寶石等。以此公布於民。自是賊無所望。通信夫殺傷之事。鮮有所聞。然貨幣禁止入信人多不便。於是特設貨幣郵便（後之匯寄制度）送者攜六發鎗以行。此當日他種機關未立而郵便業務苦難發達之情形也。是則交通事業非一部分所可言者矣。

郵便局長。當時稱取扱（待遇經理之意）役。即一地方之局長也。各以有相當之資產者任之。然飛脚業習爲人所輕賤。人民不認郵便新制度之實施。而局員多以此辭職。前既言之矣。前島氏獎勵之。謂交通事業爲國家文化所關。非有單純公益之觀念不足以當其任。且封建時代。官尊民卑之風。習之既久。凡自藩侯日給玄米五合。即已列於士族。如自朝廷給俸。則榮譽爲更大。前島氏利用此榮榮心。凡取扱役皆得爲官吏上級者列於判任官之中位。且朝廷月給口米。雖實與月俸相當。然名義上則較尊榮。亦猶中國饞鑣美之爲朝廷養士之名也。自是中族皆爭於郵便事業之一途。不獨指揮監督盡其職。且汲汲焉求其發達矣。

郵便局最初稱郵便取扱所。民間視爲政府營業。稱郵便會社。取扱所置於商店之一部分。構造如一理髮店。後雖以上流紳士當其任。體制畧備。然不得爲今日之一官局。東京最大之都會也。其本局在江戸橋之南。與業魚者相雜處。頽垣數間。結藁繩以繫之。役員肩相摩。未嘗暇也。前島氏常以事至役所。則腥臭不可入。然前島不爲苦。且以勉之。同事皆安之若素焉。蓋明治百度維新。經濟艱苦之狀況有若是焉矣

四年八月五日。日本官制大改革。驛遞司改稱驛遞寮。杉浦轉樞密內吏。濱口儀兵衛代之爲驛遞長。改革後十日。前島自英歸。前島之居英也。英國郵便執務之狀態。多所考見。挾其美滿之觀念。將歸朝。大有所整理。然濱口靡靡無振興意。而政府不欲易其人。前島憤之。上書自請爲驛遞長。政府允之。前島遂攘臂而起矣。其郵便規則發布後。確定國家交通上之一機關。如上所述種種設備之改良。皆前島氏歸國後事也。後之人論前島氏歸國時。爲日本郵政最危殆之一時期。其所以順序而得求其發達者。皆出自前島氏之請願也。不然。其不由官業以移歸於飛脚者幾何也

八 郵便規則之發布

明治五年。郵便施行之範圍。將普及於全國。於是發布郵便規則。而先出諭告文。善以

爲之解釋。大概謂國之所以爲國者上下人民必權利不相悖憂樂不相違語言習慣不相差異婚媾貿易製產開墾等必物情風尚人盡周知然後國民迺有敏活之精神而事業從此發達文明諸國重驛遞之官以公家之財謀國民之利美國至年耗五百萬弗（收支不償之差）以從事郵便之一業其國度可想見也然西國文化漸及海外而日本內政多蕪人不交通是國家之不興抑人民之不幸也請自今始採郵遞新法補此缺憾首通內國漸達外邦國民其共勉旃」諭告文出。不獨曉之民間凡官界亦自此知郵便之必要。蓋當收爲官業禁制民間時民議沸騰而官吏亦助其燄也日本官尊民卑風習已久。惟郵局創始日與民相接儼無階級之可分是則民之所最感服者抑亦當其任者以國家公益爲目的求事業之發達而與民周旋中禮也

五年所發布之郵便條例。文甚繁冗。且行至十五年大改正。始稱完備。玆畧之。不贅述。

九　郵便發達之基礎

明治六年三月。改郵便賃金之稱。稱郵便稅凡重量相等之書信。無論道路遠邇國內收同一之稅金五月以書信遞送概歸驛遞長。他人有爲之者。以郵便犯罪罰則處分

之十二月。又發行郵片及封皮。並頒布規則。此郵便開始時期之大改正而日本郵便發達之基礎也。時交通運輸之不便。汽車僅通於京濱間。海運業尤爲幼稚。雖以前島氏之經營。創立郵便蒸汽船會社。旋失敗不能擴充。存者惟琉球間之定期郵船航路。其他所恃以遞送郵便者。馬車人車而已。夫馬車人車。僅能行之市內。而道路崎嶇。又復未全繕治。當時困難之情形。郵便一業。已無復有展布之餘地矣。蓋此始終爲前島氏所規畫。故能爲先步特殊之發達。其他之交通機關。未足與之相應故也。然國內郵便業務既畧就緒。當局者且進一步而從事外國郵便之準備矣。

明治四年三月。郵便開始以來。至明治八年。郵便取扱之數如左。

	普通 有費	普通 無費	掛號	合計
明治四年	五六五、九三四	……	……	五六五、九三四
明治五年	二四八、一〇八	二四、五五〇	四、九二八	二、五一〇、六五六
明治六年	一〇、三三九、九一八	九六、二四二	一一四、七四二	一〇、五五〇、九〇二
明治七年	一九、四九〇、七三七	一七八、一〇九	二六八、五七八	一九、九三七、四二三
明治八年	二四、九四四、三八五	四七二、四五三	四一七、九一〇	二五、八三四、七四八

十 外國郵便之初期

明治五年。制定郵便規則。假設海外郵便之制。歸驛遞寮特別取扱矣。當時日本開港地橫濱神戶長崎等。有英美法三國之郵便局。專理外國郵便事務。至六年。日美間締結郵便交換條約。以八年一月一日實施。前一日撤退美國郵便局。此日本與外國郵便物直接交涉而締結條約之開始也。日美條約成。當局者實心經營。求以博內外之信用。遂限於明治十二年十二月末。撤去英之郵便局。十三年三月末。撤去法之郵便局。先是外人之在居留地也。以一馬車載書札往還京濱間。日本雖官府公牘。弗顧也。前島自歐洲歸。訪英美法各郵便局長。間日本書信取扱法。局長苦之。曰。吾不知所處。雖然。吾對於日本不負義務者也。入取物一束。擲地示之曰。此日本郵便物也。棄之不可。達之不能。將奈何。前島檢而視之。憤甚。曰。今請設一私書函。願貴局投入之。以達日本郵便所。何如。局長搖首曰。吾不受此依託也。前島曰。吾將於相互政府間締結郵便交換條約也。局長哂之。久之乃言曰。此或有其事。雖然。必告我以期。交換條約者。以兩國同等之權利而締結之者也。豈可以口舌爭耶。前島氏曰。諾。請假我數年。不可。得無相見也。前島氏歸。憤慨不知所出。旋繙譯各國交換條約書。以爲準備。六年。偶言之美公使鐵羅克。鐵羅克允之。且樂爲盡力。時美工師有卜賴安者。讀新聞日本建設郵便。將以重貲聘用客卿。卜賴安冒險渡日本。由美公使薦之前島氏。前島氏聘之。由政府派遣至華盛頓。襄助日公使與美政府交涉締約事。約成。以八年一月一日實施。此談判也。日本駐美公使森有禮交涉頗盡力。然奔走斡旋於兩國間者。則卜賴安之力最多。日約中日美兩國特別助成航路。各以無費載送。美年耗金五十萬弗。以給太平洋郵便滊船會社。而日本太平洋航路。不知自何時開始。而美政府不計焉者。則卜賴安調護爲之也。卜賴安歸。前島氏勞之曰。君之此行。吾知其必有畏。何也。日本郵便業如此其幼穉。今突而締此約。保無權利不同等之嫌乎。卜賴安曰。諾。誠然。雖然。無所畏也。吾今步步而行之。吾知其必發達之有期矣。

十一　外國郵便之開始

明治八年正月元日。日美郵遞開始。日本通信上之國權。已恢復其一部矣。八月。橫濱郵便局舉行外國郵便開業式。請會各國公使及領事。各述祝詞以退。此國權回復第一期其最大之盛會國民多以此感動者也其時橫濱創立西式房屋建築設備皆出自前島氏而所耗不過萬金又以郵便取扱之不便加聘美國三人分設橫濱神戶長崎等處此外國郵便開始時之大概也翌年卜賴安請假遊英法前島託以交換條約事提議於兩國政府然英政府難之法則視英爲轉移卜賴安雖游說終不得要領還延至十一年冬國內郵政既完備前島始以請之英公使踰年英外務大臣來牒命英公使就日外務省協商談判至再遂以簡單條約書記名蓋印英約成法約亦成矣至於中國則明治八年三菱郵船會社以與太平洋蒸滊船會社競爭之結果買收船舶開助成航路已於上海設置郵便局自九年一月開始矣是年朝鮮釜山亦設日本郵局焉夫英美法郵便之在日本也爲日本喪失國權之一事也前島氏爭之致爲局長所侮後雖以美之締約在先而英法且遲至數年始得就議是國權喪失於冥漠之中在當時爲不省覺而後之人欲挽回之非竭舉鼎斷臏之力終不可必得嗚乎是國權喪失之易而恢復之難若是也前島氏始終爲伸張國權計必以與外國締結交換條約爲最終之目的是則前島氏出於愛國心而對於國家負責任有以至是也夫

十二　萬國郵便聯合加盟

美國郵便之道旣開。其他諸國通信。必展轉經由美國。郵便稅金旣重而取扱之法亦複雜不能一致此事之最困難者也時萬國郵便聯合條約成立。自千八百七十五年。（明治八年七月一日）實施於締盟各國之間駐德日使靑木周藏知此爲萬國交通上最便利之事。迺電稟外務省。請翌九年五月加入萬國郵便會議。外務省遂商之法政府又電命靑木請求瑞西政府爲之轉旋於是以十年二月（萬國聯合條約成立三年後）取得聯合加入之權利焉六月十九日第四十九號布告當時萬國郵便聯合條約其締盟各國如左。

德意志、奧大利匈牙利、比利時、丁抹、埃及、西班牙、北美合衆國、法蘭西、英吉利、希臘、意大利、歷山堡、那威、荷蘭、葡萄牙、羅馬尼亞、俄羅斯、塞爾維亞、瑞典、土耳其、香港、英領印度、錫蘭、海峽殖民地、法國殖民地、

萬國聯合加入後。郵金較前低廉。且統一便於取扱。蓋世界皆郵遞之通道已無何等

障礙至明治十一年五月巴黎又開聯合大會改正聯合條約則日本對外郵便之業告厥成功矣

初伯爾義政府所制定之郵便聯合條約冠以郵便總聯合之名新條約則改稱萬國郵便聯合蓋訂盟國增加且欲網羅亞非兩洲諸邦而全世界無弗屆也改正聯合條約訂盟諸國如左

德意志、德保護國、亞美利加合衆國、亞爾然丁共和國、奧大利匈牙利、比利時、波利披、波士尼漢爾俄普、伯亞兒、勃爾瓦利、智利、哥侖比亞共和國、孔哥獨立國、古而多利加共和國、丁抹及丁抹殖民地、多米呢加共和國、埃及、厄瓜多、西班牙及西班牙殖民地、法蘭西、法蘭西殖民地、英吉利、英吉利殖民地、英領印度、澳大利亞英殖民地、坎拿大、南亞非利加英吉利殖民地、希臘、加底馬臘、海提共和國、閔都拉斯共和國、意大利、利卑里亞共和國、歷山堡、墨西哥、滿得涅各羅、尼加拉瓜、挪威、阿蘭治自由國、巴拉圭、荷蘭、荷蘭殖民地、白露、波斯、葡萄牙及葡萄牙殖民地、羅馬尼亞、俄羅

斯、薩瓦多、塞爾維亞、暹羅、南亞非利加共和國、瑞典、瑞西、突尼斯攝政國、土耳其、烏拉圭、及卑尼次拉合衆國、

外國發着郵便物年別

(年次)	(發信)	(着信)
明治八年	一六三、四二三	一四三、四〇三
同十五年	四五九、九八三	五九九、五五六
同二十五年	九〇四、三三三	一、四八六、一八四
同二十九年	二、五九九、五四二	二、五一三、四二七
同三十三年	五、三七九、九九四	六、三八三、六六六
同三十六年	八、一三九、三三一	七、八四七、〇九〇

外國發着郵便物種類別（自三十二年至三十四年）

(種別)		(三十二年)	(三十三年)	(三十四年)
書信	發	一、六九七、四八二	二、三一九、四九九	三、四〇八、三八一
	着	一、五四五、〇七八	三、五八一、五二八	四、〇三七、九九七
郵片	發	三四五、七四〇	四九一、九三七	一、一三七、五八三
	着	三二八、五九〇	六九九、三九五	一、〇四六、一六〇

種別				
印刷物	發	一、二一二、四一五	二、三九七、一一七	一、六五四、九〇八
	着	一、一〇一、六三七	一、七三七、一三八	一、六七〇、五五八
業務用書類	發	五、二二六	一二、五三四	一八、四〇四
	着	七、〇七二	九、六〇六	一七、三四三
商品見本	發	三三、三五五	三六、六三〇	六五、一三五
	着	七七、二四一	一一五、八三六	一一四、二三二
無費	發	二三、一九三	七一、三一六	六七、八九三
	着	二四、七一八	六六、七五七	七四、五四三
掛號	發	一一〇、六三一	一四九、九六一	一六八、三九五
	着	一三七、〇一四	一七四、四〇八	一八〇、一二七
總計	發	三、四一八、〇四二	五、三七九、九九四	六、五二〇、六九九
	着	三、二二一、三一三	六、三八三、六六六	七、一四〇、九六〇

又（三十五年三十六年）

（種別）		（三十五年）	（三十六年）
書信	發	三、三三〇、五六一	三、七七八、七四一
	着	三、八七八、八三六	四、一四六、二四六
郵片	發	九六三、八九九	一、三五一、〇三三
	着	八五二、五五三	一、〇二二、二二九
印刷物	發	二、一二〇、八七二	二、七七一、五四〇
	着	一、八一四、八六二	二、三二九、六〇四
業務用書類	發	一〇〇、五五五	一三五、一〇〇
	着	一四八、〇七〇	一五四、一九四

商品見本	發	……	……
	着	……	……
無費	發	六七、五二二	一〇二、九一六
	着	八四、六九五	一九四、八一八
掛號	發	一九三、一六七	……
	着	二三一、五〇一	……
總計	發	六、七七六、五七五	八、一三九、三三一
	着	七、〇一〇、五一七	七、八四七、〇九〇

十三　郵便條例之制定

郵便事業之發達。與時勢爲轉移。自郵便規則公布以來。由時代之變遷。漸多不適於用。十五年遂大改正。以翌年實施。其改正之主點。郵便物分爲四種。廢從來市內郵便、地方郵便、及市外郵便稅增額等制。採郵便稅金均一之主義。（第一種郵便即書信每重量二錢均取費二錢）行政上則整理郵便局所之配置。變更監督之方法。全國劃分五十二驛遞區。每驛遞區設驛遞出張所。前事務隸歸地方官者。今直轄於驛遞局。是現行郵便之前提。即郵便行政大成之初期也。自此郵法之改良。是年（十六年）郵遞之數。一躍至於一億萬矣。

當時公布之條例。條文頗浩繁。自今見之。全類古之記錄。乾燥而寡味。然此爲普通法令書中所不能見者。茲不憚煩採錄之如左

郵便條例十五年十二月布告第五十九號

第一章　郵便物

○一條　凡郵便物別爲四種。一、書信二、郵片及往復郵片三、每月一回以上所發行之定特印刷書及其附錄。四、書籍帳簿各種之印刷物寫眞圖畫繪圖印格紙營業品之見本及雛形農產物之種子等○二條　無論何品與此條例不相抵觸者爲第一種郵便物○三條　封緘郵便物爲第一種郵便物○四條　第二種郵便物與他種郵便物合裝者爲第一種郵便物○五條　第二種郵便物如左所記載者爲第一種郵便物。一、截斷或破裂者。二、書文字於稅額印面者。三、粘郵便印花於稅額印面者。四、粘紙（除爲配達或送還而爲之者）及其他物品者。五、折一葉全塗壞或合數葉全塗壞者。六、記載音信文於表面者○六條　第三種郵便物。其發行人證爲定時印刷物而受遞信者之認可。當印刷遞信省認可之文字。但其文字標題號數及發行之年月日。當在使人易見之處。其附錄印刷其本紙之標題號數及發行之年月日。不成小冊而添加於本紙。且限不得超過本紙之重量○七條　第三種第四種郵便物爲不封緘者○八條　第三種第四種郵便物筆書音信文或暗號隱語於其上者爲第一種郵便物○九條　營業品之見本及雛形等。限與雙方或一方商家而往復者○十條　凡見本及雛形。非往復於營業者。爲第一種郵便物○十一條　異種之郵便物

合裝時。爲當課其所有種類中高額稅之郵便物。但記載於第四條者。不在此限。○十二條　郵便物之重量。合郵便印花封皮帶紙而計之。○十三條　第三種第四種郵便物。(除營業之見本及雛形)其一個之重量。不得過三百錢。○十四條　營業之見本及雛形。其一個之重量。不得過百錢。○十五條　郵便物之大。長不得過一尺二寸。寬不得過八寸。厚不得過五寸。○十六條　如左所記載者。不可郵遞。一、流動物流動易腐敗之物。孵化之物。一、動植物、鋒及器、玻璃器、陶器、及傷害他郵便之物品。但善爲防豫得郵便電信局郵便局或郵便受取所之承諾者。不在此限。又傷害風俗之文書畫圖寫眞及物品。一、金銀寶玉。一、貨幣。但從第十章之規則。不在此限。

第二章　郵便稅

○十七條　郵便稅以郵便物種類定其額。第一種郵便物每重量二錢。(二錢未滿者同)稅二錢。第二種郵便物郵片一葉一錢。往復郵片一葉二錢。第三種郵便物。一號一個重量每十六錢。(未滿十六錢者同)稅五厘。二號二個以上一束每重量十六錢。(未滿十六錢者同)稅一錢。第四種郵便物每重量三十錢。(未滿三十錢者同)稅二錢。○十八條　郵便稅以郵便印花粘於郵便物而納之。郵便封緘郵片及往復郵片帶紙等粘印花者亦同。但與內信局長約者不在此限。○十九條　用於納稅之郵便印花並封緘郵片往復郵片帶紙之稅額印面等。當在郵便電信局郵便局蓋印。○二十條　郵便稅過納者。如稅額印面已蓋印。則不退還。○二十一條　未納稅或稅不足之郵便物。在受取人處徵收其額之二倍。受取人受取其郵便物時。不可拒而不納。受取人如不受取。則交還於發送人。徵收其額之三倍。〇二十二條 未納稅或稅不足之郵便物。不能配達時。則交還於發送人。徵收其額之二倍。在未郵遞之前。交還於發送人者亦同。〇二十四條 違背第十三條第十四條第十五條之郵便物。交還於發送人。徵收其稅之二倍。〇二十四條 自人民送於官廳之郵便物。郵便稅限完全交納。如未納稅或稅不足。則交還於發送人。徵收其額之二倍。〇二十五條 徵收未納稅或稅不足時。以郵便電信局郵便局粘郵便印花於郵便物。而蓋未納稅或不足稅之印為證。

第三章 郵便印花封皮郵片往復郵片帶紙

〇二十六條 郵便印花封皮郵片往復郵片帶紙等。在日本政府發行。〇二十七條 郵便印花封皮郵片往復郵片帶紙等。為郵便納稅之證。又郵便印花為掛號手數料並特別配達料納交之證。〇二十八條 用郵便封皮。而郵便物之重量。因而納稅不足者。以郵便印花補之。〇二十九條 郵便封皮之價。或加製造費額於其印面之稅額。由遞信大臣定之。〇三十條 郵便帶紙。用之於以第三種郵便物第一號一個而達之者。但重量限十六錢以下。〇三十一條 郵便帶紙。由第三種郵便物發行人或販賣人之請求。在遞信管理局賣出。〇三十二條 發賣郵便印花封皮郵片往復郵片者。以受一等郵便電信局長一等郵便局長之免許。可揭郵便印花賣出所之標板。〇三十三條 郵便印花封皮郵片往復郵片等。除郵便電信局郵便局郵便受取所郵便印花賣出所外。不得賣買。〇三十四條 郵便電信為郵便局郵便受取所郵便印花賣出所不得較郵便印花封皮郵片往復郵片帶紙之稅額印面低價賣出。〇三十五條 切取郵便封皮郵片往復郵片帶紙之稅額印面以爲郵便印花者。無有效用。○二十六條　郵便印花並封皮郵片往復郵片帶紙等。汚毀蓋印、或稅額印面不明瞭者皆失其效用。然未使用者得二人以上之證人。明述其原由在一等郵便電信局郵便局可以定價十分二減買收之。○三十七條　遞信管理局及一等郵便電信局郵便局。其四枚以上相聯續之郵便印花並封皮郵片往復郵片帶紙等由所有者之請求。可以定價十分一減買收之。

第四章　免稅郵便

○三十八條　關於郵便匯寄及貯金事務之郵便物。免除其稅。○三十九條　免稅郵便物限爲遞信省遞信管理局郵便電信局郵便局府縣廳府縣所屬廳郡區域所以上各廳派出官吏相互之間所往復者。○四十條　免稅郵便物當以大字記載郵便事務匯寄貯金事務於其表面。○四十一條　自官廳所發送之免稅郵便物。當記載官姓名及廳名課名。派出官吏所發送之免稅郵便物。當記載官姓名。○四十二條　自人民所發送之免稅郵便物當記載居處姓名。○四十三條　免稅郵便物記載他之音信文。或暗號隱語。或附加有稅郵便物。則徵收相當種類之郵便稅。

第五章　掛號郵便

○四十四條　掛號郵便物。當登記郵便電信局郵便局之帳簿。以爲遞送配達受授之證。○四十五條　掛號手數料。不論何郵便物。槪爲六錢。○四十六條　掛號郵便物。凡郵便稅手數料限前納之。○四十七條　掛號手數料以郵便印花粘於郵便物而納之。○四十八條　發送掛號郵便物時。當記載掛號於其表面。交之於郵便電信局郵便局或郵便受付所之主務者粘印刷之式紙。蓋郵便電信局郵便局或郵便受取所及主務者之印。而領取其受取證書。○四十九條　受掛號郵便物之配達者。蓋印於發送人受取人姓名配達年月日之受取證書。如本人不在時。則其代人記名蓋印○五十條　免稅郵便物。不收掛號手數料。

第六章　郵便遞送配達

○五十一條　郵便物遞送配達。歸郵便電信局管之。○五十二條　郵便局之所在以遞信大臣新聞紙公告之。○五十三條　郵便物配達於其記名之家。如有二名以上者。但配達於其內之一名。有肩書（寄宿旅館之類下倣此）者。配達於其肩書之家。○五十四條　完納稅郵便物所記名之受取人。不得拒其配達。免稅郵便亦同。但追納市外特別配達金艀船費貨幣遞送配達金者。不在此限。○五十五條　未納稅或稅不足之郵便物。受取人不納稅。不得受取。○五十六條　啓發郵便物或帶紙。解其結束。或讀過音信文。即爲受取。但百十五條之郵便物。不在此限。○五十七條　受郵便物配達肩書之家。其受取人移轉時。直交還於其配達人。或加箋於郵便物而記其所移轉之處。再發送郵便。但欲達於受取人。留其家不得過三十日。○五十八條　非其家而受郵便物配達時。坿箋述其由速交出郵便。或誤開郵便物時。更封之副書其事由交出郵便。○五十九條　不能配達或能配達而未納稅或不足稅受取人不納之郵便物。當送還於發送人。但發送人有二人以上者。則送還其內之一人。○六十條　違背第十三條第十四條第十五條之郵便物。送還於發送人。○六十一條　未郵遞前之郵便物。因發送人之請求。可返還之。○六十二條　第四種郵便物。可以次便遞送。○六十三條　遞送及配達之途中其郵便物不可與受取人授受。○六十四條　郵便電信局郵便局所在之地不可委託郵便物於配達人。又配達人不可受其委託。○六十五條　郵便電信局郵便局不可令發送人計量郵便物之重量。○六十六條　郵便物損害紛失或因送達而生之損失遞信省不任其責○六十七條　書信不經由郵便電信局郵便局不得送達但如下所記載者不在此限。一、不償送達費臨時託親族朋友工人之類自發信人直達於受信者。一、郵便不能遞達臨時使人自發信人直達於受信者。一、與貨幣共發無封之帖書贈書。○六十八條　除軍艦及海軍任務之船舶。凡往國內各地船舶之所有主或代理者。由遞信省遞信管理局或郵便電信局郵便局以如下所記載之運送費額託運送郵便物。不得拒絕。但有別限條約者不在此限。一、第一種郵便物一個不過一錢。一、第二種以下郵便物一箇不過五釐。○六十九條　郵便物運送之約定者或受運送之託者。定其出物之時日若變更既定之時日。速報告於其地之郵便電信局郵便局。○七十條　定時期受郵便物遞送之命。不可變更其時期。○七十一條　積載郵便物之船舶。至到達地非郵便物登陸之後他之貨物。不得登陸。○七十三條　受郵便物配達或還交者在郵便電信局郵便局調查請求其郵便物之封皮帶紙或郵片往復郵片等之交遞。不可拒絕。但粘有郵便印花者。即以此交之。

第七章　特別配達郵便

○七十四條　特別配達郵便限於掛號郵便。較通常配達之例。急速配達。○七十五條　特別配達。分為二種。一市內郵便電信局郵便局所在地特別配達。一市外郵便電信局郵便局未設地特別配達。○七十六條　市內特別配達金東京京都及大坂爲十錢。其他市內爲六錢。○七十七條　市外特別配達金自郵便電信局郵便局至受取人之住所。計其道程每十八町(一町六十間一間六尺)爲六錢。未滿十八町者同。○七十八條　特別配達其郵便稅及特別配達金限前納之。○七十九條　特別配達金以郵便印花粘於郵便物而納之。○八十條　市外特別配達因至配達地道程較遠。其配達金不足者。仍特別配達。但自受取人徵收其不足額。○八十一條　徵収市外特別配達金不足額時。郵便電信局郵便局粘郵便印花於郵便物而蓋不足之印以爲證。○八十二條　達於船舶之特別配達。從其船舶之碇泊所。於特別配達金之外。自受取人徵收相當之艀船費。○八十三條　市外特別配達金及艀船費。受取人不納時。不得受取其郵便物。其郵便物還交於發送人。徵收其額。○八十四條　受取特別配達郵便物者。其市外特別配達金及艀船費不得拒而不納。○八十五條　特別配達不論各郵便電信局郵便局之配達區域。○八十六條　達於甲郵便電信局郵便局所在之地者。自乙郵便電信局郵便局配達時。爲市外特別配達。○八十七條　市內特別配達。其郵便物記載特別配達。○八十八條　市外特別配達。其郵便物之表面須記載自何地郵便電便局郵便局特別配達。若其郵便電信局郵便局難定時。僅記載特別配達亦可。○八十九條　僅記載特別配達者從各郵便電信局郵便局之配達區域。自其他之郵便電信局郵便局配達之。○九十條　特別配達郵便物受取人移轉。其達於所移轉之地。以非特別配達者配達之。○九十一條　免稅郵便物不納特別配達金及艀船費。

第八章 郵便私書函

○九十二條 郵便私書函設置於郵便電信局郵便局而貸與以開閉適當之鍵。○九十三條 所寄私書函借受人之郵便物不配達於其住所而投之於私書函。○九十四條 私書函貸與金每月金三圓以下遞信大臣定之。○九十五條 私書函之期限一月以上。其貸與金當前納之。○九十六條 所寄私書函借受人之特別配達掛號及未納稅或稅不足之郵便物。不投入私書函而配達於其住所。○九十七條 以二人以上或二會社以上之名借受私書函。不得借受其一箇。○九十八條 私書函貸與滿期速以其鍵交還郵便電信局郵便局。不交還時則與前相續借受。

第九章 留置郵便

○九十九條 留置郵便物表記地名留置於郵便電信局郵便局待受取人交付之。○百條 留置郵便物。其表面記載在何地郵便電信局郵便局留置。○百一條 受取留置郵便物者以受取人之書面或口頭爲證。○百二條 留置郵便物限完納郵便稅。○百三條 留置未納稅或稅不足之郵便物。還交於發送人。徵收其額之二倍。○百四條 留置期限限九十日。留置期限內無受取郵便物者。則交還於發送人。

第十章 貨幣封入郵便

○百五條 貨幣封入郵便物。與內信局長約定。依特別之方法而遞送配達之。○百六條 貨幣封入郵便物。計重量納第一種郵便物稅之外。冉準封入之金額及送達之路稅納償貨幣遞送金及配達金。但貨幣遞送金於發送人徵收之配達金於受取人徵收之。○百七條　貨幣遞送金及配達金額由遞信大臣揭示於各郵便電信局郵便局。○百八條　封入之金額不得超過三十圓。○百九條　封入之金額明記於郵便物之表面。○百十條　貨幣封入郵便物在發送人以同一之印章蓋四處以上之封印。○百十一條　自同一之發送人寄於同一之受取人。一月限郵遞一箇。○百十二條　貨幣封入郵便物當證其表記之金額及其封印而授受之。○百十三條　凡發送貨幣封入郵便物者。至郵便電信局郵便局取局中所設之數目證書記載之。用與郵便物之封印相同之印章蓋一印。與郵便物及貨幣遞送金交之於主務者。再經郵便電信局郵便局蓋印後。交領主務者記名蓋印之受取證書。○百十四條　如有本人封印之貨幣封入郵便物代人發送於郵便電信局郵便局者。其數目證書。蓋代人之印。且郵便物四處以上蓋以同一之印。○百十五條　如非貨幣封入郵便物而郵便物封入貨幣。由郵便電信局郵便局發見之。或推察爲貨幣封入郵便物。則到達地之郵便電信局郵便局。召受取人來局。或以遞送約定配達。令受取人開示之。準封入之金額。計兩方相距之路程。於受取人徵收貨幣遞送金及配達金。○百十六條　貨幣遞送金或配達金受取人不納時。不得受取其郵便物。其郵便物交還於發送人。徵收其貨幣遞送金及配達金。○百十七條　貨幣封入郵便物。不能配達則交還於發送人。更徵收相當之貨幣遞送金及前後之配達金。○百十八條　屬於貨幣封入郵便物授受之證書。不納證劵印稅。○百十九條　受取貨幣封入郵便物者。其貨幣遞送金及配達金。不可拒而不納。○百二十條　貨幣封入郵便物。因事故損失、遞信局不任其責、○百二十一條　郵便電信局郵便局。因主務者疏懈。失貨幣封入郵便物。即由主務者償還其貨幣。○百二十二條　貨幣封入郵便物在遞送配達中失之。除遭盜難及他災變看守者有不能保護之實證外。由定約人償還其貨幣。

第十一章　郵便沒書

○百二十三條　郵便沒書者。爲不能配達。又不能交還之郵便物。沒入於遞信省者。○百二十四條　遞信大臣開覽沒書。就其文更爲配達。或交還之。再不可得。則公告之於新聞紙。○百二十五條　沒書自公告之日始。保存於遞信省一年。沒書中如有貨幣或諸證書及他貴重之物品。登記於遞送省之簿書。爲三年之保存。但難保存之物品。則賣之以保存其賣人之金。○百二十六條。　沒書於一年內無請求者。及貨幣諸書貴重之物品或賣人之金二年內無請求者。則沒收之。○百二十七條　沒書中之貨幣諸證書貴重之物品或賣入之金三年中有請求者。則交付之。諸證書不徵收其手數料。貨幣及貴重物品。徵收其手數料。當其價格十分之一。但其額不得過五圓。○百二十八條　領取沒書。無論發送人或受取人。以書面或口頭爲證。但須遞信省之證人時。不可拒而不應。

第十二章　郵便匯寄

○百二十九條　郵便匯寄由遞信大臣所指定之郵便電信局郵便局管理之。○百三十條　經理匯寄之郵便電信局郵便局。遞信大臣以新聞紙公告之。○百三十一條　匯寄證書一枚之金額。爲三十圓以下。端數限爲釐位。○百三十二條　匯寄費由遞信大臣定之。公告之於新聞紙。及揭示於管理匯寄之郵便電信局郵便局。○百三十三條　同一之發送人。匯寄於受取人所受取之郵便電信局郵便局。一日金額。不得過三百圓。○百三十四條　匯寄發送人。用郵便電信局郵便局所設之匯寄願書用紙。記載蓋印與匯寄金及匯寄費交於主務者而後受領匯寄證書。○百三十五條　匯寄證書自發送人郵寄受取人。○百三十六條　匯寄發送人。可於所匯寄之局請求其匯寄金之交還。但不交還匯寄費。○百三十七條　匯寄受取人。在所記載於匯寄證書之局所。受取匯寄金而局所當不便之時。或匯寄發送人在局所請求匯寄金之交還。而局所當不便之時。則納證書於匯寄貯金局。請求換書。可得便於受取之局所之證書。○百三十八條　匯寄金之受取或交還。限以匯寄證書交換。但郵便電信局郵便局須證人時。不可拒而不應。○百三十九條　匯寄受取人當記名蓋印於匯寄證書。匯寄發送人受匯寄金之交還亦同。○百四十條　記載於匯寄報知書諸事件。不能明瞭答者。不得受取其匯寄金。○百四十一條　以代人受取匯寄金者。其匯寄證書之裏面須記載委任文而記名蓋印。且代人須遵照第百三十九條之規則。○百四十二條　受取官衙社寺會社之匯寄金者。其匯寄證書之內面記官衙社寺會社之名蓋印。且受取人當遵照第百三十九條之規則。○百四十三條　官衙社寺會社之受取匯寄金者。附記官衙社寺會社之名稱。其所屬人自不能受取。又不能依第百四十一條所規定。則當遵照第百四十二條之規則。○百四十四條　以官衙社寺會社或其所屬人之名受已發送匯寄金之交還。當依第百四十二條第百四十三條之規則。○百四十五條　匯寄證書之效用自證書交付之日始。限百二十日。○百四十六條　失效用之匯寄證書。自發送人或受取人可納於匯寄貯金局。請求換書。○百四十七條　自匯寄證書失效用之日始。二年內無請求其換書者。匯寄貯金局長。以新聞紙公告之。自公告之日始。三年內請求匯寄證書之換書。則徵收其匯寄金十分一之手數料。過三年而無請求匯寄證書者。則沒收其匯寄金。○百四十八條　匯寄證書遺失。或汚壞不明瞭時。發送人邀請證人至匯寄貯金局證明。請求補發證書。○百四十九條　交還匯寄證書或請求換書或補發證書。限在對於其原證書之報知書取還之後。○百五十條　請求匯寄證書之換書或補發證書。當納相當之匯寄費。但同時因匯寄遞送中所生之事故。未納匯金費。則不納兩樣之匯寄費。○百五十一條　受領補發證書之後。發見前所失之證書。當納於匯寄貯金局。○百五十二條　因匯寄貯金之便匯寄金之償付可順次延緩。○百五十三條　匯寄證書或報知書失誤。或報知書未達時。匯寄金之償付可延緩。○百五十四條　屬於匯寄金受取之證書。不納證劵印稅。百五十五條　因郵便匯寄事故而生損失。遞信省不任償還之責。○百五十六條　就此章規明償付匯寄金之後。而對於償與有異議者。遞信省不任其責。

第十三章　由郵便貯金條例公布而廢止

第十四章　外國郵便

○二百三條　凡發送外國之郵便物。別爲五項。一、書信。二、郵片及往復郵片。三、書籍各種之印刷物寫眞畫圖。四、詞訟上及商用上之書類。五、商品之見本。○二百四條　無論何品。與此章規則不相抵觸者。爲第一項郵便物。〇二百五條　第三項第四項第五項郵便物。爲不封緘者封緘者爲第一項郵便物。〇二百六條　第三項第四項第五項郵便物筆書音信文或暗號隱語於其上者。爲第一項郵便物。〇二百七條　第三項第四項第五項郵便物與第一項郵便物合裝者皆爲第一項郵便物。〇二百八條　第三項第四項郵便物一個之重量不得過二啓羅格拉姆。〇二百九條　第五項郵便物長不得過二十珊知米突。寬不得過十珊知米突。厚不得過五珊知米突。又重量不得過二百五格拉姆。〇二百十條　第三項第四項第五項郵便物合裝時。其重量不得過第二百八條之制限。但第五項郵便物之大及重量。準第二百九條。〇二百十一條　第二項郵便物用萬國聯合郵片往復郵片。〇二百十二條　第二郵便物如第五條記載所爲者。交還於發送人。〇二百十三條　第五項郵便物限不付賣價者。〇二百十四條　如下所記載者。不得爲郵便物發送外國。一、貨幣或高價之物品。一、須償關稅之物品。一、流動物流動易腐敗之物、孵化之物、動物植物、鋒刃、玻璃器、陶器及他傷害郵便物之物品。一、第十六條第一項第三項第四項所記載之物品。〇二百十五條　發送於郵便聯合國之第三項第四項第五項之郵便物。限前納其郵便稅之一部分。〇二百十六條　發送於郵便聯約國外之郵便物。限完納郵便稅。但到達地課郵便稅者不在此限。〇二百十七條　違背第二百八條第二百九條第二百十條第二百十三條第二百十五條第二百十六條之郵便物。交還於發送人。其未納稅或不足稅。準第十七條徵收其額之二倍。〇二百十八條　掛號郵便物。其掛號手數料。限前納之。〇二百十九條　發送於郵便聯約國之掛號郵便物。可返還受取人之受取證書。但返還時於郵便稅掛號手數料之外增納手數料。○二百二十條　郵便稅掛號手數料及增納手數料。皆以日本郵便印花粘於郵便物以納之。○二百二十一條　郵便稅掛號手數料增納手數料之割合。可發送郵便之國名。及關於郵便匯寄小包郵便之事項。由遞信大臣公告之。○二百二十二條　凡約定之國掛號郵便物。兩方遞送中。除遭遇天災外。而有損失時。可在損失國之主管廳。由發送人或依發送人之望之受取人。請求五十佛拉拉克或他貨幣與之同額之償金。○二百二十三條　除軍艦及海軍所屬之船舶外。凡自內國向外國出航船舶之所有主或代理者。由遞信省遞信管理局或郵便電信局郵便局以如下所記載運送費託運送郵便物。不得拒絕。但特別約定者不在此限。一、第一項郵便物。一個不過二錢。二、第二項以下郵便物。一個不過一錢。○二百二十四條　此章郵片及往復郵片適用第二十六條第三十二條第三十三條第三十四條第三十五條第三十六條第三十七條之規則。○二百二十五條　自內國發送於外國之郵便適用第十二條第十九條第二十條第二十一條第一項第三項第二十二條第二十五條第四十四條第四十八條第五十一條第五十九條第六十一條第六十三條第六十四條第六十六條第六十九條第七十一條第七十二條第七十三條第百條及第十一章之規則。○二百二十六條　自外國達到於內國之郵便物適用第二十一條第一項第二項第二十五條第四十四條第四十九條第五十一條第五十三條第五十四條第五十五條第五十六條第五十七條第五十八條第六十三條第六十六條第七十三條第九十九條第百條第百一條第百四條第一項及第八章之規則。

十四　郵便制度之完成

郵便條例實施後。至十九年。改監督之方法。廢驛遞出張所。開遞信管理局。執行地方監督之權限。此時。郵便電信兩事業。均隸遞信省。如今日經營管理法也。二十二年。移地方郵局監督事務於四十四之一等局。全廢遞信管理局。又改正郵便條例。半減第三種定時印刷物之郵便梲。第四種書籍圖畫見本雛形等。準前定率。增加重量。又農產物種子。屬於第四種郵便。

三十六年。減地方監督局爲十八。翌年六月。以朝鮮東學黨之變。派遣出征軍隊。設軍事郵便物法規。尋與中國爭戰。又組織野戰郵便局。以交通於戰地。二十九年。布郵便制度於臺灣。與內國爲一致。浸假至三十三年。爲日本通信制度最完美之時代也。又改郵便條例。制定新郵便法。同時制定電信法。鐵道船舶郵便法。及郵便匯寄法等。經第十四議會協贊。以是年三月。公布新新之體制。與郵便條例。無大差異。不過取德國郵便法制。嚴定法律與命令之領域。凡關於郵便業之小故。可隨時以省令及其他訓示之形式而定之也。

郵便蒸滊船會社。既以失敗不能擴充。前已畧言之。後三菱蒸滊船會社與。又創立共同運輸會社。航運業發展水路之交通遂大進步。十五年郵便條例第六十八條乃至七十二條所由制定也。二十年私設鐵道條例（第十八條第十九條）中特規定鐵道用之郵便法。至實行鐵道之郵便遞送業務。則在二十五年以降。蓋十五年郵便條例。所定船車之細則。雖缺畧甚多。而沿用十餘年慣習。似無不適。然事業發展上終不可無特別統一之法規也。夫郵便業之進步以輪船鐵道爲之主體。未有輪船鐵道不發達而郵便業能獨發達者也。日本郵便之經營較船車爲最早。郵便物之數年年激增而水陸運輸機關不能不整備。今就滊船鐵道條例而觀之。而鐵道輪船負郵便物遞送之義務。而其義務施行之精神。又應以相當之酬報。是則郵便業促水陸交通之進步。而水陸上之業務。又相須而發展也。（未完）

論著三

外國貿易論（續第九十三號）

重遠

第二章 自由貿易（Free Trade）及保護貿易（Protection）

(一)外國貿易政策之發生 國民內部之交易。謂之內國貿易。一國民與他國民之交易。謂之外國貿易。國家對于貿易。或干涉或放任之。此其方針。名曰貿易政策。近世各國。於內國貿易種種制限。殆皆廢滅。譬若法國于十七世紀盡廢內地關稅。合全國爲唯一之關稅區域。德國于一八三四年。諸聯邦亦廢內地關稅。結全德意志關稅同盟。而獨于外國貿易則大不然。束縛之制限之。政治家經濟家之議論紛紜。其方法利害之研究。遂爲近世經濟政策上之一大問題。此無他。曰外國貿易與內國貿易。其中有根本的差異存焉。外國貿易與內國貿易之定義。固已如上所述。其區別固非甚難事。然經濟學者於國民二字之意義。其解釋不一。舊經濟學派。以勞力及資本自由流通之團體爲經濟上之國民。若亞丹斯密 Adam Smith）氏原富中。嘗用資本及勞力移動之各社會或隣邑之語。以代國民。理嘉圖（Ricardo）以資本及勞力之移動與否。爲區別內外貿易之標準。彌勒約翰 John Min，雖無一定之解釋。而其立論大旨與此不異。白奇脫（Bagehot）以勞力及資本自由流通之生產者之一群。爲經濟上之國民。要之彼等視政治上之國民與經濟上之國民爲二物。以勞力及資本自由流通之一事。爲成經濟上國民之要素者也。因是其區別內外貿易曰。勞力資本自由流通之團體內之交易。謂之內國貿易。勞力資本不能自由流通之團體間之交易。謂之外國貿易。舊派之說。自比較生產費出。其誤固不待言。蓋彼等以比較生產費原則。爲外國貿易成立之重要原因。而勞力資本自由流通之處。則不行比較生產費之原則。即若在近隣之地。一方之事業有利。他方之勞力資本相率歸之。其間交易上所支配之原則。乃絕對的生產費。而非比較的生產費。故彼等即以勞力資本之流通與否。以區別內外貿易。然勞力資本雖在同國之內。不能必其流通。而在異國之間。亦未始不可以流通。故其說與近世內地交通不便之國。與夫交通機關日益發達之世界。適成反對之現象若在吾國一省與他省不能相通。而於近隣各國。則資本勞力流通之自由遠勝內地。英法美雖屬異國。而巴黎之金利低落。則法人之資金輸入倫敦紐約之金融窘迫。則倫敦之資金輸入紐約。交通之速。不異內國。若以舊經濟學派言之。則必謂福建與臺灣之交易爲內國貿易。四川與直隷之交易爲外國貿易。英法美之交易爲內國貿易自國中交通不便之都府間之交易爲外國貿易。如是則一國中而有外國貿易國際間而有內國貿易內外貿易既無區別則外國貿易政策發生之原因果安在耶。萊斯李（Leslie）評理嘉圖彌勒之說曰。交通機關尚未發達國內國外資本勞力之流通極受制限之時代。或可以言。而今日者實其說無一點價值之時代也。洵哉總之舊經濟學派學說之誤點在獨于經濟上搆成一特異之觀念而拋棄政治上所謂國民之觀念若英倫與愛爾蘭交易之爲內國貿易固盡人而知之而大經濟家倍斯脫蒲爾（Bastable）乃有英倫與愛爾蘭交易寧謂爲外國貿易爲適當之論。果如倍氏之說則英國之貿易政策必不能發生。萘章章也。雖然倍氏之所以爲是說。實以認勞力資本流通之團體爲經濟上之國民之結果而不得不然者也。然更就他方面觀之則倍氏于政治上統治之關係實絲毫不加措意何也政治上之所謂國民者立于「一定之領土之統治組織」下之社會是也而此社會以種種歷史習慣法律等之不同各有其特別之關係因而各個之國民經濟團體隨之而生故此團體實以政治上之國民爲基礎而成立即一國民在政治上爲政治團體而同時在經濟上亦爲一經濟團體二者實相一致非政治團體外復有所謂特別之經濟團體也外國貿易者即此相異之國民團體間之交易而外國貿易之根本的異于內國貿易與夫外國貿易政策之所以發生者實以政治上國民團體之不同貿易之所及于一國民發展上之影響之有異故也大抵當此自由競爭之世界適者存不適者亡天演之公例而于國民之內部言之則雖以競爭而速不適者之滅亡然有適者代之以興以增進國民經濟之發展不足爲全體國民之害而於外國貿易因有外國品之輸入內國生產者以競爭而陷于死地則一國重要之產業爲之衰頹而其國勢不至淘汰不已故其所以不得不加制限于外國貿易者實以爲一國之生存計而不得不然者也換言之外國貿易政策者實與國民團體之存在相伴而發生者也更換言之即由國家主義

而發生者也夫于將來之國家意思上或生變化固未可知於今日而欲研究貿易政策評論保護自由二者之得失則我必以國家主義爲貿易政策之根本觀念矣

(二)外國貿易政策之學說之變遷　事實與思想相爲因果者也思想造事實而事實亦產思想歷觀古今大政治家大學問家之立言無不異其時異其地而異其說查爾斯之時代也有霍布士之書路易十四世之時代也有盧騷孟德斯鳩之書經濟之學說亦莫不然。哥爾秘(Colbert)之爲相也適當法王路易十四世國帑空虛財政紊亂之時代。乃思多積金銀以恢復法國之財政因力唱保護干涉之說。而重商主義于是乎生。重商主義之行也各國人民均不堪其保護干涉之害。而英法之受毒愈甚于是法有法郎沙開涅 Franois Quesnay 英有斯密亞丹輩出極論重商主義之弊而唱自由貿易之論。自由貿易主義。風靡全歐也。德意志帝國適當拿破侖封鎖大陸之後帝國之統一未成。國力衰微。於其時英國生產品之輸入。竟有壓倒全國商工業之勢弗勒得力李斯德(Friedrich List)氏不忍坐視祖國之衰亡。乃奮起反對自由主義立保護貿易之論。以謀全帝國之統一。抗英國之優勢。由是觀之學說之變遷殆無不根本于一時代之事實而隨以轉移歷史學派大家加爾克尼斯(Karl knies)曰『經濟學之理論不論其所說之方面若何要無不本于各國各時代之歷史故理論與歷史實有密切之關係時代異邦國異則其學說之生長亦不得不異』洵非虛語也故吾輩今者研究外國貿易政策不可不先明當時學說發生時代之情況與夫近代世界歷國之大勢然後學說之眞理可得而折衷至當之論其可以出矣今將其學說變遷之梗概依次述之。

第一節　重商主義

外國貿易政策。何以自十六世紀之重商主義始。抑近世紀以前無復有所謂貿易政策乎。曰然此以近世紀以前國家主義尚未發生故也自上古時代政治思想之幼稚固無論即經濟組織亦尙在自生產自消費之孤立的家內經濟時代故其不能發生貿易政策固不待言而中世紀自德意志人種遷移至宗教改革之千百五十餘年間則又歷史中所謂黑暗時代也因蠻人種之侵入製造工業通商貿易之事盡歸頹廢當時相前後瀰漫全歐之大主義惟所謂皇帝與敎皇之宇宙主義是已皇帝思以帝權擁統轄全世界圖政治之統一（800－1250）教干思以教權支配全地球圖宗教之統一（1250－1500）故當時全歐人心惟知服從皇帝與教主而已不知爲獨立也。並不知爲國家也夫國際分立既未形成則安所往而有經濟之競爭哉雖曰當時北德之漢沙（Hansa）同盟。（漢沙同盟者當時封建制度漸衰。政治的都府變爲純然商業的都府各都府以相互保護其商業乃組織一同盟漢沙之意本爲同盟）及意大利之自由都府。亦未嘗無貿易政策然其性質絕異是蓋但將以獨占一市之商權而已。非若近世貿易政策之將以調和國民經濟之利害。故中世紀亦實無貿易政策之時代。迨中世紀末教王統一之理想已歸失敗國家主義之思想忽焉沸騰即歷史上所謂國家的組織（System of States）之發展時代於是各國各採中央集權之制離教王而獨立而英吉利西班牙法蘭西葡萄牙等之國際競爭之局自是始矣且彼其時于一方復有新大陸新航路之發見各地富源之開發交通界進步之結果。各國之外國貿易忽大繁盛于是各國政治家以爲對于以巨額之外國貿易。不可不思以人力左右之以適應于一國民經濟之利害因是外國貿易政策遂爲國民經濟上一大問題。惟以當時經濟思想尚極幼稚經濟社會尚未發達故乃有重商主義之出現。

重商主義者。斯密亞丹所命名。而自近世紀初至重農學派發生時。各國所行之貿易政策也。其目的在富國。以期國民經濟團體之鞏固。其經濟的根本思想。則所謂貴金說。Buillon theory 是也。貴金說者。以金銀等之貴金屬為國家唯一之富。謂多積金銀。可以致國之富強。故政策之主眼。唯在蓄積金銀。雖然。金銀者。唯富之一部分而已。金屬以外。可以為國富者。尚不一而足。決不得謂金銀即富。此適足以見當時思想之幼稚耳。然攷其當時之情況。則知其說之由來。且能聳動一世者。亦非無故。金銀價值之可貴。固不必言。而其重要原因。則又在當時金銀需用之增加。蓋自近世紀初。新大陸發見之後。年年輸入歐洲以巨額之金銀。歐洲之經濟組織。忽自實物經濟 Barter economy)即物物交易時代。一躍而入貨幣經濟(Money economy)時代。且外國貿易。日益繁盛。而支付上不得不用貨幣。又以當時均為新造之國家。汲汲于擴張軍備。改良政治。故蓄積金銀。實為當時政治家最苦心焦慮之事。是則貨幣即富之思想所以風靡一世也。至若語其吸收金銀之政策。則初亦不過極幼稚之金銀輸出禁止策。至後漸進于干涉外國貿易。於是有所謂貿易平衡說起。貿易平衡說(Balance of trade theory)者。謂物品輸入超過輸出。則流出金銀。反是則輸入金銀。故欲得金銀。不可不使輸出超過輸入。輸出超過者。即貿易權衡政策之目的也。貿易權衡政策之所以謀輸出超過之方有四。

(一)與以獎勵金。以獎勵輸出。設關稅制度。以制限輸入。

(二)一方許自由輸入原料品。而制限輸入製造品。他方制限輸出原料品。而獎勵輸出製造品。蓋製造品之價格。高于原料品。若能多得廉價之原料品。而加以精製之後。輸出外國。則可多獲利故也。

(三)此條中凡分三事。(一)改良內國之交通機關。(二)廢內國關稅。(三)保護或獎勵商工業。以是三者。謀商工業之進步。蓋非是不足以達上之二目的故也。

以上三者。實重商政策之主眼。惟于此復有不可不注意者一事。即當時各國以此主義。爲殖民政策。而近世所以稱世界政策爲新重商主義者。實原于是。試略言之。據西蘭(Seely)氏之舊殖民地制度(The old colonial system)中云。當時各國之殖民事業。純然謀本國有形上之利益而已。非將以普及先進國之文化也。其對于殖民地之制限。大畧如下。

一、輸入殖民地之貨物。或自殖民地輸出之貨物。均不得不用本國船舶。

二、殖民地貨物之輸出。大抵限于本國

三、使本國產物。在殖民地市場中一部或全部立于獨占之地位。而與之相競爭之外國貨物。則制限其輸入。因是殖民地貨物之輸入本國者。亦與以特別之便宜。以爲報酬。

四、禁止殖民地與本國競爭之製造品。若李斯德所謂當時英國恐美國殖民地之製鐵業與本國競爭。特禁止之。使製一釘而不得者是也。

總之。其經營殖民地將以求原料品供給之豐饒。製造品市場之廣大而已。而近世爲政治界經濟界一大問題之世界政策(World Policy)亦不過曰占取殖民地以謀製造品販路及原料食料品供給之安全。故二者實具同一之精神者也。不觀美國之門羅主義一變而爲帝國主義。內地國一變而爲殖民國。掠奪西班牙領土。占取世界烟糖之主產地。駸駸乎逞野心于加拿大中南美洲東亞者。曰惟以是故。英國年來朝野政治家。極思與殖民地聯絡。以建一大帝國。而裴爾福張伯倫。愈以帝國聯合關稅改革。爲其獨一無二之政策者。曰惟以是故。雖世界政策與重商主義不同之點。固屬甚多。而其惟謀自國之安全。使對于他國。構成一鞏固獨立之大經濟團體。則無稍異。是則新重商主義之名所由來也。

重商政策之風靡全歐也。實亘十六七二世紀之久。固人人視爲富强之要道。趨之唯恐不及。而最極端實行之者。尤推法相哥爾秘。故或稱此爲哥爾秘主義(Colbertism)雖然。以極端重商政策之結果。一國之農產物。既不能輸出。而復許輸入以自由。農業者不堪其損害。國力日以衰疲。其愈甚者。若法國是也。後此革命軍中。唯聞日與我以麵包。與我以麵包。其農民之貧困若是者。皆哥爾秘主義爲之。不特此也。國際間各以主張極端之利益。往往啓政治上之爭端。其間各國以是而用兵者。實亘五十餘年之久。而一方殖民地。以不願長立于農業者之地位。反對之聲漸起。是亦正窮通變久之時矣。于是於其時有二說之興。一爲重農學派(Physiocratic School)一爲舊學派

(Orthodox School)之自由貿易說。

第二節 自由貿易主義

重農學派之首創者法郎沙開涅(1694－1774)也。舊經濟學派之鼻祖亞丹斯密(1723－1793)也。二者之貿易說雖分若二派。然亞氏之說。大半本自開涅。即亞氏于一七六四年游歐洲大陸時。留法國與開涅等相討論者一年。大有所得。乃於一七六六年歸國後。靜思十年。于一七七六年。乃有經濟學上唯一之大著『原富』出。其書之成也。致謝辭于開涅。中有『書之成皆公力也』之語。(見瑪可里特經濟論)則知亞氏之得力于開涅者。實不淺也。唯亞氏之說。較之開涅尤為詳備。故自由貿易論之先驅。世推開涅。至若使自由貿易論在經濟學上成為獨立一派之學說者。則其功不得不推亞氏也。開涅之自由說。一以自然法為主。謂自由者自然必至之理法。一國家而循乎此自然之理法。則國以富以昌。不然則國與民共受其弊。其立論甚多。茲不多贅。亞氏先打破重商主義之根本觀念。而後述自由貿易之必要。其駁貴金說之說曰。

富者。非自貨幣而成。實自有交換價值之物品而成者也。貨幣者不過將以購買此等物品而有其價値耳其形成爲一國之資本者直不過其一小部分決不得謂貨幣即富且金銀者依需用之多少而異其用商品多則流通金銀之需要自增商品少則需要自減彼等以爲金銀無腐蝕之患適合于富之蓄積因漫然積無用之金銀於內國不亦愚之甚耶至若謂積金銀以備戰爭一朝之用則又可不必何也凡商品不論何時可化爲金銀若商品多則不患無金銀不必預爲之慮也。

亞氏之駁貴金說大畧如是而其自由貿易說之根本觀念則有三。

一、國民之自利心　曰人各有自利之心因自利心之驅迫則其判別利害自必優于他人而其活動也自必求所以生利之道而國家之富即由個人之富積合而成故若一任個人之自由行動則不患不足以致國家之富決無須政府之干涉也

二、社會之利益　曰外國貿易者以一方之剩餘物易他方之剩餘物故無用之剩餘物亦能與以價値而交易之雙方因可各得其利且國際間以天然力及人爲力之差異各有其特別之長若行國際分業而各盡其長則可增進勞力之効果增多世界之生產物其有裨于全社會實非淺鮮也外國貿易既非一面之利而爲社

會全般之福利故自由貿易者實兩利俱益之道也

三、消費者之利益　曰消費者生產之唯一目的也故欲謀生產者之利不可不先注意于消費者之利生產者之利唯以能增進消費者之利益爲限度而近世之商業政策往往加制限于輸出入或獎勵輸出犧牲消費者以利生產者實與生產之目的相背馳者也

總之亞氏以有價値之物品爲國家之富並以世界與個人爲着眼點是其立論之大旨也雖然凡氏之說不過攻擊重商主義之誤謬說自由貿易之一般之利益而已尙未能用學理以說明之自理嘉圖彌勒出自由貿易之說始集大成而爲經濟上一有力之學說矣

理嘉圖（1772－1823）者主張絕對之自由貿易者也其立論以比較的生產費說（即上貿易第二原因所述）爲前提而學理的說明貿易之原理因推及于自由貿易之必要即所謂外國貿易者發生于比較的生產費之差異故欲全外國貿易之利益不可不擴張國際分業即不可不行自由貿易其說實爲後世自由貿易論者之一大論據也

彌勒（1806－1873）出。而自由貿易之說益備。其主張自由說之論據。大抵與理嘉圖不異。惟又補以國際需要平均之學說。國際需要平均原則（Law of the Equation of International Demand）者。謂國際交換價格。於比較的生產費制限內。常由需給平均之原則而決定者也。譬若前所引之例。中國以或額之勞資產石炭四噸生糸四捆。英國以同額之勞資產石炭二噸生糸一捆。如是則中國可以生糸與英國石炭相交易。雖然。使此時中國以生糸四捆易英國石炭八噸。則中國獨占其利。使仍易石炭四噸。則毫不得貿易之利。惟使交易之比例爲四捆與六噸。則可各享二噸之利。然此四噸與八噸間之交易比例。決不一定。常依需要與供給之關係而相上下者也。若中國之生糸供給多。則價落而英國受其惠。不然則價昂而中國享其利。但決不出比較的生產費之制限。蓋若中國而要求英國以八噸以上之利。則英國可以自產故也。故彌勒之論外國貿易。與理嘉圖稍異。理氏以比較生產費爲根據。因謂貿易國雙方常各有其利。而彌勒則謂雙方之利。益依需要之强弱而定。不能常相平均。故貿易之原理。得彌氏說而益臻完備者也。

自由貿易論之要點。不外增加個人之利益。增進世界生產力之効果。以後繼起之創自由說者。總不出乎此三家之說。故畧之。

亞丹斯密之論自由貿易也。曰今日而望英國以行自由貿易。是何異求烏託邦之實現。益深疑其實行之難也。雖然。不期經四五十年之後。不特傾信其學理者漸多。即實行之大政治家亦輩出矣。當倫敦商人之自由貿易請願書于一八二〇年始提出于議會也。得理嘉圖等于議會中之助力。復以大政治家哥白頓 (Cobden) 勃蘭脫 (Bright) 等熱誠運動。至一八四六年。撇爾 (Peel) 執政。保護制廢止之事。漸次告成。及格蘭斯頓爲相。盡改舊制。于是數百年來之保護政策。遂告終極。而其對于外國則哥白頓于一八六〇年。又改訂英法條約。爲國際自由貿易主義條約之先驅。自此自由貿易主義之風潮。遂波動全歐。而風靡一世。故一八六〇年間。直不得不謂爲歐洲經濟界之黃金時代也。

第三節 保護貿易

自由貿易論。盛唱于英國之際。試一攷二大陸國之美德。則情態迥殊。美國當獨立戰爭時外國商品無由輸入因是本國工業稍見發達而自一七八七年獨立告成以後新定之憲法未備全國無統一之貿易制度英國商品無限流入全國製造業盡爲傾倒一時工業界之衰頹達於極度而德之狀況亦莫不然拿破侖封鎖大陸之際英國商品之輸入一時斷絕德國工業之發達稍見萌芽然平和克復英國商品再以翻山倒海之勢來相競爭而內國聯邦復各有其特別之關稅區域以相限制因是初長之萌芽又被摧倒一時怨嘆之聲四方群起是所以來自由貿易之反動而保護貿易說所以獨興于美德也推所由來其發端實始于美之財政家亞歷山大哈彌兒頓(Alexander Hamilton 1757－1804)之一七九一年之製造業報告書(Report of Manufactures)更取哈氏之說昌明而廣大之者則有德之李斯德(1798－1846)美之開蘭(Carey 1793－1879)下至近世則有拍敦(Simon N. Patten)及𧳟敦(George Gunton)二氏惟保護之說幾經變遷而義亦日趨廣大其初謂加一時之制限稅於外國之輸入品以保護本國之幼稚工業及其根基已固則可漸廢其稅至李斯德出謂使一國之產業而尚未全入工業階級之時代則不可不保持其制限稅故其所說保護之範

圍視哈氏稍廣一層迨開蘭拍敦等則謂一國之所有產業若礦業農業等無不當加以保護而一國之保護政策又非俟全世界合成一國或各國之政治上經濟上社會上之程度共立于同等之地位不能廢止故一世紀以前之一時的而一部分的之保護政策至今則爲永久的而全般的者矣今將各家之論旨述其大要。

哈彌兒頓氏一七九一年在美國議會中發表之製造業報告書是後世保護主義之源泉也自後各家持論殆無不以是爲基礎其報告共分二段第一段述獎勵工業必要之理由及其方法第二段述美國製造業之現狀幷指摘當保護產業之種類今將第一段摘要述之其論工業不可不保護之理由有七。

(一)一國國防上之必要品及日用上之消費品不可以不獨立蓋不然者一旦有事他國之供給斷絕則國家之危殆實不可勝言

(二)工業之分工多與機械應用之範圍廣則無用之兒童婦女亦可與以職業故得以增進社會之生產力及國民之收入

(三)工業盛則可招致外國熟練工人之來往促本國工業之進步

(四)一國產業之種類多則可應各人之所長使勞働者易得職業而全國產業亦易於進步

(五)企業繁盛則各地隱藏之富源可以開發

(六)工業盛則一國之農產物得售于內國不必遠求不確定之市場于海外且農業品之需要愈增土地之餘剩生產力愈可啓發而一年所費于輸出原料品輸入製造品之運費亦可減約

(七)單獨農業之國不能如農工並立之繁盛蓋工業不進則以上之利益既不能得而一國人文上之發展亦必遲緩故也

其所述之方法則如下。

(一)保護稅即對于與內國競爭之外國品所加之稅。

(二)禁止競爭產物之輸入或課以嚴重之輸入稅以禁止之。

(三)禁止製造業原料品之輸出

(四)事業補助金。

論著三

（五）輸出獎勵金

（六）原料品輸入免稅

（七）製造業原料品。課以還稅即一時徵收後俟變爲製造品輸出時再還之之稅

（八）獎勵發明。

以上八者中。哈氏以事業補助金爲最優。蓋直接補助。收效較多。而不至來物價之騰貴。與夫貨物供給之缺乏。且得以農工並施故也。惟哈氏以爲手段不過一時之方便。俟工業既成。已達目的之後。自可廢止。又哈氏云世人往往以爲加稅于輸入品則稅額仍轉嫁于消費者。使消費者蒙其不利。然此乃不過一時之現象。使工業漸趨繁盛。同業者間自起競爭。物價即能下落。不足患也。

哈氏之主張。大畧如上所述。其要點不外新興國而起製造業。不可不加以保護。次之主張保護貿易者。爲德之李斯德。(1798—1846)李氏之說。大半本自哈氏。唯其立論更證以歷史的事實。加以學理的說明。故二者之差異。不過一爲實際的主張。一爲學說的主張而已。其先後之順序。則猶亞氏之與開涅也。嗚呼。亞丹斯密立自由貿易派

世稱舊經濟學派之鼻祖李斯德創保護貿易派爲歷史經濟學派(Historical School)之先驅是二氏者眞經濟學史上二大人傑哉

今以李氏于一八四〇年出版之國民經濟學(The national System of Poltical economy)中之保護說述其概要李氏經濟論之根本觀念適與亞氏相反亞氏以個人與世界爲本位以有價値之物品爲國家之富李氏則以國民爲本位以一國之生產力爲國家之富是二者實李氏立論之根據

國民經濟說　李氏慨當時各國惑于英國學派世界個人主義之說不問國家情勢之如何妄行自由放任之政策使國力日益爲强者所朘削因是奮起大聲疾呼以告德之人民曰自由貿易者非所以利天下適爲强者之武器耳故其于國民經濟學一書中駁世界主義個人主義說曰事之利害雖曰自知最明然個人之私利未必爲國家之公利蓋私經濟與公經濟二者決非常相調和者也夫既成一國則其政策自不可不以永久爲目的而個人所計之利害近之則限于一身遠亦不過其子孫而已若凡事一任個人之自由則勢必以區區目前之小利而誤國家百年

之大計是則個人行動之所以不可不制限而時或寧犧牲個人之利益而不顧者也至若謀世界之公益而唱自由貿易則更不足以言何也四海一家共持正義此惟於政治經濟能力相等之大國間能行之以今日各國之情勢有巨人有矮人有强健者有尫弱者有開明者有半開者有未開者而欲以行自由貿易則非特不能望世界大共和之美績且舉萬國以蹂躪于一强國之足下耳故凡欲入世界經濟圈內不可不先盡一國經濟之發展而欲助成經濟之發展舍保護末由要之個人主義固不必言即世界主義亦尚在國家發達之後居今世而談經濟政策終不可不以國民爲本位而犧牲世界與個人之利益所弗計也

生產力說　李氏既主張國民經濟則國富之本質自亦不得不與亞氏異亞氏以個人爲本位故稱個人所蓄積之有價物品爲國家之富然各個人有價之物品雖富而一國之生產力薄弱則仍不足以致富强是則李氏之所以唱生產力爲國富之說也其論生產力之一節曰有價之物品雖富而生產力薄弱則不能免于貧弱有價之物品雖寡而生產力饒厚則仍足以致富强故生富之力實貴于富譬之私

濟經亦莫不然。今設有二家共爲地主。各有子五年入千圓。甲家以餘財存于他人。以生利子。五子使服習家業。乙家則以餘財費于教育。二子使習適于爲地主之學業。三子使學商業。是則二人一爲從價值之說。一爲從生產力之說。以立家計者也。及二家家長瀕死時。以富言之。必甲勝于乙。反之以生富之力計之。反是。蓋乙土分爲二區。各以所學耕耘之新法。治其田土。所得可倍往昔。其他三子亦各盡其長。以營生計。積富之力日益增進。而甲土則分爲五區。墨守舊法。以理田土。收入日益減少。富力日趨貧困。是實淺顯之一例。觀此則二者之孰得孰失與夫欲謀將來生產力之豐饒。不可不犧牲今日之利益之道。斷可知矣。彼等以自由貿易爲可以得廉價之物品。以保護貿易爲損害個人之利益。固不爲非。然不知個人所積之價値雖多。而一國之生產力將日趨薄弱。亦烏得謂國之富哉。故欲謀國之富强。不可不先求生產力之繁盛。而欲催進生產力之成長。則不可不犧牲個人目前之利益。抵制外國之廉價輸入品。以振興內國之商工業。

李氏既推本于國民經濟及生產力之理。以論保護之必要。更進說明國家歷史發達

之順序示當行保護政策國之標準

曰凡溫帶之國。其發達上經過之階級有四。牧畜時代。農業時代。農工業時代。農工商業並立時代是也。凡爲政者無不有使國民經過此等階級之責任。而使單獨農業者速進於農工業國。則又政治家最大之目的。故一國之政策。亦當應乎時而異其用。若農業時代以前之人民。與夫達于最高級之人民。可以行自由貿易。由農業時代進于農工業時代之人民。則不可不行保護貿易。蓋農業時代以前之國民。儘可開放門戶。輸入外國品。以謀產業之進步。脫陋鄙之舊習。至達于最高級之人民。則已無外國競爭之足慮。即有之。更可自警其怠慢。故可無須乎政府之防範。惟介于農業與農工業時代閒之人民則不然。工業始見萌芽。而資力薄弱。材藝幼稚。不保護決不能免于先進國之摧折者也。

總之李氏之論貿易政策。謂當應于時勢爲轉移。惟由農業進於工業時代之人民。不可不行保護貿易。至若保護之方法。則亦主張保護稅。繼李斯德而起。在保護史上占第三位置者。爲美之開蘭開氏。初固信自由貿易者。至後乃唱極端之保護貿易。謂無國無時代不可以行保護政策并全國產業無不當加以保護後起之拼敦羿敦等無不繼承其說柏氏之保護論之經濟的根據（The economic basis of Protection）書中之一節曰保護者實增進一國之生產力增長國民之智識調和一國經濟利害之不可缺之政策也故昔爲一時特別方便之門之保護政策至今乃變爲催進社會進步之永久的良方針矣觀此則近世保護政策之趨勢亦可以見一斑此外英國學派亦有認保護貿易爲比較的有効者即彌勒一派雖不認保護政策爲可以實際的收効然以論理上言之亦確信其爲發達產業之一方便也其他歷史學派社會學派祖述之者甚多

嗚呼保護論出世界之形勢又一變矣德法戰爭之後法以負五十億法之償金大增關稅一改從來之自由主義德相俾士麥于一八七九年斷然改正「關稅之國定稅率」立保護政策之旗幟奧國于一八七三年恐慌以後亦傾於保護主義之精神至是保護主義遂代自由主義而活動于歐洲之舞臺矣當此風潮之中堅持不變者厥惟英國然試觀今日之英國則何如裴爾福張伯倫等大政治家慘憺經營極力鼓吹

論著三

保護主義昔日提出自由貿易請願書之倫敦商會今亦以大多數而贊成保護關稅今年三月二十二日間事全國輿論之形勢一變或曰自由黨內閣顛覆之時當即保護政策實行之期殆其然乎噫五十年前李斯德及開蘭懼英國產業之競爭而倡保護貿易不期五十年後之今日裴爾福張伯倫以懼美德之競爭而鼓吹保護主義不亦大可研究之事乎故于次節將保護自由二者之主張及其得失并將英德美貿易政策之現狀詳論之。

本節已完本章未完

譯述一

國家主義教育

日本文學士八木光貫著

光　益

英 Nationalistic Education.

法 L'education nationaliste.

德 Nationalistische Erziehung.

一　意義起原及其發展　此教育主義謂教育之目的。在於國家。保持國家之安寧幸福。力圖其榮繁進步者。國家主義教育之理想也。又國家主義之教育以教育當爲國家之事業。凡教育必要之準備。皆在國家事業之中。蓋謂教育所以爲國家養成有用之人物。而其事業乃國家宜自當其任者。此國家主義教育之本領也。抑國家主義教育之盛也。雖在最近世。然尋其由來。決非新發生者。實非常陳古之事實也。當人類尚未發達。猶在原始狀態之時。皆有本能的共通之感情而共通之思想。尤有勢力。故原始的民族所成之社會團體。所最重視者。爲利害問題因自衛自存之故。而屬之之個人。全爲犧牲。毫不認個人之價値。惟有爲其所屬之團體之手段之價値而已。而其價値。又僅由盡瘁團體之事之多少以決定之。故其敎育執此方針可勿論矣。敎育之目的。爲其社會團體之手段以養成有用之人材。而又爲其團體之事業。是所謂國家敎育主義之起源也。此主義之敎育。東方亞細亞諸國波斯埃及其他小亞細亞諸州。無不行之。即稍進文明之域。呼吸自由平等之新空氣之古代希臘國民。亦猶執此種之國家主義敎育。彼有名之斯巴達之國家的敎育(實都市敎育)其尤著者也。且如希臘之賢哲柏拉圖及亞理士多德。其敎育意見。亦爲國家的。雖兩者意見之內容。有所差異。而其所主張。實皆不出國家主義敎育之範圍。次至羅馬時代。盛行世界主義。降及中世。基督敎敎會代之而唱導一般主義。及其反動。遂起宗敎改革。人文主義勃興。稍重視個人之價値。不依人種及國民之區別。而以文學之嗜好。圖組織文學上之共和團體。降及十八世紀之啓蒙時代。最重視個人之價値。個人主義。達於極點。歐洲開化之人民。不爲國民的區別。而但從職業上分之。乃起欲以此養成世界的人民之世界主義。其時恰當十八世紀之末葉。佛蘭西盖世之英雄拿破侖出專以侵畧主義。欲併呑全世界以建設一世界的大帝國。當是時歐洲列國均懷極大之危懼。列國之主義者。因彼之故。至抱自國將從根本顚覆而其祖先傳來之國民性。亦將被其滅却之恐怖心矣。其中最感危險及恐怖者。德國是也。故德國因自衛自存之故。欲保持此國民性。而以養成必要之人物。爲不可缺之事。此等人物。不可不意思强固。雖處如何變動之中。不可不有牢乎不拔之品性。而如此性質之人物。不可不於國家定其基礎。且同時國家於人類之發展進步。亦爲不可缺者。夫人類惟以正當之秩序組織完善之國家。始得進於完全無缺之域。如彼世界主義。實至危險之物也。既視國民性於度外。其所謂世界之民者。果可望其成立耶。是實可謂極大之謬見矣。起是思想之最有力者。爲柏林之非希的(Fichte)及修拉瑪希(Schleremacher)二人。一八〇六年拿破侖軍之占領柏林也。慷慨悲憤之志士。起於四方。非希的於柏林市爲『告獨逸國民』(Reden andie Deutsche Nation)教育上之大演說。大倡國家主義教育之必要。謂不可不自教育上一掃從來德國國民萎靡之風。使國民之精神。爲根本的改良。如此庶可圖國家之進步及幸福。又修拉瑪希亦於柏林大學。極論國家主義之教育。(此論文爲『教育學書』(PädagogischeSchriften)氏之死後出版現今專重於學者之間)同年戰爭大敗。國土之半被奪於拿破侖。普魯西亞國王弗勒得力維廉第三世慨然宣言曰。「已失之國力。不可不以知識補之。」於是改革自國之學制。極力於國民教育。以鞏固國家之基礎。自是歐洲諸國。亦皆傚之。或以教育爲國家之事業。建設諸種學校。或補助之。或監督之。至是國民主義教育於最近世上。達極盛之點矣。

二國家主義教育思想之變遷　此主義教育之起源及其發展之梗概。於前文已述之矣。讀者想能畧會。今將就此主義教育之思想。比較對照古今學者之意見。以爲讀者參考之資焉。

爲古代之國家主義教育思想之代表者。爲柏拉圖之教育意見。然自是以前。斯巴達之教育主義。與影響於柏拉圖之思想者不鮮。則依其次序。不可不先述斯巴達之國家主義教育，斯巴達爲國家（都市）之保存及其發達謂個人不可不以自己之生命供其犧牲又不可不以勇敢之死亡殉身於國家爲無上之名譽於是其教育之目的。在養成能竭力國家勇敢之公民（實軍人也）而其教育之方法。亦皆爲軍隊的教育全爲國家之事業。政府握之於其掌中以保持國家之統一。及其勢力故斯巴達對於初生之男兒政府自檢查其體格。有柔弱者則不許其生存。唯强壯者僅得爲有望之物。養育於家庭。而男兒至七歲，全於政府之手行教育上之監督。收容之於官立之共同教育所。自是漸次授以軍隊的生活及教育。更之是等教育。乃斯巴達所以自衛自存之道也，以全體不過九千斯巴達之公民而支配十數萬之土人及數十萬之奴隸。自不可不養成勇敢及强健之人物。故斯巴達之教育。非國民的教育乃支配者之階級之子弟特殊的教育也。至柏拉圖之教育主義。固從其哲學思想演繹而成。然於前代斯巴達之教育所受之處。亦實不鮮。從柏拉圖之說，則國家之目的在於道德。故教育組織國家之個人，當使爲道德的生活。何者個人尚一離國家。則決不能實現完全之道德。蓋個人僅從國家始得爲道德的生活。且不可不受國家的教育也。故國家最大最切之義務在於自身導國民之教育以法令設關於教育詳細之規定國家當以自身爲教育之塲所及學術與道德之保護者而個人最神聖之義務則在全棄各自之利害而從屬於國家何者個人非由國家則不得享受其生活之目的之道德及幸福也而柏拉圖之理想謂國家宜由三階級組織而成。其最上級爲哲學者。（智者）有國家之統治權。其次級爲實施統治者所定之法令之武人及官吏。其最下級則營農工商等實業之階級也。而從柏拉圖之說。則教育之要。限於第一及第二之階級。如第三者、單使知日常生活必要之事則足矣。蓋如奴隸、固無施教育之必要也。即以上之二階級。於其財產及結婚。亦不任各自之自由。而必由國家監督之。兒童初生。即使早去父母之家庭、屬於國家監督之下。入官立共同教育所以教育之。觀於此點。柏拉圖傚斯巴達教育之事明矣。蓋國家可由教育實現個人之道德的生活。而個人又從國家可達自己之目的之道德與幸福者。此柏拉圖所謂理想的國家主義之教育也。

爲近世國家主義思想之代表者。不可不推德國之哲人非希的氏。於其『告獨逸國民』教育上之大演說有曰。國家之進步發展。不可不待教育。不依教育則國家之安寧幸福不可望。故我國（德國）不可不從國民教育之普及以挽回國運。故氏於近世稱爲國家主義教育之主倡者。非過言也。氏述國家與教育之關係曰。國家不可不待人類爲國家之一員。而人類亦不可不負爲所屬之國家之一員相當之責務。又個人者與其他多數之個人有決不可離之關係者也。故教育不可單以爲一個人而待遇之。不可不以爲其所屬之國家之一員而待遇之。而被教育之個人。亦不得免國家之一員之關係。氏又曰。國家爲欲養成其國民。不可不以眞正之教育。淘冶國民國家之盛衰消長。一在其教育之如何。故教育者。不止於國家之特別階級。當普及於國民一般者也。即通國民全體。不問階級之如何。不問男女之區別、當施均等之教育也。因此之故。非希的乃唱導國民主義教育。

三國家主義教育之比較論評　今將爲此主義教育之批評。請先比較評論既述之古今國家主義教育之兩思想。而後就國家主義教育而試其批評焉、

抑國家主義之教育。以教育之目的。在於國家。由是謂教育爲國家之事業。於此大體。古今之兩思想、雖相一致。然於其內容。兩者有相異之處也。即古代之國家主義教育。

以個人爲國家之犧牲。毫無個人之價值。不過於爲國家之財產。國家之手段。有其價值而已。雖如亞理士多德。偶認個人之價值。要不能脫當時一般所行之國家主義。然近世國家主義之教育。以教育爲國家的事業。雖可勿論。然重視個人之價值。决無束縛其自由與權利之事。於此點古今之兩思想。既有差異。而同時尙有他之異點。即古代國家主義之教育。其教育止於教育特別階級之子弟。非施於國民一般之普通教育。然至近世。則教育者。非特別階級之專有物。而爲宜平等施於國民一般者。國運之發展。在於國民教育。即不可不依普通教育。此實進步之思想矣。

次就國家主義之教育。有欲一言者。余輩固排斥個人主義者也。何者。人生不能孤立。必有其所屬之團體社會。而此社會。謂之國家。今藉卑爾克蠻之語釋之。則國家於外面觀之。爲具案的組織社會之勢力。自內面觀之。被組織之社會。即其物也。爲統括一切之社會之勢力者。社會之統一也。即財產之統一、經濟之統一、法律之統一、及教育之統一是也。國家乃顯種種之精神生活開化生活之塲所。得發展顯著開化之唯一地面也。盖精神生活之連續。惟於國家始能得之。而個人之幸福與個人之發展。亦成於國家之中依國家而成之由來國家主義之現於教育上豈偶然耶雖然余輩又不持極端之國家主義余輩主張個人之天賦人權個人者有不可犯之人格故有爲個人之價値愛自由樂平等嫌束縛壓制欲其爲國家奴隸的犧牲其可得耶此爲近代國家主義教育論者所重視之處即認個人之價値尊重人權遂至與個人主義相調和而唱穩健之國家主義教育如修拉瑪希即其一人也氏以教育爲社會之前世代者傳精神的財產於後世代者之作用後世代受之宜改良其不完全之點以更圖進步氏又曰謂教育爲國家的與謂教育爲個人的實非兩事何者眞使教育爲國家的則其中自必含個人之自由眞使教育爲個人的則其中自必含國家之統一離國家則無個人離個人則無國家此等思想起於非希的至氏大發展之更進而爲一層之發展至見所謂社會主義(或一般主義)教育之建設矣而專力於此之學者德國之溫爾曼、佗西羅、那都、奴布、卑爾克、蠻等其人也盖欲圖國家主義教育與個人主義教育之融合調和則不可不依社會主義之教育此則非本文之所能詳論矣

個人主義教育

日本文學士八木光貫著　光益

英 Individualistic Education.

法 L'Education Individualiste.

德 Individualistische Erziehung.

一個人主義之意義及起源　此主義之傾向已現於太古希臘時代。然未嘗成立爲一純粹之主義。至近世之始因文藝復興及宗教改革之運動之故。漸增勢力其後三世紀間乃爲風靡思想界一種之世界觀矣此主義之所主張。謂一切個人。皆有平等之價值平等之權利。故對於各個人。不可不附與以發展其能力之自由權而於道德範圍之內。不可不許以行動之自由。蓋人生之目的在得幸福。凡組織社會之事。一切之經營及制度。莫不存於此目的之中。無個人則無社會。社會由個人而成立。社會者。

實不過由各個人所成之契約。而所謂社會的意思。決非實有者。故實存於世間之物。唯個人而已。個人的意思而已。社會一切之事物。皆歸於個人的意思。發自個人的意思。凡言語風俗法律宗教所有社會上精神的產物。皆隨個人的意思自由製作者也云云。尋此主義之起源。蓋人類當原始狀態之時。其個人本能之力甚强。且有共通之精神。尤置重於其所屬社會團體之利害關係。然及時代之經過也。人類脫野蠻之境遇而漸進於開明之域。對於從來所重團體之共通的感情。漸次減薄。而各人之精神。漸爲個別的。人智愈進步。思想愈綿密。至能考察所謂自我者。所謂人格者。於個人之價値。亦認有多少等級之差別矣。然雖欲考究此原因。而因自然之知識不足。不能發見其眞因。此疑問遂至爲一個思辨上之問題。遂至以個人的差別。爲由神的意思所規定者。謂個人者。個人也。其自身即其自已之目的也。雖實際尙有共通的精神之存在。要不過偶然之一致而已。蓋人類雖本爲個人。然因便宜上或外來之影響。亦得以自由之意志。自組成社會的共同團體。於是而個人主義之思想。遂發生矣。

二個人主義之變遷及發達　太古希臘時代。國家主義甚爲隆盛。觀彼斯巴達之制度。可以知之矣。至其理論。則柏拉圖之理想的國家論最爲著名。實希臘思想之中堅也。然至其時代之末葉。個人的傾向旺盛。因羅馬國民起於西方。圖世界之統一。攪亂希臘。而其思潮之流波遂止。羅馬之末葉有基督教之傳來。個人之傾向雖已發達而遇北方日耳曼民族之侵入。亦歸中絕。至中世時代。基督教勢力極盛。教會有國家以上絕對的權威。個人主義終不得露頭角。及近世之始。種種文物。燦然而起。人智漸開。而對於基督教之信仰。遂懷極大之疑念。謂基督教會視個人爲奴隸。常束縛其自由。而個人之天賦人權及人心之自由人格之權威。決非有可受教會束縛壓制之性質者。吾人不可不脫是等之羈絆。不可不自由。況基督教者。本全然爲個人主義的宗教。其本義之所在。以救濟吾人所有人類之絕對的價値不死不滅之靈魂爲目的。而信基督則蒙神之惠。得遠罪惡。受神之救。以生天國。皆個人的事業也。其信仰旣如此。則焉有必藉教會之力以求吾人之救濟者耶。故壓制束縛人之自由信仰者。不可不顚覆之。而主張此義者。於近世之始。爲宗教改革者之運動。故宗教改革者及人文主義學者。實於最近之個人主義。大爲其啓導者也。而宗教改革者中之路得(Luther 14

83－1546）及人文主義學者之耶拉蒙（Erasmus 1497－1536）尤與有大力焉。至於近世哲學者斯賓挪莎（Spinoza 1632－77）著有名之『神學政治論』（Tractatus Theologico Politicus）唱導言論思想之絕對的自由。謂苟非如此。則國家之安寧幸福不可得期。其始主張之者。於英國則約翰陸克（John Locke 1632－1704）於公『關於宗教寬裕之書翰』（Letters Concerning Toleration）唱導宗教之自由。詩人列申（Lessing 1729－81）亦基於陸克之思想。著『賢哲奈丹』（Nathan der Weise.）主張信仰之自由。其他在法蘭西如孟德斯鳩（Montesquien 1689－1755）福祿特爾（Voltaire 1694－1778）及盧梭。（Rousseau 1712－78）在英國自多馬霍布斯（Thomas Hobbes 1588－1679）及大闢謙讀（David Hume 1711－76）與亞丹斯密（Adam Smith 1723－90）等。皆夙認個人之天賦人權。標榜一切平等四海同胞主義。憤慨現在社會制度。蔑視人權。以無數之個人爲小數個人之犧牲之非。而以倡政治上之個人主義爲主。又如康德（Kant 1724－1804）著『實踐理性批判』（Kritik der Reinen Vernunft）熱心鼓吹道德上之個人主義。蓋十八世紀實人心自由運動最盛之世紀也。故個人主義。於哲學上於道德上於宗教上於政治上。皆具最有力之見解焉。泰然不動。儼如決不可犯者。至十九世紀猶能繼續。降及近世。則其發展。更蔚然矣。

三 個人主義教育之消長 個人主義之變遷及其發達。已於前文述之。而教育上之個人主義之消長盛衰。亦復如是。太古希臘羅馬時代。個人主義尚未全盛。至中世基督教會之偏局的一般主義起。個人主義遂不得伸展其勢力。及入近世。個人主義復興。至十八世紀。個人主義之勢力達於極點。至十九世紀猶能繼續。然教育起一新主義。而個人主義勢力遂以之漸就消滅。其新主義爲何。即社會主義（或一般主義）教育是也。此主義融合調和從來之個人主義與國家主義。以兩者構成力之平行方形之最進步（於現代）之教育主義也。總之個人主義教育之發達。十六世紀之人文主義學者。實與有力。耶拉蒙米蘭可多（Melanchthon 1497－1560）與其弟子多祿詩特洛夫（Trotzendorf 1496－1556）呢安特耳（Neander 1528－95）及司打麻（Sturm 1507－89）等是也。其他如蘭特該（Ratke 1571－1635）可美紐斯（Comen ius 1592－1671)斯比列耳(Spener 1635－1705)發蘭克(Francke 1663－1727)及汎愛主義之伯西頓(Basedow 1723－90)及蒙德流(Montaigne 1533－92)陸克盧梭。皆爲此主義教育之代表者。外此則巴斯得羅(Pestalozzi 1745－1827)及其弟子第斯多溫(Diesterweg 1790－1866)顯露柏羅都(Herbart 1776－1841)及其門弟斯脫耶(Stoy 1815－85)知來兒(Ziller 1817－82)比尼克(Beneke 1798－1857)及其門人第都(Dittes 1829－47)等。亦個人主義教育之代表者也。雖然。於此處有當注意者。以可美紐斯巴斯得羅、及顯露柏羅都屬於個人主義教育學者之中。似非適當。蓋以觀巴斯得羅實際所爲之事業。社會的痕跡。有歷然可觀者。又顯露柏羅都之教育學說中。亦有詳論社會主義者也。然自其根本上觀察之。則皆以個人主義之世界觀爲基礎者。要之彼等之教育之理想。人文主義之教育也。彼等皆教育人使成人者也。自理論的立脚地而言。則始於耶拉蒙及米蘭可多敬虔主義及汎愛主義之學者。與巴斯得羅顯露柏羅都暨其學派。此皆爲個人主義之教育學者。可斷言也。夫爲個人主義教育之目的者。乃教育人使成人之事。即使人得純粹完全之人性是也。更詳言之。則爲使人於純然人格之理想。可爲適當之養成。人生固有之能力。可爲調和的發展。是爲個人主義敎育之所主張也。雖然。敎育人使成人者實不免爲漠然之思想。人之爲人。不可無其他之意義。即人不可爲孤立的生存。必當有所屬一定之團體。蓋人者僅能於一社會得生存及發展者也。人苟離社會的生活。則爲全無意味之生物。故人之爲人。於社會國家必爲一有用之人物。敎育人使成人不可不含此意味也。由是嚴格之個人主義之敎育遂破。而社會主義之敎育代之。占現代最有力之位置矣。

譯述二

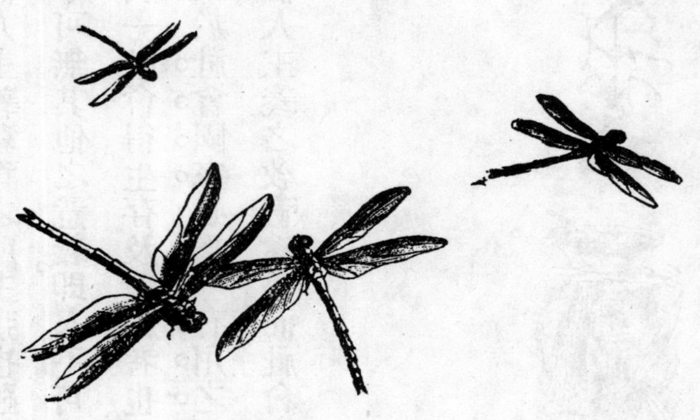

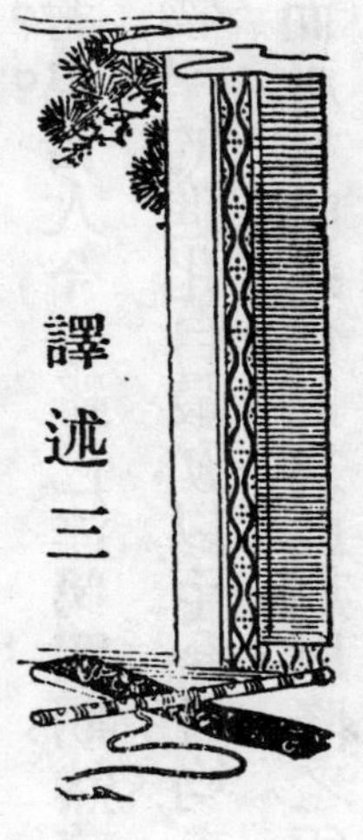

譯述三

歷史哲學及哲學史

黃國康

靜坐瞑目回憶吾人之由來。迢迢其邈哉。曰太初。曰無始。曰無無始之始。物質（Material）及勢力（Energy）之倘未實在以前。固非得以吾人之思想而追溯之者。抑就物質及勢力之既實在以後而攷察之乎。則自星霧渾沌之時代。經火球回旋之時代。以至於今日森然天體運行之時代。其間宇宙進化所歷之年歲。固不知其幾千萬也。自地球熱度經五十六萬七千年而一次減少之說觀之。則宇宙進化之年數。殆亦不可思議矣。

回顧如斯邈遠之歲月。而知此無間斷之自然之繼續。固非無截然之區別者。自星霧而至於天體形次之構成。（Configuration）熱之勢力。次第變爲運動之勢力。瀰漫於幾百萬里空際。燄燄之烈火。次第凝聚。以成爲此處彼處星宿之體。此間幾百刼之時期。名曰星學的進化之時期。地球之成生。蓋實始於此時也。地球內部渾沌不規律之組織。隨年歲之遷移。熱度之減少。漸成組織。漸有秩敘。終至表面之形勢。成爲今日所見地球之形狀。此間之幾刼。名曰地質學的進化之時期。地球表面之形勢既至於斯。於是自無機物之分合變化。次第化成有機物。而有生物之發現。生物一旦發現。進化遂隨年歲次第增加。而其最高尚之結果。則人類之發生是也。自生物原始之發生。至於人類之發生。此間之幾刼。名曰生物學的進化之時期。而繼此而來者。則社會學的進化之時期是也。

經如斯四大時期之變遷。而吾人之生活。遂爲宇宙進程之一。實在而發現。繼第一期而來者爲第二期。然第一期非去。蓋前期尚存。而第二期乃更現者。故曰進化者。自單純而進於複雜者也。吾人今日雖已達第四期。然前此宇宙之進程。如星學的進化。地質學的進化。生物學的進化。自最初以至今日。均未曾有片時之停止。其不已之進行。固尚仍然如故。而社會的進化。則爲此期以降之所特有。乃新發生者也。自太初以至今日宇宙之大局旣發現如斯之進化，則此等大時期中各個之時期。亦宜自促其進化以適合乎宇宙之大勢。故吾人今日之所以努力於社會學的進化之時期之事業者。要不過由此進化之道以勇往進行而非例外也。

或有謂社會學的進化之時期與生物學的進化之時期之間。宜加入人類學的進化之時期者。是蓋不知生物進化之眞象者。彼未曾思及人類之生活自最初之時。即有社會的生活也。人類學固在社會學之外。然是特不過如心理學之在生理學之外。以其着眼之點不同耳。至於以人類學的進化之時期。置於社會學的進化之外。則不見其可也。

吾人於追想宇宙進化之進行。當出三期入第四期之時。常不禁有一種奇異之感觸。此感觸也或爲出于吾人以人類爲無異乎世界全體爲一種明著之特殊之實在之誤惑。亦未可知。然所謂誤惑者非必皆虛僞也。人類旣終不能脫離如斯之誤惑。則此誤惑。即非誤惑。乃爲與人類之實在同一程度之確實之實在也。由是而言。則此奇異之感想。寧非吾人所宜深加研究者耶。

夫人類之實在者。兼主觀與客觀之實在也。宇宙之天然(Nature)之實在者。僅具有客觀之實在也。但宇宙之個體。依秩序排列之。則凡相接之二體。其差皆不過一微分。(Infinitessimal)故天然中之生物。生物中之高等之物。其與人類中之初等者。殆甚相近。不能有截然之區別。然依人爲的彙類法。則雖如前文所提述。固亦可以無妨也是具有客觀之實在者所成(成於天然)之實在也。具有主觀之實在者所爲(人爲)之實在也。成也爲也。二者實區別天然與人爲之要點。吾人自命曰人。且敢昂然自稱爲小宇宙者。皆係本原乎此點也。盖宇宙雖大。固不外乎主觀與客觀之二者而已。對乎客觀之天然之主觀人也。對于客觀之人之主觀亦人也。人之具有客觀與主觀。固無異乎宇宙也。則其以小宇宙自居也。不亦宜乎。

今請更進而討論所謂成及爲之差別焉。爲者何。有意識之行動也。成者何。無意識之行動也。二者雖同爲行動。無有差異。然自其意識之有無之差別。生目的之有無之差別。自目的之有無之差別。生理想之有無之差別。是故甲使然的也。乙自然的也。甲實現(Realization)的也。乙現在(Being)的也。甲以理行。乙以勢行。舉凡宇宙之現象均不能出乎成及爲二者之外蓋凡現存之事（宇宙有二現象一動的現象靜的現象所謂現存之事蓋靜的現象也）亦不過爲成之一類故此二者乃包含實在之全體者也乃包含知識之全體者也

今請名所爲之現象爲人的現象名所成的現象爲天然的現象而論之人的現象者實現也實現必先有理想理想者知也實現者行也而人的現象則爲人生行爲之分子之異名是故人生者成於知行之連續所謂人的現象者即實現其理想之謂也古來賢哲之於知行二字有知行合一之說希臘之蘇格拉底支那之程伊川陸象山王陽明諸人皆極力提倡斯說者此數人之立說雖間有不同之處然於其論知行之究竟的合一則其揆一也今試討索二者之關係以明所謂人的現象者

王陽明曰知者行之始行者知之成知行之合而不離誰復疑之然既曰知既曰理想則其所以必行之必實現之之理僅此二句尚難了然明曉故欲討論知行合一及理想必實現之理則有不可不先研究之二豫件（Postulate）在一曰萬象之恆常（Constancy of the phenomena of nature）也一曰人之自由（Freedom of man）也

萬象恒常者何。宇宙之無限之現象，其相關之秩序一定不紊之謂也。有謂同一原因於同一事情之下。必有同一之結果者。有謂原因之總和等於結果之總和者。是皆所以說明萬象之恒常者。又如宇宙有理法之觀念。因緣有果報之教說。亦皆不外乎自物理的或道理的以指示此事理之發現也。

人之自由者何。人不僅有欲東欲西之自由。且有欲東則東欲西則西之自由之謂也。有欲東則東欲西則西之自由。故宿命說宜排斥之。欲東則東欲西則西。唯夫彼之或東或西。既爲一個之客觀的現象。而彼之行動。正與天然的現象相類似也。一切之現象。皆包含於萬象之恆常之中。無能違反之者。是故人之或東或西。不可不與宇宙之理法爲一致也。

人之自由者。乃與萬象之恆常爲一致。而以求其所好之事之結果者也。吾人苟於理想知識之中。未具有萬象恒常萬有之理法。則不能自由。蓋不能行乎其所欲行而止乎其所欲止也。人之能自由。以其能知理法也。是故有所知必有所行。有所行必豫想其知知行之合一。由此而定也。吾常有理想。必豫期實現。而不可實現之理想。非眞理想之言。是亦不外乎此知行合一說之旨耳。
從來關乎此問題。有不可調和之二說。甲說曰必至論。乙說曰意志自由論。必至論之旨曰。理法者普通也。(謂統貫宇宙之全體。凡宇宙內之物。無不被其影響也)人亦固不免焉。人之自由果何在乎。自由意志論之要曰。意志自由者也。理法僅存於無意識界。人之意志有撰擇之自由。理法固無如之何也。此二說皆誤也。理法雖爲普遍。然於人之自由。果何有乎。且人之能自由。正以萬象有恒常之理法也。(謂吾人能知宇宙自然之理法。且凡皆循此大勢而行。則無所往而不自由也)焉得有防碍自由之理法之存立乎。故謂意志爲自由。亦是反乎事實。意志與動機之支配。共爲發動動機者。不能脫離智情之制縛者也。是故人的現象人間行動之自由。决非意志之自由。乃人之自由也。由是觀之。則彼二說之兩不相容。特以其爭議之範圍未明晰也。若一經審明其範圍。而均以歸之於人的現象之一點。則彼等所爭持之理法。及自由之二者。不僅不相衝突。且實可以相賴相輔。以造成人類行爲之現象者也。
前文既因論個人之行爲。及個人之生活之故。(即個人之行爲之連續)而立知行合一之說矣。今請更明論此二要素及其相互之關係。其於社會果以如何之狀態而發現乎。關乎社會學的進化。有足以資吾人之講明者乎。

個人之生活。有意識之生活也。社會之生活。亦有意識之生活也。個人之生活。人的現象也。社會之生活。亦人的現象也。個人之生活之知。理想也。其行。實現也。然則社會現象之知及行。果有如何之狀態乎。是則吾人所宜先討索之者也。

人類社會之尚幼稚也。其於所營之社會的人的現象。殆不自覺知之。然其現象則自太古社會成立之時。即已同時成立。蓋恰如個人之當幼稚之時。其知識雖未明晰。未曾組成完全之意識。而其行爲則固於有生以來即已存立也。但此時之社會現象。與個人之生活。因其意識之尚未明確之故。頗似天然的現象耳。然年歲者進化之侶也。因年歲之遷移而社會漸至於成長。自覺作用。亦逐次發達。於是而有自覺之社會生活。遂漸底於成。而所謂政治的現象者起焉。

是社會現象者。歷史之實體也。社會之自覺者。哲學之實體也。歷史者。社會生活之行之方面之記錄也。哲學者其知之方面之記錄也。在於個人。則不自覺知之理想。於幼稚之時。即已成立也。在於社會。則不自知覺之哲學。於太古之時。即已萌芽也。雖然個人生活及社會生活之對比。豈僅此乎。請更進而觀察之。有知有行有理想有實現個人智能之大開展暢發也。乃生行之知。乃生知之行。行之知者何。對乎行之連續而以之爲客觀。以之爲對象之知識之一系(System)是也。即論理學等之諸多人事界之學科是也。知之行者何。以知之連續爲行也。即哲學是也。社會之生活亦然。社會之知之行者何。歷史哲學是也。社會之行之知者何。哲學史是也。歷史哲學也。哲學史也。皆是當社會之頗長成。既有歷史。既有哲學。更經幾多之星霜之後。始見其成立者也。

歷史哲學之異說紛歧也。有如倫理學爲哲學史之理論雜出也。有如哲學爲哲學倫理學之中心的論究。在於知行及其關係。故歷史哲學及哲學史。亦有一中心的論難之要點。蓋結局論(Teleology)機制論(Mechanism)二派異說之爭議是也。

結局論之所主張。謂自人類以至於社會日月天體。擧凡以時間之繼續爲經。空間之聯貫爲緯。無量無窮。無止時。無極點。生生不已。宇宙之凡百現象。無非持同一之目的。

向同一之結局而進行者。縱當不明知此目的此結局爲何之時。亦必不知不覺向此目的結局而爲自然之進行。回觀過去之歷史。可知其然矣。故於個人之行動云爲。或判之爲善。或斷之爲不善。亦惟視其協合於此自然之進行與否而定之。歷史之潮流。無限者也。恒常連續者也。各時間之人之天職。旣在於貢獻智能心力於宇宙自然之大潮流以翼助其進步。故可曰。各人之天職。乃自歷史的地位而定者也。然則如何而後能知個人之歷史的天職乎。歷史者。循環反復。古今遙相照應者也。知希臘蘇格拉底之後有希臘之柏拉圖出。則凡出於近世之蘇格拉底之後者。不可不以近世之柏拉圖自期也。觀古聖先賢之處何時何地而爲何事業。則吾人之處於與古人相似之時期地位者。不可不於當時當地爲古人之所爲也。故人决非可出一己之任意行動以反抗歷史的潮流者。反抗之。蓋無異乎自滅也。此結局論之說也。

機制論之說。謂宇宙如一機關。而有物理的理法以支配其全體。凡百之現象。皆爲全機械中之一部。全體中之各小體。無不受理法之支配。不能獨有目的。故個人决非能有目的與自由者。即自個體之聚合而成之全機關。亦非向一目的而進行也。乃不過循既定之機制之制約。依理法之規定。而爲必然的盲從的之運行耳。此運行之連續。即爲歷史之現象。故歷史上之前件後件之關係。亦不過爲物理的原因結果之法律。也是故凡事無實有所謂不善之事。社會之個人之行爲。亦唯隨宇宙自然之勢而行之也。宇宙之事。成之事而已耳。豈復別有所謂爲之事者乎。此機制論之說也。是二說也。實自社會現象以至於宇宙現象。凡現象界之動學的說明上之對立相爭者也。以吾觀之。彼等實無相爭之資格。彼二者之相爭。蓋無異於自由意志論者與必至論者之相爭也。二說之爭點。不在於本質的根幹。而在於偶質的枝葉。至於根本的問題之解釋。則彼二說固兩皆失之矣。

機制論以物理的理法爲普遍。是猶可也。至因是而謂人無自由。則其誤謬固與必至論同。故彼不知宇宙中有所謂人爲之事。至有事實皆善之言。其迷妄亦可謂甚矣。蓋彼之於宇宙。僅觀物理的現象之一方面。而忘却人事界之方面也。然則如之何而後可以摧破其誤惑乎。曰、可以前文之評論必至論者破之。

以言乎結局論。則其迷妄之由來。非若機制論之單純。今分爲三條之提說以辨之。

其一謂宇宙現象之進行。必有一目的有一結局也。何以言之乎。則其所以解釋之者有二甲）個人之行動云爲。必有自覺的或不自覺的之目的。由是推之。可知宇宙森然現象之體系。亦有一定之目的也。(乙)觀過去之所經歷。而知凡宇宙之現象皆係向一個之極限（Limit）而漸次接近之者。由是而類推歸納之。可知永遠之未來。亦必有一結局之境地。宇宙之現象皆向此結局而進行者也。甲之解釋乃強以不能類推之物而類推之。故不得不謂其類推爲虛僞之類推也。夫以個人推論宇宙。其根據果安在乎。此神學者所常蹈之誤謬。且爲說明第一原因之存在所常論者。而今之結局論者。乃亦因襲如斯之流弊焉。蓋不得不謂爲以無理爲合理之似是而非之推論也。至於乙之解釋。則其類推之效力。不能謂之在尋常以下。即其歸納法。亦非甚不完全也。然彼之所以之爲前提之「觀過去之經歷而知宇宙之現象皆係向一個之極限而漸次接近之」等語。果能保其爲正當確實無些須誤謬之前提乎。宇宙之過去之歷程果眞係如斯乎。因觀察過去而謂宇宙之歷程宜有若此若彼之方針矣。設使宇宙過去之歷程不如彼之所云所觀者。而爲其正反對焉。則依此論說言之。不將更立他說而謂宇宙有若何之方針乎、蓋此論乃因既成而爲說明者也。若於未來之社會現象之歷程、則宇宙其東乎。彼必謂之爲有必東之必然之方針矣。其西乎。彼必又謂之爲有必西之必然之方針矣。若是則何足以稱爲結局之目的之說明乎。故所謂結局目的之說者。不過一無完全證明之空想而已也。

其二謂人之天職乃定於先天的者也。結局論之非理。觀前章之論。已可知其大概矣。至於此說之斷定。則幾可不俟論而知其非也。夫以人之天職爲定於先天的。是一宿命說也。一必至論也。雖然。其將奈人之自由何乎。當社會之潮流滔滔然向於黑暗紛亂也。改革者流每投身逆境鼓棹逆流爲挽狂瀾於既倒之事業。若以逆爲惡。則不將謂改革爲病狂之異名乎。抑潮流者現在也勢也。若以循勢爲進步。不將謂進步爲非實現理想者乎。不將謂進步爲客觀的、爲星學的地質學的生物學的而非人的社會的乎。蓋論者初出自蒙晦之空想的妄信的生活。俄然而入於光明赫耀之自然科學競進之新世界。如酣睡者遽然警醒。其異於睡遊(Somnambulism)者殆幾希矣。彼等當尙未全然脫離空想之重霧之時。乃忽受科學之曙光之映射。亦無怪其眼光之迷眩不明也。彼等不通科學。故每逢一新說。恆欲擴張其適用之範圍。蓋沐猴而冠。殊不值識者之一噱也。以彼等空想妄信充實之腦筋而能認明物理的進化。固亦不得不謂爲進步。然彼以是而抹煞人的進化。人有說之者。則直欲以一己之不圓滿不完全之知識而一排去之。其愚蓋亦可憫矣。夫豈知物理的進化。其內部既歷前此三級之階級。則宜更轉一步而進入於人的進化之階級乎。又豈知當既入人的進化之階級之時。所有之現象皆爲理想之實現。而所謂理想之實現云者。即循勢之反對乎。故凡以衝突撞着爲現象世界之通態者。率皆腦力狹隘薄弱。不堪爲聚成調合之機能者也。夫物理的進化及人的進化也。理想及實在也。理及勢也。理法及自由也。若是者。皆吾人之對乎世界觀人生觀所不可缺之要素也。而世之瞶瞶者。既不能有完全之理悟。乃欲以一事律其他之大多數者焉。其淺陋也不誠可笑乎。是故以一時代之人類之天職爲定于先天的之人。縱其所持爲進步主義矣。然彼實將既進入於人的進化之宇宙。引之而更使返于曩昔之物理的進化之階級者。故以之爲學者。則退步主義者流也。以之爲個人。則絕對之自暴自棄者也。

其三謂歷史爲循環反復也。是說亦有二種之說明。(甲)據必然之理法而知其然。(乙)觀過去之歷程以類推歸納之而知其然是也。夫所謂必然之理法云者果何謂乎。不能明此而妄以歷史的現象爲週期的爲循環的焉。其立論之無根據。固較宇宙運行之說明之回歸說(Theory of Cycle)爲尤甚也。且彼之所謂反復循環者。又非如回歸說之謂其發現全然同一之現象。乃不過隔不定之時間。生二者之現象。以一時之任意之眼光認之。而謂爲相似耳。故彼之所以不能下合理的說明而言其何故若此者。非其不爲。實不能也。由是而言。則此說之根據。其將在乙之說明乎。則其言曰。不觀近世哲學之運行與古之希臘哲學爲同一之軌道乎。有蘇格拉底有柏拉圖。乃有亞里士多德。有康德。有菲希的。乃有黑智兒。此論者所舉之實例也。嗚呼。以如斯事實的稽查之疏淺。統計的眼光之闕乏之人。乃竟傲然欲以一已之臆說。搆成一新奇之斷定。其無稽蓋亦可笑矣。夫比較研究。固亦爲重要之事。然若彼之誤用比較。則毋寧謂之爲比較研究之賊也。世之淺識者之爲比較研究者。往往執稍相近似之二事。直以之爲僅有時間空間之關係之不同。而妄自判斷之。謂二事爲同一焉。若是者。寧得不謂之爲學術上之一大弊習乎。夫近世哲學。其所經之軌道。尙不過希臘哲學所經由之軌道之半也。依彼等所論。豈非以僅經一回有半之運行。而斷歷史之事實爲皆循環反復者乎。吾今敢評斷以歷史爲循環反復之提說者曰。既無事實之證據。又無合理之說明。且於歸納的。於演繹的。皆無些須之根據。如斯虛妄之臆說。謬見苟非無科學的識力而妄用科學之淺陋之徒。固無有信之者也。

由前之說觀之。則以合理的說明自認之結局論者。於其根本概念。及其支系斷定。皆毫無可信認之處者也。然其所以猶能得少數追隨其說之人。而占些須之勢力於今日者。則以無科學的識力而崇拜科學之名之空想的哲學者流。每多抱持此說也。夫利器不可以與頑童醉漢。以適足俾其自傷傷人也。彼等之於科學。亦如此而已。彼等之頭腦。空想的也。妄想的也。今日之森嚴精細之科學。終非彼等之所能了悟者。此結局論者所以蹈如斯之大謬。且更欲擴充其謬也。若夫機制論之說。則直是以淺見寡識明告之於人者。吾人寧愛其眞率而不深加辯駁也。

今日之宇宙。既入於人的社會學的進化之時期。故前文之二說。俱遭逢厄運。以誤謬見排擊於人。然使宇宙猶在生物學的進化之時期以前。則其誤謬固尙不至若斯之甚也。彼等蓋不知物理的進化之外。尙有人的進化。且不知星學的地質學的生物學的進化之時期既過。今日之宇宙。已入於社會學的進化之時期。故時至今日。尙頑然鼓倡其無稽之謬說也。由是而言則吾之斥爲誤謬也。寧得謂非至當乎。是故若斯之論說若斯之評議。於社會的現象之研究歷史哲學及哲學史之根本的理論。皆有莫大之效力。最高之價値者。蓋二說均不可用之理既明。則辯駁此二說者之自己之意見更形明正確實矣。然自己之意見果何若乎。觀前文之所述。已略自裏面發明之矣。今請更以簡要之文。自表面的論之。

吾人於論關乎個人之人的現象之時。既立以理法及自由爲要素之人之自由說以排去自由意志論及必至論之妄說矣。今請更創一自由行動說。以排斥結局論及機制論之迷妄。以說明關乎社會之人的現象。

自由行動說之旨曰。宇宙現象之運行。有萬象恒常之理法。是以人誠能致其知。則彼之知行能得完全之合一。而享完全之自由。隨人格發達之完全。而彼之知行合一。完全彼之自由完全也夫歷史者社會的現象之行也哲學者社會的現象之知也歷史哲學者社會的現象之行之知也哲學史者社會的現象之知之行也歷史哲學也哲學史也兩者皆有社會的現象之知行之關係故二者之關係極爲密切而其根本問題合一也欲求此問題之解釋不可不明社會的現象進行之根本的原論但此論非說明的原理乃標準的原理也其旨如左。

第一社會的知行合一之原理　社會所有歷史之總和等於其社會所有之哲學之總和變詞言之則歷史之外無哲學哲學之外無歷史。

第二社會的自由之原理　準由社會之物理的理法以自由實現其理想此事於人於社會皆無有相異之處。

第三對數的進步之原理　社會的現象之運行之經路自各時間之社會之知(即理想之總和)以決定經一微分時間中所行之經路經路之決定本於速度之決定如斯之關係之速度之變化爲對於時間有函數之關係者而其結果則社會的進化是也。

就中第一原理及第二原理。乃自進化之時期論人之自由說結局論及機制論等之評論中自然生出者。今可不再爲煩說。但畧就第三原理之證明論之。社會的現象者。一實現也。實現必先有理想。故理想之總和。等於實現之總和也。(見第一原理)而理想不必與現在合一。且理想多因現在之不滿足而起者。是故理想者。人之自然的爵位也。實現理想。必改革現勢。改革現勢者。即進步之謂也。進步者。人的進化也。社會學的進化也。是故社會的現象。乃理想之連續。實現之連續。進步之連續也。連續無間斷(Continuous)是以改革微分時間以前之見在(Infinitessimal Duration of Time)之微分時間以後之實現。乃既成微分之進步。此進化之速度。純以微分時間前人的進化之程度爲差。故自力學的言之。可謂微分時間之微分進步之速度。與其時之進步之程度有函數的關係也。今以E代進步T代時間。列式如左。

$$\frac{\Delta E}{\Delta T}=f(E)$$

然此函數的關係。不外乎單一之比例的關係或相等關係。(第一原理)故更有左之諸式。

$$\frac{\Delta E}{\Delta T} = K\ E'$$ 式中之K一常數也

$$\Delta T = K\frac{\Delta E}{E}$$ 式中之$K = K^{-1}$

關乎T之積分如左。

$$\int dT = \int K\frac{\Delta E}{E}$$

$$T = K\log_E + C$$

故曰進步之於時間。有對數函數之關係也。速度（Velocity）有速（Steed）及方向（Direction）之二要素。速者可單以普通量（Common）示之。方向則以如三角法的比（Trigonometrical Ratio）之八綫之超絕量（Transcendental）示之者也。二者之爲量無有差異之處。故前文所述。於用速度之語於如斯之意義。皆爲有効進步之速度。常爲對數的變化。故社會的現象運行之徑路。逢方向之變及速之變。恆不能整齊（Confarm）也。是爲歷史哲學及哲學史之根本的理論之第三原理之社會的進化之對數函數律之證明也。

自此根本的三原理之中。更引出支系的三原理如左。

第一社會的現象無結局者也。社會的現象。不容有一定之目的一定之結局。（證）以對數曲綫乃無限曲綫故也。

第二社會的現象無機制者也　社會的現象非機制的。（證）以對數的速度變化爲恒力之作用而機制運行。則惰力之作用也。

第三社會的現象運行經路非週期的也　歷史非循環發現者。（證）以對數曲綫非週期曲綫故也。

有此三支系。（Corollary）而前文之駁擊更爲明確。又結局論第二項之駁擊。本可引之爲第四支系者。今以其已包含於第二原理及第三支系之中。暫略之。此三原理及三支系者。乃社會學的進化之理法也。歷史哲學及哲學史之根本的理論也。亦即所謂自由行動說也。余之對乎標準的進步之原理。蓋於此已發明之矣。夫進步者。天然的又人爲的也。故凡論進步之理法。必宜以標準的研究之。非可單就所成之現象而以說明單一之事實爲事者也。是以社會進步之原理。無異乎倫理學之關乎道德仁義人格等之諸原理。蓋皆有必不能符合於人類行動之見在的事實者也。故此原理非說明社會進動之見在的事實之原理。乃是標準的原理也。抽象的原理也。亦是形式的原理也。至於實質的根本的原理。則非此章所能評論乎。

此篇爲日本文學博士建部遯吾所著哲學大觀中之一篇全文立論範圍濶大而解說明切其足以療吾國思想界之迷誤者甚多譯之以供吾國民之擇採焉

記載

中國大事月表

丁未五月

◎初一日 奉 旨准粵督岑春煊借洋債一千萬粵借粵還不准抵押

◎初二日 廣東惠州匪亂經官軍痛剿一律散竄

張之洞奏請纂定學堂冠服程式奉旨交學部議奏

四川鐵路公司與匯豐銀行借銀五百萬兩

◎初三日 粵督岑春煊陛辭赴任上封奏一請劃一全國鐵路軌線一保舉參劾政府之

御史趙啓霖王乃澂蔣式瑆張元奇等一請實行預備立憲

駐法使劉式訓電告外部在暹羅暫緩設公使先在暹京設一總領事館

◎初四日 俄使請訂定黑龍江行輪章程外務部電咨程德全商辦

◎初五日 奉 旨嗣後永不敘用之員不得再行列保

奉 旨據岑春煊奏請外官四品以下至州縣保送御史准兼擇候補人員曾經署事者一律保送惟每人所舉不得過二員若不稱職將原保大員懲處

奉 旨據陸寶忠奏請科道人員不准奏調其原投効外省及赴各衙門當差者著開去原缺

記載

岑春煊奏派員赴印度考查鹽務擬在粵省試辦就場抽稅由外部度支部議准

王士珍賞給侍郎銜署理江北提督蔭昌著來京當差未到任以前陸軍部右侍郎著王英楷署理

◎初六日 大鬧公堂案英使於會查各欵多不承認

岑春煊奏蒙古熱河亟宜改爲行省並陳辦法奉 旨交直督及熱河綏遠城察哈爾等處大員妥議

北滿洲稅關准陽歷七月一日開關

惲毓鼎奏劾瞿鴻禨暗通報館授意言官陰結外援分布黨羽奉 旨瞿鴻禨開去協辦大學士外務部尚書軍機大臣各差缺回籍瞿成法部左參議余肇康革職并派孫家鼐鐵良查辦

◎初八日 皇上違豫召陸潤庠請脈數次大安

呂海寰補授外務部尚書會辦大臣肅親王善耆補授民政部尚書

◎初九日 左都御史陸寶忠奏參東三省總督徐世昌遇事鋪張恐不能言行相顧袁世凱亦參東三省官制總督權太重巡撫無權各省不能倣行原摺均交徐世昌閱看

醇親王載灃著在軍機大臣上學習行走鹿傳霖著補授軍機大臣

吏部尚書著陸潤庠補授

慶親王請開去軍機大臣要差奉 旨不准

◎初十日 陸軍部奏停辦福州船政局所有船廠內各項工程一律停止並照會法使將船廠內雇用之法國員匠均行遣散 陳璧奏請整頓閩海關稅務奉 旨閩海關着改歸閩浙總督兼管

◎十一日 大學士王文韶奏准開缺并賞給馳驛回籍 張之洞以湖廣總督協辦大學士 各御史聯奏緩辦秋操以節糜費

◎十二日 上海華界城內外各煙間一律停歇是日各商學界懸旂慶祝

◎十三日 法使向外部要索做九廣鐵路辦法自廣州築鐵路至高州中法合辦 膠州灣德商向外務部要求中德合辦一製鹽所外部拒之 致仕大學士崇禮病卒

◎十四日 海牙平和會公舉駐荷使臣陸徵祥為第三股海戰名譽正股長

◎十五日 農工商部咨各省嚴禁奸商招華工往智利國

◎十六日 上諭通飭申禁吸食及種植鴉片烟 北滿洲稅關交涉就緒准八月初旬開關 川漢鐵路借滙豐銀行款五百萬兩已有成議

◎十七日 皇上聖躬現已大安

◎十八日 皖省京官舉李經義為安徽全省鐵路礦產總理

◎十九日 兩廣總督以胡湘林暫行護理 廣州將軍所轄八旂地面之開燈烟館

一律停閉

郵傳部官制是日具奏

◎二十日 孫家鼐鐵良查辦瞿鴻禨參案和平覆奏奉 旨留中

法國要求廣西潯州航路權外務部卻之并請日後勿再提此議

◎念一日 北京協約所定開放之寧古塔暉春三姓海拉爾遼陽等各埠照會各公使准二十八日開放

奉旨欽廉亂事貽誤之文武官欽廉道王秉恩北海鎮何長清革職知州顧永懋永不敘用

◎念二日 御史史履晉奏請外官制速行發表奉旨交政治館知道又劾張之洞阻撓改外官制請予罷斥奉 旨留中

外務部照會日使謂福建築造鐵路及布教權本部未經允許毋得誤認云云

哈爾濱鬍匪勾結俄匪圍困巡捕房刧監獄釋放囚犯砍斃俄官伊萬諾氏徐世昌電外務部商請俄使准駐華兵於哈爾濱防守

南洋華僑大歡迎北洋所派海容海籌兩兵艦

◎念三日 江鄂兩督會奏請將長江水師改辦巡警

◎念四日 舉貢考職揭曉

◎念五日 徐世昌決行開濬遼河

◎念六日 政府議定西北邊地各員缺參用漢人補授

英商伊德稟請承辦熱河礦務政府經

已批准

◎念七日　皖撫恩銘臨視巡警學堂畢忽被巡警局會辦道員徐錫麟鎗擊當斃左右二人恩銘是日未刻傷重而逝司道電奏將兇手先行正法

徐錫麟自供爲革命排滿主義

因皖撫被戕沿江各省戒嚴

浙江定海人民暴動搗毀官署學堂廳官父子及哨官丁紳均被擄去闔城罷市

贛撫瑞良咨部請照會法使將辱罵奉新縣令之教士安汝東驅逐回國

奉旨宣布外官制著由東三省直隸江蘇先行試辦各省分地辦理限十五年一律通行

◎念八日　安徽巡撫以馮煦補授吳引孫補授安徽布政使

奉諭預備立憲准各省官民皆得上條陳呈都察院及地方大吏代奏

◎念九日　安徽亂匪起事號稱革命軍

記載

上海商務印書館新出各種教科圖書

（分設）京師　奉天　天津　廣州　福州　成都　重慶　漢口　開封

初等小學中國歷史教科書 每部二册價洋三角 ◯是書爲初等小學第四第五兩年之用計一百六十課每星期授兩課以一年畢一册起自上古訖於今日專取歷代大事及名人事蹟之足資觀感者以充材料簡要不繁文筆亦雅潔可誦另附歷代沿革圖一册

◎高等小學中國歷史教科書 每部四册價洋七角 ◯上起五帝下迄兩宮回鑾下詔變法之日凡分四册共二百四十課約十萬言文辭雅馴體例精當並附歷代圖表尤便檢查

◎學部審定 初等小學地理教科書四册 定價五角 ◯近來地理書多臚列府縣名字山川形勢物產風俗千篇一律陳陳相因味同嚼蠟是書改用游記體裁於童子之記憶頗足相助本國行程分爲七路外國分爲四路每路各附一圖行程所經識以朱線並附精圖一百數十幅刷印鮮明每一開卷尤增興味本書業經學部審定

◎高等小學地理教科書四册 定價五角 萬國輿圖一册 定價三角五分 ◯是書爲高等小學堂第一二年之用計一百六十課每一星期敎授兩課適供二年之用前二卷論中國後二卷論外國皆按最近情勢立論敘次明晰詞旨簡雅可爲初學精本插印銅板精圖一百餘幅兒童讀之尤有興味另附五彩萬國輿圖印刷鮮明裝訂華美

◎簡易課本

修身一册價一角◯國文二册價二角半◯歷史一册價一角◯地理一册價洋一角◯數學二册價洋三角◯格致一册價洋一角◯本館前編小學中學高等學堂各種敎科書均遵奏定章程按年綴輯出版以來謬承學界歡迎復思我國地廣人衆學制初定風氣未能遍開其邊有貧寒子弟過時失學或雖當學齡而迫於生計勢須兼治他業不能受完全之敎育本館用特設變通之法課普及之效編輯簡易課本爲修身國文歷史地理數學格致實業法制八種簡要淺明最易敎授每册中各附精圖數十幅以爲講解之助凡年長失學者得此書而肄習之一年卒業於立身之道應世之用亦可粗知梗概至半日學堂夜學堂星期學堂徒弟學堂不能受完全敎育者以此爲課本尤爲適用茲已印成六種廉價發售

上海商務印書館新出各種教科圖書

（分設）京師　奉天　天津　廣州　福州　成都　重慶　漢口　開封

◎學部審定　初等小學修身教科書十冊　每冊一角　教授法十冊　每冊一角　五彩掛圖　計二十幅已裱六元未裱五元　○本書爲浙江蔡元培福建高鳳謙浙江張元濟諸君編輯採取古人嘉言懿行足以增進民德改良風俗者依次編入由淺及深循序漸進末數冊於合羣愛國尤爲再三致意全書十冊適供初等小學五年之用第一冊全用圖畫不著一字令兒童不生厭倦第二冊至第四冊每課一圖第六冊以下文漸增圖漸減每冊至少亦有十圖左右茲承學部審定稱爲（斟酌取舍之間皆足見其精審）等語教授法十冊按課編纂均注明出處詳列教法亦承學部審定另附第一冊掛圖二十幅彩色鮮明最便講堂指授之用

◎學部審定　初等小學國文教科書十冊　第一冊一角五分第二冊以下各二角　教授法十冊　第一冊四角第二冊至第五冊各三角第六冊三角半第七冊四角　○本書爲福建高鳳謙浙江張元濟江蘇蔣維喬諸君著悉心編纂一字不苟經營二年始克成書文章淺而不俗雅而不奥每冊附圖數十百幅五彩圖二三幅尤爲精彩動人全書十冊適供初等小學五年之用發行以來頗蒙海內教育家許可銷流至數十萬冊疊版數十次茲經學部審定稱爲（文辭淺易條段顯明圖畫美富板本適中章句之長短生字之多寡皆與學年相稱事實則取兒童易知者具物則預計學期應有者幷將一切器物名稱均附入圖中使雅俗兩得其當）等語　教授法一書專爲教員之用按照課數編次凡誦讀講解習問默寫聯字造句作文等法無不詳備名物訓詁皆加詮釋所引古籍西籍亦詳其出處以省教員檢查之煩此書亦承學部審定

◎初等小學習字帖　第一冊一角第二三四冊各八分　○此帖與本館所編國文教科書相輔而行書中所有者無一不備書中所無者亦不攔入以便隨讀隨寫可助記憶第一冊用描紅第二冊以下用影寫

◎小學唱歌書一冊　價洋三角　○此書前半詳列教授法凡音調拍子趣味等法循序不紊後半列歌辭雅而不俗淺而不俚其於愛國思想尚武精神尤爲注意

上海商務印書館出版

慶親王 澤公 戴尚書 呂尚書 沈正卿 賜序
瞿中堂 題籤 袁宮保 端制軍 岑宮保 盛宮保

◎◎◎◎

新譯日本法規大全

潔白連史紙
四開式鉛印
全部八十册
附解說一册

◎◎◎◎

是書原定去年年杪出版嗣因排印不及未能如期無任抱歉邇來晝夜趕辦業經告竣准於二月二十五日出書凡在何處購預約劵者請持劵至原處幷找洋銀十二元取書又在四川分館取書者每部加運費一元四角其餘各省分館加運費六角如欲本館將書寄奉請將預約劵及找洋銀十二元並郵費寄至原購之處收到後亦可將書寄呈郵費如下

(一)輪船火車已通之處每部加郵費一元 (二)輪船火車不通之處每部加郵費一元二角 (三)陝西甘肅雲南貴州四川五省每部加郵費二元四角 (四)日本國每部一元四角 (五)應買十部以上者運費較廉照實數收資 再在本館總發行所及各分館取書者均有書箱其屬本館寄奉者郵費包裹磅數有限書箱祇從寄遞分為十函用精美結實布套以代木箱特此陳明

◎◎ 現在定價每部售洋銀二十五元正 ◎◎
另加郵費分用木箱布套亦如前例

上海商務印書館新出各種教科圖書

(分設) 京師 奉天 天津 廣州 福州 成都 重慶 漢口 開封

師範學校教育學二角◎是書分三篇共三十三章先通論次詳教育之目的及主義方法擇精語詳合乎初級師範學堂之用◎學部審定師範學校教育史一冊二角五分◎是書敘述東西各國教育之沿革與其變遷實足導我國言教育者之先路業經學部審定稱爲(凡小學教員欲考求教育之源流者必取資焉)等語◎學部審定師範學校教授法原理一冊二角◎是書分六編一曰緒論二曰教授之目的三曰教材四曰教授之原理五曰教授之方法六曰教授之形狀業經學部審定稱爲(書簡而賅意精而顯)等語◎師範學校各科教授法二角◎是書分十科曰修身曰讀書作文曰習字曰算術曰歷史曰地理曰理科曰圖畫曰唱歌曰體操應有盡有賅括靡遺適合初級師範學堂及速成師範講習所之用◎學部審定師範學校學校管理法二角◎是書八章曰總論曰編制曰設備曰管理曰經濟曰衛生曰書簿曰教師業經學部審定稱爲(詳審精密條理井然定爲小學教員參考書洵爲適用)等語◎師範學校心理學二角五分◎教育以心理學爲基礎故師範學校必列是科我國現時教育咸知注重師範是書凡二十八章皆詳關乎教育之心理簡要精審一字不苟◎師範學校論理學一角五分◎論理學亦師範學校必要之科爲教員者不明論理學則教授時必不能勝任愉快顧是學精深廣大欲求簡核明豁合乎教科書之用者實鮮善本是書凡六章其中演繹歸納等法適於教授之用者皆詳略得宜◎學部審定畫學教科書一冊七角◎是書爲圖百數十幅凡人物山水以及動植器用等無不具備末附本國各省總分圖數十幅業經學部審定稱爲(凡教習教授圖畫最要在善畫黑板使學生一覽了然爲功自易是編深明此法先以虛線作式而後畫爲圖形故雖不著論說而不至於模不模範不範也)等語◎初等小學習畫帖八冊教員用一冊七角六分◎高等小學毛筆習畫帖八冊一元四角◎高等小學鉛筆習畫帖八冊八角◎以上三種習畫帖參照東西洋名家筆法所有人物屋宇器具皆按照中國模樣俾兒童一覽而知最爲便用

第五回內國勸業博覽會名譽銀牌受領
戰捷紀念博覽會名譽銀牌受領
聖路易萬國博覽會名譽銀賞牌受領

獅子牙粉

謹啓者本廠專用化學製造各種上等牙科葯料精心修合煉成獅子牌牙粉香氣馥郁美味甘凉且能固齒清肺殺虫去穢長用此粉可免牙痛齒落之患居家閨閣不可一日或缺之物氣味常存永不變性誠耐久無比之良品也此粉久蒙紳商賜顧遠近馳名近因貪利之徒竟將低貨魚目混珠故本行另加仿單諸光顧者請認本行獅子牌號爲記庶不致悞

本行 東京市神田區柳原川岸
分行 大坂市東區博勞町二丁目
分行 清國天津日本租界旭街
分行 同 漢口河街
分行 同 上海佛和界

小林洋行

牙粉廠主 小林富次郎謹白

五

休寧程家檉先生纂著　日本伊藤繁延先生案圖

外附漢文說明書一冊全部二十頁已經出版定價金五圓

團一國之精神。有如堅石。有如煉鐵。別無他道。世莫不稱曰國民教育。然其爲國民教育之利器者。則非歷史一科不爲功。中國歷史。浩如煙海。興亡之故。固不難藉教科書以傳之。而國民之眞精神。縱懸河之口。其無圖畫以相輔助。則終莫由而顯也。休寧程韻蓀先生。其經史之學。夙已蜚聲於禹域。自弱冠而負笈吾邦。前歲畢業於大學。其在東京。爲留學生之最久者。以應敝局之請。爲著是圖。聯絡古今。貫串倫類。其數雖不過二十。然內準之中國社會之心理。外以合泰西教育之方法。由其精博之心胸。而出以卓越之識見者也。至其描畫神情。幾於頰上三毫。躍躍若活。呼之欲出。足令人可哭可歌。起慕起敬。誠宇內第一之歷史畫。而心乎教育者之不可不先睹爲快者矣。特此廣告。務宜家備一編。

講堂教授
…漢譯

暗射清國大地圖

⊙縱五尺　橫七尺全幅大掛圖

⊙石版加彩色　定價金參圓五拾錢

發行所　東京市京橋區南鍛冶町一番地　三松堂書局

此墨不須磨工。以筆沾水濃淡自如。且墨質純良永無腐敗之患。即置夏冬時令亦無融凍等慮。光彩燦然。遠勝唐墨。美麗。輕便。於行旅中最爲相宜。價廉物美。足爲文人之至寶也。即以水溶解亦可適用。如官衙畫家大小學校銀行等。猶爲不可少之品。本鋪開設多年馳名已久。教育品展覽會內曾得優賞。中國朝鮮緬甸等處亦屢蒙光顧。惟需覽標本請賜郵費壹角二分。即以墨一個呈閱。不誤。其他文具種類太多。恕不悉錄。故特另紙詳載標本。

大日本登錄商標

二十世紀最大發明

田口精爾謹製

開明墨

電話新橋二八六五

本店 東京市芝區三田小山町二十番地

支店 大阪市東區堺筋博勞町二丁目北二入

開明墨製造元

合資會社 田口商會

日本東京

法政大學清國留學生豫科招生

本大學梅博士爲總理富井博士爲教頭日本法政諸學之中推以爲巨擘清國人留學于此者年增一年現達於一千五百餘名之多玆擬於陽曆九月初新設豫科班（一年畢業）教授普通必須之學問及日語以爲進入大學本科專門部（法律科、政治科、商科、各三年畢業）之豫備東京高等師範學校教授兼文科大學助教授保科先生爲提調所聘教習皆飽學經練之士丁寧懇切以執教鞭故學於此者前後四年可以卒業而通達普通學之大要與法律政治之深理其捷利莫大焉有志肄業者請速報名爲是

學科（倫理、日語、歐語、歷史、地理、數學、理學、論理、體操、）

學費（每月四元）　寄宿費（每月十三元）

開學（陽曆九月十一日）　細章（向報名處索閱可也）

報名處　法政大學分校

日本東京麴町區富士見町六丁目

●本報代派處

如有欲閱本報者請向下開各處所定購或逕寄函本社購取亦得但必須將報資郵費先行付下本社自然按寄無悞空函不覆

上海代理所英界棋盤街中市廣智書局

廣東省城 開明書局
仝上 覺民社
仝 廣智分局
仝 國事日報館
嘉應州松口墟魚巷口 梁龍昌
汕頭 今學書局
香港上環 商報局
仝 和昌隆
北京 有正書局
北京琉璃廠土地祠內 第一書局
四川成都西東大街 廣學會
四川瀘州東門口 開智書局
四川重慶縣廟街 廣益書局
四川敘州府城內學院街日新書報社 趙石如
雲南省城東院街沙腊巷口 天元京貨店
雲南省城四牌坊務本堂書局 王幼珊

湖南長沙府政街 集益書社
武昌橫街 社震亞
仝上中東書社
河南懷慶府北西街路西 河北採派圖報處
河南新鄭 新鄭派報處
河南開封府北書店街 開封總派報處
山東濟南府后宰街 官書局
浙江寧波日升街 級綆齋
杭州太平坊 崇實齋
溫州瑞安東門孫資政第 葉更今
楊州新勝大街 華瀛公社
紹興倉橋街 萬卷書樓
溫州瑞安太平石廣明書社 林公義
蕪湖大街安徽碼頭 科學圖書社
紹興城內水澄巷 教育館

常州 新羣書社
江蘇通州 翰墨書林
南京中正街 南洋官書局
南京東牌樓 啓新書局
常熟寺前大街孚記書莊 張申甫
福州城內總督口教科新書館 黃永泉
江西南昌 商學社
陝西省城大車家巷橫巷西安總派報處 陳漢卿
美國羅省埠 帝國憲政報
紐約埠 維新報
檀香山 新中國報
澳洲雪梨 東華報
南洋新嘉坡 南洋總滙報
東京 中國書林

閱時報諸君鑒

請看！請看‼請看‼!

本館於三月廿六日午前六句鐘被鄰失愼殃及本館所有編輯印刷各部盡致焚沒現托別家代印每日暫出貳張俟机器置備後仍出三紙前蒙東西洋各國及中國境內定閱本報按期發寄之簽條悉數被燬殊深歉仄務請定閱本報諸君速將前定之報何日訂購付欵若干住址何處分別詳示以便照寄現本館遷設四馬路一品香對面辰字第二十一號門牌此佈

上海時報館謹啓

飲冰室叢著之一 國文語原解 一冊二角

羅布存德原著 井上哲次郎增訂 華英字典 一冊六元

經售處 橫濱山下町一六〇番 新民社

第三種郵便物認可

SEIN MIN CHOONG BOU
P. O. Box 255 Yokohama Japan.

《第三種郵便物認可》

《每月二回發行》

第肆年第貳拾叁號

（原第九十五號）

中國光緒三十三年十月一日　日本明治四十年十一月一日

高等教育 最新人生地理學

是書爲日本地理學大家牧口常三郎原著序稱凡十易寒暑而成自初版至今訂正增刊三四年間已至五版書中自家庭細故推衍及於國家要義凡分三十一章其言都邑山川風土氣候窮源竟委觸類旁通以至一砂礫一草一木一鱗一介一毛一羽之微無不與人生有密切之關係蓋一地理也實包含礦物植物動物生理心理政治經濟戰術國家諸科學而兼賅之取材豐富標義淵深迥非從前地理學諸書徒記述一國山川形勢古今沿革或則臚舉人口物產直如目錄毫無理論上之秩序者比敝社特請會中名員悉心譯述易稿五次費時日者凡一年有奇文筆疎宕能盡抉其義而表出之大足供學生之研究備教員之參攷以養成生存競爭之活動國民也全書都三十餘萬言內插銅版彩色圖及寫眞並普通圖九十餘枚用紙光潔活字清朗綢面金扉洋裝一大厚册堅實精美　正價大洋二元五角特價二元　批發從廉遠處函購原班回件郵費另加

發行者　游藝社　上海新聞新馬路勝業里

發行所　羣益書社　上海英界四馬路惠福里

分售所　（長沙）集益書社及各省大書坊與東京各書店

新民叢報第肆年第貳拾叁號

（原第九十五號）

目錄

▲論著一……一

◉論今後民黨之進行　立齋

（一）立憲政治無正當不正當之別（二）開國會之遲速

▲譯述一……一九

◉近世英國商業政策之發展……重遠

○第一章重商主義時代…第一節重商主義之發生…第二節重商主義之發達…第三節海運政策漁業政策及殖民政策…第四節戰鬥政策及掠奪政策…第五節工業政策…第六節農業政策○第二章自由貿易主義時代…第一節關稅改革…第二節國力之發展

▲譯述二……七三

◉格陵之學說　黃國康

▲譯述三……九三

◉人格論　光益

▲文藝……一二五

◉飲冰室詩話　飲冰

▲雜俎……一一九

◉列國海軍比較表

◉本社特別廣告

啓者本報現已出至第四年第二十三號閱報及代派諸君有未将報資清交者請即如數滙下是所切禱

橫濱新民社謹白

報費及郵費價目表	全年廿四冊	半年十二冊	零售
報資	五元	二元六角	二角五分
上海郵費	二角四分	一角二分	一分
上海轉寄內地郵費	一元二角	六角	五分
各外埠郵費	一元四角四分	七角一分	六分
四川、雲南陝西、貴州山西、甘肅等省郵費	二元八角八分	一元四角四分	一角二分
日本各地及日郵已通之中國各口岸每冊一仙			

廣告價目表	
洋裝一頁	十元
洋裝半頁	六元
惠登廣告至少以半頁起算刋資先惠論前加倍欲登長年半年者價當面議從減	

編輯兼發行者　馮紫珊
印刷者　陳侶笙
發行所　橫濱山下町百六十番　新民叢報社
上海發行所　四馬路老巡捕房對面　新民叢報支店
印刷所　橫濱市山下町百六十番　新民叢報活版部

本社發售各種書目

左列各書廉價發售多購酌減空函不覆

政法

- 萬國公法（四冊） 六角
- 清國行政法 洋裝 二元 和裝 一元八角
- 政治學（四冊） 一元半
- 萬國憲法志 七角
- 萬國官制志 四角
- 英國憲法論 六角
- 地方自治制論 三角半
- 政治學新論 四角
- 英國憲法史（三冊） 一元二角
- 共和政體 八角
- 歐美政體通覽 二角
- 政治泛論（上下） 一元
- 國際公法志 五角
- 世界之政治 四角半
- 國憲泛論（上中下） 一元
- 政治原論 七角半
- 美國憲法 三角
- 歐美政教紀原 七角
- 王安石新法論 二角半
- 各國交涉公法論（八冊）
- 憲政胚論 三角半
- 大清新編法典 七角
- 地方自治制要義 一元
- 康南海官制議 洋裝和裝 八角
- 政治講義 三角半
- 憲法精理 五角半
- 上海領事裁判及會審制度 二角

歷史

- 萬國興亡史 三角半
- 法蘭西革命史 一元
- 意大利建國史 三角
- 最近外交史 三角
- 波蘭衰亡史 六角
- 歐洲財政史 三角
- 俄國蠶食亞洲史 一角半
- 埃及近世史 二角

心史	四角
越南亡國史	二角
泰西通史(四冊)	一元
歐洲列國變法史(八冊)	一元五角
巴比倫史	一角半
意大利獨立史	四角
埃及史	一角半
波斯史	一角
猶太史	一角
普通新歷史	二角
日本維新慷慨史(上下)	五角
支那通史(四冊)	
英國制度沿革史(上下)	一元
歐洲十九世紀史	八角
中國文明小史	四角
支那文明史	八角
教育學史(上下)	八角
佛國革命戰史	七角
英國革命戰史	四角
俄國情史	四角
明季稗史正編(六冊)	一元
俄羅斯史(上下)	八角
埃及近世史	二角半

德國工商勃興史	六角半
萬國興亡史(上下)	七角
飛律濱獨立史	三角
東洋史要(四冊)	八角
世界近世史(上下)	九角
西洋歷史	七角
日本維新三十年史(六冊)	一元六角
世界進化史	八角
日清海陸戰史	四角
萬國歷史	一元
土耳其史	四角
亞剌伯史	八分
成吉思汗少年史	一角八分
續支那通史(八冊)	一元二角
意大利獨立史	四角
腓尼西亞史	七分
明治政黨小史	一角
支那史要	八角
希臘獨立史	四角
西洋通史全編(八冊)	一元二角
同(七冊)	
萬國歷史問答	三角
新撰日本歷史問答(上下)	三角半

二 傳記

泰西政治學者列傳	一角
加里波的傳	一角
萬國人物傳類纂(上下)	一元
中西偉人傳	三角
八愛國者傳	二角半
拿破侖全傳	一元
俾士麥傳	一角
意大利建國三傑傳	三角
飛獵濱志士獨立傳	二角
克萊武傳	三角
祖國女界偉人傳	二角
黄種三大偉人	三角
華盛頓	五角
李鴻章	三角半
鄭成功	四角
戈登將軍	三角
成吉思汗	同
格蘭斯頓	三角半
亞歷山大	三角
彼得大帝	四角
世界十二女傑	三角半

血史（洋裝） 一元

地理

世界地理 一元半
萬國地理志 五角
初等小學外國地理志 二角半
東亞各港志 三角
新撰萬國地理志（三冊） 六角
萬國商業地理志 三角
外國地理問答 二角半
世界地理志（上中下） 一元
地理學講義
地文學問答 五角半
地質學問答 五角
瀛寰全志（附圖） 二元
揚子江流域現勢論 二角半
最近揚子江大勢論 三角

數學

代數備旨詳草（上下） 六角
筆算數學（三冊） 九角
筆算速成法 二角半
陳文小代數學 一元五角
大代數學詳草 六角
筆算數學全草 一元二角
數學難題詳解 八角
普通新代數 一元二角
心算教授法 一角半
陳滉算術教科書（上下） 一元五角
陳滉代數教科 一元
初等平面幾何學 七角半
最新平面幾何學教科 一元七角
明本幾何原本（上下） 一元四角
幾何學教科 一元
新式數學教科 八角
平面三角法教科 六角半
平面立體幾何學問題詳解 八角
新撰數學公式 七角
初等代數學講義正續編 一元一角
算學易知 三角
形學備旨全草 一元二角
初等幾何畫詳解 洋裝 五角 和裝 四角
立體幾何講義 一元四角
劉曉代數學 六角

教科

家庭教育 二角
特殊教育學 三角半
精神之教育（上下） 五角半
萬國教育志 七角
教育問答 二角半
教育家言 三角
德育及體育 二角半
教育學解剖圖說 一角
德育鑑 五角
高等改良新讀本（六冊） 一元
蒙學必讀初編 一角
繪圖婦孺新讀本（八冊） 八角
蒙學讀本全書（七冊） 一元半
國民必讀
蒙學鏡（六冊）
正蒙必讀（六冊） 六角
初等小學讀本（上中下） 四角半

圖中外故事讀本　三角
版繪孟子新讀本(十二冊)　二元
圖科學讀本初編　一角半
廣智國文讀本(第一冊)　一角半
同(第二冊)　一角半
高等國文讀本第一編　二角
同第二編　二角半
同第三編　三角半
同第四編　四角
同第五編　四角
婦孺三字書五種(四冊)　三角
三千字文
四千字文　二角
五千字文　四角
西洋歷史教科書　九角
中國歷史教科書(三冊)　一元七角
樂典教科書洋裝　一元
和裝　五角
修身教科書(每冊)　一角
講堂用修身掛圖　四元
動物學教科書(洋裝)　一元
蒙學鏡教科書(六冊)

高等小學西洋歷史教科書(上下)　四角
西洋史教科書　九角
蒙學西洋歷史教科書(上下)　三角
國史教科書　四角
蒙學外國地理教科書　二角
植物學教科書　三角半
蒙學中國歷史教科書(上下)　三角
中等西洋史教科書(上下)　四角半
蒙學地文教科書　二角
高等修身教科書
妖怪學教科書　二角
高等小學物理教科書
蒙學註訓修身教科書　一角半
中等東洋史教科書　七角
測繪教科書　五角
高等小學動物教科書
蒙學珠算教科書　二角半
中等博物學教科書　四角
理化教科書　三角半

高等小學國史教科書(上下)　四角
蒙學文法教科書　二角
經濟教科書　三角
蒙學天文教科書　二角
蒙學衛生教科書　一角
論語教科書　三角
初等小學物理教科書　一角
同體操教科書　一角
蒙學體操教科書　三角半
初等小學植物教科書　一角
初等理化教科書　三角
蒙學心算教科書　一角
東西洋歷史教科書　九角
教育唱歌教科書　二角
修身唱歌教科書　二角
小學唱歌教科書　三角
蒙學修身教科書　一角半
又　一二編　二角
初等小學國文教科書　三角
唱歌教科書　四角半
東洋歷史教科書　九角

小學教科問答(四冊)	五角半
普通商業教科問答	三角
中學世界地理教科參考書初編	一元半
中學世界地理教科書初編	五角
高等小學理科教科書	一元二角
高等小學西洋歷史教科書	五角
蒙學理科教科書	
普通體操教科書	
高等小學西洋歷史教科書上下	五角
蒙學動物教科書	二角半
同地質教科書	二角
同東洋歷史教科書	二角半
同格致教科書	二角半
同生理教科書	二角
同植物教科書	二角
礦學教科書	二角半
蒙學初級修身教科書二冊	三角
初等小學體操教科書	二角

高等小學國史教科書	四角
算術教科書(上下)	一元半
初等小學遊戲體操教科書	一角
初等國文教授(上下)	四角
小學教科問答(四冊)	
字義教科書(六冊)	
初等小學中國歷史教科書上下	三角
繪圖蒙學外國歷史實在易四冊	五角
識字實在易(廿冊)	二元
修身實在易	三角
天文實在易	一角半
習算實在易	三角
衛生實在易	一角半
繪圖蒙學習字實在易四冊	三角
蒙學習話實在易(上下)	二角
中國歷史實在易(四冊)	四角
繪圖蒙學唱歌實在易二冊	二角四分
蒙學體操實在易	一角半
同格致實在易	一角半
同造句實在易(四冊)	三角半

同論說實在易(四冊)	三角半
速通虛字法初編(四冊)	三角二分
繪圖通虛字法續編(六冊)	四角半
小學唱歌教授法	四角
普通啓蒙圖課(上下)	
普通商業教科問答	三角
學校遊戲法(上下)	七角
實驗小學管理法	二角半
國文語原解	二角
漢文典	

歌曲

國學唱歌	二角半
學校唱歌初二集	四角
學生歌	一角
國民唱歌集	一角
教育唱歌集	三角
新中國唱歌初集	三角
五絃韻書	
蒙學歷史地輿歌括	
風琴習練法	
音樂小雜志	二角八分

英文

初級英文範　五角
納氏第二英文法講義（洋裝）　八角
華英國學文編
英法尺牘譯要　一角半
廿世紀訓蒙編（上下）　二角
英文典問答　三角三分
同　七角
馮鏡如華英字典　六元半
井上哲次郎先生華英字典　六元
華英商賈會話　二角
華英學生會話　二角
廿世紀新讀本　七角半
新法英語教科書　五角
初級英語作文教科書　四角

東文

東文典問答　五角半
東語正規　一元
東語初階　六角半
和文漢讀法　三角
和文漢譯讀本（八冊）　一元
東文新法會通
日本語典　一元
中學日本文典　四角

生理與衛生

中國生理學　八角
最近衛生學　二角
處女衛生　三角半
學校衛生學　二角
軍國民衛生學　二角
衛生學問答　五角
男女衛生新論　一元七角
生理學問答　三角半
造化奇妙譚　二角
衛生工事新論　二角
育兒與衛生（上下）　四角半
生理衛生學　二角半
肺病問答　五角
中學生理書　八角
男女婚姻衛生學　四角

心理學解剖圖說　一角
中國財政紀畧　二角
經濟學　七角
工商理財要術（上下）　四角半
萬國商業志　六角半
商業教本　五角半
工業化學（洋裝）　六角半
中國鐵路指南（洋裝）　一元
中國鐵道述略　一角半
中國鐵路議
德國名將兵法論　二角
步兵操典　六角
科學叢書第一集（十冊）
同第二集（六冊）
化學礦物編（洋裝）　一元三角
動電學　一元
靜電學　六角
聲學　四角
磁學　四角
化學　一元
物理學　一元六角
倫理學　四角
論理學　一角半

哲學論綱　三角
哲學要領(上下)　四角
歷史哲學前後編　四角
農政學　八角
歐洲十一國遊記第一編　洋裝一元　和裝八角
同　第二編　洋裝八角　和裝六角
新大陸遊記　減價五角
美國聖路易博覽會遊記　八角

雜書

明儒學案　一元五角
洋裝飲冰室文集上下　四元
飲冰室自由書　四角
國文語原解　二角
現今中俄大勢論　二角半
日本現勢論　一角半
東亞將來大勢論　二角
赫胥黎天演論(二冊)　四角
大勢變遷通論　四角
路索民約論　六角

希臘三大哲學說　三角
婚姻進化新論　四角
十九世紀大勢略論　一角半
現今世界大勢論　二角
中國現勢論　五角半
自助論　一元
義務論　二角
權界論　八角
族制進化論　三角
內地雜居續論　二角
天演論　三角半
物競論　五角
姙娠論
人羣進化論　五角
各國立約始末紀(廿二冊)　四元
羣學肄言(四冊)　二元七角
和文譯翼　三角
普法戰紀(十冊)
公德講話　三角半
道德進化論　一角
愛國精神談　三角
支那天文問答　四角

近世社會主義(上下)　六角半
人圓主義　七角
社會主義　二角
日本國志(八冊)　一元
男女育兒新法　二角半
今世界大事一班　六角
歐洲四大政治家學說　三角
道德法律進化論　三角
九經今義
立憲論與革命論之激戰　五角
野蠻之歐洲　三角
驗方新編　四角
併吞中國策　五角
中國人種攷　四角
粵軍志　三角
仁學　四角
樂養齋叢刻　二角
天則百話　四角
社會黨　二角
新廣東　三角
滿洲旅行(上下)　五角
泰西風土記　三角
世界諸國名義攷　二角半

俄國如是　五角
日本近世文典　一元
修學篇　二角半
伊藤博文　五角
外交通義　八角
劉陽二傑遺文(上下)　六角
近世社會主義(上下)　六角半
經義策論文法(上下)　三角
庚子傳信錄　一角
權利競爭
美國遊學指南　一角二分
美國華工禁約記　二角
策論新選(上下)　三角
家政學(上下)　六角半
讀書法　一角
新爾雅　六角
地球與彗星之衝突　一角半
粵漢鐵路交涉秘密檔案　三角半
中國民約精義　四角
傳種改良問答　三角
中俄關係　六角
擴書　四角
地球之過去及未來　三角

世界政策　六角
心理摘要　二角
國家學綱領　一角二分
男女交合秘要新論　三角
理學鈎玄(上下)　五角半
倍根文集　六角
三等學堂增訂課藝(上下)三角
梁溪務實學堂課文(上下)三角
中西學門徑七種(三冊)
累卵東洋　二角半
婚姻指南　九角
中國魂　三角
帝國主義　四角
男女交際論　一角半
周禮正要
福澤諭吉談叢　三角半
官商便覽
歐美公德美談　五分
歐美新談　六角
章程大備初集(三冊)　八角
南洋時事　一元
丈夫之本領　七角半
國文典

女學生　二角
未來戰國志　三角半
致富錦囊　二角
徙薪植物翼　一元
泰西事物起原　三角半
中外時事問答　四角
日本普通學科教授細目　一元六角
袖珍攷正字彙
孫批胡刻文選六冊
日俄戰紀　二元
二十世帝國主義　四角
紀怪物
男女生植器病秘書　一角半
京師大學堂心理講義初編
京師大學堂掌故講義二編
速成師範講義錄(上下)　二元
妖怪學講義錄　六角
學堂教育修身講義　三角半

圖畫

新案義國地圖
日露戰地明細實測圖　九角半

清國明細地圖　一角半
東亞三國地圖　三角
露西亞圖
漢譯滿洲圖
滿洲及露西亞圖　四角半
支那分圖
中國廿一省圖　一元半
五彩坤輿全圖
大清國現勢地圖　七角
近世萬國地圖
教授講堂暗射世界大地圖　三元半
世界兩半球圖　二角半
漢譯兩半球圖　二角半
義和團戰爭圖　二元
中華歷朝皇帝御影
上海百美圖　一元
稻作害虫驅除法掛圖　二元
商報祝典　一元

說部

寰球旅行記（上下）　八毫
美人手（三冊）
九命奇冤（三冊）
黃繡球（上下）　五毫
毒蛇圈
電術奇譚　五毫
情魔　四毫
妖塔奇談　七角
地中秘　四角
妬之花　四毫
春申江之新笑談　二毫半
妖塔奇談（上下）　七角
錢塘獄　三角
轟天雷　四毫
黑海鐘　三毫
鬼山狼俠傳（上下）　一元
洗恥記　三毫半
神女緣　一毫
茶花女遺事　四毫半
海上觀雲集　二角
新孽鏡　五毫
玉虫緣　三角
海天鴻雪記（四冊）　一元
奇想　三毫半
白雲塔　三毫半
明季之怪現狀　二毫
彼得警長　三角
火山報仇錄（上下）　九毫
大魔窟　四毫
劫後英雄畧（上下）　一元
墮溷花　四毫
小仙源　一毫半
自由人（上下）　四毫半
情海劫（上下）　八毫
中國偵探案　二毫
大除夕　三毫
馬丁休脫　三角
日本劍（上下）　七毫
冰山雪海　四毫
精禽塡海記　四毫
風洞山　四毫
繁華記（上下）　一元
美人烟草　一毫
俠奴血　四毫
海天嘯傳奇　二毫
秘密使者（上下）　八毫
埃司格蘭情俠傳（上下）　五角
離魂病　二毫半

女首領(上下)	六毫
同天綺談	一角半
刺客談	二毫半
無名之英雄(上中下)	一元二毫
孽海花(上下)	一元
奪嫡奇冤	五毫
糊塗世界(六冊)	
身世叛乱記	
新舞臺(上下)	八毫半
螢中志	六毫
少年偵探	
獅子血	四毫半
俠男兒	三毫
珊瑚美人	同
歷史演義	同
環遊月球	同
黃金骨	二毫
小公主(上下)	六毫
貍奴角	二毫半
瑤林露屑(八冊)	八角
髑髏杯	
黃金血	三毫
懺情記(上下)	五毫

降妖記	二毫半
思痛錄	同
萬里尋親記	三毫
莫愛双麗傳	同
青年鏡	同
怡情唱歌	同
女人島	同
秘密隧道	同
手足仇	同
瑞士建國志	同
立憲鏡	同
嬉笑怒罵	同
極樂世界	同
新法螺	同
三字獄	二毫
死復仇	二毫半
鉄錨手	二毫
澳洲歷險記	同
孤兒記	同
奇獄一	同
美人妝	同
俠女奴	同
曇花夢	同

金銀島	同
胠篋術	同
胡寶玉	同
世界的尤物	同
鴻巢記	同
傷心人語	三毫半
新黨發財記	同
籬外人	同
双豔記	同
險中險	同
女魔力	同
泡影錄	同
帝女花	六角
李蘋香	同
花史	同
自由血	同
鄰談一噱 前編 後編	同
巴黎秘密案(上下)	同
秘密會	四角
胡雪岩	同
禽海石	同
双美人	同

書名	價
續包探案	
蘇格蘭獨立記	同
指約奇談	同
鐵世界	同
無人島	同
環球旅行記	同
阱中花(上下)	五毫
市中毒針	二毫半
新蝶夢	一毫半
洪罕女郎傳(上下)	七毫
地心旅行	一毫
魏忠賢	五毫
双金球(上下)	七毫
多情之豪傑	四毫半
影之花	四毫半
離恨天(上下)	六角
双碑記	三毫
女媧石(甲乙)	五毫
天花亂墜	一元
魯濱遜飄流記(上下)	七毫
紅礁畫槳錄(上下)	八毫
剖尸記	一元
黑行星	一毫半

書名	價
正包探案	二毫半
双指印	同
禍爾摩斯一、二、三、案	四毫半
同四、五、六、七、八、案	二毫半
同七、八、九、十、案	四毫
同九、十、十一、十案	二毫半
同二、十三、案	四毫
蘇洲新年	五毫半
一封書(上下)	六毫半
秘密海島一卷	三角
同　二卷	四角半
同　三卷	四角半
新戀情(上中下)	
唯一偵探譚	五角
偵探譚二	二角半
偵探譚三	二角半
偵探譚四	四角
繪圖三國志	一元
桃花扇傳奇	六角
銀山女王(上中下)	八角
蠻荒誌異	
深淺印	二角半

書名	價
女兒花(上下)	一元
萬里鴛	一元二角
絕島英雄	二角
火裏罪人(上下)	八角
當頭棒	四角
斯文變相	四角半
學生現形記	三角半
情恨天	二角半
七星寶石	二角
瓜分慘禍預言記	五角
小說集[illegible]	一元五角
小說叢話	二角
警世鐘	同
露瀨格蘭小傳	四角
生死自由	三角半
上海之維新黨	三角
世界探險	三角
女子救國美談	一角二分
澥外奇譚	五角
俠戀記	二角半
十五小豪傑	二角
繡像花月恨(六冊)	六角
黑奴籲天錄(四冊)	八角

西亞奇談	二角半
日本維新英雄兒女奇遇記	二角
迦因小傳	四角半
迦因小傳足本	一元
官場現形記第一編	一元
同　第二編	一元
同　第三編	一元
同　第四編	一元
同　第五編	一元
短篇小說叢刻	二角四分
班定遠平西域	一角半

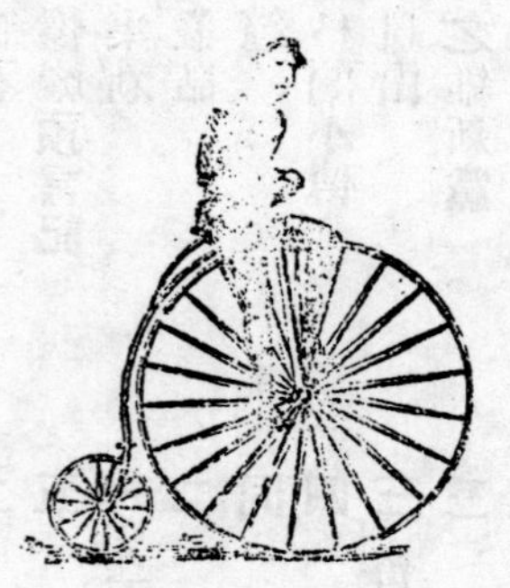

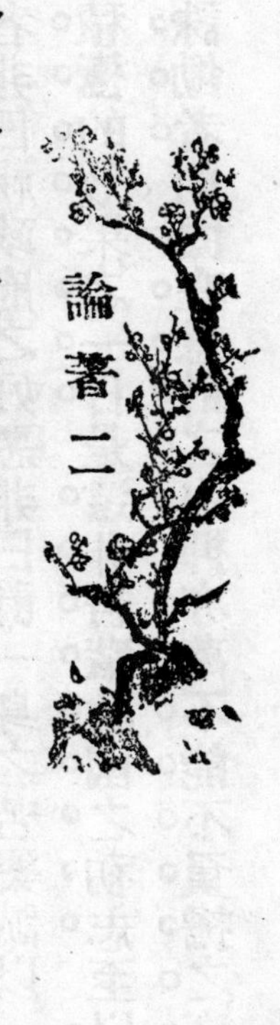

論著二

論今後民黨之進行

立齋

嗚呼。吾國民痛心疾首於政府者。於玆有年矣。經甲午庚子以來。國事前途。危急幾不可終日。於是號稱先覺之士。其憤激者。挾其徒黨。數起於邊陲郡國。而持重者。則評非於國民思想能力。加以陶鑄。雖日日言起義。無當焉。荏苒至今。政府之不足有爲。曉然大白於天下。而薄海嗷嗷。咸思所以改造之者。是眞國民的運動首事之期。而前途一綫生機。其在玆乎。雖然。美國大統領羅斯福有言。著千部書。不如做一件事。西諺有言。與之以教訓。不若示之以範本。自今以往。吾儕所以盡瘁於國事前途者。自不可徒以言論畢乃事矣。竊附此義。敢與吾海內同胞一商榷之。

(一)立憲政治無正當不正當之別

以吾儕主持政治革命論者之所信。則方今急務。莫若速定立憲政治。是已。雖然。有持民族主義。謂滿漢利害背馳。兩族並存。決無以得正當之立憲。則我正告之曰。近世列國立憲之原動力無不出於國民之要求非政府之所畀與故國民之能力增一度則政府之壓制縮一度遠觀歐美近鑒日本成蹟彰彰不可掩吾未見以吾國今日之政府獨能撐持此世界萬國所不能撐持之狂瀾焉若曰子不觀俄羅斯乎以虛無黨炸彈之猛烈。迄今數十年。專制之淫威。猶不消滅。君等日日言要求。終見其廢然而返而已曰俄羅斯非吾國之比要其外交之成功內治之整齊皆足以收國民之信用然遠東一敗亦不能不頒布憲法召集議會（至今度之解散則議員自身有違憲之舉動爲之焉）夫以我無方針無主義之政府內而大小臣工徒知爲身家利祿之私外而列強迫處近在臥榻者獨能堅持不却乎此甚不然者也雖然。又有說者。子不見政府中之種種設備。思有以絕非種而杜禍根。吾未見公等之所要求。即爲政府之所樂與也。曰此言是也。吾儕之所以持立憲而不主革命者非曰視政府之好惡非曰計一身之苦樂誠以一方之暴動長此糜爛其民終無收積極的效果之一日是遠非吾輩救國之初志至以政治上之運動而不免於一時之誅鋤者則固在意計之中抑亦萬不能不負擔之痛苦也夫始敗而終勝者要求立憲之國民也始勝而終敗者抵抗立憲之政府也使犧牲數十人數百人數千人數萬人之生命而四萬萬同胞之幸福有進今之一日則吾儕之欣喜願望寗有加焉

至正當之立憲之說此其標準甚不明瞭然固持民族主義者懸此一格以勵吾黨抑即持立憲論者中所以爲必當力爭經營而絲毫不容稍讓則我正告之曰國民實際所享受之權利不視乎憲法之條文而視其運用之能故凡政治上種種重要事項若內閣之存在若國會之每年召集若下院之稅法先議權雖一不見於成文法中而以世界立憲國之鼻祖稱者英國是也有其政治上之理論雖不讓於先進之立憲國然其實行之結果則遠反所期者意大利是也有取其憲法而加以法理的研究雖視歐美列國不無遜色然並不以是而阻其憲政之發達活動者日本是也故竊謂凡國會初開之國不患民黨無可以監督政府之途特患其民黨能力之幼穉不足以盡監督政府之實耳法國公法家婆脫彌(Boutmy)氏有言法蘭西人好以卓絕壯麗威嚴求憲法之鞏固而英人則任其國法於渺茫模糊之裏以便其修正雖理論上兩者各有

得失然求之實際則法遠不如英嗚呼是亦可以思矣（婆氏之意非謂法文之可以滋生模糊不過謂雖有完美之憲法使其能力不足以及之猶之無用焉）

夫憲法之編定有出於欽定者若日普是有出於民約者若法比是有出於君民之約束者若英吉利是有出於聯邦之協議者若美德是以是之故各國議會之權限自不無等差然有其不可易者則凡爲立憲之國其議會必具五種權利國家根本法律修正之權利一也凡以法律之形式現者必經議會之協贊是之謂立法權二也（豫算之協贊亦即屬於是中）條約承認權三也緊急勅令之事後承認權四也（緊急勅令惟日普二國有之在英國雖無此種命令然有責任解除之名）司法權五也（舉其大者言之則審判受彈劾之大臣是也日本議會無此權英國以政黨內閣故故有之而不用）凡若此者皆英國君民相爭之結果以爲得此足以防專制之弊害而近世列國咸採而著之國家大典故若美國議會之專掌立法英之君主不用拒否之大權法之主權之盡在兩院者無論矣即若日本者彼之憲法學者固以日本主權盡歸之天皇之手抑任命大臣天皇自有其自由者也然第一次議會之召集山縣內閣提出八〇六三八、七一四、七四四之豫算表時之改進自由兩黨同標政費節減民力休養之旗幟竟加以八百餘萬之減削（後改爲六百餘萬）

迨事已了山縣知民氣之不可當遂辭職旋以松方代之第二次議會以豫算問題被解散逮第三期議會既閉内閣大臣以選舉干涉大不利於衆口亦遂辭職迄今凡二十三回其閣除中日戰役伊藤内閣支持三載六議會之久日俄戰役桂内閣支持三載六議會之久外此無經二議會不更之内閣嗚呼内閣之顚覆即民黨之勝利也故以我國今日之大勢使眞有志於國家之改造而勿徒持異種排斥之觀念者則以一議會數百人之力足以干涉國家全般之施政而有餘而豈復有正當不正當之可言是則我儕所以以是爲獨一無二之法門也

有爲民黨之所惡聞而官僚中之持立憲主義者所急思摹效者曰德意志主義與日本主義是亦不可不研究其因果而一論之夫德意志聯邦於歐西列國中誠以君權之大稱然此乃卑斯麥謀所以以普魯士統一德意志不得已將以是圖壓制也試舉其理由之大者統一德意志聯邦者爲普魯士爲聯邦之首長者爲德意志王故以普魯士之獨强重以君主之大權凡全國高級將官盡歸皇之任命惟稍下級者得自處理之然各邦中除三邦以外以此保留之權利無大實用故咸歸之普魯士抑其他大

政凡稍涉重要者無不盡歸之中央政府中央政府之首領爲宰相而宰相則聽命於皇此其原由一也凡憲法之改正於聯邦議院有十四票之反對者則其議案不得通過而普魯士獨有十七票故於憲法改正普魯士有絕對的否決權外若海陸軍租稅法案之變更亦惟普魯士獨握贊否之大權夫以無責任之德皇固無出席於議會之權然以普魯士王之資格對於聯邦議會得派遣使臣因而間接有完全發言權此其原由二也宰相之官能凡二一爲帝國的一爲普魯士的故於行政上指揮二政府於立法上操縱四議會然以雙方必以一人任之然後普魯士乃能舉統一各邦之實故宰相之對於議會不能如他立憲國負所謂政治上之責任（如其負之則宰相有不出於普魯士之時）而君主因得以其所好惡進退大臣（雖不能如專制國之自由然如威廉第二之於卑斯麥則知其實有進退之可能）此其原由三也凡立憲之國使其議員惟分二黨則多數黨必占勢力於議會而因得以左右行政大臣然德意志以其爲不平等諸邦之結合故不容此現象之發生且重以卑斯麥威廉二世之英雄施種種手段以干涉政黨壓制政黨故至今日而猶小黨紛紜非特不足以制政府反常爲政府之所利用此其原由四也夫德意志君權特大之由雖外是有本於歷

史者。有本於民族之性質者。容有未盡之處。然其犖犖大者。要不出此。此所以雖日耳曼森林爲自由出產之地而憲政之成蹟視英美猶遠不逮是誠今日德意志國民之所痛心者也美人羅威爾(LoWell)嘗論之曰。以德意志聯邦而望其民主政治之發展則非變更其帝國之組織不可此言也眞洞中肯綮而眞非數百議員鼓其反抗之精神所能爲力者也返觀日本則何如。就其國法觀之則制定自天皇形式上之莊嚴遠邁歐美然此乃防議會與內閣之衝突圖行政之便利不得漫曰徒以是擁護君主之大權也就其政府觀之則伊藤內閣以還遼之舉而辭職桂內閣以日俄和議招國民之不平而辭職雖其政治之行未必悉爲國民代表者之所欲然不可謂非適於今日國民之程度者也就其政黨觀之則自憲法頒布迄今猶未能立於主動之地位而一二政黨常仰藩閥之鼻息以保持其位置此其特別勢力之存在常爲其民之所大惡抑亦國家的大黨未出現之所致也然此其大權政治官僚政治半黨政治實皆不過一時過渡時代之現象而非可久存不觀郡制廢止案西園寺內閣方挾政友會之力以傾山縣系而近者內務大臣原敬氏北海道之游反對者謂其將從此大固政友會之基礎以爲將來游刄自如之地步使一旦眞有黨焉漸爲國民之所信用而過半數之大黨出現則種種立憲政治之汚點不難一舉而掃除之故以某等觀之若日本者雖其憲法大半本之普魯士而政治之進行則十年廿年以往必遵英國成例無疑義矣當第三次伊藤內閣辭職。時大隈板桓之聯合政黨出現。而憲政黨內閣遂以成立夫日本天皇豈不知從此喪失其任命大臣之特權，（法理上不喪失而事實上則已喪失矣）山縣西鄉井上大山輩。豈不知從此不得獨把持政權。然數次集議。卒無有起而當此難局。而卒任其素所仇視之政敵來執政權。亦以人心所歸。知時勢之未可逆抗耳。此其狀態。與英之第一次政黨內閣之出現。正相類似。故凡一國國民始則爭立法之權是爲第一級繼以定法與行政之不統一之易生衝突則並行政而自掌握之是爲第二級若德意志聯邦則此立法與行政統一之局正乃無可出現者也而日本則以民黨能力之未充故今日雖未完成而將來則必有達其目的之一日也以吾國與二國較則日之流而非德之儔也何也。以其爲單純國而非複雜國也故若日普二國之憲法其有關係與否吾不敢知然以今日官僚之趨向謂無絲毫之影響未見其可然其不足阻吾之

進步也既若此則吾儕今日不必不已之求惟彼之恐而乘此數年聯袂而起以從事於擴張吾黨之實力是則今日之急務焉矣

(二)開國會之遲速

舉今日國中黨派必曰革命與立憲然革命之舉吾儕固認其爲只召禍亂而不足以致治安者也則凡吾同志今後之進行舍要求改革政體以外又豈有他道抑吾四萬萬同胞今後之進行舍此又豈有他道哉然同屬立憲而其中甲主國會即開（即開與速開異者注意）說乙主國會緩開說此二者出於爲國之盛心則一而逆料方來之事變則與鄙見不無異同故舉其說而申論之

甲之說曰以今日政府之腐敗復無何事之可與言凡所謂改良預備者皆不過欺人耳目以安天下之反側而大局之存亡危急迫在旦夕故今日最直捷簡易之途莫若要求一所以監督之途然後政府之舉措許我之容喙而庶政之更新乃可言矣

乙之說曰以今日之國民畀以權利則棄如草芥繩以義務則怨言雜出若是者所

謂能力不具。在私法上不能爲權利之主體。顧於公法上可與言監督政府乎。且千年舊習。決非一朝所得化除。故必俟教育普及。於國民根本思想上加以改良。然後乃可與立憲言改革。

兩者之說。固皆有一面之眞理。然均不免失之極端。夫以今日之政府。使有議會以監督之。則凡苟且偸安之習。皆有所憚而不敢爲。此誠效之可見者也。然以社會現象之複雜。往往以一事爲之因。而衆果之生。於甲利於乙不利。此不難一調諸史。意大利者歐洲新造之國也其大臣責任立法順序殆無不摹效英國此於外觀視先進之立憲國未遑多讓然以是而內閣之更迭頻頻凡中央政治地方政治彼執政官吏立朝伊始方思有以促進之然不移時而旋遭擯斥此所以自一八八九年格黑士比內閣成立以迄一九〇六年二月孫尼羅內閣成立竟多至十有三次之更迭也夫以吾國上下感情之惡一旦國會召集其必出死力以相抵抗（非謂不當抵抗竊意必俟政黨自身稍有規律然後雖抵抗而無礙）可無待言然以百度未舉之國方且有待於非常特達之士定百年之大計籌一國之全局使其視官如傳舍而人懷五日京兆之心則其阻礙政治之進步孰大矣且若意大利者統一之局既成故其內閣更迭之影響竟限於國內以吾國今日方冀其力固國本以禦外侮者果可容若是之衝突重重哉此其不可不審者一法蘭西俄羅斯者革命風潮最盛之國也法之第三共和政府成立王政黨與共和黨時爲激烈之競爭第一大統領麥耶士以右黨之反對（即王政黨）而辭職第二大統領囂克麻訶以左黨（即共和黨）之反對而辭職陰謀爭論殆無窮期於是人民大生厭惡議院政治之心迄今近四十年共和國之基礎乃稍稍定俄以遠東一敗布憲法開議會然虛無黨社會黨堅持政府撲滅之志帝政黨猶守其昔日獨裁主義兩者不擇手段徒以爭意氣爲事此所以議會之開不過二次而今已重二回解散今後前途憲政之果得久持與否尙在不可知之數竊鑑二國之事實而不能不爲吾國前途痛夫自附於貴族官僚之列者其亦思民氣之不可犯而速籌所以自處之術乎持革命主義者其亦默念前途平心靜氣以挽回國家之危局乎而不然者議會一開向者不得志於直接行動今轉而執議院政策則俄法政爭之局必重見於東亞而國事之危殆乃尤不可問然此事又非待政治思想浸灌稍久全國國民不至惑於感情之一僨不可得期（此事非行動之急進與漸進之關係直行動在國家範圍內與範圍外之關係）

也。此不可不審者二。凡歐美列國。其政黨只有二而無三以上者。則常足以運用議院制度。防政府之恣肆。反之。小黨紛紜。政團雜出者。則其在朝而握政權也。常來紛裂之虞。不在朝而居於監督之地也。必有一二黨焉。常爲政府之所利用。前者英美二國是也。後者歐洲大陸諸國是也。以吾國今日要求要求之聲遍於海內。則大團體之發現。正指顧間事。然開國會者不顧一時號召之辭而眞欲求有規律有組織之大羣。非待之數年後不可。抑又有說焉。買收運動。彼立憲舊國猶莫之能免。則當國會初開之我國。重以歷史上之惡習。此事之出現。殆意中事。況今以散沙亂石漫無紀律之數百代議士。以當政府。其必易陷於此。尤不待言而自明者也。此不可不審者三。抑緣於此三者。預測將來之效果。非謂國會之所以不能即開。正於此而已也。當未開之先。已有若干事所當先事預籌者。將於後陳之。夫以吾國今日之國情。當國會之開。必無望於政黨內閣之即出現。此固不待智者而知之。特有利害彰著之事實。使反以此而阻礙國家之進步。此誠不可不愼者也。雖然。有說者曰。彼日本之開國會也。未必其程度已如子之所言。而今日其政治改良之效果。則已彰彰如彼。適見子之過慮耳。曰此言是也。開國會雖同。而種種附屬於此之事實。則大不同。讀者試一默思。吾國今日上下之感情。較日本當日何如乎。吾國今日朝廷之政局。較日本當日何如乎。吾國今日之民情。較日本當日何如乎。凡若此者。皆使我國民之負担。一層加重。而逆料方來之趨勢。愈不可不審。嗚呼。世之君子。試從此方面以觀察。其亦有聞吾言而契之者乎。且即以日本言。府縣會議之開。在明治十一年。政黨之出現。在明治十年。（讀者切勿責以某舉日本立憲預備之年期益以寬政府之責但使吾民黨之實力已充則彼雖欲不開不可得也）則至二十三年召集國會。已為十餘年之立憲預備。然則吾儕今日所當急急從事者。亦從可知矣。

至教育普及說。駁之者曰。以今日政府之腐敗。教育行政。亦必無望改良。此誠一說。然以今日時局之急。將於五年十年以內要求政府召集國會者。則此事之於議院政治。直謂無直接密切之關係可也。（至國新智識之發達幷期其影響於將來則非今之所欲研究）何也。國民根本思想之改良。非旦夕可期。且此事於今日原不必望之全國國民一也。立憲政治之行。不必定俟國民權利觀念之發達。只俟其能反抗專制。其事已足二也。穆勒約翰氏舉立憲國民之條件三。曰德力。曰智力。曰活動力。所謂德力者。不為威迫。不為利誘。國民之舉代表也依此。代表者之議事也。依此。然後其憲政之行。乃能一秉至公。而無絲毫偏黨之風。所謂智力者。國於世界。有內政焉。有外交焉。若是者。非明悉彼我之關係。則其所贊成議決。未必其眞能應於國內之需要與國際之位置焉。所謂活動力者。凡海外工商之競爭。內國之企業。國民能自爭先恐後。而無待政府之干涉指導。雖然此其說非不甚美然使一一證之事實。則彼先進之立憲國。猶且謙讓未遑。況於吾國乎。不觀以世界大共和國。而以選舉運動選舉競爭最劇烈稱矣。不觀以世界立憲國之鼻祖。時取政府重要之提案而否決之矣。反之以立憲後進之國。中央政治一經改良。吾見其各方面之發達。且蓬勃而莫能禦矣。且一國政治。無論其改革前改革後。無不賴之少數先覺之士主持而提倡之。故其爲政治之運動者數人耳。爲議院之質問者數人耳。如彼主持教育普及者之說。謂將以製造代議士耶。則吾見此代議士之非彼之所能製造也。謂將以改良國民之根性耶。微論其非一時之所可期。即西方代議制度最發達之國。吾見其大數人民之暗愚如故也。故其說謂將以開發全國國民。圖永久之社會改良。則是謂議院之開。必俟教育普及。而教育普及。能與議院以甚深且大之效果。此甚不然者也。所謂只須有發抗專制之心。而無侯權利觀念之發達者。則以此二者當發現之初絕非同物而斷非可望於數千年專制之國民者也。試以英人種與他國人民之政治改革證之。夫數百年來英國君民相爭之歷史。凡君主舉動有背往昔成例及害全國國民之公益者則毅然執舊典出死力以相抗。往往以是得不勞而獲之結果。即人種移植而根性猶存。於是有美利堅之獨立。加拿大澳洲及其他殖民地之自治。此乃盎格魯撒遜人種之特性。而非他人種之所可及者也。至十九世紀革命之風潮若法之共和政治。德與意之統一。匈牙利之獨立。非所謂驚天動地之大事業乎。然推其原始雖謂出於一二學者之鼓吹。一二英豪之運動可。故凡事之未易遽至者則雖以數百數十年之教育家之力莫或收功。方其機之已熟。則一二時代之英雄且乘時而起。夫以吾國今日之現象欲期其得達盎格魯撒遜人『一人之宅一人之城堡也』(One's house is one's castle)之氣概。此不特事實上之所不可能。抑亦時局之不許者也。且二者差異之點有可得而略言者。

論著一

一出於慣習。　一出於感情。

一出於常識。　一出於鼓吹。

一出於歷史。　一出於外緣。

一出於個人自由之發達。　一出於專制之反動。

一既反抗而能繼之以自治。　一既反抗而全賴有大力者之統率。

於此二者中。吾國民性質將何屬。此固不待智者而知之。如彼主持教育者之所希望。以鑿枘不相容之性質期吾國民。適見其僢馳而終於無效耳。友人某君爲言天津地方自治情形。其辦法先開簡字學校。使地方人民練習數月。然後用此簡字編成報紙。曉以地方情形及國民應享之權利。然及期選舉。授以選舉票。咸不願與聞。謂此無非官吏向吾儕勒索之妙策耳。此乃近來內地一新事實而與吾人以莫大之教訓。則今日最便捷之方針。舍藉少數人之力以鼓吹以運動。稍養其政治的習慣。以與政府抗外。此又豈有他道哉。

以上所陳。鄙人對於即開緩開二派之意見也。總之。即開派徒知國會之利。而國會之所由開。與既開以後之影響。未之及焉。縱開派徒以人民程度爲辭。而於教育之效果。能促進今日之國民以達於立憲政治與否。則未之悉焉。故依上所言有爲人之所慮。而我之所不慮者。有爲我之所慮而人之所不慮者。略舉其大者如左。

(一)今日國民猶未能以沉着之思想研究政治問題

(二)內閣與議會之衝突頻頻致內閣時時更迭

(三)政黨之未發達未統一必常爲政府所利用

(四)不患多數人之程度不足只患少數人之不能團結以監督政府

(五)不患少數人之智識不足以議事只患少數人未慣於多數政治

由此五者以下觀察。則以後進行之方不難由是以得之。

(a)練習議政以造就人民政治的習慣

(b)統一輿論以養成強有力之監督機關

此二者今後數年間所當切實施行而凡後此國家基礎皆將於是賴焉

(未完)

近世英國商業政策之發展

譯述一

重遠

第一章　重商主義時代(一六〇〇年……一八一五年)
(一)重商主義之發生……(二)重商主義之發達……(三)海運政策　漁業政策　殖民政策……(四)戰鬥政策　掠奪政策……(五)工業政策……(六)農業政策
第二章　自由貿易主義時代(一八一五年……一八七四年)
(一)關稅改革……(二)國力之發展
第三章　帝國主義時代(一八七四年……最近)
(一)於世界英吉利地位之變遷及帝國主義之勃興……(二)於英國帝國主義之現況

凡立國之道不外二端內之保國家之獨立外之抗強國之競爭是已以吾國今日

處此競爭劇烈之世凡內政外交與夫一切施政之大端皆將有待于刷新而工商業者則又吾國將來開展之機而四萬萬同胞之所以託命者也攷歐洲十八世紀產業革命以來工業之進步日征月邁迄今已屬生產過剩之時在世界今日雖尙無精確之調查然一攷世界物價在一九〇四年較之一八六九以迄一八七七年間平均之額已低十分之三而一九〇三年各國之輸出總額比之一八九七年已增七十億圓是二者固不能爲獨一無二之證據然其變遷之速若是故世界學者謂雖欲不以是歸之不可得也以此結果若英若美若德等皆不得不求市場于海外以半開未開之國爲其尾閭吾中國今日之地位正世界列國經濟帝國主義相角逐之地位也顧自通商數十年來一以交通機關之不便二以人民購買力之未盛故全體國民所受于國際經濟競爭上之影響猶淺然而今後之中國則大不然各省鐵路漸次告成內地交通日益利便通商市港日益擴張（現已達八十八所）而一方人民之購買力亦日以繁盛徵之近數年來比之前十年已增一倍有餘則不數年外國貿易額之倍進可以想見故當此現狀復不振興工業謀所以獎勵保護之道

則不特外國商品將充斥吾之市場而吾國之位置遂將終于貧弱之農業國而淘汰于經濟競爭之世界矣李斯德氏不云乎凡一國將由農業以進于工業則不可不行保護此乃不易之公理也夫英國者世界唯一之商工業國也推其所以强盛之由來亦不外極端保護之重商主義今者見他國工業之進步知優勢之不可以永保遂幾不得不復歸于保護若是乎以世界之大工業國尚不敢放任況乎以吾之素無企業心之保守的農業國民政府不保護不獎勵而欲其業之興其可得乎雖然欲研究保護獎勵之道則商業政策其急務也日人津村秀松氏研精歐美商政著近世英國商業政策之發展一篇論英國所以致盛之原由與夫現在之趨勢極爲詳盡苟有心商工業者稍加研究則吾國以後所當取之方針亦不難于是得之矣

第一章 重商主義時代(一六〇〇年……一八一五年)

第一節 重商主義之發生

攷英國貿易政策自十七世紀之重商主義始而推重商主義之由來則自中興女主

耶里撒別時代(一五五八年……一六〇三年)始。蓋英國自十三世紀以來。三百年間。一切貿易航海之權。盡落外人之手。歷代帝王。既不加以制限。而復許以種種特權。獎勵其來住。當時若德之漢沙同盟。及意大利自由都府之威尼斯(Venice)熱那凡(Genova)等商人。即握英國經濟界之大權者也。自耶里撒別女王即位後。國粹主義頓興。國權擴張主義。遽然日夜。謀商權之恢復。求國勢之擴張。于是有下列之手段出

第一、商權之收回　一五七八年下令使倫敦市脫漢沙同盟之範圍。翌七九年。奪其特權。九七年又命閉鎖在倫敦斯底耶(Steelyard)之專營居留地。(Stahlhof)使德意志商人。絕迹于英吉利領土。是爲商權海權恢復之端緒。至十七世紀。對于外商。又設種種不利之待遇。或徵收小費。或課以高額之關稅。于英倫及愛爾蘭。更禁止外國之零買業。若是禁令。益嚴制限益密。而外國商人。遂無競爭之餘地。

第二、獎勵公司之設立　獎勵內商建立大公司。以抗德國外商之優勢。且倣漢沙同盟及意大利自由都府之商人。使內商合成大羣。以組織有限公司設立組合。(Regulated) 而政府與以特權。獎勵其從事貿易于海外未開之地。此等商人之行爲謂

之曰商人之進取(Merchant Adventures)今將其重要者略舉如左。

(一)東陸商會(The Eastland Company)一名波羅的商會(The Baltic Company)此商會即英吉利人從事于波羅的海方面貿易而組織之公司。通稱曰滕澤商人。（滕澤地名在德國）(Dantzig Merchants)當一五六八年。奉女王之特許。得獨占瑞典、挪威、波蘭立陶尼、(Lithuania)（那爾瓦不在內）普魯士、及普美拉尼(Pomerania)一帶之商業。

(二)土耳其商會一名利萬脫商會(The Turkey or Levant eompany)一五八一年。倫敦大商相謀組織公司。專從事于土耳其貿易。于是有土耳其商會之成立。於一六〇五年。自英王占姆斯一世。得獨占利萬脫海一帶商業之特許。因再兼營經敘利亞、拔犿達特、(Baghdad)底格利斯、(Tigris)及波斯灣以達印度之陸商。以與海路之葡萄牙商人相競爭。惟于此未見十分奏効。獨于土耳其貿易則一時稱盛。

(三)基內亞商會(The Guinea Company)一五八八年。地房盧、(Devonshire)埃克塞脫、(Exeter)及倫敦之商人。相謀設立基內亞商會。得女王耶里撒別之特許。得十年獨占亞非利加西岸西內加爾(Senegal)及岡比亞(Gambia)兩川近處一帶之貿易。其主要之營業。則購入金、象牙、胡椒等。及捕土人以輸至巴西、海底。(Haiti)此雖終歸失敗。然實不得不謂爲後日諸亞非利加商會之先驅也。

(四)東印度商會(The East India Company)東印度商會者。諸公司中最有力而最奏効者也。是一六〇〇年十二月三十一日倫敦商人間所組織。受耶里撒別女王之特許。得獨占東印度之開拓及貿易。嗣後至一八五八年始解散。而其間克黎夫(Clive)哈斯丁(Hasting)諸豪傑出。併力經營。印度全土。遂歸英有。

第三、獎勵航海業　英吉利之獎勵航海業。實自一三八二年始。當時以無功而罷。其後一四五六年乃至一四八九年。下令國中。此後自法蘭西西南之偶耶納(Guyenne)及加斯科尼(Gascogne)輸入之葡萄酒。一切須用英船。至一五三九年。凡英國船悉與航海獎勵金。幷與以外國船舶所無之特典。然猶以爲未足。至耶里撒別女王朝。則獎勵航海之政策。更進一層。凡英吉利沿岸。惟英船得航行之。英國船舶之輸入品。特輕減其輸入稅。而對于英吉利之遠洋漁業者。得無稅輸入魚類。是數者。實後日航海條例之所由來也。

第二節　重商主義之發達

英吉利重商主義之發生。早見于女王耶里撒別之朝。即前所已述者是已。然其主義之具體的且組織的發達。則在耶里撒別崩御之後。即一六〇〇年以後之時代也。今將其發達之原因略述一二。

第一、耶里撒別朝以前之英國。惟歐洲唯一之良質羊毛之生產國而已。當時以本國工業之未盛。故所生產者。亦不過供給歐洲大陸諸國之需要。自國尚未能利用之也。至耶里撒別朝。以此爲原料之毛織物工業。漸見發達。及占姆斯一世時代。則毛織業竟爲長足之進步。忽一躍而占輸出貿易額十分之九。然當時英國毛織工業之技術。猶未發達。究非先進之荷蘭法蘭西之比。因是于競爭上常立于劣敗之地位。失海外重要之販路。其結果致來產業之衰頹。經濟界之不振。是英國上下之所以不能坐視。而國產保護方針之所由以起也。

第二、英吉利自耶里撒別女王統治之後。全國民心于玆統一。加以一五八八年擊敗西班牙無敵艦隊(Armada)後。全國國民愛國之熱誠。忽焉彌漫。而國家的觀念至如火如荼之不可以抑、是亦保護政策所以勃興之一原因也。

第三、耶里撒別朝戰捷西班牙後。遂以新教爲國教、因是不得不備西班牙等舊教諸國之來侵。然以海上一大孤島之英吉利、而欲防强敵之來寇。圖永久之安全。則惟出于一途。曰備强大之海軍與多數之船舶是已。於是海軍擴張、船舶建造、航海獎勵之必要之聲。忽沸騰全國。而爲十七十八二世紀間英吉利之一大輿論。蓋上自政府下至國民。殆莫不熱中于達此目的之一焦點矣。

于是重商主義發達。于是重商主義勃興。于是英吉利自一六〇〇年至一八一五年之前後二百餘年間。或發航海條例。或布穀物條例。或試大小六十六回之海戰陸戰。而其他保護稅獎勵金掠奪侵略等種種重商主義之手段。殆無不實行。而當其時全國上下之所奔赴者。惟曰自國之繁榮與夫外敵之屈服是已。今將此種種重商主義之手段。類別爲五。

第一　海運政策及漁業政策 Navigation and Fishery Policy

第二　殖民政策(Colonial Policy)

第三 (戰鬥政策及掠奪政策(War and Privateering Policy)

第四 工業政策(Industrial Policy)

第五 農業政策(Agricultural Policy)

第三節 海運政策漁業政策及殖民政策

獎勵自國海運之政策。始于意大利西班牙及漢沙同盟見之。而于自一三八年乃至一六五年間。又于英吉利見之。雖然至其保護之極端。其實行之激烈。其奏功之偉大則未有如一六五一年革命先導者克林威爾(Oliver Cromwell 1649－1658)所發布之航海條例(Navigation act 1651－1825者也。航海條例之內容至後曾略改正。今特列記主要之條項如左。

第一、凡自歐洲大陸輸入英國之一定重要輸入品。不可不來自原產國。輸入時不可不用英國船舶或原產國船舶。而若用原產國船舶。輸入稅二倍之。

第二、英吉利之沿岸航海。惟限于英國船舶。

第三、凡外國船舶所捕獲或輸入之魚類。課以二倍之輸入稅。

第四、自英吉利往來殖民地之船舶。惟限于英船。而其船員之三分之二以上。必當爲英人。

第五、英吉利輸入于諸殖民地之一切物品。不可不直接來自英吉利。又自諸殖民地輸出之貨物。不可不先直接輸入英吉利及其他之諸殖民地。

其他又附以純爲殖民政策之二三條例。即

第六、一定之殖民地産物。在英國得享特惠之待遇。英吉利國内之一切煙草栽培業。悉禁止之。自英吉利再輸出之殖民地産物。與以還税之特典。

第七、凡在殖民地産業而對于英國立于競爭之地位者。（若製鐵業精糖業捕鯨業等）漸次禁止之。即不禁止者。輸入英國時。亦課重税以妨礙之。而其他産業在殖民地興作。與其他之物品輸入英國時。則悉與以奬厲金。

要之。航海條例之目的。不出以下三者。

第一、沮害對手競爭國之販賣貿易及其航海業。若當時之荷蘭是。

第二、反之。一方促英吉利之貿易及其航海業之進步第三、使諸殖民地盡爲母國之獨占市場且使之唯知顧念母國經濟上之利益若斯之猛烈狂暴排外挑戰之航海條例之結果其弊竇百出固無待言今將其主要之弊害略述之。

第一、航海條例之結果使造船費運費海員之俸給及自歐洲大陸輸入殖民地之物品與夫經英吉利輸入諸國之殖民地產物頓起暴騰。

第二、對于挪威俄羅斯及其他諸國之英吉利貿易忽招衰頹。

第三、因航海條例之發布他國間勢亦不得不制定反抗之法律以是而常起軍事上之戰爭。

第四、因航海條例嚴酷之制限在北美殖民地及英吉利本國常行偸漏貿易。

航海條例之弊害若是故于發布之當初已設二三例外并常運以寬和之手段然其後至一七四八年及一七六三年行改正時則內容益加嚴竣當其條例之實行也新英倫諸洲之工業爲之禁絕占買加(Jamaica)之產業爲之衰頹其極遂如一七五〇年法國宰相丟爾哥(Turgot)之豫言喚起北美合衆國之獨立戰爭(1776-1783)

至是英人于航海條例亦稍稍覺醒故自一七八九年以來其條例之施行實大加緩和

航海條例之結果固若是其甚雖然自一方面觀之則英吉利之所以興所以執世界之海權者亦未始非航海條例之力也斯密亞丹者自由放任主義之學者也而其所著原富中亦讚揚此條例不已謂爲英吉利史上前後無比之適于機宜之良政策休馬拉（Schmoller）者國家社會主義學者也於其所著國民經濟學原論中亦稱揚克林威爾之舉曰後日英吉利之所以能掌握世界之海權領有此廣大之殖民地者皆航海條例爲之也故窮其結果雖謂無此條例則英吉利決不能見海權之發展決不能占有此廣大之領土決不能達此偉大之成功且決不能淩駕當時荷蘭法蘭西之大敵而占世界之優勢可也

夫英吉利者以其位置而言以其國民之性格而言以其自一四八〇年以來之歷史的經驗固早有海國發展之機運徵之北海西印度之英吉利海賊軍之橫行與夫無敵艦隊之擊滅可以知之且更一攷其海權發展之歷史則知其所以致今日之盛者

良非偶然。夫在十六世紀擁盛大之海軍占莫大之領土一時雄飛全歐者非西班牙乎。然一敗于耶里撒別之攻擊再挫于克林威爾之侵略寶貴之占買加領土卒歸英有。自玆以往西班牙國勢日益衰微而非復昔日之舊觀而于其時新致國荷蘭之强敵起荷蘭者當時世界唯一之海國也試一攷占姆斯一世朝(1602–1625)英吉利與荷蘭間往來貿易之船數則英船唯五十而荷蘭船實爲五百故英國而不欲謀海運之發展則已苟其不然則不可不先擠倒荷蘭之强敵。于是乎克林威爾之計畫惟集中于是先造强大之軍艦養成充實之軍備。一俟兵力既足遂于一六五一年發布航海條例。竭力沮害荷蘭之海運。以迎其反抗。不久事遂破裂戰爭亘四年餘。而終獲大捷。得荷蘭船千六百有餘艘。其後于一六六三年至一六六四年間。復侵略荷蘭本國及其北美之重要諸殖民地若紐約州新葱塞(New Jersy)、新比利時(New Belgin-m)等并亞非利加之荷蘭諸地。一六七二年至一六七四年間。英吉利更與法蘭西提攜以侵擊之。若是荷蘭數受大創之餘。一時强盛之海國。至是乃不得不屈服于新興之英吉利。而僅得保其殘喘而已。當時幸荷蘭擁政阿蘭治(Orange)公威廉。忽登英吉利之王位。故二國國交。一時得以融和。而荷蘭之運命稍蘇。時英既與荷蘭修舊好也。乃即乘間誘其聯合以當法蘭西西班牙。一六八九年至一七一三年間。遂起一大戰爭。而終告大勝。然荷蘭既犧牲其富力與海軍力以供英之利用。而戰勝之結果。仍絲毫無所得。英人之政策。眞狡矣哉。其後至一七〇〇年。法王路易十四世欲使其家人繼承西班牙王位。以圖操其國政。將在南亞美利加及西印度之英吉利人與荷蘭人。一切放逐領土外。于是有西班牙王位繼承問題起。而路易十四世。即將西班牙諸港之英船及荷蘭船。悉行封鎖。公然宣戰。因是英吉利再說荷蘭組織聯合軍。以與法蘭西戰。而其結果西班牙王位終爲波爾犇家（Bourbon）所得。是役也。英雖失敗。然由埃西英多條約。（The Assiento treaty）得捕獲亞非利加黑奴而賣于西印度之獨占權外。更于西班牙得商業上之利益頗多。而英吉利乃一方仍用其種種狡猾之手段。與西班牙約凡一切界之英吉利之利益。不得以與荷蘭。故荷蘭雖爲同盟國。而仍不得均霑之利。且于此戰爭中。英欲得葡萄牙懽心。葡亦以獨立不過六十年。國力薄弱。若能得英吉利之助力。則於東印度殖民地。可以防禦和蘭之來侵。故兩國遂于一七〇三年。結美須英條約。(The Methuen－treaty) 凡自葡萄牙輸入英國之葡萄酒。英國輕減其輸入稅。以制限法蘭西酒之輸入。葡萄牙亦許英吉利自由輸入毛織物。以爲報酬。是約之成。于英固受其利。于葡萄牙。則失其一國之重要產業。若是則英吉利之用心。更可知矣。而此次英吉利。仍與葡萄牙密約。凡此等之利益。不得許于其同盟國之荷蘭。荷蘭使利歸獨占。而隱促荷蘭之衰亡。總之英吉利之政策不外直接間接以謀侵荷蘭之優勢。奪荷蘭之海權。蠱既施以大攻擊者三。今復設奸策以陷之者三。若是荷蘭雖欲不敗而不可得。而英吉利之他日雄飛世界執海上牛耳。實兆于是矣。

第四節　戰鬥政策及掠奪政策

以上所述。自一六五一年乃至一七一三年及一七一三年至一八一五年之英吉利海運政策及其殖民政策。實則不過以武力暴力屈服對手之競爭國。使之衰滅敗亡。失其競爭之能力而已。此等政策。謂爲戰鬥政策及掠奪政策之一部。固無不可。惟此外當時更有彰著之掠奪政策及戰鬥政策。即自一七三九年至一七四八年間西班牙法蘭西防英吉利之於西印度偸漏貿易。而與英國間所起之戰爭是也。當時英國內閣之大政治家瓦爾薄爾（Walpole）固極欲避此戰爭。惟一時爲詩人商人等之輿論所動。遂見決裂。而所得捕獲品無慮二百萬磅。且對于中立國荷蘭之商船。亦竟行掠奪而不顧。所得亦約英金一千八百萬磅。其後七年戰爭之起也。英吉利仍復施其同樣之掠奪行爲。占取法蘭西之殖民地。若加拿大新斯門答臘特阿海呵（Ohio）及密細細秘諸州。而于東印度法蘭西之威力。亦爲之擯斥。法蘭西殖民之優勢。從此衰亡。至一七七六年。雖有北美合衆國獨立戰爭起。英吉利之喪失固不少。然幸以當時大藏大臣撇脫（Pitt）之操縱得宜。美國貿易依然掌握英人之手。未足爲英吉利患。不期年。又有自一七九三年至一八一三年間之法蘭西革命戰爭之起。英人復利用此機盡其種種之戰鬥政策權力政策。（Power Policy）以沮害其敵國之法蘭西及其同盟間之交通貿易。而所謂國際公法爲中立國之權利爲。皆置而不顧。此其影響所及。遂使北海波羅的海方面。竟無片帆隻影之航行。不特此也。一方復乘大陸之騷亂。凡荷蘭法蘭西之殘餘諸殖民地。盡掠奪無遺。荷蘭重要殖民地之好望角亦在其內，至是英之政策遂大成功。而得握世界海權占廣大之殖民地矣。茲將其戰爭之大要。略述之。

一七九三年法國革命之騷亂。達于極度。即所謂恐怖時代（Reign of Terror 1793－1794）也。國王路易十六世。于是年正月廿一日登斷頭臺。此飛報達國外。歐洲諸國王。皆以是爲不法。英吉利、奧大利、普魯士、和蘭、西班牙、瑞典、及德意志諸國。特組織大同盟軍。四道進攻。以懲戒革命軍之强暴。法蘭西見大軍之未攻也。遂出師抵禦。而此外特設所以苦英吉利之策。即命本國海軍。凡搭載敵國貨物之中立國船舶。不問其所載之爲戰時禁止品與否。一切拿捕。此令一出。英吉利亦設所以對抗之策以應之。凡在英國港灣碇泊之法蘭西船。一切禁止出港而拿捕之。因是兩國之貿易。一時斷絕。其後至一八〇二年。拿破侖知英吉利海軍之終不可以抵禦。而一方法蘭西政敵之擲脫。亦適去位。于是遂告平和。是年三月。遂締結埃米英條約（Amiens Treaty）。

一、從來法蘭西于歐洲大陸所占領之土地。英吉利承認其領有。幷認拿破侖創設之諸共和國之存在。

二、英吉利所侵奪法蘭西之諸殖民地。除脫里尼達 Trinidad（在南美維納芝埃拉（Venezuela）附近）及錫蘭島外。一切返還法國。瑪爾達（Malta）島還于聖約翰騎士。好望角殖民地返之荷蘭。

如是定約後。一時平和始見回復。

然英吉利復不履行條約。依然占領瑪爾達島。撤脫復入內閣。公然與俄國結盟。瑞典拿波黎等諸國亦加入以組織對法同盟。益益示反抗之態度。拿破侖遂大憤慨。思即乘此機會。一雪積年之恨。一八〇四年終。再見開戰。此結果英國遂有一八〇六年五月院令(Ordersin Council)之發布。其通牒各中立國之條件如下。

第一、北自德之愛爾勃(Elbe)河口。南至法之勃蘭司脫(Bregt)之一帶海岸。悉爲封鎖區域。于此區域內戰時禁制品。禁止輸入固無論。而凡所有屬於法之貨物均一切禁止。

第二、自比利時之阿斯坦提(Ostend)至法蘭西之塞納河口間。絕對的遮斷其交通。

夫海上之捕獲者。止能適用于戰時禁止品。而今及于一般之貨物矣。封鎖者。止能行于要塞地。而今及于一般無軍備之海岸矣。況不爲實力封鎖。而但謂我有封鎖之權。

英吉利舉動之無視國際法原則。可謂極矣。于是拿破侖不能默爾而息。遂設對抗政策。是年十一月即在伯林發布伯林宣言(Berlin Decree)一名大陸制度(Continental System)其通告大陸諸國之條件如下。

第一、英吉利全島爲封鎖區域。

第二、大陸諸國不得與英吉利行一切之交通貿易。

第三、在大陸諸國之英吉利人。悉爲捕虜。其財產商品。一切沒收。

第四、凡自英吉利及其殖民地來之船舶。一切不得入大陸之港灣。如爲虛僞之申告者捕獲之。

英吉利見此宣言。更立一對抗之策。即翌一八〇七年一月及十一月之院令是也。其內容曰。

第一、凡各國船舶。出入法蘭西及其同盟國之港灣而從事貿易者。一律禁止。

第二、凡欲自法蘭西及其同盟國之港灣出港之中立國船舶。英吉利得以艦隊保護之。欲再入法蘭西及其同盟國之港灣者捕獲之。

第三、凡法蘭西或其同盟國港灣之其他地位。亦加以與封鎖同一之制限。而欲于此等地點入港之船舶。英國須行查檢。拿破侖聞之。遂不能默視。更自米蘭發米蘭宣言(Milan Decree)以報復之。其規定如下。

第一、凡服從英吉利院令之船舶。不問其屬于何國。一切爲喪失國籍。而得以捕獲之。

第二、凡在法蘭西及其同盟內之一切英吉利貨物。悉行燒棄。

至是英法兩國之戰鬥政策及權力政策。各達于極點。而各國之交通貿易。大爲障害。然于一八一五年六月十八日。千古英雄拿破侖。忽戰敗于滑鐵盧(Waterloo)從此一蹶不振。漂流大西洋上聖希列那(St. Helena)孤島。而拿破侖戰爭。遂告終局。是年六月九日。列國使臣。會于維也納。締結條約。全文共百廿一條。即所謂維也納條約是也。今將其條約之關于英吉利者。摘錄如左。

第一、英吉利領有漢那復爾(Hannover)之舊領。及瑪爾達海列哥蘭(Heligoland)之兩島。并有埃阿尼諸島(Ionian islands)之保護權。

第二、英吉利自法蘭西得毛爾底與斯(Maurtius)多伯古(Tobago)及聖露西埃(St. Lucia)三島而馬底尼克(Martinique)及蒲爾旁島返還法國。

第三、英吉利保有錫蘭及好望角殖民地而以占萬(Java)返還荷蘭。

嗚呼此時代英吉利之歷史實戰鬥與掠奪之歷史也一七九〇年蒲盧(Büsch)氏曰英吉利于過去百四十四年間欲敗滅一切敵國之商業前後大小戰爭共六十六回西蘭氏曰英吉利自一六八八年至一八一五年間但對于法蘭西總計共戰六十四年。又康德評英國民曰英吉利國民者世界萬國中最暴戾且最好戰爭而好立于他人之上以制御他國之國民者也徵之各家所言則英吉利戰鬥之猛烈可以想見。故就掠奪而言則今日英吉利所領有廣大之諸殖民地實無不自歐洲大陸諸國强奪以得之者也而當十八世紀英國所得之富無不自野蠻慘酷之黑奴賣買西印度之奴隸移殖及海賊業與夫侵奪他國私有財產以得之者也蓋當時英國之不尊重海上敵國人民之私有財產固不待言而往往戰爭中對于海賊軍與以免許使之以戰時禁止品搭載之口實捕獲中立國之商船當時以是而英吉利所得之商船其數實數千百艘馬克腓孫(Macpherson)云是等捕獲船舶之一艘之價平均約一萬五千磅乃至三千萬磅故英吉利之戰鬥時代 1689-1713 1756-1763 1793-1815)實英吉利富之增進最著之時代亦其海軍與通商貿易之發達之時代也當時民黨(Mhigs)之所以主戰者即以民黨之分子大多豪商廠主海運業者而若啓戰爭時有利於彼等實非淺鮮故也因是戰爭愈烈則彼等之獲利愈多彼等之獲利愈多則愈以好戰遂至繼續于無窮幸當時保守主義之王黨(Tories)竭力主張締結通商條約及交通貿易之自由故彼等之氣焰稍熄試一攷此時代其軍艦噸數之增加

	噸
一五四七年	一二、四五五
一六〇三年	一七、一一〇
一六六〇年	五七、四六三
一七〇二年	一五九、〇一七
一七六〇年	三二一、一〇四

至其商船則于一六五一年乃至一六七〇年間。已增加二倍。更其以後之趨勢則如下。

	噸	艘
一七〇四年	二六一、二二二	三、二八一
一七六〇年	四三三、九二二	六、一〇三
一七七〇年	五九三、九六二	七、八九八
一七九〇年	一、一三四、五三一	一〇、〇五三
一八〇〇年	一、四六六、六三二	一一、四八七

右統計中蘇格蘭之船舶並不算入。蓋其每戰爭時所獲之商船常數百艘。若一八一〇年所得。竟不下千五百艘。故其急進之狀態。乃如是也。玆次其輸出入額。亦爲長足之進步。今揭其表如下。

	磅
一六九七年	七、〇〇〇、〇〇〇
一七三〇年	一六、三〇〇、〇〇〇

譯述一

一七七〇年　二九、三〇〇、〇〇〇
一八〇五年　六四、六〇〇、〇〇〇
一八一五年　九六、八〇〇、〇〇〇

英吉利之重商主義。不特應用于海運政策漁業政策殖民政策。且一變而爲戰鬬政策海賊政策掠奪政策。今又以此適用于工業政策及農業政策。因是遂有國產保護主義之發生與夫穀物條例之出現

第五節　工業政策

夫英吉利素適於牧羊。元以富羊毛名。故毛織業者。實爲當時英國唯一之工業也。然十四世紀乃至十七世紀之間。每年常以巨額之羊毛。輸出大陸。且生地之毛織物。亦常輸出荷蘭德國於彼地精製之。據一七〇〇年達維能脫(Davenant)之計算。英吉利一年之羊毛產出額。共二百萬磅。生地毛織物之產出額共八百萬磅。又此等毛織物原料之輸出額。約計三百萬磅乃至四百三十萬磅。而一六一七年乃至一七一〇年間。一年之輸出貿易總額不過三百五十萬磅。乃至七百萬磅。則英吉利總輸出貿易

十分之八。實爲毛織物之原料。因是歷代帝王竭力制限羊毛之輸出。獎勵毛織業之發達。務使羊毛變爲毛織物以當輸出貨。即使英國變爲製造業國而不長立于供給原料品之地位。雖然當時荷蘭法蘭西之毛織工業之技術。早已發達。決非新進之英吉利所可比擬。故當角逐于競爭市場。英吉利常不得不立于劣敗之地位。而一國產業。遂不得不陷于悲境。以是自愛德華三世至耶里撒別女王朝之間。常招致荷蘭職工之來住。其後一六八〇年乃至一七〇〇年間。又懽迎法國新教徒(Huguenots)之來住。至一七一八年嚴禁一切熟練毛織業工之移住外國。以謀工業技術之發達。一方更對于羊毛之輸出。課以高率之關稅。以獎勵自國毛織業之發達。而沮止對手競爭國之進步。且若一五六五年耶里撒別朝。又禁止生羊之輸出。一六六六年發令限定嗣後所有尸體不得着用毛布。一六一四年乃至一六八八年。遂全禁羊毛之輸出。一七一八年更禁止印度之絹織物及更紗之輸入。又設法使愛爾蘭之毛織業陷于衰頹。一六七八年又嚴禁法蘭西主要產物之輸入。若是。一方既得廉價原料品之供給。他方更禁止外國競爭品之輸入。至此。一國之工業。雖欲不興。不可得矣。

今將法蘭西主要産物輸入禁止之事略述之自一六六〇年來法蘭西之工業大爲進步葡萄酒、勃蘭提、麻布、紙、毛織物絹織物之輸入英吉利者日益增加然一六六七年法蘭西增高税率英吉利之輸入法蘭西貿易受一大打擊英法貿易之輸出入大不平均于是英吉利國内不平之聲漸起極論政府之不可以行放任適一六七八年王室財政窮迫謀融通于議會議會即要求三年間禁止法國來之葡萄酒勃蘭提毛織物絹織物革皮及金銀細工品之輸入以此結果英吉利之絹織物業毛織物業漸次發達滿期之後非特不能解禁且對于他國亦厲行禁止之法矣其後瓦爾薄爾執政在一七二六年乃至一七二九年間特減輕對于製造品之輸出税及對于原料品之輸入税又規定還税奬勵金保護税之制度若當時之還税及奬勵金之額實達關税收入金額之半此等制度之行即瓦爾薄爾之所以得議院之懽心而其有裨于一國商工業之發達實非淺鮮也若是以一六七八年之輸入禁止一七一三年之民黨對于王黨之勝利及瓦爾薄爾之長期執政迨一七八三年工業政策之重商主義遂大發達而其後自一七五〇年至一八四〇年間一般朝野之輿論

蓋尚無不認重商主義爲英吉利發展之唯一原因也

第六節　農業政策

自中世紀至十九世紀之中葉。英吉利之穀物政策。或偏于保護。或流于放任。或奬勵輸出。或妨害輸入。左轉右變。不一其揆。今特摘錄其變遷之大要。

一四〇〇年頃之英吉利穀物政策。專以保護一般消費者之利益爲目的。至十五世紀忽一變而傾意于地主之利益。而謀輸出之自由。然其後至斯丢亞脫王朝。（1603—1649）又屢見制限輸出之政策。於一五六二年乃至一六八九年。又復傾于輸出之自由。其間耶里撒別朝之方針。務使穀物之輸出。由英船裝載。且應于穀價以許可輸出。至查爾斯二世。又起穀物輸入稅以防穀價下落時外國穀物之輸入。迨一六八九年顯利三世朝。發布應于穀價之低昂而對于輸出賜奬勵金之法律。蓋當時西歐穀價直至一七六五年。其間異常暴落。各國共陷于困難之境。此時英吉利而行輸出奬勵金之制。則既不來穀價之騰貴。且足以助成英國農業之發達。其爲適時之良政策。蓋不待言而自明者也。按梭引（A. young）安達爾孫（Andarson）馬夏律（Marsh all)曰。此時之輸出獎勵金。不獨可以助成英國農業之進步。且獎勵金止限于用英船者。故又可獎勵海運之發達。其効果之偉大。可無待言。然其後形勢一變。一七六五年乃至一八一三年間。人口激增。連年凶作。至是遂不得不一變昔日之舊政策。而用穀物輸出禁止輸入獎勵之新政策。三家之言若是。是重商主義時代穀物政策之大概也。

今再將此時代英吉利之關稅種目及關稅區域一述之。此時代英吉利之關稅。以從量稅之原料品及製造品之輸出稅。與大部分葡萄酒稅之輸入稅而成立者也。其徵稅之品目。於一六六〇年輸入稅品共千七百種。輸出稅品共五百五十種。若是品目煩多。且稅率又高。故撤脫關稅改革以前。偸漏貿易之所以盛行者。亦自然必至之勢也。至其關稅收入額。一六六五年共十二萬七千磅。一七一四年百四十萬磅。一八〇〇年七百八十萬磅。一八〇九年千三百四十萬磅。以言乎當時之關稅區域。則蘇格蘭王占姆斯六世承耶里撒別女王之後。兼英倫王位。而稱占姆斯一世。(1603－1625)時蘇格蘭依然維持其獨立之關稅主權。至一七〇七年始入同一之關稅區域。愛爾蘭至一八〇一年間立于英吉利關稅區域之外。於英倫常受與他殖民地同一之虐待。關稅政策上之英倫與愛爾蘭直與敵國無殊。至一八〇一年始訂一定條件。而加入英吉利之關稅區域。於一八二三年至一八二四年間。乃全體加入。英倫三島始成爲唯一之關稅區域。故關稅政策上英吉利之統一。直不得不謂爲在十九世紀時代也。

英吉利重商主義之政策大旨如前所述。此等强暴之政策。固不能行于當世。然英吉利之所以能盛强。所以能執世界之海權商權。所以獨能行自由貿易者。則無不以此重商政策爲之換言之。即英吉利之所以有今日者。皆此極端保護政策之賜也。要之。實行之政策。固各有異同。而新興國而欲起商工業。不可不加以保護。則千載不易之定理。徵之前述之英國與荷蘭法蘭西之競爭。可知使當時英國甘心長立于羊毛之原料品國。而不起毛織業。即起之。而不加以保護。則英國之不能凌駕荷法兩國。可無待言。甚矣哉。商工業之不可以不保護也。

第二章　自由貿易主義時代（一八一五年……一八七四年）

重商主義時代即英吉利商業政策發展之第一期。已于前章詳論之。今乃進于第二期之自由貿易主義時代。而所以有自由貿易主義之發生。因以劃一新時代者。實以關稅改革之舉爲之。

第一節　關稅改革

英吉利自由貿易制度之大成。前後共行三次之關稅改革。即

第一次　哈斯基孫（Hu kisson）之改革（一八二三年…一八二五年）

第二次　撇爾（Peel）之改革（一八四二年…一八四六年）

第三次　格蘭斯頓（Gladstone）之改革（一八五三年及一八六〇年）

第一次　哈斯基孫之改革（一八二三年…一八二五年）

一七九三年乃至一八一五年間之法蘭西革命戰爭。其于英國實有莫大之價値者也。英吉利所費之戰費實八億三千百四十四萬六千四百四十九磅。而其所求之財源。則不外募集巨額之公債徵收高率之租稅增設新關稅。加高舊關稅是已。因是關

稅率之煩重嚴酷。達于極度。而從事于貿易者實不堪其苦。雖然、當時猶以是爲臨時之戰時稅。一時之痛苦國民所不能不負擔。然平和克復。關稅之煩重如故至是國民忍之無可忍。于是一八二〇年五月八日先提出請願書（威廉脫克W. Tooke之筆）于議會。次壹丁堡（Edinourgh）亦提出同樣之請願書。均請求撤回財政關稅以外之保護關稅。議會即將此付于關稅制度調查委員會討議。是年六月委員會發表報告書。認定請求之正當。于是英吉利之輿論漸傾于自由貿易主義。至一八二三乃至一八二五年。利物浦內閣之商務大臣哈斯基孫及加寧（Canning）斷然改革關稅。其改革案如下。

第一　解除絹物之輸入禁止而課以從價三分之輸入稅。且生糸之輸入稅。原爲每一磅三辨士。今減爲一辨士。

第二　解除羊毛輸出禁止。輸出稅輸入稅均每磅納一辨士。

第三　廢止輸出獎勵金之制。

第四　輕減諸種原料品及殖民地產物之稅率。

第五　使愛爾蘭加入英吉利之關稅區域。

第六　緩和航海條例之規定（謀南美航海之便易爲主）

第七　關于關稅之數百條法規整理之省爲十一種條例。

此後雖不久哈斯基孫即辭職（一八二八年）然英吉利之商業政策自茲遂開變轉之機。

（案）一八二〇年英吉利之輸入稅。異常苛重前後殆不見其比。今將其主要者。摘錄如左。

生糸	一磅	五先令七辨士二分之一
羊毛	仝	六辨士
木材	一噸	六十五先令
食鹽	一勃盧兒（英斗名）	十五先令
獸脂毛皮等		同前
砂糖		

西印度產　一百兩英衡　三十先令

東印度產　同　三十七先令

外國產　同　六十三先令

葡萄酒

法國產　一加龍英升名　十三先令八辨士二分之一

西班牙
葡萄牙　同　九先令一辨十四分之一

茶　從價十分以上

珈琲（外國產）一磅　二先令六辨士

鹽豚肉　一百兩英衡　二十八先令

牛酪　同　二十先令

乾酪　同　十先令六辨士

豚脂　同　八先令

馬鈴薯　同　二先令

此中或等于禁止稅者。或以區別稅主義。而保護殖民地產物者。其一般之苛重。固不待言。而關于貨物之輸出入。及稅關監理事務之事務之法律。其數亦不下千五百條。其稅則之複雜。更可想見。

第二次 撇爾之改革（一八四二年……一八四六年）

利物浦卿死。利物浦內閣即倒。哈斯基孫僅不過開自由主義改革之端。爾後一八二八年乃至一八四二年間。關稅改革之舉。一時中絕。然此時代。亦非無影響之時代也。後日一大改革之原因。實起于是。今將其主要之事略述之。

第一 一八三二年選舉法改正之結果。商工業者中產者於議會中代表數。較前增加。

第二 一八三七年維多利亞女王即位。同時民黨握政權。

第三 以商工業進步之急速。益覺現行關稅制度之不便。

第四 穀物關稅平準法。應于穀價而異其稅率之制 非特不能減少內國穀價之變動。且使之一層激烈。從而養成積貨居奇之弊。

第五　工業家知穀物條例之非特無利。且增商工業品之生產費。而減少其輸出。勞働者以是爲不能得廉價之食料。因是而唱不平。

蓋英吉利欲使其憲政之運用日益圓滿。故至十九世紀議員選舉法之改正。前後共行三次。第一次在一八三二年。第二次爲一八六七年。第斯列利(Disraeli)內閣時代。第三次爲一八八五年沙十勃雷(Salisbury)內閣時代。而每改一回。則議員選舉者之財產資格漸次低下。至第三次改正。則都會每人口四萬千二百人。郡縣每七萬八千人。各出一人之代表。撇爾執政以前。雖但行第一回之改正。然選舉人數已稍增加。議員中商工業者、勞働者之代表數。亦漸加多。彼等之利害。彼等之主張。遂漸有左右一國輿論之勢力。而一方復有愛爾蘭黨首領阿可尼爾(O' Conner)于一八三六年。組織查爾底斯脫(Chartist)黨。其黨見在廢議員財產之制限使一般國民均得投票權等盛唱穀物條例之廢止。使勞動者可得廉價之食物。大政治家哥白頓勃蘭脫等亦于一八三七年在孟智斯德(Manchester)組織非穀物條例同盟。(Anti-Corn Law League)主張保護商工業者之利益。而攻擊穀物條例之不當。自是穀物條例存廢論。遂爲輿論界一大問題。

自穀物條例制定之初。以迄廢止。其間幾經變革。玆將其沿革之概要一述之。十九世紀初拿破侖戰爭中。北海波羅的海方面之交通貿易。爲之阻障。英吉利外國穀物之輸入。一時斷絕。以此偶然之結果。英吉利之農業。遂得免于競爭。然一朝平和克復之後。穀物輸入之途再開。戰時騰貴之物價。至是不得不下落。而爲農業者。終不能長保其獨占之利。于是農業家熱誠運動。設法以制限外國穀物之輸入。而當時又適爲保守黨內閣時代。保守黨者。占地主之大部分者也。以是彼等遂于一八一五年議會中。利用其勢力。而改正自一七九一年來繼續之穀物輸入稅法。凡穀物市價每「瓜特」小麥不出五十先令。裸麥豌豆不出五十三先令。大麥不出四十先令。燕麥不出二十六先令。則不許外國穀物之輸入。以此抵抗外國之競爭。而防內國穀價之下落。然雖有此制限。而穀價仍不騰貴。故一八二二年遂有穀物關稅平準法之發生。穀物關稅平準法(Corn Duty in the riding Scale)者。應于穀物之市價而異其稅率。以調和需給之關係者也。小麥之市價在七十二先令二辨士四分之一以下時。則禁止輸入。穀價在七十二先令二辨士四分之一以上八十二先令六辨士以下時。則課輸入稅十二先令四辨士半穀價在八十二先令六辨士以上八十七先令十辨士半以下時。則課輸入稅五先令一辨士八分之七。穀價在八十七先令十辨士半以上時。則課稅一先令八分之三。以是使物價不至過高。不至過低。然自一八二三年乃至一八二五年間之小麥市價。從未有騰貴至七十先令以上者。因是此制終不見實施。一八二六年又以農產物之凶作。一時穀價騰貴。政府遂以責任而中止條例。後乃求責任解除于議會。而此穀物關稅平準法。亦實以不合于時宜。以一八二八年。政府遂斷然重行改正。其穀價與輸入稅額之關係如左。

穀價 先令	輸入稅額 先令 辨士
七三、以上	一、〇
七三…七二	二、八
七二…七一	六、八
七一…七〇	一〇、八

七〇……六九　一三、八

六九……六八　一六、八

六八……六七　一八、八

六七……六六　二一、八

凡穀價在六十六先令以下。而價格每減一先令時。則稅額加一先令。

此改正之目的。將以避輸入禁止之制限。使稅額低減。以待穀價之下落。然當時非特穀價不能下落。即農事之改良及農產額之增加。亦渺然不見。反以此等轉變無常之法律。使市價之變動益烈。佃者之生計益苦。且英國以此而阻止波羅的海沿岸諸國及美國之主要產物之穀物之輸入。因是此等諸國亦妨害英吉利工業品之輸入。以爲報復。故至是。穀物條例之不可不廢。益章章矣。

若是保護農業之穀物條例其不足以收保護之効固不待言。勞働者以是而生不平。商工業者以是而起反抗。查爾底斯脫黨之運動益劇。非穀物條例同盟之威勢益張一國輿論遂漸傾于廢止之一方面。于是一八四〇年議會遂任命特別調查委員。精細調查輸入稅稅則而調查後之報告則謂當時關稅總收入額共二千二百九十六萬二千六百十磅有稅品總數約計千百五十種而是等千百五十種之有稅品中自十種物品所收入之稅共二千八十七萬千百三十六磅六種物品之收入稅共百十四萬七千百四十八磅合計僅十六種物品而占總收入額之九分六厘其餘千百三十四種物品僅得全收入額之四厘是等怪異之稅則實當世人所最驚駭者也一方有輿論之反抗他方有事實之證明于是當時保守黨內閣首相撒爾遂一變從來之主張而改定自由貿易主義一八四二年五月十日於議會中演說公言其改革之方針同年及一八四五年乃至一八四六年遂斷然行一大改革其稅則如下

第一　首避課稅之煩雜故將從來關稅種目千百五十種半減爲五百九十種

第二　全廢輸入禁止而代以低度之輸入稅

第三　全廢輸出稅

第四　原料品之輸入大體均改爲無稅一切半製品輕減其稅率製造品則除絹物外均改爲從價稅十之二（絹物稅爲從價二分五厘乃至四分）

第五 對于穀物條例。則于一八四二年。一改從來之穀物關稅平準法其規定凡小麥市價每「瓜特」在五十先令以下時。則課輸入税二十先令在五十先令以上時。則價額每增一先令税額輕減一先令穀價騰貴至七十三先令或以上時。則仍徵税一先令。然一八四五年忽遭饑饉穀價暴騰愛爾蘭貧民之顚連困苦不可言狀。于是穀物條例。遂不得不再改正。四六年一月。撒爾即改定小麥市價每瓜特在四十八先令以下時輸入税額爲十先令。在四十八先令以上時穀價每增一先令則税額仍每減一先令。而穀價若騰貴至五十三先令時。則定税額爲四先令此條例爾後共三年間施行。一八四九年爲期其後則各種穀物之税額均低減爲每瓜特一先令。若是一八四九年以後。英吉利農業上之保護税。已屬全廢。即穀物每瓜特一先令之財政關税。亦其後至一八六九年。盡歸消滅。

第七 航海條例亦于一八四九年全廢惟于沿岸航海一事。則仍限于本國船舶。

案 穀物輸入税限于一八六九年全廢。然其後一九〇一年南阿戰爭起以軍事費之不足。而復制制每瓜特穀物徵輸入税一先令。是固以一時戰時税之目的而起者然一九〇三年戰爭終結之後張伯倫等仍竭力主張繼續其稅以爲對于殖民地特惠關稅之用當時大藏大臣李起斷然不動仍廢止之。

第三次 格蘭斯頓之改革(一八五三年及一八六〇年)

撒爾者元保守黨員也今乃行自由貿易主義之一大改革實不得不謂爲反于黨綱之舉幸當時以選擧法改正之結果商工業者之代表數稍增農民之勢力漸減又以內國饑饉之悲慘故一時得通過于議會然撒爾以此終不能不去保守黨而退避政界其後一八五二年自由黨內閣起格蘭斯頓任大藏大臣悉承撒爾之遺策于一八五二年及一八六〇年再改革關稅制度一掃保護之舊習今摘其改革之要點如左

第一 除特別必要之外一切實收稀收之稅目悉行廢止。

第二 全廢原料品之課稅

第三 全廢半製品之輸入稅以是爲一般之原則而酙酌之。

第四 除絹物外一切製造品之輸入稅輕減爲一分(惟絹物爲一分五厘)至一八六〇年全行廢止。

第五　改從價稅爲從量稅、

第六、廢止對于英吉利殖民地輸入品之區別稅制(Diffrential tariff)不論殖民地與外國悉與以同樣之待遇。

第七、食料品除珈琲茶乾菓外均改爲輸入無稅。

第八、許外國船沿岸航海。(一八五四年)

要之首對于英吉利積年之保護政策加一大攻擊而造自由貿易主義之基礎者哈斯基孫也推倒保護政策之根底將自由貿易主義一層擴充而增大之者則撒爾之力也至若最後一掃殘餘之保護分子而鞏固自由貿易主義之根底者則格蘭斯頓也若是自由貿易主義幾經擴張稅則亦日趨簡單一八四〇年有稅品之數共千百五十種。一八四五年半減爲五百九十種。一八五三年變爲四百六十六種。至一八六〇年遂大減爲四十八種矣。而其後是等四十八種之內靈布植物于一八六二年胡椒木材于一八六六年小麥米于一八六九年砂糖于一八七五年均減爲無稅品。故今日英吉利之輸入稅目極爲簡單。其主要者不過煙草、茶、砂糖、葡萄酒、勃蘭提、及火

他之酒類飲料葡萄酒菓實、珈琲、加加阿、木智可里植物等數品。而其輸出稅目。亦不過石炭一種而已。然其稅金之收入額則甚大。今揭其一九〇三年關稅表如下。

英吉利之關稅目及關稅收入額表（一九〇三年）

	磅
輸出稅	
石炭	二、〇五一、六五三、
輸入稅	
煙草	一三、六二七、〇五九、
茶	六、五五九、七〇五、
穀物	一〇一、二三四、
檸檬	二、二四一、七六九、
勃蘭提	一、二二一、九五六、
其他酒精	一、〇〇四、四五七、

品目	數額
葡萄酒	一、三三五、七九一、
小乾葡萄	一〇六、六一五、
珈琲	一八八、〇六五、
乾葡萄	二三〇、六六二、
椰子	一八四、一八六、
砂糖等	五、七二五、九一三、
其他物品	三五二、二五八、
合計	三三、九二二、三三三、

于是自一八六〇年來英吉利遂一變爲但有財政關稅而無保護關稅之自由貿易國。是年又與法蘭西締結通商條約自由貿易主義之基礎愈以鞏固。拿破侖三世知當時與英國疏遠之不利。因思藉通商條約以謀政治上之接近。故其締結條約之目的。與其謂其出于通商貿易之必要。不若謂其出于政治上之必要。一八五九年使法國經濟學者宣萬利愛(Michel Chevalier)商議于哥白頓。翌一八六

〇年一月二十三日英法通商條約告成。其規定如左。

第一、法蘭西全廢輸入禁止。對於英國輸入品之最高稅率。初爲從價三分至一八六四年十月。輕減爲二分五厘。特綿絲稅定爲重價八厘乃至一分織物稅定爲一分五厘。

第二、法蘭西廢止從價稅制而改爲從量稅制。以是爲一般之原則而酙酌之。

第三、法蘭西全廢原料之輸入稅、并廢止綿絲及織物之輸出奬勵金。

第四、英吉利輕減法蘭西之葡萄酒及勃蘭提之輸入稅。

第五、兩國各不禁止石炭之輸出。

第六、兩國各于內國品徵收消費稅時。對于對手國同種之輸入品。可課以與此同額之輸入稅。

第七、本條約之有效期限爲十年。當有效期限一年前。若無豫告。則仍舊繼續。而以一年爲限。如是得以漸次繼續至二十年。

英法條約成立之報。達于大陸諸國也。各國無不思得自由貿易主義條約之利益于是遂一謀之英法以締結同樣之條約。不數年而自由貿易主義之通商條約竟普及全歐矣。即法蘭西于一八六二年與比利時。一八六二年與普魯士。一八六五年與德意志關稅同盟。一八六四年與意大利及瑞士。一八六五年與和蘭漢沙諸都府及墨林堡(Mecklenburg 德之大公國)等締結條約。其他瑞典西班牙葡萄牙墺大利等亦無不傚其例。英吉利亦于一八六二年與比利時。一八六三年與意大利。一八六五年與德意志及與大利。締結同樣之通商條約自茲以往。歐洲全土。遂得憑通商條約之基礎自由安全以行其通商貿易英吉利復于此時染指東洋以圖商權之擴張。先于一八五五年與暹羅次一八五八年與日本。一八六〇年與中國相繼各締結有利之通商條約以爲後日掌握東洋商權之基礎。

第二節　國力之發展

(一)國力發展之原因

攷此時代英吉利之政治上經濟上軍事上社會上國力發展之偉大前後殆不見其比而究其所以致此之原因約有數端。

一、重商主義之成功

二、免于大陸之戰亂

三、智識之輸入及科學上之發明

四、天然富源之供給

五、自由主義採用之得宜

今順次述之

第一 重商主義之成功

十九世紀英吉利國力發展之最大原因則一以耶里撒別朝以來之重商主義為之蓋一國之興決非短時日之間所能為力必數十年或數百年前已有為之因者英吉利自一六〇〇年以來至一八一〇五年其間或鼓吹國粹主義或唱國權擴張主義以振起國民之國家觀念鼓舞國民之勇氣而其對外為則行航海條例殖民政策穀物條例國產保護政策戰鬥政策掠奪政策以擢倒西班牙荷蘭法蘭西之三大强敵使不得復占世界之優勢于是其國乃强其民乃富而遂得稱雄于世界

第二 發于大陸之戰亂

三十年戰爭(1618-1648)及法蘭西革命戰爭之起。德意志、奧大利、意大利、俄羅斯、和蘭、比利時、西班牙、葡萄牙、大陸諸國。無一不被其害。而農工商業及交通等。竟陷于衰滅之悲境。此外以法蘭西七月革命(一八三〇年七月)之影響。于是有比利時之獨立戰爭(一八三〇年)有波蘭之獨立運動。以二月革命(一八四八二月)之影響。于是有匈牙利之獨立騷動。德國、意大利之暴動。復有一八六六年之普奧戰爭。一八七〇年之普法戰爭。一八五五年乃至一八七一年之意大利統一戰爭。若是大陸諸國。永憔悴于戰亂之中。財政上經濟上。遂不得不生一大困難。夫以此等窮促之國家內顧不遑。尚復何暇以兼及海外。而於英吉利。則遠離大陸。獨占海上優勢之位置。復以重商主義之成功。已保有強大之海軍。故即加入大陸戰爭。而終不受戰亂之餘波。且國內已早統一。可享太平之樂。故正可乘大陸混亂之機。擴張勢力于海外。是則大陸諸國之所以失敗。而英吉利所以强盛之一原因也。

第三 智識之輸入及科學上之發明

當時西班牙法蘭西。常有宗教上及政治上之迫害。而英國則熱心行保護招致之政策。故荷蘭之良織工及法國新教徒之富有智能。遂越海以移植于英吉利而造英吉利工業勃興之基礎。且催進英國文藝科學之發達。其後十八世紀末及十九世紀初英國新機械新技術之發見接踵而起者皆彼等之賜也。

一七六九年蘇格蘭人古姆斯瓦德(Watt)始發明應用蒸瀛力于機械之理。一八〇七年英人福爾敦(Fulton)又應之用于船舶而發明汽船至一八一二年司提反生(George Stephenson)則又應用之于陸運而發明瀛車英國于一八二五年遂有利物浦與孟智斯德間鐵道之敷設以言乎電氣則先有美人弗蘭克林(Franklin)發見電氣。一八三七年又有美人摩爾斯應用之以造電信機其効力偉大英吉利政府遂于是年採用之以助成內國交通之發展更于一八五一年英法間設海底電信一八五八年又于大西洋中沈設之至一八七二年又有蘇格蘭人倍爾(Bell)發明電話機。

至若其產業上之應用則自瓦德蒸瀛力發明之後遂有織布機械之發明綿布業者。

無不以是爲便益而利用之。自一七八二年至一八〇三年之十五年間綿布之產額。直較前三倍。又若熔鑛爐之發明。於英國製鐵業上加一大革新。而其產額亦數倍于前。是皆其顯著之例。而一國產業之進步。可想見矣。

第四　天然富源之供給

十九世紀英吉利之鐵與石炭產出額之巨大。及二者位置之接近。實世界唯一之富源。而於英國工業之繁盛有密切之關係者也。蓋使一國而備此優越之自然條件。則製鐵業及機械工業可以興。製造工業及造船業等可以盛。而一國之工業遂得以達于完全發達之域。

第五　自由主義採用之得宜

窮變通久者。千古不易之定理也。英國以保護主義之成功而致强盛。遂成爲十八世紀之英吉利。然至十九世紀。則英吉利之形勢一變。內國工業之發達。固不待言。即外界之情狀。亦稍變化。至是而若仍欲墨守從來之舊方針。則非特不能促國力之發展。且恐亦不能收蓄日保護政策最終之効果。故英吉利所以一擲從來之舊主義而改爲自由主義者實勢使然也英吉利唯能適于時宜故能復收十九世紀之成功一八八二年六月十四日俾思麥于議會中演說曰英吉利者嘗用保護政策收得盛大效果之後而始放棄其政策者也英吉利者不必用保護政策之前實一極端保護主義之國也以保護之結果國力已臻强盛他無足恐于是始撤其障壁開放門戶而化爲自由貿易主義之國至是則恰若一天下無敵之大力士可以濶步天下而挑戰于世界矣蓋自由貿易主義之於最强國直不啻爲其長大之足及有力之武器故也徵之俾相之言則自由貿易主義實爲當時英國最良之利器而不可不由之政策也英吉利亦熟知世界大勢知保護政策之害遂毅然舍之而不顧是則英國之所以有十九世紀之英國也夫由斯以觀則英國自由貿易主義實爲其發展之果而非其因即昨之保護主義待今之自由主義而後完其功今之自由主義待昨之保護主義而後是其用故世有謂英吉利之强盛在採用自由貿易主義并謂一國之產業可不必加以保護者其誤謬不待言而自明矣

(二)國力之發展

今試一攷英吉利於此時期各方面突飛之進步。則不得不爲之驚歎。今列其外國貿易之發達表如左。

	輸入（百萬磅）	輸出（百萬磅）	總計（百萬磅）	增加比例
一八〇〇年	二八、	三四、	六三、	……
一八二五年	四四、	五六、	一〇〇、	一、六倍
一八四〇年	六七、	一一六、	一八四、	三、〇
一八六〇年	二一〇、	一六五、	三八五、	六、一
一八八〇年	四一一、	三三八、	七四九、	一一、九

可知英國外國貿易額。在一八〇〇年止六千三百萬磅。至一八八〇年。忽一躍而進于七億四千九百萬磅。如以一八〇〇年爲標準計之。則一八二五年一倍六分。一八四〇年增三倍。六〇年增六倍。至八〇年約增十二倍。今再攷其航海業之發達則如下。

一七九九年英吉利及殖民地之船舶。通計一萬七千八百七十九艘。共爲百七十五萬二千八百十五噸至一八八六年世界船舶之總噸數共二千百五十萬七千八百五十六噸而其內立于英吉利國旗之下者乃達一千百十六萬五千〇九十二噸若北美合衆國不過二百〇八萬三千噸挪威止百四十九萬四千噸德國但百四十一萬〇一百噸法國共百〇五萬六千八百噸意大利亦止有九十萬五百九十噸觀此則英吉利航海業進步之速亦可知矣。

嗚呼十九世紀中葉之英吉利實儼然已爲世界經濟界之支配者也世界總數二分之一以上之船舶立于英國國旗下者也世界石炭之三分之二英吉利產也英吉利之鐵道視大陸之鐵道之總數猶長英吉利線絲與鐵之產額較英以外世界之總產額猶大且英吉利綿布廣占世界而倫敦握世界金融之樞機當時德之李斯德見英吉利而嘆曰英吉利已自成一世界其富其力直遠優于世界他部分之總額噫李氏之言豈無故哉

（未完）

格陵之學說

譯述二

黃國康

格陵者首倡實現自我主義占偉大勢力於今日倫理學界之哲學家也其研究之方法在先觀察結果而後論及原因結果者即指現今存在之事物而言蓋自己發現已成立之萬事萬物而思索其所以致此之原因由淺而深由近而遠終以之組成一完滿之哲學思想也夫吾人之於世間萬事其知之最明而認之最確者莫如其身吾人自知有我且知我爲我此對乎己身之意識及所意識之己身固亦世間萬事之一也然此事果爲若何之現象乎吾人對乎此事之起原宜有若何之說明乎是則格陵之哲學之根本問題也彼依直接的內省法以分析其心先自想像推測以觀自己之精神係自何物成立又爲如何之作用且係向何物而爲作用者此其最初之問題也而

其最後所研究者則爲關乎此等事物之成立其必要之先在的原理果爲何物之問題是也。此研究方法之結論有三大端。一曰自我也。二曰宇宙也。三曰神也。自我者即個人的人格。自覺的自己反省的人格。乃自宇宙中分出而與宇宙相接觸之一實在物也。宇宙即客觀的世界之意然非可視爲單純之混沌界乃自自我組織而成之有機的全體也宇宙之各部分必有相互之關係始能成立故宇宙若無精神作用則爲毫無意義之物也神者指主宰萬事萬物之永久的普汎的意識之神而言萬事萬物皆神之發表也故吾人人格亦神之變形然人格非即神之全體乃分有神的性質理性的存在物蓋吾人之存在與事物之存在靡不本乎神者也

精神的要素之最單純者爲五感的知覺。此物乃所以組織吾人之經驗者。然苟無主觀作用。則不能成立。蓋知覺必依種種之關係始克底于完成。若當孤立之時則爲毫無意義之物。而組成此關係者則爲統一的作用之主觀是也要之吾人之知識之內容不可無主觀之作用吾人之所以能認知萬事萬物者以其主觀之作用已先得有一定之意義於其方寸中也由是可知知識之內容必有精神之作用否則決不能有

此認知之能力也極而言之則吾人所命名爲實在命名爲世界之物亦不外乎被統一於主觀之一大組織也是故必先有主觀作用而後能有知覺既謂有知覺則不得不假定有統一知識之主觀作用又吾人既認定宇宙全體之一組織之存在則亦不得不假定有一主宰此物造成此物之自覺的大主觀之存在自覺的大主觀者何即創造宇宙之神是矣吾人之人格自覺的也神亦自覺的也惟神能極端實現其人格決非如人之有制限者吾人者漸次發達漸次進步而其發達進步之極至即爲與神一致蓋神者實永久的普汎的全知全能之物而人則僅具有神之萌芽者也

吾人對乎其一身所有種種之意識故人者乃能自覺之物自知者人之特質人以外之生物之所無也人以外之生物雖亦有種種之精神活動然彼但爲之而不能自覺之蓋有有意識之活動而無對乎意識的活動之意識也即無自覺的主觀也吾人之爲種種作用之自覺的主觀。其最簡單者爲感覺的知覺。而統一此知覺者。亦自覺的意識也。故凡離自覺而言知覺者實爲不知被知覺之物與造成此知覺之意識之區別者之所爲也吾人當對一花一鳥而起知覺之時。乃係綜合種種之感覺而造一花或鳥之知覺于其意識中也。此綜合作用與其時所受之種種之感覺乃全然相異之物。蓋綜合作用者。自覺的主觀之作用也。吾人之認知萬事萬物。皆自覺的主觀所綜合之者。雖極簡單之知覺作用亦罔不如是。且吾人所認之爲世界呼之爲世界之廣大無垠之宇宙。乃爲一對乎其身所現之現象也。將欲認定現象之存在不可不先有對乎此現象之自覺的統一者。若全無關係之分離的事物。則吾人對之不能起若何之意識。故所謂宇宙者實不外乎吾人意識中之關係的綜合也。即由吾人意識所組織而成者也。

由是觀之。則凡吾人所知之物。皆吾心所產也。既以事物爲心所產。則吾人所認知之萬事萬物。果可認之爲實在乎。心之作用任意的也。隨意的也。此今人所公認也。然則宇宙者果爲任意而非實在的乎。因此疑問之故。於是格陵乃詳述客觀的世界爲精神的性質之理。而設一問題以論之曰。吾人經驗之主觀所綜合之宇宙果爲客觀的實在乎。吾所意識之世界之本體與存在于吾心之世界果爲一致乎。今人多有謂吾人所認知之世界與世界爲非一致者。是專斷之極也。夫科學之於萬事萬物。其所述明之關係固吾人所認之爲眞理者然是亦不外乎吾人之精神作用且與其他空想的想像之精神作用同係主觀所作出之狀態其相異之處不過科學之眞理爲受多數人之信仰之已成一致之精神作用而已。由是而言。則以科學的眞理爲異于其他之空想的想像。爲非精神之所製造。而謂精神的作用。僅現于空想之部分。寧得不目之爲專斷的假定乎。且吾人所發明之科學上之實在苟深加思索討究則可知其非完全之眞理乃爲有可以漸次發展之性質者也吾人之主觀漸次向理想之方面爲不已之進行故此實在之性亦同時發展但其發展非無相互的關係之事物之集合而現出者乃以全體有關係之組織而現者也易而言之則宇宙之本體者精神的綜合也。雖然。此外更有不可不窮究者在。如何而此宇宙乃至于成立乎。主宰宇宙全體而組織此關係者。果若何之原理乎。吾人對乎宇宙而認明其種種之關係然此關係非吾人所創造者吾人者不過闡明之而已因吾人主觀之發達而宇宙全體以之漸次明顯現出至其關係則是宇宙所固有而主宰此宇宙全體之秩序者則全知全能之神是矣不設如此之假定則吾人於宇宙存立之理實無從用其想像也宇宙者關係之組織而漸次了悟其關係者吾人之人格也決非吾人各自之產出也是等關係乃永久的全知的自覺大主觀之發現神知其全體吾人之所知實不過其一部分耳。由是觀之則此主宰宇宙之神果有如何之性質乎。神之對乎吾人果有如何之關係乎。以吾人有限之知識。而欲決定此渺茫無際之神之性質。實爲難能之事。故吾人之對乎此問題也。僅能答之曰。神者永久的自覺也。吾人者神之一部分神者吾人之全體也。宇宙全體之對乎神而存立。恰如某範圍內之一小宇宙之對乎吾人之主觀而存立。而吾人因主觀發展之故。能漸次認明宇宙全體之眞像。故神之于宇宙能直接知之。而吾人之知宇宙。則由漸而進者也。此神及人之異點也。神者常發現其自身於吾人人格中者也。故吾人之人格者。永久的意識之再現於空間及時間之制限中者也。神之一部分之發現也。而吾人之人格。苟發展之而使至於極端。則即所以上達乎神而與之一致也。雖然。何故必如斯想像之乎。何故宇宙及人格不可不存立乎。彼永久的主觀之神。果何所爲而設種種之制限以分配其身於個人人格中乎。吾人對乎此等問題。但能答之曰。此固有之現象。確然之事實。有宇宙。有人格。二者皆神之發現。

此人所共知共見。不可磨滅者也。至問其何故若斯。則非所能答。且終非吾人所能了悟也。

前此所論。乃僅以人爲所意識所思索之物而觀之者。然意識決不足以盡人格之全體。宜更取人爲何物。爲宜爲何事之物之問題。而自第二方面觀之。蓋不可不自其活動之方面以解釋主觀也。夫人者有意志之物。而其意志活動。則能自由者也。何故以人之活動爲能自由者乎。請依下文二節以明之。(一)自然界之事物皆互相關係依因果法則以發現其作用者。至主觀之活動則不依自然的勢力而決定。故曰自由也。自然界之一事一物爲已造成之複雜之組織中之一部分各部分之活動之發生無不關係於此複雜之組織者。故其活動也皆受自然的勢力之影響。人格則不然。人格者乃不受他勢力之影響而自生作用者也。(二)吾人不僅不爲外界之自然的勢力所左右而已也。且更能自爲活動之中心點而以種種之作用與之於自然界之事物焉。神者能以無限之作用與之於宇宙者也。而吾人之活動亦能以影響及于宇宙內之自然界。其異於神者不過其作用有制限而已。自然界之事物皆互相爲因互相爲果者然人格則不俟外來之原因而自爲其原因故可名之曰自由的原因格陵當以此理論排斥進化論曰進化論之說以人類之行爲爲自自然的勢力生出之結果。而曰「人類之知的作用。乃劣等動物之本能之稍發展者也。其自身不自覺之自然的因果之發現也。要而言之。則動物的作用之已進化之現象也」是則大謬不然矣。吾人之知的作用乃所以統一綜合自然之事實者自有原因自造結果決不依繫於現象界之法則也故可知自由的原因云者必非自然界之因果的原因之意也因果的關係中之原因乃過去之事實爲未來之事實之原因。後之事實。本原乎前之事實之意。故不得謂之爲自由的原因。自由的原因者不能依已身以外之事物以爲之說明蓋自由的原因者欲爲之遂爲之且竟能爲之之意也

雖然。此自由之意義。又非可過於偏重者也。人類固爲精神的存在物。然同時又爲彼影響于經驗者。故經驗作用與精神的意識。皆人類之所不可缺也。然此處所宜詳加辨別者。凡有生命之動物。皆以其機械的構造機械的配置而發現其生活。然吾人不能因是之故。遂以觀機械的眼光觀動物。而視動物爲一頑然之機械也。人類之與動

物有相同之要素，而自覺作用者。則人之特質也。故以人與動物有同一之處，而謂人爲動物的有機體者，蓋無異乎以動物爲一機械之論也。二者之謬誤，寧有輕重之別乎。要而言之，人者有自覺的要素者也。人格之作用自由的也。是固根據確切不可磨滅之說也。

格陵之哲學上之意見。既如前文所述矣。而其立倫理說也亦本之。故彼反對主張直覺主義者之假定一種特別的道德的能力之說。又同時反對以快樂之感情爲道德的行爲之標準爲道德的行爲之目的者自經驗的狀態之聯想的作用以解說倫理之說。其意謂欲知人類所宜爲者爲何事之問題。不可不先明人類爲何物之問題。蓋推本乎哲學的結論。以發揮倫理學上之新機軸也。其對乎道德的行爲。乃自「能力」「作用」「內容」之三方面以窮其研究者。故其言曰。道德的能力不外乎吾人之意識上之根底的理性。道德心云者。即此理性之對乎道德的方面之異名。非可視爲一種特別之物。此能力之根元存乎永久的意識之中。吾人者實此永久的意識之再現也。故吾人不僅以一定之關係生存於宇宙之中。且更有發展自己之能力而使爲完全之理想的關係舉凡現在之成立以及將來之進步無不根源乎此能力者且此能力能引動吾人之希望促起吾人之進步而喚起最善之概念發現最後之滿足所謂眞善云者即依此能力以實現其目的而致其身於完全圓滿之謂而良心者則爲此理性此能力之活動於道德上時之別名也。又良心者即不外乎與影響於自己以外之理性。且更受影響於自己以外之理性之自己之理性也。而所謂自己以外之理性及自己之理性者乃所以合而造成社會之全體者也是故良心者進化發展者而有歷史者也而其歷史又決非所以致吾人於理性以外者歷史之始理性也歷史之終理性也要不外乎理性之自行其發展而已蓋理性云者道德的能力也然則能力之作用爲何如乎。則曰自己反省是矣。吾人於或善或惡之問題。不可不聽此理性的反省之命令。夫道德的能力與其精神之作用。皆理性而爲自己反省作用者也。而於其時不可無自我存乎其中。但此自我非抽象的共通的自我。乃具體的自我實現的自我獨有的自我。即存在乎家庭及社會中受種種關係之自我也。此道德的內容之所由起也。吾人爲種種道德的判斷。於若何之條件之下。決定若何之行爲。而內容之同異由此而生。蓋內容者。隨時代地位之異而各有不同。且所謂善之觀念。亦因時代之不同而各呈異狀焉。善之存在于人世也。乃自客觀的而定之。於社會的及政治的之制度中者。吾人既受已經發展之社會的政治的制度于祖先。不可不更發展之。進化之以傳之吾人之子孫。故吾人必宜認定一較今更善之物。而使其思想向於所謂最善、最美之處。蓋吾人者。追隨理想者也。此最善最美之思想。乃所以刺激吾人而使爲理想的自我者。此人類進步之所由成就也。

格陵之對乎道德的能力之意見。更有如下文所舉之三端。(一)吾人當判斷行爲之時。其爲其對象(指被判斷之物)者。即人格也。且行爲之根底。在乎主觀者也。(二)凡吾人之行爲。不問其爲善爲惡。要不外乎其動機之發現。而此動機。乃主觀所已認之最善而將以實現之者。約而言之。則行爲者。動機之已發表于外者也。(三)此動機之發表、決非自自然界之因果之關係而生。乃本於自覺的作用。依自由的原因而生者。易言以明之。則動機者。自致現在之自我於較今更善之地位之希望而起者。目的存在乎理想的自我之中。而此目的之觀念。乃爲唯一之原因而行爲之者也。是故人者常自意識以定其身之目的而依動機以實現之者但此目的苟非係其主觀所已認定之爲善者則不可也夫動物者常因有所缺乏而活動者也然彼非能自覺致此缺乏于滿足者爲其所應有之目的而爲意識的活動也乃出自自然的本能也故可曰動物者因缺乏而活動人則依動機而活動也因有此條件之故人之行爲遂爲道德的行爲且有價值之判斷責任之觀念也要之動機云者吾人所欲使其身與之一致之物也即深信得之則自己能底乎滿足且欲得之以致自己於滿足者也若無此一定之目的則無意志的活動是故動機者非僅因有所欠乏而起且必明知其事之足以致自己於滿足而有確然之意識也因有此意識之故而決定其行爲之動機始由此而生而吾人之作此動機，乃有自由之力。且有責任存乎其中。故人者實造動機而對之有責任者也。動機之自缺乏而生。無異乎知覺之自感覺而起。然知覺決非僅來自感覺必認有一定之意義，一定之組織。而始成立者。由是可知動機亦決非僅就缺乏而言必其人之已認定致此欠乏於滿足爲自我之目的。且將從而成就之。夫然後動機之意義始成也。是故最初所生者缺乏也。既生缺乏之後。其人遂覺此缺乏之不利，乃認定一足以補償此缺乏之物以之爲目的於是動機生而至於實現之也而使自我達動機所認定之目的者則即所謂意志活動者是也是爲自已決定所使之然故曰有自由之意義存乎其中也易而言之凡意志之活動無論其爲若何之物皆是其時主觀之發表也。

由是觀之動機云者。非活動原因(自然現象之原因)乃對乎吾人之行爲之目的原因(有意識的原因)也。易言以明之曰人類之活動者非被動於自然之勢力乃所以求實現其意識所認定之將來之目的也故行爲者依存在於自覺的人格之精神中之動機以爲決定而實現之之事乃具體的性質乃其人之所已認之爲善者也既以如斯之理論解釋動機之意義則可更假定人類生活爲更有一最後之目的。此目的也於個人則爲可能的目的而於神之精神中則爲現實的目的。吾人對乎此目的雖不能即時實現之。而其爲可能的目的則固無疑義。吾人之眞實之自我。理想的自我皆存乎其中者也。而理想的神的精神則常爲人之精神而各再現於人性之中人類因此原理之存在遂能實現道德行爲而有致其身於可能的理想之力故吾人之活

動者乃理想之觀念刺激吾人而使之然者也

道德的理想者幸福之狀態（此狀態必爲人格的爲意識的）進化發達之極致吾人之人的能力人的性格之完足圓滿之狀態也非可視爲人性以外之物者也人性以外之目的決不能認之爲吾人之理想而當其目的既達之時必無所謂主觀消滅如涅槃之所云者乃實有其事實有其物而得以之自形完滿者也此人類發達之眞目的也故道德的理想爲神的原理之實現之言乃神的原理實現於各人人格中之意。非謂神的原理即道德的理想。亦非謂神的原理與道德之理想不同也。今請借所謂國民的精神者以明之。夫謂國民的精神與各個人之經驗。各個人之性質爲全然相異固無不可之處。然細思之。則不存在於各個人中者亦必不存在於國民的精神之中蓋離各個人之精神則無所謂國民的精神也國民者不立於各個人之反對之地位亦不立於相離之地位國民的精神雖非僅各個人之形式上之團結然各個人之生活以外必無所謂國民的生活此所以善惡之最後之判斷必關係於各個人之人格也雖然。此理想的狀態。非僅人格已耳。且同時有社會的性質。故或言「個人的」。或言「社會的」此二語非互相反對之概念。亦非不兩立者。乃同一物中相異之方面也。無社會則無個人無個人亦無社會故因致自己於滿足之故而實行社會的道德以致他於滿足云者非謂以他人之滿足爲自己滿足之手段也人當他人之不滿足之時決不能自致其滿足蓋兩者相俟而行非可以一方面爲他方面之手段他方面之辦法者蓋各分配相等之滿足之意也故道德理想不可不爲理想的社會但社會云者非機械的集合之意乃有機的全體之意也又最後之善云者即人格完成之謂此人格非僅自利的亦非利他的乃由極力發揮其所有之能力以成就其義務而成者。而致道德的性格於完成之事則即所謂最後之善也。畫言以申明之則應神之觀念神之希望以發展人類之能力者性格之所由完成也是實現自我之謂也而向此理想以爲發展者則即所謂道德也雖然此不過道德之形式而已。此形式者常一定無變之物。而充實于其中之內容。則依古今東西之異而各有不同。蓋善之所以爲善之形式雖不變而關乎其事實之內容。則固無一定也。夫愛同胞者亦道德的形式之一也然隨文明程度之進化而同胞之範圍亦漸至於濶大有今日謂之同胞。而曩昔則貶為夷狄斥為禽獸者。有曩昔之所宜攻之殺之。而至今日則不得不親之慕之者。此形式不變。而內容則隨時地之異而各不同之說所由生也。

故曰。道德的理想在乎人的性格之完成。在乎應神之希望而極力發揮其能力也。神之希望云者。即神之永久的目的之存於神之意識之中者。而實現之者則吾人之職分也。以此為目的而為自覺的活動者。道德的善之所由成立也。前文謂動機生於致自己於滿足之意識。蓋致自己於滿足之意識者。即善之性質也。雖然所謂道德的善者。非僅如斯之意義而已。無論如何之動機。自形式上言之。無所謂不善者。至於道德的性質。則必觀其目的物之性質之如何。而後能定也。行為之道德性。關乎個人之主觀的意志活動。而不關乎客觀的動作之如何。故可曰世界之所謂絕對的善者。唯有善意志而已。雖然意志之所以或善或惡也。果以何而決定之乎。是則非可僅依意志之形式而區別之者也。夫所有之意識活動。皆自致自己於滿足之希望而來。無論何者之意志。無不如是。而宜有以區別之者。則將實現之目的物之性質之如何是也。今請以簡單之詞明之。夫人者。社會全體之一部分。而皆負有組織全體之責任。能自覺此義務而以關係乎全體之自我之滿足爲目的者乃得謂之爲善意志若不介意於對乎全體之關係而僅以致自己于滿足爲事則不得謂之爲善也夫因一家之故努力以圖生活者固亦可謂曰善矣然使其實行之之時爲出自於本能的而非反省的則不得以之爲道德的善必以圖家庭之幸福爲目的自擔任家庭中一分子之責任殫心焉竭力焉而以之爲自己之理想的滿足夫然後得謂之道德的善也此意義之自己滿足與起自非反省的衝動的之營求一己之快樂者爲全然相異之物乃是永久的滿足蓋自己滿足而他人亦同時而得底于滿足也是即公利公善之謂而與動物的自然利害相異之道德的目的所由生也。故道德的善云者因致公利公善于滿足之故。而以之致自我于滿足之謂。此意義也無論于何時何地皆無異同。至言其內容。則因變化多端有非可同日語者矣、蓋當實現道德的理想之時因事實及事實上關係之異同。而其所謂可爲宜爲者。亦不得不各有變遷之處。又因各人生活上之位置之不同。而其行爲亦遂生出無窮之異狀。故曰道德者。有進步者也，然此道德的進步不可單觀其內容上而解釋之。蓋善之觀念之進化。乃道德的進步所不可缺之要素。

非僅實行之方法有進化也。方法固有進化。然其目的之觀念亦同時進化。以終至達於最善之理想狀態。達于存于神之觀念中之善之狀態焉。雖然。所謂神之意識中之善者果何物乎。是則非吾人之所能知者。吾人苟有不可無某理想的狀態之信仰。則雖不能了悟。亦足以使吾人努力於道德的活動。蓋雖不知其實物之如何。而此物之爲最善。既爲吾人所知。則能確信向之而行。即爲向最善之處之理也。且吾人於此最善之理想。即無確然之意識之時。亦能於無意識之中而適合乎此理想。以爲種種之活動。（此言與前文似相矛盾。然前文論無意識的活動之非道德的。善論理的也。此處乃謂人之活動。亦有於無意識中而適合乎善者。敘事的也。其實兩者各無相妨之處）例如凡人之於家庭之制度。其確守不移而以圖全體之幸福者。非必其能自覺此理想的目的。亦決非因求一己之快樂而起者。即更進而至於種族國家等之大者。亦然。其致種族及國家內各個人之道德于發展之動機。亦非必自最後之理想而來者。蓋依習慣風俗之自然之勢力而至於實現此道德性也。而於此道德心之成立有二要素。（此二者乃自抽象的區別而出。其實則無可區別之處）（一）種種制度之自然的發展也即家族種族團體國家之類是也(一)反觀前此之制度。及自此制度發生之善良之風俗習慣是也。變詞言之則因制度之自然的發展及反省作用之故。于一方面則增長公利公善之心。漸因自然之勢以更進於發達而公利公善之可行之範圍益爲之擴大也。一方面則對乎公善公利之觀念及意識益至於發達也。而善之意識愈明。則當爲此善之時。可決不至與他人有相衝突之處。蓋以其以人類公有之精神的活動爲理想實現之而使至于極端。即所以謀大多數之幸福故也。然關乎此道德的理想之實行。其特宜注重而努力行之者。更有二則(一)養成强忍不拔之意志以期此理想之可以實行也(一)除去自私自利之邪念以期不妨此理想的發展也此爲實踐上最宜注重之二大端也必常銘此於方寸之中。求與神一致。而努力行之。然後可謂之眞實之自我實現也。

原文爲日本文學士吉田靜致所作見西洋倫理學史講義中

譯述二

人格論

譯述三

光益

本論之目的。首明人格爲何物。以及其成立之狀態。幷其性質及價値之如何。次論人格之存續。及靈魂不滅之關係。

從來論人格者。多自心理學之一方面。以明人之所以爲人之資格。而其立論之關鍵。則意識之統一是也。所謂意識之統一者。即自我之意識發生之思想感情與欲望之統一。吾人於平居思慮行爲之際。決不至以己以外之人爲其思惟作用與行爲遂行之主體。以吾自思其所思而行其所行也。而此意識。不僅起於反省實現之自己之際。即於回思過去與想像未來之時。亦莫不如是。故自我之意識。即謂之爲人格之核實可也。要之自我之意識云者。吾所獨有而非吾以外之人之所能共有之意。是人格者所以統一所有之意識而自覺之之精神的系統也。

夫人格之爲何物。於前文已先明其大畧矣。由是可知人格之實在。（實有其物之意）不容稍有可疑之餘地。蓋吾人無論如何不能否定人格之實在。以既否定之。則早已豫想人格之存在也。乃懷疑論者於此挾其疑端。謂吾人訴於自分之意識。而自知其存在。然吾人當此之時。唯知意識之內容而已。知意識之動作而已。捨意識之內容意識之動作以外。於人格之存否。蓋不能稍從經驗上而爲論證也。雖然。吾人於此難表同意。因人格既爲思想感情及欲望之統一。於此而有疑其實在者。則於自己之實在亦有可疑矣。而自己之實在之無可疑。又非必待彼之「我思故我在」之語而知其然也。則人格之實在。又如何而可疑耶。

人格何以成立乎。請更進而詮索之。前文既謂自我之意識。爲人格之核實矣。而此命名可更約之而稱爲自家意識。或自識。意識者。於醒覺之間。人人有之。而自識則非經驗及知性發達之後。難以成立。蓋自識云者。不僅自知而已。自知且更知自己與外界之關係也。不僅自客觀的以認識自我而已。且認識自我對乎非我之關係上之自我也。至此自識之成立。則本乎知性的統一與感性的統一之二者。所謂知性的統一者。吾人類集種種雜多事物之觀念。選拔其共通之點以爲概念、概念者。概括錯雜之具體的觀念而得之抽象的觀念也。乃由此概括作用而吾人頭腦中之具體的特殊的觀念。得爲抽象的普汎的概念、精神界爲之大加整頓而成一組織。由此所發之概念。於同一作用之下更概括之而愈成抽象的。換言之。則使其內包愈少、外延漸廣。連結概念之各小系統而爲一大系統者也。此知性的統一以概念的統一。各爲知性的統一。吾人之判斷思惟事物。專賴此統一之作用而此統一。又因人而異。有秩序整然者。有雜亂無紀者。前者知的作用歸於精確。後者蓋猶未至是也。吾之頭腦生明暗之相異者亦基於此。是則可以知知性的統一。非知性極發達之後。斷難成立。兒童與白痴。蓋無之也。此統一以其爲形式的爲外的。故各顯在統一(Erhlieit unity)與知性的統一相待而構成自識者。爲感性的統一。吾人對於視覺嗅覺聽覺等之特殊的感覺。由生理的狀態所來一般之感覺也。夫特殊感覺刺戟之原因。固在身體以外。而一般感覺。乃由身體內部生活之活動而起。此感覺平常被掩蔽於知性作用感情作用乃至特殊感覺之下。其現於意識之狀態。未明晰也。然此感覺不啻存在而已。

試與其他之精神現象比較而觀之。則其變動甚微。有統一意識之力。其所發之統一。稱感性的統一。且以其漠然之故。其所謂日常存在者。吾人醒覺之際。實難分明。然一旦就眠。其他之精神作用全止。或雖未全止而至於極微弱之境。觀其現反應於夢中者。可以知之。蓋一般感覺於愉快之時。吾人通例無夢。即令有之。亦極圓滿愉樂也。然至於不快之時。則惡夢頻來。或輾轉悲鳴。不勝其苦。此一般感覺存在之確證也。以其從生活活動而起。故稱之曰生活感覺。又名有機感覺。此感覺爲統一意識。且爲常伴快感與不快感者。故有感性的統一之名。夫知性的統一。非由吾人知性發達之後。不能成立。然感性的統一則不然。無論何人。自然存在。雖兒童白痴與精神病者。苟有生命有精神。無不具之。因其起自生理狀態。爲實質的。爲內的。故對於顯在統一而名之曰潛在統一。(Implicit unity)

自識由以上二種之統一而成。爲種種精神作用中之最高等者。有以知性的統一爲其中心。而調和感性的統一之力。如知情意三種之精神的活動之間。或起衝突。即得以此而融解之也。故由是可以統一思想感情及欲望。而構成人格。苟其無之。則吾人之思想行動無秩序無聯絡，將爲偶發的片斷的，不能稍有團結矣。吾人於言語上、於文章上表明自己，用所謂「我」所謂「余」所謂「己」等之單數代名詞者，亦謂自己爲一個之存在、一個之全體、一個之統一的實在之意義也。

知性的統一與感性的統一。苟無以權衡之調和之，則防人格之圓成。而知性不發達。若身體不健全，亦有碍意識之統一。然二者之統一，非皆能完全保存其權衡與調和者，恒必稍有不平衡不調和之處。稍生障礙之狀態，則人格必有異狀而生所謂人格之變換人格之分裂者焉。

人格之變換。基於心理的理由與生理的理由。同一人也，而有次第變換其人格之事。其中有起於自然的或起於人爲的之區別。自然的人格變換，往往於罹神經病時見之。而有遲鈍者變爲敏捷，憂鬱者變爲愉快之現狀。雖於知覺與判斷無甚障礙，而已全忘其現在之境遇。而出於種種之思想與舉動者矣。然經一定之時期，可恢復其本來之狀態。人爲的人格變換者，有起於受催眠術之時者。其時之人，半眠半覺，不復記臆其平生。使有人喝之曰，汝車夫也，則其言語狀態以至心情思想，皆畢肖車夫。答曰汝兒童也。則引起其兒童時之記憶。而爲當時所曾經驗之事。又如爲狐所附之時。亦人格變換之一種也。其變換之結果。使人格爲二重者。謂之二重人格。(Double Personality)爲三重者。謂之三重人格。(Jriple Personality)

人格變換之時。雖尙能行於秩序之中。至人格之分裂。則意識之統一全破。無秩序之可見矣。人格之分裂。亦分二種。有起於病時者。有起於常時者。前者經過明晰。而適於實驗。蓋與神經病患者。有相似之處。惟此病者。其身體中必有全無感覺之部分。是之爲歇私的利亞(Idysteria)性無感覺。此非生理上之原因。而爲心理上之原因。因意識之分裂而生也。其無感覺之部分。雖以針刺之。以電觸之。亦毫不自覺。今使者之右手爲無感覺。而令握鉛筆。吾人自旁執其手。使畫圓或畫三角形。其後雖離其手。患者於無意識之中。亦繼續畫之。又患者於熱心與人談話之際。若有命之曰。動爾手。振爾首。則患者且談話。且應此命令。於無意識之中。運動其身體。蓋意識之分裂。起自人格之分裂。雖健康之人。苟當專力注意於一事之時。亦有呈此現象者。蓋人當注意之時。惟對乎其所傾注者。則其感覺强而察然。於其他則或弱或無。此意識分裂之所由來也。彼縱橫無敵揮刀奮戰之勇士。雖受傷而不自覺其苦痛。又如曳杖海濱。澄心於松風之淸韻。而不聞拍岸擊岩之波聲者。皆以此而已。

人者非生而即有人格者也。其與生而俱者。人格之萌芽而已。人格之發端而已。然此萌芽。積種種之經驗。經種種之薰陶。而人格於是乎成立。雖然。人格由經驗而成立。而經驗不足以生人格。雖在赤子。不能不認其有人之所以爲人之價値。此道德上法律上所要求者。以雖赤子亦有人格之萌芽。人格之基礎也。牛也豕也。皆可以屠之者。而赤子不能。蓋前者可謂之獸格。然非人格也。至後者則有人格之萌芽人格之發端者也。經驗論者。謂人格爲印象觀念感覺等所集而成者。夫印象感覺。固爲精神現象。然唯積集此數者。則人格猶不得成立也。前文曾有人格爲所以統一所有之意識而自覺之之精神的系統之言。然人格之意識之中。常因有主觀客觀之對立而爲認識作用。通常主觀客觀之對立。多成於己身與外物相交之時。然又有單出於主觀界之內者。或自種種之心的現象爲其認識之對象而生者。心理研究之內省法之所以有効。蓋以此而已。起於此主觀界之主觀客觀之對立。於印象與感覺。實無可用其說明之處故欲求此事之適當之說明。仍不得不待之於自識的統一的精神系統之人格之觀念也。

如以上所述。則人格成立之大要。可以明矣。今請論人格有如何之性質。

人格有同一性（Identity）吾人之意識。有如流水。故有意識流之名。以其能於轉瞬之際。爲無數之變幻也。故吾人精神之中。曾不能有一嚴密確固始終不渝之理想者。況吾人之境遇。恆不能有一定之棲止者乎。試就生理上思之。吾人之身體新陳代謝。須臾不休。苟經七年八年。則全身均爲之一新。更就心理上思之。如思想信仰知識之諸作用。較之單純之意識。固稍固定者。而其變化搖動。則無以異也。然立於是等生理作用心理作用之外。而以保持其同一者。人格是也。蓋人苟當記臆尙存之時。必能有同一之意識。而能自知我者我也。今日之我。猶如昨日之我。明日之我。亦如今日之我。雖生活狀態有如何之變動。知識道德有如何之進步及如何之墮落。而對乎自己之意識。無論何時。斷不至有所變更。而不能認明自我。且關於吾之行爲。常有一定之責任心也。故雖謂道德心基於人格之同一。而起者亦無不可。蓋如回思過去之事。受他人之恩惠則頓起感謝之情而當時之狀況髣髴如現諸眼前者及盜賊被捕一經糾問即應其罪狀而甘受法律上之制裁此皆過去之自己與現在之自己有同一之意識之故也由是可知人格之同一性有至切之道德的意義矣

雖然此同一性果何自而生乎或有謂現象之意識雖變轉無常而爲其本體之意識則無有變更之處人格之同一性即基於是者也然此不過哲學的解釋而已以吾人之所見言之則同一之意識似由記臆之精神現象而起者於記臆範圍之內連結現實之我與過去之我以引起前後之我之同一之感情苟無記臆則吾人之生活不免於支離滅裂矣幸而有之使所謂家族隣人朋友邸宅山川草木以及環境與吾之交涉關係得留諸吾人之腦中而起前我後我非爲異物之意識也夫無學文盲經鑽研磨鍊之功而得爲學者與曾抱弱病受醫藥之功效而復其健康者皆其一身之變化無相異之處而貫此變化以始終保持人格之同一性者記臆也且所遇事件經驗之變化愈多同一之意識亦愈明瞭老人者因其感官之作用趨於遲鈍對於現在之事物勢不得不疎遠其關係然一己之意念專向過去致喚起以前所積集種種之記臆

而深其同一之感。凡老人皆好談往事。誇耀其功名者。即過去同一之感甚深。自我之觀念極明之故也。由斯所起記臆之動作。於使吾人生活愉快之上。實大有力。蓋自今經驗之內。可喜之事業。長爲快樂之源泉。而畢生存其記臆之中。而想像過去之繪畫。可減輕現在之苦痛也

其次人格有自定性。(Self-determination)無論何人。於其健全之中。使一度反省。則覺自己爲自己之君主。自己可以支配自己。換言之則有道德的自由之感也。是故己以爲善者行之。己以爲惡者止之。使生活有秩序有規律。是謂之人格之自定性。所謂自定性者。於自己有活動之原因。立於支配自然界之必然法以外。而從自己所作之法則。以爲自由活動者也。學者謂吾人之精神。或爲自由原因者。或爲超絕原因者。然試思之。苟着眼於此。使人格無此活動。即無毫末活動之自由。吾人與無心之器械無所異矣。當吾人幼稚之時。人格未完全成立。自定性亦乏。兒童易被外物之誘惑者。全爲此也。然年齡既長。因之精神之發達。亦次第確立。不至亂動其心。就所遇之事件可下精確之判斷。抑制本能與衝動之妄動。而能爲堅實之行動矣。吾人於言語文章

之上。用能動體之動詞所謂「我言」所謂「余行」者皆表示此自定性者也。即所謂克已勇敢節制等爲意志的德之整理者。亦因此自定性也。

然則格人者於人之所以爲人之上爲必不可少之資格。爲統一各思想行動之要件。使吾人爲道德上法律上責任之主體之原因。且使人有自主獨立之動力者也。人格之性質。已述其大體矣。將進而論人格之價值。

前文言知性的統一與感性的統一。非皆能完全保存其權衡與調和者。恆必稍有不平衡不調和之處。然則僅就兩種之統一之形式思之。亦可知人格有生差異之事。若觀其內容。則人格上之生差異。愈知其爲不可避之理數矣。雖知性的統一。其系統中所含之要素。種類雜多。有感覺想像記臆聯想執意等。而此等要素。性質各異。於感覺有鋭者鈍者。想像有精密者粗雜者。記臆有明瞭者昏暗者。聯想有速者遲者。執意有强者弱者。此人格上之所以生種種之差異也。心理學上名此差異爲個性。(Undividu-ality)

人之個性之成立。有先天後天兩種之條件。先天的條件。爲從祖先父母所遺傳者。謂之氣質，後天的條件。爲從教育經驗及一般事情境遇所得者。謂之品行。氣質由吾人生來所帶之生理的狀態而生者。通常分多血質胆汁質憂鬱質粘液質四種。吾人不能變化之。然非全然不能變化之也。盖所變者。極微小耳。故教育之事業有界限。教育的勢力。無絕對萬能之價値。然於品行上。苟方法善則發達，方法不善則墮落。盖人類以外之動物之進化。乃行於無意者。而人類之進化則爲有意的也。吾人雖不能直接變化氣質。然因心身相互之關係極緊密之故。以教育修養造成後天的品性。使肉體受其影響。其結果亦可以間接變化其氣質也。由是於品性之修養人格之完成。抱極深之意義。而所謂人格之價値。自然起矣。

吾人常謂人格有高下大小之區別。謂甲之人格爲高尙。乙之人格爲卑下。丙之人格爲偉大。丁之人格爲狹小者。即認人格之價値之差異也。所謂高尙之人格偉大之人格者。乃指凝積修養鍛鍊之功效之結果。改善其氣質。使得優美之品行。而個性能圓成實現者也。至卑下之人格狹小之人格則反是。夫人格之價値。即其人之價値也。孟子之所謂天爵者。其能解釋此意義乎。億萬之富。可以授受。而人格之價値不能盖金銀勳位固爲可重然非能以人格之價值與之比較者金銀勳位非自然存在乃因爲人類生活之方法而有其價值者至於人格則非方法而爲目的前者之價值相對的也後者之價值絕對的也故吾人緊切之事無有更如人格之價值者康德謂人格之價值爲品位(Dignity)物品之價值爲代價(Price)實正當之區別完成人格而增大其品位者吾人當頭之本務之一也

吾人於接高尙之人格之時受一種之暗示或生敬畏之情或起謙遜服從之念抑果何因而至如是乎高尙之人格固有程度之差異而爲近於人類之理想境之結果者有自信有自由有平和有悅樂皆因自其人之內界有動力也此種動力名曰感化古人曰「君子之德風也小人之德草也草上之風必偃」其爲道破此者乎感化所及之範圍及其繼續之時間因人因境不必皆同然人格之高且大者其感化所及之範圍愈廣其繼續之時間亦愈長彼所謂英雄所謂豪傑者立非常之功而名傳於歷史至窺其感化之如何甚覺其少蓋其才氣意力雖足拔群而其行動多出於功名心與名譽心其事業無精神而其動機不純潔也故其感化止於一地方一時代曾未足以

動世界之人心彼希臘之達俄第內斯不喜歷山大王之提言我邦(日本)之大鹽後素爲英雄豪傑之事業爲「夢中之伎倆」冥神思之實不勝其興味之津津矣，又如學者政治家技術家工藝家等。有非凡之人格。具經國濟民之才幹。抱入神之手腕。雖輝煌騰達。各顯聲名。要不過止於貢獻屬於自已之部面不足以亘古今通東西任人類一般之精神的指導也。獨至道德界宗教界之偉人。說道開教。示人民以安立歸趣者。與精神的感化於世界之人類，長支配其思想信仰。幾無滅亡之時期。由是觀之。人格之價値，至道德界宗教界之人物爲最偉大。可以知矣。

死者。爲吾人物質的生活之終結。然人格之價値不能滅亡。高尙之人格偉大之人格。雖有欲侮辱之滅亡之者。必不能達其目的。且不啻不能達其目的。反以增其價値而已。夫金錢財寳之可使消費也。勳位爵祿之可使褫奪也。形體肢體之可使殺傷也。此不待言者。至高尙之人格偉大之人格則無論如何有不能爲者矣。不觀猶太人之磔殺基督。僅磔殺其肉體乎。至於其人格不獨無損。而反增其光輝。雅典人之毒蘇格拉底，亦徒毒其肉體而已。其人格則不僅不能且增大其感化之力也。支那之文天祥。我國（日本）之赤穗義士亦皆如是也。彼等雖慘烈以終。實無侮辱滅亡。其高尙偉大之人格。且與以永遠之生命。長久存續。以飾人類之歷史。吾人於是可以知基督於刑場祈敵人之幸福於天。與蘇格拉底臨刑之時。諄諄說教。以及古今之烈士丈夫。視死如飴之理由。果存於何處矣。於是乎吾人不得不思肉體死後人格之存續與靈魂不滅說之關係。

古來於靈魂不滅說，有自宗教上與哲學上二方面論之者。其主張是說者。大抵就心身之關係則取二元論。就精神之體用之關係則取實體論。謂靈魂爲離肉體之實體。能存續於肉體之死後。而保其無限之生命。至其存續之狀態如何。亦與宿於肉體中之時。爲同一之情狀。營意識的生活者。然此說立於今日學術進步之前。不能有些須之價値矣。換言之。即不能爲科學的證明者。且不啻不能爲證明而已。於其反對。尙起必不能有之反證也。抑吾人之心意之有意識作用者。因有視覺聽覺嗅覺味覺觸覺等感官及神經。能受內部外部兩方所來之刺戟也。吾人之意識。不外對於內部之刺戟之反應。若無感官無神經。則雖如何之刺戟。亦不能受。既不能受刺戟。則吾人或向內部或內外部。均無交涉。決不至起意識作用矣。而感官與神經均為物質的肉體如亡。則亦同時皆絕。又不待言也。是則肉體之死後。不得謂意識作用之能存。使死神一旦襲來。吾人惟供其犧牲。絕呼吸止視聽。全為無意識者而已。此非為一已之空想。凡因疾病或負傷或其他不慮之變災而一旦失其知覺者。蘇生後所語之事實也。是故謂人人之精神。(靈魂)死後尚離肉體而營意識之生活者。必不可得矣。由是所謂靈魂不滅說。從宗教上唱之。則可謂之迷信。從哲學上唱之。則可謂之臆斷。於今日實無一顧之價值也。

如以上之所述而無誤謬也。則靈魂不滅說本來之意義。無論如何。不能主張。然所謂死者。於吾人之物質的生活精神的生活。皆為與以終結者。則吾人所感為非常之苦痛。而吾人之信仰的及道德的意識之要求。決不能由此有些須之滿足。即謂以吾人死後之生命。從肉體分解。為元子為分子。乃至耶涅爾基。(Energy)而有存續之意義。亦非所願。何者。於此境界。高尚之人格。卑下之人格。偉大之人格。狹小之人格。善者。惡者。正直者。邪偽者。皆全無所異。因其平等而無差別也。而吾人於其平等無差別之處。

非吾人之所能滿足者苟以爲滿足則必有無差別而不平等也且生善者不必得福惡者不必受禍之現世道德的不公平之現象僅使彼獨逸士山之大思想家以靈魂不滅神之存在二條爲從道德的根據所主張之根本的理由得善者爲善惡者爲惡雖生雖死猶能爲明瞭之區別褒貶以成立道德的公平而爲吾人之信仰的及道德的意識必至之要求也

所謂高尙之人格縱一體死後不至滅其價値且益增之也蓋彼等長生於人之腦中支配其思想行動其感化所及之處至廣且深而爲人之景仰愉悅者也至道德界宗教界之偉人其流風餘韻尤不消滅與日月爭其光河岳競其久而彼等非世有其人僅於千百年中乃一出現而常使人怨其出世之過遲及其一旦而出也則指示理想一新人心教人類以適歸之所故彼等死後人猶認其價値如生存也且使人景仰愉悅較其生存時猶起多大之尊崇心也使吾人恒以渴仰之心思釋迦之爲人則彼之人格忽髣髴視諸心中以敬畏之情慕孔子之風采則彼之人格儼然往來於眼界果其如此則謂釋迦未死孔子猶生亦無不可是故所謂人間之本質非血肉而爲精神

眞實之自我非物質的而爲精神的也然則釋迦之精神的自我即見之於佛敎孔子之精神的自我即見之於儒敎佛敎者精神的釋迦之所現儒敎者精神的孔子之所現也物質的釋迦物質的孔子雖夙已消滅渺不可求而精神的釋迦精神的孔子猶永存於佛敎儒敎之中由是觀之則所謂靈魂不滅爲肉體死後人格猶存支配人間思想行動小則指導個人大則警醒社會國家之意義爲極適切者矣

雖然。於此有疑問起焉。謂如吾人之所言則僅如所謂釋迦所謂孔子所謂基督所謂蘇格拉底之高尚之人格偉大之人格之靈魂。可以不滅、而常人下至小人惡人。究不能不滅也。然以吾人之所思則不如是。常人之意、多以一死爲一切人事之終結雖未死之前或貴或賤或賢或愚或老或幼或善或惡或正或邪，至此區別全泯。委諸塵芥矣此等思想。不得不謂之淺薄。夫因死而能阻礙之中止之者唯人之物質的生活至其精神的生活固依然繼續且應其生存中之人格之價値於死後之生命附以相當之彩色而以前所述之心靈界之偉大人格死後之存續尤極鮮明於世道人心大有裨益者也若如彼罔生斯世無德無識不知道不信敎不建一事不立一業所謂醉生夢死以終者。其存續必不鮮明。且不能有何等之價値也。而位於兩者之中。有於家族中存續者。有於鄉村中存續者。有於郡縣中存續者。有於國家中存續者。使生存中爲善人。則敬之慕之。留爲後人之模範。如爲惡人。則憎之厭之。留爲後人之鑑戒。其繼續死後之生命之點。前者後者。如出一轍。卽善者爲善。惡者爲惡。區別之褒貶之。以成立道德的公平。而爲吾人之信仰的及道德的意識必至之要求。可於玆滿足也。人常有言。人之價値。蓋棺論定。此誠可謂之眞理。蓋其猶未蓋棺。猶得以己之力。以邪爲正。以惡爲善。裝飾矯僞。欺己悅世。然一朝遇可怖之死運。呼吸既絕。視聽既止。前此可張之力。忽焉弛矣。於是儘己之所有。供諸世界。而暴露於所謂「時」者。夫世間一時之毀譽。或不公平。至長時間之審判。則極嚴正極公平也。乃以所謂人者。置之於此長久歲月不偏不黨之審判之下。表其價値。而以爲其死後之存續者。此吾人主張靈魂不滅之意義也。

其次所起之疑問。則必有謂吾人所謂人格之存續。唯不過存於人之記臆而已。夫謂之記臆。固無不可。然非單述吾人過去之事實之記臆。而爲鼓吹高尚之人格偉大之人格之活道德活信仰之記臆及教人知卑下之人格狹小之人格以至於惡人格之可憐者可警者可鑑者之記臆也且使人知位於其中堅固之人格快活之人格敏捷之人格聰明之人格冷靜之人格各具之特長各有之價值而效法之之記臆也由是觀之記臆者決非道德上無意義之物。如前文所云。我爲同一今日之我。無異昨日明日後日之我猶如今日之意識。(人格同一之意識)其一半亦基於記臆也。然則心靈界之偉大人物微論其生存之時即其永久之後代亦受非常之感化於世界人類頭腦之中存永遠不忘之記臆極端言之世界人類之記臆即偉人之生命雖其他尋常普汎之人格卑劣邪惡之人格其範圍之廣狹存續之明暗有特異之點其周圍人人之記臆即其死後之生命也

然則肉體之死後人格之存續之事實即以靈魂不滅代之亦可。且不啻可以代之。若以靈魂不滅爲宗教界道德界之必要。則以人格之存續爲意義更健全而有興味矣。前所云靈魂不滅。非迷信即臆斷。毫不足取。然人格之存續乃不可動之事實不僅可以此得道德的公平雖於實踐道德之上其裨益亦不鮮也夫向上發展最後之所成

就乃吾人人格發達之項點在他人或上下其價值然於自己實爲最終故雖遇如何之窮境抱如何之疾病爲如何之老年苟一息尙存無論何人可以完成其人格由是而言則自殺者徒解免一時而實無道德蓋敢於爲此即拋却完成人格極大之對已的本務之遂行也夫吾人禀生斯世乃極貴之機會爲永遠之一遇能勉力完成其人格使高尙遠大則庶乎可以長生不滅矣

此文作者爲日本文學士深作安文見倫理講演集

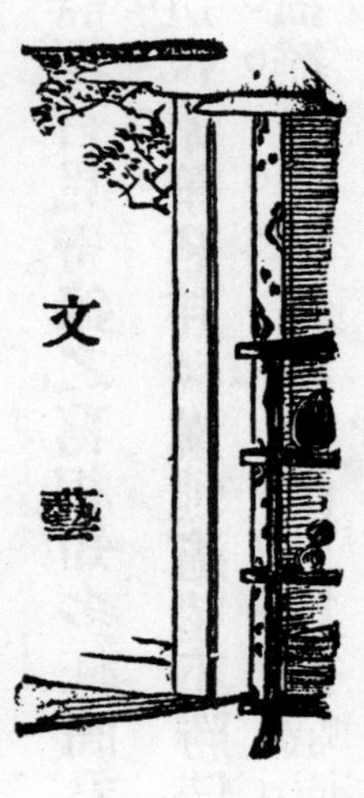

文藝

飲冰室詩話

飲冰

劉裴村先生詩多古體。其近體吾乃未一見。曹民父以所得二章相示。乃寘之杜集。殆亂楮葉。哲人餘事。靡不能也。謹錄之。自笑狂吟如醉僧。一舟萬里寄行縢。忠州酒香賽白傅。夔府日斜悲杜陵。魄力掣鯨碧海水。夢魂飲馬黃河冰。山川南北有奇氣。史遷疏宕吾豈能。右一舟。盡喚蠻山壓客舟。甲壚飛去入空遒。雙崖雲洗肌如鐵。一石江穿骨在喉。風靜魚龍排日睡。水還巴蜀接天流。漲時倒海枯時澗。安穩哦詩答櫂謳。右瞿塘

吳君又陵虞復以所作「贈周蒼虔」一章惠寄。純然初唐之音。不僅頡頏梅村而已。詩云。微塵世界眞浮漚。我居其間逍遙游。胸中浩蕩九萬里。眼底慘淡三千秋。高立須彌知和寡。古艷幽懷自傾寫。碧血長啼蜀國鵑。黃金誰市燕臺馬。周郎散漫最多情。念紀

文藝

怪物還幷生。不露文章我能識。鑿破混沌帝亦驚。爲言昔走長安陌。少年同學多奇桀。陳錫昌匡綏福諸君叢桂淹留解念君。香草芳菲尤愛國。風雲牢落且尋春。自惜嬋娟絕代人。歌成繡被思王子。唾盡明珠爲洛神。邇來顦顇還鄉里。種豆南山行樂耳。誤煞韓非是說難。哀時庾信餘新體。（蒼度有庚子孤懷詩六十首予爲之序）同調相逢堪拂衣。猖狂原不得精微。蒙縣莊休聊自恣。蘭陵孫況謾相非。碔砆見容卞和陋。支頤坐看雞蟲鬥。孔尼有道泣麒麟。墨翟無端詣禽獸。道裂應悲謬種興。吹竽雖濫市人聽。叔孫時務方希世。夏侯青紫媿明經。蠙蠖龍蛇竄用合。儒林傳好兼游俠。縱饒孟軻談仁義。詎廢蘇秦傳捭闔。善惡參差笑兩家。是非彼我正無涯。屈子離憂寄蘭蕙。陶潛身世感桃花。競將婉媚承歡愛。獨持懷慨增疑怪。蛾眉一笑衆女愁。卻待神明轉超邁。青鐙相憶雨廉纖。溷濁眞羞避俗嫌。荼苦蜜甘聊自適。徑須從汝證華嚴。

吳又陵復以雜詩四首見寄。錄之。葛相知多枉。商君莫漫輕。淹中餘狗曲。稷下正梟鳴。寂寞耽玄草。遨遊被素箏。舊邦姬漢地。遙望不勝情。」不遜眞寒士。拘游豈丈夫。郭隗輸死馬。賣憲本孤雛。罵永非儒論食茫牛屈書蛾眉空惜誓。沈痛意何如。」刺客無荆聶。愚儒有孟荀。蟪蛄方聒耳。腐鼠亦驕人。雅意先黃老。高才隱賤貧。不須嗤佞幸。好爲論錢神。太史公佞幸傳以鄧通居首然使通在今日固多類納混上議院議員也一未獻帝王璞。徒悲天地秋。此身眞苦聚。現象總浮漚。駐邊應衡聖。如弦那得侯。毀勤分九品。滄海正橫流。此間主排革而講年誼者予甚苦之

列國海軍比較表

雜 俎

據本年之海軍年鑑而舉各國軍艦之已竣工及建造中者列表如左

國別	艦種	已竣工者	建造中者	合計
英國	一等戰艦	五〇	五	五五
	二等戰艦海防艦	一一	〇	一一
	計	六一	五	六六
	一等巡洋艦	四二	六	四八
	二等同	一七	〇	一七
	三等同	四六	〇	四六
	計	一〇五	六	一一一
美國	一等戰艦	二二	五	二七
	二等戰艦及海防艦	六	〇	六
	計	二八	五	三三
	一等巡洋艦	一一	四	一五
	二等同	三	〇	三
	三等同	一一	三	一四
	計	二五	七	三二
德國	一等戰艦	二〇	六	二六
	二等戰艦及海防艦	九	〇	九
	計	二九	六	三五
	一等巡洋艦	六	三	九
	二等同	六	〇	六
	三等同	二〇	六	二六
	計	三二	九	四一
法國	一等戰艦	一三	一〇	二三
	二等戰艦及海防艦	一七	〇	一七
	計	三〇	一〇	四〇
	一等巡洋艦	一一	四	一五
	二等同	三二	〇	三二
	三等同	三	〇	三
	計	四六	四	五〇
日本	一等戰艦	一一	二	一三
	二等戰艦及海防艦	三	〇	三
	計	一四	二	一六
	一等巡洋艦	九	四	一三
	二等同	四	〇	四
	三等同	一三	二	一五
	計	二六	六	三二
俄	一等戰艦	四	四	八
	二等戰艦及海防艦	六	〇	六
	計	一〇	四	一四

雜俎

國	一等巡洋艦	二	四	六
	二等同	八	〇	八
	三等同	二	〇	二
	計	一二	四	一六
意	一等戰艦	五	三	八
	二等戰艦及海防艦	七	〇	七
	計	一二	三	一五
大利	一等巡洋艦	三	四	七
	二等同	三	〇	三
	三等同	一四	〇	一四
	計	二〇	四	二四

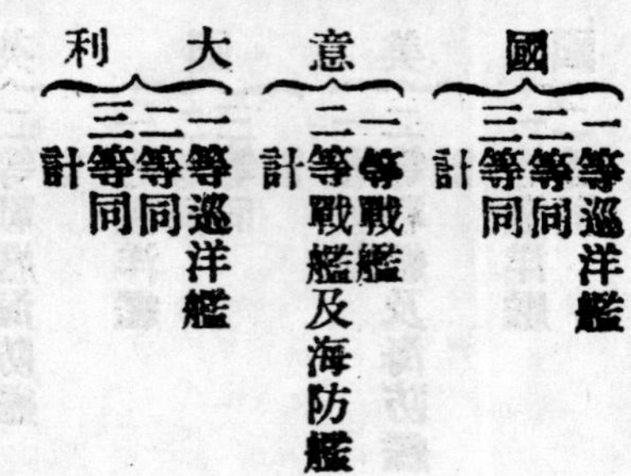

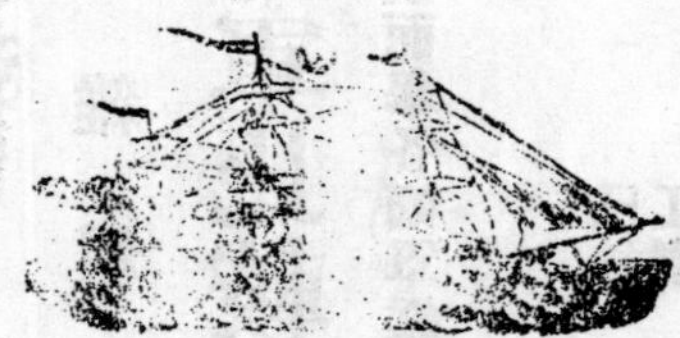

上海商務印書館新出各種教科圖書

（分設）京師　奉天　天津　廣州　福州　成都　重慶　漢口　開封

初等小學**中國歷史教科書**每部二冊價洋三角○是書爲初等小學第四第五兩年之用計一百六十課每星期授兩課以一年畢一冊起自上古訖於今日專取歷代大事及名人事蹟之足資觀感者以充材料簡要不繁文筆亦雅潔可誦另附歷代沿革圖一冊◎高等小學**中國歷史教科書**每部四冊價洋七角○上起五帝下迄兩宮回鑾下詔變法之日凡分四冊共二百四十課約十萬言文辭雅馴體例精當並附歷代圖表尤便檢查◎**學部審定**初等小學**地理教科書四冊**定價五角○近來地理書多臚列府縣名字山川形勢物產風俗千篇一律陳陳相因味同嚼蠟是書改用游記體裁於童子之記憶頗足相助本國行程分爲七路外國分爲四路每路各附一圖行程所經識以朱線並附精圖一百數十幅刷印鮮明每一開卷尤增興味本書業經學部審定◎高等小學**地理教科書四冊**定價五角**萬國輿圖一冊**定價三角五分○是書爲高等小學堂第一二年之用計一百六十課每一星期教授兩課適供二年之用前二卷論中國後二卷論外國皆按最近情勢立論敘次明晰詞旨簡雅可爲初學精本編印銅板精圖一百餘幅兒童讀之尤有興味另附五彩萬國輿圖印刷鮮明裝訂華美◎**簡易課本**

修身一冊價一角○國文二冊價二角半○歷史一冊價一角○地理一冊價洋一角○數學二冊價洋三角○格致一冊價洋一角○本館前編小學中學高等學堂各種教科書均遵奏定章程按年級輯出版以來謬承學界歡迎復思我國地廣人衆學制初定風氣未能遍開其有貧寒子弟過時失學或雖當學齡而迫於生計勢須兼治他業不能受完全之教育本館用特設變通之法謀普及之效編輯簡易課本爲修身國文歷史地理數學格致實業法制八種簡要淺明最易教授每冊中各附精圖數十幅以爲講解之助凡年長失學者得此書而肄習之一年卒業於立身之道應世之用亦可粗知梗概至半日學堂夜學堂星期學堂徒弟學堂不能受完全教育者以此爲課本尤爲適用茲已印成六種廉價發售

上海商務印書館新出各種教科圖書

（分設）京師　奉天　天津　廣州　福州　成都　重慶　漢口　開封

學部審定 初等小學 **筆算教科書五冊** 第一二冊各一角半第三四五冊各二角 **教授法五冊** 第一二冊各二角半第三四冊各三角半第五冊四角 **五彩掛圖** 計十六幅二元五角 ◯本書五冊適供初等小學五年之用已承學部審定稱爲（綱領備具條理細密步步引人在今初等小學教科書中洵無出其右者）又稱（多列圖畫足以引起兒童旨趣全忘習算之煩苦）又稱（中外度量衡比較法既習算術兼適應用則尤本書之特長）等語教授法一書亦經　學部審定稱爲（教員上課時手此一編可不致漫無秩序）等語

◎高等小學 **筆算教科書四冊** 每冊二角 **教授法四冊** 第一冊二角半第二冊三角第三四冊各二角半 ◯是編繼前書之後仍由加減乘除入手至平面立體求積而止全書四冊適供高等小學四年之用　教授法四冊按課演繹最便教員之用

◎高等小學 **筆算教本二冊** 價洋四角 ◯是書共九編（首）加減乘除（一）諸名數（二）分數之簡易者（三）分數之繁雜者（四）小數（五）比例之簡易者（六）比例之繁雜者（七）利息（八）開方求積序次得宜繁簡適當解釋清晰譯文明暢

◎學部審定 初等小學 **珠算入門二冊** 每部二冊價洋四角五分 ◯此書經　學部審定稱爲（條流明晰階級秩如每課多列習題亦便於練習）等語且蒙　學部指定爲初等小學末二年之用即商業中人取而習之獲益非淺

◎**珠算教科書四冊** 六角 **教授法二冊** 每冊價洋五角 ◯此書繼珠算入門而作詳明淺顯條理井然其教授法爲教員實際教授時所用解說詳明丁甯苦口教員但能手執是編依書演講當自知其運用無窮至於所有志獨修者取而習之亦能粗窺門徑漸陟堂奧

◎高等小學 **理科教科書四冊** 每部四冊價洋八角 ◯是書爲山陰謝洪賚所著並由山陰杜亞泉參訂材料精當部次分明最便初學附印五彩圖及精圖三百餘幅書共四冊每冊四十課每星期教授一課以一年畢一冊誦習既竣不患無普通之知識矣

上海商務印書館出版

慶親王 題籤 澤公 戴尚書 呂尚書 沈正卿 賜序
瞿中堂 袁宮保 端制軍 岑宮保 盛宮保

◎◎◎◎ 新譯

日本法規大全

潔白連史紙 四開式鉛印 全部八十册 附解說一册 ◎◎◎◎

是書原定去年年杪出版嗣因排印不及未能如期無任抱歉邇來晝夜趕辦業經告竣准於二月二十五日出書凡在何處購預約券者請持券至原處幷找洋銀十二元取書又在四川分館取書者每部加運費一元四角其餘各省分館加運費六角如欲本館將書寄奉請將預約券及找洋銀十二元並郵費寄至原購之處收到後亦可將書寄呈郵費如下

(一)輪船火車已通之處每部加郵費一元 (二)輪船火車不通之處每部加郵費一元二角 (三)陝西甘肅雲南貴州四川五省每部加郵費二元四角 (四)日本國每部一元四角 (五)躉買十部以上者運費較廉照實數收資 再在本館總發行所及各分館取書者均有書箱其屬本館寄奉者郵費包裹磅數有限書箱無從寄遞分為十函用精美結實布套以代木箱特此陳明

◎◎現在定價每部售洋銀二十五元正◎◎

◎◎另加郵費分用木箱布套亦如前例◎◎

SEIN MIN CHOONG BOU
P. O. Box 255 Yokohama Japan.

（第三種郵便物認可）
（每月二回發行）

第肆年第貳拾肆號
（原第九十六號）

中國光緒三十三年十月十五日　日本明治四十年十一月二十日

目錄

新民叢報第肆年第貳拾肆號（原第九十六號）

▲論　著……一

●日本交通發達攷（續第九十四號）　王愷憲

○第二編之續……（十五）郵便稅之增率……（十六）收入與支出……（十七）綫路局所之設置

▲譯　述一……一七

●近世英國商業政策之發展（續第九十五號）……重遠

○第三章帝國主義時代……第一節於世界英吉利地位之變遷及帝國主義勃興之原因

▲譯　述二……四三

●經濟界譯叢　淵生

▲譯　述三……六三

●法國政界近時之趨勢　孟揚

○第一法國下院政界上之勢力○第二法國下院政派消長之傾向○第三法國下院之左進的傾向與共和國體之確立○第四法國下院之左進的傾向與社會黨之運命

▲譯　述四……九一

●教育學說之變遷　黃國康

▲記　載……一〇七

●中國大事月表

○丁未六月

▲雜　俎……一一一

●海外拾遺錄

本社特別廣告

啓者本報現已出至第四年第二十四號閱報及代派諸君有未將報資清交者請即如數滙下是所切禱

橫濱新民社謹白

報資及郵費價目表

	全年廿四冊	半年十二冊	零售
報資	五元	二元六角	二角五分
上海郵費	二角四分	一角二分	一分
上海轉寄內地郵費	一元二角	六角	五分
各外埠郵費	一元四角四分	七角二分	六分
四川、雲南、陝西、貴州、山西、甘肅等省郵費	二元八角八分	一元四角四分	一角二分

日本各地及日郵已通之中國各口岸每冊一仙

廣告價目表

洋裝一頁	洋裝半頁
十元	六元

惠登廣告至少以半頁起算刋資先惠論前加倍欲登長年半年者價當面議從減

編輯兼發行者　馮紫珊
印刷者　陳侶笙
發行所　橫濱山下町百六十番　新民叢報社
上海發行所　四馬路老巡捕房對面　新民叢報支店
印刷所　橫濱市山下町百六十番　新民叢報活版部

本社發售各種書目

左列各書廉價發售多購酌減空函不覆

政法

萬國公法(四冊)	六角
清國行政法 洋裝	二元
和裝	一元八角
政治學(四冊)	一元半
萬國憲法志	七角
萬國官制志	四角
英國憲法論	六角
地方自治制論	三角半
政治學新論	四角
英國憲法史(三冊)	一元二角
共和政體	八角
歐美政體通覽	二角
政治泛論(上下)	一元
國際公法志	五角
世界之政治	四角半
國憲泛論(上中下)	一元
政治原論	七角半
美國憲法	三角
歐美政教紀原	七角
王安石新法論	二角半
各國交涉公法論(八冊)	
憲政胚論	
大清新編法典	三角半
地方自治制要義	七角
康南海官制議 洋裝	一元
和裝	八角
政治講義	三角半
憲法精理	五角半
上海領事裁判及會審制度	二角

歷史

萬國興亡史	三角半
法蘭西革命史	一元
意大利建國史	三角
最近外交史	三角
波蘭衰亡史	六角
歐洲財政史	三角
俄國蠶食亞洲史	一角半
埃及近世史	二角

一

心史	四角
越南亡國史	二角
泰西通史（四冊）	一元
歐洲列國變法史（八冊）	一元五角
巴比倫史	一角半
意大利獨立史	四角
埃及史	一角半
波斯史	一角
猶太史	一角
普通新歷史	二角
日本維新慷慨史（上下）	五角
支那通史（四冊）	
英國制度沿革史（上下）	一元
歐洲十九世紀史	八角
中國文明小史	四角
支那文明史	八角
教育學史（上下）	八角
佛國革命戰史	七角
英國革命戰史	四角
俄國情史	四角
明季稗史正編（六冊）	一元
俄羅斯史（上下）	八角
埃及近世史	二角半

德國工商勃興史	六角半
萬國興亡史（上下）	七角
飛律濱獨立史	三角
東洋史要（四冊）	八角
世界近世史（上下）	九角
西洋歷史	七角
日本維新三十年史（六冊）	一元六角
世界進化史	八角
日清海陸戰史	四角
萬國歷史	一元
土耳其史	四角
亞剌伯史	八分
成吉思汗少年史	一角八分
續支那通史（八冊）	一元二角
意大利獨立史	四角
腓尼西亞史	七分
明治政黨小史	一角
支那史要	八角
希臘獨立史	四角
西洋通史全編（八冊）	一元二角
同（七冊）	
萬國歷史問答	三角
新撰日本歷史問答（上下）	三角半

二　傳記

泰西政治學者列傳	一角
加里波的傳	一角
萬國人物傳類纂（上下）	一元
中西偉人傳	三角
八愛國者傳	二角半
拿破侖全傳	一元
俾士麥傳	一角
意大利建國三傑傳	三角
飛臘濱志士獨立傳	二角
克萊武傳	三角
祖國女界偉人傳	二角
黃種三大偉人	三角
華盛頓	五角
李鴻章	三角半
鄭成功	四角
戈登將軍	三角
成吉思汗	同
格蘭斯頓	三角半
亞歷山大	三角
彼得大帝	四角
世界十二女傑	三角半

血史(洋裝) 一元

地理

- 世界地理 一元半
- 萬國地理志 五角
- 初等小學外國地理志 二角半
- 東亞各港志 三角
- 新撰萬國地理志(三冊) 六角
- 萬國商業地理志 三角
- 外國地理問答 二角半
- 世界地理志(上中下) 一元
- 地理學講義
- 地文學問答 五角半
- 地質學問答 五角
- 瀛寰全志(附圖) 二元
- 揚子江流域現勢論 二角半
- 最近揚子江大勢論 三角

數學

- 代數備旨詳草(上下) 六角
- 筆算數學(三冊) 九角
- 筆算速成法 二角半
- 文陸小代數學 一元五角
- 大代數學詳草 六角
- 筆算數學全草 一元二角
- 數學難題評解 八角
- 普通新代數 一元二角
- 心算教授法 一角半
- 陳混算術教科書(上下) 一元五角
- 陳混代數教科 一元
- 初等平面幾何學 七角半
- 最新平面幾何學教科 一元七角
- 明本幾何原本(上下) 一元四角
- 幾何學教科 一元
- 新式數學教科 八角
- 平面三角法教科 六角半
- 平面立體幾何學問題詳解 八角
- 新撰數學公式 七角
- 初等代數學講義正續編 一元一角
- 算學易知 三角
- 形學備旨全草 一元二角
- 初等幾何畫詳解 洋裝 五角 和裝 四角
- 立體幾何講義 [illegible]四角
- 劉曉代數學 六角

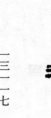

教科

- 家庭教育 二角
- 特殊教育學 三角半
- 精神之教育(上下) 五角半
- 萬國教育志 七角
- 教育問答 二角半
- 教育家言 三角
- 德育及體育 二角半
- 教育學解剖圖說 一角
- 德育鑑 五角
- 高等改良新讀本(六冊) 一元
- 蒙學必讀初編 一角
- 繪圖婦孺新讀本(八冊) 八角
- 蒙學讀本全書(七冊) 一元半
- 國民必讀
- 蒙學鏡(六冊)
- 正蒙必讀(六冊) 六角
- 初等小學讀本(上中下) 四角半

三

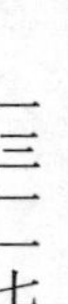

四版中外故事讀本	三角
繪圖孟子新讀本（十二冊）	二元
科學讀本初編	一角半
廣智國文讀本（第一冊）	一角半
（第二冊）	一角半
高等國文讀本第一編	二角
同　第二編	二角半
同　第三編	三角半
同　第四編	四角
同　第五編	四角
婦孺三字書五種（四冊）	三角
三千字文	
四千字文	二角
五千字文	四角
西洋歷史教科書	九角
中國歷史教科書（三冊）	一元七角
樂典教科書洋裝	一元
和裝	五角
修身教科書（每冊）	一角
講堂用修身掛圖	四元
動物學教科書（洋裝）	一元
蒙學鏡教科書（六冊）	

高等小學西洋歷史教科書上下	四角
西洋史教科書	九角
蒙學西洋歷史教科書（上下）	三角
國史教科書	四角
蒙學外國地理教科書	二角
植物學教科書	三角半
蒙學中國歷史教科書上下	三角
中等西洋史教科書（上下）	四角半
蒙學地文教科書	二角
高等修身教科書	
妖怪學教科書	二角
高等小學物理教科書	
蒙學註訓修身教科書	一角半
中等東洋史教科書	七角
測繪教科書	五角
高等小學動物教科書	
蒙學珠算教科書	二角半
中等博物學教科書	四角
理化教科書	三角半

高等小學國史教科書（上下）	四角
蒙學文法教科書	二角
經濟教科書	三角
蒙學天文教科書	二角
蒙學衛生教科書	一角
論語教科書	三角
初等小學物理教科書	一角
同　體操教科書	一角
蒙學體操教科書	三角半
初等小學植物教科書	一角
初等理化教科書	三角
蒙學心算教科書	一角
東西洋歷史教科書	九角
教育唱歌教科書	二角
修身唱歌教科書	二角
小學唱歌教科書	三角
蒙學修身教科書	一角半
又　一二編	二角
初等小學國文教科書	三角
唱歌教科書	四角半
東洋歷史教科書	九角

小學教科問答(四冊)　五角半
普通商業教科問答　三角
中學世界地理教科參考書初編　一元半
中學世界地理教科書初編　五角
高等小學理科教科書　一元二角
高等小學西洋歷史教科書　五角
蒙學理科教科書
普通體操教科書
高等小學西洋歷史教科書上下　五角
蒙學動物教科書　二角半
同地質教科書　二角
同東洋歷史教科書　二角半
同格致教科書　二角半
同生理教科書　二角
同植物教科書　二角
礦學教科書　二角半
蒙學初級修身教科書二冊　三角
初等小學體操教科書　二角

高等小學國史教科書　四角
算術教科書(上下)　一元半
初等小學遊戲體操教科書　一角
初等國文教授(上下)　四角
小學教科問答(四冊)
字義教科書(六冊)
初等小學中國歷史教科書上下　三角
繪圖蒙學外國歷史實在易四冊　五角
識字實在易(廿冊)　二元
修身實在易　三角
天文實在易　一角半
習算實在易　三角
衛生實在易　一角半
繪圖蒙學習字實在易四冊　三角
蒙學習話實在易(上下)　二角
中國歷史實在易(四冊)　四角
繪圖蒙學唱歌實在易二冊　二角四分
蒙學體操實在易　一角半
同格致實在易　一角半
同造句實在易(四冊)　三角半

同論說實在易(四冊)　五角半
速通虛字法初編(四冊)　三角二分
繪圖通虛字法續編(六冊)　四角半
小學唱歌教授法　四角
普通啓蒙圖課(上下)
普通商業教科問答　三角
學校遊戲法(上下)　七角
實驗小學管理法　五角半
國文語原解
漢文典　五角

歌曲

國學唱歌　二角半
學校唱歌初二集　四角
學生歌　一角
國民唱歌集　一角
教育唱歌集　五角
新中國唱歌初集　五角
五絃韻書
蒙學歷史地輿歌括
風琴習練法
音樂小雜志　二角八分

五

英文

初級英文範 五角
納氏第二英文法講義（洋裝） 八角
華英國學文編
英法尺牘譯要
廿世紀訓蒙編（上下） 一角半
二角
英文典問答 三角三分
同 七角
馮鏡如華英字典 六元半
先生井上哲次郎華英字典 六元
華英商賈會話 二角
華英學生會話 二角
廿世紀新讀本 七角半
新法英語教科書 五角
初級英語作文教科書 四角

東文

東文典問答 五角半
東語正規 一元
東語初階 六角半
和文漢讀法 三角
和文漢譯讀本（八冊） 一元
東文新法會通
日本語典 一元
中學日本文典 四角

生理與衛生

中國生理學 八角
最近衛生學 二角
處女衛生 三角半
學校衛生學 二角
軍國民衛生學 二角
衛生學問答 五角
男女衛生新論 一元七角
生理學問答 三角半
造化奇妙譚 二角
衛生工事新論 二角
育兒與衛生（上下） 四角半
生理衛生學 二角半
肺病問答 五角
中學生理書 八角
男女婚姻衛生學 四角

心理學解剖圖說 一角
中國財政紀畧 二角
經濟學 七角
工商理財要術（上下） 四角半
萬國商業志 六角半
商業教本 五角半
工業化學（洋裝） 六角半
中國鐵路指南（洋裝） 一元
中國鐵道述略 一角半
中國鐵路議
德國名將兵法論 二角
步兵操典 六角
科學叢書第一集（十冊）
同 第二集（六冊）
化學礦物編（洋裝） 一元三角
動電學 一元
靜電學 六角
聲學 四角
磁學 四角
化學 一元
物理學 一元六角
倫理學 四角
論理學 一角半

哲學論綱 三角
哲學要領(上下) 四角
歷史哲學前後編 四角
農政學 八角
歐洲十一國遊記第一編 洋裝 一元 和裝 八角
同 第二編 洋裝 八角 和裝 六角
新大陸遊記 減價五角
美國聖路易博覽會遊記 八角

雜書

明儒學案 一元五角
洋裝飲冰室文集上下 四元
飲冰室自由書 四角
國文語原解 二角
現今中俄大勢論 二角半
日本現勢論 一角半
東亞將來大勢論 二角
赫胥黎天演論(二冊) 四角
大勢變遷通論 四角
路索民約論 六角

希臘三大哲學說 三角
婚姻進化新論 四角
十九世紀大勢略論 一角半
現今世界大勢論 二角
中國現勢論 五角半
自助論 一元
義務論 二角
權界論 八角
族制進化論 三角
內地雜居續論 二角
天演論 三角半
物競論 五角
妊娠論
人羣進化論 五角
各國立約始末紀(廿二冊) 四元
羣學肄言(四冊) 二元七角
和文譯翼 三角
普法戰紀(十冊)
公德講話 三角半
道德進化論 一角
愛國精神談 三角
支那 四角
天文問答

近世社會主義(上下) 六角半
人圓主義 七角
社會主義 二角
日本國志(八冊) 一元
男女育兒新法 二角半
今世界大事一斑 六角
歐洲四大政治家學說 三角
道德法律進化論 三角
九經今義
立憲論與革命論之激戰 五角
野蠻之歐洲 三角
職方新編 四角
併吞中國策 五角
中國人種攷 四角
粵軍志 三角
仁學 四角
樂養齋叢刻 二角
天則百話 四角
社會黨 二角
新廣東 三角
滿洲旅行(上下) 五角
泰西風土記 三角
世界諸國名義攷 二角半

八

俄國如是　五角
日本近世文典　一元
修學篇　二角半
伊藤博文　五角
外交通義　八角
瀏陽二傑遺文(上下)　六角
近世社會主義(上下)　六角半
經義策論文法(上下)　三角
庚子傳信錄　一角
權利競爭
美國遊學指南　一角二分
美國華工禁約記　二角
策論新選(上下)　三角
家政學(上下)　六角半
讀書法　一角
新爾雅　六角
地球與彗星之衝突　一角半
粵漢鐵路交涉秘密檔案　三角半
中國民約精義　四角
傳種改良問答　三角
中俄關係　六角
讓書　四角
地球之過去及未來　三角

世界政策　六角
心理摘要　二角
國家學綱領　一角二分
男女交合秘要新論　三角
理學鈎玄(上下)　五角半
倍根文集　六角
三等學堂增訂課藝(上下)　三角
梁溪務實學堂課文(上下)　三角
中西學門徑七種(三冊)
累卵東洋　二角半
婚姻指南　九角
中國魂　三角
帝國主義　四角
男女交際論　一角半
周禮正要
福澤諭吉談叢　三角半
官商便覽
歐美公德美談　五分
歐美新談　六角
章程大備初集(三冊)　八角
南洋時事　一元
丈夫之本領　七角半
國文典

女學生　二角
未來戰國志　三角半
致富錦囊　二角
徙薪植物翼　一元
泰西事物起原　三角半
中外時事問答　四角
日本普通學科教授細目　一元六角
袖珍改正字彙
孫批胡刻文選六冊
日俄戰紀　二元
二十世紀怪物帝國主義　四角
男女生植器病秘書　一角半
京師大學堂心理講義初編
京師大學堂掌故講義二編
速成師範講義錄(上下)　二元
妖怪學講義錄　六角
學堂教育修身講義　三角半

圖書

新案義國地圖
日露戰地明細實測圖　九角半

清國明細地圖	一角半
東亞三國地圖	三角
露西亞圖	
漢譯滿洲圖	
滿洲及露西亞圖	四角半
支那分圖	
中國廿一省地圖	一元半
五彩坤輿全圖	
大清國現勢地圖	七角
近世萬國地圖	
講堂教授暗射世界大地圖	三元半
世界兩半球圖	二角半
漢譯兩半球圖	二角半
義和團戰爭圖	二元
中華歷朝皇帝御影	
上海百美圖	一元
稻作害虫驅除法掛圖	二元
商報祝典	一元

說部

寰球旅行記(上下)	八毫
美人手(三冊)	
九命奇冤(三冊)	
黄繡球(上下)	五毫
毒蛇圈	
電術奇譚	五毫
情魔	四毫
妖塔奇談	七角
地中秘	四角
妬之花	四毫
春申江之新笑談	二毫半
妖塔奇談(上下)	七角
錢塘獄	三角
轟天雷	四毫
黑海鐘	三毫
鬼山狠俠傳(上下)	一元
洗恥記	三毫半
神女緣	一毫
茶花女遺事	四毫半
海上觀雲集	二角
新孽鏡	五毫
玉虫緣	三角
海天鴻雪記(四冊)	一元
奇想	三毫半
白雲塔	三毫半
明季之怪現狀	二毫
彼得警長	三角
火山報仇錄(上下)	九毫
大魔窟	四毫
劫後英雄畧(上下)	一元
隨溷花	四毫
小仙源	一毫半
白巾人(上下)	四毫半
情海劫(上下)	八毫
中國偵探案	二毫
大除夕	三毫
馬丁休脫	三角
日本劍(上下)	七毫
冰山雪海	四毫
精禽塡海記	四毫
風洞山	四毫
繁華記(上下)	一元
美人烟草	一毫
俠奴血	四毫
海天嘯傳奇	二毫
秘密使者(上下)	八毫
埃司格蘭情俠傳(上下)	五角
離魂病	二毫半

女首領(上下)	六毫
回天綺談	一角半
刺客談	二毫半
無名之英雄(上中下)	一元二毫
孽海花(上下)	一元
奪嫡奇寃	五毫
糊塗世界(六冊)	
身毒叛乱記	
新舞臺(上下)	八毫半
壺中志	六毫
少年偵探	
獅子血	四毫半
俠男兒	三毫
珊瑚美人	同
歷史演義	同
環遊月球	同
黃金骨	二毫
小公主(上下)	六毫
貍奴角	二毫半
瑪林靠屑(八冊)	八角
髑髏杯	
黃金血	三毫
懺情記(上下)	五毫

降妖記	二毫半
思痛錄	同
萬里尋親記	三毫
莫愛双麗傳	同
青年鏡	同
怡情唱歌	同
女人島	同
秘密隧道	同
手足仇	同
瑞士建國志	同
立憲鏡	同
嬉笑怒罵	同
極樂世界	同
新法螺	同
三字獄	二毫
死復仇	二毫半
鉄錨手	二毫
澳洲歷險記	同
孤兒記	同
奇獄一	同
美人妝	同
俠女奴	同
曇花夢	同

金銀島	同
胠篋術	同
胡寶玉	同
世界的尤物	同
鴻巢記	同
傷心人語	三毫半
新黨發財記	同
簾外人	同
双豔記	同
險中險	同
女魔力	同
泡影錄	同
帝女花	六角
李蘋香	同
花史	同
自由血	同
鄒談一噱前後編	同
巴黎秘密案(上下)	同
秘密會	四角
胡雪岩	同
禽海石	同
双美人	同

續包探案	同
蘇格蘭獨立記	同
拒約奇談	同
鐵世界	同
無人島	同
環球旅行記	同
阱中花（上下）	五毫
車中毒針	二毫半
新蝶夢	一毫半
洪罕女郎傳（上下）	七毫
地心旅行	一毫
魏忠賢	五毫
双金球（上下）	七毫
多情之豪傑	四毫半
影之花	四毫半
離恨天（上下）	六角
双碑記	三毫
女媧石（甲乙）	五毫
天花亂墜	一元
魯濱遜飄流記（上下）	七毫
紅礁畫槳錄（上下）	八毫
剖尸記	一元
黑行星	一毫半

正包探案	二毫半
双指印	同
禍爾摩斯一、二、三、案	四毫半
同四、五、六、七、八、案	二毫半
同六、七、八、九、十、案	四毫
同九、十、案	二毫半
同十一、十二、十三、案	四毫
蘇洲新年	五毫半
一封書（上下）	六毫半
秘密海島一卷	三角
同　二卷	四角半
同　三卷	四角半
新戀情（上中下）	
唯一偵探譚	五角
偵探譚二	二角半
偵探譚三	二角半
偵探譚四	四角
繪圖三國志	一元
桃花扇傳奇	六角
銀山女王（上中下）	八角
蠻荒誌異	
深淺印	二角半

女兒花（上下）	一元
萬里鴛	一元二角
絕島英雄	二角
火裏罪人（上下）	八角
當頭棒	四角
斯文變相	四角半
學生現形記	三角半
情恨天	二角半
七星寶石	二角
瓜分慘禍預言記	五角
小說集粹	一元五角
小說叢話	二角
警黃鐘	同
露瀨格蘭小傳	四角
生死自由	三角半
上海之維新黨	三角
世界探險	三角
女子救國美談	一角二分
澥外奇譚	五角
俠戀記	二角半
十五小豪傑	二角
綉像花月恨（六冊）	六角
黑奴籲天錄（四冊）	八角

西亞奇談	二角半
日本維新英雄兒女奇遇記	二角
迦因小傳	四角半
迦因小傳足本	一元
官場現形記第一編	一元
同　第二編	一元
同　第三編	一元
同　第四編	一元
同　第五編	一元
短篇小說叢刻	二角四分
班定遠平西域	一角半

論著

日本交通發達攷（續第九十四號）

王愷憲

第二編之續

十五　郵便稅之增率

明治三十二年、改正郵便稅率。日本郵便史中國民第一喧噪之時期也。政府三十二年豫算案。經常臨時兩者不足三千七百餘萬圓。於是增徵地租、造酒稅、所得稅、噸稅、登錄稅、印紙稅、醬油稅等。提出於第十三議會。議會協贊。尙不足五百九十萬圓。不獲已。迺於輸出稅廢撤延期。電信鐵道官業增收外。更增加郵便稅。夫稅率之加徵也。多由物價勞銀之騰貴。暨金銀貨幣價之變遷。而國民則謂數年間財政紊亂。故以此爲歲入不足之彌補。故其時有惡稅內閣聚歛議會之稱。當日政府提案郵便稅改正率如左。

	(原制)	(改正)
封書	重二錢稅二錢	重四錢稅三錢
郵便一葉	稅一錢	稅一錢五釐
往復郵便一葉	稅二錢	稅三錢
定期刊行物	重十六錢稅五釐	重三十錢稅一錢五釐
新聞紙	重十六錢稅五釐	重二十錢稅五釐

政府自郵便增稅。國庫收入豫算封書得七十一萬六千圓。郵片得九十五萬七千圓。定期刊行物得三十一萬三千圓。合計得百九十八萬六千圓。夫郵便事業政府之專掌經營也。凡以妨通信發達之阻礙也。政府增重稅率。是減殺交通之便利。抑遏人智之開發。在政府爲不法行爲。減殺之。抑遏之。過甚是爲罪惡。政府人民且得而反抗之。當日本增稅時。舉國囂囂。非難之聲。不絕於市。且定期刊行物(雜誌類)一躍驟增三倍。當業者聯合反對。運動益力。政府遂服從輿論。削除此增稅原案。其他由議會協贊。電信稅率。則逕以敕令改正之。時地租、醬油及郵便稅。國人號爲三稅。復舊。憲政本黨

以此爲標題呼號橄於全國於是財政整理問題一時滿於政界日本政治上生氣橫溢而人民皆有監督政府之觀念者實以此時爲最甚也然憲政本黨終爲國勢前途發展計確定歲出額而歲入無他彌補至第十五議會亦軟化無所抗拒後亦更不聞其聲息焉然國人自今亦恬不爲怪矣

十六 收入與支出

郵便法制定以來二十四年十二月更正價格表而吏員執務上亦多改善日本郵便沿革發達之大體至此已無足敍述至進而考設施上之成績則觀之收支一項足矣

各國郵便之初期多以收入爲主體視國家事業與個人事業無甚差別如英國羅朗德創設低價郵便德國賚倭羅達基齊斯兩家建立私有郵便皆是也郵便既視爲營業之一機關則國家豫算案必爲確實不可缺之入欵歐洲財政家類皆經過此一階級日本亦然當創業時代慕歐美文明行一新法斤斤焉惟恐失其眞意故其時圖交通上之發達爲純粹國家公益主義迨行之既久乃由經濟狀況之變遷不得不以收入爲目的故一時稅額增率幾以此激怒人民擾亂全國然卒以此反抗之精神俾郵

便設施之定義益大顯著三十二年。制定郵便法。於是郵便收入之實質視爲行政上自然之結果如手數料然與國家財政上無關得失而經濟家不得以此爲目的物也然就於郵便自身之事業日本當創始時代已適爲收支相當之適度故創業後十餘年間支出之數不得不準於收入此日本統計習慣之成例也觀最近收支表不綦瞭然耶

收入支出累年比較（並電信電話匯寄貯金及小包收入）

自創業至明治七年。無匯寄貯金及小包之收入。七年以降。至二十四年。無小包之收入。又電話收入。自二十三年始。

	（收入）圓	（支出）圓	（對於收入百圓之支出）圓	（與前年比較之增減）圓
自創業至明治五年	一〇〇、五〇九	五四四、六〇七	五四二	……
明治六年	二七八、五五五	八九四、五二三	三二一	減 二二一
明治七年	四五五、八三七	八四二、八七七	一八五	減 一三六
明治八年（六個月）	三五〇、八三九	七八六、四七九	二一九	增 三四
明治八年	七六七、四五五	一、七五五、一六九	二二九	增 一〇

明治九年	一、二六八、六〇八	一、六五七、一八三	一四二	減	八七
明治十年	一、二〇七、二六九	一、六七七、四七〇	一三九	減	三
明治十一年	一、四七七、一二七	一、七五〇、八三九	一一九	減	二〇
明治十二年	一、九三一、二八一	二、一八七、四四八	一一三	減	六
明治十三年	二、三二〇、七五四	二、一三三、六二四	九二	減	二一
明治十四年	二、七〇三、九五五	二、四九八、〇五七	九二		……
明治十五年	三、〇一四、三二六	三、二七九、九〇八	一〇九	増	一七
明治十六年	二、八八七、八五〇	三、三五三、〇三三	一一六	増	七
明治十七年	三、〇五五、七六八	三、四五七、六四五	一一三	減	三
明治十八年（九個月）	二、二四五、八二四	二、四六八、二七五	一〇九	減	四
明治十九年	三、〇〇九、九七七	二、八六二、二六〇	九五	減	一四
明治二十年	三、四〇〇、八五九	二、九五二、一八九	八六	減	九
明治二十一年	三、二七二、〇六七	二、九〇八、九二一	八九	増	三
明治二十二年	三、八五九、二三一	三、三七九、〇九〇	八八	減	一
明治二十三年	四、二九六、七七九	三、四三九、四九四	八〇	減	八

論著

六

年					
明治二十四年	四、六九三、六〇九	三、七六三、八七〇	八〇		⋮
明治二十五年	五、一四九、三一一	四、一二一、三五四	八〇		⋮
明治二十六年	五、九七一、五六二	四、五七〇、八四五	七七	減	二
明治二十七年	七、五〇四、九三六	四、九三四、九四七	六六	減	一一
明治二十八年	八、三六八、六八一	五、四六一、四六四	六五	減	一
明治二十九年	九、三七二、二七六	六、七三七、八三四	七二	增	七
明治三十年	一一、〇二五、五九八	八、一三三、七〇〇	七四	增	二
明治三十一年	一二、四一九、〇三九	九、九八〇、一五四	八〇	增	六
明治三十二年	一六、〇二四、〇二六	一二、六三四、四六二	七九	增	一
明治三十三年	一八、三一四、〇五九	一四、五三八、三一五	七九		⋮
明治三十四年	一八、七三七、七七三	一六、〇九五、六三七	八五	增	七
明治三十五年	二〇、六九二、一三五	一六、六八三、三八二	八一	減	四
明治三十六年	二三、三六八、四九八	一七、二五三、〇四三	七七	減	四
明治三十七年	二六、〇六三、八五七	一六、四四五、八四八	六二	減	四

十七　綫路局所之設置

日本郵便綫路初分大綫路小綫路二種。其中又因遞送之區別。分爲普通道路、鐵道、川上、湖上及海路等。十六年、分大中小三綫路。三十三年。始定今制。爲一等二等三等四等局綫。一等綫以東京爲中心。南至臺灣總督府。北至北海道廳長官。其他至縣廳及旅團以上之屯營地與工商業之繁榮地點。以下二等至於四等。漸次準地方發達之狀態而別之。一等綫通常郵便物。一日遞送四回。小包郵便物。一日遞送三回以下。各等一日一回遞送。今交通日廣。國民益富於發動性。又改爲一日上下一等綫遞送三回以內。二等二回以內。三等一回以內。四等回數適宜。又同時分普通道路郵便、水路郵便、（海上、川上、湖上）及鐵道郵便三種。因綫路之等級表三十七年之延長里程於左。

	通常郵便		小包郵便	
	通常道路	鐵道	通常道路	鐵道
一等綫路 一日上下三回以內	一五四	一、三八〇	一二〇	一、三八〇
二等綫路 一日上下二回以內	九八六	二四〇	九〇八	二四〇
三等綫路 一日上下一回以內	五、五四九	二六三	五、四二七	二六三

四等綫路回數適宜	五、五七一	二	五、四九一	二
傳送綫路回數適宜	三〇	……	二七	……
遞受綫路回數適宜	六三四		六三四	……
合計	一二、九二四	一、八八五	一二、六〇七	一、八八五

又通常郵便綫路之累年比較列表於左。

	(普通道路)	(鐵道)	(水道)	(總計)	(比前年之增減)
	里	里	里	里	里
明治四年	四、二一	……	二七	四四八	……
明治五年	三、八〇七	七	三〇六	四、一二〇	增 三、六七二
明治六年	四、九七八	七	三九一	五、三七六	增 一、二五六
明治七年	八、六六九	一六	一、四〇二	一〇、〇八七	增 四、七一一
明治八年	七、三五三	一六	三、四四九	一〇、八一八	增 七三一
明治九年	九、八二四	二七	三、五三三	一三、三八四	增 二、五六六
明治十年	九、〇九一	二七	四、六三六	一三、七五四	增 三七〇
明治十一年	九、五四二	二七	五、〇三六	一四、六〇五	增 八五一

明治十二年	一〇、八七二	二七	四、三五八	一五、二五七	増	六五二
明治十三年	一一、八四三	三一	六、八四七	一八、七二一	増	三、四六四
明治十四年	一三、五八四	三九	七、〇五七	一九、六八〇	増	九五九
明治十五年	一三、四四一	三九	六、八四二	二〇、三二二	増	六四二
明治十六年	一三、七二六	七〇	七、〇二三	二〇、一八九	増	四九七
明治十七年	一三、二〇一	九二	六、七一八	二〇、〇一一	減	八〇八
明治十八年	一一、九三四	一二九	六、一八八	一八、二五一	減	一、七六〇
明治十九年	一一、八三〇	一三八	六、七一一	一八、六七九	増	四二八
明治二十年	一一、六四二	二三一	六、二四五	一八、一一八	減	五六一
明治二十一年	一一、三四七	三六〇	六、二五一	一七、五九八	減	一六〇
明治二十二年	一一、二〇四	四三七	六、〇五八	一七、六九九	減	二五九
明治二十三年	一一、二八一	五六七	六、四八三	一八、三三一	増	六三二
明治二十四年	一一、三三〇	六九四	六、七六八	一八、七九二	増	四六一
明治二十五年	一一、五四四	七二五	七、九一五	二〇、一九四	増	一、四〇二
明治二十六年	一一、七六〇	七六二	一一、二三一	二三、七四五	増	三、五六〇

明治二十七年	一一、六七六	八二一	一一、六四三	二四、一四〇	增	三八六
明治二十八年	一一、五七七	九一七	一一、五二九	二四、〇二三	減	一一七
明治二十九年	一一、七六九	九七九	一二、一二一	二四、五三八	減	八四六
明治三十年	一一、五〇〇	一、一七三	一一、八六六	二四、五三九	減	三三〇
明治三十一年	一一、六三五	一、四〇八	一一、九四六	二四、九八九	增	四五〇
明治三十二年	一二、〇一八	一、四六七	六、三七一	一九、八五六	減	五、一三三
明治三十三年	一二、三三九	一、五六四	六、五三〇	二〇、四三三	增	六七七
明治三十四年	一二、五四〇	一、六五一	八、五一〇	二二、七〇一	增	二、六六八
明治三十五年	一二、八二四	四、二一七哩	?	二二、六二〇	增	?
明治三十六年	一三、三一五	四、三九五	一九、六三二	二三、九〇三	增	一、三〇三
明治三十七年	一二、九二六	四、六〇〇	一九、七八〇	二四、一三八	增	三二五

備考　三十三年以降之通常道路郵便中。約含鐵道郵便線路二里。

又　道程皆以日本計算。日本一里。當中國六里餘。

日本郵便局所在明治四年郵便創設時期。僅東京大坂京都三府及横濱、神戸、長崎新潟、函館五港與其沿岸重要之都邑。共不過百八十所。翌年凡地方官衙所在及市街地。除北海道後志以北舉無不有郵便役所或郵便管理所。開通路日繁。逐年推廣。十五年總數爲五千五百二十七。蓋從來地方局所之存廢。悉任地方官之取捨。十年以來。不無濫設之弊。自是政府頗採干涉主義。漸次減數。至二十二年。總爲四千二百三十七。較十五年已減去千二百九十矣。然二十三年。又改正監督法。以與地方事業相應。而局所又日增加。至三十四年。復爲五千百十五。即一等郵便局十八。二等郵便局七十三。三等郵便局三千八百九十八。郵便支局三十七。郵便管理所三。郵便領取所千〇八十六也。近年國勢進步。交通機關日益普及。其增設之比率較前尤高。今通官署。除郵便匯寄貯金管理所及支所。七千二十四。內郵便管理局六千百六十。電信管理局二千五百六十六。電話管理局三百十四。其他兼掌分置。而業務繁雜者。悉歸併於二等局或三等局云。

如上局所總數。(明治三十七年末)以日本面積計。其通信機關分布之度。平均每四方里得一局所。(電信每九方里得一)以之比較各國。其率不相懸遠。千九百〇三年。世界主要諸國。一郵便局所之平均面積如左。

	(方里)		(方里)
瑞士	○、六	丹墨	二、二
日耳曼	○、七	意大利	二、三
英國	○、九	墺大利	二、二
比利時	一、五	法蘭西	三、○
荷蘭	一、五	匈牙利	四、一

如瑞士日耳曼英國等。一郵便局所面積不及一方里。其他多止二方里。惟匈牙利殆與日本同矣。就日本一局所其平均面積最小者。別爲府縣。順序列舉如左。

	(方里)		(方里)
東京	○、五	大坂	○、八
京都	一、六	神奈川	一、六
長崎	一、六	愛知	一、七
福岡	一、八	香川	一、八
佐賀	二、○	千葉	二、四
山口	二、五	三重	二、六

奈良　一五、七

其不均面積之最大者如左。

	(方里)		(方里)
北海道	一八、八	岩手	七、〇
青森	六、〇	秋田	五、九
宮崎	五、七		

又滿洲軍用通信所及野戰郵便局、自去年九月一日由陸軍之手。移交關東都督府之管轄。同時改爲郵便局。其本局置於大連、現在局所。凡五十七。

日本郵便創業以來。其郵便物件之管理總數。列累年比較表如左。至其發達之順序。前已結論之矣。再進而攷之則在郵便附屬事業之貯金、匯寄、小包郵便、諸業務也。

內國通常郵便物數累年比較

	普通 有費	普通 無費	掛號 有費	掛號 無費	價格表額 有費	價格表額 無費	總計	比前年增減之割合
明治四年	五六五、九三四	……	……	……	……	……	五八九、九三四	……
明治五年	二、四八一、一六八	二四、五五〇	四、九二二	……	……	……	二、五一〇、六五六	三四●三六

論著

明治六年	一〇,三三九,九一八	九六,二四二	一一五,七四二	……	……	一〇,五五一,九〇二	三三•〇一
明治七年	一九,四九〇,七三七	一七八,一〇九	二六八,五七七	……	……	一九,九三七,四二三	八•九〇
明治八年	二四,九四四,三八五	四七二,四五三	四一七,九一〇	……	……	二五,八三五,七四八	二•九六
明治九年	三〇,六六五,五七八	七八〇,七〇六	五八四,七九〇	……	……	三二,〇三一,一七四	二•四〇
明治十年	三六,二二〇,八〇九	八九五,二五一	六八五,九七二	……	……	三七,七九二,〇三二	一•八〇
明治十一年	四三,三二〇,三〇二	一,一五六,三二一	八一四,二四四	……	……	四五,二九〇,八五八	一•九八
明治十二年	五三,一三三,八五七	一,五九四,七三三	一,〇六〇,一一三	……	……	五五,七七八,六九二	二•三二
明治十三年	六四,一六八,八二四	二,一三八,一六六	一,四〇六,三七九	……	……	六七,七一三,三六九	二•一四
明治十四年	七九,二六八,八七九	二,六二一,四三四	一,八七二,六四三	……	……	八三,七六二,九五六	二•三七
明治十五年	九三,六二一,三〇七	三,一九三,七四七	二,〇六二,八二〇	……	……	九八,八六七,八七四	一•八〇
明治十六年	一〇二,一三五,〇八七	四,〇八二,三七〇	二,一六二,七七五	……	……	一〇七,三八〇,二三二	〇•八六
明治十七年	一〇五,三三六,三九九	四,八二三,七三三	二,二九八,九二七	……	……	一一二,四四八,〇五九	〇•四七
明治十八年	一〇六,五五五,七二八	五,九二七,六七五	二,三四八,七〇八	……	……	一一四,六三二,一一一	〇•一九
明治十九年	一一〇,九二六,九八二	七,一六六,一一〇	二,六三八,九九一	……	……	一二〇,七三九,〇八三	〇•五三
明治二十年	一一六,〇九〇,四九八	七,〇五一,二二六	二,九一一,五八四	……	……	一二六,〇五三,三五八	一•一七

明治二十一年	一二五、〇三八、〇七八	七、六一三、四〇八	三、二三四、三二六		……	……	一六三、八六四、八三三	二·〇五
明治二十二年	一八〇、七四二、二四七	八、一四〇、六六七	三、〇四九、一三〇		……	……	一九一、九三三、二四四	一·七一
明治二十三年	一五〇、九七六、二一九	九、六六三、六九五	三、五九三、一七九		……	……	二三三、二二三、〇九三	一·六三
明治二十四年	二三四、二三五、四七九	一一、〇六七、四三六	二、九五六、三五〇		……	……	二四八、三五九、三六五	一·二二
明治二十五年	二六〇、七〇三、三九一	一三、九二三、四三九	三、二二五、五五〇		……	……	二七六、九〇一、四一〇	一·一五
明治二十六年	三〇〇、四四〇、〇七五	一五、八一四、五九九	三、四八五、八八二		……	……	三一九、七四〇、五五六	一·五五
明治二十七年	三六九、九六一、二〇九	一七、一五二、三四八	三、九九一、〇〇七		……	……	三九一、一〇四、五六四	二·一三
明治二十八年	四二一、四八八、五八五	一八、二一四、五九二	三、九八五、七一七	六二四、〇八二	……	……	四四四、三〇二、九七六	一·三六
明治二十九年	四七七、〇七三、八八九	一八、五七三、二四七	四、四八八、二五九	六六四、七四五	……	……	五〇〇、八〇〇、一四〇	一·二七
明治三十年	五一五、八四一、六五〇	一八、〇九八、二六一	五、三三七、〇〇五	八〇一、六四四	……	……	五四八、〇七八、五六〇	〇·九四
明治三十一年	五七八、三六五、六二三	一七、〇二八、四六七	六、〇五三、一九九	九八一、三八〇	……	……	六〇二、四二八、六六九	〇·九九
明治三十二年	五九一、一三五、八一四	一八、九一四、三六七	六、八五九、一八二	一、一五八、一六二	……	……	六一八、〇五七、五二五	〇·二六
明治三十三年	七〇三、四三一、〇五二	二二、三五九、六二〇	七、七二五、一四八	一、四八六、五六五	一四三、七〇八		七三四、一四六、一九一	一·八八
明治三十四年	七六五、三八二、四六六	二四、一六五、二四九	七、一八一、七五三	一、八〇三、九九五	七六八、三五八	三、一七六、〇六四	八〇〇、三六七、〇六四	〇·七〇

右表無在外局管理數

三十五年以降別爲表

			明治三十七年 內地	明治三十七年 國外	明治三十六年 內地	明治三十六年 國外	明治三十五年 內地	明治三十五年 國外
通常	有費	書信	二五八、〇八四、六〇四	四、九五二、九〇八	二一二、一〇二、四六九	二、三二八、六九五	二〇八、五六三、一四五	一、六六五、二六七
		郵片	五六二、八八〇、二〇五	二、三八二、六一四	四八八、八〇八、八九五	八四〇、二八三	四八三、九八六、三七四	六二八、〇六八
		印刷物	一九四、一五八、四四八	一、一八九、〇四二	一六一、一三六、六七〇	六一四、〇二八	一五八、六四〇、〇三二	四五八、四五〇
		其他	九、九二九、一五〇	八九、六九七	七、二三六、三八七	二四、七八四	六、一九四、一二二	二一、五七六
		計	一、〇二五、〇五二、四〇七	八、六一四、二六一	八六九、二八四、四二一	三、八〇七、七九〇	八五七、三八三、六七三	二、七七三、三六一
	無費		五〇、一一三、〇〇八	五二三、八八一	三五、七九二、四一六	二二六、八九〇	三三、一五八、五六六	一一〇、〇四七
	合計		一、〇七五、一六五、四一五	九、一三八、一四二	九〇五、〇七六、八三七	四、〇三四、六八〇	八九〇、五四二、二三九	二、八八三、四〇八
小包	有費		一〇、六五八、五三〇	五二、四三六	九、四〇五、九一三	二二、三七四	九、六一八、七三二	一六、〇二〇
	無費		一、二〇六、六五五	四、九七〇	八七八、六三四	一、二〇八	六七九、八二九	九〇七
	合計		一一、八六五、一八五	五七、四〇六	一〇、二八四、五四七	二三、五八二	一〇、二九八、五六一	一六、九二七
總計			一、〇八七、〇三〇、六〇〇	九、一九五、五四八	九一五、三六一、三八四	四、〇五八、二六二	九〇〇、八四〇、八〇〇	二、九〇〇、三三五
比前年之增減			增 一八・七五	增 一二六・五九	增 一・六一	增 三九・九二	增 一・〇三	減 〇・七〇

(未完)

譯述一

近世英國商業政策之發展（續第九十五號）

重遠

第三章 帝國主義時代（一八七四年……最近）

第一節 於世界英吉利地位之變遷及帝國主義勃興之原因

竊于前號稱一八一五年至一八七四年爲英吉利之自由貿易主義時代、今更以自一八七四年以迄今日爲其帝國主義時代夫于英吉利今日其自由貿易主義固未嘗稍變。然自七四年以來。此主義漸起動搖。而帝國主義駸駸有代興之勢。故竊攷英吉利商政之變遷。名其前期曰自由貿易主義時代其後期爲帝國主義時代今一述帝國主義之由起並其經過。

夫英吉利于一八二三年至一八六〇年間。所以由重商主義一變而爲自由主義者。

非其政治家眞以亞丹斯密之說之爲不可復搖。非彼眞以自由貿易主義爲千古不易之定理。實以當時英國政治上經濟上之勢力遠過爾餘諸國。故其心以爲不若採自由貿易主義以擴張其于世界行動之範圍。並使自國人民得發展活動之自由。而已可無敵于天下矣。且當時英之政治家經濟學者商工學者。以爲英之商工業卓絕如是。即此後新國勃興來相競爭。斷非彼之所及。即任用如何高率之關稅。究不能防英吉利商品之侵入。故當時壹丁堡評論之言曰。大陸諸國輒曰英嘗保護其工業以致今日之盛。故吾輩若能遵其法以行。則亦不難與之比肩。此所謂知其一而不知其二者也。夫吾英富强之眞因。非徒曰保護已也。以吾英人于商工業上自有其特技殊能。而非大陸諸國之所及。故若僅以是一端爲足達富强之目的者。竊恐其僢馳而終于無効耳。哥白頓亦有言曰。英吉利者已往世界之工塲也。不獨已往。抑亦未來世界之工塲也。是以英吉利當日所以卒改宗自由主義而採開放門戶之政策者。由有二大自信在。

一、英吉利於政治上經濟上軍事上社會上遠勝他國。

二、他國雖用如何政策決無可以及英國之道

雖然日中則昃月盈則虧天下無百年不散之筵席故按之事理不獨於個人之前途常先有所警告即於國家之運命亦莫不然此所以自一八七四年以來英人以時勢之變遷非特喪其昔日之自信即于此後前途亦覺渺乎不知稅駕何所而此等恐怖之觀念先起于殖民地而後及于母國

(一)諸殖民地政治上及經濟上獨立思想之勃興

一八四二年撇爾之行關稅改正也當初成案其低稅率原以互惠條件許于他國而殖民與母國間較之他國更訂一層有利之互惠關稅其意即在通殖民地與母國而合成一大關稅制度也然而時之英國已深信自由主義故撇爾之說卒無有耳之者且加拿大以一八四〇年澳洲以一八四二年好望角殖民地以一八七〇年次第變爲自治政體(Self-government)之國故其對于母國并關稅制定權而自掌握之唯不得採區別稅主義與外國通商條約締結之權僅以是二者歸之母國而已而母國于一八六二年之英比條約一八六五年之英德條約于最惠國條欵上均以待殖

民地之道待之。此後加拿大諸洲于一八六七年相合同。澳洲于一九〇一年成爲聯邦結關稅同盟。其獨立思想之盛可知。然其所爲猶不止此。即此等殖民地且行反于母國主義之保護主義矣。

關稅政策變更之先鋒爲加拿大。一八五八年增高其關稅。自一分五厘爲二分乃至二分五厘。一八七九年增爲三分乃至三分五厘之保護關稅。一八八四年至一八八七年間更高其稅率。澳洲諸國。其出口貨素以農業爲主。至近年均行自由貿易主義。然維多利亞獨于一八七八年至一九〇〇年。一轉而爲激烈之保護主義。其影響及于澳洲全土。于是澳洲聯邦悉從維多利亞之主張。而斷行關稅改革。好望角殖民地一八七二年至一八八四年。以增高財政關稅之結果。亦顯保護關稅之實。即母國商品亦不得免此制限。在此等殖民地。固未嘗不欲對于母國與以諸種之特惠。然以母國固持其自由放任主義。一以待他國之道待殖民地。故經濟發達幼稚之殖民地最不堪其損害。以是一以自已地位之自覺。一以未來繁榮之希望。遂益採自衛自主自立之政策矣。一八六五年爵師來利卿在下院演說曰。英吉利今日。其放棄殖民地乎。

抑不辭出巨費以謀母國與殖民地之聯絡乎。此三者不可不擇其一。苟其惜目前之費用而不自覺。則不特使殖民地直立于獨立之地位。且終將侵略本國而後已。

(二)德美二國之政治上及經濟上對于英國之壓迫

一八六〇年英法之締結通商條約也。各國爭摹倣之。翌六一年至六五年間。兩國與比利時普魯士獨逸關稅同盟意大利瑞典荷蘭漢沙諸都府間各訂同樣之條約。於是重商主義之餘毒。一時煙飛雲散。而全歐盡化爲自由貿易之國。特若英吉利之於自由貿易主義。則信之益堅。各國無不可自由輸入貨物。直擧一國爲全世界之市場。然自七十年以來。大陸諸國漸傾于保護主義。法蘭西以普法戰役。需收入增加。故爹耶士(Thiers)內閣。常稱關稅增高之必要。八十一年。終爲純然之保護國。德意志以俾士麥之主張。于七十九年亦採保護政策。其他大陸諸國。相繼效之。而素爲保護主義之合衆國。以九十年發布麥經蘭稅則(Mackinley Tariff)九十七年發布田格蘭稅則(Dingley Tariff)其保護之程度。益以增高。馴至無一物品不加保護。而保護主義亦遂風靡一世。夫以世界情勢之變遷若是。而英吉利獨堅守其自由主義而不變。

則其工業品輸入此等保護國也不可不先納高額之關稅反之其對手之保護國之物品則竟無一文之輸入稅得自由自在以輸入英國而占優勢之競爭是乃必然之結果也而英吉利當此以既認自由貿易爲唯一之主義亦不能改訂通商條約以擁護自己之利益防止諸國不平之處置所賴者幸其工業卓絕于世界雖以他國之競爭尚不至感大痛痒且或反以自由主義而大受其利然今日之狀態則大不然美德之商工業日新月異且藉其脫辣斯(Trust)卡担兒(Kartell)(德之脫辣斯)之組織而對于英之商工業爲激烈之競爭以是英吉利不獨于外國之市場被其蠶食即英本國與殖民地之市場亦遭其侵畧蓋今日國際間之經濟競爭有最大酷烈之一手段即于一定期間籌自損失而供給他人以廉價之物品待對手國之產業既已衰滅而已爲我所獨占。然後騰貴其價額、以苦消費者。此美之脫辣斯德之卡担兒所慣行之手段也昔亞丹斯密曾謂自由貿易必能以最廉價之物品滿足消費者之需要殆亦有時而不信者正今日之謂也今若美之脫辣斯。其對于輸出鐵材常行七折乃至三折之減價。德之卡担兒。其輸出鐵材常與以獎勵金。故今日英吉利之鑄鐵業。益益瀕于危殆。隨而其鐵器製造業及造船業。亦陷于虧折之悲境。世之一派自由貿易論者。常謂脫辣斯卡担兒之不克久存。不知是乃不足措信之說。況經濟競爭。其所爲猶不獨脫辣斯卡担兒已也。近來美德大工業之勃興。往往致生產過剩。當其窮于販賣。則以販賣上妨害最少之自由貿易國之市場。爲其廉賣區域(Dumping ground)使對手國之經濟界大破其擾亂。是亦數見不鮮者矣。然有謂如是則吾英吉利資本不若輸出他國以得高利。然有不可不思者。如是則內國勞力之用益減。而與勞働者以不利益自由貿易論者尼哥爾孫(Nicholson)不云乎。荷蘭固常爲貸金國。然其國以是而日即于衰。是豈不可不深長思乎。

如是。歐美諸國。大肆其蹂躪英吉利市場之手段。而以英吉利爲其吸收利益之中心點。試今一觀英之對于此等保護貿易國之輸出額。

	百萬磅
一八七二年	一四一
一八八二年	一〇九

一八九〇年	一一〇
一九〇〇年	一〇四
一九〇二年	九九
減額	四二

以一九〇二年較一八七二年。則示四千二百萬磅之退步。如是。一部英吉利人士之於自由貿易主義始動搖。其歷史的信仰而始知自由貿易同時各國並行則互享其利反之以一自由貿易國而立于四圍保護貿易國之中則自國之利益必爲人所吸收而大受損害此則英人今日之思想也

要之。今日自幾多之統計觀之則八十年以來。英吉利比之新近諸國。實比較的不振。

今試一一將事實證明之。

茲先摘錄自一八七二至一九〇一年各國人口之增加額。則此數年間。其增加率英爲百。德爲百五十三。美爲三百六十九。是但英吉利本國。必無能力以造一偉大之國民。可以證矣。

第一表　各國人口增加之比較

	一八七二年 千人	一九〇一年 千人	增加額 千人	增加率
英	三一、五〇〇、	四一、五〇〇、	一〇、〇〇〇、	一〇〇、
德	四一、〇〇八、	五六、三六七、	一五、三五九、	一五三、
美	三八、五五八、	七五、四七七、	三六、九一九、	三六九、
法	三六、一〇三、	三八、九二六、	二、八五九、	二八、

更擧八十年以來英吉利外國貿易發達之狀況。

第二表　英吉利外國貿易之發達

	輸入 百萬磅	輸出 百萬磅	總計 百萬磅
一八八〇年	四一一、	二八六、	六九八、
一八九〇年	四二一、	三二八、	七四九、
一九〇〇年	五二三、	三五四、	八七七、
一九〇一年	五二二、	三四八、	八六九、

一九〇二年	五二八、	三四九、	八七七、
一九〇三年	五四二、	三六〇、	九〇三、
一九〇四年	五五一、	三七一、	九二三、

輸入貿易之發達。彰明較著。而輸出貿易不與之相伴。且其輸出入貿易比之二三十年前之自由貿易主義時代之進步。遠非今日可比。更于同期間德美之外國貿易之發達。則無論何人。不能不認英吉利之外國貿易之比較的不振矣。

第三表　德意志外國貿易之發達

	輸入 百萬馬克	輸出 百萬馬克	總計 百萬馬克
一八八〇年	二、八七六、	三、〇九九、	五、九七五、
一八九〇年	四、二七二、	三、四〇九、	七、六八一、
一九〇〇年	六、〇四三、	四、七五二、	一〇、七九五、
一九〇一年	五、七一〇、	四、五一二、	一〇、二二二、
一九〇二年	五、八〇六、	四、八一三	一〇、六一九、

一九〇三年	六、三二一、	五、一三〇、	一一、四五一、
一九〇四年	六、八六四、	五、三一六、	一二、一八〇、

第四表　美國外國貿易之發達

	輸入	輸出	總計
	百萬弗	百萬弗	百萬弗
一八八〇年	七六一、	八三三、	一、六一四、
一八九〇年	八二三、	八八一、	一、七〇四、
一九〇〇年	八五〇、	一、三七一、	二、二二一、
一九〇一年	八二三、	一、四六〇、	二、二八三、
一九〇二年	九〇三、	一、三五五、	二、二五八、
一九〇三年	一、〇二六、	一、三九二、	二、四一八、
一九〇四年	九九一、	一、四三五、	二、四二六、

由是觀之。自一八八〇年至一九〇四年間。英吉利于輸入加三、四。于輸出不過加二、九。而德意志于輸入加十三、九。于輸出加七。美國于輸入加三。于輸出加七、二。而于一九〇五年。其貿易總額。尤屬可觀。

（輸出貿易）

	百萬弗
一、美國	一、六二一、五
二、英吉利	一、六〇六、〇
三、德意志	一、三五九、〇
四、法蘭西	九二六、九

（輸入貿易）

	百萬弗
一、英吉利	二、三七二、三
二、德意志	一、六三七、五
三、美國	一、一九五、四
四、法蘭西	九〇九、八

要之于輸入貿易則仍以英吉利冠列強。于輸出貿易則已令美國奪其首位。更有可驚之事實。則一檢英德與英美間之貿易可以見之。即

第五表　英德間之貿易

	自德輸入英 百萬磅	自英輸入德 百萬磅
一八八二年	二五、六	一八、五
一八八七年	二四、六	一五、七
一八九二年	二五、七	一七、六

	自德輸入英 百萬磅	自英輸入德 百萬磅
一八九九年	三〇、一	二五、二
一九〇〇年	三一、一	二七、九
一九〇一年	三二、二	二三、五

一八九七年	二六、一	二一、六	一九〇二年	三三、六	二二、八
一八九八年	二八、五	二三、五	一九〇三年	三四、五	二三、五

第六表　英美間之貿易

	自美輸入英 百萬磅	自英輸入美 百萬磅		自美輸入英 百萬磅	自英輸入美 百萬磅
一八八二年	八八、四	三一、〇	一八九九年	一二〇、一	一八、一
一八八七年	八三、〇	二九、五	一九〇〇年	一三八、八	一九、八
一八九二年	一〇八、二	二六、五	一九〇一年	一四一、〇	一八、四
一八九七年	一一三、〇	二一、〇	一九〇二年	一二六、九	二三、七
一八九八年	一二六、一	一四、七	一九〇三年	一二三、一	二三、六

如是貿易上英吉利日漸對于德美而居受動之地位。自一八八二年至一九〇三年間。德之對英輸出貿易。自二千五百六十萬磅。增加至三千四百五十萬磅。反之英之對德輸出貿易。于一九〇〇年以二千七百九十萬磅爲最高。以後年呈減少之傾向。又美對英之輸出貿易。自一八八二至一九〇三年間。自八千八百四十萬磅。突進而

爲一億二千二百十萬磅。英對美之輸出貿易。自三千萬磅。年年減少。竟至二千二百六十萬磅之數。如是兩相對照。則知英吉利于輸出貿易上。遂爲新進國所壓倒。其將來之運命。亦不難于是以推知矣。

且英吉利素以其優秀之綿糸綿布。與其多量之生鐵鋼鐵石炭。冠天下。然至今日則已成昨夢。綿糸綿布之輸出。連年減退。而生鐵鋼鐵石炭之產出額。亦遠在美國下。試舉統計表以證之。

第七表　英吉利之綿糸輸出額

	價格（百萬磅）	分量（百萬磅）		價格（百萬磅）	分量（百萬磅）
一八五五年	七、二	一六五、	一八八五年	一一、八	二四五、
一八六〇年	九、八	一九七、	一八九〇年	一二、三	二五八、
一八六五年	一〇、三	一〇三、	一八九五年	九、二	二五一、
一八七〇年	一四、六	一八六、	一九〇〇年	七、七	一六八、
一八七五年	一三、一	二一五、	一九〇一年	七、九	一六九、

一八八〇年	一一、九	二一五、	一九〇二年	七、四	一六六、

第八表　英吉利之綿布輸出額

	價格	分量		價格	分量
	百萬磅	百萬磅		百萬磅	百萬磅
一八七二年	五八、九	三、五三七、	一八九五年	四六、七	五、〇三二、
一八七五年	五三、六	三、五六二、	一九〇〇年	五二、三	五、〇三一、
一八八〇年	五七、六	四、四九五、	一九〇一年	五六、四	五、三六四、
一八八五年	四八、二	四、三七四、	一九〇二年	五五、二	五、三三一、
一八九〇年	五五、一	五、一二四、			

第九表　各國生鐵產出額（一九〇〇年）

	千噸		千噸
一、美國	一四、〇九九、	七、比利時	一、〇一八、
二、英吉利	九、〇五二、	八、瑞典	五二〇、
三、德意志	八、三五一、	九、西班牙	二九四、

四、俄羅斯	二、八五〇、	十、加拿大	八七、
五、法蘭西	二、六九九、	十一、意大利	二〇、
六、奧大利 匈牙利	一、三五〇、	其他諸國	六二五、

第十表　各國銅鐵產出額（一九〇〇年）

	千噸		千噸
一、美國	一〇、三八二、	七、比利時	六五四、
二、德意志	六、六四五、	八、瑞典	二九一、
三、英吉利	四、八〇〇、	九、西班牙	一五〇、
四、法蘭西	一、六二四、	十、意大利	五八、
五、俄羅斯	一、五〇〇、	其他諸國	四〇〇、
六、奧大利 匈牙利	六七五、		

第十一表　各國石炭產出額（一九〇〇年）

千噸　　千噸

國名	數	國名	數
一、美國	二六八、三一五、	十二、西班牙	二、八四七、
二、英吉利	二五二、一七六、	十三、新斯蘭	一、二二五、
三、德意志	一六四、八五一、	十四、苦因士蘭	五五六、
四、奧大利匈牙利	四三、〇二〇、	十五、亞非利加	五四六、
五、法蘭西	三六、六七三、	十六、意大利	五二八、
六、比利時	二五、八六三、	十七、瑞典	二七八、
七、俄羅斯	一六、五〇〇、	十八、維多利亞	二三八、
八、日本	八、一八九、	十九、達斯馬尼	五六、
九、印度	六、八五二、	其他諸國	二、七五五、
十、新南威爾斯	六、一六八、	總計	八四三、二四七、
十一、加拿大	五、六〇八、		

且以世界工場自負之英吉利其工業之二大基礎若鐵與石炭已爲美德所凌駕而其工業之二大代表若綿糸與綿布已漸次減退則向之以輸入原料品輸出製造品自許者又安在耶而英吉利人之所以有恃無恐所以謳歌自由貿易主義者又安在

耶。要之。于今日英吉利之輸出貿易。實生一反對之傾向。即於近年英吉利之輸出貿易。非不增加。特所增加者。不在綿糸綿布等之製造品。而在石炭鉎鐵鑛之原料品。今試就石炭以證明之。

第十二表　英國石炭之產出額及輸出額

	石炭產出額	石炭輸出額	石炭輸出額對于產出額之比例	全輸出貿易價額	石炭之輸出價額	石炭輸出價額對于全輸出貿易額之比例
	百萬磅	百萬磅	每百	百萬磅	百萬噸	每百
一八五〇年	五六、〇	三、八	六、八	七一、四	一、四	二、〇
一八六〇年	八〇、〇	八、四	一〇、五	一三五、八	三、七	二、七
一八七〇年	一一〇、四	一四、一	一三、八	一九九、六	六、七	三、四
一八八〇年	一四七、〇	二三、九	一六、三	二二三、〇	一〇、八	四、八
一八九〇年	一八一、六	三八、七	二一、三	二六三、五	二三、九	九、〇
一九〇〇年	二二五、二	五八、四	二五、九	二九一、二	四八、三	一六、六

(三)對於殖民地國民的觀念之激變

英吉利人之國民的觀念不獨于貿易上生一大變化即對于殖民地亦已大變矣在

十六十七十八世紀間。若西班牙荷蘭葡萄牙法蘭西英吉利。皆以一片利己之重商主義。以臨其殖民地。至其極也。北美合衆國及南美諸國。遂起而獨立。于是各國遂大覺醒。一變其從來之專制政畧而採自由放任之主義。而當殖民地之發達也。則許以自治政體。然世變遷移。靡有止境。學者政治家輩反常懷疑于殖民地之政治的經濟的價値。以爲若領有殖民地于海外。則不論平時戰時。徒擴張本國防備之範圍。生國際之紛議。而爲得不償失之害物。當一八五八年印度兵亂時英吉利政界首領哥白頓于議會演説曰。諸君知予平生之意見乎。若予者。關于印度之改善。絲毫不加措意者也。蓋予以爲吾英人治如是廣漠之領土。必無以增進彼此人民之利益至今日而予之言益信。予今者祈我國民之反省。速斷念印度領有之空想。而努力于本國之安全與實利之增進。又勃蘭脫一八六五年亦于議會演説曰。予非反對加拿大之分離獨立者也。予以爲必如此。乃始爲兩國人民之大利。當時政界之言論若是然而今日之情勢則又一變一八七〇年以來以歐美平和之永續與產業之發達各國人口爲之大增加之世界交通頓開其經濟的距離日益縮短于是民族之膨脹國土之擴張商權政權之發展之三大主義遂使各國專熱中于殖民政策而其尤甚者若德之買收亞非利加及太平洋面領土圖小亞細亞窺亞爾然丁謀亞細亞之荷蘭領土占中國之膠州灣又若美之奉亞美利加統一主義(Pan-Americanism)以臨南北兩美併夏威夷占古巴巴脫利夸飛律賓諸島其他法蘭西意大利俄羅斯日本等殆莫不同此于是英吉利亦不能不轉而以殖民地經營為政治上經濟上必要之事情即不若他國之岌岌于求得新殖民地亦不可不鞏固保護其舊殖民地因是殖民地聯合之說遂大盛於英國

(四)自給自立之一大英帝國建設之必要

英吉利自一八一五年採用自由貿易主義與傾于工業立國主義之結果內國之農業被壓于外國廉價穀物之輸入其歲入年年減少一方復以工業之日昌農民咸舍其鋤犁以趨工場迄今農田漸歸荒廢穀物輸入愈益加多今以左之二表證之

英國小麥耕地漸減表

一八八四年 二、六〇七、〇〇〇、畝

一八八九年	二、四四九、〇〇〇、
一八九〇年	二、三八六、〇〇〇、
一八九一年	二、三〇〇、〇〇〇、
一八九三年	一、九九二、〇〇〇、

英國小麥及麥粉之內國產額與外國輸入額之比較表

英千萬兩

	內國產出額	外國輸入額
一八八五……八七年	三九、一四四、	七六、五二二、
一八九〇……九二年	三七、七七〇、	八九、一七五、
一八九五……九七年	二七、二九一、	九八、五二八、
一九〇〇……〇二年	二九、七三七、	一〇二、五三〇、

若是多量之小麥之輸入。試一攷其供給地。則此總入額中約十分之七、五。皆來自美國與其他各國。而其殖民地所供給者。不過餘剩之一、五。於下表可以證之。

向英吉利小麥輸入國別表

(單位一億英兩)

	一八九八年	一八九九年	一九〇〇年	一九〇一年	一九〇二年
一、美國	六二、〇	六〇、二	五七、四	六六、八	六四、九
二、加拿大	七、七	八、七	八、〇	八、六	一二、二
三、印度	九、五	八、二	……	三、三	八、八
四、俄羅斯	六、四	二、五	四、五	二、六	六、六
五、亞爾然丁	四、〇	一一、五	一八、七	八、三	四、五
六、澳洲	〇、二	三、〇	二、九	六、二	四、二
其他	四、六	四、四	七、	五、二	六、七
總計	九四、四	九八、五	九八、六	一〇一、〇	一〇七、九

更依張伯倫之計算。舉其英吉利現在小麥並肉類之輸入及產出額表。如下。

英吉利小麥之輸入並產出額表

(單位英百兩)

外國輸入額	八〇、〇〇〇、〇〇〇、
殖民地輸入額	二五、〇〇〇、〇〇〇、
英國國內產出額	三〇、〇〇〇、〇〇〇、

總計　一三五、〇〇〇、〇〇〇、

英吉利肉類之輸入及產出額表

外國輸入額　一三、〇〇〇、〇〇〇、
殖民地輸入額　五、〇〇〇、〇〇〇、
英國國內產出額　三二、〇〇〇、〇〇〇
總計　五〇、〇〇〇、〇〇〇、

又自休馬拉之計算。方今英吉利國內消費之小麥十之六七。肉類十之三。皆爲輸入品。故即謂英吉利今日殆衣食于外國。亦無不可也。帕京（Pakin）氏有言曰。如英吉利生活于人爲的條件之下。此古來歷史中之所無。旨哉斯言。當一八四〇年。哥白頓勃蘭脫等之盛唱自由貿易主義。絕呼穀物輸入稅廢止也。彼以爲世界永久之平和。可以豫期。而各國紛紛繼英吉利而起。則萬國自由貿易時代。可以出現。且各國有無相通。過不足相補助。經濟上利益之關係。益臻密切。而重視平和之風。益盛。則黃金時代極樂淨土。固意中事耳。夫此言固未嘗不億中。然六十年來之各國。農業國專供給食料原料。而工業國復製造之。以供給農業國。國際分業之形稍稍實現然彼自悟其非所以興國之道乃亦轉而振興自國之工業保護之養成之且獎勵海運普及鐵道以圖經濟獨立以擴張國勢事至此世界永遠之平和遂屬學者一片之空想而世界萬國殆盡成爲武裝的平和之狀矣且天下大勢岌岌可危狹義之經濟上之利益往往爲廣義之經濟上之利益所壓倒或者今日平和之局竟以是破裂此亦不可知之數耳

然而生存于如此不安之世界若英吉利者猶守其自由貿易主義且國中食料產額不過支三月者則一朝陷于重圍于政治上軍事上必危險萬分有爲之豫測其情勢則不能免以下之二現象

第一、若其敵國而原爲供給英吉利之食料者則其供給立時杜絕

第二、若其敵國而非供給英吉利食料者則以戰爭之故糧道梗阻

至若第二之一現象則英國努力于維持海軍之優勢或可避其危險然于第一現象則亦竟無法以避之譬若美國於英之輸入小麥中占十之六、五者也則英之於美不論如何力避戰爭之慘乎抑以非常之危險與高價仰給于他國乎然其結果必至

毀損其國權來國運之不安此所以食料問題遂日喧騰于英國也

有說者謂以英吉利今日之情勢莫若課外國食料以重稅使本國農業得與外國相競爭而穀物之需要悉仰給于國內然以英吉利今日之人口國土與其國內工業之發達此事斷非可實行故若大陸諸國之保護政策其目的固在保護內國農業至如英吉利亦有唱課輸入穀物以重稅者此其宗旨別有所在曰依特惠制度以保護其沃野千里之廣大之殖民地之農業且使其輸入日益旺盛而避依賴食物于外國之危險換言之以彈丸黑子之英國斷不能建設一自給自立之國家故于外設保護政策之障壁以排除他國之貨物于內設特惠關稅制度以開自由貿易之途毋給子以工業品子給毋以農業品相依相助以建一大英帝國此即近來自由貿易主義之所以動搖而帝國主義之所以發生也

（未完）

經濟界譯叢

譯述二

淵生

策吾國救亡之道者。皆以改良政治。曾及敎育。擴張軍備爲急務。志士仁人。焦唇禿筆。竭力提倡。今者擧國上下。若起其沈沈之迷夢。而漸趨勢于桑榆之計晝矣。雖無風馳電掣之滔滔進行。然較諸前此之上昏下闇。醉生夢死者。固覺畧有生機也。果日益月增。即足以鞏固國本。以禦强鄰之侵畧乎。是誠憂時者所極當研究之一疑問也。夫善謀國者。當如良醫之治病。必先察其病源侵入之道。而對症施藥。乃能易危爲安。吾國政治之腐敗。敎育之頹喪。軍備之廢弛。誠爲病源所伏。然朝野人士。視線所集。謀有以改絃更張。則此數者。或已未足以召亡。若夫利源外弛。國窮于上。民貧于下。百廢莫擧者。殆爲今後吾國之所以爲埃及。爲印度。吾民之所以爲奴隸。爲牛馬之鐵案乎。自海禁大開以來。列强所據以亡我者。要不外侵畧及保全兩主義。二者交鬥。至演成日俄之大戰爭。今固前者屈服。而後者確定矣。國人之謀抵禦者。多怵于侵畧而安于保全。良以侵畧者主武力戰爭。而其進取也激烈。保全者主經濟戰爭。而其進取也平和。自形勢言之。雖一驟一漸。判然兩途。然論其實際之不利于我。固二而一者也。且恃武力以亡人國者。其亡也旣驟。則其民氣欝結。易于死灰復燃。若恃經濟者則不然。殆如殺人者之先吸其髓。吮其血。使日就于羸尫。以至於死。更無萬一之生理也。準此以論。則亡于武力者。國亡而元氣未喪。猶有光復故物之基。亡于經濟者。將一失不可復得。國亡而種亦隨之矣。吾國地廣民衆。列強欲驟得而掠奪之。奴隸之。固必殺人流血無已時。萬無寂然憯伏之道。近世幸福思想日盛。文明各國。雖工于亡人。而于其一已之生命。罔不愛護之。惟恐不至。其與人以血肉相搏者。非萬不得已。或操必勝之券者。必不率然出之。故其經營吾國。務期制吾之死命于無形之中。以絕吾反抗之力。而省彼統治之勞。此于其孜孜以謀吾之商工路鑛漁林諸業者。可以見矣。

日本號稱保全派之中堅。其于南滿洲鐵道。則以一等野心家之後藤新平總裁之噫。其處心積慮之深沈險惡。非已昭然表著乎。夫一國擬如一身。政治者國之精神。教育者其智識。軍備者其體力。精神之圓滿。智識之發達。體力之堅强。必以髓血爲差率。決無髓血虧損。而其餘猶得運用之妙者。經濟者一國之髓血也。經濟充實。則百政優爲之。否惟坐以待亡而已。吾國年來之改革。雖不過形勢的變易。然中央及地方之以籌欵無着。暫緩施行爲辭者。迭見諸章牘。即如西藏之改設行省。政府諸公固皆知爲必要。然今亦以無欵中止矣。其稍有所成。或逐次着手者。無不一假外資。而我反居于勞動者之地位。其生殺與奪之權。別操于曰資本家者之手。舉凡財政之紊亂。工商之衰敗。交通之梗塞。農桑林鑛諸天然生產之放棄。莫非滅亡之徵候。質言之。凡人之視爲生死存亡之大問題。竭全國民之腦力腕力以奔赴之者。我胥恝然等閒置之。嗚乎。彼列强者亦何幸而得此天然之奴隸廣大之殖民地耶。哀我國人愚何其極。痛心疾首以推原其故。要不外經濟思想之薄弱。經濟能力之膚脆而已。故今日之言救亡者。非知列强執經濟政策以亡我。而我當于政治教育軍事三者之外。講求經濟以抵禦之者。則如治病者徒治其標。而其膏盲之患日深。終至不可救藥也。譯者深慨乎此。敢于課餘博採名家學說。及報章宏論之有關于我國現狀。及各國國情。而足以喚起我國人之經濟思想。培植我國人之經濟能力者。不別宗派。不定次序。悉精選而迻譯之。以圖存于萬一。即聊以盡國民之義務云耳。

英國今日之經濟的地位

是文載諸日本經濟新誌法學士河上肇氏所撰也。氏爲日本經濟大家。其學識之宏富。觀察之深遠。久爲其國學者所推崇。茲篇之論英國于經濟界所居之地位。引證確切。論斷精洽。所以歷陳其現狀。豫測其將來之結果。以爲自國之借鏡者。洵非獨具慧眼者莫能爲也。

(一)

日本者。東洋之英國也。此語久爲世人所公認。可自兩方面釋之。一爲東亞之日本。其地位若西歐之英國之事實論。一爲將來之日本。當企及今日之英國之政策論也。夫英國者。執自由貿易主義。商工偏重主義者也。吾國之心醉此等主義。而犇走相提倡者已不乏人。故研究此等主義之影響于英國之經濟界者。洵今日之急務也。

夫同一事業。贊成者宣其利。反對者揭其害。觀察之點既殊。論斷之辭斯異論英國之經濟者亦然。是自由貿易者。謂英國經濟界之現狀。駸駸然日進而無窮期。非自由貿易者。謂其危機潛伏。前途之憂患彌殷也。二者之主張各馳于極端。欲求所折衷在虛懷靜氣以徵之于事實。

(二)

英國自一千八百四十六年採用自由貿易以來。其經濟界之發達。固久昭著于世。茲徵之其通商局之報告。(一千九百零三年者)而記其過去六十年間之輸出貿易額于左。

一千八百四十年	五一、〇〇〇、〇〇〇(磅)
一千八百五十年	七一、〇〇〇、〇〇〇
一千八百六十年	一三五、〇〇〇、〇〇〇
一千八百七十年	一九九、〇〇〇、〇〇〇

一千八百八十年	二三三、〇〇〇、〇〇〇
一千八百九十年	二六三、〇〇〇、〇〇〇
一千九百年	二八二、〇〇〇、〇〇〇

準之右表。其受自由貿易政策之影響者。始于千八百五十年。此後每十年之間。其額倍益。近猶有逐年增殖之盛況也。

舉英國最近之輸出額以與美德法等執保護政策者較。其千九百零二年。及千九百零六年之狀況。列爲左表以證之。

	千九百零二年(磅)	千九百零六年(磅)
英	二八〇百萬	三七六
美	三〇四	三六九
德	二三〇	三〇六
法	一六一	二〇〇

準是則千九百零二年之時。英實遜于美。去歲乃反駕美而上之。其輸出額之多。爲全

世界冠。夫以人口論、英之少于美者。約四千萬。即言乎面積、其狹于美者。亦三百四十三萬餘方哩。乃其輸出之額竟相伯仲。使非天然之制限。其地其人。得與美等。則美必非英比矣。是則英國者雖謂爲世界之最富國。誰曰不宜乎。

（三）

然試進一步而窮究之。則英之受自由貿易政策之影響者。以最初十年間（自一千八百五十年迄一千八百六十年）爲極盛。其輸出額之增加。竟達十分之九。後其度漸減。一千八百七十年迄一千八百八十年之間。僅增額十分之四有奇。其後二十年間不過十分之一二。最後之十年。且不及十分之一矣。是則其輸出額之逐年增加雖無疑義。然其度之漸次遞減者。亦昭然事實也。此爲研究本問題之重大現象。不容忽視之者也。

（四）

夫英國輸出額之足抗美國而居世界之第一位者。既如前述矣。然進而詳考其增額之情形。及其速度。則較諸美德法等所謂執保護主義之國。固已顯有遜色也。

今試以英美德法諸國之輸出額。以人口之一人爲單位而推算之。則一千八百九十年與一千八百九九年之間美德法三國者皆有相當之增額。獨英國不然且日見其減少也。即以一千八百九十年與去歲相較。英之增額速度亦遠遜于列國焉。茲爲左表以證之。

	(英)磅	(美)磅	(德)磅	(法)磅
一千八百九十年	七、〇三	二、八一	三、三六	三、九一
一千八百九十九年	六、五一	三、三七	三、七七	四、三一
一千九百零六年	八、〇八	四、六七	五、二七	五、一二

其工業品之輸出額亦如之。左表是也。

	(英)磅	(美)磅	(德)磅	(法)磅
一千八百九十年	六、一四	〇、五〇	二、一七	二、〇八
一千八百九十九年	五、五三	〇、九五	二、四三	二、三八

五

更進而考其輸出之內容雖同一輸出之增額而英國特含有危險之性質也試以一千八百七十三年迄一千八百八十二年間與一千八百八十三年迄一千八百九十二年間相較則其數如左

石炭之輸出增額　四千萬磅

其他輸出物之增額　一億一千萬磅

更以一千八百八十三年迄一千八百九十二年間與一千八百九十三年迄一千九百零二年間相較則爲左數

石炭輸出之增額　八千四百萬磅

其他輸出物之增額　二千八百萬磅

據上所表示者觀之雖同爲輸出增額而其輸出物則以石炭爲之主此即輸出之額雖增而不能認爲健全之故也

主自由貿易論者難之曰石炭之爲物人多視如粗製原料不知其爲一種之製造品也盖其價格實由於勞力而成必强與其他工業品相區別者實無理由之可言也云

云。此說之正確與否。吾輩寧讓一步而不事論辯。即如難者之言。目之爲製造品。謂採掘即製造業。然其認國內之產出原料爲前提者。必不容異議者也。夫石炭者。豈如他之農產物有綿綿不竭之產源乎。殆終有窮期者也。則欲以石炭輸出之增額而維持其現狀者。吾輩安得不于其現在之經濟界。慄慄然懷無窮之危惧而不容自已耶。

（六）

夫英國經濟界之現狀。就輸出貿易一端而觀察之。其將來之危殆。固已爲吾輩所豫斷。但輸出貿易之盛衰。雖足爲一國經濟界盛衰之標準。然非必爲其唯一之標準也。今寧讓一步而認其輸出貿易如健全無缺者。俾論斷之根據。別出于他途。乃能壁壘森嚴。顛撲不破也。此下節于輸出貿易以外。別求有以證明之之道也。

（七）

一千九百零三年九月七日。侵巴連氏演說于革臨諸克之詞曰。

英國各種職業。及生產中之占最大部分者。莫如農業。現已全歸于破壞。其餘製糖業亡。而製絹業及紡績業亦亡。即製鐵業與夫羊毛業等。莫不日瀕于危。凡今日之衣食于諸業者。悉如待哺之雛而驟失其母者之不保其生命也矣。

此政治家以深遠之觀察而豫揭其隱憂者之言或流于過情然英國農業自執自由貿易主義以來日爲其所破壞者固昭著之事實也自由貿易派之名士阿伯浦利氏辯難之曰姑舍農業而言他雖然農業者英國之主要生產也農業之頹喪實爲一重大問題。豈能摭拾一二細故以爲之辭而棄之勿顧耶。

（八）

今試先言乎製鐵業。當一千八百九十三年。其鐵及銑鐵之輸出額。僅二千六十萬磅耳。至一千九百零三年。乃增至三千五十萬磅。阿伯浦利氏以此證英之製鐵業之猶盛。雖然以較諸美德二國之進步。則已相去懸遠矣。試徵之左表。

礦鐵生產額比較表

	（英）	（美）	（德）
一千八百九十年	一三、七八一	一六、〇三六	一一、四〇六
一千八百九十三年	一一、二〇三	一一、五八八	一一、四五八

一千八百九十七年	一三、七八八	一七、五一八	一五、四六六
一千九百年	一四、〇二八	二七、五五三	一八、九〇四

銑鐵生產額比較表

	(英)	(美)	(德)
一千八百九十年	七、九〇四	九、二〇三	四、六五八
一千八百九十三年	六、九七七	七、一二五	四、九八六
一千八百九十七年	八、七九六	九、六五三	六、八八一
一千九百年	八、九五九	一三、七八九	八、五二一

更言平紡績業。其輸出額當一千八百九十三年。僅五千三百七十萬磅。至一千九百零三年。乃增至六千六百萬磅。爲自由貿易論者。以此證英國紡績業之未衰。而爲辯難之武器。然一與英德二國相較。則進步之優劣立見也。今爲左表以證之。

	一千八百八十九年	一千八百九十九年
英	四〇、〇〇〇、〇〇〇	四五、〇〇〇、〇〇〇

美　一〇、七〇〇、〇〇〇　一八、六〇〇、〇〇〇
德　四、〇〇〇、〇〇〇　八、五〇〇、〇〇〇

據此諸實例觀之、則侵巴連氏之言。雖失之激。非必無因也。世之懷樂觀于英國經濟界者。其觀察僅及其統計上所明載之數。而無以其進步之速度與美德諸國較優劣者。亦云傎矣。

吾輩以英之主要生產與美德二國較。其近日之進步。遠不若二國之昌隆者。昭然共見者也。爲自由貿易論者。必駁之曰。英、舊國也。美德、新國也。新國開化伊始。百務維新。其產業發達之速度。自有一日千里之盛况。以之求于發達已過之舊國、非論者之愚乎。然是說若以爲農業辯護。猶有成立之價値。若以言乎工業。則已失之紕繆矣。蓋工業之爲物。受支配于報酬漸增之法則者也。其何新舊之不同乎。

(九)

然諸說猶爲本問題之枝節也。今姑置之。而于阿伯浦利氏所棄置之農業。究其衰頹之現象。以論斷英國經濟界之危機也。

二三十年以來。英國農業之頹廢。實達驚世駭聞之慘境。據愷那奪氏所云。自一千八百七十五年。至一千九百年。因農地價格低落所生之損害。爲數約九億磅。即經濟大家縛喝列伍氏所調查。亦自一千八百八十三年以來。二十年間。其農業上之損失。約達八億磅云云。要之英國于最近二三十年。其受損傷于農業之頹廢者。固不下八九十億圓之多也。

英國。近日經濟之勢力。全在商工業兩方面。其進步雖尚未已。然窮厥源流。實自犧牲國民一部之發達而來者。其不克有健全之繼續能力者。有目者所共覩也。蓋農工商三者。爲國家成立之要素。不容有所偏廢。苟三者缺一。則其國家之發達。必不能得圓滿之結果故耳。

夫英以犧牲農業之故。來金錢上百億圓之大損失者。如上所述矣。此外于政治上道德上社會上所生弊害之多。尤足爲前途之深患。如國民之健康。以傷兵士之勇敢。以失淳風美俗。衰而漸流于驕奢淫逸。箇人之利己心日盛。而愛國之精神犧牲一身之銳志。若徒爲歷史上之陳言。而日絕其跡者。比比皆然。故其政治家之深慮遠矚者。悉懷一種之悲觀。其于外交塲中。已有不敢恃武力爲後援之概。嗚乎農業日衰之富國。殆如垂死之武士。不足爲最終之競爭也。亦宜然是等社會上政治上道德上諸端。不能以數字確證之。惟徵之歷史的事實而已。今姑置之。而於其戰時之食料問題。施以精密之研究也。

關於此問題之研究。人執一見。議論如鯽矣。去歲哈列氏於德國之「海事評論」撰述一文。足爲本問題之資證。玆迻譯之於左。

英國若一旦與外人戰爭。其最足挫國民之銳氣者。即食料供給之問題也。其最重要者爲小麥。然盡出其平時之貯藏額。不過足支七週間之用而已。如魚類之肉食。所藏尤少。倫敦及巴蒲耳之冷藏魚肉。僅足供一月之需要。乾酪則夏期足支一月。冬期則十週間。牛肉及卵。皆不過十餘日耳。其餘足供生活之主要資料。其貯藏額得達之期間。概爲左表以證之。

茶……｛一個月間（在小賣商之手者）
　　　　五個月間（在倉庫及卸賣商之手者）

譯述二

咖啡｛一個月間（在小賣商之手者）
　　　廿四個月間（在倉庫者）

砂糖三個月間

糖果｛一個月間（在小賣商之手者）
　　　二個月間（在輸入商之手者）

其重要商品之貯藏額。亦爲左表以列示之。

木綿｛六個月間（立勿浦之貯藏額）
　　　二週間半（目爲至少者）
　　　五個月間（在工場中者）

羊毛｛三個月間（外國産者）
　　　六個月間（內國産者）

礦鐵一二個月間（外國産者）

薪材｛八個月間（目爲至多者）
　　　一個月餘（目爲至少者）

皮革六個月乃至九個月間

石油（六個月間

象皮（六個月乃至八個月間

紙煙（一年乃至二年間

其委員會所計議。謂以列國海軍現在之狀況。若與英人戰。則英之海軍勢力。決不至陷於窮困。其意若曰。英國艦隊。無論與何國戰。能于七週間以內撲滅敵艦而有餘。其當商船護衛之任者。于南北美洲、地中海、喜望峯、及東海等航路、盡保護之任。亦能免商業上之障害也。

然熟考英國今日之狀態。則小麥之缺乏。實爲危機。其委員之一部。曾以平時注意貯藏穀物爲言。其所主張之策。第一、政府常購買小麥而貯藏之。第二、政府之倉庫。畀私人以任意貯藏之便。第三、國內之小麥。非曾貯藏于一定期間以內者。不得消費。設爲法律以制定之。第四、輸入之後。未經一定期間之貯藏。即行消費者。課以一定之租稅等四條者。其主要者也。對於其國戰時食料問題之苦心研究者。亦可以見一斑矣。

果能如上之計畫。廣儲小麥于倉庫。猶可爲也。若不然。勢必仰給于外國。夫食料所以維持生命。苟不克自給。是不能自保其生命。而生死存亡之權。悉操諸外人之掌握中矣。其危殆庸有極乎

夫英國艦隊之與人戰。必能于七週間以內撲滅敵艦者。固爲英人所自信而自豪者也。然戰爭之爲物。非投機的也。其以勝利自負。而卒歸于敗北者。歷史上不乏其例。英之艦隊。誠强。然其軍人。則商業國之軍人也。夫商業國之軍人。必弱者。固理勢所必趨則英國一旦海疆有事。必呈意外之弱狀者。吾輩竊爲同盟國憂之。且其戰時穀價之騰貴。其爲障害尤大。史學名家羅執氏著拿破崙傳中。曾論及之。玆擇譯之以爲資證焉。

戰時之英國食料問題之關係重大者。實研究拿破崙時代之歷史者所同聲是認者也。當時英之食物。出諸自產。而拿破崙亦徒以防其輸出爲目的。若夫輸入問題。固未嘗一着眼。然其麵包之價。已驟來昂貴。其內亂暴發之機。亦間不容髮若以今日與當時較。其當時之人口。僅千八百萬耳。而今則達於四千二百萬之

多。當時食物取資於國內。今則五分之四。恃外國之輸入爲之接濟當時固未嘗執防害輸入之策。今若一朝有變而敵人執斷絕輸入之政策以制其死命。其結果果如何乎。

羅氏之說。準諸事實而立言。固無能非難之者也。是以吾輩於英國之食料供給問題認爲至險。而其國家之前途。即因以判其强弱也。

(十)

夫自由貿易主義之影響於英國者。以農業頽廢爲最大之損傷。旣詳於上矣。是則英國經濟界雖有所增殖而不能得健全之進行。圓滿之結果者。固必遠識者所共認者也。

且英國經濟界之發達。如上述一方的之外。復人爲的而非自然的自主的也。其政治家以放任爲政策。至各國野心家常欲有以傾陷之。而其影響於經濟界之自然發展者良非鮮也。證以康甯哈氏之說。益足以明之。

自由貿易論者。以自然的發達爲主張。然近世英國產業發達之道。實非本諸自然的條件。而全為政治家之意志所左右也。

夫所謂政治家者。非英國之政治家。而實為外國之政治家也。蓋今日之英人。已久失其自主之能力。而全仰外人之頤使。以定其職業之取舍也。即贊成今日之制度者。其所主張之理由。若以前日自由貿易論者之產業自然的分布說為護符。毋寧以反對者之產業非自然的分布說為能自完其說也。其實際之非自然的者。不待智者而後明矣。

(十一)

夫英以貿易致富。為世界冠。固世人所公認者。然其發達之缺圓滿。其進行之失健全既如此。其極則其將來之趨勢。果能不如西班牙葡萄牙和蘭等之由興而衰與否。尚在不可知之數也。

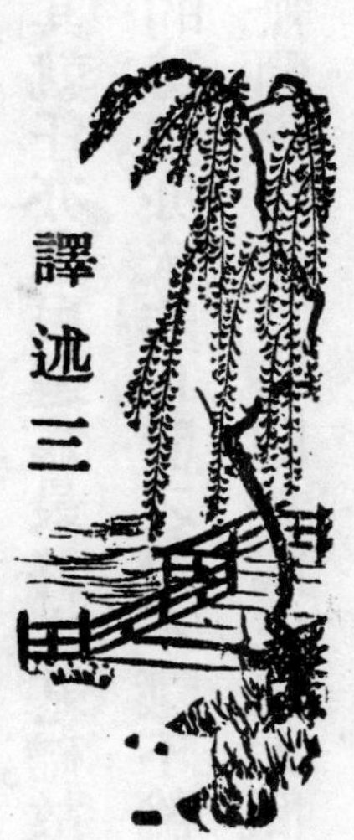

譯述三

法國政界近時之趨勢（日本法學博士小野塚喜平次講演）

孟揚

第一　法國下院政界上之勢力

十九世紀間。英法兩國政治之變遷。實研究近世史者。最有價值之材料也。然以此兩者相比較。則英國之政治的沿革。雖非無多少之波瀾若干之曲折。要之如不斷之長江。洋洋乎隨一定之方向而朝宗於海。若法國政界之變遷則不然。忽而激湍奔流。忽而飛瀑南下。卒乃以北流而成爲奔河者近是。雖然最近二三十年間法國政界之趨勢。可作爲一大潮流觀。此潮流。乃包括幾多政治的勢力之動機與及反動軋轢與融化而貫通之者也。「國家即朕」一語。出於路易十六世之口。誠足以形容擁無限權力之專制君主之用語也。今試易朕之一字。爲議院之二字。其亦可以想見法國政界之近狀而得其妙乎。

法國大統領之權力其憲法固已早成爲制限的矣。一八七五年制定之現行法國憲法。對於大統領專橫之危險。加以緻密之注意。然當其制定之初。王黨之氣焰尚極隆盛頗有唱導新定共和國體之半君主制之勢。憲法制定時之大統領 Me mahon 及前大統領 Jhiers 之箇人勢力。一時之間。偶使此唱導頓呈極有根據之觀。比來經 greuy; Carnot; Perier; Faure 以至現大統領 Falliere 其間雖可見關於大統領之權力之種種之經過。然近時之趨勢。乃使大統領超然於政界紛爭之外。而安固其地位。同時即縮小其政治的權力。若以之爲左右政界之權衡之要素。則大統領之爲大統領。其價値固有限也。

法國元老院。Lesenat 即上院之憲法的權限。與代議士院 Lachambre 即下院。初非顯然有異也。其就任亦以民選爲最終之基礎。故將不遠而適於衆民的風潮之要求矣。至其政治的勢力。亦决非可置之於不議不論之列者。立法權無論矣。即豫算審査權。亦非與之無關係也。惟事若關於國家之大問題。兩院意見相反之時。結局勝利歸於下院。內閣人員對於議院之責任亦係對於下院之多數而負擔者。與英國流之憲法上之解釋相同。內閣員之多數。恒以下院議員爲之之實況。微特易於動法國政界觀察者之目已也。在大體上。上院內政爭之傾向。恒以追隨於下院內政爭之跡者爲多。但較爲平穩而已。故欲研究法國政界近時之趨勢。必以下院爲中心者。蓋實有相當之理由也。余不敏。請先就下院近時政黨政派消長之傾向而尋繹之。

第二　法國下院政派消長之傾向

凡研究事物之傾向者。可分爲性質的與分量的之二端。欲知其進行之屬於若何之方向者。性質的研究也。欲知其進行之達於若何之程度者。分量的研究也。不徒以性質的研究爲滿足。更欲進而求分量的智識者。研究者之常情也。即從事於政治之學術的研究如吾輩。亦不能禁此渴望。特常乏足以充此渴望之機會。不免爲憾事耳。政黨政派之消長。雖得以算數而測定之。然其消長榮枯。恒隨觀察者之所見而各有不同。或誇大而計算之。或過小其範圍而計算之。其結果之不能一致者比比矣。彼政治界中。恒有數多之小政派。而富於動搖者。法國政界則尤甚。況法國政府所公刊之選舉統計報告不明揭議員候補者及投票之政黨所屬別乎。研究者之徒竭精神。而卒不能得正確之結果也。宜也吾人於此。亦惟有對於一切之材料。而力求其爲公平之判定已耳。法德之戰。拿破崙三世爲俘虜於 Sedan。帝國幾於瓦解。於是因媾和可否之決定。兼負戰後經營之大任。於一八七一年在法國構成之一院制國民議會之總選擧。及現行憲法發布後之二院制議會之下院議員總選擧。迄今合計其數。共有十三次之多。其間隨政界狀況之變遷推移。而政派之分合興廢盛衰。以及名稱之變化。雖有多端。然概括之。要不外保守派之衰退也。革新派之勃興也。革新派中急進派之隆起也。若以法國政界之語表之。第三共和制下之政黨界之傾向。乃左進的也(Mouvement ondéplacement Uers la gauche)蓋法國議院中議席之排列。異於英國。而與他之歐洲大陸諸國相同。在議長席右側之議席者。普通皆爲保守派。而在其左側者。爲革新派。且其最左側之議員。非僅在院內爲極端之革新論者已也。法國於此。有與意國相似者。即政派之名稱。從來亦嘗分爲右黨、中央黨、中央右黨、中央左黨、左黨、極左黨等。故所謂左進的傾向者。即指因左席方面諸黨之膨脹。而致右席方面諸黨縮小之傾向而言也。

一九〇六年五月（五月六日爲第一投票日二十日爲決選投票日）所舉行之法國下院議員總選擧。乃使此左進的傾向。愈形顯著。以下所揭之諸統計表。實足以爲有力之參考材料也。

第一表（此乃法國內務省之調查簿Revue Politipue et Parlementaire 一九〇六年六月份第六五三頁內所揭載者）

以一九〇六年總選擧前後下院政黨所屬別議員而比較之。議員總數五百九十一人中現所可知者五百八十五人之所屬別如左。

	新議會	前議會
復舊諸黨(Reactionnaires)	七八	八四
國民黨(Nationalistes)	三〇	五三
進步黨(Progressistes)	六六	九五
左席共和黨(Republicains de gauche)	九〇	八三
急進黨(Radicaux)	一一五	九六
急進社會黨(Radicanx-Socialistes)	一三二	一一九

合同社會黨(Socialistes unifies)	五四	四一
獨立社會黨(Socialistesindépendents)	二〇	一四

第二表 一九〇六年五月二十二日Le Temps 揭載

一九〇六年總選舉當選者五百八十六名之所屬別如左。

急進黨及急進社會黨(Radicaux ou Radicaux—Socialistes)	二四六
左席共和黨(Républicains de gauche)	七七
別派急進黨(Radicaux dissidents)	七
獨立社會黨(Socialistes indépendents)	二二
合同社會黨(Socialistes unifies)	五三
進步黨(progressistes)	六四
以上大同團結(Le Bloc)	
王黨Bonapart黨自由行動派及國民黨(Royalistes Bonapartistes Action Liberales; et nationalistes)	
以上反對黨(L' opposition)	一一七

大同團結所屬議員數較前議會增加五十六名

「註」大同團結Bloc 一語自Cremanso 倡法國革命。乃一體而不可分之說以來。法國政界中。輙以此爲常用語。其意蓋即謂共和國體主義各黨派之聯合也雖然。如進步黨者。苟內閣與極左黨不相分離。即不與以繼續的援助。故恒出於大同團結之外。而加算於反對黨中也，

第三表（與第二表同一出處）

一九〇六年。總選舉前後各黨派之消長就百五十五席中。比較新舊兩派議會。而計算其變動之數如左。

	新被選於新議會者	爲前議會之議員而不出於新議會者
急進黨及急進社會黨	八一	三六
別派急進黨	五	一〇
左席共和黨	一〇	一二
合同社會黨	二〇	四
獨立社會黨	九	四

八

進步黨	一二	四五
反對諸黨	一八	四四

第四表一九〇六年五月二十二日 Journal des Tebats 掲載

據Avas通信社之通信。一九〇六年總選舉後之新議會及前議會各黨所屬議員數之判然可知者如左。

	新議會	前議會
保守黨(Conservateurs)	七八	七七
國民黨	二四	四四
進步黨	七七	一二
左席共和黨	七七	六六
急進黨	一一〇	一一八
急進社會黨	一四三	一一六
合同社會黨	五六	四〇
獨立社會黨	一九	一七
社會黨反對者(Antisocialiste)	一	……

合計	五九〇	五八五

以上所列之諸統計。比較的差爲信而有據。然其間猶不免有多少之差異者。論者或歸咎於統計者之偏頗或怠慢。抑知其統計之目的物。乃動搖的之物。而且不免於曖昧。實有以致之乎。所幸者以上諸統計之間。所存之小差。不足以掩所示一般傾向之點之一致耳。夫所謂一致者何哉。其一在大同團結之優勝。其二則大同團結中進步黨之減少是也。以此相湊合之。即所謂左進的傾向之發現也。對於此總選舉而鳴其不平者。或以現行選舉法爲不完全者有之。或以當選舉之時。政府及左黨諸派之處置爲不當或不法者有之。是等之議論。雖亦不無多少之理由。然至欲以此爲左進的傾向發現之主因。則究非局外者所能首肯也。蓋選舉法之規定。要必以使議會之多數代表選舉民之多數爲主眼。此當然之事也。因欲達此目的而採用比例選舉者。尤屬有力之論據。而毫無容疑者也。在今日已經實行比例選舉之白耳義國國民中。各黨派之勢力。與議會內各黨派所屬議員之數。亦有不必爲正比例者矣。法國保守派。於現行選舉法之下所蒙之不利。正與德國社會衆民黨於現行選舉法之下。所遭之

不利相類。選舉法之改正。雖可減少其若干不利之處。而使是等黨派。於議會內之勢力上亦得受有好影響。然要不能因此而致法國下院左席諸派之優勢。全行遮斷者。蓋因左席諸派在選舉民中實有如下表所示之根據。此根據處於不能顛覆之勢。即能顛覆之。亦決非一朝一夕所能成就之事故也。

第五表（此乃從一九〇六年八月一日發行之Revue des deux mondes內所載之Mitt-guizont氏論文中摘錄者也）

一九〇六年總選擧第一投票期內各黨派所屬候補者之得票合計如左。（無所屬之得票數。有可以信為不正確之理由。）

黨派名	候補者數	得票數合計
急進社會黨	二二七	一、四八四、〇六六
急進黨	二三四	一、二八八、四八三
合同社會黨及獨立社會黨	三九一	一、一九八、九五九
進步黨	一七七	一、一一八、〇四三
左席共和黨	一六二	一、〇五三、八二三
保守黨	一二六	九八六、九六一

自由黨	一六二	九六二、四一一
國民黨	八八	五三九、三二三
其他無所屬	八八	七四、〇二一

若夫法國政府及左黨諸派。當總選舉時之行動。雖非必一一有辨護之價值。然以一九〇六年之總選舉。其前數週間。雖因政教之分離。現出種種不穩之意外事。卒仍能以靜穩平和而施行此選舉之事實。（較之法國從來之總選舉。爲未曾有之靜穩。即較之一九〇六年英國之總選舉。及一九〇七年德國之總選舉。亦爲平穩也。）與左表所記關於法國總選舉之事實而觀察之。可知一九〇六年之總選舉。自法國之選舉人觀之。決不以此爲選舉塲內非常特殊之舉動矣。

第六表 此表乃從一九〇二年八月十五日刊行之 Revue des deux mondes 內所載 Darcy 氏論文中摘錄者。至一九〇六年份則由第五表之論文中而追加之者也

一八七七年以後之總選舉。其選舉權行使之狀態。設選舉權所有者之數爲百。則如左表。但此祇就關於法國本國而統計之者。殖民地不在此限。

年	當選者之得票	落選者之得票	棄權者及無効票
一八七七	四九	三一	一九

一三二〇〇

評述三　十二

一八八一	四五	二四	三一
一八八五	四三	三四	二三
一八八九	四五	三三	二三
一八九三	四四	二六	三〇
一八九八	四六	三〇	二四
一九〇二	四六、九	二九、九	二三、二
一九〇六	四六、八	三〇、七	二三、五

此等事實以之爲一九〇六年總選舉之不利於右黨之例證。雖若有所不足。然要可想見利便於左黨之特別事情。固已伏在於其間也。夫所謂特別之事情者何哉。試畧舉之。如右黨諸派。標榜政教非分離之事。是等諸派之間。乏互通氣脈之組織。毫不能爲統一之運動。又其政綱之槪失於理論的批評的消極的。而不聞其講求積極的經綸之方針等。要莫不可以爲其戰敗之原因。更遠而遡之。則又不得不屈指於時代之變遷矣。夫自一九〇二年至一九〇六年之間。新加入有選舉權者之列。至一九〇六

年始達其選舉權行使之時期之百餘萬之壯丁非皆生於第三共和制之治世而成長於革新的教育之感化中者乎彼身經拿坡崙三世帝政時代而追想愛慕之之老者與夫飽歷一八七〇年及一八七一年巴里之Commune之內亂時代而嫌忌極端論者之半老者次第已登鬼籙因之法國政界選舉場中保守的分子漸次歸於減少矣甚矣時代變遷之勢力其作用也甚徐其力量實不可不謂之强大也就瞬時間以觀之其影響雖若甚微迨積日累月亘數十年之久則其効果之偉大有不期然而然者矣故曰法國政界近時之趨勢或曰下院政派消長之傾向就歷時稍久而觀察之雖欲不歸之於此偉大的時代變遷之勢力而有所不得也

第三　法國下院之左進的傾向與共和國體之確立

觀於法國下院左進的傾向可想見法國政界革新的風潮此傾向之成也其由來固已久矣然自十九世紀之末葉以後微特屢次維持其優勢已也且益以增長其勢力焉試一攷察一九〇六年之總選舉及其前後之政況其徵候固歷然可覩也此傾向一面既可作法國人民政治思想之反映觀從他之方面測之即目之爲影響於法國

人民政治思想之原動力。亦無不可。如外交之平和的政策。政教分離之進行。對於產業之官權之膨脹。及社會政策之實施等。皆無不與此左進的傾向。有密切之關係也。惟本論文以縮寫略論法國政界近時之趨勢爲宗旨。若一切內政外交之具體的問題。一一而詳述之。恐連篇累牘。不勝其煩。故僅就左進的趨向之一般政治的關係中最重要之點。略叙之而已。所叙之事惟何。曰法國共和國體之確立。曰法國社會黨之運命。茲請先論其第一點。

古今東西立國蓋甚多矣。然欲求一變化無極之國體。如近世之法國者。殆不數數覯也。專政王制。立憲王制。各種之共和制。拿坡崙一世之帝制。舊王統之復古的立憲王制。新王統之中級民的立憲王制。第二共和制。拿坡崙三世之帝制。第三共和制等。非皆十八世末以降法國國體之變遷乎。且接續此變遷之連鎖者。何也。其將歸之於革命乎。否則爲Coup detat。要之皆違法違憲之處置也。不問其動機之出於元首。出於下民。其減少國法之尊崇心。與攪亂政治之秩序的進步。則一也。夫關於國體之議論。在政治學說中。固早已占其大部分。至今日尙爲政界之活問題而現出最激烈之紛爭者也政治上之沿革以專制君主與少數豪族之競爭而點綴之之時代姑置勿論。就近世而概言之。以傳來之君主專制適合應化於多數人民崛起之衆民的潮流之新境遇。而善爲調和之者尙可以被立憲政體之新服。而維持其君主國體。若其不然。不知所以處新境遇之道。徒欲固執其專制政體者。勢不至並君主國體而放棄之不止。Treitschke 氏有言。法國者。求君主而無從見之之君主國也。斯言也以之形容現今之法國。雖未可謂之爲適當。然以之評論一八七〇年之法國政況。則固極巧妙之語也。君主國體建立之要素。雖曰包含箇人的卓絕。然君主國體繼續之條件。則在於君主之歷史的存在也。即與國家共爲發展。與國民共享繁榮。恒久不變之君主系統是也。法國之君主國體。因大革命而負重創。大革命以後。幾多之君主及君主候補者。雖現出於法國歷史上。然鞏固之君主國體之基礎。則固已喪失之矣。況自拿坡崙三世帝國蹉跌之後。君主候補者及其擁護者。成爲三派。而互相軋轢乎。是實使占君主國體論者之多數之國民議會。卒不得不創設第三共和制之主因也。向使無此主因。則雖有思慮周至。眼光遠大。富於經世之略之政治家。高出於法國近世史之沈靜者。

抑或才氣縱橫議論風發久負斯人不出如蒼生何之輿望之熱中者亦安能左右國論而立共和制之基礎乎。

當第三共和制之始國民議會既設大統領而又不敢輕用共和國之語恰與拿坡崙一世當其未敢儼然建設自家之帝國以前姑自稱爲法蘭西共和國之皇帝者爲一絕妙之對偶也一則欲由帝國而轉爲共和國一則欲由共和國而化爲帝國其間雖不無差異要之同在過渡時代暫於表面上襲用多少之舊套耳特大勢既已定矣決非人力所輕易變轉者也 Broglie 內閣所謀欲藉教會與保守派之連結以壓伏共和黨之計畫亦不過使教會之權力膨脹於一時而已王政復古之希望則仍成畫餅也自一八七六年總選舉以來下院入於共和黨之掌中至一八七七年上院議員三分之一之改選後同院之過半數亦歸於共和黨一八七九年 Mcmahon 之退職與 grevy 之就職同時遂使大統領一席亦不得不屬於純然之共和主義者矣此年以來共和黨之勢力一進一退雖不免多少之波瀾然其爲波瀾也非起伏於落下的傾斜之途中也不過於向上之道程而高下之已耳一八九三年以後約十年間法國下

院之一團體Ralliés一派之運命雖謂之爲法國共和國體之運命焉可也所謂Ralliés者初爲君主國體論者後乃承認共和國體之代議士之總稱也蓋脫於復舊的君主黨之列而與共和黨中之溫和派相提携者也一八九二年二月十六日羅馬法王Leo十三世對於法國舊教徒所發之教書中有云舊教徒爲法國國民當承認法國已成之事實之共和國體同心協力以匡助之是言也實足以爲復舊者當頭之痛擊也其後於一八九三年之總選舉時Ralliés始現於下院之一隅經一八九八年及一九〇二年之總選舉雖稍增加其人數迨至一九〇六年之總選舉後則下院中蓋已絕其跡矣蓋Ralliés之增加雖足以見共和國體贊成議員之增加然其消滅則決不因是而形共和國體贊成者之減少也合他之政況而觀察之所謂Ralliés之過渡的產物其獨立存在之必要固已早經消滅且適足以爲共和國體確立之一例證也

國民黨Nationalistes之榮枯與共和國體亦非無關輕重者也其所主張在往昔雖不無可以得多少輿望之機會然時至晚近則其勢頗衰一九〇六年之總選舉該黨之首領久爲法國政界之彗星之Deroulede者竟至落選於是所屬代議士數遽形

其滅。至今日而其議會的勢力殆已有瀕於消滅之狀態矣。是固無足深訝者也。彼等之勃興也。非由於經世的政綱而實由於適投時尙耳。盖當時之人心正激昂於急進的非國家論者之極端論故也。特愛國之心無人不有。法國人民非忍久於國民黨也。且彼等之行爲。往往連結於騷擾之運動。此實爲招致多數選舉民之嫌忌之原因。盖彼等雖曰國民黨。實則表同情於專制主義。動輒藉革命的舉動以爲名而冀得以把握政權者也。故彼等今日之沈淪於失意之深淵者。亦共和政體之確立之一保證也。要之一九〇六年下院議員之總選舉。乃繼承法國政界從來之趨勢而益使之顯著者也。Le Jemps 記者之言曰。

二十五年來。每總選舉一次。則法國共和制。愈形鞏固。吾觀於此次之總選舉。而益信其然也。蓋今日法國共和之國體。因已得國民一般之同情矣。

倫敦泰晤士通信員之言曰。

共和國體。今已超脫於凡百之疑惑。而確立於法國。從此法國政界之研究者。第講求共和制焉可也。

二人之斷定也如是。至足以左右此斷定之事實。在今日法國政界中。尚未聞之。

第四　法國下院之左進的傾向與社會黨之運命

共和國體之確立。法國政界之一重要事也。大革命以來。國體變遷上之趨勢之歸著點也。過去之政治的沿革之一大段落也。夫法國下院左進的傾向之事實。非僅足以爲此推定之一大根據已也。法國社會黨運命。將來歸納之何如。吾人苟欲研究之。其亦惟藉此以爲攷察之資料乎。是亦一重要而有興味之政治的問題也。徒恃研究者之理想或嗜好。以獨斷的而決論將來之事者。非誠實之學問的研究方法也。吾人非徒坐於既往之事實之上。以其事實所暗示之將來之運命。依稀髣髴而認識之。而遂以爲滿足也。法國下院之左進的傾向。殆以暗示將來極左黨之社會黨之膨脹。政治的經濟的大革命之到著。社會黨所主張之共同產業組織之實現乎。抑法國政界之左進的傾向。將使黨派之勢力上及主義上。初不見一毫之限界。滔滔乎一瀉千里。不至達於極端社會黨萬歲之日而不止乎。於此疑問而欲解答之。非僅以注意於下院議席之變化爲已足也。必更進而攷求政府之政策。及對於此之各派之關係。各派所主張之內容國民之意向等。乃可謂之爲有成耳。雖然。以一人之識力而欲爲種種複雜事項之完全調查。究非易期之事也。余今亦惟就此問題之解決上最有密切關係之要點。而畧述之。聊以試余之假定的決論而已。

社會黨本爲漠然之名稱。包含各種相異之分子。而非可以一概而論之者也。以其蔓延於近世文化國者而觀之。其發生之原因。要不僅在於偶然的特發的國別的也。近世文化國中共通之產業革新與衆民的產業之隆盛。莫非共通於社會黨所在各國之素因。有此共通之素因。而更加以各國各時代固有之要素。及箇人之要素。夫而後始得以辨各國社會黨之異同矣。法德兩國。社會黨隆盛之點。甲於天下。且以此二國而比較之。社會黨所屬之下院議員候補者之選舉得票數。機關報紙及其購讀者之數。皆臻於極盛。以及資力之豐富等。雖不得不讓德國出一頭地。若社會黨於政治上有現實的勢力。積極的於政治之方針有大影響者。則又不得不推之於法國也。一八九九年六月二十三日成立於首相 Waldack-Rousseaw 之下之新內閣。以商工部大臣之位。屬於社會黨員 Millerand。以社會黨員而爲內閣大臣之世界的新例。實自此而肇其端。該內閣者。所謂連合內閣是也。既使 Millerand 入閣。同時又登用保守派之陸軍大臣 Gallifet 於是社會黨中之非難 Millerand 入閣者。實繁有徒。雖然自有此新內閣以來。社會黨之實行的政綱中實際措施之事。蓋不乏矣。厥後如 Combes 內閣。致蒙屈從於社會黨員之譏。至Clemenceau首相之爲現內閣。遂於一九〇六年十月二十五日。有勞動省 Le ministere dutravail 之創設。而以社會黨員 Wiviani 爲該省大臣。勞働者之利害。其影響之及於政府之政策者。蓋至是而益形其大矣。

勞働省設置之先例。僅得於白耳義及 New Zealand 見之。大國中之倣而行之者。當以法國爲嚆矢。自有此一舉。可以表見法國政府於近時所採用之社會政策。更欲擴大其發展力之決心矣。雖然以此而遽謂法國政府爲能汲汲於實行社會主義之準備。共同產業之組織。將不遠而達於完成焉。則猶不免有杞憂耳 Panl Leroy-Beanlien 一派之放任主義論者。對於官權之膨脹與政費之增加。常不憚苦口言之者。固有相當之理由在也。熱中於社會政策之進行者。殆如逐鹿之獵人。有不自知其將陷於深溪之危險者然。箇人主義者之反抗。實足以爲社會政策家之警鐘也。彼習慣於中央集權之官治。而不甚以箇人活動範圍之縮小爲憂。如法國人民尤當以此爲良警鐘也。雖然以社會政策主義與社會主義同視。覩社會政策之進步而信其爲社會主義的社會之接近者。在現今思想界中恒不免失於大膽之概括也。不甯唯是社會政策。往往可以博保守家之贊成。與招極端社會黨之反對。即此二事實。固已足以破此信念而有餘矣。夫德國。實行社會政策之元祖也。至所以使德國政府出此方針之大動機。乃在於豫防社會黨之勃興。非社會黨直接而强迫政府使之採用社會政策也。法國社會政策之發生。雖較後於德國。然其發展之速。實足令德國退避三舍。其所以致此之由無他。社會黨之協同。蓋與有力焉。德國之社會黨常屬於在野者。而以反抗政府爲原則。肆其表面之批評與竣嚴之態度。雖足以監督政府。使之間接而受其影響。然社會黨自身既政權之不屬。即不能直接而左右政府之政策也。法國近時之政況。則不然。社會黨常爲政府黨。內閣大臣又往往爲社會黨員。故法國之社會政策與社會黨之關係較諸德國尤爲直接也。由是觀之。雖謂德國之社會政策。去社會主義也。遠法國之社會政策則接近於社會主義爲可也。第進而攷察法國社會主義者之分派之狀態。與其所主張之內容。以及對於政府之方針等。則可知法國之社會政策，決非以是爲社會主義所主張之共同產業組織之楷梯。而實行之者也。乃鑑於現今社會之缺陷。而爲補充之計。矯正之策。以對於革命之改良之意義。而採用之耳。茲請進而說明之。

當今法國政界代議士之有社會黨之名稱者。都爲三種。(可參照上揭之第一表)(一)急進社會黨所屬員。(二)獨立社會黨所屬員。(三)合同社會黨所屬員是也。其第一種在政界上雖頗有大勢力。然因欲收攬下等人民之心。故以社會黨爲名。至其議論與行動。固與急進黨無大異也。其第二種在下院之議員數雖屢甚少。而其勢力則較大。前大臣 Millerand 及現大臣 Briand 等。皆此派中之錚錚者。雖非必於其旗幟中加入共同產業組織之理想。然此派之特色。要在注重於社會政策。而以改良爲其方針。若革命派之欲以一舉而齎黃金世界於地上之夢想。固非彼等所樂爲也。至第三種之合同社會黨。常自稱爲眞社會黨。而譏獨立社會黨爲似是而非者也。此派恒倡下等人民之信賴。不足輕重之說。且其間更分爲數小派。各挾相異之意見而競爭其勢力。Janrés之見解。較爲平和法國政界中差有信用之人也。Gnesde 雖主持極端論者絕對的與內閣相反抗然猶不若 Herve 之愚弄愛國心唱導對於兵役之同盟能工之甚者也。

合同社會黨中雖有若是之區別。然社會主義之理想則皆以共同產業之組織爲標幟而文飾之以華麗之語句。此其常例也。且其理想的社會之具體的說明及達此目的之方法。則未曾道及至推理上足以妨害共同產業組織之辯論。反屢出於社會黨員之口。如小商業家之保護論。小地主維持論等。尤其彰明較著者也。蓋社會主義者。當其放言高論。抽象而作政治經濟之談。恒易流於大膽之極端說。至關於實際問題之解決。往往第求目前結果之便宜。而不顧其所主張之理論之貫澈與否者多矣在法國則尤甚。蓋法國國民之財產及所得之分配。比較的爲屬於下等人民之經濟事情。遂使社會主義者生與其忠實而行其主義不若臨機應變之辯論之轉足以收攬人望之感。又法國社會黨。於政治上有積極的勢力者。亦足以驅彼等而使之切實以行、其所言、也當一九〇六年五月總選舉時合同社會黨本部所發表之宣言書中陳述該黨之政綱而明示其立脚地實足以爲法國全國該黨候補者三百四十六人之金科玉律者也此宣言書之大意謂非破壞私有財產現今經濟之組織而設立共同經濟之組織則下級社會所受之壓制決無排除之一日云云此實該黨之根本的主旨也至其後段乃該黨最小派之政綱而載有如下所列之改良方策焉

(一)設爲一日八時間勞働之規定

(二)凡政府之吏員亦認其爲有設立同業組合之權利

(三)設勞働者保險法以便失業者及疾病者

(四)以專占的事業屬於政府之經營

(五)採用連記式及比例式之選舉法

一九〇六年六月中旬法國下院 Tanrés 與 Clemencean 二人之論戰亘數日而始竟高談雄辯各逞其得意之舌鋒徵特爲議會演壇上之奇事已也即以之爲法國政府對於社會黨之關係之說明亦足以喚起歐洲列國國民之注意矣 Clemencean

氏於其演說中揭出前記之社會黨政綱對於其改良方策而加以批評謂是爲可驚之中級的政綱又云「此方策吾人亦贊成之今已着手於其實行方法之採用矣惟以十一時間之勞働匆遽間忽減爲八時間不免致經濟上之恐慌雖社會黨員恐亦有不能急切行之者矣」

此二氏之論戰實足以表示保守派之勢力在法國政界內已歸於消滅而毫不在左黨目中之事實也左黨中之急進黨漸以包含社會黨於大同團結中爲不必要之事向之在野而操觚者以激論爲事屢次窘迫內閣之 Clemencean 氏一旦親握樞機以毅然之態度對於極左黨以斷然之處置而維持其秩序當時在表面上不過一內相耳至一九〇六年十月二十二日遂進秩於首相仍繼續其方針而行之氏之所以能始終維持其方針者蓋恃極左黨以外左席諸派之優勢而且有後援也試觀第一表中急進社會黨急進黨左席共和黨等之左席諸派議員皆有增加非僅極左黨之合同社會黨特別激增已也即由此數字的計算而推之下院之左進的傾向固足以見下院勢力之中心點含右席而漸移於左席之徵兆然左席中之重心點非轉而趨

於極左端也合同社會黨之政綱竟有見諸實行者其故非因其爲社會主義的政綱也蓋以之爲社會政策經他黨之主持或贊成之故耳雖曰社會政策或因財政上之理由或因經濟上之故障又或因人民之便宜及慣習等而受種種之制限法律之規定有不能施措咸宜者觀於老者恩給法日曜休暇法等之實施固已可以證明之矣同盟罷工爲晚近法國所最流行之事罷工者非徒以是爲要求關於切已利害之事之武器已也又欲以之爲表示勞働者之團結力並威嚇資本家之要具也且能工之徒往往好爲暴行而極端社會黨員之煽動又適以助其氣燄而促其騷擾故良民之對於此之反抗亦日以衆從來市町村會之屬於社會黨之地方至今日而形勢爲之一變者正復不少矣

合以上所敘之政況而攷察之可以窺見法國下院左進的傾向在法國政界之眞相矣此傾向若更繼長增高則右席方面益形寂寞固屬意中事然因此傾向之增進而致極左黨之激增則可決其爲必無之事也蓋極左黨於法國國民之間所占之地位非能立於根本主義之確信之上者也第存於不平分子極端急進分子所收容之點

耳。社會黨之對於是等分子之吸收力。實有緩和之抑制之之作用。此余對於將來法國政界之豫言也。以余之假定的決論言之。法國下院之左進的傾向。制限的者也。條件的者也。若外交上有大事件之發生。而出於余所豫想以外者。則隨其事件之性質與勢力而影響於此決論者。固不待言之事也。然法國政治的變化之經歷。無論若何之多。法國國民所有革新的氣運之先鋒。無論若何之夥。又法國近時之政治的權力。雖屬於由生產問題。而趨於分配問題。由箇人的發達。而移於社會的組織之南方法人之手。欲使社會主義之根本的主持之共同產業組織之社會。一朝一夕之間。而即實現之於法國者。究非吾人之所能豫想及之者也。今之論評法國政界者。其毋徒眩惑於極端社會黨之活動。勞働聯合之優勢。同盟罷工之迭興等。而漠視法國國民所固有之政治的經濟的之維持力保守力也可。

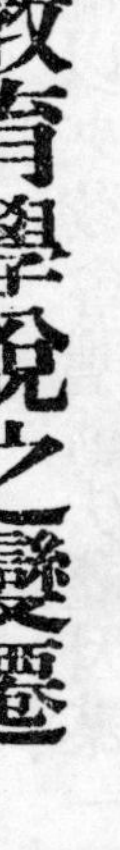

譯述

教育學說之變遷

黃國康

英 History of educational Theories

法 Histoire de théories Pédagogiques

德 Geschichte der Padägogishen theorien

上古時代。東西洋各國之觀念。謂社會中有自然之階級。多數之下等社會。皆因盡力於少數之上流社會之故而生存者。凡奴隸及從事於農工商等之人。皆所以維持王族貴族僧侶武士等之生活。且以供其指揮運用。故教育者不過爲所以保護上流社會之特權。强固其存在之武器。多數之下等社會、不能沐教育之恩惠。而宜以無學終其身。印度及埃及之古代之教育。此主義之明證也。此等思想。可名之曰教育上之階級主義。現今世界各國之中。凡貴族擅權之國。尚多見之。

次階級主義發現者爲國家主義。其意謂社會之中。雖有一定之階級不可磨滅者。然自國民言之。則無論何人。皆無有差異。故教育者。所以養成多數之個人。使俱有完全之人格。以維持國家致國家於强盛也。古代之波斯斯巴達及羅馬之教育。皆採用此主義者也。又拍拉圖爲主張極端之國家主義之人。其說謂宜於思想上設一共和國。生活於其下者。皆爲國家公共之人。凡家族之要求。親之權及私有財產之權。皆不認之。而悉以委附之於國家。此拍拉圖之說也。

其後基督教出。謂人之所以爲人。在其靈魂。而無關乎門閥階級之有無。自有靈魂之點言之。人類皆爲同一。未有人而無靈魂者。故人皆不可不悔改其罪惡。以得上帝之救助而昇入天堂。此基督教家之說也。基督置重個人。不偏執國家之差別。而惟以人類置於眼中。故其說有似個人主義之處。而實則世界主義也。

然自中世以來。教會壟斷法權。因謀一己之利益。營一己之營華之故。獨占教育而利用之。於是教育遂僅施於一定之少數人民之間。而國家主義一變而爲教會主義。至十五世紀之時。有盧祖爾者。反對從來之墮落之教會。謂如階級主義國家主義所云。吾人之身體或有爲所束縛之勢、然而精神上之自由、則未從妨害之至教會主義之教育。則實精神上之束縛也。其對乎教權信條之絕對的服從、足以損人思考之自由、而使喪失精神上之自我。若是者。蓋其墮落之結果。而非基督教之眞精神、故不可不脫離教會之權威。恢復基督之眞象。使人類之靈魂。浴於眞理之光明之中。以救此億萬之蒼生也。盖盧祖爾爲主張以自由人格之作成爲目的之一種之個人主義者。彼雖不急急於對乎個人之社會生活家族生活職業生活等教育上之準備。然亦非如今日之專置於社會的方面也。

苛面溜斯之教育上之立足點。與盧祖爾有相類之處、其意謂教育之目的。在乎循自然之跡、以開發人類之資性。而使爲有信仰有德性之人。盖彼所主張爲帶有宗教意味之個人主義也。當時舊教中之夜士易特派之教育起而反對盧祖爾派之新教、謂舊教非劣於新教。惟其手段稍有不同。至其目的。則無有差異之處。遂以其對乎宗派之絕對的服從。強之於人民而施一種專制的教會主義之教育。於是苛面溜斯、遂暢發其根本上之原理。以反對之。是事與盧祖爾之反對舊教育之教會、二者之旨趣。實如同出一轍也。苛面溜斯雖極力提倡宗教的個人主義。然因目擊當時三十年戰爭之慘禍。遂起組織小學校依教育以救社會之心。而後世之迫士他落次之戰後教育之經營。其思想亦與之一致。但苛面溜斯之所籌謀。不過籌謀已耳。未能如迫士他落次之爲完滿之實現也。然其意見之影響於人者甚爲不少。如中央德意志果士之領主及爾弄斯特一世皆爲所風動。而因以定普通教育之基礎也。嗣後更有所謂敬虔派者。抱建一神國於各兒童之心中爲教育之目的。斯別列爾法蘭克等。蓋倡其說之人也。

及至十八世紀以來。世界之大勢一變。從來信仰之力。漸迄於衰微。而包含神祕不可思議之信神教。遂不得不讓步於自然神教。自然神教之於神。惟於不與吾人之悟性相矛盾者始尊奉之。蓋不依他力而以自力達其信仰之目的也。由是教會之勢力幾至全然喪失。而有人人各有其所思想所構造之宗教之勢。然言其一般之傾向。則可以唯理說之名總括之。當時宗教之方面。既偏於個人的獨立的傾向。而科學知識之方面。則反對中世以來之珍重科學知識崇拜科學知識之歷史主義。以各自之悟性爲判斷萬事之標準。而視歷史爲毫無價值之物。此所以苦力斯聽有歷史之知識其對乎哲學上之知識。不過爲非歷史之事實報告之言也。歷史之價值。既若斯之減色。而個人之價值。遂同時漸趨於大。拿蒲尼次讚個人之力曰。「吾人身體之中包藏無限之神之全知全能之痕迹及其肖像。」是故自由發展其個人之力於各方面者。實爲此時代之傾向。而舊有之遺說傳物常妨害之。故二者之間。常起激烈之競爭也。康德之言。謂因求個人的自由之故而戰爭者。可明之曰開明之努力。（開明或名啓蒙亦可。啓蒙者。脫離乎未成熟之意）爾德蔓之言。謂宜以人爲悟性的個體。而使有支配萬物之能力。蓋即十八世紀之所謂開明也。此時代之教育上之傾向。多主張個人主義及智力主義。盧梭者。其代表中最著之一人也。歷史主義之反對。既有勢不得不成爲自然主義之勢。故其所著之爾米日。專以描寫自然的個人主義之教育爲事。而德意志之汎愛派。遂以此主義現之於實際。巴側搗者其領袖也。此說爲實用的功利的個人主義。專置重於個人之幸福。然其個人主義。非損人益已之個人主義。而爲謀大團體之幸福之世界的個人主義。康德亦爲此世界的個人主義之一人。但彼不注重個人之幸福而以道德的完全爲教育之目的要而言之。則盧梭巴側揭者主張主觀的自然的完全者也康德者主張客觀的道德的完成者也是二者之異點也。迫士他落次爲繼此而出之人。其所主張者、以調和存於個人中之諸質諸力而使爲平均之發達爲教育之目的。故雖謂迫士他落次之說。亦爲以自然的完全爲目的之個人主義亦無不可。然其理想則非如盧梭所云之自然之民。而以造有高尙之道義心宗教心之文化之民爲要。蓋盧梭生於法國革命之前。且曾爲其先驅。而迫士他落次則於拿破侖戰後。從事於戰敗國之教育。一自消極的破壞的主義唱還於自然(即反本歸元)之說。一爲使人民爲有文字有道義心之物。以營幸福之社會生活。迫士他落次之教育。以個人之自然的完全爲目的。而同時又含有社會的意義。故拿特爾曾之言曰。迫士他落次之教育學。蓋社會的教育學也不明乎此者。必其人之全不解教育學也。

當個人主義世界主義大占勢力於教育界之時。因拿破崙之故。國家社會主義。忽一朝產出於其間。蓋拿破崙依恃兵力。爲種種之壓制强迫。遂使歐洲各國之人民。各自喚起其已忘卻之國民的感情。而久不浮於腦中之祖國之名詞。復應用於社會之內。雖眼中無國家的界限之哲學者詩人等。亦有甚努力於鼓吹愛國的精神者。當時因拿破崙之故。蒙迫害屈辱者以德意志爲尤甚。其國之詩人中有阿弄哈日特哲學者有非希特當非希特盛倡國家主義教育之時。適有一八〇六年普魯西軍之大敗。其時普王維爾赫日母宣言於衆曰。「此次之戰。我國之土地。實大有損失。國家之外的勢力。外的光輝。殆已沈淪就盡。然自今以後。我輩不可不於內的勢力內的光輝。求最後之勝利。故今日我國之甚注重國民之教育。實余所深望也。」於是銳意竭力於國民教育。遣少壯之教育家數人。使師事迫士他落次。數人歸後。普魯西之教育。遂依其主義。爲種種之改良。以一新其面目。自是以後。從來的個人主義世界主義之教育廢。而國家主義以之勃興。及爾來各國之生存競爭愈趨於激烈。加以一八七〇年德意志對乎法蘭西之復讐戰爭之故。世界各國。大受刺激。生警省惕懼之心。遂各獨占教育之主權。以求所以自衛其國而致其國於強盛之道。用是之故。而其時之教育。殆皆成爲純粹之國家主義矣。

普國自瑞西之迫士他落次主義輸入以來。其國之教育界。遂呈一種之特色。迫士他落次之主義。以發展存於個人中之力爲教育上一般之目的。然其力之宜用於若何之方面。則爲普國之實際問題。此方面由國家主義而定。故個人宜以盡力於國家爲目的。而欲達此目的。則以撰定教化之內容（即教科）爲必要。於是德語及本國地理爲其主要之科目。並以體操及唱歌爲其喚起公共的感情之手段。而各派之歷史的基督教。遂代唯理的宗教而活動於社會之中。此方面之最傑出之代表者。赫哈尼特其人也。嗣後倐奈爾厤赫日出。遂有全以社會的主義爲教育學之根本之勢。今日所通行之一般之社會的教育學。實基礎於是也。古拿賁爾之論教育。其立足點亦與倐奈爾厤赫日有同一之處。惟彼之立論。更偏於宗教的。是則其稍異之點也。

十九世紀之初。因拿破崙之迫害。而起德意志之國民運動。因此反動力之故。而屏息已久之個人主義。復爲之勃興。個人人格之自由之名詞。復應用於公共生活之各方面。而生種種之影響。於是宗教界有自斯特拿士火爾日巴哈等而起之改革運動。文學界有海列烏爾列顧次苛所發起之反對羅曼體派之新德意志派。（新德意志派爲排斥「遠於現實生活之月夜之生活之文學派」以接觸於時代而結合現實之自由生活及文學）。如斯反抗時代之潮流。浸入於教育界中。使十八世紀之啓蒙教育主義。復見用於社會。而悟性主義、知力主義、亦同時復興。迫士他落次之開發說。遂至受世人之懽迎。以大展其勢力。此傾向謂之新迫士他落次主義。笛斯特兒衛希者。其主要之代表也。其時教育之目的爲個人主義。而其手段則爲形式主義。

然笛斯特兒衛希之形式主義。更引起反動。一八五四年十月一日二日三日間。普魯西頒布三次之教育規則。此規則成於其國文部省參事官斯奮日之手。世稱爲列古拿奮夫。（即支配整理之意）此規則之主義、謂國民之生活。宜依自古傳來之有永久的價値實質的材料。以宗教營一貫之家族·組合·職業·國家之生活、若是然後爲適當之目的。而教育亦宜準此以從新組織之。人生之努力。爲起於其生活圈內之物。而非一般的形式的。教科者。乃自適當之教材之理會及練習而自生結果之物也。於是笛斯特兒衛希對之起激烈之攻擊。謂教育者。一般之人類之教育。即以爲普通的個人造成人格。變詞言之。則爲自孩提時以發展人類共通一般的基礎。地理、歷史皆以養起其一般世界的知識。決非可局限於一國之範圍之內者。然列古拿啻夫之教育。僅以造國民爲目的而不注重於造世界的人才之事。甯非其缺點乎。及後消日克爲文部大臣時。於一八七二年十二月十五日公布普魯西之教育法令。Allgemeine Beotmmungen 以折衷個人主義對世界主義。鍛鍊主義對實質主義。之二派。普國現代之國民教育。實基礎於是時也。

十九世紀之後半紀國際間之生存競爭愈加劇烈。故國民教育更以之勃興。小學校之教育。遂成爲國家的國民的變詞。言之則爲團體的教育之材料亦多爲實科的實利的之物。然中等教育則依然爲形式的教育。其占大部分者。多爲語學數學等形式的學科。用是當時之從事中等教育之人。或主張形式的教育。或主張實質的教育。此二問題之競爭一時甚爲激烈。中學校多有古典學的及實科的二者相併立之勢。而專置重於中等教育之形式的學科以大吐其氣焰者。普魯西之前文部大臣果斯列爾是也。

當十九世紀前半世紀之時。有赫巴特者。以科學的體裁施之於教育。教育之思想及實際。皆甚受其影響。其所主張。盖個人主義而形式主義也。依倫理學以定教育之目的、依心理學以立教授之方法。要而言之。則以倫理學心理學之二者爲教育上之二重要之補助的科學。故以教育之目的爲在乎感化人類。而其方法則在乎管理訓練教授諸事也。赫巴特之弟子中有滌路勒爾者。於赫巴特教育學之傳播及改良大有功績。其學說全爲個人主義。謂理想之人格在乎基督。宜以之爲理想以教育個人。又赫巴特派中有辣茶日斯及斯太隱踏爾等。爲民族心理學之創設者。研究民族社會等團體生活之心理。說明社會之與個人。其關係甚爲密切之理。且直接或間接以助力於當今流行之社會的教育學之發生。

十八世紀之初。從來之傳承主義破壞個人之悟性爲判斷行爲之標準。蓋悟性萬能主義之時代也。然至十九世紀以來。有歷史主義之勃興爲其反動。此歷史主義非僅爲盲目的傳承主義。而爲批判的歷史主義。十八世紀之演繹的科學研究法。至十九世紀一變而爲歸納的排斥獨斷的大前提之演繹而成。凡事皆必依歸納的以研究之之大勢。且因「凡當建設之前必豫備材料依準歷史」之思想之故。於是文書之蒐集古書之印行歷史之著述等。俱呈空前絕後之盛觀。故十八世紀之情狀無異乎吾國維新時之凡事皆棄舊就新、而至十九世紀之時。則社會間一般之思想。以舊有之物。爲自祖先傳來之社會及民族之精神的財產而尊重之。以個人及社會爲皆孤立之物。而知其間有不可磨滅之關係。加以十九世紀後半紀以來。經濟的關係。大有變化。滊船滊車電信等。均漸迄於盛。世界各國之孤立生活。爲之破滅。而此廣大無垠之地、球遂爲文明的器械（指鐵路電信等而言）所堅束。以成爲永遠不能解離之大團。又個人的商工業、亦因會社工場等出現之故。皆成爲團體的組織。要而言之。則個人的生活、皆變爲團體的生活也。立於如斯大勢之間。各方面之事業。既皆大有變更。而教育上之事業。亦勢不得拘守古代之陳法。故從前之個人的教育學。一變而爲社會的教育學。此蓋自然之勢。非人力之所能興廢之者也。（社會的教育學以德爾別爾得及鳥冀日蔓爲最著）

德爾別爾得之論教育之社會主義、雖未有一定之組織。然其意見散見於種種之論文中。而鳥冀日蔓則以同一之思想依系統以詳說之。謂吾人之於教化。不可僅依心理的立足點。而宜自國法學史學等有機的立足點觀之。彼之爲此言。蓋於墺國之斯通之主義深有所得也。斯通之言曰。「各個人者。其精神生活爲敎化之結果。而同時又爲其共働的因子。個人之敎化及其精神的所有。在乎結合所有精神界之大連鎖之中。全精神界之精神事業之反映於各個人之敎化。恰如日光之反映於露而各個人之敎化之貢獻於全體之敎化。乃如露之集而爲雲。雲之合而成爲河流也。無他。各個人與全體之精神生活之間。其關係深切。常爲永久生產的對立。且生氣勃勃。有偉大之勢力也。故日人必有敎化。然後能爲完全圓滿之人也。」烏翼日蔓者。盖能領略此意義而更洋悉闡明之者也。故其所著之敎化學爲社會的敎育學之典書。因有烏翼日蔓之故。而社會的主義之敎育說遂大得勢力矣。此外如比格蔓及拿特爾普等。亦爲此方面所宜注意之學者。而認定個人之與社會有不可離之關係。以論敎育事業者。則法人穉約及非野是也。

要而言之。今日之敎育學。盖皆偏於社會的主義之方面。其間雖非無倡國家主義之人。然一般之觀念。以國家爲個人間之關係之最親密之社會。故國家主義。可視爲社會的主義之一形式。但二者皆非不重視個人。乃所以求國家社會之全體及個人之調和。務期雙方之權利與要求、皆能底於滿足。而以施行改良進步之道。若視人格爲無有之斯巴達派之國家敎育。及拍拉圖流之社會敎育、今人殆已無論及之者矣、十九世紀爲自然科學異常發達之時代、而敎育亦不得不受其無形之影響。故當或主張個人主義、或主張社會主義。而以哲學倫理學社會學國法學史學人文學科學等爲典據以論爭之之時。更有根據自然科學以論敎育之一派、英國之斯賓塞爾者。此派中最有力之一人也。其意以敎育之目的爲在乎與人以完全之生活之準備、而採個人的功利主義。此外如列普延士日亦爲本原乎自然科學、（尤注重於生理學）以論敎授之方法者。其所著之敎授之衞生綱領之中。詳論身體之消化同化作用。與精神之類化作用之間有甚相類似之處。並主張敎授之方法。宜取法乎生理學之指敎之說。

盧梭之「還於自然」之呼聲。於十九世紀之後半紀。忽起無端之反響。自然主義之敎育復盛興於一時。盧梭之所謂自然。雖不過爲漠然之概念。然十九世紀以來。自然科學異常發達。自然界之活動。及現象之法則等。皆已瞭然明晰。而自然主義之敎育說、亦能依科學的系統的以詳說明之。其時之火福爾之『自然教育』爲其中之最良者。以爲自然有二種。有心有身之人類。其一也。即主觀的自然也。其二爲客觀的自然。即通常所稱之天然是也。是爲文化之營業。乃所以爲教化之物。此主觀客觀二者之間。有密切之關係。二者之發達。亦甚相類。似徒知主觀的自然。而不知客觀的自然。亦不足以施行敎育。故敎育者不可不熟知二者之自然。並探究其徑路轉化之蹤跡。以依勢實施之。此火福爾之自然敎育之大意也。其後一八九三年。有阿弄哈日特者。著自然科學之教育學基礎。公之於世。(彼亦爲唱自然主義之敎育之人)稱火福爾之自然敎育之出現。爲教育學發達之莫大之紀念。又達爾文所著之進化論。根據乎種族發生個體發生之平行說。而論教育不可不準種族之發生。以使爲個人之自然的發達之理。蓋即十八世紀列省所懷抱之思想也。其所著之人類之教育中。有種族所已達之完全之行程。各個人亦不可不踏襲之之言。而格特及康德等。亦皆有此思想。至十九世紀漆路勒爾遂布演之。以演明文化之歷史的階級。雖然此等皆不過爲文學的人文史的已耳。至阿弄哈日特之思想。則爲生物學的自然科學的也。

自今以後。蓋以上所述諸主義之可漸次調和而總和之之時代也。即聯合各個人主義與社會主義。世界主義與國家主義。形式主義與實質主義。歷史主義與自然主義。理想主義與現實主義。並功利主義人文主義與智力主義。實質主義與人道主義。形式道德主義與文化主義等之各方面。調和之折衷之。使不傾於一方而各成爲包涵眞理之物也。此事雖非易易。然前此漠然置之之社會的方面。至今日始異常注重之。則此方面上不日必當演正當之部分。可無疑矣。

原文見教育大辭書中

記載

中國大事月表

丁未六月補錄

◎初一日　內閣集王大臣會議圜法金本位與行用金幣及岑春煊所奏立憲階級摺

東督徐世昌允准日人在南滿洲販賣日本鹽惟每年不得過七萬石

安徽藩司吳引孫與福建藩司對調

奉旨皖撫照總督陣亡例議卹同時被害之巡捕陸永頣委員顧松均交部議卹

福州將軍崇善奏准開缺

◎初二日　京師因皖變戒嚴頤和園附近居民戶口尤稽查嚴密

內閣會議道府以下官制

浙江金華縣拏匪蠢動

滿洲礦山問題協議了結日本允遵中國所提議以煤炭原價值百抽五之說納租於中國

以特圖愼補授福州將軍

禮部奏設禮學館修訂學禮軍禮賓禮及民間喪祭冠婚器物輿服各禮節奉旨准行

廣東粵路公司公舉羅光庭爲總理黃景棠爲協理

◎初三日　政治館請設鄉官以本地中學畢業生充當

趙炳麟奏參袁世凱權重勢高引年羹堯爲比請飭各督撫將雍正上諭懸掛

記載

遵 聖訓以端皇極等語奉 旨政治館通咨內外各衙門

俄國允准北滿洲鐵路附近百俄里內及停車場區域內所輸出之品一律徵稅

徐錫麟之黨査出一陳伯平經已在場格斃一馬子畦經已就擒

奉 旨自後引見人員改歸內閣驗放因皖變防意外也

◎初四日 稅務處奏商辦鐵路碍難免稅奉 旨一律豁免

徐錫麟之弟徐偉在九江拿獲解皖

徐錫麟在紹興所辦之大通學堂被浙吏圍抄鎗斃學生二人獲十餘人幷將女敎員秋瑾拘獲正法

◎初五日 給事中陳慶桂奏參岑春煊延不赴任驕蹇不臣並借外債千萬累粵聚歛民不聊生等語奉 旨留中

◎初六日 御史貴秀又奏參東三省官制

以李家駒爲日本欽使兼留學生監督

外務部電飭駐美欽使速與美政府商議華工禁約若美政府延宕不決萬一再有抵制美貨事政府不負責任

◎初七日 給事中陳田奏劾袁世凱謂其尙侍督撫所有要津半屬私人詞甚嚴厲奉 旨留中

奉 旨御史趙啓霖着開復革職處分

◎初九日 浙省官吏因徐錫麟案封學堂殺女敎習後株連甚衆族隣逃避省防戒嚴

◎初十日 左都御史陸寶忠奏請嚴禁黨援廣開言路奉 旨原摺交各衙門閱看

浙撫所派委員陳翼棟在紹興復騷擾學堂學界大憤

◎十二日 馮國□補授軍諮府正使哈漢章補授

軍諮府副使譚學衡補授海軍處副使

英公使要請中國西藏議約官員須有全權字樣

政府决議派武弁守護各國公使館

俄國在哈爾濱屯駐大兵外部迭與交涉俄使不答

◎十三日 萍亂匪首姜守旦在江西龍泉縣拿獲

◎十四日 駐九江英領事向贛撫要索在九江建築煤油池經己允准

鄂省招募四萬人赴伊犂實邊富人陳汝翼家貲五百萬願全家移往鄂督奏保知府以奬之

◎十五日 駐藏大臣張蔭棠電請政府毋許英藏直接交涉

◎十六日 俄國要求新疆至喀什噶爾間鐵路政府峻拒之

萬國平和會議定各國商標禁用紅十字會標識另設專律以懲犯者外部咨行法部農工商部查核

◎十七日 浙江嘉興梟匪迭次搶掠官兵軍械

◎十八日 西藏開埠事件定以亞東關爲總稅局兼管康馬江孜噶大光三埠商務所有商場旅舍歸藏官自行籌建

駐美梁使電報美國減收賠欵除收一十一兆六十五萬五千餘金元外實減去十二兆七十八萬五千餘金元利息十五兆十三萬餘金元統共約合華銀三十三兆五十餘萬兩

孫家鼐補授武英殿大學士世續補授文淵閣大學士那桐補授東閣大學士張之洞補授體仁閣大學士

◎十九日 西班牙公使向民政部强硬要求承辦京師自來水肅親王擬自辦以抵制之

上海商業開特别大會以討論參預商

記載 四

約事

◎二十日 護理川督趙爾巽奏請劃定四川雲南交界邊地以一事權爲改設行省張本

◎廿一日 政府奏准賞給祭銀四十萬兩爲內閣法部學部禮部大理院等各衙門經費

政府擬練皇室近衛新軍防革命黨也

廉州鬧教賠欵結案

張之洞奏設存古學堂以保國粹

滇人設立雲南死絕會憤外侮之交侵而政府不恤也

◎廿四日 外務部因御史史履晉奏日法協約關係中國大局特電咨直江鄂粤四督籌議抵制良策

留日紹興同鄉會學生致電浙撫申訴黨禍株連事

◎廿五日 袁世凱奏日法協約成立事機危迫請切實施行立憲一摺上意大動決意組織新內閣及資政院

中韓勘界政府派駐韓領事馬廷亮赴奉天與徐世昌會商

◎廿六日 學部奏大學堂監督作爲實缺人員奉旨俞允

◎廿八日 外務部宣言擬在東三省再行開放通商埠七處使足成十六處之數

◎三十日 哈爾賓稅關章程第二條俄國貨物運入內地須補足正稅一節俄員不肯承認正在交涉

政府定議籌借英德兩國債欵五百萬磅以爲築津鎮鐵路之用惟還欵由直東蘇三省擔任

海外拾遺錄

◎**歐美婦人之嗜酒**　歐洲婦人多嗜酒。瑞士名飲酒國婦人飲者尤多。美國紐約婦人。亦日趨入醉鄉。宴會時其不銜杯者十不得一也。近倫敦有夫婦伉儷最篤者也。一日對飲而醉。妻臥夫起割其頭。警察逮捕之。鞫其罪。曰吾非殺之也。欲去其頭。驗其蘇生否耳。不信請逮吾妻問之。然其妻自醉至割頭而死。無纖微之感覺也。警吏無如何。禁錮其夫三月而能。

◎**自動車競走**　歐亞自動車競走隊加盟者爲波魯奇士公。第四十七日。自北京至莫斯科。意大利居留民大歡迎之。西八月六日、至於柏林。

◎**明治改元廢案**　韓皇李熙以派遣密使事。迫於日本政府之詰責。讓位於皇太子。改元熙隆。當改元之未定也。總理大臣李完用。請改元明治。與日本同。以爲韓國新紀元之紀念。此非伊藤統監之意。而李完用求以媚之也。可歎。

◎**英國攻擊婦人**　英國婦人爭政權最烈。而男子攻擊女人之風亦漸盛。倫敦發行威爾特有力之新聞。謂吾人教育婦人。漸次開化。然以天賦之本能。終不能去其蠻性。纖腰緩步。既已弱不勝憐。而又衣皮毛。飾珍寶。以爲下等動物之模形。可哀也已云云。

◎**世界第一之喫烟國民**　英國加齊治駐紮之美領事。報告美政府。英國民爲世界最大之烟草需要者。其消耗量。較既往十五年間。爲五分之增加。今十五歲以上之男子。既無不用之。即八九歲小兒亦食之而不禁勞働家於動作時間。必以此爲附屬必要之品。且老婦少女亦多口含煙草。烟霧紛濛。漸成習慣矣。蓋英倫三島氣候蒸鬱。以此排除不愉快之感。是爲其一大原因。抑亦政府放任。無絕對禁令之行動。有以致之也。

◎不盜國　埃斯蘭國民正直無苟行。其地既無監獄。亦無警吏。溯既往千年間歷史。盜竊事件僅兩見也。

◎柏林將爲世界最美之都市　柏林建築協會。擬改造柏林爲一理想的世界絕美都會。前月上書德皇。其規畫自柏林東至勃士坦。西至喀邊尼。爲庭園市。又環柏林之周圍。改築爲一大公園。德皇賜回答。極表同意。今市吏員已着手計算費用矣。柏林人口激增。以今增加率推之。二十年間當增三百萬。此計畫實行。柏林將爲世界繁盛無比之一大都會也。

◎法王宮之大掃除　羅馬法王宮。今年大掃除。略爲塗飾。然已費時六月。人凡五千七百。每日消耗麵包一千餘斤。其王宮之大。可想見矣。

◎妻之價　俄羅斯偉盧沿岸之加密星地方。其人民娶妻之習慣。出金錢以購之。今時價最高者爲四百圓。低者亦五十元。

◎世界最大之果物園　德國柏林近郊。有威爾的果物園。其面積凡一萬三千葉加。每年產梨及蘋果。爲四千八百萬封。

◎阿剌伯之需要香料　往時香料之產地。歷史上最有名者爲阿剌伯。今則仰給他國。法國以最良之品輸入此地者既有年。今美國製造。質美而價廉。由印度輸入。與法國爲激烈之競爭矣。此亦時代變遷之一徵也。

◎海中之鑛物　全世界大洋水中所含有之鑛物。

以銀爲最多。已採取者凡二百萬噸。

◎全世界之鐵道　全世界既設鐵道之延長合計凡五十六萬二千四百三十六哩。中亞美利加二十八萬五千七百八十一哩。歐羅巴十九萬三千一百三十三哩。

◎菲律賓小孩之烟癖　煙草最多之地方爲菲律賓。其土人皆有嗜煙之習慣。北部地方雖五六歲童子。亦有此癖也。

◎本國與領土　德國殖民地五倍於其本土。法之領土則十八倍。英之屬地則九十七倍。

◎最侈之鐵道　世界中費用多之鐵道。以英國惠斯普利次齊之近傍四里爲最。其建設費一哩凡八百萬圓。

◎公使夫人之貴足　美國駐紮之墨其西哥公使夫人喀利爾。其所履之靴。一足之價約一千圓。蓋其前面鏤以珍珠金剛石及他寶石等故也。

◎路透電報之成功　德意志電氣技師希緬斯氏。千八百五十年架設自德國惠命至比利時威爾斐間電綫時。有年少美婦人泣而前。請求止其工事。問之。知其夫爲比利時之通信夫。生平從事此職業。已非常成功矣。今電信成立。夫婦失其業。且不得生活。希緬斯憐之。勸之渡倫敦。求通信之新事業。婦歸告其夫。夫以其介紹至倫敦。設路透新電局。路透者其夫之名也。不數年積貲巨萬。自政府授男爵。爲世界交通上之巨擘。今列國新聞。幾無不載路透電報。其事業之偉大。可想見矣。

◎皇帝丐者　英愛德哇七世、與皇后桑達參詣查勒寺院時。僧徒晨餐。寺門未啓。英皇叩其扉。僧徒以爲丐也。叱之。侍者再叩之。而叱之益厲。英皇顧皇后。相笑而不言。俄沙爾撒將軍來報。兩陛下至。僧徒急

雜俎

起。開門納之。惶懼不知所措。而英皇怡然。

◎禽獸昆蟲類之壽命　生物之壽命。鶴千年。龜萬年。人以此相傳無足徵者。若鯨數百年。象二百年。鯉二百年。則此說爲甚確。其他猪二十五年。獅子三十五年。猫蛙蟹二十年。杜鵑三十二年。鶯十二年乃至十八年。亦皆學者所撿定。蓋物之生命。惟植物爲最長。其生存可達六千年以上。動物則大概自成熟時期。至五倍或六七倍而止。然馬之成熟期爲三年。七倍之爲二十一年。實際馬之生命。可至四十年或五十年。人類成熟期爲二十年。五倍之爲百年。七倍之爲百四十年。實際人生至八十。則已爲上壽。蓋馬與人較他動物而又特別者也。

◎噴火時之魚類　意大利斐蘇斐亞山噴火時。火石如雨下。近傍耐布勒士灣魚類。狼狽逃於他處。其中惟鰯魚有特別感覺。能豫知之。噴火前一日。無一存於近處者。

◎瘂病新療法　紐約有人自昨年十一月患瘂病。醫學博士馬典用手術剖患者前腦部。發見一凝結物。以電氣除去之。即時發言。復其常度。

◎種植葡萄　十年前法國種植葡萄者七百萬人。故今葡萄以法國爲最盛。

◎新動物之採集　日本郵船會社社員。自澳洲細特尼地方。購一新動物。名百翠。其物身長六七寸。鼠頭而兎耳。前足短立。又如袋鼠。晝伏夜動。亦與鼠無異。今納之上野動物園中矣。

◎南洋滑稽王國　登嘉䖵島。一名佛崙德里䖵島。在新西蘭東北隅千哩許。人口二萬一千。歲出二萬磅。清日戰爭時。列强宣言局外中立。此王國亦布告中立。

◎西班牙皇后之飲料　西班牙皇后生平不知酒

精之味。其飲料常以蜜柑製之。

◎鐵道瀛車中之講演　美國密素利州。創立鐵道之特別瀛車。其目的對於農夫耕作。講演科學。以求農業之進步。發車時間表與講演時間表廣告於通路之各處。每講演時農夫羣集。如一普通學校云。

◎酒之殺人　過去三十年間。歐羅巴人死於酒者七百三十萬。

◎倫敦展覽會　自西六月十一日至七月二日。倫敦帝室農事館。開設展覽會。其中陳列品之最珍奇者。爲古時在帕雷斯的拿地方神賜摩西天幕神壇船等之模形。

◎四十日周遊地球　英國陸軍大佐張伯魯。欲以最短之時日。遊歷世界一週。於是以四十日跋涉東西兩半球。其所經路。爲五月三日自利物浦乘輪船出航。十日午後三時至格伯堡。同日午後五時自格伯堡乘瀛車出發。十四日午前五時至板克巴。同日午後十二時三十分自板克巴出航。二十六日午前五時至横濱。二十七日午後七時自横濱出發。二十八日午前九時至敦賀。同日午後六時自敦賀出航。三十日午後十一時十五分至浦潮。同日午後七時二十五分自浦潮出發。三十一日午後七時二十五分至哈爾賓。同日午前八時三十分自哈爾賓出發。六月四日午後七時四分至義爾克資克。同日八時三十分自義爾克資克出發。十日午後二時三十分至莫斯科。同日午後六時自莫斯科出發。十一日午前九時三十分至華崙。同日午前十一時三十分自華崙出發。同日午後十一時三十分至柏林。十二日午前十一時四十分自柏林出發。午後九時八分至哥崙。同日午後十一時十五分自哥崙出發。十三日午前七時三十分至奥斯典。同日午前十一時自奥

海外拾遺錄　五

斯典出發。午後二時五十分至圖巴。其間日數。爲四十日有十九時半也。

◎世界無比之大瀛船　倫敦井卜羅溫會社。建造羅西達尼亞號。長七百八十五呎。總噸數三萬二千五百。速力二十五節。船室高十呎半。電燈五千。船窓千二百。其三等客艙位。與數年前一等無異。今工事進行中。頗秘密也。

◎跳舞結婚　西洋跳舞會。幾爲男女結婚之一機關。列國跳舞協會統計。男女以此結婚者。德意志百人中約得三十。英國爲六十五。法則爲八十三。

◎電氣界之革命　美國有名科學家惠齊蓀博士。近來研究自石炭發生電力。不用發電機械。已略成功矣。有此發明。世界工業界當起一大革命。

◎世界最深之掘井　美國聖路易市有井深三千八百四十呎。次之匈牙利布達波士德市。有井深三千一百八十呎。

◎奇妙集金法　美國紐遮齊州。有伯洛剌一寺院。欲購一大風琴。不足五百圓。僧徒募之參詣者。各納銀幣五分。以二相重。排列寺之周圍。(長千五百呎)驗其何時可達。於是人爭獻之。不日而五百圓至矣。

◎自動車之價格　倫敦自動車最高之價格。一輛六千圓乃至八千圓。其使用期限。凡三年半。

◎船舶旅館　英領西印度堅克士頓地方。有美國商船碇泊此港灣。因海嘯移之陸上。離海岸約二哩許。近因旅行海岸者甚多。遂以此商船爲一大旅館。此新式旅館。人爭居之。船無空室焉。

◎法國民之不雄　法國某地方。有男女議結婚。議成矣。新夫婦赴地方官廳將登錄。地方官拒之。謂此法律上所不許可者。女固媚甚。男擬新婚後挈之旅行。從此入溫柔鄉裏矣。不圖阻礙忽生。驚愕不知所出。親奮走問之。茫然不能答。及究其理由。始知新嫁娘非女而男者也。已登錄戶籍簿矣。今年徵兵適齡。迫於徵調。欲以此爲逃避計耳。日本茨城有女人木村野崎兩人者。報爲男受檢查合格從軍與此適爲反對。觀此不可知兩國國民之武氣耶。

◎滊車內之遺失品　英國諸鐵道凡旅客在滊車所遺忘之物品。一日平均不下一千。

◎奇異之結婚　英國北部脫烈爾小村有兩姓結婚。新郎四人爲兄弟。各一年相差。爲斯麥司農夫之子。新婦四人爲姊妹。各二年相差。爲查穆士之女。同時結婚。隔戶而居。若比鄰焉。

◎萬國風船飛揚會　西八月上旬。意國密蘭市。開第五次萬國學術的風船飛揚會。自會長通牒各國。推選委員列席。

◎輕氣球之好成績　德意志試用輕氣球。以數時間進轉二回。縱橫自在。已證明其有好結果矣。

◎各國之禮儀　世界各國禮儀互異。各沿慣習。浸成禮俗。幸德斯坦人各以手握人之鬚。阿非利加沿岸諸國人。三按人之中指。紐幾尼亞人。黃昏時採綠葉加之他人之頭上。菲律賓人。握他人之掌。撫自己之面。拉普蘭及撒德齊人。以人之鼻。與己之鼻相磨歷。此皆相見時之禮式也。

◎世界大富豪　全世界之大富豪。其資產超五億萬佛郎以上者得十人。即羅克斐拉六十二億五千萬佛郎。羅賓孫二十億萬佛郎。俄皇尼哥拉士十五億二千五百萬佛郎。嘉納奇十二億二千五百萬佛郎。阿斯德爾十億萬佛郎。鐵密德佛親王十億萬佛郎。奧帝約瑟夫九億二千五百萬佛郎。羅巴德比爾五億萬佛郎。維廉羅克斐拉五億萬佛郎。比利時王雷波德五億萬佛郎。

雜俎

◎世界最大之巖穴　蘇格蘭西北海岸有大巖穴。長二十二丈二尺寬四丈二呎。高三丈三呎。兩傍巉石數百計屹立如柱。開闔畢具若宮室然蓋由海中火山噴裂之作用而構成者。其穴又經海波浸蝕。故結構尤奇云。

◎奧克曼之空中艇　先月挪威新造一空中艇。其氣球高百八十四尺。最大之部分直徑五十二呎。容積二十九萬五千基約備特呎。除查布林伯爵空中艇外。此其最鉅者也。艇中坐船。以鋼鐵爲之。長百十五呎。高十呎。寬八呎。全體重量爲三千五百五十磅。以千六百磅之石油爲原動。駛其全速力能行百五十小時。有奧爾曼者。已偕同志四十人。乘之赴北極探險云。

◎水上履行　美國大尉奧德黎普。新發明一涉水靴。着之踏行堅底挪齊亞奧雷曼水上。凡四日。其妻始終駕短艇隨之。

◎一萬百六十一字之郵片　墨布侖某商家主人。曾於一郵片上。鈔寫萬一百六十一字。其文即賽克士及齊劍斯二詩伯所作之歌。行列整然。人能讀之。

◎世界石炭坑夫之數　世界石炭坑夫數。總約百二十萬人。

◎新婦之資格　挪威國俗。凡女人必將烹調修業證書。俾人觀覽。證明有此資格。方可與人議婚。

◎世界極熱之地　世界極熱之地。爲波斯西南部海岸。每年七八月之間。約四十餘日。寒暑表晝夜皆上昇至百度以外。

◎三百五十哩之蛛絲　熱帶地方所產蛛絲。富於延長性。其最長者可達三百五十哩。

◎野蠻人之奇習　最野蠻國。女子於幼時。飾以鬚而取其卵巢。使聲音骨格氣象與男子無所異。在男子則去其勢使。孃娜如處女。而年長以爲聲調清越之音樂師。

◎單軌鐵道　美國佛星南氏。據地雷中軸旋轉之理。發明一單軌鐵道。其試驗之成蹟。每一分間能廻轉三千次。凡直徑五英基之軌道。皆能運轉。地平而堅者。既無須整理。即高坡傾斜之度在五分之一以下者。亦得上升。且羊腸山腹間。亦能敷設。雖有時運轉過急。亦不至如前鐵道之向外傾斜。易罹危險。其軌道不必架橋梁設枕木。一日間能造成十哩。乃至二十哩。戰爭時以之駕駛列車。輸送軍隊。無有便於此者。此鐵道成功。不期年而前之鐵道。皆將廢棄矣。現印度政府支給五萬元。猶在試驗中云。

◎泳水衣　挪威人某。新製一泳水衣。以特殊之植物纖微素造成之。其材料每一人僅需三百六十瓦。苟用之以成一泳水板。則二人匍伏其上。游泳水中。可安全無患也。

◎新式自動軍用鎗　瑞典人某新發明一自動軍用鎗。呈之德國陸軍部。據陸軍部試驗。每一分間能發射百四十四次。惟戰爭時須供給多數之彈丸。頗困難也。

◎軍用空氣艇之駛行　德國軍用空氣艇。其第一次試驗駛行兩日。較法國拉伯德利號爲優。蓋其速力能多持久三小時有三十分云。

◎南樺發見新島嶼　北緯五十度以南。樺太島沿岸二十海里以內之各島嶼、依日俄平和條約。應爲日本領土。本年日本政府。派遣劃界委員。編成島嶼測量隊。測量北緯四十六度之海島及北緯四十八度之海豹島等。今聞二島之外。更發見小島七座。皆爲多數貴重海獸之棲息地。蓋無人之岩礁也。

◎印度之大建築　印度寺院王宮。在千年以前者。

美麗閎壯。人皆知之。其中有所謂岩屋者。尤稱雄偉。彼構造於山腹嚴石中。長廣皆亘數里。此五六百年前宮殿。舉歐美所有最大之建築物。無有出其右者也。宮門爲一整片大理石。墻壁則由各種岩石砌成。其椽桷皆彫鏤細工花草。或模擬日月星辰等狀。鬼斧神工。令人驚歎。且其構造能蓄置夜間冷氣。使不外散。雖赤日炎午。入其室清凉適人。內部泉流。縱橫交錯。潺湲之音。聆之快耳。偉哉。世界之大觀歟。

雜俎

上海商務印書館新出各種教科圖書

（分設）京師　奉天　天津　廣州　福州　成都　重慶　漢口　開封

學部審定　初等小學　修身教科書十冊 每冊一角　教授法十冊 每冊一角　五彩掛圖 計二十幅已裱六元未裱五元

○本書爲浙江蔡元培福建高鳳謙浙江張元濟諸君編輯採取古人嘉言懿行足以增進民德改良風俗者依次編入由淺及深循序漸進末數冊於合羣愛國尤爲再三致意全書十冊適供初等小學五年之用第一冊全用圖畫不著一字令兒童不生厭倦第二冊至第四冊每課一圖第六冊以下文漸增圖漸減每冊至少亦有十圖左右茲承學部審定稱爲（斟酌取舍之間皆足見其精審）等語　教授法十冊按課編纂均注明出處詳列教法亦承學部審定另附第一冊掛圖二十幅彩色鮮明最便講堂指授之用

◎學部審定　初等小學　國文教科書十冊 第一冊一角五分第二冊以下各二角　教授法十冊 第一冊四角第二冊至第五冊各三角第六冊三角半第七冊四角

○本書爲福建高鳳謙浙江張元濟江蘇蔣維喬諸君著悉心編纂一字不苟經營二年始克成書文章淺而不俗雅而不奧每冊附圖數十百幅五彩圖二三幅尤爲精彩動人全書十冊適供初等小學五年之用發行以來頗蒙海內教育家許可銷流至數十萬冊疊版數十次茲經學部審定稱爲（文辭淺易條段顯明圖畫美富板本適中章句之長短生字之多寡皆與學年相稱事實則取兒童易知者景物則預計學期應有者并將一切器物名稱均附入圖中使雅俗兩得其當）等語　教授法一書專爲教員之用按照課數編次凡誦讀講解習問默寫聯字造句作文等法無不詳備名物訓詁皆加詮釋所引古籍西籍亦詳其出處以省教員檢查之煩此書亦承學部審定

◎初等小學　習字帖 第一冊一角第二三四冊各八分

○此帖與本館所編國文教科書相輔而行書中所有者無一不備書中所無者亦不攔入以便隨讀隨寫可助記憶第一冊用描紅第二冊以下用影寫

◎小學唱歌書一冊 價洋三角

○此書前半詳列教授法凡音調拍子趣味等法循序不紊後半列歌辭雅而不俗淺而不俚其於愛國思想尚武精神尤爲注意

上海商務印書館新出各種教科圖書

(分設)京師　奉天　天津　廣州　福州　成都　重慶　漢口　開封

學部審定 初等小學 筆算教科書五冊 第一二冊各一角半第三四五冊各二角 教授法五冊 第一二冊各二角半第三四冊各三角半第五冊四角 五彩掛圖 計十六幅二元五角 ◯本書五冊適供初等小學五年之用已承　學部審定稱為(綱領備具條理細密步步引人在今初等小學教科書中洵無出其右者)又稱(多列圖畫足以引起兒童旨趣全忘習算之煩苦)又稱(中外度量衡比較法既習算術兼適應用則尤本書之特長)等語教授法一書亦經　學部審定稱為(教員上課時手此一編可不致漫無秩序)等語

◎高等小學 筆算教科書四冊 每冊二角 教授法四冊 第一冊二角半第二冊三角第三四冊各二角半 ◯是編繼前書之後仍由加減乘除入手至平面立體求積而止全書四冊適供高等小學四年之用教授法四冊按課演繹最便教員之用

◎高等小學 筆算教本二冊 價洋四角 ◯是書共九編(首)加減乘除(一)諸名數(二)分數之簡易者(三)分數之繁雜者(四)小數(五)比例之簡易者(六)比例之繁雜者(七)利息(八)開方求積序次得宜繁簡適當解釋清晰譯文明暢

◎學部審定 初等小學 珠算入門二冊 每部二冊價洋四角五分 ◯此書經　學部審定稱為(條流明晰階級秩如每課多列習題亦便於練習)等語且蒙　學部指定為初等小學末二年之用即商業中人取而習之獲益非淺

◎珠算教科書四冊 六角 教授法二冊 每冊價洋五角 ◯此書繼珠算入門而作詳明淺顯條理井然其教授法為教員實際教授時所用解說詳明丁甯苦口教員但能手執是編依書演講當自知其運用無窮至於有用志獨修者取而習之亦能粗窺門徑漸陟堂奧

◎高等小學 理科教科書四冊 每部四冊價洋八角 ◯是書為山陰謝洪賚所著並由山陰杜亞泉參訂材料精當部次分明最便初學附印五彩圖及精圖三百餘幅書共四冊每冊四十課每星期教授一課以一年畢一冊誦習既竣不患無普通之知識矣

上海商務印書館[illegible]

◎◎◎◎

慶親王　題籤

瞿中堂

澤公　戴尚書　呂尚書　沈正卿　賜序

袁宮保　端制軍　岑宮保　盛宮保

新譯日本法規大全

潔白連史紙

四開式鉛印

全部八十册

附解說一册

◎◎◎◎

是書原定去年年杪出版嗣因排印不及未能如期無任抱歉邇來晝夜趕辦業經告竣准於二月二十五日出書凡在何處購預約券者請持券至原處幷找洋銀十二元取書又在四川分館取書者每部加運費一元四角其餘各省分館加運費六角如欲本館將書寄奉請將預約券及找洋銀十二元並郵費寄至原購之處收到後亦可將書寄呈郵費如下

一[illegible]火車已通之處每部加郵費一元　（二）輪船火車不通之處每部加郵費一元二角　（三）陝西[illegible]南貴州四川五省每部加郵費二元四角　（四）日本國每部一元四角　（五）躉買十部以上者穀廉照實數收費　再在本館總發行所及各分館取書者均有書箱其屬本館寄奉者郵費包裹磅年限書箱無從寄遞分為十函用精美結實布套以代木箱特此陳明

◎現在定價每部售洋銀二十五元正◎

◎另加郵費分用木箱布套亦如前例◎

三

務印書館新出各種教科圖書

(分設)京師　奉天　天津　廣州　福州　成都　重慶　漢口　開封

育學二角◎是書分三篇共三十三章先通論次詳教育之目的及主義方法擇精語詳合乎初級師範學堂之用

◎學部審定師範學校教[illegible]二角五分◎是書敘述東西各國教育之沿革與其變遷實足導我國言教育者之先路業經學部審定稱爲(凡小學教員欲考求教育之源流者必取資焉)等語

◎學部審定師範學校教授法原理一冊二角◎是書分六編一曰緒論二曰教授之目的三曰教材四曰教授之原理五曰教授之方法六曰教授之形式業經學部審定稱爲(言簡而賅意精而顯)等語

◎師範學校各科教授法二角◎是書分十科曰修身曰讀書作文曰習字曰算術曰歷史曰地理曰理科曰圖畫曰唱歌曰體操應有盡有賅括靡遺適合初級師範學堂及速成師範講習所之用

◎學部審定師範學校學校管理法二角◎是書八章曰總論曰編制曰設備曰管理曰經濟曰衞生曰書簿曰教師業經學部審定稱爲(詳審精密條理井然定爲小學教員參考書洵爲適用)等語

◎師範學校心理學二角五分◎教育以心理學爲基礎故師範學校必列是科我國現時教育咸知注重師範是書凡二十八章皆詳關乎教育之心理簡要精審一字不苟

◎師範學校論理學一角五分◎論理學亦師範學校必要之科爲教員者不明論理學則教授時必不能勝任愉快願是學精深廣大欲求簡核明豁合乎教科書之用者實鮮善本是書凡六章其中演繹歸納等法適於教授之用者皆詳略得宜

◎學部審定畫學教科書一冊七角◎是書爲圖百數十幅凡人物山水以及動植器用等無不具備末附本國各省總分圖數十幅業經學部審定稱爲(凡教習教授圖畫最要在善畫黑板使學生一覽了然爲功自易是編深明此法先以虛線作式而後畫爲圖形故雖不著論說而不至於模不模範不範也)等語

◎初等小學習畫帖八冊教員用一冊七角六分◎高等小學毛筆習畫帖八冊一元四角◎高等小學鉛筆習畫帖八冊八角◎以上三種習畫帖參照東西洋名家筆法所有人物屋宇器具皆按照中國模樣俾兒童一覽而知最爲便用

第五回內國勸業博覽會名譽銀牌受領
戰捷紀念博覽會名譽銀牌受領
聖路易萬國博覽會名譽銀賞牌受領

獅

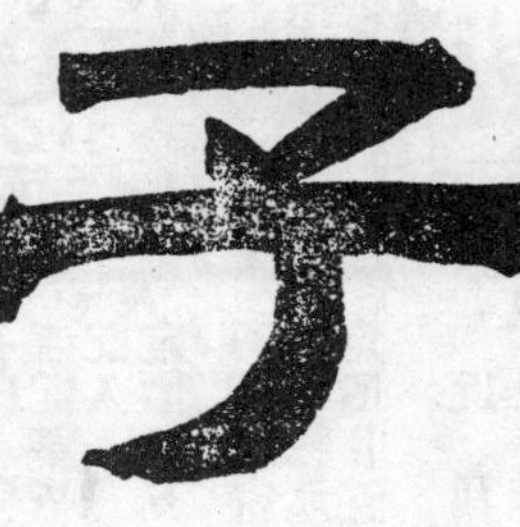

謹啓者本廠專用化學製造各種上等牙科葯料精心修合煉成獅子牌牙粉香氣馥郁美味甘涼且能固齒清肺殺虫去穢長用此粉可免牙痛齒落之患居家閨閣不可一日或缺之物氣味常存[illegible]不變性誠耐久無比之良品也此粉久蒙紳商賜顧遠近馳名近因貪利之徒竟將[illegible]魚目混珠故本行另加仿單諸光顧者請認本行獅子牌號爲記庶不致悞

發行[illegible]
東京市神田區柳原川岸
大坂市東區博勞町二丁目
清國天津日本租界旭街
同　漢口河街
同　上海佛和界

小林洋行

牙粉廠主　小林富次郎　謹白

五

一名陰陽交媾新說

漏泄天機

太衛者

日本銀貨五十八錢送料亦在此中

此書發揮古學之蘊奧、漏泄生理之微妙者矣、是故無子者讀之、可産賢子美女、無才者讀之、可以爲天下有爲之士、有讀之、可以爲健康長壽之人、雖然、見之于不解古文一黃金乎猫也

販賣店　日本東京神田區表神保町　東京堂書肆